The British Museum BBC

The British Museum　BBC

[英] 尼尔·麦格雷戈 著　余燕 译

大英博物馆
世界简史

A HISTORY OF THE
WORLD IN
100 OBJECTS

NEIL MACGREGOR

新星出版社　NEW STAR PRESS

新经典文化股份有限公司
www.readinglife.com
出 品

献给我在大英博物馆的所有同事

目录

序　不可能完成的任务 / I

导言　来自过去的讯息 / III

第一部分　人之所以为人

公元前200万年至公元前9000年

1　大祭司的木乃伊 / 3

2　奥杜威石制砍砸器 / 9

3　奥杜威手斧 / 13

4　游泳的驯鹿 / 17

5　克洛维斯矛尖 / 23

第二部分　冰河时代后的食与性

公元前9000年至公元前3500年

6　鸟形杵/31

7　安萨哈利情侣雕像/35

8　埃及牛的黏土模型/41

9　玛雅玉米神像/47

10　绳纹陶罐/51

第三部分　最早的城市与国家

公元前4000年至公元前2000年

11　丹王的凉鞋标签/59

12　乌尔旗/63

13　印度印章/73

14　玉斧/77

15　早期写字板/83

第四部分　文学与科学的开端

公元前2000年至公元前700年

16　大洪水记录板/89

17　莱因德纸草书/95

18　米诺斯跳牛飞人/103

19　莫尔德黄金披肩/107

20　拉美西斯二世雕像/113

第五部分 旧世界，新势力

公元前1100年至公元前300年

21 拉吉浮雕/121

22 塔哈尔卡的狮身人面像/127

23 中国西周康侯簋/133

24 帕拉卡斯纺织品/139

25 克罗伊斯金币/143

第六部分 孔夫子时代的世界

公元前500年至公元前300年

26 奥克苏斯双轮战车模型/149

27 帕台农雕像：半人马与拉庇泰人/155

28 下于茨酒壶/159

29 奥尔梅克石制面具/165

30 中国铜钟/171

第七部分 帝国缔造者

公元前300年至公元10年

31 带亚历山大头像的银币/177

32 阿育王柱/183

33 罗塞塔石碑/187

34 中国汉代漆杯/193

35 奥古斯都头像/199

第八部分　古代享乐，现代香料
公元1年至公元500年

36　沃伦杯 / 205

37　北美水獭烟斗 / 211

38　仪式性球赛腰带 / 215

39　女史箴图 / 221

40　霍克森胡椒瓶 / 229

第九部分　信仰的兴起
公元100年至公元600年

41　犍陀罗佛陀坐像 / 235

42　鸠摩罗笈多一世金币 / 239

43　沙普尔二世银盘 / 245

44　亨顿圣玛丽马赛克 / 251

45　阿拉伯铜手 / 257

第十部分　丝绸之路及其延伸
公元400年至公元800年

46　阿卜杜勒·马利克的金币 / 263

47　萨顿胡头盔 / 269

48　莫切武士陶俑 / 275

49　新罗瓦当 / 281

50　传丝公主画版 / 285

第十一部分　宫墙之内：宫廷的秘密

公元700年至公元900年

51　玛雅宫廷放血仪式浮雕/295

52　后宫壁画残片/301

53　洛泰尔水晶/307

54　度母雕像/313

55　唐代墓葬俑/317

第十二部分　朝圣者、入侵者和商人

公元800年至公元1300年

56　约克郡河谷宝藏/327

57　海德薇玻璃杯/333

58　日本铜镜/337

59　婆罗浮屠佛陀头像/343

60　基尔瓦陶器碎片/349

第十三部分　地位的象征

公元1100年至公元1500年

61　刘易斯棋子/355

62　希伯来星盘/359

63　伊费头像/365

64　大卫对瓶/369

65　泰诺仪式用椅/375

第十四部分　与神相见

公元1200年至公元1500年

66　圣荆棘之匣／383

67　正信凯旋圣像／389

68　湿婆与雪山女神像／393

69　瓦斯特克女神雕像／399

70　复活节岛雕像／403

第十五部分　现代世界的入口

公元1375年至公元1550年

71　苏莱曼大帝的花押／410

72　明代纸币／417

73　印加黄金美洲驼／423

74　翡翠龙杯／429

75　丢勒的《犀牛》／434

第十六部分　第一次经济全球化

公元1450年至公元1650年

76　机械帆船／443

77　贝宁饰板：奥巴与欧洲人／449

78　双头蛇／453

79　柿右卫门瓷象／459

80　八里尔银币／465

第十七部分　宽容与褊狭

公元1550年至公元1700年

81　什叶派宗教游行仪仗／473

82　莫卧儿王子细密画／479

83　皮影戏偶比玛／485

84　墨西哥手绘地图／490

85　宗教改革百年纪念宣传画／497

第十八部分　探索、剥削与启蒙运动

公元1680年至公元1820年

86　阿坎鼓／505

87　夏威夷羽毛头盔／509

88　北美鹿皮地图／515

89　澳大利亚树皮盾牌／523

90　玉璧／529

第十九部分　批量生产，大众宣传

公元1780年至公元1914年

91　小猎犬号上的精密计时器／537

92　维多利亚早期的茶具／541

93　葛饰北斋的《神奈川冲浪里》／547

94　苏丹豁鼓／553

95　遭女性参政论者损毁的一便士币／559

第二十部分　我们制造的世界

公元1914年至公元2010年

96　俄国革命瓷盘/567

97　霍克尼的《在平淡的村庄里》/573

98　武器王座/577

99　信用卡/583

100　太阳能灯具与充电器/589

地图/595

文物清单/604

致谢/609

序
不可能完成的任务

博物馆的功能便是通过文物来讲述历史。250多年以来，大英博物馆一直致力于收集全球文物，因此，如果想用物品来讲述世界历史，这里会是个不错的起点。事实上，你也可以说这正是大英博物馆自1753年国会宣布建馆，并提出"包罗万象"与"免费向所有人开放"的宗旨以来，一直想要做出的尝试。本书是BBC广播4台于2010年播出的系列节目的合集，同时也是最新的一次对博物馆自成立以来的活动及未来尝试的复述。

广播4台的负责人马克·达马泽为《大英博物馆世界简史》制定了简单的讲述规则。先由BBC和大英博物馆的同事们从博物馆选出100件藏品，范围从大约200万年前人类起源直至今日。这些物品应尽可能公平地选自全球不同地区，尽可能多方面地展现那些已被证明切实可行的人类经验，并让我们了解各个社会的全貌，而非只着眼于权贵阶层。因此，它们必须在收录伟大艺术品的同时也包含日常生活的必需品。由于节目每周播出5次，我们也把这些文物分成5个一组，关注不同的时间段在全球各地所发生的故事：用5件文物分别展现某一时间点上的5种景象。大英博物馆的藏品来自世界各地，BBC的广播也覆盖各国，因此，我们邀请了各地的专家和评论员加入我们的节目。当然，我们能表现的仅仅是世界史的一部分，但仍希望它是一部整个世界都参与其中的历史。（由于版权及其他原因，本书引用的嘉宾评论均按录音实录。）

显而易见，这一项目从很多方面来看都堪称不可能完成的任务，其中之一更是引起了尤为热烈的争论。这是一个广播节目，而非电视节目。听众们无法看到文物本身，只能凭借想象。一开始，我发现习惯于近距离审视文物的博物馆工作人员对这一情况心存疑虑，但BBC的同仁们十分自信。他们认为，想象是一种特殊的欣赏方式，听众能对文物自发地展开讨论，从而创造出属于自己的历史。至于那些需要一睹文物真容而又无法亲临大英博物馆的听众，在整个2010年，"大英博物馆世界简史（A History of the World in 100 objects）"网站上会陈列出所有这些文物的图片，而如今，它们又以精美插图的形式收录在这本书中。

尼尔·麦格雷戈

2010年9月

导言

来自过去的讯息

在本书中，我们将穿越时空，去见证过去200万年中，人类是如何塑造世界，同时又不断被世界塑造的。本书试图用一种前所未有的方式——通过解读文物跨越时空所传递的信息——来讲述这个世界的历史。这些信息有关民族与地区、环境与接触、历史中的不同时刻以及我们对其做出反思的当下。它们有的确凿可靠，有的仅出自推测，还有更多有待探寻。与我们可能会见到的其他证据不同，它们所表现的是整个社会群体及其复杂的演变过程，而非一些独立事件，它们所讲述的是制造它们的时代的故事，也是它们经历重塑与迁徙的时代的故事；有时，它们还能获得超越制造者原本意图的含义。人类制造的这些物品，缜密地构成了历史的原材料，在成百上千年的历程中，它们的经历还常常很有趣，而这些正是《大英博物馆世界简史》想要呈现给读者的。本书囊括了各种类型的物品，它们都曾被精心设计完成，有的得到无数赞誉，被小心珍藏，也有的在损坏后便遭丢弃。从煮物罐到黄金帆船，从石器时代的工具到信用卡，一切都来自大英博物馆的收藏。

这些文物所展现的历史也许并不为大众所熟知。本书很少涉及众所周知的事件、战役或日期，如罗马帝国的建立、蒙古军队摧毁巴格达、欧洲文艺复兴、拿破仑战争、美军轰炸广岛，等等。这些历史上的标志性事件并非本书的重点，但它们会通过一件件的物品被表现或反映出来。例如，1939年的政治事件决定了人们对萨顿胡遗址的发掘与解读（第47节）。罗塞塔石碑（以及其他一些物品）是英国与拿破仑治下的法国进行艰苦斗争的记录（第 33 节）。美国独立战争在书中通过一张美洲土著所绘制的鹿皮地图这一独特视角展开（第 88 节）。整体来说，我选择的这些文物往往讲述了多个故事，而非单一事件。

必不可少的诗意

若想要叙述整个世界的历史，不偏不倚地讲述整个人类的故事，便不能仅仅依靠文字。因为世界上只有部分地区拥有文字，大多数地区在历史上的大部分时期都没有发展出文字。书写是人类在发展后期才达到的成就，直至近代，即使一些文化程度较高的社会，在记录自己的忧虑与渴望时，使用的载体依然不仅有文字，也包括物品。

一部理想的历史应该把文字和物品结合起来，本书中的某些章节做到了这一点，但在很多情况下这是无法完成的。最能清楚地表现文字历史与非文字历史不对称的例子也许是库克船长的探险队与澳大利亚土著在植物学湾的第一次相遇（第 89 节）。在英国方面，我们对这一特殊的日子有科学记载及船长日志为证，而在澳大利亚方面，他们仅有一面木制盾牌，那是一名男性在初次遭遇枪弹时仓皇丢下的。如果我们想要重构那一天的真实情境，就需要像对待那些文字记录一样，深入而严谨地对这面盾牌进行研究和解读。

除了双向误解之外，还有由胜利带来的有意或无意的扭曲。历史通常是由胜利者书写的，尤其在只有胜利者知道如何书写的时候。至于失败者，那些被征服或毁灭的社会，通常只能通过物品来讲述事件。加勒比海的泰诺人、澳大利亚土著、非洲的贝宁人和印加人，这些出现在本书中的民族如今能够空前有力地通过他们制造的物品来讲述昔日辉煌：一部用物品讲述的历史使他们重新发出了自己的声音。当我们研究有文字的社会与无文字的社会之间的接触时，所有的一手材料在某种程度上都是不公正的：它们只记录了对话中的一方。想了解另一方，需要参考的则不仅是文字，也应包括物品。

这些全部知易行难。通过文献解读历史是人们熟知的程序，数百年来已发展出一系列帮助我们阐释的重要手段。我们已经学会该如何判断文字材料的坦白、失真与诡计。而对于物品来说，当然也有考古学、科学和人类学的专业知识结构来帮助我们提出关键性的问题。但我们还必须加上一定程度的想象，才能构建出这些物品的前世今生。我们需要借助尽可能丰富和诗意的想象，才能真正理解它们所传达的深刻内涵。

这是我们了解许多文化的唯一途径。例如对如今仅存活在考古记录中的秘鲁莫切文化，武士形状的莫切陶俑（第48节）是为数不多的切入点之一，它能帮助我们了解这一民族的生活方式，以及他们对自身和世界的看法。这是一个复杂而又充满不确定因素的过程，这些历经层层文化转译的物品需要再次被严格审视，重新想象。例如，西班牙人征服了阿兹特克人，这就为我们了解阿兹特克人如何征服瓦斯特克人增加了难度：由于这些历史巨变，如今，瓦斯特克人的声音是通过西班牙记录中阿兹特克人对他们的描述而留存下来的，想要恢复它们，必须移除双重影响。到底瓦斯特克人自己曾有过怎样的思想？他们没有留下任何文字记录，但其物质文化却通过1.5米高的石制女神像（第69节）被留存下来。人们一开始认为，它和阿兹特克人的母亲神特拉佐尔特奥特尔地位相当，之后又将其与圣母马利亚建立了联系。这些雕像便是瓦斯特克人宗教思想的最原始记录。虽然目前还无法确知其含义，但其神圣的存在为我们看待阿兹特克人和西班牙人的二手记录提供了新的视角，也提出了更尖锐的问题。但最终，我们还得依靠自己的直觉来揭开其中人与神的对话之谜。

这些充满想象力的解读和欣赏是"通过文物看历史"的关键，也是大英博物馆的创立者们所熟悉的方式，在他们眼中，对过往文化的重建是理解人类共性的基石。启蒙时代的收藏家与学者们在完成这一任务的过程中，既仰赖对史实的科学排序，也发挥了诗意地进行重建的罕见能力。而与此同时，在地球的另一端，也有人在做同样的工作。中国的乾隆皇帝是与英王乔治三世几乎同时期的统治者，他在18世纪中期同样致力于网罗收藏、分类整理、探索历史、编撰词典与百科全书，并记录自己的发现，从表面上看，他无异于一位18世纪的英国贵族学者。他的藏品中有一枚被称作"璧"的玉环（第90节），非常类似发现于公元前1500年左右的中国商朝殉葬品中的玉璧。它们的用途至今仍无人知晓，但可确定的是，它们是贵族用品，做

v

工精美。乾隆帝十分欣赏玉璧独特的美感，进而开始揣测它曾经的用途。他所采取的方式既表现出研究式的严谨，又充满想象力：他知道它年代久远，于是对比了一切他所知的类似物品，但仍陷入了迷茫。因此，他依照自己一贯的作风，作诗来纪念为研究此物做出的努力，并做出了或许会让现代人十分震惊的举动：将诗文刻在了诗中所赞美的文物上。在诗中他得出结论，这块美丽的玉璧是个碗托，因此又为它配了一个碗。

尽管乾隆帝对玉璧用途的推测是错误的，但我承认，我很欣赏他所采取的方法。通过物品思考历史或去了解一个遥远的世界，是一种诗意的重构过程。我们承认自己所确知的事物有限，因此必须找到一种全新的认知方式：既然，这些物品的制作者从根本上说都是和我们一样的人类，那么，我们理应能够解密他们制造这些物品的用意及用途。有时，这甚至是了解世界的最佳方式，不只针对过去，也包括现在。我们是否真能了解他人？也许可以，但一定要借助诗意的想象，再结合严谨获取和归纳的知识。

乾隆帝并非这部历史中唯一的诗人。雪莱为拉美西斯二世雕像所作的诗《奥兹曼迪亚斯》并不能告诉我们这座雕像在古埃及时期的制作方法，却展示了19世纪早期人们对帝国无常命运的思考。萨顿胡的船葬（第47节）也涉及了两位诗人，《贝奥武甫》中的故事在历史现实中得以呈现，而谢默斯·希尼对其武士头盔的评论也为这身著名的盎格鲁-撒克逊盔甲增添了更为迫切的话题性。用物品来讲述历史，不能缺少诗人。

物品的幸存

在充足的想象力的帮助下，通过物品讲述的历史比仅靠文字还原的历史更为公正。它能让不同的人群发出自己的声音，尤其是那些远古的先祖。实际上，人类的历史早期——占整个人类史的95%以上——只能通过石头来讲述，因为除了人和动物的残骸之外，石制物品是唯一能幸存下来的东西。

然而，通过物品讲述的历史本身无法做到完全平衡，因为它全然依靠偶然间留存至今的物品。这对那些主要用有机物来制作物品、当地气候又极易导致有机物腐烂的文化来说尤为艰难：大多数热带地区能保存下来的远古物品少之又少。一般来说，我们现存最早的有机物制品都是由早期的欧洲探险家收集的。本书中便有两件物品是库克船长在探险中得来的，包括之前提过的澳大利亚树皮盾牌（第89节），以及夏威夷羽毛头盔（第87节），二者均得自欧洲社会与这些社会的初次接触。当然，夏威夷和澳大利亚东南部在那之前很久便产生了复杂社会，创造出了精美的艺术品。但那些用木头、植物或羽毛制成的早期物品无一幸存，因此很难去讲述这些文明早期的故事。一个罕见的例外是来自帕拉卡斯的木乃伊身上超过2500年历史的纺织品碎片（第24节），它倚仗秘鲁沙漠独有的干燥环境得以保存至今。

但是，并非只有完整保留下来的物品才会传达出大量信息。1948年，一位警觉的海滩寻宝人在坦桑尼亚基尔瓦的一处峭壁下发现了许多陶器小碎片（第60节），它们是名副其实的垃圾：只是一些没有任何用途、被人丢弃的陶器碎片。但将这些碎片收拢之后，他发现其中包含着非洲东部1000年前的历史。研究这些碎片的种类，甚至能拼凑出整个印度洋的历史，因为在仔细审视下便会发现，它们来自多个不同地区。青瓷及青花瓷很明显是中国曾大量生产并出口的瓷器的碎片。还有一些饰有伊斯兰图案，来自波斯湾。另一些则是东非本地的陶器。

我们认为，这些瓷器曾被同一群人使用，在几乎同一时期被打碎后扔进了同一个垃圾堆，它们昭示了欧洲人长期不了解的一个事实：在公元1000年至公元1500年间，非洲东部海岸与整个印度洋地区都有往来。在中国、印度尼西亚、印度、波斯湾和东非之间存在着规律性的贸易往来，稀有物品与商品传播甚广。而这一切的实现都有赖于印度洋上的季风。和大西洋上暴虐的狂风不同，这里的风十分温和，每年各吹6个月的东南风和西北风使得船员能够进行远距离航行，并最终得返家园。基尔瓦的碎片表明，印度洋毋宁说是一个巨大的湖泊，通过它进行的文化交流已逾千年，商人们不仅带来了货物，也传播了新的观念，印度洋沿岸各个社群之间的关系十分紧密，一如地中海沿岸。这部物品的历史澄清了一个事实，即，对地中海——"大地中央的海洋"——一词的理解是错误的。它并非位于地球中心，而仅仅是众多海洋文化中的一个。我们现在当然不能给它另起一个名字，但也许应该如此。

物品的传记

这本书更贴切的名字也许是"通过经历了不同世界的物品来讲述历史",因为这些物品的一大特点便是,自面世以来,它们就不断地变化或被改变,最终承载了制作之初完全无法想象的意义。

在我们选择的物品中,有数量惊人的一部分都携有后期事件留下的印记。有时是在漫长的时光中遭受的破坏,如瓦斯特克女神破损的头饰,也可能是不小心的挖掘和强制移动带来的损伤,但更常见的是后期有意识的干预,或是为了改变它的含义,或是为了表现新主人的自豪与愉快。这样的物品不仅记录了制造它的那个世界,也记录了之后改变它的那些世界。譬如日本陶罐(第10节),它表现了日本早期在陶艺上取得的成就,也表明炖煮已有数千年的历史,而它内壁的镀金则反映出后期美学主义的日本已经认识到本国独特的文化传统,重温并赞颂着自己悠久的历史:物品本身成为对自己的注解。此外,非洲豁鼓(第94节)尤其能表现物品所经历的命运波折。它最初为小牛造型,很可能是为一个居住在刚果北部的统治者而造。随后,它在喀土穆被改造成一件伊斯兰物品。之后又成了基钦纳伯爵的战利品,被刻上维多利亚女王皇冠的图案送至温莎——这是对帝国征服故事的一件木制记录。我不认为有任何文字能将这一段段非洲及欧洲的历史融合起来,或是表现得如此直接有力。这是只有物品才能讲述的历史。

本书中还有两件物品以令人不安的方式展示了两个截然不同的世界在面对社会崩溃、组织坍塌时的不同面貌。从正面看,复活节岛的巨石像何瓦·何卡纳奈阿(第70节)以坚定的自信呈现了祖先的威力:只要后人善加供奉,他们便能保佑复活节岛的平安。但在他背后却雕刻着这一信仰的失败:随着复活节岛的生态系统被破坏,对岛民生活至关重要的鸟类进行了迁徙,焦急的人们用新的信仰代替了祖先崇拜。该社群绵延数世纪的宗教史在这尊巨石像上得到了清晰体现。俄国革命瓷盘(第96节)则与之相反,它更多地表现了人类选择和政治博弈的结果。用帝国时期的瓷盘来承载布尔什维克的图画本身带有一种欺骗性的讽刺意味,但很快,冷静的商业智慧便战胜了它。制作者准确地揣测到西方资本主义的收藏家愿意花大价钱收藏一个同时带有革命者的镰刀斧头和沙皇时期帝国徽章的瓷盘。瓷盘表现了苏联与自由民主国家之间绵延70年的复杂的历史妥协的第一步。

对这两件物品的改造令人着迷，同时又富有启发性，但最让我感到愉悦的改造莫过于《女史箴图》（第39节）。千百年间，随着卷轴的缓缓展开，历代收藏者和鉴赏家都曾愉快地欣赏这幅中国绘画杰作并盖上自己的印章。从西方人的角度来看，这种做法未免太过惊人，因为西方人往往将艺术品视为神圣不可侵犯的。但在我看来，这样的举动十分动人，它创造出了跨越几个世纪共同分享喜悦的群体，并让我们也能参与其间——尽管我们并不会盖上自己的印章。这件美丽的物品在漫长的时光中曾以不同形式带给人们欢乐，直至今日仍能打动观赏者，给现代人带来愉悦。关于这一点，还能有比这些印章更清晰的例证吗？

物品在时光中经历的改变还有另一种方式。博物馆研究的关键任务以及博物馆保存学的首要任务之一，便是不断重新检视这些物品，用新的技术手段来寻找新的发现。而其结果——尤其是最近，常有一些惊人发现——或为研究找出新的方向，或为我们早已熟悉的物品发掘出意料之外的内涵。眼下，物品正在发生迅速改变。本书中最惊人的例子当数来自坎特伯雷的玉斧（第14节），我们如今已能追溯到它最初的开采地——意大利北部的高山之巅——从而对欧洲早期的贸易路线有了全新认知，同时对玉斧本身的意义也萌生了一系列新的猜想。它的价值有很大一部分就在于它来自遥远的白云之上的山巅。新的医学检查方式也使我们了解到古埃及人（第1节）曾患过什么疾病，又为来世携带了哪些避邪物。中世纪的海德薇玻璃杯（第57节），一直以能变清水为美酒而闻名，近来也有了更明确的身世。仰仗最新的玻璃分析技术，我们几乎可以确定它来自地中海东岸，甚至可以进一步推测（证据不足，但这充满乐趣），它与中世纪的某一特定时期、与十字军历史中的某位风云人物相关。科学正用人们意想不到的方式改写着历史。

对斯隆爵士于1730年在弗吉尼亚获得的阿坎鼓（第86节）的研究，是精确的材料科学与诗意想象的结合。植物与木材专家最近认定，这只鼓的原材料来自西非，它无疑曾乘坐运奴船穿越大西洋。如今，我们既已知晓它的原产地，便很难不去猜测它曾见证过的历史事件，并在想象中陪伴它一起从西非的宫廷穿越凶险的大西洋来到北美的种植园。我们知道，这些鼓曾用于在船上"让奴隶们起舞"以克服抑郁症，而在种植园，它们有时会起到召集奴隶暴动的作用。如果以物品讲述历史的目的之一便是让声音被淹没的人们发出自己的声音，那么，这只奴隶的鼓还扮演了一个特殊的角色：它替数以百万计被奴役、被驱逐、离家时两手空空、无法书写自己历史的人们发出了声音。

穿越时空的物品

我曾在序言中提及，纵观一定历史时期之内的整个地球，并非人们通常讲述或教授历史的方式。我猜很少有人在上学期间会被问到1066年日本或东非发生了什么历史事件。但如果我们选取某一特定的时间点来观察整个世界，结果通常出人意表并发人深省。比如在公元300年前后（第41至45节），佛教、印度教和基督教以一种令人疑惑的同步性，共同采用了至今仍在广泛使用的具象手法，开始以人类的形象来表现神祇。这是一种惊人的巧合。为什么？难道它们三者都受到了希腊雕刻悠久传统的影响？还是因为它们都源自富庶并正在扩张的帝国，因此有大量财力可被投入这种新的图像语言？是否产生了一种地区间共享的新观念，认为人类与神密不可分？我们无法得出定论，但只有这样观察整个世界，才能如此尖锐地提出应被置于讨论核心的历史问题。

在一些例子中，我们的历史在时隔千年后或多或少地回到了原点，重复了同样的现象。但这其中的相似性与巧合较容易解释。塔哈尔卡法老的狮身人面像（第22节）、来自麦罗埃的奥古斯都头像（第35节）和来自喀土穆的豁鼓（第94节）都表现了埃及与如今的苏丹地区暴力冲突的历史。每一次，来自南边的苏丹都获得了短暂（或持续百年）的胜利；每一次，埃及的统治者也都重振威名，重新划分了两国边界。法老统治的埃及、奥古斯都的罗马以及维多利亚女王治下的英国最后都不得不承认，在尼罗河水泛滥之处、地中海世界首次与非洲相遇的地方，存在着一条地缘政治的断层线。无论掌权者为谁，地壳板块总是在这里相撞，导致地区间冲突不断。这一历史也在很大程度上解释了该地区的政治现状。

放眼全球还能让你看到，对历史的不同书写取决于你的身份和立足点。因此，虽然本书中的所有物品如今都保存在同一处，但它特意将多种不同的声音和观点纳入视野。我们收集了由大英博物馆各位馆长、管理员及专家组成的团队的看法，也呈现了来自世界各地的顶尖学者的分析与研究，并收录了研究类似物品的专业人士的评价：我们请英国文职机构的领导人评价现存最古老的美索不达米亚行政记录（第15节），请现代讽刺作家讨论宗教改革宣传画（第85节），请印度尼西亚皮影大师讲述如今皮影表演的内容（第83节）。这些法官与艺术家，诺贝尔奖得主与宗教领袖，陶瓷工匠、雕塑家与音乐家都极为慷慨，用他们的专业知识为我们奉献了关于这些物品的深刻洞见。

令人高兴的是，书中也包含了作为这些物品原产地的社群或国家的声音。我认为这是不可替代的。只有他们能够解释这些物品在当下的含义：只有夏威夷人能够清楚阐释，在被欧洲与美国侵扰250余年之后，曾被送给库克船长及其随员的羽毛头盔（第87节）对如今的夏威夷岛民有怎样的意义。没有人比沃尔·索因卡更清楚，在大英博物馆看到贝宁青铜器（第77节）对一个非洲黑人意味着什么。这些都是思考物品中的历史的关键问题。世界各地的族群越来越多地通过重新解读历史来定义自己的身份，而历史往往依托于物品。大英博物馆不仅仅是文物的收藏地，也是在全球范围内对文物的含义与认知展开辩论的场所。这些时而会剑拔弩张的辩论，与文物应在何地被收藏或展示的争论一起，构成了探讨文物当今含义的关键。而这些观点都应由那些与文物关系最紧密的人来说明。

物品的局限

所有的博物馆都希望——或相信——对文物的研究可以让我们对世界有更加真实的了解。这也正是大英博物馆的建馆宗旨。莱佛士爵士曾大力宣扬这个观点，他把藏品送进大英博物馆，部分目的即在于说服欧洲人，爪哇拥有可与地中海灿烂文明相媲美的文化。来自婆罗浮屠的佛头（第59节）和皮影比玛（第83节）在这方面便极具说服力。我肯定不是唯一一个在凝视它们时对莱佛士的观点感到全心赞同的人。这两件物品将我们带回爪哇历史的不同时期，表现出文化的持久性与活力，并展现了人类活动的两大不同领域——对启蒙的孤独追求以及大众娱乐的狂欢。通过它们，我们得以窥探、欣赏并赞美这一伟大文明。

也许，最能表现本书乃至大英博物馆本身抱负的物品，想象并理解我们无法亲身体验、只能通过他人的描述和经历来了解的世界的绝佳范例，便是丢勒的《犀牛》画像（第75节），他所描绘的是自己从未见过的野兽。1515年，他听说一头从印度古吉拉特邦而来的犀牛被送给了葡萄牙国王，便从当时传遍欧洲的关于犀牛的文字描述中尝试勾勒这头惊人巨兽的模样。这与我们审视自己所收集的材料、构建起关于远古世界的想象的过程是一样的。

丢勒所描绘的犀牛，有着令人难忘的庞大体量与布满鳞片的褶皱皮肤。这是伟大艺术家的杰作，看上去如此真实而具有冲击力，不禁让人担心它会从画里逃脱。当然，它对犀牛的表现有误。这是一种令人愉悦、痛苦还是宽慰的错误呢？我不知道哪个词更准确。但到最后，这一点已经不重要了。丢勒的《犀牛》见证了我们对尚未了解的世界无止境的好奇心，也体现了人类探索与了解未知世界的渴求。

第一部分

人之所以为人

公元前 200 万年至公元前 9000 年

  人类起源于非洲。在这里,我们的祖先制造了最早的石器,用于砍削肉、骨和木头。正是对自己所制造的工具日益增加的依赖,使人类与其他所有动物区分开来。制造工具的能力让人类能够适应多种环境,从非洲向中东、欧洲和亚洲进行扩散。在约 4 万年前的末次冰河期,人类创造了世界上最早的具象艺术。这次冰期导致世界海平面降低,露出了西伯利亚与阿拉斯加之间的陆桥,人类得以首次踏上美洲土地,并迅速在这个大陆散布开来。

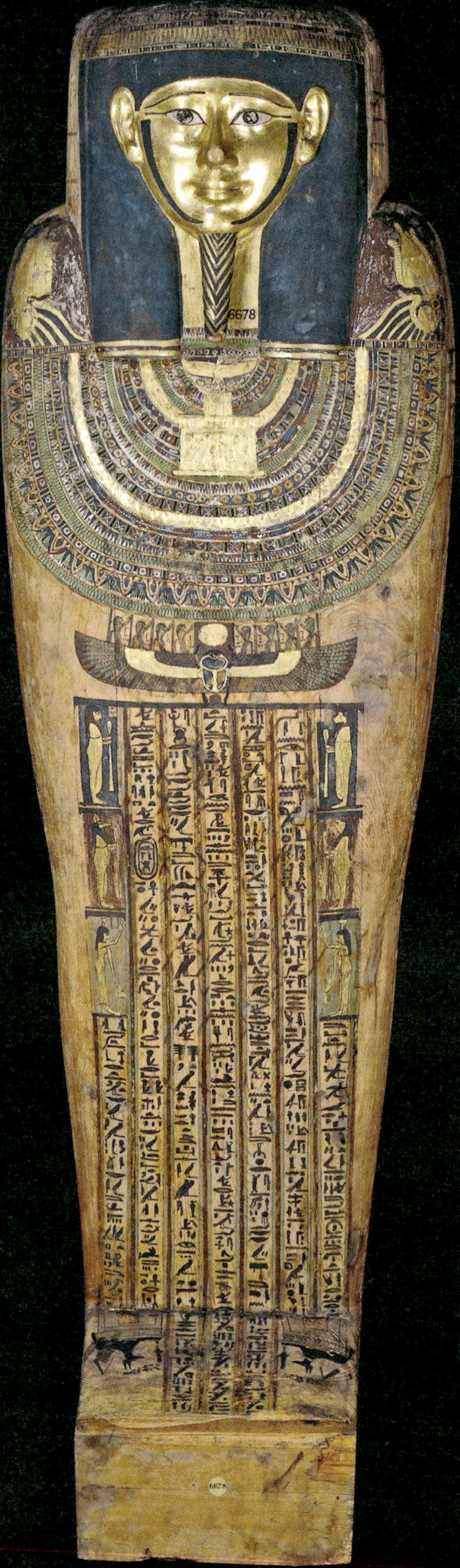
6678

1

大祭司的木乃伊

木制木乃伊棺，来自埃及古城底比斯（今卢克索附近）

约公元前 240 年

1954 年，8 岁的我第一次迈进大英博物馆的大门，首先参观的就是木乃伊，我想，这至今仍是多数人初次参观时的首选。当时吸引我的是木乃伊本身，是尸体带来的那种刺激又可怕的感觉。如今，当我穿过博物馆大中庭或走上台阶时，依然能看到一队队兴奋的孩子走向埃及厅，勇敢地去面对神秘而恐怖的木乃伊。但现在，我更感兴趣的乃是木乃伊棺，尽管这副棺木绝非大英博物馆历史最悠久的藏品，但似乎是"通过文物看历史"系列的一个不错的起点。从第 2 节起我们将按照年代顺序来讲述，介绍在约 200 万年前人类最早有意识制作的物品。选择一个年代并不最靠前的物品作为开端，似乎有悖常理。但我做出这一选择自有其原因：木乃伊及其棺木至今仍是馆内最具影响力的人工制品，它们能向我们演示，本书将如何通过围绕器物提出问题（偶尔也提供解答）来讲述历史。本节中这具特别的木乃伊棺，是馆中给人印象最深的藏品之一，制作于公元前 240 年左右，主人是埃及身份尊贵的霍尼吉提夫大祭司，我之所以选择它，是因为它至今仍能向我们提供丰富的新知，为我们传达来自古代的信息。

重访一个儿时参观过的博物馆，许多人会感慨我们自身变化之大，而物品却一如往昔。但事实并非如此：随着研究的不断深入以及新科技的应用，我们对它们的了解与日俱增。霍尼吉提夫大祭司的木乃伊被安放在一个黑色人形的巨大外椁和一个精心装饰的内棺中，尸体本身曾仔细涂抹过各种防腐药物，放上护身符和避邪物，再细心包裹起来。我们对霍尼吉提夫的所有了解都是从这些物品中得来的。可以说，他就是自己的记录文献，不断吐露着关于自身的秘密。

1835年，在出土约10年后，霍尼吉提夫的木乃伊来到了大英博物馆。当时人们刚刚破译了埃及象形文字，因此第一步便是阅读他棺木上的铭文，了解他的身份、职位与宗教信仰。我们在内棺上看到了他的名字，也了解到他是托勒密三世时期（前246－前222）卡纳克阿蒙神庙的祭司。

内棺上雕有一张精美的黄金面具——金色表明了他的神职身份，因为据说埃及的神祇都拥有黄金身躯。面孔下方是代表太阳神的带翅圣甲虫，象征自然世界，两侧则是敬拜旭日的狒狒。同所有的埃及人一样，霍尼吉提夫也相信只要尸体保存得当，他就可以在死后永生。但在到达来世之前，还要经历一段困难重重的旅途，必须做好万全的准备。因此，他带上了应对各种不测的符咒。棺盖内侧装饰着各式咒语、作为保护者而存在的神像以及各个星座。它们的位置分布与他头顶的天空一致，整个棺木内部便如同一个微缩宇宙。这是霍尼吉提夫个人的星相图与时光机。只可惜，事实与他所预料的相反，他为未来所做的一切一丝不苟的准备，反倒让今天的我们能够逆向旅行，回到他和他生活的世界。如今，除了这些铭文与图案，我们也开始破译物品本身，即木乃伊、木乃伊棺及棺中之物。

科学研究的不断发展，使我们今天对霍尼吉提夫的了解已远多于1835年。尤其是最近20年，在收集信息并保持物品完好方面，我们已取得了长足进步。科技为我们解密了许多铭文未能涉及的内容——日常生活的细节：人的年龄、食物、健康状况、死亡原因以及制作木乃伊的过程。比如，以前我们一直无法研究亚麻布层层包裹中的木乃伊身体，因为解开这些裹布有可能会损伤它们甚至毁坏木乃伊本身。但如今，在用于人体检查的CT扫描技术的帮助下，我们得以看到亚麻布以下的内容：布中包裹的物品及其下的躯体。

约翰·泰勒是古埃及与苏丹馆馆长，已在大英博物馆研究木乃伊超过20年。最近，他把其中几具带到伦敦医院接受特殊扫描。这种不造成破损的检查让我们收获颇丰：

> 我们现在了解到，霍尼吉提夫死时正处于中老年，将其制成木乃伊的方法是当时最先进的。他的内脏被取出，仔细包裹后又被放回体内：我们能在他的身

霍尼吉提夫内棺内部

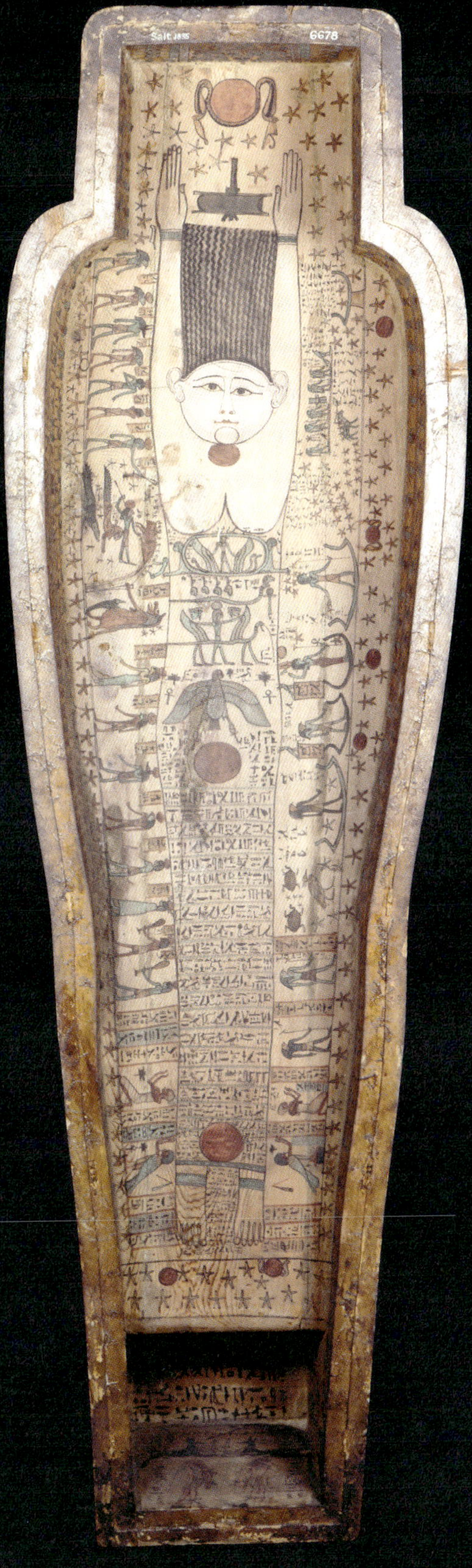
6678

木乃伊用亚麻布包裹，上覆木乃伊盒

体深处看到它们。他身上涂抹了大量松香，这是一种昂贵的油脂，用以保持尸体不腐。我们还检测到在裹布之下，大祭司的身体上安放着各种护身符、戒指、珠宝及小型辟邪物，以保护他平安通往来世。解开裹布对木乃伊的伤害极大，还很可能打乱那些体积极小的护身符的位置，而它们的摆放位置对其神奇功效至关重要。通过扫描，我们得以在原本的位置看到它们，和几千年前摆放时不差分毫，这对我们来说是很大的收获。我们还可以仔细检查他们的牙齿，了解其磨损程度以及他们所患的牙科疾病。还有骨头，我们发现霍尼吉提夫的背部患有关节炎，这一定曾让他痛苦不堪。

除了背部疾病之外，科学研究的新发展还让我们对霍尼吉提夫的了解继续不断深入。通过阅读棺木上的铭文，我们了解了他的社会地位以及他所处的社会对来世的看法。

而新科技则让我们得以分析木乃伊和棺木所用的材料，进而了解埃及和当时世界其他国家的经济联系。对我们而言，木乃伊似乎无疑是属于埃及的，但事实上，制作它们所需的材料并非只来自埃及一国。

通过对木乃伊制作材料的提取和测试，我们可以把它们的化学成分与地中海东部不同地区所发现的物质进行对比，从而重现当时向埃及供应材料的贸易网络。比如，有的木乃伊棺表面涂有黑色沥青，通过化学分析追溯其来源，发现它们来自死海，而这一地区在埃及以北几百英里，一般并不受埃及直接控制，因此一定是通过贸易获得。还有的棺木用昂贵的雪松木制成，木材从黎巴嫩大量购置，所费颇高。如果列出这些昂贵木材及其使用者的地位等级，我们就能对古埃及的经济情况有所了解了。棺木的选材、是否产于本地、价格的高低、木工质量，以及装饰和绘画艺术的水平，都能折射社会收入与等级。如果把像霍尼吉提夫这样的个体放入更大的背景，不仅将其视作来自远古的幸存者，而是看作当时社会整体的一部分，我们就能为古埃及写出更为详尽的历史，而这在以往是不可能做到的。

在棺中陪伴霍尼吉提夫的物品，大多用于引导他度过艰难旅程以到达来生，帮助他克服所有可预见的困难。不过有一点他的星相图肯定没有预测到，那就是他最后来到了伦敦的大英博物馆。事情理应如此吗？霍尼吉提夫和他的物品该出现在这儿吗？时常能听到这样的问题。过去的物品现在应该归属于谁？它们的最佳展示地在何处？是否所有物品都应在原制作地展出？这些重要问题将在本书中不断提及。我曾问过埃及作家阿达法·苏维夫，看到如此多的埃及古物远离家乡、被陈列在伦敦，她有何看法，她说：

> 说到底，埃及的方尖碑、石刻与雕像散落全球也许并不是一件坏事。诚然，这会让我们想起殖民岁月，但同时，这也提醒了世界，这是我们的共同遗产。

在博物馆，霍尼吉提夫的故事像其他所有物品的故事一样，仍在继续。他们的旅途尚未终结，我们的研究也是如此。我们正与全世界同仁一道努力，不断丰富我们对全球历史的共有了解——这是我们共同的遗产。

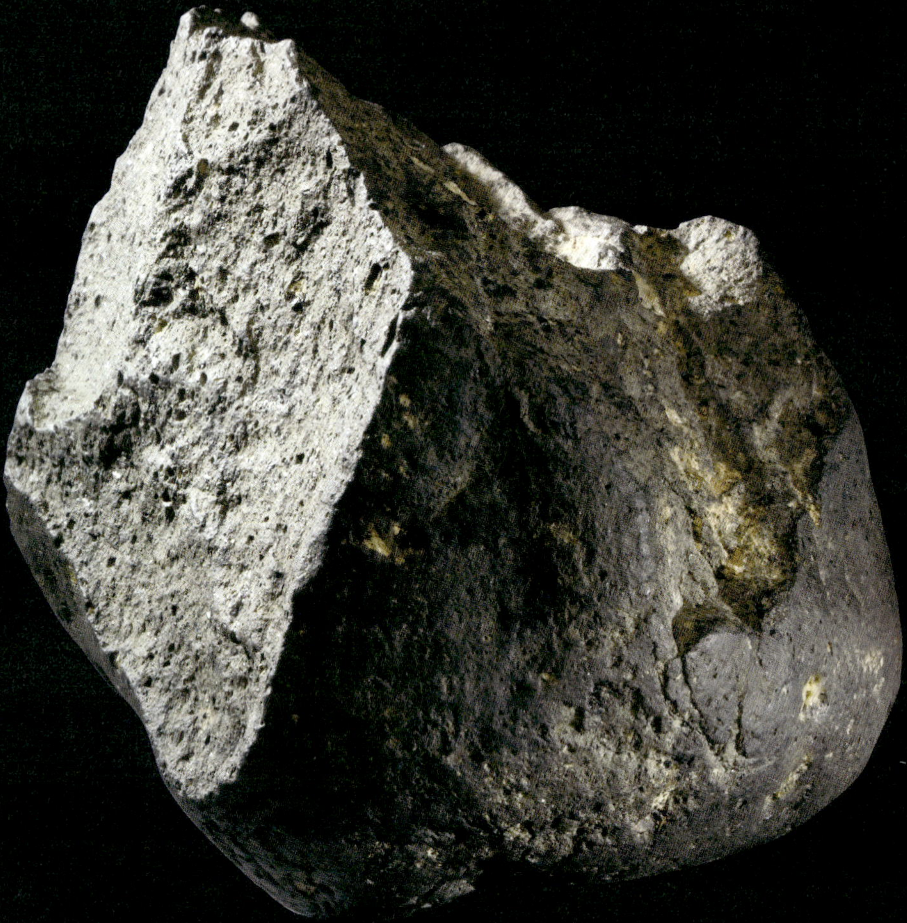

2

奥杜威石制砍砸器

工具，发现于坦桑尼亚奥杜威峡谷

180万至200万年前

这把砍砸器是人类最早有意识制造的物品之一。将它握在手中，就仿佛直接触碰到它的制造者。这块来自非洲现坦桑尼亚地区的碎石，将成为这一"通过文物看历史"系列中一切故事的起点。

如导言所述，博物馆的好处之一便是能让人穿越时空。自大英博物馆1759年开馆至今，我们所能穿越的时空已极大地扩展了。当时，绝大多数游客都相信人类历史起源于公元前4004年，甚至可以精确到那一年的10月23日，一个星期天的傍晚。这个准确得惊人的日期是1650年由厄舍尔大主教计算得出的，这位主教曾在大英博物馆附近的林肯律师学院布道。他仔细翻阅了《圣经》，把亚当夏娃后代的寿命一代代累加，再综合其他资料，得到这一数据。但在之后的几百年中，考古学家、地质学家以及博物馆工作人员已逐步把人类史从厄舍尔主教的6000多年扩展到了令人难以想象的200万年。那么，如果人类的起点并非公元前4004年的伊甸园，又应该是何时何地呢？人们做出了种种猜测，但一直没有确实可信的答案，直到1931年，一位名叫路易斯·利基的年轻考古学家，在大英博物馆的赞助下，踏上了他的非洲探险之旅。

利基的目的地是奥杜威峡谷，这是坦桑尼亚北部平坦大草原上的一道大裂缝，邻近肯尼亚边境，属于东非大裂谷的一部分，是地球表面一道延绵数千英里的裂痕。在奥杜威，利基仔细检查了裸露的岩石层，它们就像历史的储藏器。在翻检草原上由日晒和风雨塑形的岩石的过程中，他找到一个岩层，在这里，除了自然力量以外，还有靠别的力量——人手塑形的石头。它们的发现地周围有很多骨头，很明显，这是一些屠宰工具，用于将死在草原上的动物剥肉剔骨。而随后的地质勘探毫无疑问地证明了，这些工具所在的岩层已有约200万年的历史。这是考古学上的爆炸性发现。

利基发掘的岩石是已知的人类史上最早的一批手工制品，它们同时表明，非洲不仅是人类的起源地，也是人类文明的起源地。这件石制砍砸器便是他当时的发现之一。伟大的博物学家及播音员大卫·艾登堡爵士曾这样表达他的激动之情，想必当年利基也有过同样的感受：

> 握住它，我仿佛置身于非洲大草原，需要用它来切割动物的尸体，用肉来填饱肚子。
>
> 拿起它，你的第一感觉是重。自然，这重量将使你的敲击更为有力。第二感觉是它与手掌完美贴合，没有一丝缝隙。它锋利的边缘正好位于我们的食指与手腕之间，毫不夸张地说，我手里攥的是一把锋利的刀。此外，石上的一处突起也让我能够牢牢地握住它。它一定经过特殊的打磨，也很锋利……用它切肉一定游刃有余。这些感觉让我和辛苦制造它的人之间产生了某种联系。他先在一面敲了1、2、3、4、5下，又在另一面敲了3下，一共8个动作。然后，他用另一块石头来敲去石屑，最终使它锋利的边缘几乎成一条直线。

我们最近使用奥杜威峡谷时代人类能采用的技术手段制作了一个全新的砍砸器。将这一新品拿在手中，你立刻就会明白用它从动物身上剥肉有多方便。我用烤鸡试了试，很利落地就将肉从骨头上剔了下来。然后只需一砸，就能砸开骨头，得到骨髓。这样的工具也能用来剥树皮、削树根，这些都是食物。它是一件多功能厨具。很多动物都会制造工具，尤其是猿类。但与它们不同，人类会在需要使用之前预先制作工具，并保留下来以备下次使用。奥杜威峡谷的这件砍砸器便是人类制作工具的开端。

最早使用这种工具的人类大概并不是猎人，而是一些聪明的机会主义者。他们等到狮、豹或其他野兽杀死猎物，便带着工具跟进，把肉和骨髓抢到手，饱餐一顿蛋白质。骨髓虽然听起来不太让人有胃口，但营养极其丰富，不但能增强体力，还能让大脑更为发达。大脑所需的养分极多。虽然只占体重的2%，却要消耗我们所摄能量的20%，并需要持续的养分补给。我们200万年前的祖先通过给大脑提供足够营养，保障了它们的未来。当力量更强、速度更快也更凶猛的猛兽杀死了猎物，却因炎热而离开休息时，早期的人类便出来觅食了。他们用这种工具得到动物身上营养最丰富的骨髓，从而建立起一个古老的良性循环。这种使身体和大脑都获益的食物，让那些更聪明、脑容量更大的人活了下来，并生出脑容量更大的后代，从而可以制造出更复杂的工具。你我都只是这个不断持续的过程中最新一代的产品罢了。

人类大脑在几百万年中不断进化，其中最重要的一项发展便是逐渐变得系统化，从而掌握了一系列不同的功能：语言、逻辑、制造工具所需要的协调配合能力、想象力与创造性思维。人类大脑的左右半球各有分工，这与猿的大脑极为不同：它们的大脑较小，而且结构对称。这件砍砸器记录了我们明显变得更聪明的那一时刻：不只想制造物品，还想要改进它们。正如大卫·艾登堡爵士所言：

> 这件物品只是一个开端，之后人类几乎执迷于此。这是利用自然物质、为了某一特定目的并以某种特别方式制作的物品，制作者明确了解它的用途。这一过程是否比实际使用它、发挥它的功用更复杂呢？我想你们几乎都会说是。他是否真的需要在一面砸1、2、3、4、5下，另一面砸3下？不能只砸2下吗？我想他应该试过。当时手握这件工具的人，不论男女，都是为了一个特殊目的而制造它的。这个过程也许让他（她）得到了一些满足，因为他（她）知道自己会把它做得很实用，简单又利索。以后他（她）可能会把这活儿干得更漂亮，但当时还谈不上。这只是漫长旅途的开始。

在这件砍砸器边缘多敲的那几下让我们了解，与其他动物不同，人类一开始制造的物品就超越了简单的实用功能。物品满载着制造者的信息，从这件砍砸器起，人类与他们制造的物品之间那种爱恋与相互依赖的关系便被开启了。

自从制造出这样的工具，人类便再也不能离开它们生活了。从这个角度来说，是制造让我们成为人类。利基在东非大裂谷温暖土地上的发现，不仅扩展了人类已知的历史，也向我们清楚地表明，我们都是这些非洲祖先的后代，我们每一个人都是非洲人的后裔，我们的DNA里包含着非洲因子，所有的文化也都从这里起步。肯尼亚环保主义者，诺贝尔和平奖得主旺加里·马塔伊曾评论道：

> 已有明确的信息表明，人类都起源于非洲东部某地。人们太习惯于划分不同的民族或种族，始终想找到和别人不一样的地方，因此，我们中的一些人必定会很惊讶地发现，我们用于区分彼此的标准，如皮肤的颜色、眼睛的颜色、头发的质地等等，都是如此肤浅，而从根本上讲，我们都有着共同的起源、共同的祖先。因此我认为，在我们逐步了解自己，互相欣赏，尤其是在了解我们共同起源的过程中，一定会慢慢丢掉过去的很多偏见。

不论是广播还是电视里的新闻，都很容易让我们觉得，世界上有很多敌对群体与相互竞争的文明。因此我们非常有必要提醒自己，人类的共性不仅仅是一种启蒙式的梦想，而且在基因和文化上也都是事实。这一点将在本书中不断提及。

3

奥杜威手斧

工具，发现于坦桑尼亚奥杜威峡谷

120万至140万年前

旅行时你会带什么？大部分人都会列一个长长的单子，从牙刷开始，一直列到行李超重。但其实，在人类历史的大部分时期，旅行时只需一样东西——石斧。石斧是石器时代的瑞士军刀，多功能的科技必需品。其尖头可以当钻，两侧锋利的长边可以砍树、切肉、刮树皮或兽皮。石斧看上去很简单，但制作起来十分需要技巧，在长达百万年的时间里，一直属于最尖端的技术。它伴随我们的祖先度过了人类一半的历史，使他们得以遍布非洲，再走向全世界。

在100万年的时间里，制作石斧的声音宛如日常生活中的打击乐。不管是谁，如果想用100件物品来讲述历史，都会把石斧包括在内。为什么它如此有趣？因为它不仅能让我们了解制作它的那双手，还能了解制作它的那个大脑。

奥杜威石斧与现代斧头当然全无相似之处，既无斧柄，也没有金属刃。它是一块美丽的灰绿色火山岩，呈泪滴状，功能比现代一般的斧头丰富得多。沿着泪滴较长的两侧，石头被打磨得十分锋利，并在一端形成尖头。当人手握住它时，会惊叹于二者形状的完美贴合——尽管这一把大得不同寻常，一般人很难握得舒服。制作它的技术十分出色，你能看到塑形过程留下的砍削痕迹。

最早的工具，如石制砍砸器（第2节），常给人十分原始的印象。它们就像破损的鹅卵石，制作过程也通常是用一块较大的石头击打另一块，砍掉一些石屑，得到一个锋利边缘即可。但这把石斧完全不同。简单观察一下一个现代石匠的工作，你

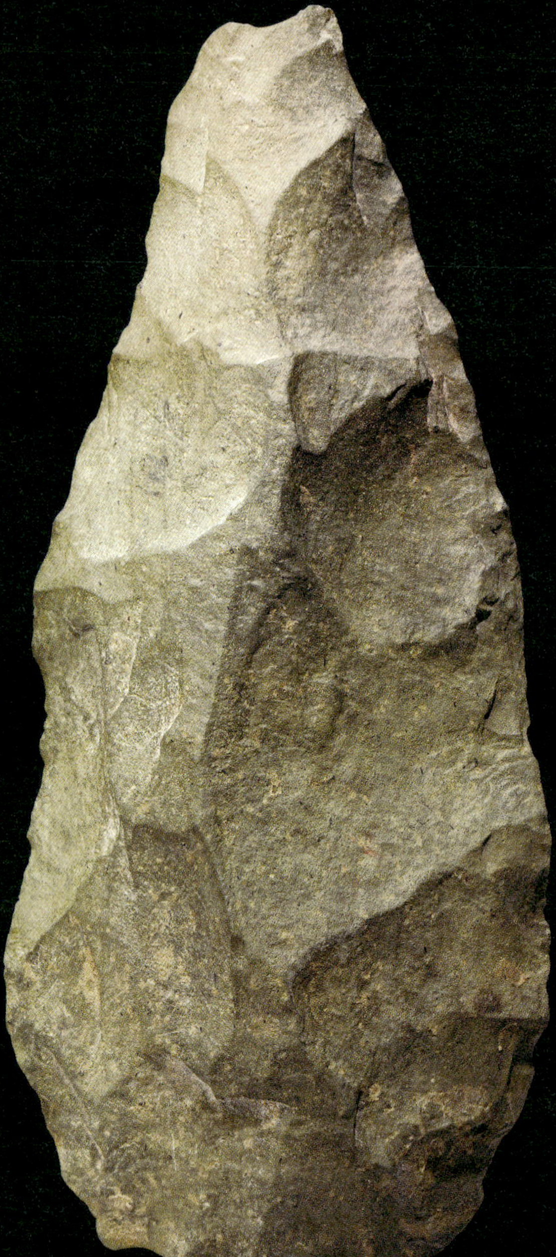

就能了解我们的石斧制造者需要掌握多少技能。这可不是能随便敲出来的，它是经验的产物，需要详细的计划、技巧，以及长时间的学习和改进。

制作石斧不仅需要精湛的手工艺，同样重要的还有概念上的跨越：要能从粗糙的石块中设想出物品将来的形状，就如同今天的雕刻家能从石块中看到雕像的样子。

这块超尖端技术的石头至今约有120万至140万年历史，同石制砍砸器（第2节）一样，也发现于坦桑尼亚大草原东非大裂谷的奥杜威峡谷。但它来自更高的地质层，在时间上晚了很多年，技术上也有了质的飞跃。我们在这里找到了现代人类的真正起源。我们认为，能制造出这种工具的人，是和我们同样的人。

制作石斧所需的专注力与计划性，表明我们的祖先看待世界的方式与大脑的运作都有了长足的进步。而这件石斧也许还隐藏着更惊人的证据：有关语言的秘密。很可能，就是在制作这类工具的过程中，我们学会了交谈。

最近，科学家们从神经学的角度来研究制作石器的过程。他们使用现代医院的扫描设备来观察石匠工作时所使用的大脑区域。令人惊讶的是，现代人的大脑中制作石斧的部分与负责语言的部分高度重合。极有可能会加工石头的人，就能表意成句。

当然，我们完全无法了解制造石斧的祖先可能说过什么。但他很可能已经掌握了7岁儿童的语言能力。不论水平如何，早期的语言都必然是一种全新交流方式的开始，意味着人们可以坐下来交换想法，一起计划工作，甚至闲聊。如果他们已能制造出类似这把石斧的像样工具，并能交流这一过程中所需的复杂技能，他们就很可能已逐渐开始形成我们今天的人类社会。

120万年前，我们制造出了石斧这样的工具，帮助我们控制和改变环境。石斧改善了我们的饮食，让我们能剥兽皮以蔽体，砍树枝以生火，并建造住所。不仅如此，我们还能交谈，想象并不存在于眼前的东西。那接下来会发生什么？石斧将伴随我们走过漫长的旅程。因为掌握了这些能力之后，我们就不再被束缚在一个小地方了。如果有需要，人类可以迁徙。哪怕只是单纯地想换个地方也行。我们可以旅行，可以离开温暖的非洲草原，去气候更寒冷的地方生存繁衍。石斧是我们通往世界其他地方的门票。在大英博物馆供研究用的藏品中，有来自非洲各地的石斧——尼日利亚、南非、利比亚。还有一些来自以色列、印度、西班牙和朝鲜半岛……甚至有一把来自希思罗机场附近的矿场。

在他们不断向北走出非洲的过程中，一些石斧制造者成了第一代不列颠人。大英博物馆馆员、考古学家尼尔·阿什顿这样描述：

> 在诺福克的黑斯堡，我们发现了厚达 30 英尺的岩层，由黏土、淤泥及沙组成，形成于约 45 万年前的大规模冰川时期。就在黏土之下，一位当地居民在遛狗时发现了一把藏于有机沉淀物中的手斧。这样的工具最早制作于 160 万年前的非洲，100 万年前才来到欧洲南部及亚洲的部分地区。当然，那时的海峡比现在窄得多，沿着古海岸线走，能一直走到中欧的心脏、今天我们称为尼德兰的地区；当时有一座巨大的陆桥连接着英国与欧洲大陆。我们其实还不能断言为何人类当时会到英国生息，但很可能，是手斧的新技术发挥的威力。

4

游泳的驯鹿

猛犸象牙雕，发现于法国蒙塔斯特吕克

公元前 11000 年

大约 5 万年前，人类的大脑发生了巨变。全世界的人类都开始绘制用于装饰和欣赏的图案，用首饰来装扮身体，并创造出与他们分享这个世界的动物的形象。他们制造物品的目的不是要改造世界，而是想探索这个世界呈现的秩序与模式。简单地说，他们是在创作艺术。这块雕有两头驯鹿的象牙是整个大英博物馆最古老的艺术品，制作于末次冰河时代末期，约 13000 年前。我们将它保管在恒温箱里，几乎从不移动，因为它极其脆弱，任何突然的震动都可能让它化为尘埃。这件雕像长约 20 厘米，用猛犸象牙制成，形状细长而微曲，因而被普遍认为是用象牙尖制作的。制作它的这位祖先，只是想把自己生活的世界展现给自己看，但他的作品却把我们和他的世界紧密联系了起来。它是冰河时代的艺术杰作，也是人脑运作方式发生巨大改变的证据。

之前欣赏的石制工具让我们思考，是否制造让我们成为人类。你能想象人类不靠工具来应对这个世界吗？至少我不能。但当你注视这些极为古老的物品时，另一个问题接踵而至。为何现代人类都有创作艺术的冲动？为什么世界各地的工具制造者最后都成了艺术家？

在这件艺术品中，两头驯鹿挨得很近，正在一前一后地游泳。雕刻家灵巧地利用了猛犸象牙逐渐变细的形状。体型较小的雌鹿在前，象牙尖正好是它的鼻尖，而它身后较粗的部分则是体型较大的雄鹿。由于象牙的弧度，两头鹿都抬着下巴，鹿

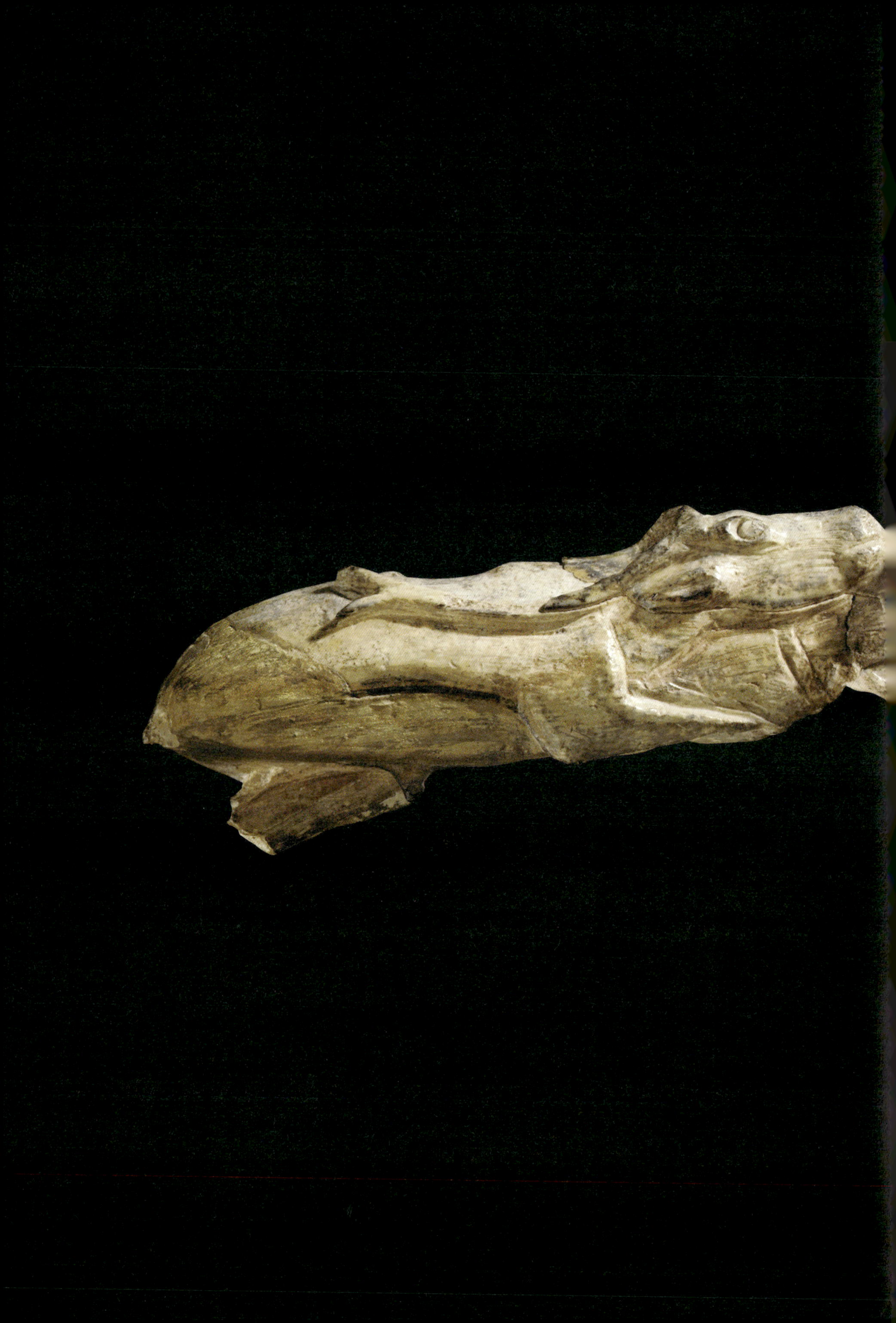

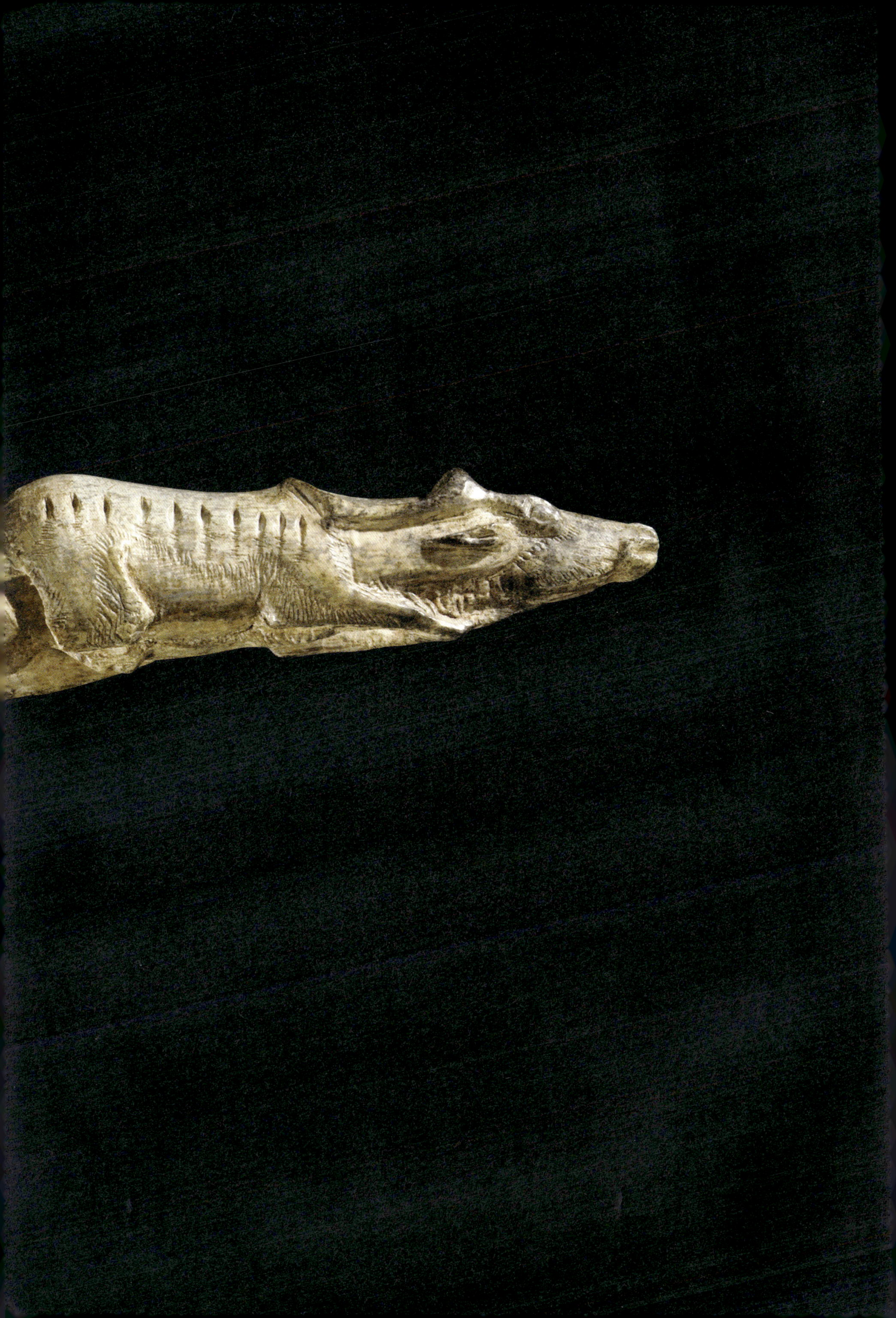

角朝后，正好是它们游泳时的姿态。下方的鹿腿完全伸展，呈流线型，令人赞叹。这件物品是细致观察下的产物。只有花了大量时间观察驯鹿游泳过河的人，才能创作出这样的艺术品。

因此，它的发现地位于法国蒙塔斯特吕克河岸边的岩屋，绝非偶然。这件艺术品用写实的手法表现了驯鹿。13000年前，成群的驯鹿正在欧洲大陆上游荡。当时的欧洲大陆远比现在寒冷，大部分地区开阔平坦，没有任何树木，类似今天的西伯利亚。生活在这样条件恶劣的地区，对依靠捕猎和采集为生的人类来说，驯鹿是他们能够生存下去的重要保障。它们的肉、骨、皮、角不仅足够保障人类衣食，还是制作工具与武器的原材料。只要能猎获驯鹿，人们就能活下去，还能活得很舒服。因此，我们的艺术家会对这种动物如此熟悉，并选择刻画它们的形象，也就毫不奇怪了。

体型较大的雄鹿有一对让人印象深刻的鹿角，几乎与它的整个后背等长。我们能确定它的性别，是因为艺术家还在它的身下刻了生殖器。雌鹿的鹿角较小，身下有4个小突起，形似乳头。但我们能了解的还不止这些。很明显，这两只动物此刻生活在秋季，处于发情期，正向冬牧场迁徙。因为只有在秋季，雌鹿和雄鹿才能有这么完整的鹿角与状态如此美好的皮毛。雌鹿的肋骨与胸骨雕刻得十分精致。雕刻它的人是猎人也是屠夫。他不仅观察过它，也亲手屠宰过它。

我们知道，细节逼真的自然主义风格仅仅是冰河时代艺术家们所采用的艺术形式之一。在大英博物馆，还有一件发现于同一地点的雕刻物。本节所述的是雕刻在猛犸象牙上的驯鹿，那一件则是雕刻在驯鹿角上的猛犸象，这恐怕并非巧合，而是有趣的对称安排。虽然我们也能一眼认出那是猛犸象，但它的表现形式完全不同：其形象极其简明扼要，介于漫画与抽象画之间。这样的搭配并非绝无仅有。冰河时代的艺术家们展现了一整套的风格与技巧，抽象主义、自然主义、超现实主义，还有透视法与复杂构图。他们是同我们一样的现代人类，有着现代的思维方式，虽然仍靠狩猎与采集为生，但已经在通过艺术来诠释自己生活的世界。英国雷丁大学的史蒂芬·米森教授这样描述这种转变：

> 在大约5万至10万年前，人类的大脑发生了变化，出现了奇妙的创造力、想象力及艺术能力。这大概是由于大脑的不同部分以新的方式连接了起来，因

此可以把不同的想法融合在一处，如他们对自然的看法及对制造的了解。这使他们获得了创作艺术品的能力。冰河时代的自然条件也起了很关键的作用：生活在漫长严酷的寒冬，对人类来说是极大的挑战，他们需要建立真正紧密的社会纽带，需要仪式，需要宗教，而这一切都带来了艺术的繁荣。因为艺术的一部分就是对自然界发自内心的喜悦、欣赏和赞颂。

还不仅仅是对动物世界的欣赏，他们同时也知道如何妥善利用岩石与矿物。本节的小雕像便至少利用了4种雕刻石头的技术。首先，用砍砸器把象牙的一端砍下来，然后用石刀刮出动物轮廓。接着用铁矿石粉加水整体打磨，很可能还用羚羊皮抛光，

约 12500 年前，用驯鹿角雕刻的猛犸象

最后，用石刻刀仔细雕出身体与眼部细节。不论整体概念还是操作过程，这件艺术品都极为繁复。同所有伟大的艺术品一样，它表现了细致的观察与纯熟的技巧。

但为何要如此费力地制造一件毫无实际用途的物品呢？坎特伯雷大主教罗文·威廉斯博士认为其中自有深意：

> 你能感受到，这一物品的制造者用丰富的想象力将自己置身于周遭的世界中，并从骨子里感受其律动。在这一时期的艺术品中，你能看到人类正全心融入生命的洪流，让自己成为周围动物生命过程的一部分。这并非是通过掌控动物世界或保障狩猎成功来实现的。我认为远不止此。他们是真的想要融入其中，从更深的层面让地球成为他们的家园，事实上，这是一种极其宗教式的冲动。人们常常认为宗教是脱离俗世的，仿佛真正的生活只存在于天堂某处。但如果你深入了解宗教的起源，你就会发现，世界上伟大宗教的主题都并非如此。它们的主题是如何活在当下，活在此处，成为生命洪流中的一部分。

这两头游泳驯鹿的雕像徒具形体，而无实际功能。它是否完全为了美感而被创作？还是另有目的？不论绘画还是雕刻，都像是一种神奇的力量，给了你所表现的物体生命。而你也重新定位了你与世界的关系：不仅能体验，还能想象。

也许冰河时代末期的这些雕像真的具有某种宗教含义，尽管如今我们只能想象它们的仪式用途。但这种艺术表现了一种至今仍很兴盛的传统，一种塑造了人类社会并还在不断演化的宗教意识。类似这件驯鹿雕像的物品，让我们了解了与我们相似但时空远隔的人类的思维与想象，进入了一个看不见却能立刻了解的世界。

5

克洛维斯矛尖

石制矛尖，出土于美国亚利桑那州

公元前 11000 年

想象一下：你正置身于一片灌木丛生、绿荫遍野的地方，跟随一队猎人悄悄靠近一群猛犸象。你想要其中一头做晚餐。你手里抓着一支矛，有锋利的矛尖。距离越来越近了，你用力掷出矛，但没中。你想要猎杀的那头猛犸象把矛踩在脚下，使之报废。于是你拿起另一支，继续前行。但你留在地上的东西可不仅是一件失败的捕猎工具，还是一条穿越时空的信息。猛犸象踩断了你的矛，但几千年后，人们会发现石制矛尖，了解你曾在这里出现。

不管是随手扔掉或丢失的东西，还是被当作财产妥善保存的东西，都能向我们讲述历史。一些寻常生活中的普通物品早就被当作垃圾丢弃，却能让我们了解人类历史中最重要的事。比如这件东西，就能让我们了解现代人类是如何占领全世界，以及在非洲、亚洲、欧洲与澳大利亚繁衍生息之后，他们最终是如何来到美洲的。

这小东西是一件致命武器的尖头。它由石头制成，在大约 13000 年前，一个与我们近似的现代智人把它丢在了美国的亚利桑那州。如今，它被放置在大英博物馆北美分馆的柜子里，被华丽的羽毛头饰包围，柜子旁边则是图腾柱。矛尖由燧石片制成，大小与超薄型手机相当，但呈细长树叶状，其尖头完整无损，依然十分锋利，两侧都有美丽的波纹。如果细心观察，你会发现那其实是手工制作的痕迹，燧石上的小碎片都被仔细削掉了，触碰起来手感很好，用作致命武器也很称手。

也许这个矛尖最让人惊奇的一点是它出土于美洲。现代人类起源于非洲，在人

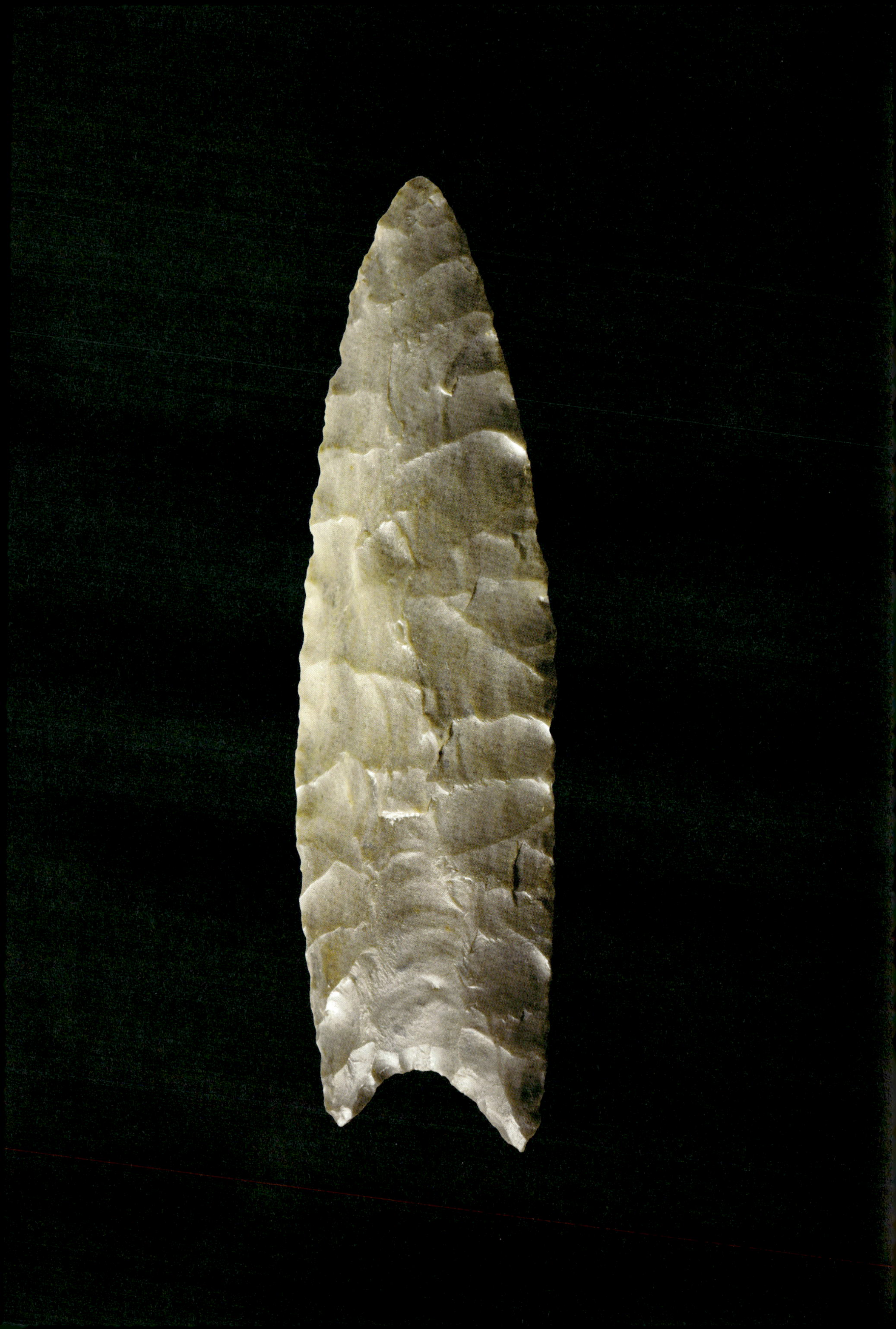

类历史的绝大部分时期，我们都局限于非洲、欧洲与亚洲，因为它们彼此相连。而制造了这些矛尖的人是如何来到美洲的呢？他们又是些什么人？

这样的矛尖绝非罕见，在整个北美大陆共有数千件出土，是北美大陆第一批居民的生活铁证。它们被称为克洛维斯矛尖，以纪念1936年在美国新墨西哥州的同名小镇上第一次被发掘。人们同时还发现了一些被它们猎杀的猎物的骨头。因此矛尖的制造者，用它们打过猎的人，被称为克洛维斯人。

克洛维斯镇的发现是我们对美洲史了解的一次飞跃。从阿拉斯加到墨西哥，从加州到佛罗里达，几乎一模一样的石制矛尖成堆出现。它们表明，在末次冰河时代末期，大约13000年前，在这片广阔的地带，人类已能够建立起一些小型社群。

克洛维斯人是最早的美洲人吗？研究这一时期的著名专家加里·海恩斯教授认为：

> 有一些零散的证据表明，在克洛维斯矛尖被制造出来之前，美洲已有人居住。但其中大多数还都有待商榷。克洛维斯人很可能就是第一批美洲人。不论在北美何处挖掘考古现场，最底层也不过形成于13000年前，所找到的人工制品也都与克洛维斯人相关。因此，他们看起来的确是第一批生活在美洲的人，并逐渐布满了整个北美，成为现代美洲人的祖先。他们应该来自北方某处，因为基因研究表明，美洲土著的祖先是东北亚人。

考古学、DNA和大量学术研究都证明，美洲最早的居民约在15000年前从亚洲东北部来到了阿拉斯加。

在约4万年前，和我们一样的人类便从非洲迁徙到亚欧，甚至漂洋过海到了澳大利亚，但还没有人踏足美洲。是气候的巨变给了他们机会。首先，大约2万年前，冰河期的影响加剧，大量的水变成了冰原和冰川，海平面急剧下降。俄罗斯和阿拉斯加之间的海域（白令海峡）变成了一条宽阔的陆桥。包括野牛和驯鹿在内的动物来到了美洲这一侧，而以猎食它们为生的人类紧随其后。

继续往南前往美洲的其他部分需要穿过一条无冰的长廊，它的一侧是太平洋沿岸的落基山脉，另一侧则是覆盖着加拿大的冰原。当气温在15000年前升高以后，大量的动物以及紧随其后的猎人们得以穿过长廊，来到今属美国的丰饶牧场。这里便是出现了克洛维斯矛尖的美洲新世界。对于积极能干的北亚人而言，这样的环境十分理想，但对猛犸象来说则很不妙。矛尖两侧在我看来十分漂亮的纹理，会让被射中的猎物大量出血。你可以不是神枪手，伤口也不必致命，但不管射中猎物的哪个部位，大量的出血都会让它变得衰弱，被人类轻松猎杀。到公元前1万年，猛犸象及其他许多大型动物便已灭绝。加里·海恩斯认为这都是克洛维斯人的责任：

> 在北美洲，人类的首次出现和绝大部分大型动物的消亡有着直接联系。在世界各地，只要出现了现代智人，就有这样的后果。大型哺乳动物的灭绝在所难免，且不仅是几种动物而已，灭绝的比例极大。在北美洲，就大约有2/3到3/4。

约12000年前，克洛维斯人及其后代不仅占领了整个北美，还来到了南美的最南端。此后不久，温暖的气候和冰层的融化使海平面急剧上涨，人类从亚洲来到美洲的陆桥再次被淹没。没有回头路可走。在此后大约1万年的时间内，美洲的文明都在独立发展，直到公元16世纪才与欧洲建立了长期联系。

因此，在约12000年前，人类历史到了一个关键点。除了太平洋上的岛屿之外，人类已占据了包括澳大利亚在内的所有地球上的宜居地。我们似乎拥有不断迁徙的天性，总想知道下一座山背后是什么。这其中的原因何在？广播员及旅行家迈克尔·佩林差不多走遍了全世界，在他看来，驱使我们不断行走的动力是什么呢？

> 我总是安定不下来。很小的时候，我就对没去过的地方感兴趣，想知道地平线那边是什么，转过街角又会碰到什么。如果你多了解一些人类史，就会觉得它是一部迁徙史。一切从他们第一次决定走出非洲开始。这种不安分的天性是人类最后占领地球的重要原因。生活并非不安定，只是还想去找更好的地方：气候更温暖、生活更愉快的所在。也许这其中有某种精神上的因素，一种希望，认为自己终究会找到一片乐土。寻找天堂、寻找完美之地，这也许就是人类一直以来迁徙的根源。

希望是人性所特有的要素，听起来十分令人鼓舞。在我们至今长达近200万年的历程中，让我感受最深的便是，人类一直都在不断努力，改进做事方式，制造更美观、更实用的工具，探索环境，探寻新知，努力开拓未知领域。从动物也可能使用的生存必需工具，到一件也许是宗教起源的伟大艺术品，我们所讲述的这些物品呈现了这段变化的轨迹。下一部分，我将谈及人类如何通过农业改造自然世界，在这一过程中，我们不仅改变了地貌、动物和植物，最重要的是，改变了我们自己。

第二部分

冰河时代后的食与性

公元前 9000 年至公元前 3500 年

在 1 万年前的末次冰河时代末期,地球上至少有 7 个地区分别独立发展起了农业。这种缓慢的演进持续了很多个世纪,影响深远。为了照管农作物和饲养牲畜,人类第一次定居下来。农业带来的粮食富余,让更大的族群可以生活在一起,从而改变了人们的生活方式,也改变了人们的思考方式。为了解释动物的行为和农作物的四季轮回,新的神灵开始出现。

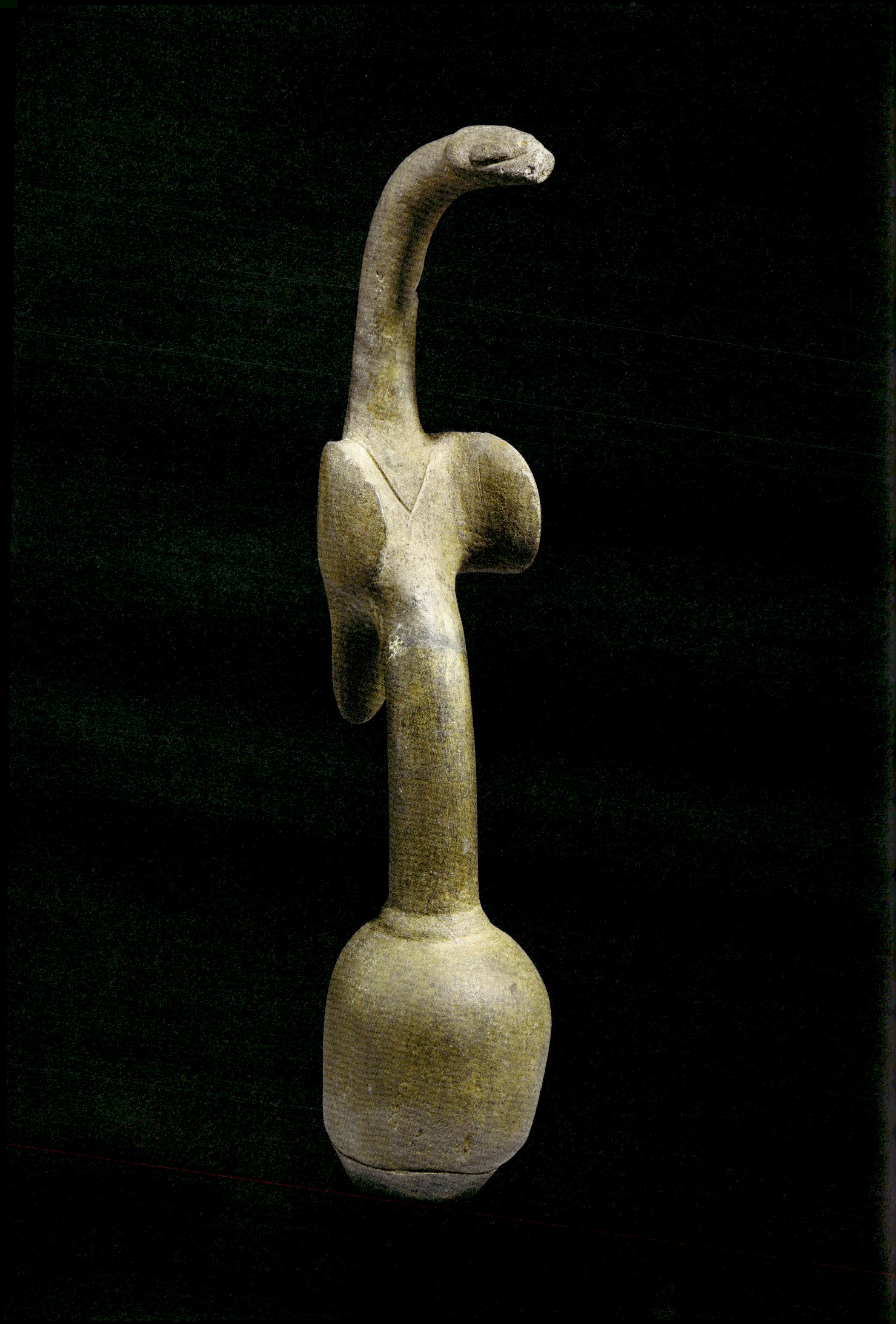

6

鸟形杵

石杵，出土于巴布亚新几内亚奥罗省艾科拉河

公元前 6000 年至公元前 2000 年

下次去餐馆的自助沙拉台，你可以仔细观察一下可供选择的种类，应该有土豆沙拉、米饭、甜玉米和四季豆。其实在历史上，它们的产地相隔甚远。虽然如今都是极普通的作物，可如果不是我们的祖先精挑细选、细心培植、逐步改造，它们不会像今天这么营养丰富。现在最常见的谷物与蔬菜的历史，都始于 1 万年前。

之前我们关注的是我们的祖先如何在世界范围内迁徙，现在的重点则是他们定居下来后如何生活。那时人们刚开始驯养动物，对神灵无限崇敬，气候虽然恶劣，但性生活美好，食物更是美味。

约 11000 年前，地球气候发生了巨大变化，导致末次冰河期的结束。气温升高，海平面上涨多达百米。冰雪融化，原先积雪覆盖之地变成了草原，人类生活因此而出现了缓慢但深远的变化。

1 万年前，人们日常生活中的声响在世界范围内都发生了改变。研磨声与捣杵声成为新的背景乐，吹响了新食物的号角，它们改变了我们的饮食，也改变了地貌。很久以前，我们的祖先就在用火烤肉，而现在，他们开始用我们更为熟悉的方式烹饪了。

人类开始安定下来，种植可供一年食用的蔬菜。大英博物馆内有无数藏品，可以表现人类历史上的这一特殊时刻。耕种在地球上的不同地区几乎同时出现。考古学家最近发现，巴布亚新几内亚也是其中之一，它是澳大利亚北边的一个大岛，也

是这把鸟形杵的出土地。我们推测，这把杵已有8000年历史，用途是将臼里的食物捣碎磨细供人食用，与如今的杵别无二致。它体型较大，约35厘米高，底部是个板球大小的用于研磨的石球，磨损得很厉害，看来一定经过长年的使用。杵柄十分方便抓握，但柄端与食物制作毫无关联，看起来就像一只苗条修长的鸟，翅膀张开，细长的脖子前伸，有点形似协和式飞机。

众所周知，在一切文化中，不管是家庭里还是社群中，食物的准备和分享都是联系人们的纽带。每一个社会都用盛大的宴席来庆祝重大活动，很多家庭的回忆与情感都靠锅碗、菜式与儿时用过的木勺维系。这样的感情纽带在大约1万年前烹饪与烹饪用具出现之际便开始形成，这也正好是鸟形杵出现的年代。

巴布亚新几内亚出土过许多杵及臼，本节中的鸟形杵只是其中之一。这表明当时有大量的农夫在热带雨林与草地种植庄稼。以前人们以为，农业始于中东叙利亚与伊朗之间那片通常被称为"新月沃地"的地区，再从那里散播到全世界，但最近的相关发现颠覆了这一观念。真相并非如此。人类史上浓墨重彩的这一笔是在不同地区自发完成的。人类种植之初，总是专注于某几类植物，有选择性地从野外采集，然后种植照料。在中东，他们选择了一种特别的草——早期的小麦。在中国，人们选择了野生旱稻，非洲选择了高粱，而巴布亚新几内亚的人们则选择了含淀粉的植物块茎：芋头。

对我而言，这些新植物最奇特的一点就是，在自然状态下，它们一般都不可食用，至少是味道极差。为什么人们会选择一些只有在浸泡、煮熟或研磨后才能被消化的植物食用呢？剑桥大学考古学教授马丁·琼斯认为这是获取生存的关键一步：

> 在人类向全球扩张的过程中，我们需要与别的动物去竞争那些容易获得的食物。因此，如果处于竞争劣势，就得去寻找比较难获得的食物。人们找到一些如今被我们称为谷物的小硬草籽，生吃难以消化，甚至可能有毒，必须磨成糨糊，然后制成面包或者面团。又找到一些巨大有毒的植物块茎，像红薯和芋头，也必须加工研磨，烹饪后方可食用。如此人类便获得了竞争优势。别的动物没有我们这样的大脑，不能在得到某一结果之前预先计划出好几个步骤。

学会烹饪、寻找新的食物来源都需要大脑。我们不知道当年在新几内亚，用这种鸟形杵研磨芋头的厨师是男是女。但考古发现明确地告诉我们，在中东，烹饪主要是女性的工作。通过对这一时期墓葬的研究，科学家发现，成年女性的髋部、脚踝和膝盖都有严重磨损。在当时，研磨麦子需要蹲跪下来，躯体前后摆动，以碾压两块重石间的谷粒。这种可能导致关节炎的工作十分辛苦，但中东地区的妇女和其他各地的新厨师们因而生产出了很多有营养的基础食物，足以养活比以往数量多得多的人口。大部分新食物味道寡淡，杵和臼能增加它们的风味。厨师与美食作家梅赫尔·杰弗瑞提到：

> 我们早在远古时代就了解了芥菜籽。如果整粒食用，它是某种味道，但磨碎以后就会变得又辣又苦。研磨可以从本质上改变一种调味品。

有了新的食物与调料，也就出现了新的社群。人们可以生产出富余的食物，然后储存起来，以备将来交换，或干脆在某次盛大宴席中大快朵颐。我们的这把鸟形杵纤长优雅，看起来无法胜任日常生活中大力碾压芋头这样的粗活，也许我们应该把它看作一种仪式或宴会用具，专为人们的聚会准备特别的食物。那时的聚会也像我们如今的聚会一样：交易，跳舞，庆祝生命中的一些重要时刻。

今天我们很多人都能自由旅行，但我们赖以生存的食物是那些不能随意迁移、需要生活在固定地方的人们种植的。这使得全球的农民都对气候变化十分敏感。他们的财产仰赖可预测的规律天气。因此我们毫不奇怪，在1万年前，世界各地的农民都形成了一套以食物和气候之神为中心的世界观，必须持续地祭祀和祈祷，才能保证风调雨顺、五谷丰登。如今，气候变化比过去1万年中的任何时候都要快。人们不只向神灵祈佑，也向政府寻求帮助。鲍勃·格尔多夫就是一个粮食新政策的热心推动者：

> 我认为食物所带来的心理影响，比我们生活中的其他方面都更重要。从根本上说，对工作的需求来自对食物的需求，因此食物是人类生存的最基本因素。无法进食的动物显然就无法生存，到了21世纪，食物仍然是全球三大亟须解决

的问题之一。能否取得足够的粮食,关系到我们数量庞大的地球人能否继续生存。影响食物的因素很多,但最关键的一点,便是气候变化。

大约1万年前的气候剧变,让人类开始了农业生产,但如果再发生一次类似的气候变化,就有可能威胁全世界人类的生存。

7

安萨哈利情侣雕像

石制雕像，发现于犹大山地的瓦地卡瑞吞谷，伯利恒附近

公元前 9000 年

在末次冰河期快结束时，有人从伯利恒附近的一条小河中捡起了一块鹅卵石。这块鹅卵石必定曾顺着水流翻滚而下，沿途经历了与其他石头的碰撞摩擦，这一过程被地质学家十分诗意地称为"喋语"。但在大约 11000 年前，一双人类的手将这块历经冲刷的美丽圆卵石雕磨成了大英博物馆中最动人的藏品之一。它表现了一对紧拥的恋人，是已知最早的人类表现性爱的雕像。

在大英博物馆的手稿厅，大部分人都很少在摆放这座情侣雕像的展柜边停留。也许是因为从远处看它并不起眼，只是一块大小如握拳、颜色暗淡的灰色石头。但如果你走近一点，便能看出这其实是一对坐着的情侣，胳膊和腿都紧紧地缠绕对方，没有丝毫缝隙。虽然没有明显的面部表情，但还是能看出他们是在互相凝视。我认为这是我所知的最温柔的爱情表达之一，可以媲美罗丹和布朗库西的情侣接吻雕像。

就在这块卵石被人手塑形的那个时期，人类社会正在经历变革。全球气温上升，人们逐渐从狩猎与采集转向以农业为基础的更稳定的生活方式，我们与自然的关系正在发生变化。之前，人类只是平衡的生态系统中的一个微小的部分，现在则开始想要改造环境、控制自然。在中东，温暖的气候让草场变得丰美。人类原本一直在迁徙，猎杀羚羊，采集扁豆、鹰嘴豆与野草的种子。但如今，在更丰饶的草原上，羚羊数量充足，整年都不再迁徙，人类也随之安居。而一旦定居下来，人们就开始从植物茎秆上采集谷粒。通过收集与播种，他们无意中启动了早期的基因工程。

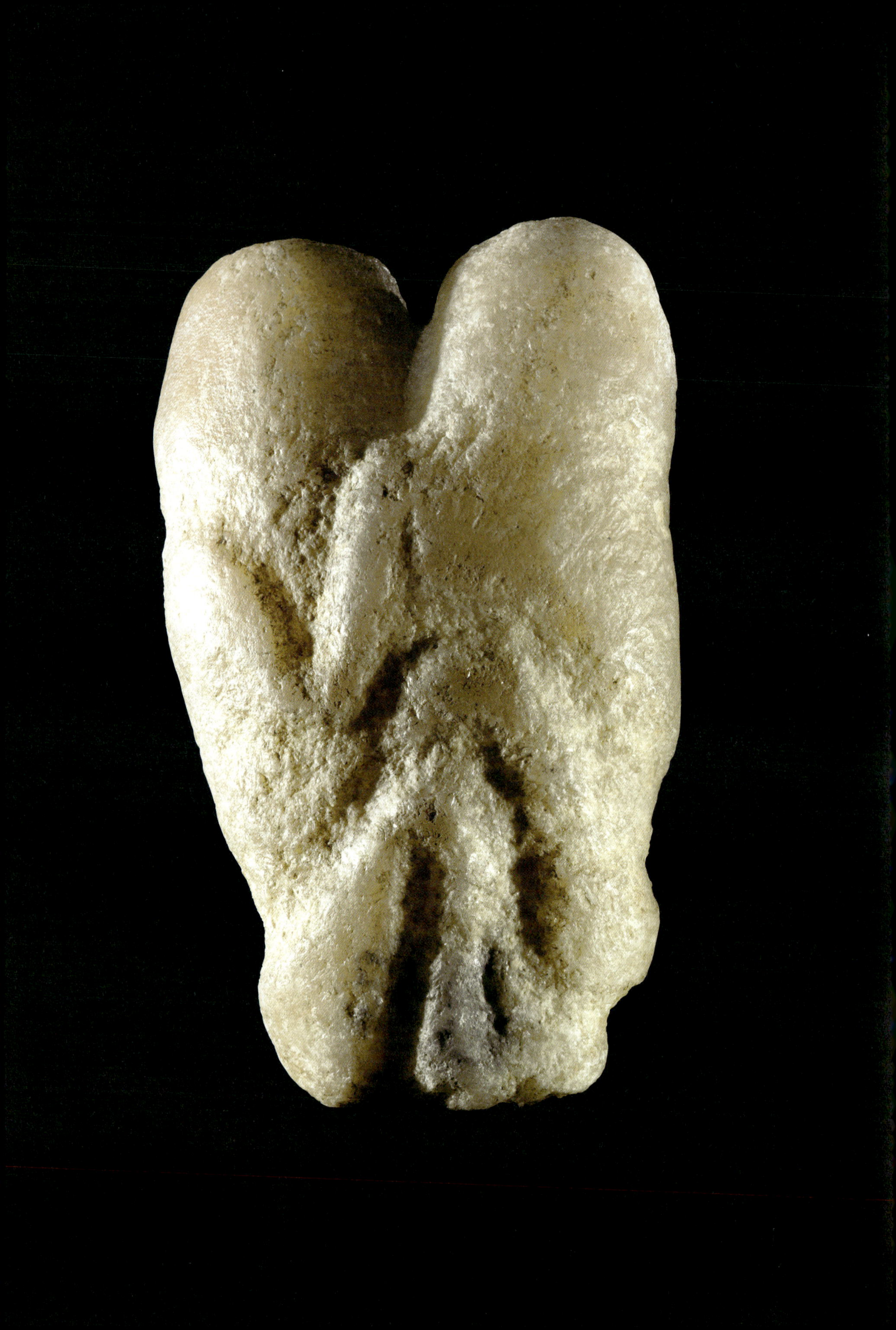

大部分野草的种子成熟后都会脱落,靠风力或者鸟类很容易就扩散开来。但人类选择了那些长留在茎秆上的种子——这是判断种子是否值得耕种的一个重要特征。他们脱粒,去壳,磨粉,之后再继续种植多余的种子。农业就此开始。大约1万年前,人类就开始分享面包了。

早期的农民逐渐培育出地球上最重要的两种粮食——大麦与小麦。随着生活逐渐稳定,祖先们开始有时间思考与创造,他们创造出各种各样的形象,以展示并庆祝他们所处的变化年代中的关键元素:食物与力量,性与爱。"情侣"雕像的创作者便是他们中的一员。我曾问过英国雕刻家马克·奎恩对此的看法:

> 我们原以为性爱是现代人的发现,之前人类的性是简单保守的。但其实早在公元前1万年左右,也就是这座雕像的创作时期,人类的情感就已十分成熟。我很确定,他们就和我们现在一样成熟。
>
> 这座雕像的不可思议之处在于,你转动它,从不同的角度看过去,就能看到完全不同的形象。从这一侧看,是一个拥抱的远景,能看出两个人的形象,但从另一侧看就像一根阴茎,那一侧又像阴道,还有一侧像乳房。它似乎表现并模仿了整个做爱过程。当它在你的手里转动,不同的侧面便都展现于你眼前。因此,我认为这座雕像的另一个重要特点便是,它所表现的并不是一个片段。如果你围着它绕一圈,它便不断展现,如同一部情色电影,有远景,也有特写。在转动中,它展现出电影般的效果,让你看到所有不同的方面。同时,这也是表现人类情感关系的美丽作品,感染力很强。

我们对雕像中这对拥抱的爱侣了解多少?雕像的制作者——是否应称之为雕刻家?——属于我们今天称为纳图夫的民族,他们的生活区域包括以色列、巴勒斯坦、黎巴嫩和叙利亚。而我们的这座雕像来自耶路撒冷的东南部。1933年,伟大的考古学家亨利·步日耶神父与一位法国外交官雷内·诺伊维尔参观了伯利恒的一家小博物馆。诺伊维尔写道:

> 参观快结束时,有人向我展示了一个木盒,里面装着来自附近地区的形形

色色的物品。除了这座雕像之外，都是些毫无价值的东西。我立刻注意到了这座雕像特殊的设计意义，便询问这批物品的来源。他们说是一个贝都因人带来的，他刚从伯利恒回来，正要往死海去。

诺伊维尔想更多地了解这座雕像的发现过程，便去找这个贝都因人。最后他找到了，并跟随他来到发现雕像的洞穴——位于离伯利恒不远的犹大沙漠里。这个洞穴被称为安萨哈利，因此这座让诺伊维尔深深着迷的雕像如今也被称为安萨哈利情侣。最关键的是，和雕像一起被发现的物品证明了这个洞穴是人类的居所，而非墓地，因此它应该在日常生活中发挥了某些作用。

我们无法完全了解它在当时所起的作用，但我们知道，居住在这个洞穴里的人类，正处于农业社会的早期。他们新的生活方式包括采集和储藏食物，而其结果如人类历史上的任何一次变革一样，深刻地改变了人类。和猎人或游牧民族相比，定居的人们更难以承受农作物歉收、害虫、疾病以及天气的影响。但如果风调雨顺，社会就会急速扩张。稳定充足的食物来源带来了持续的人口爆炸。人们开始生活在两三百人的大村庄里。这已达到当时历史上最高的人口密度。粮食一旦被储存起来，生存压力便小了。人类有了空闲时间来思考。急速扩张的定居群体也有空思考新的社会关系和变化的生活模式，还能进行艺术创造。

我们这对互相缠绕的情侣小雕像也许能表现出人类对这种崭新生活方式的回应：开始以不同的方式来思考人类自身。在那个时代，对性行为的这种描画方式被斯坦福大学的考古专家伊恩·霍德看作是一种"心灵驯化"的过程：

> 纳图夫文化存在于人类完全驯化动物和植物之前，然而当时的社会已经是定居社会了。这件特殊的物品，因直白地表现人类和人类性行为，反映出当时社会巨变的一部分：人类开始驯化心灵，驯化自身，驯化社会。人们更专注于人与人之间的关系，而不是人与野生动物，或是动物与动物之间的关系。

把安萨哈利石头握在手中，转动它，让人印象深刻的不仅在于它刻画了两个人类的形象，还在于因其雕刻方式，你无法区分形象的男女。这样无差别的对待，这

雕像在不同角度呈现出不同样貌

种迫使观察者用心观察的模糊性,是否雕刻者有意为之?我们对此一无所知。我们也无从了解这座雕像究竟派上过什么用场。有学者认为它曾用于繁殖仪式,但伊恩·霍德的看法不同:

　　对这座雕像有多种解读方式。人们一度倾向于认为,这对情侣的形象以及性行为本身,都和母系神祇有关,因为人们普遍认为,早期农民最关心的应该是作物的丰收。但我个人认为，目前的证据还不足以证明在人类早期就出现了主要的母系神祇，因为迄今为止在那个时代的考古发现中，几乎还没有真正的女性形象，大部分都是父权象征。因此我此刻的观点是，在早期农业社会，性行为十分重要，但其重要性不在于繁殖并哺育后代。更重要的是这性行为本身。

而对我来说，这拥抱的形象中所表露的温柔当然不是用来表现生育活力的，它所传达的是爱。人类开始定居，形成更稳定的家庭关系，有更多的食物、更多的孩子。很可能就在这一时期，人类社会中第一次有配偶结为夫妻。

所有这些可能性都能在这座情侣雕像中表现出来，但它们仍只是我们对历史的揣测。从另一方面来说，这座雕像不只是记录社会变迁的文件，它还直接向我们传递信息，是能表情达意的艺术作品。安萨哈利情侣距罗丹的"吻"有大约11000年的光阴，但在我看来，人类的欲望始终未变。

8

埃及牛的黏土模型

彩绘模型，出土于埃及古城阿比多斯（今卢克索附近）

公元前 3500 年

提到埃及的出土文物，大多数人便仿佛看到自己置身于图坦卡蒙的墓穴之中，找到了法老的神秘宝藏，一举改写了历史。满腔热情的考古学家们应该知道，这样的事极少发生。大多数考古工作进展缓慢，又脏又累。而记录发现的过程还要更慢些。考古报告大多是字斟句酌的学术腔，文风干巴巴的，和风流倜傥的印第安纳·琼斯的生活相差甚远。

1900 年，埃及探险协会的某个会员发掘了埃及南部的一座坟墓。他很严肃地将自己的发现命名为 A23 号墓地，并记录道：

> 男性尸体 1 具。红色条纹泥棒 1 根，泥制权杖头。小型红色四面陶盒 1 只，9 英寸 ×6 英寸。小型动物腿骨若干。陶罐若干，泥塑母牛像 1 组（4 具）。

这 4 头长角的母牛并排站在肥沃的土地上，保持着在某片假想的土地上吃草的姿势，至今已逾 5500 年的光阴。这才是真正的古埃及，远早于法老与金字塔。4 头小泥牛由尼罗河里的一块黏土手工塑形而成，虽然远不及埃及法老的荣耀，却对人类历史有更重大的影响。婴儿喝它们的奶长大，人类为它们建起庙宇，整个社会都靠它们供给食物，经济在它们的基础上建立。没有奶牛，我们的世界将会与现在大不一样，暗淡无光。

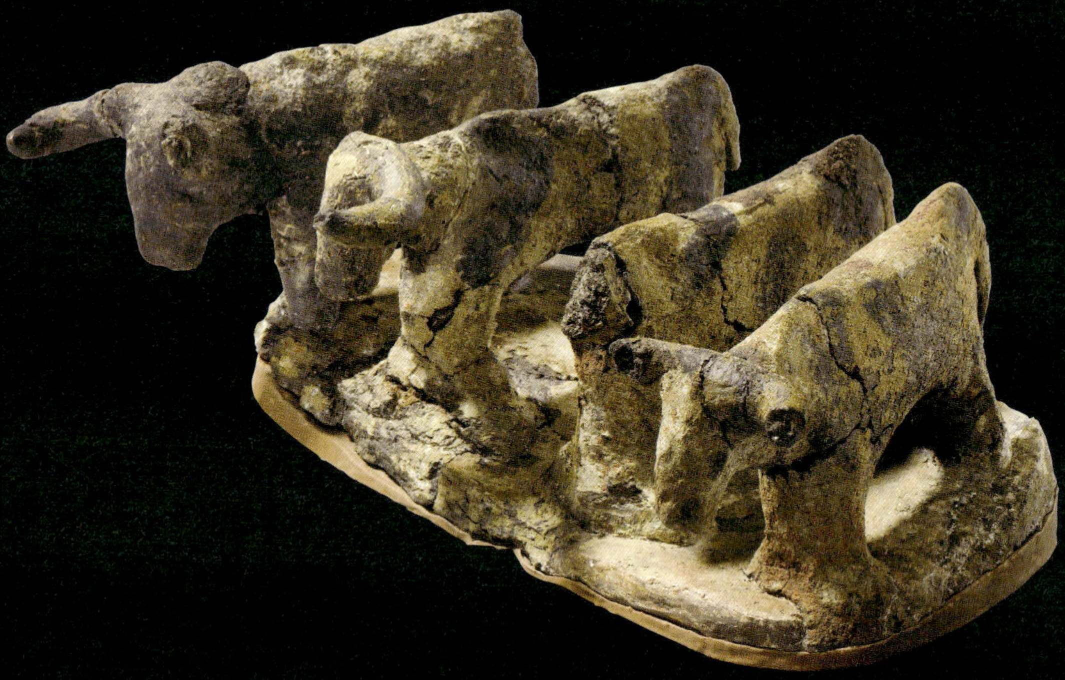

这些奶牛身上还留有淡淡的黑白颜料的痕迹。它们在经过轻度烘烤后上色，看起来很像我们小时候玩的农场动物玩具。每头只有几厘米高，所站立的基座也只有餐盘大小。A23号墓地里的这些人工制品，与一具男尸一起埋在埃及南部一个名叫埃尔阿玛的小村子里。它们和前文介绍过的其他物品一样，讲述了气候变化的重大影响与人类的应对之道。

在这个坟墓里找到的所有物品，应该都是给墓主人在另一个世界使用的。但它们如今的用处却是摆放它们的人无论如何也想不到的。它们对墓主人无用，却对我们用处极大。它们让我们得以深入了解远古社会，因为古人对待死亡的方式反映出他们的生活方式。我们能从中了解他们的事迹，还能知道他们的想法与信仰。

对法老与象形文字出现之前的古埃及，我们的了解大多都是从像奶牛这样的随葬品中来的。在那个时代，埃及仅是尼罗河流域旁的一些小型农业社区。同后期精美的黄金制品与豪华的墓穴装饰相比，奶牛显得十分朴实无华。当时的墓葬要简单得多，没有防腐处理和制作木乃伊的技术，这两项技术要到1000年以后才出现。

4头泥牛的主人躺在一个椭圆形坑里，身体蜷曲着躺在灯芯草垫上，面向日落的方向，周围散布着将要伴随他走向来生的各种陪葬品。这样的泥牛十分普遍，因而我们可以确定，牛曾经在埃及人的日常生活中发挥重要作用。因其重要性，主人在走过死亡、通往来生的旅途中也不能与它们分开。这种平凡的牲畜，对人类的重要性从何而来呢？

故事要回溯到约9000年前，撒哈拉广袤的大地上。当时，那里并非像今天这样是一片干旱的沙漠，而是开阔丰美的草原，羚羊、长颈鹿、斑马、大象等各种野生动物呼啸其间。这里是猎人的乐土。但到了约8000年前，曾经滋润过这片土地的雨水枯竭了。没有雨，土地逐渐变成今天我们熟悉的沙漠，人类和动物都得开始追寻逐渐消失的水源。环境的巨变迫使人们开始寻找代替狩猎的生存方式。而在所有当地人曾经捕猎过的动物中，只有一种可以驯养：牛。

人们最终找到了一种驯养野牛的方式。不再将它们一头头猎杀食用，而是学会了将它们聚集起来管理，这样便可以带着它们一起旅行，保证食物供应。奶牛成了维持新社群的名副其实的生命线。牛群对新鲜水源与草场的需求决定了当时的生活节奏，人与动物的生活逐渐密切相关。

这些埃及牛在当时的社会扮演什么样的角色？人们又为了什么目的而养牛？法克瑞·哈桑教授曾发掘并研究众多埃及早期坟墓，以及坟墓附近的村庄遗址。他与同事发现了牛圈的遗址，交易牛的证据，还发现了牛骨头。据他总结，这些物品与本文中的4头泥牛可能都是在埃及人驯养牲畜1000年后出现的。

对牛骨的研究让我们了解了这些牲畜被宰杀时的年龄。让人惊讶的是，很多牛都老到不再适合食用了。除非埃及人就爱吃嚼不动的牛排，否则这些牛不会是我们想的那种食用牛。它们应该是为了别的目的而被圈养的，比如在旅途中驮水或运送财物。但更有可能的是用来提供牛血，供人类直接饮用，或炖入菜中，提供额外的蛋白质。据了解，世界上很多地方的人们都曾经如此，至今，肯尼亚的游牧民族仍保留了这一做法。

4头奶牛因此可能代表了一个可行走的血库。提供牛奶这一看似更明显的答案可以排除，由于种种因素，牛奶尚未列入当时的菜单。这不仅因为早期驯养的奶牛产奶量很少，更主要的是，从牛奶中获取营养对人类来说是种后天习得的技能。食品考古专家马丁·琼斯解释道：

> 有很多食物我们的远祖都不能像今人一样享用。在驯养了奶牛之后，成年人类才逐渐进化出消化牛奶的能力，极有可能是从牛奶中获取营养的能力使这些个体存活了下来，并把这一能力传给了自己的后代。但直到今天，还有很多现代成年人不能消化牛奶。

因此，喝牛奶对早期埃及人来说一定是件苦差事。但几个世纪后，他们的后代，或是别的民族终于适应了。这一模式在世界范围内不断重现：一些一开始极难被消化的物质，在经过漫长的适应期后成了我们餐桌上的主角。人们常说，我们所吃的食物决定了我们的人生，也许更准确的说法应该是，我们的祖先克服重重困难学会吃的食物，决定了我们的人生。

在古埃及，母牛也许还发挥了保险功能。如果农作物毁于火灾，社群里的人总还可以把牛当作最后的营养储备。可能不是最好的食物，但供应稳定。同时，它们也具有社交与仪式的重要功用，但在法克瑞·哈桑眼里，它们还有更多用处：

牛一直具有宗教意义，不管是公牛还是母牛。在沙漠中，牛是生命之源。在岩画中，我们常看到母牛和牛犊出现在具有一定宗教性质的场景中。我们还看到人类女性的黏土雕像，她们举起的胳膊就如牛角一般。在宗教思想中，牛十分重要。

没有任何显著特征表明，来自A23号墓地的牛有何特别。但如果近距离观察，你会发现它们与如今我们在欧洲、北美，甚至现代埃及农场看到的牛都有所不同。它们的牛角极有特点：向前弯曲，且位置比我们如今看到的牛都要低。

如今存活的所有家养牛都是亚洲牛的后代。这些埃及牛与如今的牛不同，是因为早期的埃及牛源自非洲本地，如今都已灭绝。

在尼罗河谷，母牛为人类提供血、肉、保障和能量，并最终改变了人类的生活方式。它们成为埃及生活的重心，因此广受尊重。对牛的崇拜是否始于这4头泥牛雕像成形的时期，至今尚无定论。但在较晚期的埃及神话中，牛已在宗教中占据了一个突出位置，以强大的母牛女神巴特的形象出现。她的典型形象为一张女性的面孔，但有牛耳和牛角。几个世纪后，牛的地位更是大大提升，最明显的证据是，埃及王的封号中出现了"他母亲的公牛"的说法。母牛被推崇为法老的创造者。

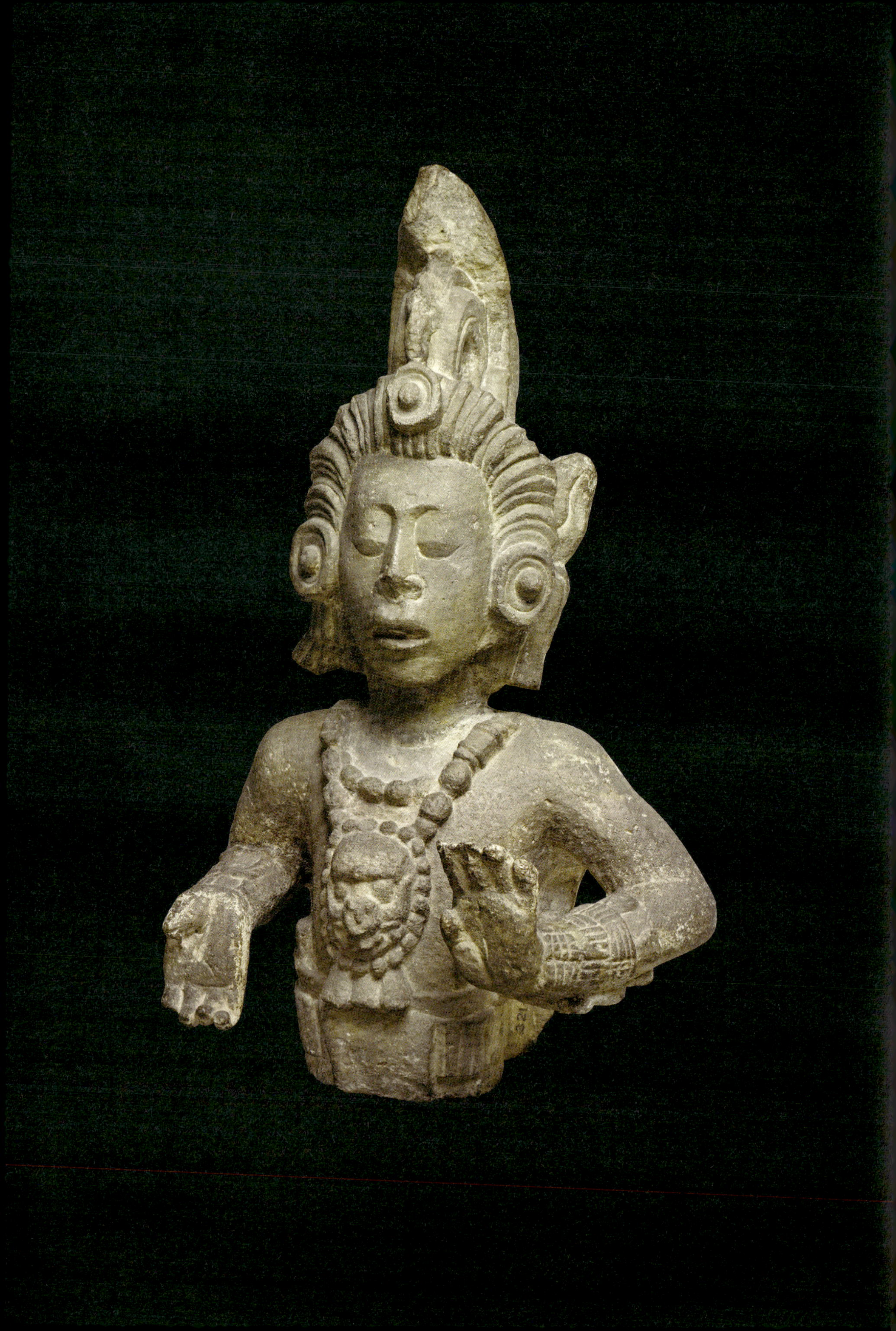

9

玛雅玉米神像

石头雕像，发现于洪都拉斯科潘

公元715年

    在大英博物馆的中心有一座玉米神像，这座男性半身像是用石凿和玄武石锤在一块石灰岩上雕出来的。体型较大，左右对称，双眼紧闭，双唇微张——似乎正在沉思，与另一世界进行交流。他双臂弯曲，掌心向外，一手朝上，一手朝下，让人感受到一种宁静的力量。神像的头部有巨大的头饰，像是一根玉米棒，头发也像是包裹在玉米皮中的玉米穗一般。

    一些考古学家认为，食物对人类来说一直很神圣，即使对远古先民也是如此。只要想想我们上一节中的埃及母牛女神，或是古典神话中的酒神巴克科斯和谷物女神刻瑞斯，还有印度食物女神安娜波那。但在约5000年至1万年前，末次冰河期结束之后是一个较为特殊的时期，大批的食物伴随着大批新的神祇出现。如第6节中所述，在世界范围内，人类逐渐找到可以成为食物的特殊植物：中东是大麦和小麦，中国有大米和小米，新几内亚人发现了芋头，非洲人发现了高粱。在这一过程中，各地关于神的故事开始涌现：死亡与重生之神，掌管四季轮回、保障农作物丰收之神，以及代表信徒们所食用的食物本身的神灵。这座半身像便是这一全球进程的产物。它是神话的具体形象——来自中美洲的食物之神。

    起初，这尊神像应该和其他类似的神像一起，高坐在洪都拉斯西边的阶梯式金字塔神庙中。它的发现地科潘是玛雅的一座大型城市及宗教中心，当地至今仍有恢宏的遗址可供参观。这些神像于公元700年由当时的玛雅统治者下令制作，以装饰他在科潘修建的宏大庙宇。这尊神像的头和身体之间有一条明显的拼接线，如果仔细观察，你会发现头的尺寸要略大一些。科潘神庙被毁时，所有的神像都倒塌下来，身首异处，再由后人拼接起来。因此，这个头与这个身体也许原非一体。但这并不影响它所表达的含义，因为所有的神像都与玉米在当地生活中扮演的关键角色和拥有的核心力量有关。

我们的玉米神雕像相对较新，制作于公元715年，但它传承了一段相当长的传统。中美洲人几千年来一直崇拜着玉米神和他的前任，他的神话故事反映了玉米每年的种植与收获，是中美洲文明的基础。在神话中，玉米神如同玉米一样，每年在收获季节都会被斩首，然后再重生——种植季节开始之际，他重新变得年轻、鲜活而美丽。为何他会如此吸引那些富有且手握权力的主顾，譬如下令制造这尊神像的统治者？人类学家、《玉米史》的作者约翰·斯托勒解释道：

> 古代社会的精英阶层极其看重玉米，认为它拥有一些稀有的特质，然后他们把这些特质和自身联系起来。在年轻的玉米神身上，这一点表现得尤为明显。我们的雕像明显是第三轮造神运动的产物。当时共有8位神祇，4男4女，都被尊为玛雅人的祖先。玛雅人相信他们的祖先来自玉米，而他们自己是用黄色与白色的玉米面团制成的。玉米很早就在中美洲人的宗教崇拜中占据了主要的位置，远在玛雅文化发端之前，甚至可能回溯到奥尔梅克文明时期。

因此，这不仅仅是一尊让人难忘的美丽雕像，它还能让我们看到古代美洲社会对自身及环境的态度。玉米神一方面表现了农作物循环的自然状态：播种、收获，再重新播种，另一方面也表现出对人类出生、死亡和重生的另一循环的信仰。不仅如此，他还是中美洲人类的创造者。希伯来神祇用泥土创造了亚当，玛雅神用玉米创造了人类。整个美洲最著名的神话《波波尔·乌》便讲述了这一故事。在漫长的岁月中，这个故事一直口耳相传，直到17世纪才被正式记录：

> 于是有了最原始的人类概念，并着手寻找制作人类身体的材料……众神说：负载者、生产者、制造者、塑造者，还有羽蛇神，他们负责寻找制造人类骨

肉的材料。一会儿，太阳、月亮、星星便出现在了制造者和塑造者头上。分裂之地、苦水之地是其名，黄玉米、白玉米，来自那里。他们就在这时找到了主要的食物，把黄玉米和白玉米磨成了粉。随后他们念动咒语，用黄玉米与白玉米造出了人类的肉体，再用其他食物做成我们第一代父亲的四肢，四个人活起来了。

为什么是玉米而不是小麦或某种肉类成了美洲人最喜爱和尊崇的食物呢？答案是：并非玉米本身有什么神圣的特性，而是中美洲的地理环境使然。在约9000年前的这片土地上，其他的食物来源十分有限。没有在世界其他地方可以找到的那些容易驯养的牲畜，如猪、牛、羊等。他们的主食是3种经过缓慢培育的植物——南瓜、豆子和玉米。但前两种并不受到尊崇，为什么选择了玉米？

玉米的祖先，墨西哥类蜀黍，是一种适应性极强的植物。不管在丰饶潮湿的低地还是干旱的山区都能生长，农民随四时迁移，而他们所有的居住地都能种植它。不断地收割还能使玉米长得更大更好，从而快速增加产量。农民的辛苦付出逐渐得到稳定回报。最关键的是，玉米富含碳水化合物，能让人迅速补充能量，只是味道欠佳。因而农民很早就开始培植一种本地植物——辣椒，组成绝妙的搭配。辣椒本身的营养价值很低，但它能让清淡的碳水化合物变得好吃起来。它在美洲的培植与传播表明，在人类种植农作物之初，就已经开始注重味觉享受了。

到公元1000年，玉米已完成南北扩散，占领了整个美洲。鉴于早期的玉米不但不美味，而且几乎难以食用，这一点颇让人称奇。当时的玉米不像今天这样，煮熟就能直接食用。如今这种方便的食用方式得益于一代代农夫的选择性育种，他们选出最好的种子进行下次播种，不断优化玉米品种。9000年前的玉米棒十分坚硬，生食会让人极为难受。生玉米粒必须在熟石灰水中煮熟——若非如此，玉米的两大主要营养素氨基酸与维生素B便不会析出——之后再磨成糊，做成无酵面团。看起来，玉米神希望他的信徒们为了晚餐而努力劳作。

直到今天，玉米仍是墨西哥菜的主角，拥有强大的宗教和隐喻力量。餐馆老板圣地亚哥·卡尔瓦对此再清楚不过了：

> 数量庞大、种类庞杂的玉米衍生物不断进入日常生活。玉米一直与人们的

生活密切相关，跨越所有的阶级壁垒与认知分歧。它是所有人的食物，不管穷人还是富人，土著还是外地人，它是人与人之间最强力的纽带。

  玉米文化如今面临两个新的问题：一是将玉米作为生物燃料，导致它价格上涨，直接影响到墨西哥的人口；二是转基因玉米。这种把自己当作神灵的行为，是对个人与宗教的攻击。玉米应该是用来食用或崇拜的，否则就算是放进汽车里，也会引起争端。

对某些墨西哥人而言，玉米这样神圣的食物被灌进油箱里是不能想象的。此外，不只是在墨西哥，在世界很多地方，转基因玉米都引起了宗教与科学上的极大不安。在大约1万年前，人类便认为农作物自有其神圣之处，这种习惯认知至今仍顽固存在。尽管转基因植物能防御病虫害，但很多人仍担心它们会破坏自然规律，担心人类正侵入神灵掌管的领域。

10

绳纹陶罐

黏土陶器，发现于日本

公元前 5000 年

我知道，猜测人类制作工艺的第一次大飞跃是如何出现的，从科学角度来说不是什么体面的行为。但这种冲动有时也实在难以抗拒，因此我忍不住要对人类制作工艺史上最大的一次飞跃做一个不科学也不体面的推测。想象一下，几千年前一团湿泥偶然间掉进了火堆，干透变硬后形成了一个凹陷中空的造型，它粗糙却耐用，可以用来盛放物品。这团湿泥的变硬，开启了一个全新的烹饪、饮酒和陶艺设计的世界。人类做出了自己的第一个陶罐。

在前几节，我们看到人类开始驯养牲畜，种植农作物，获得了新的食物，也改变了生活方式，简言之，他们的生活安定了下来。以往人们都认定，陶器是伴随着这种比较安定的生活出现的。但现在我们了解，实际上最早的陶器在 16500 年前就已经出现，那一时期被大多数专家称为旧石器时代，当时人们还在四处迁徙，猎杀巨兽。没人能料到陶器竟出现得这么早。

陶罐在世界各地随处可见，各个博物馆里也都有这样的收藏。大英博物馆的启蒙厅里就陈列了不少——绘有英雄们争吵图案的希腊花瓶，中国明代的碗，非洲的大腹储物罐以及韦奇伍德汤碗。它们是一切博物馆的精华部分，因为由陶罐所讲述的人类历史，恐怕比其他任何物品都要丰富。正如罗伯特·勃朗宁所言："光阴之轮或退或停，陶匠与黏土永恒。"

世界上现存的第一批陶罐诞生于日本。本文所述的这一件制作于 7000 年前，但

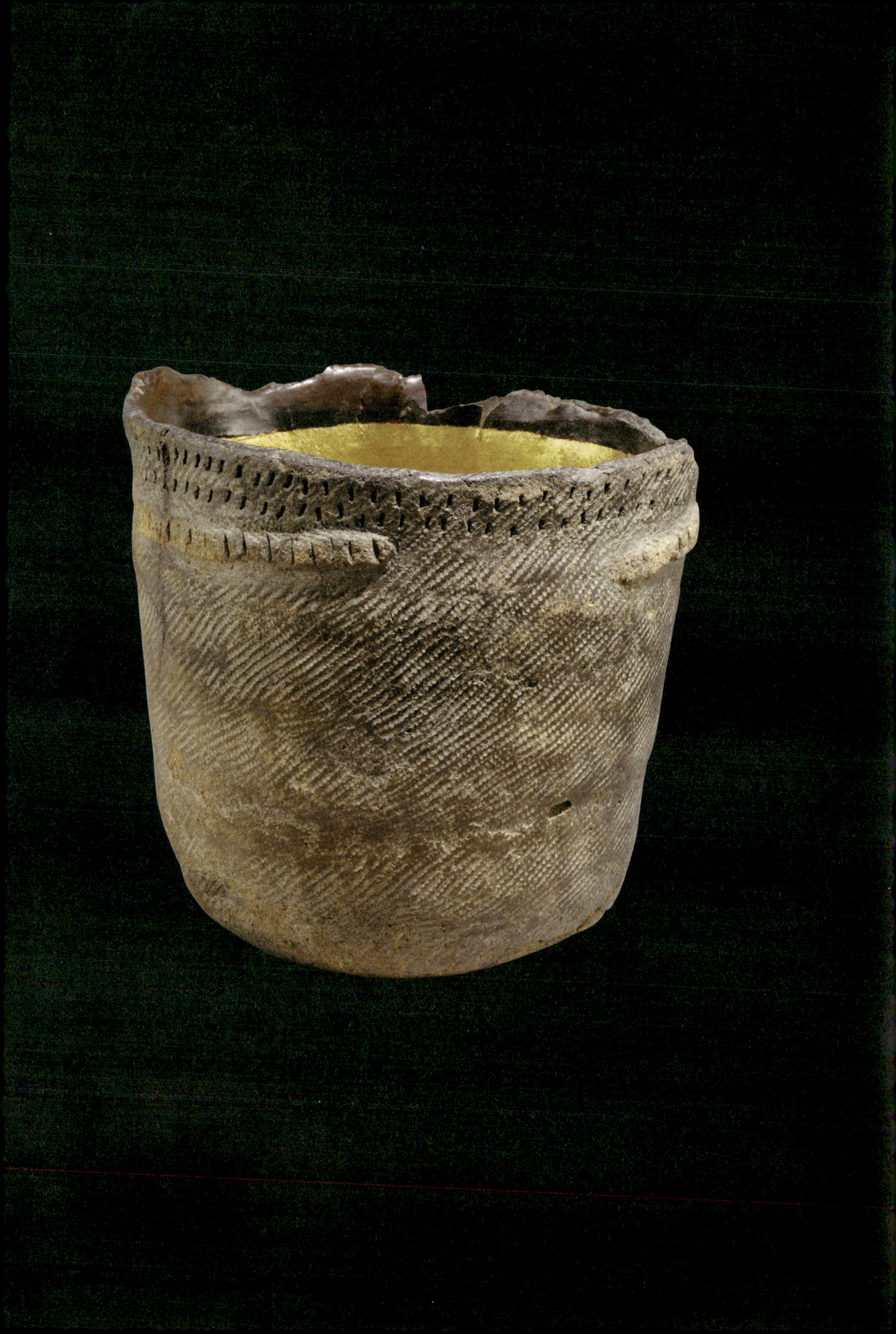

这一制作工艺始于1万年前。这个陶罐一眼望去平淡无奇，只是个普通的圆罐，形状和大小都类似孩子们在沙滩上玩沙用的桶。它用棕灰色黏土制成，约15厘米高。如果你凑近观察，会看到它是由一圈圈的黏土堆垒而成，再在表面压上纤维，因此手感像极了真正的篮子。小型的绳纹罐不管外形还是手感都像黏土做的篮子。

这个罐子上有着类似篮子的纹路，同期的其他日本陶器也都有绳纹装饰，这正是"Jomon"一词在日语中的含义。它不只是这种陶器的名称，也指制作这种陶器的人，同时也用来指称他们所处的那个时代。生活在今日本北部的绳文人制造了世界上的首件陶器。东安格利亚大学的古日本文化专家西蒙·康尔这样描述：

> 在欧洲，我们总认为制作陶器的人是农民，只有农业会让人待在同一个地方，储备粮食以度过寒冬，而只有长年待在同一地方的人才会制作陶器，因为它们极难搬运。但日本的例子非常有趣，这里的陶器并非由农民制作。这是我们在全球史前文化中得到的一个最好的证据，证明靠打鱼、采集坚果和其他野生植物为生的人，也需要烹饪的陶罐。

绳文人的生活看起来相当舒适。他们住在海边，鱼是主要食物。食物极易获得，不像以狩猎采集为生的人需要四处奔波。植物种子与坚果的资源也很充足，没有驯养动物或培育特定植物的需要。也许正因为鱼和食物的丰富，和世界其他地区相比，日本的农业出现得极为缓慢。直到2500年前，水稻种植这样简单的农业才传到日本。从全球范围来说，这样的发展进程实在是过于缓慢，但在陶器方面他们却遥遥领先。

在陶罐发明之前，人们把食物储存在洞里或篮子里。这两种方法都无法防御昆虫和其他偷吃的小动物，而竹篮更是受不了日晒雨淋，容易损坏。将食物存放在坚固的黏土容器里，不但能保持新鲜，还能避免动物偷吃，这是一项伟大的创新。但在形状和结构方面，绳纹陶器并无任何创新之处，它们和原本储存食物的篮子很像。日本文部省文化厅的资深考古学家土井隆志教授这样描述：

> 这种装饰来自他们在周围的自然世界看到的物品——树木、植物、贝壳和动物骨头。其基本图案是缠绕的植物纤维或称绳纹。而绳子缠绕的方式可谓千

变万化。我们已经确认，这些花纹有复杂的地区风格与编年特色。在整个绳文时代，我们找到了超过400种地区风格。它们各自的风格特征都极为明显，我们甚至能以25年为时间段为陶器划分年代。

复杂的美学游戏明显让绳文人乐在其中。但是这种密封抗热的全新厨具的实用功能应该更让他们兴奋。他们很可能早就在食用蔬菜和坚果，现在则可以在新陶罐里煮食贝类——牡蛎、鸟蛤或蛤蜊，还可以烤肉或煮肉。日本似乎是汤与炖菜的发源地。这种烹饪方式如今也被用来帮助我们确定食物的年代，西蒙·康尔解释道：

> 绳文人似乎不太擅长洗涤，这对我们是件好事。罐中留有碳化的食物残渣，内壁上也有黑色的凝固物。事实上，我们已可确认，一些最早的沉淀物形成于14000年前。我们正是靠那些黑色的碳化物来确定日期的。这些陶罐也许曾用来烹煮蔬菜。也许还煮过鱼汤？也很可能煮过坚果，很多种坚果，包括橡子，这种坚果需要煮相当长的时间才可以食用。

极为重要的一点是，陶罐改变了人们的饮食。人类获得了煮熟后才能食用的新食物。在液体中煮贝类，热度会迫使贝壳张开，使食用更加方便。此外，这种方法的重要性还在于，它能帮人们分辨食物是否适合食用，因为变质的贝类就算加热也不会打开。人类在分辨食物能否食用的尝试中出现过许多令人不安的失误，好在烹饪加快了这一过程。

绳纹陶器的制作改变并丰富了绳文人狩猎与采集的生活方式，在长达14000年的时间内，都再没有大的变化。虽然最古老的陶器是在日本制作的，但这一技术并没有流传出去。就像文字一样，陶艺似乎是在世界上的不同时间和不同地区分别自发出现的。在中东与北非，已知的第一件陶器比绳纹陶器晚了几千年，而还要再过几千年，美洲的第一件陶器才会出现。但不管在哪里，陶器的出现都带来了新的烹饪方式与更丰富的食物。

如今，绳纹罐已成为日本文化大使，出现在世界各地的大型展览上。大多数国家在向外展示自己时，总是强调帝国的荣耀或远征的军队。但技术先进、经济发达的日本，却骄傲地展示自己对早期狩猎与采集者所制造物品的认同，这实在是不同寻常的。作为一个局外人，我觉得绳文人对细节与图案的专注，对更优美图案的追求以及长期延续的绳纹传统，都是非常日本化的特质。

但我们这个小绳纹罐的故事还没有结束，我还没有提到它的一个最不寻常之处：罐子内壁上精细地贴了一层漆金箔。文物的故事和命运通常是它的制作者永远无法想象的，而这正是用文物讲述历史的精彩之处。这个陶罐便是如此。金箔是在17至19世纪贴上去的。当时的日本学者发现了古代陶罐，将它们进行收集与展示。很可能是一个富有的收藏者在罐内贴上了这层金箔。在烧制成形7000年后，我们的绳纹罐又获得了新生——成了日本茶道仪式中的一个水罐（水差し）。

我觉得它的制作者不会介意的。

第三部分

最早的城市与国家

公元前 4000 年至公元前 2000 年

约 5000 至 6000 年前，北非和亚洲的大河流域出现了世界上最早的城市与国家。在今天的伊拉克、埃及和印度－巴基斯坦地区，人们第一次住在比村庄更大的社会里。有证据表明，当时已出现了国王、统治者以及财富与权力的不平等。也是在这一时期，文字作为控制不断增长的人口的手段而首次出现。3 个地区的早期城市与国家之间存在着极大差异：伊拉克和埃及战争不断，但印度河流域却似乎十分和平。在世界的大多数地方，人们虽仍然居住在小型的农耕社群里，但同时也成为规模更大、跨越社群的贸易网络的一部分。

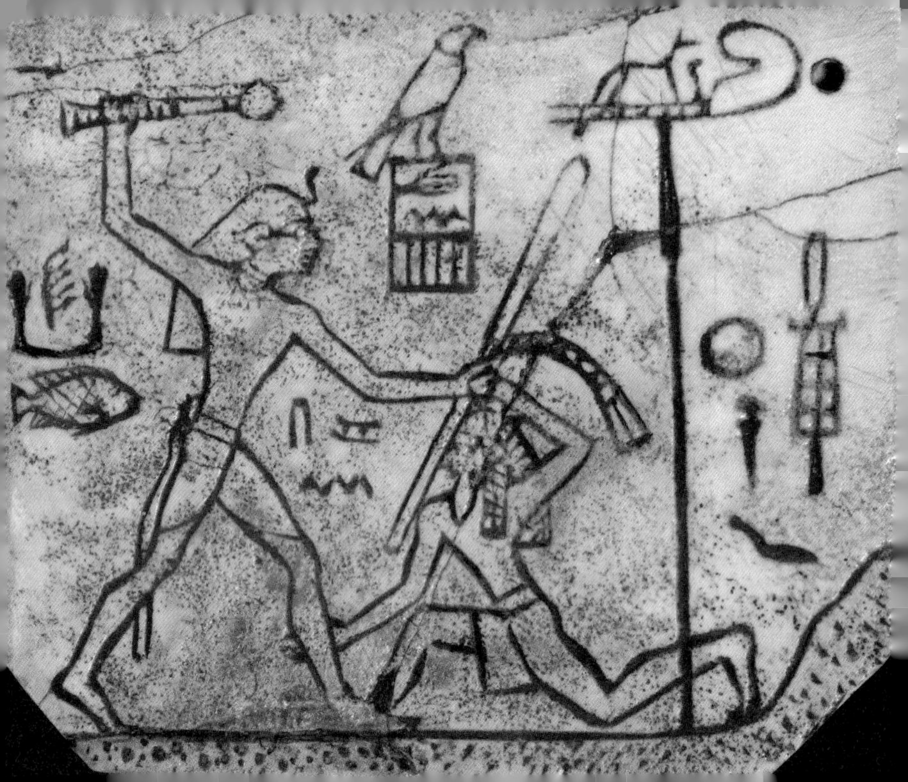

11

丹王的凉鞋标签

河马牙制标签，来自埃及古城阿比多斯（今卢克索附近）

约公元前 2985 年

现代大都市有一种让人眼花缭乱、目眩神迷的神话：这里活力无限、物质充足，能亲近文化与权力，道路用黄金铺就。我们在舞台和银幕上都能看到这样的情景，也深爱着这样的都市。但实际上，每个人都了解城市生活的艰难。大都市充满噪音，四处潜伏着暴力，周围全是陌生人。我们常会觉得数量庞大的人群简直让人无法应对。不过，这其实不足为奇。看看自己的手机里存了多少电话号码，或是自己的社交网站页面上有多少好友，就会发现一个城市居民的联系人很难超过几百。社会考古学家兴奋地指出，这正是在石器时代的大型村庄里，我们需要与之打交道的人口数量。按照他们的观点，我们是在用石器时代的社交头脑来处理现代大都市的问题。因此每个人都不得不面对生活中陌生人的困扰。

如果你拥有一个国家，其中大部分人互不相识，而你只能和极少部分的居民直接交流，你将如何管理？自从我们居住的社群规模超过了部落或村庄，这个问题已困扰了政治家们超过 5000 年。世界上最早的城市与国家出现在土地肥沃的大河流域，幼发拉底河、底格里斯河、印度河等。而本节将要提到的这件文物与它们中最有名的那条——尼罗河有关。他来自法老治下的埃及，在那里，如何管理人口庞大的国家，答案很简单：武力。

如果要研究埃及法老，大英博物馆里有许多选择——纪念雕像、彩绘木乃伊棺，等等。与它们相比，我选的这一件十分不起眼，它真的就来自尼罗河的泥浆，由河马牙制成，属于埃及最早的法老之一——丹王。和它即将带我们去探索的庞大权力相比，它实在有些渺小。

这件文物很薄，长宽各5厘米，外观和感觉都像现代的名片。实际上，它曾是一双鞋上的标签。这一点从它一面上雕刻的鞋的图案就可得知。这枚小小的河马牙名牌是埃及法老的姓名标签，将伴随他走向通往来生的旅途，让遇到他的人了解他的身份。通过它，我们立刻走近了这些早期的埃及王，约公元前3000年的埃及统治者们，他们治下的新型文明造就了埃及最伟大的纪念艺术与建筑物。

我觉得，跟这枚标签最接近的现代物品便是白领们挂在脖子上用于通过安检的门卡。虽然我们不知道这些标签的预设读者是谁，可能是死后会遇上的神灵，也可能是迷路的鬼仆。工匠们先在河马牙上雕刻，再把黑色的松脂抹进雕刻的刀纹，使黑色与河马牙的乳白色形成绝妙的反差，标签上的图案由此成形。

在法老出现之前，埃及一直处于分裂状态。一半是东西走向、面向地中海的尼罗河三角洲，一半是沿河而起的南北走向的聚居地。尼罗河水每年泛滥一次，农作物得以丰收。有了足够的食物，人口增长极快，还常有剩余可供贸易。但在洪泛区之外没有任何肥沃土地，因此日益增多的人口必然会为有限的土地进行艰苦的斗争，冲突不断爆发。在公元前3000年左右，三角洲的居民终于被来自南部的埃及人征服了。统一的埃及是人类历史上最早的接近现代国家概念的地区。作为早期的统治者之一，丹王必然会面对现代国家需要处理的管理和协调的问题。

你大概觉得从一双鞋的标签上看出他管理国家的方式是不可能的。但丹王的凉鞋可绝不普通，它们是地位极尊贵的物品，由宫廷高官掌管。因此，标签背后载有关于法老如何行使权力的清晰描绘似乎也是自然而然的事。而5000年前的埃及丹王的权力模式与今天的世界还有一些神秘的共鸣，这恐怕也不是多令人惊讶的事。

标签的另一面是凉鞋主人的画像，他戴着高贵的头饰，一手执权杖，一手执鞭。战斗中的丹王威风凛凛地击打着蜷缩在他脚下的敌人。我们的目光自然首先会落到他的脚上，但他很令人失望地赤着脚。

标签上是人类史上第一张统治者的画像。在统治的最早期，统治者想要表现的就是征服敌人的总指挥的形象，这一点颇值得玩味，但恐怕也让人有些灰心。这是最古老的用图画表现权力的方式，有些地方却熟悉得令人不安。其形式之简单和人

标签背面的图案是一双凉鞋

物的大小比例，都让人忍不住联想起当代的政治漫画。

但制作标签的工作其实是极为严肃的：要让统治者看起来如天神般战无不胜、威风凛凛，要让埃及人相信，如果他们期盼法律和秩序，那么丹王是唯一能赐予他们这一切的人。在法老治下，他们要接受并体现出一个埃及人的明确身份认同。而凉鞋标签所传递的信息就是：逆我者亡。

图像之外还有文字信息。刻在河马牙上的早期象形文字让我们了解了丹王的名字。丹王与敌人之间还刻有一行令人胆寒的字：彼辈将遭灭顶之灾。"他者"将遭毁灭。所有野蛮的政治宣传手段都在此显露无遗：统治者沉着冷静，摆出胜利者的姿态面对外来的敌人——被故意扭曲变形的战败者。我们并不知道这些敌人是谁，在标签的右侧有一行题字：第一次大胜东方。根据图画中人物下方的沙地向右上方延伸，我们推测敌人来自东方的西奈。

丹王所统治和管理的统一埃及，国家领土大得惊人，鼎盛时期囊括了从尼罗河三角洲到现代苏丹的整个尼罗河谷，以及东至西奈的大片土地。我询问考古学家托比·威尔金森，建立如此巨大的国家有哪些需要：

> 在埃及历史早期，国家仍在扩张兼并中，思想与心理上的国家观念还没有完全形成。法老与他的智囊不断寻求强化埃及国家民族意识及巩固政权的方法。我想他们已经意识到了，一如世界各国的领导人从历史中了解的一样，对一个国家或一个民族而言，最具凝聚力的事莫过于团结一致对抗共同敌人，而敌人的真假其实并不重要。战争对帮助埃及人建立国家意识起到了关键作用。

这种伎俩听起来相当耳熟，且令人沮丧。把所有的注意力集中到外敌的威胁上时，你就能赢取国内的民心。而如有需要，用来消灭敌人的武器也可以很方便地转而镇压国内的反对分子。对外侵略的政治修辞总是靠铁腕的国内政策来支持的。

在丹王时期，现代国家这种机器已经建造起来，产生了艺术与政治上的深远影响。也只有在这种秩序下，才能组织起人力修建早期法老下令开工的那些伟大工程。丹王那宏伟的坟墓上的花岗岩，是从数百英里外运来的。此后，更为恢宏的金字塔得以完工，皆因法老拥有可以操纵人民身心的超凡力量。丹王的凉鞋标签是持久政治力量的高级课程的缩影。

12

乌尔旗

内部镶嵌马赛克的木盒,出土于乌尔皇家墓地,今伊拉克南部

公元前 2600 年至公元前 2400 年

几乎所有大城市的中心区,在繁华与财富、权力与繁忙的聚集地,都矗立着纪念大规模牺牲者的纪念碑。巴黎、华盛顿、柏林、伦敦,莫不如此。比如,在伦敦怀特霍尔街附近,离唐宁街、财政部与国防部不远处就矗立着一座纪念上个世纪的大战中数百万死难者的纪念碑。为什么要在城市的中心纪念死亡?一种可能的解释是,为了让人们记住,我们的城市所展现的繁华与美丽,都需要我们自愿去保护,使之免遭觊觎者的入侵。本节所述的物品来自一个古老的繁华城市,它也许能清楚地表现出,城市的富裕,与发起战争、夺取胜利的强权密不可分。

大约 5000 年前,城市开始建立,地球上的一些大河流域见证了人类发展史上的这一快速变迁。在几个世纪之内,肥沃的土地及农业的丰收使人口变得稠密。如前所述,大幅增加的人口使埃及成了一个统一国家。在底格里斯河和幼发拉底河之间的美索不达米亚(今伊拉克境内),由于粮食充足,人口迅速增长,达到了 3 至 4 万人。这是空前的人口规模,第一批城市也因此诞生。如此大规模的人口显然需要新的管理系统来维持不同群体间的和谐。事实证明,美索不达米亚在公元前 3000 年创立的系统具有极强的适应力。它几乎奠定了现代城市的基础。毫不夸张地说,现在各地的城市,都带有美索不达米亚的 DNA。

在美索不达米亚的早期城市中,最有名的当数苏美尔人的城市乌尔。这便是杰出的考古学家伦纳德·伍利在 20 世纪 20 年代选择乌尔进行考古发掘的原因。在乌尔,

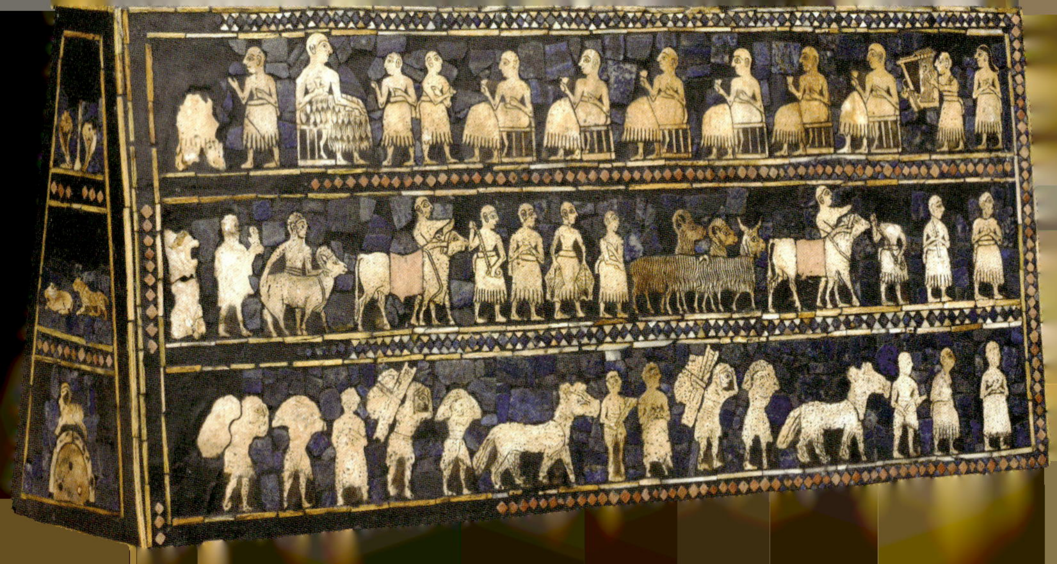

伍利发现了简直如小说虚构一般的贵族坟墓。墓中有一位王后和数名殉葬女仆，浑身都披挂着黄金饰品。陪葬品中还有华丽的头饰、黄金与青金石制作的里拉琴、世界上最早的棋类游戏，以及一件被伍利最早描述为饰板的神秘物品：

> 墓穴更深处有一件更惊人的物品，一块饰板，由木头制成，长23英寸，宽7.5英寸，两面都精细镶嵌着贝壳、红石与天青石。木质已朽，因此看不清描绘的场景是什么，但是有成排的人物和动物形象，待清洁和修复后，这块饰板必会成为这个墓室最大的发现之一。

这是伍利最令世人瞩目的发现之一。很明显，这块"饰板"是一件杰出的艺术品，但美学上的成就并非其最重要之处，重要的是它让我们明白，早期美索不达米亚城市的权力是如何运作的。

伍利发现的这件文物尺寸如同小手提箱，但顶端收窄，有点像一大条瑞士三角巧克力，通体饰有镶嵌图案。伍利称之为乌尔旗，因为他认为这曾是战旗，用来在行军时或战斗中高高举起。如今这一名称仍被沿用，但很难想象它如何作为战旗使用，因为很明显，上面的图案需要极近的距离才能看清。有的学者认为这是一件乐器，或是一个存放珍贵物品的盒子，但真相仍然无从知晓。我曾问过如今在伦敦工作的知名伊拉克考古学家拉米亚·阿勒盖拉尼的看法：

> 很遗憾，我们无法了解它的真正用途，但对我而言，它展示了整个苏美尔民族的生活。它与战争有关，也与和平有关，它展示了苏美尔人旅行的范围——青金石来自阿富汗，红色大理石来自印度，而所有贝壳都来自波斯湾。

这一点极为重要，到目前为止，我们所展示过的文物都是用单一材料制成的，石头、木头、骨头或陶土，所有这些材料也都是制作者随手可得的。如今是第一次看到一件由好几样差别极大、原产地也相隔甚远的材料组合而成的文物。只有把各种材料黏合在一起的沥青是本地产的，这来自美索不达米亚地区如今巨大财富的来源——石油。

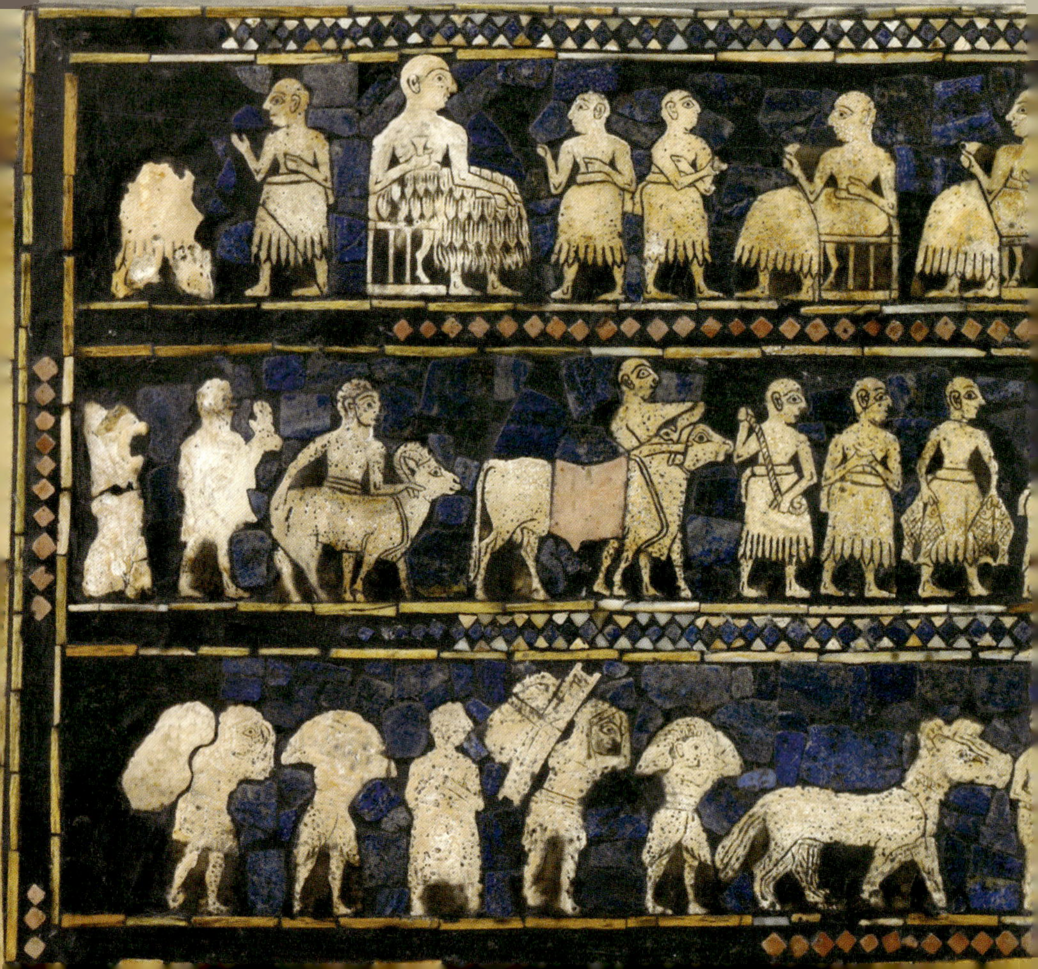

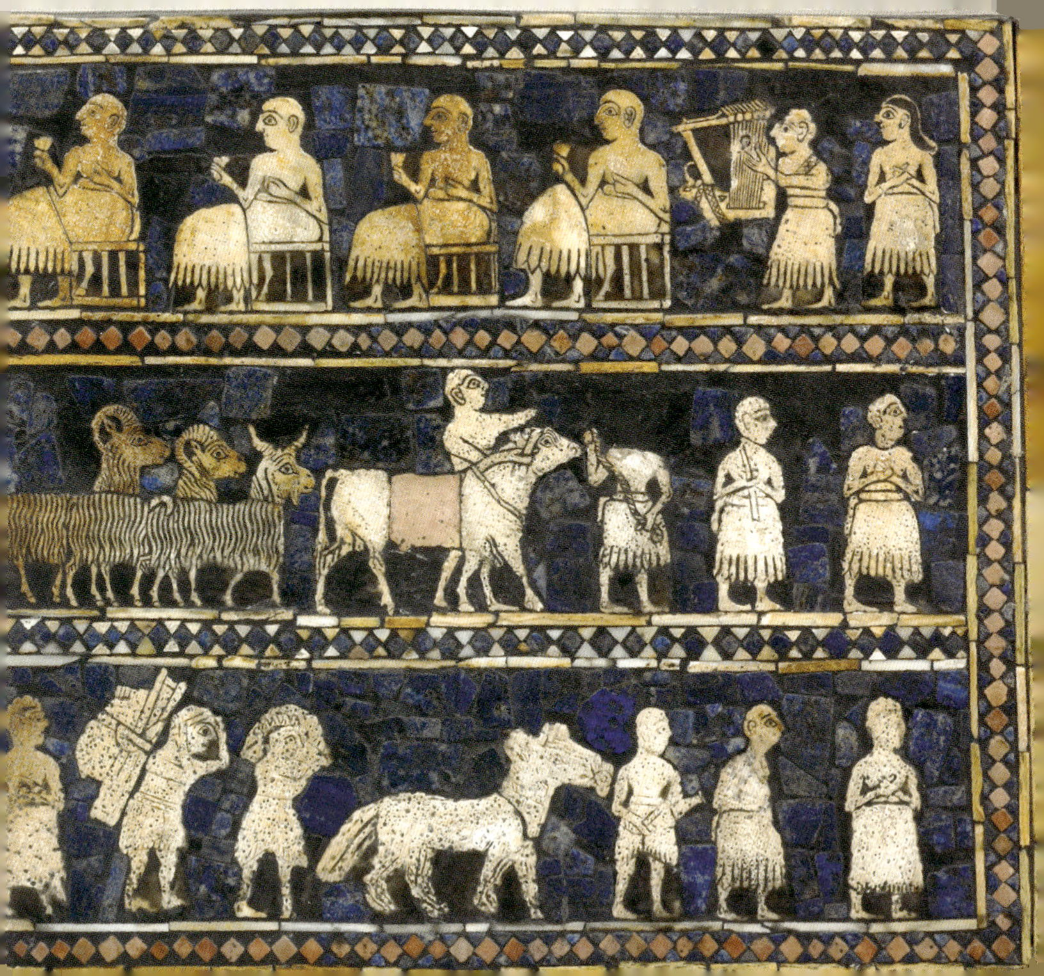

能把这些物品以这种方式集合起来的社会是怎样的社会？第一，它必须有富余的粮食；第二，它的权力与管理结构能让统治者调动富余的食物沿着漫长的贸易路线进行交换。食物的富余还能让一部分人从农业劳动中解脱出来，成为神职人员、士兵、管理者，以及最重要的，制造出乌尔旗这样复杂华丽物品的工匠。而这些也正是你能在这件文物上看到的人物。

乌尔旗的每一面都有3层长条状的漫画。其中一面可以说是所有统治者都梦想的税收制度运作情景：在下两层里，人民安静地排着队，依次献上自己的贡品，如鱼、绵羊、山羊、牛等；而在最高一层，国王和一些地位较高的人——很可能是神职人员正依次享受盛宴，还有人在一旁弹里拉琴。乌尔的权力结构展示得再明显不过：农民艰辛劳作，献上自己的收获，而权贵陪着国王饮酒。如丹王的画像一样，为了突出国王的至高无上，艺术家把他的形象描画得比别人都高大，以至于头部超出了画面。在乌尔旗上，我们看到了一种新的社会运作模式。我请来伦敦政经学院的前院长安东尼·吉登斯教授向我们描述社会组织的这一变迁：

> 阶级伴随着粮食的富余而出现。因为有人可以依靠别人的劳动生存，而这在以前是不可能的——在传统的小型农业社会里，每个人都得劳动。之后，神职人员、战士阶层、有组织的战争、贡品与类似国家的组织都出现了。新的权力形式由此诞生。这些都是息息相关的。
>
> 如果每人都生产同样的东西，就不可能出现贫富差距。只有有了富余，一些人可以依靠别人生活，而一些人仍需劳作，才会产生阶级系统，随后演变成权力与统治系统。你会看到有一些个体出现，声称自己拥有神赋予的权力，宇宙观随之诞生。文明的源头出现了，但与之相伴的是鲜血、变迁和少数人的发达。

乌尔旗的一面展示了统治者治下的繁荣经济，另一面则展示了统治者用来保护这种繁荣的军队。这让我又回到本节一开头提出的那一看法，历史似乎证明，一旦你富裕起来了，就必须不断战斗以保有财富。我们在一面上看到的文明社会的国王正是另一面上的统帅。乌尔旗的两面极佳地展示了早期经济与军事之间的联系：财富之下常常掩盖着丑陋的暴力。

我们再来仔细看看战争的场景。国王的头又一次超出了图画的边界，他是唯一一身着长袍的人，手握一把大矛，他的士兵领着囚徒们向前冲，结局不是受死，就是受奴役。战斗双方的长相极为相似，极可能这场战争发生在近邻之间——在美索不达米亚平原，邻近的城市间不断发生战争，试图互相征服。战败者被剥去衣服，以强调战败所带来的羞辱，那可怜的模样令人痛心。最底层绘有目前已知的最古老的双轮战车，事实上，那也是目前已知的最古老的带轮车辆，采用的绘画手法日后将成为经典，此刻则仍处于首创时期：艺术家表现了拉着战车的驴从走到慢跑再到飞奔的过程，速度逐渐加快。直到电影问世之前，都没有艺术家能用更好的手法来表现这一过程。

　　伍利在上世纪20年代发掘乌尔的时期，正是一战即将结束、土耳其帝国崩塌、现代伊拉克刚刚建国的时期。新国家的重要机构之一便是巴格达的伊拉克博物馆，它接收了乌尔出土的绝大部分文物。这些古文物从出土那一刻起，就表现出与伊拉克的国家认同的强烈关联。因此，最近的伊拉克战争中，对伊拉克博物馆古文物的掠夺使得人人震动。再度引述拉米亚·阿勒盖拉尼的看法：

> 对我们伊拉克人来说，这些文物是世界上某个最古老文明的一部分，而这一文明发生在我们的国家，我们都是它的后代。来自苏美尔时代、保存至今的许多文物都能让我们找到认同感。古代史是凝聚现代伊拉克的力量。

因此，美索不达米亚的过去仍将在伊拉克的未来扮演关键角色。考古和政治，就像城市和战争，似乎仍然紧密相关。

下页图：战争的一面——国王巡视俘虏，战车碾过敌军

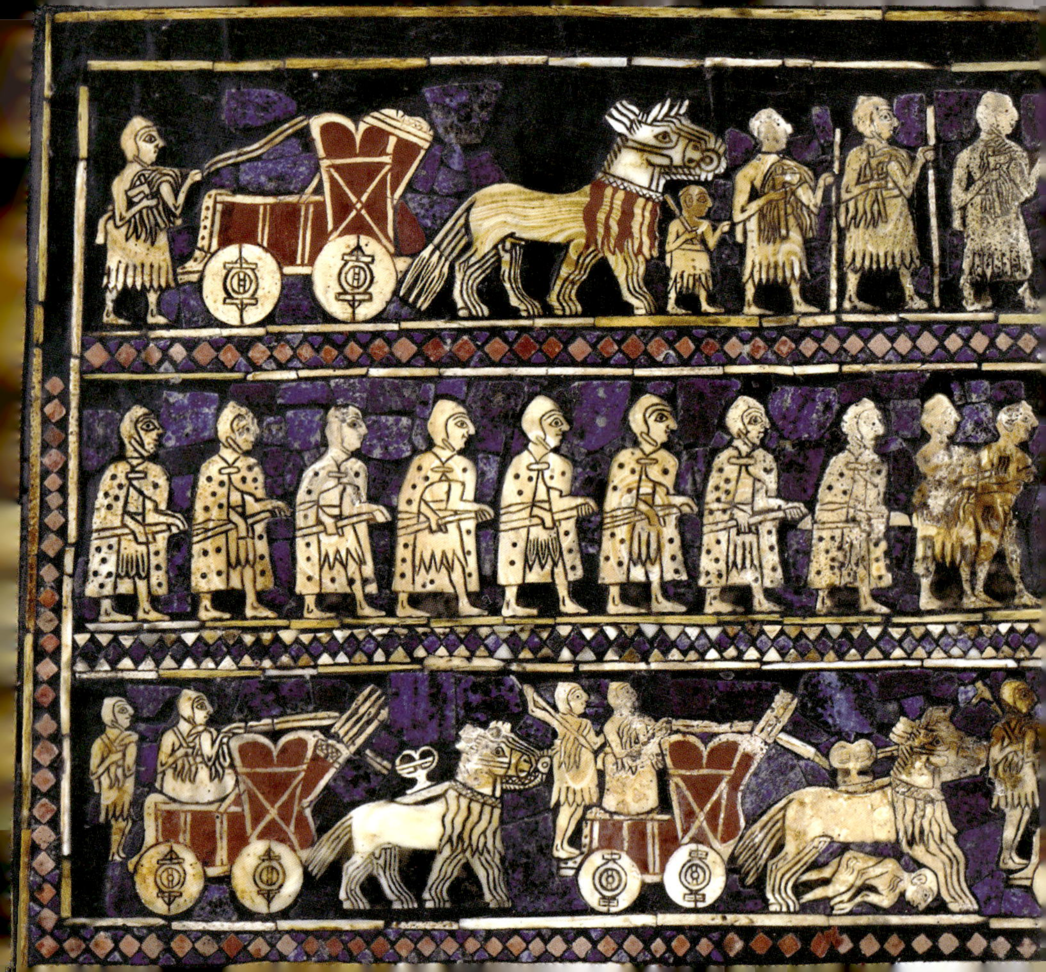

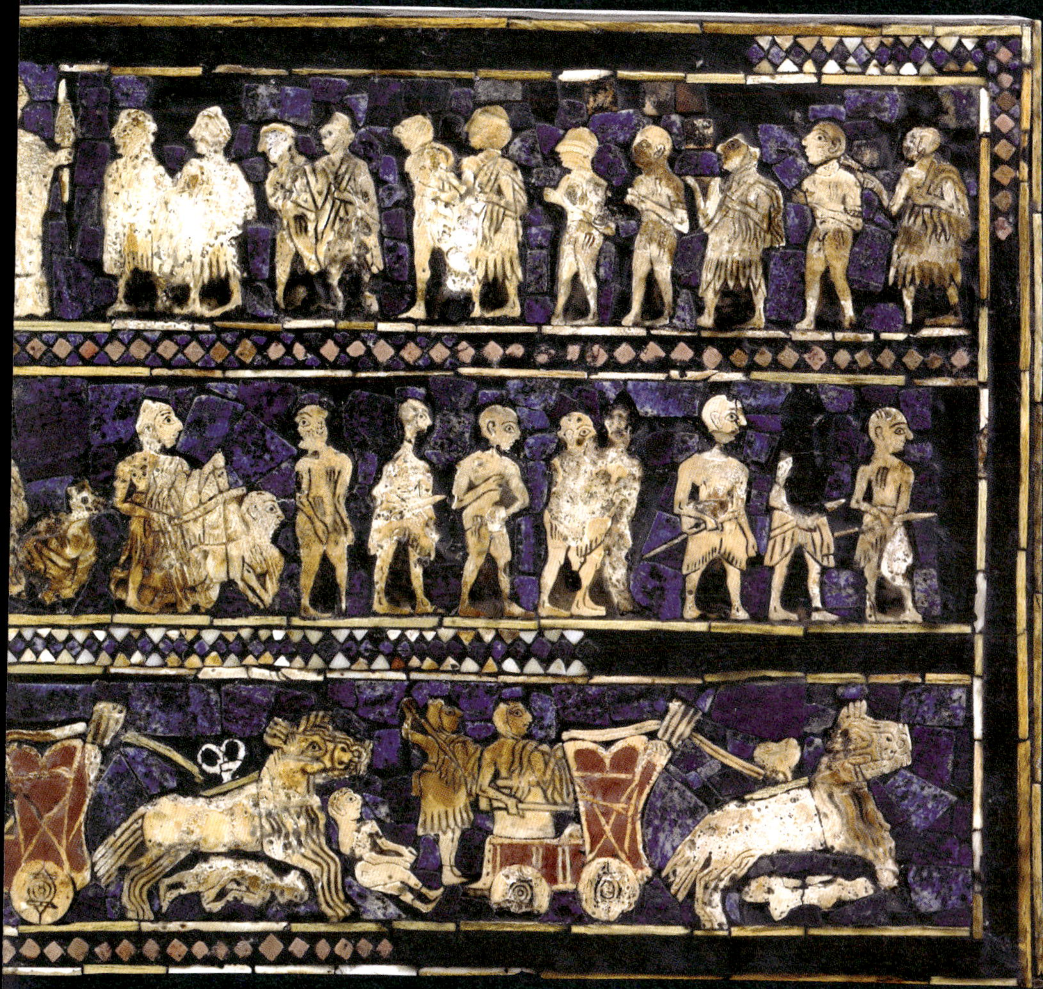

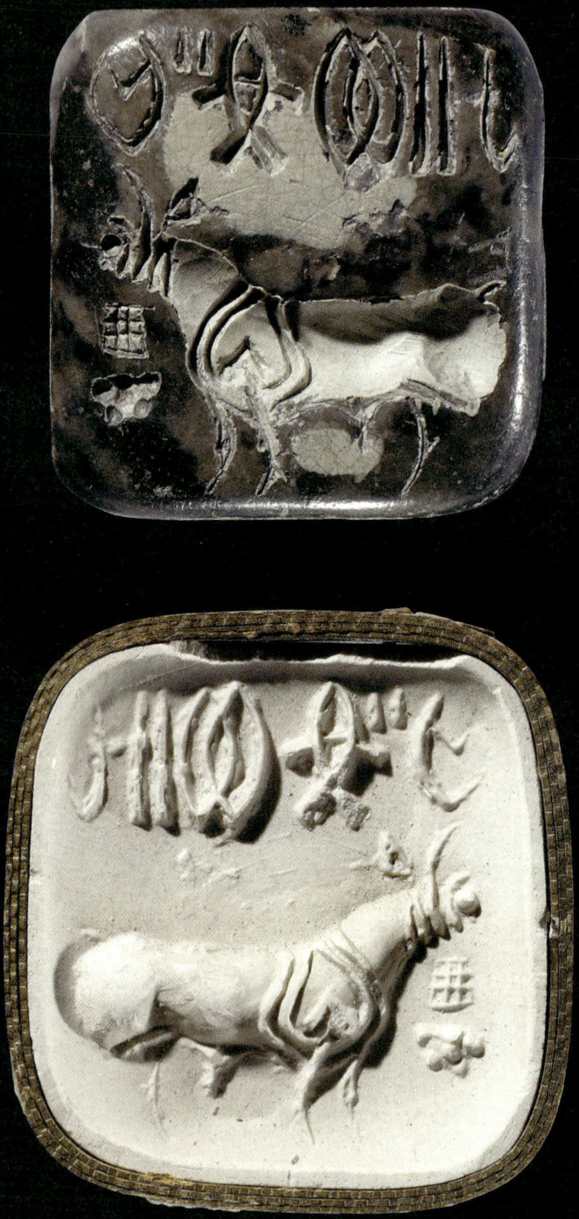

13

印度印章

石刻印章，出土于印度河谷哈拉帕遗址（旁遮普地区），今巴基斯坦

公元前 2500 年至公元前 2000 年

前两节里我们目睹了城市和国家的兴起，但是它们也会有衰落之时。在这一节，我们不仅要观察一座失落的城市，还要去了解一个因气候原因，在 3500 多年前就已崩溃并从人类记忆中消失的文明。它在巴基斯坦和印度西北地区被发现的遗迹是 20 世纪最重要的考古发现之一，直到 21 世纪，我们还在试图为其解密。这一失落的世界便是印度河文明，而它的重新发现，还要从一枚曾用来在湿土上盖印的小图章说起。

我们已经了解了最早的城市和国家如何在几条世界著名的河流沿岸兴起，以及当时的统治者如何管理集中的人力与财力。在大约 5000 年前，印度河同现在一样，从青藏高原一直奔流到阿拉伯海。印度河文明便在这片富饶肥沃的河滩上壮大，在其鼎盛时期面积达到 20 万平方英里。

这一地区的考古挖掘已发现了数座城市的整体规划，以及庞大而活跃的国际贸易模式。在遥远的中东及中亚也曾出土来自印度河的印章。但本文所涉及的印章是在印度河发现的。

大英博物馆藏有一系列这样的石刻图章，用于在蜡或黏土上盖印，以表明所有权、签署文件，或给包裹做标记。它们制作于公元前 2500 年至公元前 2000 年，近似方形，大小如同现代邮票，为方便雕刻，用滑石制成。印章的雕工精细，刻有美妙的动物图案，包括大象、公牛和一种类似母牛和独角兽混合体的动物，其中我最喜欢的是一头灵巧的河马。它们当中最具历史意义的当数雕刻了类似独角兽的母牛图案的那枚，正

是它开启了人类对整个印度河文明的探寻。

这枚印章发现于19世纪50年代，在当时英属印度的哈拉帕附近，距现代巴基斯坦的拉合尔约150英里。此后50年中，又有3枚类似的印章陆续抵达大英博物馆。但没人知道它们是什么，制作于何时何地。1906年，印度考古研究所的所长约翰·马歇尔注意到了它们。他下令发掘这枚印章的发现地哈拉帕的遗址，从而带来了改写世界历史的发现。

马歇尔的团队在哈拉帕发现了一座大型城市的遗址，其后又在附近发现了别的城市，它们存在的时间都在公元前3000年至公元前2000年。这一发现将印度历史大幅度地向远古推移，超乎所有人的想象。事实证明，这一地区曾是一座高度发达的都市，有贸易、工业，甚至有文字。它应该是和古埃及、美索不达米亚处于同一时期、水平不相上下的文明，但却被人们彻底遗忘了。

像哈拉帕与摩亨佐－达罗这样大型的印度河城市，人口曾在3万到4万之间。城市呈细致的网格状分布，住宅经过仔细规划，拥有包括家庭管道系统在内的先进卫生系统，几乎是现代城市规划专家的理想。建筑师理查德·罗杰斯对其极为推崇：

> 当你面对一片几乎没有任何限制、建筑不多、如同一张白纸的土地时，要做的第一件事便是画出一个个方格。你想要拥有它，而方格便是拥有它并建立起秩序的方式。建筑能够给予空间秩序、和谐、美与韵律。而这些你都能在哈拉帕感受到，他们正是这样做的。其中还包括美学的因素，你能从他们的雕刻中看出这一点。他们有美学意识，也有秩序意识、经济意识，正是这些意识把他们5000年前的工作与我们如今的工作直接联系了起来。

正如我们在埃及与美索不达米亚所见，从村庄到城市的跨越经常需要一个强有力的统治者，能够强行占有并分配资源。但我们至今仍不清楚，到底谁曾统治过这些高度秩序化的印度河城市。没有国王、法老，或是任何形式的统治者存在过的证据。这在很大程度上是因为我们找不到他们的墓地。没有那种在埃及和美索不达米亚发现的权贵墓葬，能让我们了解当时的统治者及他们治下的社会。我们只能认为，印度河的人民大概采取火葬的方式。虽然火葬的优点很多，但容我这么说，对考古学家来说，这真是致命的损失。

我们在这两座大型的印度河城市中发掘的物品中，没有发现任何他们曾与敌人交战或受到战争威胁的证据。没找到太多的武器，也没找到防御工事。虽有一些巨大的公共建筑，但没有一座像统治者的居所，富人与穷人的住宅区别也微乎其微。这似乎是一种截然不同的建立文明的方式，既不宣扬暴力，又没有个人权力的高度集中。有没有可能这些城市并非以强权，而是以公民的共识为基础而建立的呢？

如果我们能阅读这些印章上的文字，也许就能多了解一些印度河文明。印章上动物图案的上方有一些符号：其中一个像椭圆的盾牌，其他则像是火柴人，还有一些单独的线条和一个竖起的矛。它们究竟是数字、标志、符号还是语言，我们一无所知。从20世纪初人们便试图破解它们，如今虽又加入了电脑的协助，但仍面临资料不足的问题：没有更长的文本，也没有双语文献来帮助我们取得更大的进展。

印章上常常有孔，当年它们极可能被主人随身携带，也很可能用于标识贸易货物，因其在伊拉克、伊朗、阿富汗和中亚都有出土。在公元前3000年至公元前2000年间，印度河文明是由很多发达有序的城市构成的巨大网络，贸易范围极广，一片欣欣向荣。但到了公元前1900年便戛然而止。城市变成了巨大的土堆，甚至人们关于这个伟大的早期文明的记忆也消失了。我们只能猜测其中的缘由。庞大的城市建筑业使得砖窑大量需求木材做燃料，这导致了大规模的伐林运动，从而带来了环境灾难。更为重要的是，气候变迁迫使印度河的支流改道，有些甚至完全干涸。

当古印度河文明刚开始被发掘时，整个南亚次大陆都处于英国的控制之下，但如今，它被分成了印度和巴基斯坦。德里大学的那让约·拉哈里教授是印度河文明专家，他这样总结该文明对如今这两个国家的重要性：

> 在1924年人们发现印度河文明时，印度还是殖民地。因此这一发现带来了强烈的民族自豪感，人们认为印度文明并不亚于殖民者的文明，甚至可能比他们更强大，因此他们认为，英国应该离开印度。这正是当时《拉尔卡纳报》上的评论，而拉尔卡纳正是摩亨佐－达罗的所在地。
>
> 独立之后，新成立的印度政权只有古吉拉特以及北方的几处古印度遗址，因此迫切需要在印度境内发掘新的遗址。独立以来，考古工作取得了重大成就，

不仅在古吉拉特，而且在拉贾斯坦、旁遮普、哈利亚纳甚至在北方邦都发掘出了古印度遗址，达数百座之多。

哈拉帕和摩亨佐－达罗这两座大型城市都位于巴基斯坦，是首批被挖掘的古印度遗址。随后，古印度文明最重要的发掘工作之一是由一位巴基斯坦考古学家拉菲克·莫卧尔（目前是波士顿大学教授）完成的。他在巴基斯坦和乔利斯坦共发掘了近200处遗址。但在我看来，巴基斯坦的国民更关注的是他们的伊斯兰文明传承，反而是印度人对这些发现的兴趣比巴基斯坦人更大。

我并无比较之意，但想起印度、巴基斯坦以及古印度文明，我总有一种心酸之感，原因不外乎是这些伟大的遗迹，这些工艺品、陶器和珠子等等，现在分属两个国家。有一些最珍贵的文物被分成两半，如著名的摩亨佐－达罗腰带，便从中间分为两截。就像独立前的印度分成了印度与巴基斯坦，这些文物也遭受了同样的命运。

我们需要更多地了解这些伟大的古印度城市，而我们对它们的认识也确实在稳步增长。如果能够阅读这些印章上的符号，一定会带来重大突破。目前只能等待。同时，这些伟大城市的彻底消失也是一种让人不安的讯号，它提醒我们，城市与文明有多么脆弱。

14

玉斧

玉斧,发现于英国坎特伯雷附近

公元前 4000 年至公元前 2000 年

在人类历史的绝大部分时期,居住在英国就仿佛居住在世界边缘,但这绝不意味着英国是与世隔绝的。

我们已了解到,在 5000 年前的埃及、美索不达米亚、巴基斯坦和印度,城市与国家如何沿着几条著名的河流兴起。他们的治理方式、建筑、文字和国际贸易网络使他们能够掌握新技术,探索新材料。但在这些河流以外的地方,情况却大不相同。从中国到英国,人类一直居住在相对较小的农业社区里,新型大城市的麻烦与便利都和他们无关。而他们与那些大城市居民的共通之处,便是对昂贵与带异域风情的物品的喜爱。多亏了发达的贸易网络,就算处在欧亚大陆边缘的英国,人们也能获得自己的心爱之物。

在公元前 4000 年的坎特伯雷,人们极为渴望的便是这么一把打磨光亮的玉斧。它粗看上去与大英博物馆收藏的几千把石斧没什么差别,但比绝大部分石斧都更宽、更薄,看起来几乎是全新的,十分锋利。玉斧状如水滴,长约 21 厘米,底部宽八厘米。触感清凉,极为光滑。

我们在本书开头便已提及,斧在人类史上占有特殊地位。近东的农业革命经历了数代才传遍整个欧洲大陆,最终在约 6000 年前,人们乘坐着覆盖了动物皮毛的船,带着农作物的种子与驯化过的牲畜,来到了英格兰及爱尔兰地区。他们发现这片土地覆盖着茂密的森林。是石斧让他们能够清理出撒播种子与放牧牲畜的空间。石斧

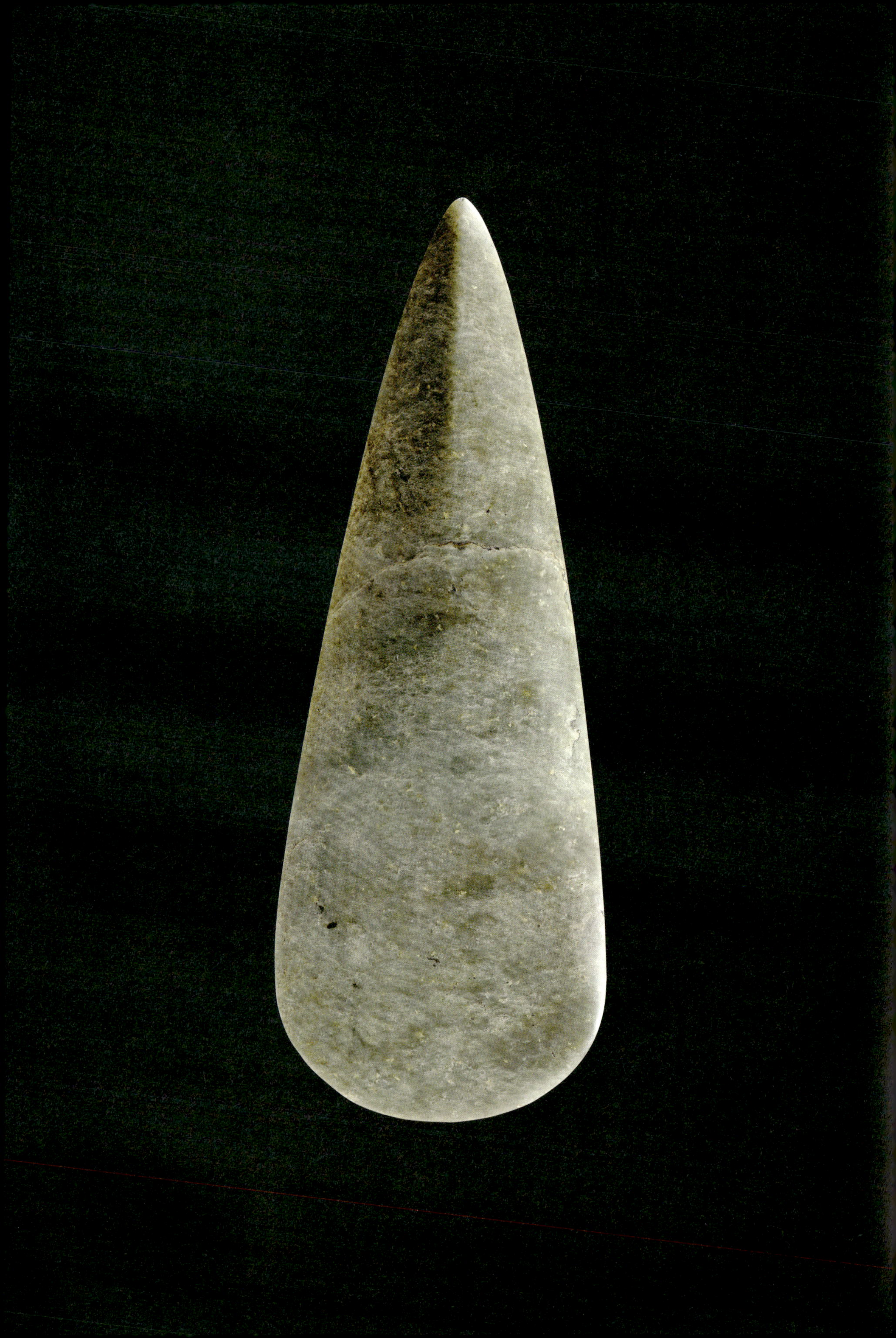

也帮他们创造了一个全新的木制世界：伐倒树木，修建篱笆与道路、房屋与船只。他们是建造了史前巨石阵的人类。石斧是革命性的武器，让我们的祖先能够把英格兰改造成绿意盎然的怡人家园。

斧头通常都有斧柄，装上长长的木制斧柄，才能像现代斧头一样发挥功用。但很明显，本节中的这把斧头从未装过斧柄，且完全没有任何使用过的痕迹。用手指小心地抚摸斧刃，也完全感觉不到哪怕最细微的缺损。长而平坦的表面极为光滑，仍旧发出镜面般的光泽。

结论是肯定的。这把斧头从未被使用过，人们打造它的目的也不是使用，而是欣赏。约克大学的马克·埃德蒙兹阐述了这件华丽迷人的物品是如何打造出来的：

> 如果你有幸握过一把这样的斧头，感受它的重量、光滑与均衡，就会了解工匠们将其打磨得何等精细。要获得这样的光泽，先要用石头长时间打磨，再用细沙或混水的泥沙抛光，最后在手里反复摩挲，可能还要用上油脂和树叶。不知道要用掉多少天的工夫才能磨出尖端略带弹性的利刃。在打磨的过程中还要留心形状，控制形式，体现出这种玉石特有的黑绿相间的色泽，让它变得十分抢眼，使人一眼就能认出。对这样的斧头来说，视觉享受也许与锋利的斧刃同样重要。

但这把斧头最令人兴奋的还不是它的制作工艺，而是它的材质。它并没有英国常见的石头那种灰棕的色调，而是呈现出迷人的绿色。它是由玉石制作而成的。

玉当然不是英国本地出产，我们一般倾向于认为，这是一种来自远东或中美洲的外来材料。众所周知，中华文明与中美洲文明都推崇美玉，认为它比黄金更珍贵。但它们都离英国有数千英里之遥，这使得考古学家困惑多年，不知道欧洲的玉石究竟来自何处。但事实上，欧洲大陆本身就有玉石资源，2003年，在玉斧制作完成6000年后，终于有人发现了玉石的确切产地。这种奢侈品来自意大利。

考古学家彼得勒坎夫妇花了12年的时间，在意大利境内的阿尔卑斯山与北部的亚平宁山脉艰难地搜寻，最终找到了史前的玉石场，我们的玉斧便来自此处。皮埃尔·彼得勒坎描述了他们的搜寻过程：

我们曾在巴布亚新几内亚考察，得知他们制作斧头的石材来自高山。受此启发，我们爬到阿尔卑斯山脉的高处寻找欧洲玉石的来源。20世纪70年代，很多地质学家都认为斧头制作者使用了被溪流与冰河从高山上冲刷下来的玉石块。但事实并非如此。我们爬到更高处，在海拔1800到2400米的地方发现了凿劈石头的场地以及玉石的确切来源，那里还留有人类使用过的痕迹。

有些单独放置的很大的石块明显经过火烧，这是为了让工匠们敲下大块的石片进行加工。因此，石块上的微微凹陷其实是人类加工的痕迹，下方还有大量的碎片。

每一块玉石的地质特征都可以进行精确的辨认与比对。彼得勒坎夫妇不止确证了大英博物馆的这把玉斧来自意大利的阿尔卑斯山，还能根据地质特征准确辨认出它来自哪块石头。更不可思议的是，他们还找到了我们这把斧头的亲戚，出土于多塞特郡的另一件美丽玉器：

坎特伯雷斧头与多塞特斧头的原料来自同一块石头。很明显，人们曾在不同的时间来到了同样的地点，中间可能相隔几个世纪。但根据它们的结构特点，我们能确定，他们来自相同的石头，都是从那块旧岩石上凿下来的。

6000年前曾被采下大英博物馆玉斧原料的岩石，至今仍端坐在高处，偶尔还坐在云端之上。于彼处极目远眺，能看到壮丽的美景。玉石的开采者似乎有意选择了这样一个特别的地点，他们本可以从山脚轻松地捡拾到玉石块，却选择一直攀援到云端，也许就是为了在自己居住的世界与神灵和祖先居住的天国之间采集一块石头。因此这块石头受到了特别的呵护与礼遇，似乎带有非凡的力量。

采下玉石厚片之后，工匠们还得辛苦地将材料运回它们的加工地。这是漫长又艰辛的过程，靠脚力与小船的协助完成。大批的这种石头在距离采集地约200公里之外的地方被发现，这已经是惊人的成就，但有的甚至走过了更长的旅途。来自意大利阿尔卑斯山的玉石横跨了整个北欧，最远的甚至到达了斯堪的纳维亚。

我们只能对本节中的玉斧所经过的旅途进行一些猜测，但这样的猜测也是有依据的。玉石的质地极为坚硬，难以加工，为它塑形一定耗费了不少功夫。有可能一开始，它先在意大利北部经过了初步加工，然后被带到几百英里之外的法国西北部，在那里进行打磨，因为我们在布列塔尼发现了数把类似的斧头，拥有这种远方的奇珍似乎曾是当地潮流。布列塔尼人甚至在他们巨大的石头墓室的墙壁上雕刻出斧头的图案。马克·埃德蒙兹认为其中的含义是：

> 斧头除了实际用途之外还有进一步的意义。这种意义来自它们是在什么地方被发现的，从谁那里得到的，是在何时何地制作的等等这些它们身上附带的故事。有时它们只是人类使用的工具，被遗忘在带出去使用的过程中。有时它们是放在高处的重要象征，提醒我们别忘了更广阔的世界。有时你要把它们交给别人，邻居、同盟或和你有纠纷的人。在特别的情况下，斧子在葬礼上也有用途，它需要像尸体一样被分解，或是像尸体一样被埋葬。在英国曾有成百上千的斧头被这样处理：埋在坟墓里，放在祭祀的场地里，或是扔进河里。

我们的斧头全无使用过的痕迹，这一定是因为它的主人并不打算使用它。制造它的本意不是用来砍伐山林，而是要在社会中留下记号，发挥让人愉快的美学功能。它保存得如此完好，表明6000年前的人们同我们一样欣赏它的美丽。我们对奇珍异宝的喜爱确实由来已久。

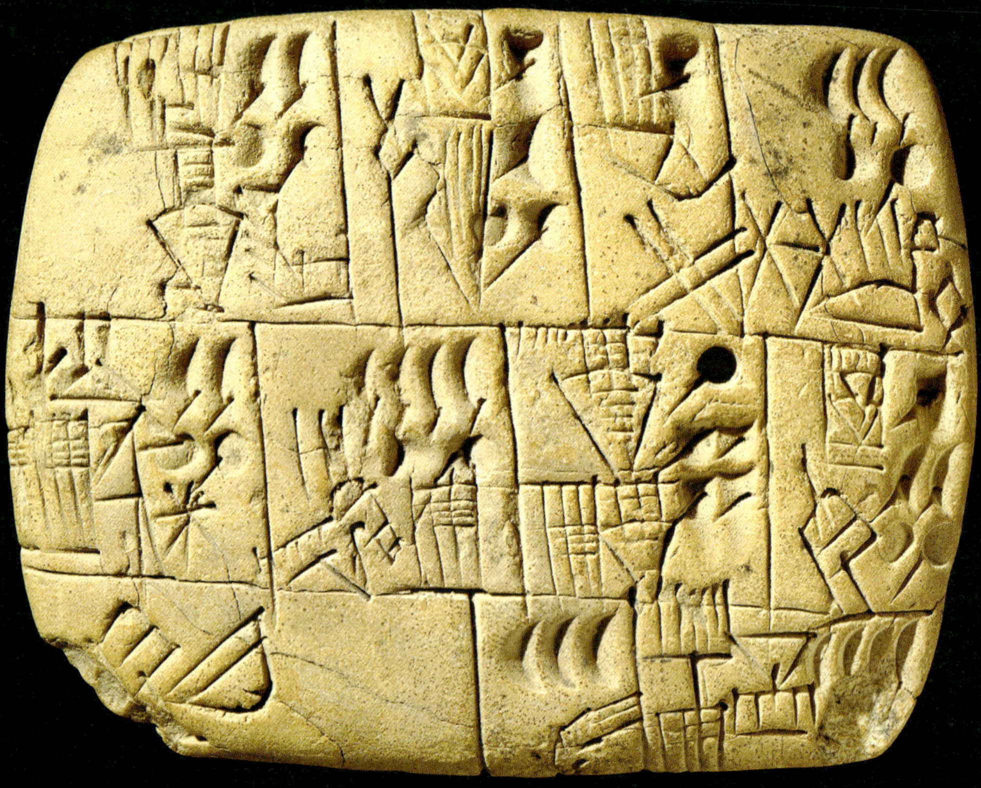

15

早期写字板

黏土板，发现于伊拉克南部

公元前 3100 年至公元前 3000 年

想象一个没有文字的世界——完全没有任何文字。当然就不需要填表格，不用退税，但是也没有文学，没有先进的科学，没有历史。这样的生活其实根本无法想象，因为现代生活及现代政府几乎是完全建立在文字上的。在人类的一切进步中，文字的出现无疑是巨人般的一步，当然，它是否是人类进化史上影响最大的创造也许还有争议。但它是从何时何地开始的？又是如何开始的？在一块制作于 5000 年前的美索不达米亚的黏土板上，有我们已知的最早的文字。给我们留下乌尔旗的民族，也给我们留下了文字的最早范例。

它的内容跟文学完全无关，而是记载了啤酒和政府机构的诞生。这是一小块来自今伊拉克南部的黏土板，约 9 厘米乘 7 厘米，大小和形状几乎完全和现代人的鼠标相同。

在现代人看来，黏土也许并非理想的书写载体，但来自幼发拉底和底格里斯河岸的黏土被证明是十分珍贵的，它用途广泛，能修建城市，制作陶罐，还能像我们这块黏土板一样，迅速提供一个可供书写的表面。从历史学家的角度来看，黏土具有巨大的优势：容易保存。中国人用于书写的竹子极易腐烂，纸张则易于销毁，而晒干的黏土却能在干燥的地方保存数千年，使我们今天还能阅读其上的文字。在大英博物馆，我们保存了超过 13 万块来自美索不达米亚的黏土板，世界各地的学者都来此研究这批收藏。

对美索不达米亚早期文字史的研究还在持续进行中，但有一些事实已十分清楚，其中很多只要从我们这块长方形的黏土板上便可看出。你能清晰地看到芦苇笔是如何在柔软的黏土上画出痕迹，之后经过重度烘烤，使黏土呈现出一种漂亮的橘色的。轻轻敲击黏土板，能发现它的质地十分坚硬，这便是它们能保存数千年的原因。但如果遇到潮湿的环境，即便是烘烤过的黏土也会毁于一旦。大英博物馆的日常任务之一便是时常用特制窑炉重新烘烤这批板子，以加固它们的表面，保存上面的文字。

我们这块记录啤酒配给的小黏土板分为3行，每行4格，每格里的符号都是从上往下，从右往左阅读的。这些符号在当时很有代表性，都是象形的，直接画出物品的样子或与其十分接近的图案。代表啤酒的是一个直立的尖底罐，描绘的就是通常用于储存配给啤酒的容器。代表"配给"的则是一个人头旁边放一个用来喝啤酒的碗。每一格的文字旁都有圆形或半圆形的记号，记录配给的数量。

你可以说这样的书写并不算是严格意义上的文字，而更像是一种记忆法，一种可以用来承载极复杂信息的符号集合。真正的文字上的重大突破，是人们第一次了解到一个象形符号，如写字板上的啤酒，不仅可以用来表示物品本身，也能表示与这一物品同音的别的物品。这样，文字变成了表音符号，所有的全新交流方式都变成可能。

5000年前，当世界上肥沃的大河流域开始出现最早的城市与国家时，统治者面临的最大问题便是如何管理新的社会。他们面对的已不是数百村民，要如何把自己的意志凌驾于数万名城市居民之上呢？几乎所有的新统治者都发现，除了使用武力与官方意识形态之外，想要管理如此庞大的人口，一些东西必须成文。

我们总是容易把文字与诗歌、小说或历史，也就是人们通常所说的文学联系起来。但其实早期的文学都是口述的，靠人们用心记忆，一代代朗诵或吟唱出来。人们需要写下的是他们记不住、也编不成诗歌的东西。因此在世界各地，早期文字都是用来做记录、计数，或是像本节中的写字板一样，记录啤酒数量的。啤酒是美索不达米亚的主要饮料，用以分配给工人饮用。金钱、法律、贸易、雇佣：这些便是早期写作的内容。如本节中写字板般的记录，最终改变了国家管理与政府权力的本质。到后期，文字的作用才从记录变为抒情，这也就是说，会计师掌握书写的年代远比诗人更早。文字是彻头彻尾的行政系统的产物。我曾为此询问英国内阁秘书长格斯·

奥唐奈爵士的看法：

> 这块写字板是对文字的最早记录，同时，它也能让我们了解早期国家的发展，当时已有公务人员开始记录正在发生的事。很明显，这里记录的是国家向工人分发工作报酬。他们需要将公共财政的支出记下来，并了解付出的酬劳有多少，这些都要秉公处理。

公元前3000年，美索不达米亚各个城邦的管理者发现了如何将文字记录运用到日常管理，运用到大型庙宇的运作、活动记录以及货物储存中的方法。大部分的早期黏土板，如本节中的这块，都来自今巴格达与巴士拉之间的乌鲁克。乌鲁克是美索不达米亚的大型富庶城邦之一，城市已经发展得过于庞大复杂，无法仅靠口头表达来进行统治。奥唐奈爵士解释道：

> 这是一个经济处于最初级阶段的社会，没有钞票或其他通货。他们怎么办？这些符号告诉我们，他们用啤酒来付款，不会出现清偿危机。他们找到了别的途径来解决没有货币的问题，同时也找出了运作国家的办法。随着社会的发展，这一方式会变得越来越有用。记录和书写的能力，这些现代国家的关键要素，开始逐渐出现。它能让你了解你花了多少钱，又换来了什么。这块写字板对我来说就相当于这世界上出现的第一本内阁秘书的记事本：它就有那么重要。

当文字进入全面发展，表音符号逐渐代替了象形文字，书记员的生活一定十分快乐。创造新表音符号的过程很可能极快。随着符号逐渐增多，便有了将其全部列出的必要性，可以称之为最早的词典。由此也开始了一个将词汇、物品及其之间的关系分类记录的过程，这一过程现在还在延续。这块记录啤酒配给的写字板直接而迅速地让我们获得了一种重新思考自己、思考周围世界的新方式。

加州大学伯克利分校的哲学教授约翰·瑟尔描述了当文字成为文化的一部分时，人脑发生了怎样的变化：

文字是我们所认为的现代文明产生的关键。它具有我们无法了解的创造力。如果你认为它只是保存信息的一种方式，那你并没有真正理解文字革命所带来的巨大影响。它在两个方面决定性地改写了整个人类历史。其一是复杂的思考能力。口述的能力是有限的。如果没有一个记录并能反复查看的方式，人类无法进行高等数学运算或是更复杂的哲学辩论。因此仅仅认为文字是一种为未来记录现代和过去的方式是不够的。相反，它具有无限的创造力。至于第二点也很重要：当你用文字书写时，你并不只记录了已存在的内容，还创造了新的实体——金钱、组织、政府、社会的复杂形式。文字是这一切的关键。

文字似乎在各个人口规模很大的中心地区，如美索不达米亚、埃及、中国和中美洲都独立发展起来了。但关于谁第一个开始书写，仍然争议不断。美索不达米亚人目前似乎暂时领先，但这很可能只是因为他们的证据——这些黏土板留存了下来。

如前所述，埃及和美索不达米亚的统治者起初用武力来控制他们人口逐渐增多的城市。但后来他们发现，书写是更有力的控制社会的武器。芦苇笔的力量比刀剑更强。

第四部分

文学与科学的开端

公元前 2000 年至公元前 700 年

世界不同地区城市与国家的兴起带来了许多影响。世界上出现了第一份书写出来的文学作品,科学与数学知识也得以发展。早期的城市不是独立存在的,发达的海陆贸易网络把它们连接了起来。但尽管如此,世界上的大部分人口仍生活在分散的社群里。他们制造出了许多精美的物品,尤其是青铜与黄金制品,而且被大量地保存下来。很多物品的制作目的都是为了展示力量,让臣民、访客以及后世子孙折服。

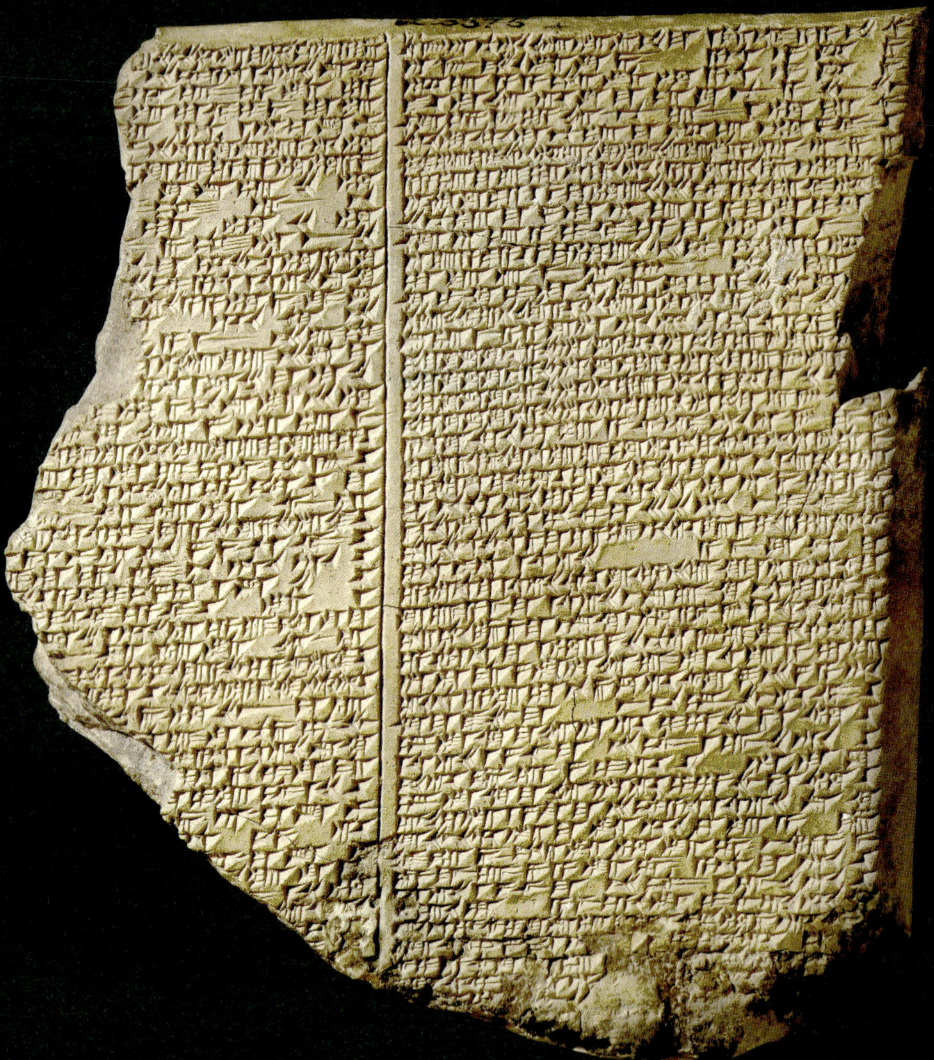

16

大洪水记录板

黏土写字板，来自伊拉克北部古城尼尼微（今摩苏尔附近）

公元前700年至公元前600年

　　《圣经》故事里的挪亚、方舟以及大洪水，早就成了英语的一部分，任何一个英国孩子都能告诉你，动物们是一对对登上方舟的。但在很多别的社会，大洪水的故事远早于《圣经》。一大疑问随之出现：今人之所以能够了解大洪水的故事，全赖在远古有人将其记录下来，但人们是怎么想到要把故事写下来的呢？

　　伦敦布鲁姆斯伯里的居民经常走进大英博物馆闲逛。约140年前，这些居民中便有一位常在午饭时间前来参观，他叫乔治·史密斯，在离博物馆不远的一家印刷厂当学徒，逐渐迷上了美索不达米亚的写字板藏品。由于这份热爱，他开始自学美索不达米亚的楔形文字，逐渐成了当时的楔形文字专家。1872年，史密斯看到了一块来自尼尼微（今伊拉克）的写字板，这便是本节我们将要谈及的文物。

　　大英博物馆将超过13万块来自美索不达米亚平原的黏土板存放在一间屋子里。屋里的架子从地板一直顶到天花板，每个架子上都有一只狭长的木盘，上面最多能堆放12块写字板，大部分是不完整的碎片。在1872年格外吸引史密斯注意的这块长约15厘米，用黑棕色的黏土制成。上面的文字分两栏，写得密密麻麻，远看有点像老派报纸上的小广告栏。它原本应该是长方形的，但有些部分已经掉落了。正是这块不起眼的碎片，经乔治·史密斯阅读出其上的内容之后，将要撼动《旧约》中的一个著名故事的基础，让人们对经文所扮演的角色及其与现实世界的关系发出疑问。

这块写字板记录了一次大洪水，神告诉一位男性，让他修建船只，把家人和动物都安置到船上，因为一场大洪水将席卷整个地球表面，抹去所有人类生存的痕迹。乔治·史密斯觉得这个故事惊人地熟悉，因为在阅读与翻译的过程中，他越来越发现眼前的这则古老神话与《圣经》上挪亚与方舟的故事极为相似，而最重要的是，它在年代上远早于挪亚方舟。在此摘抄《圣经》中关于挪亚方舟的一些片段(《创世记》6：14－7：4)：

> 你要造一只方舟……凡有血肉的活物，每样两个，一公一母，你要带进方舟……我要降雨在地上四十个昼夜，把我所造的各种活物都从地上除灭。

而这是乔治·史密斯在写字板上读到的片段：

> 拆掉房屋，修建船只！丢弃财产，保全性命。抛弃所有，拯救生命。把所有活物的种子都带上船！你所要修建的船应该是方形的，长宽应该一致。给它造一个船顶，就像下面的海洋一样，神会降下大量的雨。

希伯来人的《圣经》故事，在美索不达米亚的写字板上早有记载，这是一个惊人的发现。从当时的记录可以看出，史密斯明白它的重要性：

> 史密斯拿起这块写字板，开始阅读上面的文字。保管员已为这块板子做过清理工作，字迹显露了出来。当他发现板上记载的正是他想读到的传奇故事时，说："在被遗忘了2000年后，我是第一个读到这故事的人。"他把写字板放在桌上，兴奋地在屋里连跑带跳。让在场的人大为吃惊的是，他脱起衣服来了！

这一发现的确值得脱衣相庆。这块写字板，如今已被命名为大洪水记录板，上面的文字是公元前7世纪在如今的伊拉克地区写下的。比现存最早的《圣经》版本早了约400年。我们是否可以据此认为，《圣经》故事并非什么神向我们揭示真相的恩典，而只是在整个中东地区都广为流传的神话故事的一部分？

这是 19 世纪对历史进行重大改写的时刻之一。在查尔斯·达尔文出版《物种起源》之后 12 年，乔治·史密斯出版了这块写字板上的内容，因而打开了一个宗教上的潘多拉盒。哥伦比亚大学的大卫·达姆罗什教授如此评价洪水记录板所带来的地震般的影响：

> 19 世纪 70 年代的人对《圣经》故事极为着迷，出现了很多有关《圣经》故事真实性的争论。当乔治·史密斯发现了明显比《圣经》更为古老的大洪水故事的记载时，引起了极大轰动。首相格莱斯顿亲自来听史密斯讲述自己的新发现。世界各地的报纸也都以头版大篇幅进行报道。其中《纽约时报》上的一篇文章指出，写字板上的文字可以有两种不同的解读方式——它是否证明了《圣经》故事是真实的？还是一切都是神话？史密斯的发现给辩论双方都提供了武器，让它们继续争辩《圣经》历史的真实性，争论达尔文、进化论以及地质学。

如果你发现你所阅读的宗教文本实际上来自一个更古老的、信仰完全不同的社会，你会有何想法？为此我询问了英国的首席拉比乔纳森·萨克斯：

> 很明显，两个故事的背后都有一个中心事件，大洪水。这基本是住在这一地区所有人的共同回忆。这些讲述洪水故事的古老文字实际上讲的是，非常不喜欢人类的神拥有控制自然界的巨大力量，并认为人类"应该被纠正"。《圣经》也重述了这个故事，但叙述的方式不同——神之所以带来洪水，是因为世界充满了暴力，故事因而充满了教化意义，而这正是《圣经》的用意所在。这是从多神论到一神论的巨大跳跃，从此进入一个人类崇拜权威的世界；《圣经》坚持认为，这权威必须公正，并在某些情况下表现出同情心。之前的世界拥有众多的势力、众多的神灵，互相争战，而在其后的世界里，整个宇宙都是单一的理性创造力的产物。我们越了解《圣经》所反对的是什么，就越了解《圣经》本身。

但洪水记录板的重要性还不只是宗教史上的，也是文学史上的。史密斯的写字板制作于公元前 7 世纪。但我们现在已经了解，在此前 1000 年，洪水故事便已被书写下来。

之后洪水被讲故事的人编进了《吉尔伽美什史诗》,这是世界文学史上第一部伟大的史诗。吉尔伽美什是一位英雄,他踏上了寻求永生与自我认知的道路,沿途遇到各种妖魔鬼怪,历尽千难万险,最终,如同所有的史诗英雄一样,他需要面对的最大的挑战便是:自己的本性与死亡的命运。史密斯发现的写字板正是这故事的第十一章。《吉尔伽美什史诗》拥有一切好故事的要素,同时它也是书写史上的一个转捩点。

在中东,书写的出现早于计数,主要是为了方便当时的官员做记录。其首要用

纤细精美的楔形文字印在湿泥板上,记录了大洪水的故事

途是记录当时国家的运作事务。至于故事，则常靠人用心记忆，朗诵或歌唱出来。但在约4000年前，类似吉尔伽美什这样的故事开始被书写下来。从此，作者得以塑造、修改并更正对英雄内心希望与恐惧的看法。他也因此能够确保自己对故事的独特观点及个人理解能被直接传达，而不会被别的故事讲述者持续篡改。文字使得故事从集体创作变成了个人创作。还有极重要的一点：书写下来的文字可以被翻译。同样的故事如今可以进入不同的语言。书写下来的文学故事能成为属于世界的文学。大卫·达姆罗什就认为：

> 如今的文学课程常把《吉尔伽美什史诗》列为开篇读物。这个故事展现了某种早期的全球性。这是最早的一部在古代世界广泛传播的文学作品。阅读《吉尔伽美什史诗》能让我们发现，如果回溯到遥远的古代，东西方的文明并无冲突。《吉尔伽美什史诗》是某种共同文化的起源。它的分支包括《荷马史诗》、《一千零一夜》和《圣经》，我们的全球文化确实是一脉相承的。

借由史密斯发现的洪水记录板上所记载的《吉尔伽美什史诗》，文字从一种记录事实的手段变成了一种探求思想的手段。它改变了自己的本质，也改变了"我们的"本质：有了《吉尔伽美什史诗》这样的文学作品之后，我们不只可以探寻自己内心的想法，也可以进驻别人的内心世界。当然这也正是大英博物馆存在的目的，也是我所整理的这一"通过文物看历史"系列的目的：让我们得以体验他人的存在方式。

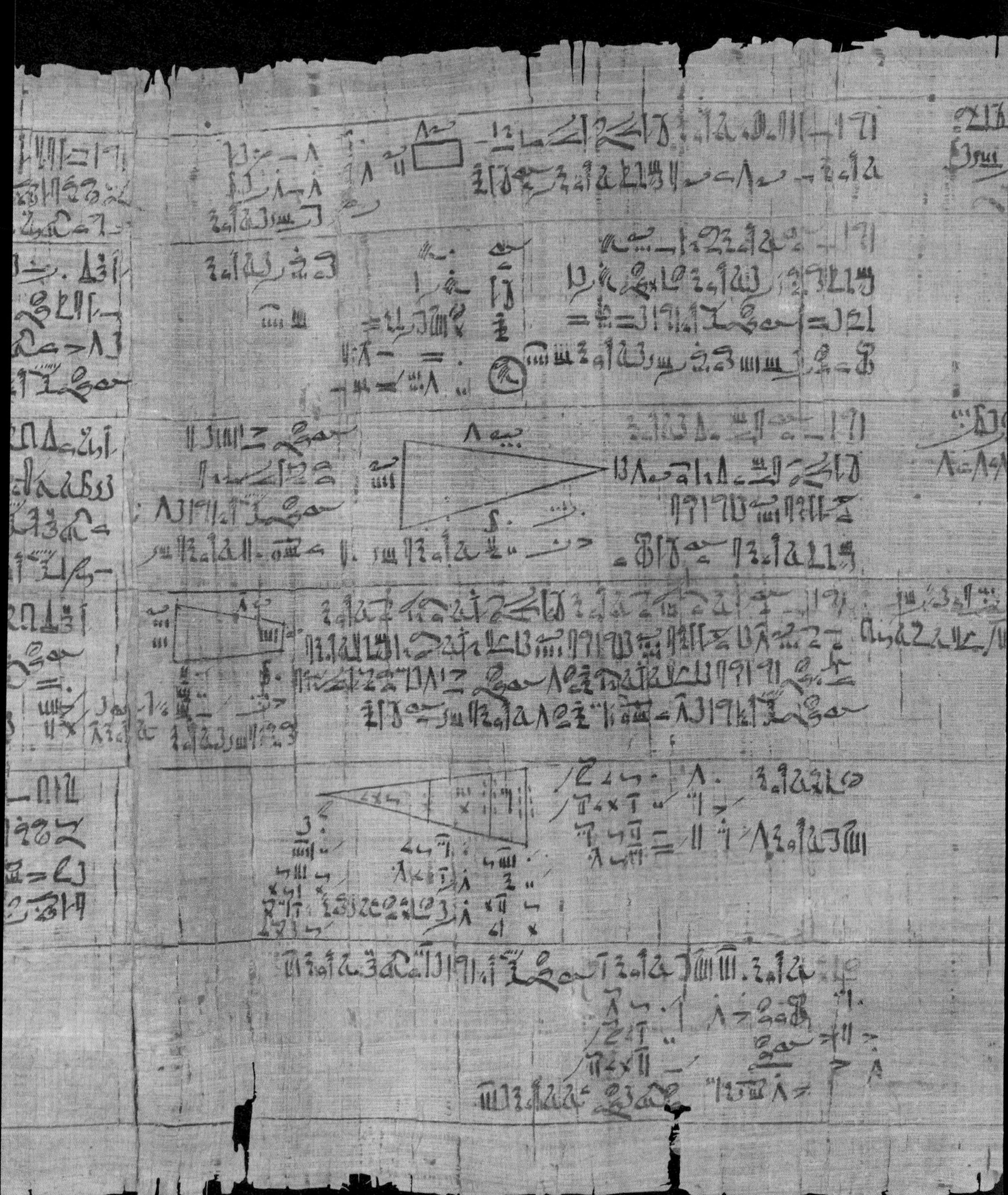

17

莱因德纸草书

纸莎草手卷，发现于埃及古城底比斯（今卢克索附近）

约公元前1550年

7个房间，每个房间里有7只猫，每只猫抓7只老鼠，每只老鼠要吃掉7穗谷物，每穗谷物若被播种，能收获7加仑粮食，请问本题中提及的东西的总数量？

莱因德纸草书上一共记载了几十道类似的问题，它们的难度相当，书写工整，备有答案，完全是一本优秀的教科书。这是古埃及流传下来的最著名的数学手卷，也是我们了解埃及人数字概念的主要途径。

纸草书没有把数学当成一种用以重新构想与计算世界的抽象概念。但它确实让我们瞥见——并分享了一个埃及管理者日常生活中的麻烦。像所有公务员一样，他似乎也很紧张地提防着国家审计署，想要证明自己花的钱是有价值的。因此他需要计算一定数量的粮食能酿造多少加仑啤酒，或制作多少个面包。也要算算你花钱买的啤酒或面包里有没有掺假。

整张纸草书共有84道数学题，全部用来解决不同场景下管理过程中遇到的具体问题，如计算金字塔的坡度，饲养不同种类的家禽分别需要多少粮食。其中大部分字迹为黑色，但是标题和答案是红字。还有一点很有意思，他们没有使用象形文字，而是用了一种潦草的公务员速记符号，写起来更快，也更简单。

纸草书因一位阿伯丁律师亚历山大·莱因德而得名。19世纪50年代，他来埃及过冬，因为干燥炎热的天气对治疗他的结核病有好处。在卢克索，他买到了这张手卷，

莱因德纸草书中记载了如何计算三角形面积的内容

下页图：手卷共记载了84道数学题，题目及答案用红笔书写

它后来被证明是我们已知的全埃及乃至全世界最大的古代数学文本。

因其对光线与湿度极为敏感，我们将它保存在大英博物馆的手卷室里。这间屋子干燥且密不通风，最重要的是室内全黑，十分适合在潮湿状况下会腐烂、强光下会褪色的莎草纸。这是我们在布鲁姆斯伯里能营造出的最接近古埃及墓室的环境了，因为之前它极可能在墓室里待了大部分时间。整个手卷原长约5米，通常会被卷成卷轴。如今则分为了三部分。较大的两部分保存在大英博物馆，被镶嵌在玻璃框里（第三部分则在纽约的布鲁克林博物馆）。纸草书高约30厘米，凑近了还能看到纸莎草的纤维。

制作莎草纸是繁重的体力活儿，但程序却很简单。这种植物是芦苇的一种，能长到4.5米，在尼罗河三角洲极为常见。将它的茎髓撕成条，然后浸泡、挤压，形成薄纸，接着晾干，再用石块把表面打磨光滑。纸莎草的有机纤维会自然地缠绕在一起，不需要胶水黏合，十分方便。最后我们得到的便是一张极适合书写的光滑纸面。莎草纸在地中海地区广泛使用，直到1000年前才被替代。莎草纸也是欧洲各国语言中"纸"一词的来源。

但这种纸极为昂贵。像莱因德纸草书这样的5米长卷价值两个铜德本，相当于一头小山羊的价钱。因此它基本上是富人使用的。

为什么人们要花这么多钱去买一卷数学题呢？我想是因为这卷数学手卷对公务员的职业生涯大有帮助。如果想要在政府里有所作为，必须学好数学。埃及社会极为复杂，因此需要监督建筑工程、安排付款、管理食物供应、计划军队调动、计算尼罗河洪水水位等方面的人才。想要成为书记员，法老手下的一名官员，就必须展现你的数学能力。就像一位同时代的作家所说：

> 如此方能打开金库与谷仓，方能从装载谷物的船只或谷仓的入口提取货物，方能在举办盛宴的日子里，计算出给神灵的供品的数量。

莱因德纸草书能教会你应付繁忙的公务员生活所需的一切知识，几乎等于公元前1550年的埃及公务员考试应试宝典。就像今天那些成功学的书籍一样，它的标题也极富吸引力。首页上用粗体红字写着：

>通晓计算高招，掌握事物内涵，解开一切秘密与难题。

通俗点说就是："所有你需要了解的数学知识都在这里，买了我，你就会成功。"

在这样的教材训练下，埃及人的数学水平广受古代社会的推崇。如柏拉图就敦促希腊复制埃及模式，认为在埃及：

>老师用游戏的方法让学生学习数学规则和运算。让他们做好担任将领、领导军队、组织军队远征的准备。以便让他们提升自我价值，造福他人，并拥有丰富的学识。

但即使大家都相信这种训练会制造出强大的国家机器，关于希腊人到底在数学方面从埃及人那里学到了什么，至今尚无定论。因为保存至今的埃及数学文献数量极少：其余大部分都已腐烂。虽然能推测当时曾存在蓬勃发展的高等数学，却无法获得佐证。莱斯特大学的克莱夫·里克斯教授强调了莱因德纸草书的重要性：

>传统观点认为，希腊人的几何学是从埃及人那里学来的，希罗多德、柏拉图和亚里士多德都提到过埃及人在几何学方面的惊人成就。
>
>如果没有莱因德纸草书，我们很难确切了解他们的数学水平到底如何。里面的代数就是如今我们说的线性代数与直线方程。还有一些我们如今称为等差级数的内容，稍为复杂。而几何学也非常基础。雅赫摩斯（纸草书的原始抄写人）告诉我们如何计算圆和三角的面积。这里面的题目一般的中学毕业生都会解答，有的甚至难度还更低。

当然，这一点无可厚非，因为纸草书的用途并非培养数学家。使用它的人只需了解如何处理现实中的一些麻烦问题，如怎样给工人分配供给的物品。再举一例，如果你有 10 加仑的动物油脂，供你使用一年，每天能用多少？用 10 除以 365，不管在当时还是现在，都不是简单的运算。但如果你有一群需要你分配食物以保证精力的工人，就非得算出答案不可了。剑桥大学古代数学专家埃莉诺·罗伯森解释道：

> 每一个做这些数学题的人，都想成为一个能写会算的管理者、政府官员或书记员。他们需要学习技术，也要学习掌握数字、重量与尺寸，以帮助官廷和庙宇管理他们庞大的经济。当时一定有许多关于如何管理金字塔和庙宇这样大型的建筑工程，管理数量庞大的建筑工人，并保证工人饮食等问题的数学讨论。

如此复杂的数学讨论是如何进行和表达的，我们只能想象。传到我们手里的证据都

"7个房间，每个房间里有7只猫……"

支离破碎，因为莎草纸太易碎，不耐潮，又易燃。我们甚至不知道莱因德纸草书是如何保存下来的，只能推测它来自某座古墓。历史上曾有不少私人藏书与主人一起埋葬的例子，大概是为了保证他们来生仍有学识，有成为管理人员的资格。

由于证据的缺失，很难了解埃及的数学水平在当时邻国中所处的位置，也无法确知公元前1550年左右埃及数学的真实水平。埃莉诺·罗伯森说：

> 目前唯一能与之比较的物件来自与它同时代的巴比伦，位于今伊拉克南部。它们是当时仅有的两种使用文字的文明。我肯定当时还有别的民族也会计数运算，但从目前的发现来看，他们都没有书写下来。我们对巴比伦人的情况更为了解，因为他们的书写载体是黏土板，不像莎草纸，黏土板可以在地下保存数千年。至于埃及，我们则仅有大概6份，顶多10份数学记录，其中最完整的就是莱因德纸草书。

对我而言，纸草书最有价值的一点是让我们能够近距离观察法老治下古怪的日常生活细节，尤其是饮食方面。我们了解到，如果你用"填鸭"的方式养鹅，需要的粮食是自然散养的5倍。埃及人难道也吃鹅肝？同时，他们似乎也圈养，因为纸上提到养在笼里的鹅所需的食物是散养的1/4（可能是因为活动空间极小），因此如果都用于贩卖，笼养鹅的价格要低得多。

在啤酒、面包和我们假想的鹅肝之间，能够勾勒出一个强大持久的国家的后勤保障结构，它能够自由调动广大的劳动力资源与经济资源，来进行公共与军事建设。在那个时代，法老的埃及是世界上最强盛的国家。来自中东各地的访客与如今的游客一样，都对这里规模巨大的建筑与雕像啧啧称奇。每一个成功的国家，不管是过去还是现在，都需要数学人才。

可能你还在思考本节开始时出的那道猫、老鼠和谷物的问题。答案是：19607。

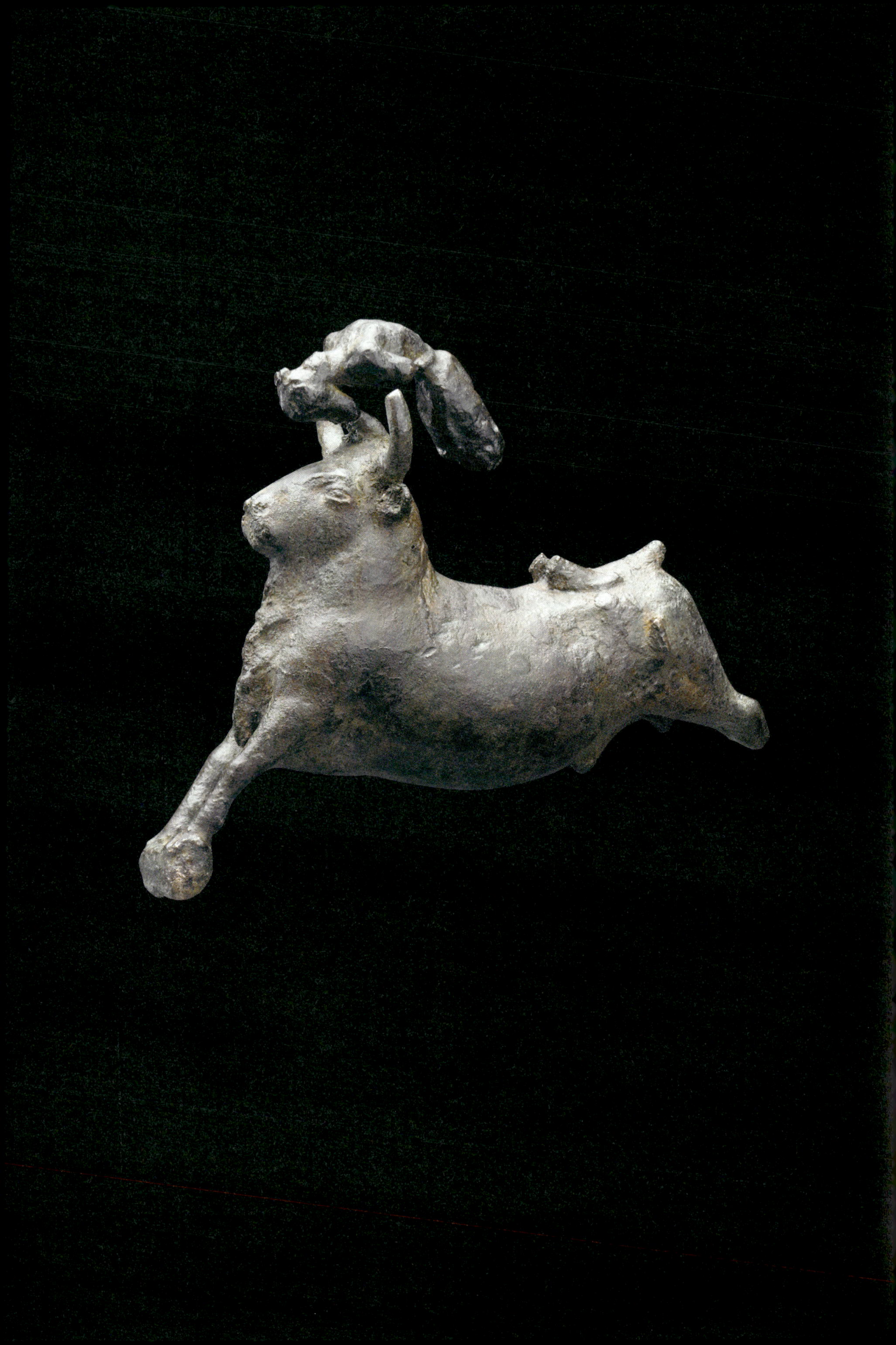

18

米诺斯跳牛飞人

公牛与杂技演员的青铜雕像,发现于希腊克里特岛

公元前 1700 年至公元前 1450 年

大英博物馆的克里特藏品系列的特藏品之一,是一尊小型的公牛铜雕,牛背上还有一个飞跃的人形。它来自地中海的克里特岛,大约制作于 3700 年前。

公牛与骑士都用青铜制作,整体长 5 厘米,高度在 10 至 13 厘米之间。牛正在全速奔跑,四肢飞扬,头部高昂,人形雕像在其上翻跃,像是个年轻男性。他正抓住牛角,身体整个跃起,我们所见的造型正是他完全腾空而起的时刻,男孩身体向外的弧线呼应着牛脊柱向内的弧线,两道弧线交相辉映。这种力与美的结合,能立刻把我们带入克里特历史的现实与神话之中。

这尊雕像用具象表现了我们的一句俗语:"抓牛先抓角",这是我们面对人生的重大问题时应有的一种态度,它对如今的大部分人来说只是一个比喻,但考古研究发现,在 4000 年前,某一文明中的所有人似乎都渴盼能挑战公牛。到底原因何在,是他们留给我们的谜题之一。这个社会处于亚非欧的交界,是形成如今中东地区的关键力量。荷马曾用诗歌描绘这个世界:

> 暗酒色的大海里,有一片名叫克里特的土地
> 它富庶美丽,四面环海
> 有九十个城市,人口众多
> 在这些城市中,有一座伟大的城市叫克诺索斯

> 在宙斯的恩典下，米诺斯做了九年的王

在希腊神话中，米诺斯是克里特的统治者，与公牛之间的关系错综复杂。他是美丽的欧罗巴与众神之主宙斯的儿子。当初，为了引诱欧罗巴，宙斯变成了一头公牛。而后来米诺斯的王后也对一头雄壮的公牛产生了感情，因而生下了牛头人身的米诺陶洛斯。米诺斯觉得这个怪兽继子让他颜面尽失，便将它囚禁在一座地下迷宫里。米诺陶洛斯要求雅典每年向它进贡童男童女，最终被英雄忒修斯杀死。忒修斯与米诺陶洛斯的故事被人代代传诵：英雄先藏匿起来，找时机发动进攻，最后成功杀死怪兽。奥维德、普鲁塔克和维吉尔等人都有过记述。这是希腊神话、弗洛伊德心理学以及欧洲艺术的经典故事之一。

迷人的传说吸引着考古学家。100多年前，亚瑟·埃文斯开始在克诺索斯进行考古发掘的时候，公牛、野兽、克里特的宫殿与迷宫在他的脑海里盘桓不去。我们不知道这一公元前1700年的发达文明中人们如何称呼自己，但亚瑟坚信自己发掘的是米诺斯的世界，便将他们称为米诺斯人，从此考古学界便沿用了这一称呼。在全面挖掘的过程中，亚瑟发现了一座大型建筑的遗址，其中的陶罐、珠宝、雕刻石章、象牙、黄金、青铜以及彩色的壁画中常有公牛的形象。他想用古老的神话来解释这些发现，迫切地希望了解公牛在岛上的经济生活与宗教仪式中发挥的作用。因此，他对在克诺索斯不远处发掘的这尊米诺斯跳牛飞人极感兴趣。

它的发现地被认定为雷西姆农，克里特岛东岸的一个小镇。最初可能用作山中神庙或洞窟圣地的供品。在克里特的圣地常能发现类似物品，表明牛在当地宗教仪式中发挥了重要作用。自埃文斯以后，很多学者都在探讨这些形象的重要性。他们研究了塑造跳牛飞人的目的，以及这样的姿势能否真的实现。埃文斯认为，这是供奉女神的仪式上的内容，有人不同意。但跳牛飞人的确是常见的宗教表演，最后的结果常常是把牛杀死献祭，有时候骑士也会牺牲。显然，这项运动对雕像中的男性与公牛来说都很危险。运动在法国和西班牙的部分地区保留至今，我们因而得以了解，想在牛背上跳跃需要接受数月的训练。跳牛飞人在西班牙语中称为"recortador"，当代极负盛名的飞人塞尔吉奥·德尔加多解释道：

一直以来这都是一种男性与公牛之间的游戏。没有一所学校能教会你"recortador"所需的技能。你需要了解这种动物,了解它在场上会做何反应。一切都只能从经验中获得。

有3种主要技术需要学习,一是"recorte de riñón"(切肾),二是"quiebro"(翻转),三是"salto"(跳跃),其实就是几种不同的跳到牛背上的姿势。

跟斗牛比赛不同,我们不会在赛前故意刺伤公牛,也不会在场上将它们杀死。我们从事这项运动的人都是在玩命,像斗牛士一样常常被牛顶,被牛角戳。你猜不透牛的想法,是它在掌控全场。我们永远对公牛充满敬意。

如前所述,一些学者认为,在制作这尊雕像的那个年代,跳牛飞人很可能有一些宗教含义。用于制作雕像的昂贵青铜也说明它是神的祭品。这种延续到现代的对牛的尊重,正好与他们的观点形成了绝妙的呼应。

这尊雕像制作于公元前1700年,正处于被考古学家命名为青铜时代的年代的中期。当时人类在金属锻造方面取得了巨大进步,改变了人类塑造世界的方式。青铜是铜与锡的合金,比铜或金都要更坚硬、切割的效果也更好,自1000多年前被发现起就一直用于工具和武器制作。同时它也用于制作美丽的雕像,因此通常用来制作珍贵的祭神物品。

大英博物馆的这尊公牛雕像使用了失蜡法来铸造。艺术家首先用蜡制成雕像,其后在外裹上一层黏土,放入火中烘烤。待黏土变硬、蜡融化之后,将蜡液排出,往模具中注入青铜溶液。冷却之后再敲开模子,取出青铜,进行最后加工——抛光、镌刻或挫平。雕像最终成形。虽然这座雕像如今已严重腐蚀,外表呈灰棕色,但刚制作完成时必定极为精美。青铜当然不能像黄金一样闪闪发光,但其自有一种迷人的光泽。

制作这尊雕像所用的青铜原料让我们的公牛从神话回到现实。事实上,光是它用青铜制成这一点就足够让人惊讶,因为克里特并没有制造青铜所需的铜和锡,二者都需要从远方运来。铜有可能来自塞浦路斯——它的名字本身便有"青铜岛"之意——也可能来自地中海东岸。锡则走过了更漫长的旅途,沿当时的贸易路线从土耳其东部,甚至是从阿富汗来到这里。这些路线上海盗猖獗,导致锡的供应常常短缺。

事实上，从这尊雕像上，你便能看到一些为了保证供应所做的努力。合金中锡的比例显然太小，因此表面上才会坑坑洼洼，合金的质地也相对脆弱，牛的后腿因此折断了。

尽管合金的比例不理想，但来自克里特以外的锡和铜已足以证明米诺斯人当时曾四处流动，参与海洋贸易。他们确实是整个东地中海巨大的贸易与外交网络中的一部分，常进行金属交易，全靠海路运输。南安普敦大学的航海考古学家露西·布鲁博士说：

> 克里特的这尊青铜小雕像是件很好的证物，让我们了解青铜是当时整个地中海东部地区需求巨大的重要商品。遗憾的是，我们尚未发现太多能证明这些贸易活动的沉船。但发现于土耳其的乌鲁布伦沉船可算其中之一。船上载有15吨货物，其中9吨为铜锭。其他货物也很丰富，如石榴、开心果和来自波罗的海的琥珀。还有很多手工制品，包括青铜和黄金雕像，各种材料制成的珠子，以及大量的工具和武器。

参与了这些贸易的富裕的米诺斯文明，至今仍有许多未解之谜。虽然埃文斯称他挖掘出的那些大型建筑遗址为"宫殿"，暗示着某种王权，但其实它们更像是宗教、政治与经济中心。它们的建筑结构复杂，能举办多种活动，如贸易与生产管理：把大量编织布匹与加工进口黄金、象牙、青铜的手工艺人组织起来。没有这些技术精湛的手工艺人，就不会有这尊雕像的诞生。

克诺索斯宫殿的壁画描绘了大量聚集的人群，表明这里也是宗教中心或礼仪场所。虽然对米诺斯的考古挖掘已进行了一个多世纪，但它仍保持着让人着迷的神秘感，我们所掌握的知识仍然极为零碎，令人沮丧。类似跳牛飞人雕像这样的物品向我们展示了克里特历史的一个方面，它精湛的金属加工工艺将在几个世纪之后改变世界。它同时也拥有神话中克里特的永恒魅力，让我们了解人类与牲畜间最复杂的关系。20世纪20至30年代，毕加索想要找出改变欧洲政治本质的野性元素，他凭直觉将目光投向了米诺斯的宫殿，投向地下迷宫，投向仍时时困扰着我们的人与公牛……与米诺陶洛斯的战争。

19

莫尔德黄金披肩

工艺精美的黄金披肩，发现于威尔士北部莫尔德

公元前 1900 年至公元前 1600 年

对当地工人来说，那一天一定像是看到古老的威尔士传说在眼前变成现实一样。他们被派到一个叫布林伊尔埃伊林的地方去开采石头，这个地名意为仙女山或精灵山。据称，这里常常看到一个鬼魅般的男孩，披着金斗篷，在月光下发出幽光，如同幻影。这样的传闻流传甚广，过路人在天黑后便不再靠近这个山丘。而当时，工人们在挖一个大土堆时掘出了一座用石头堆砌的坟墓，里面有数百颗玛瑙、一些青铜碎片和一具尸骨残骸。残骸上还裹着一件已被压碎的神秘物品——一大片残破的装饰精美的纯黄金。

这件令人屏息的物品是一件黄金披肩，更确切地说，是一件黄金短斗篷。但考古界仍称其为披肩。它用金箔打造，用于包裹人的肩膀。宽约 45 厘米，长 30 厘米。可以从头部套下，覆盖肩部，下缘到胸部中央。

仔细观察，你会发现这披肩是由一整片薄得惊人的黄金打造而成的。如果熔成金锭，不过乒乓球大小。工匠从金片内部向外敲击，逐渐将其延展，打造出成串珠链的效果，排列得非常仔细，从一个肩膀延伸到另一个肩膀，最终环绕整个身体。今天的人们仍然会为它的繁复工艺与极致奢华所震撼。想必当时挖掘出这一披肩的采石工们，也一定极为震惊。

黄金披肩出土的这一年是 1833 年。鬼怪的传说并没有吓退他们，闪闪发光的财宝令他们兴奋不已，热切地瓜分了黄金碎片，一个佃农得到了最大的一份。故事原

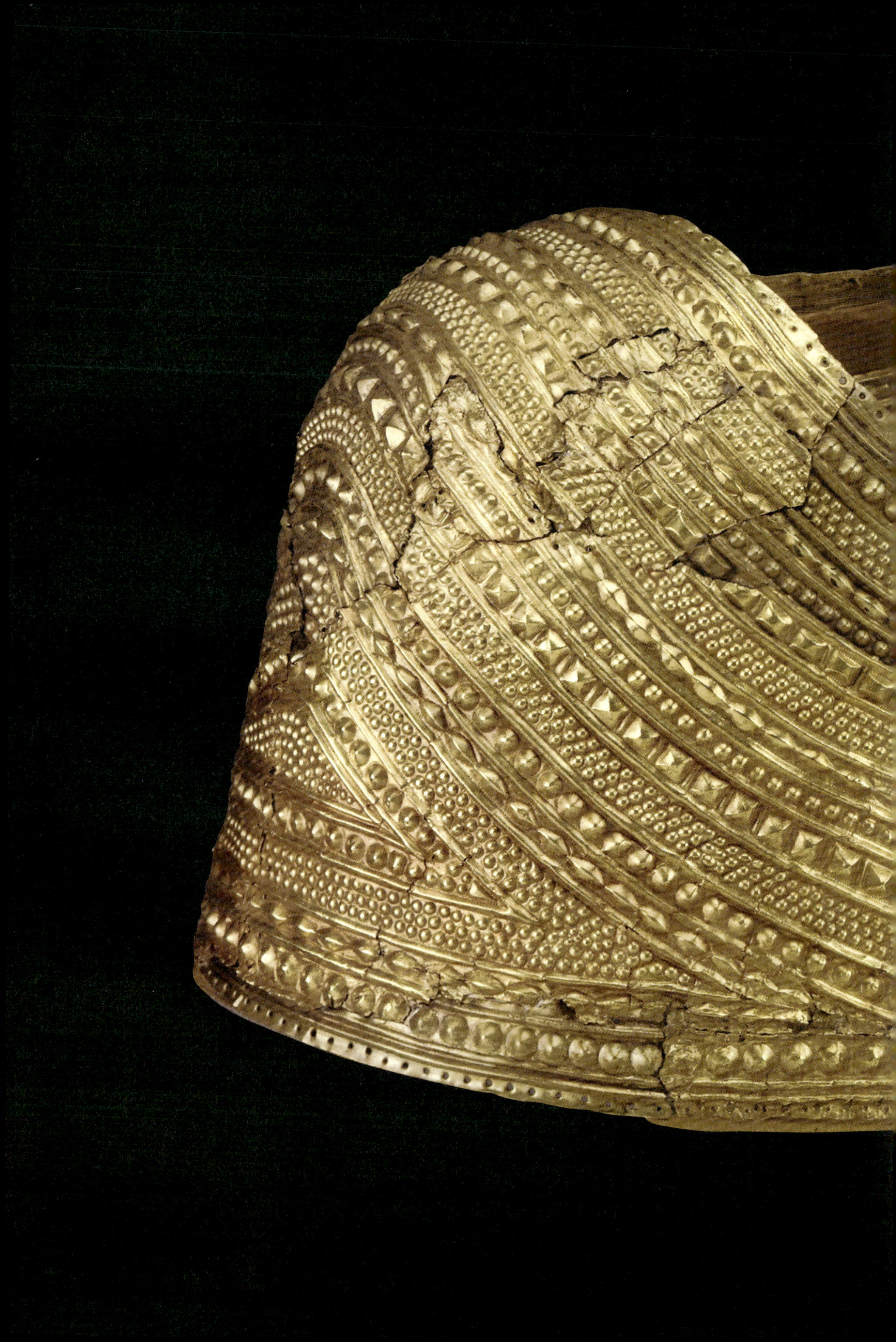

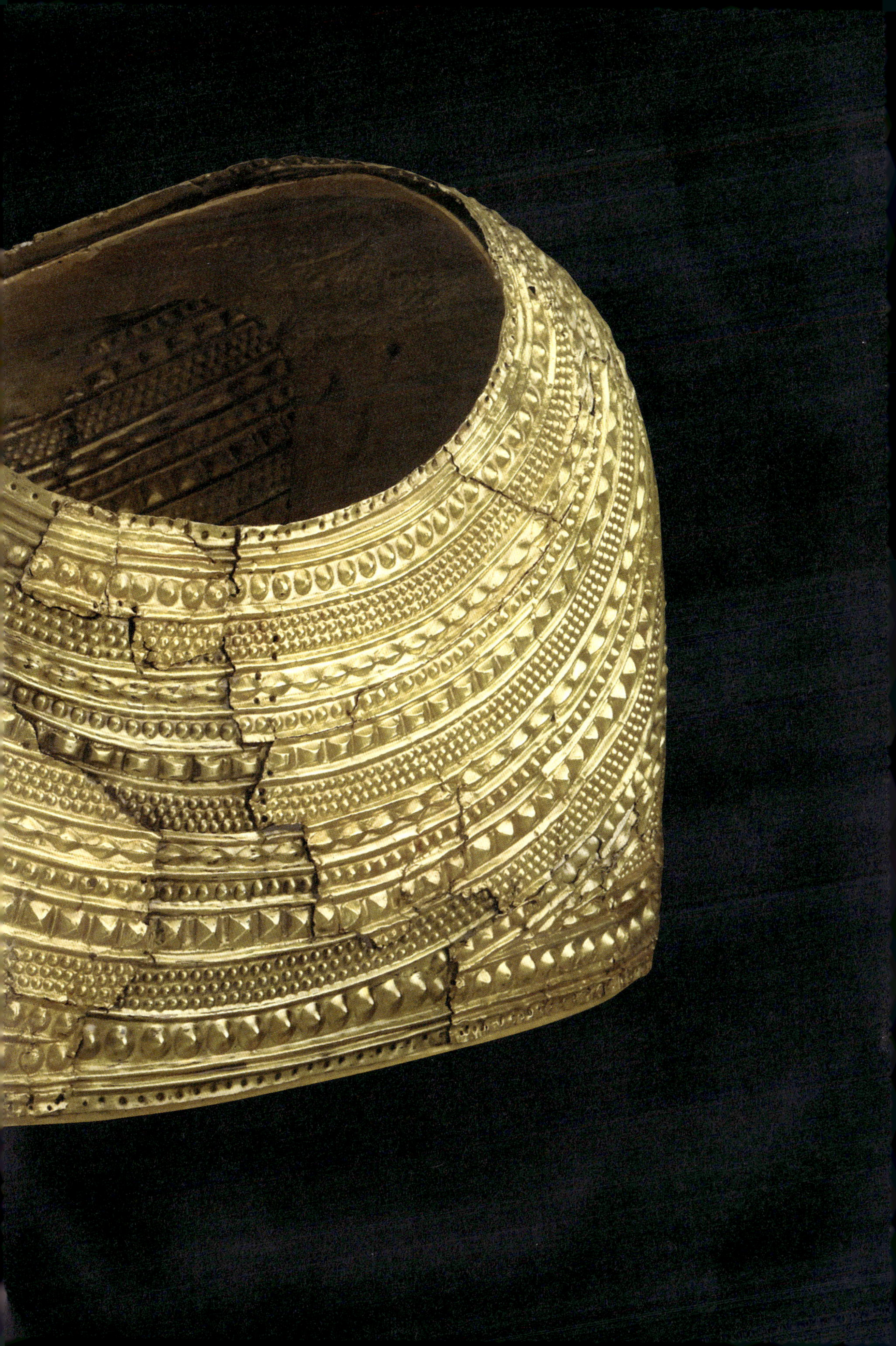

本很可能就到此为止了。在 1833 年，不论多奇特的远古墓葬都很难得到法律保护，更何况墓葬地处威尔士北岸的莫尔德镇附近，位置偏远，外面世界的人们很容易忽略它的存在。一切多亏了当地牧师科勒夫的好奇心。他为这次发现撰写了一份报告，引起了几百英里外伦敦文物研究协会的兴趣。

在墓葬的财宝被瓜分 3 年之后，大英博物馆才从那位佃农手里买到第一块金片，这是他当年分到的战利品，也是所有金片中最大的一块。牧师记录下来的物品大多消失了，其中包括整具骨骸。剩下的只有 3 大块、12 小块被压扁的黄金碎片。大英博物馆又花了近百年的时间，才收集到了足够的碎片，对这件四分五裂的财宝进行全面修复。有些碎片至今仍未出现。

这些碎片过去曾组成一个什么样的物品？于何时制作？谁曾穿戴过它？在 19 世纪，伴随着更多考古发现，人们逐渐确定莫尔德墓葬应属约 4000 年前的青铜时期。但直到 20 世纪 60 年代，这些黄金碎片才第一次被重新拼接起来。当时保管员们面对的只是一堆薄如纸片的扁平黄金碎片，有大有小，且每一块上都有孔洞、裂痕与缺口，总重量约为半公斤。修复工作如同三维立体拼图，所花的工夫并不亚于重新学习已失传千年的古代黄金加工技术所需要的时间。

虽然还不知道披肩的制作者是谁，但很显然，他们拥有高超的技术。他们是青铜时代欧洲的卡地亚与蒂凡尼。什么样的社会才能制造出这样的物品？它的华丽与精细都表明，它一定来自一个曾经的政治与财富中心，说不定能与法老时代的埃及或是米诺斯的克里特相提并论。如此精美的设计需要高超的构图与规划能力，这表明这个社会已有悠久的奢侈品制作历史。

但是考古学家至今尚未在英国发现这一时期的任何明显的宫殿、城市或是王国。我们这片土地上有埃夫伯里石圈与巨石阵等大型纪念物，也有几百处石头摆成的圆环，几千座墓葬堆，但是很少发现人类居所的遗迹。从少数遗留下来的房屋来看，他们居住得相当简陋，茅草顶的木制房屋表明他们生活在由族长领导的农业部落社群里。

过去人们常认为，在可辨别的文明出现之前，英国的史前社会只是原始人聚居的社群。我们找到的人类居所极少，只有少数墓葬可供研究，因此做出这种假设无可厚非。但随着莫尔德黄金披肩这样稀有物品的出现，我们对这些社群的看法已大有改观。我们已有好几样类似的贵重物品，虽然没有披肩这么精美，亦可以证明当时在英国生活的社群结构复杂，制作工艺发达。而且就如前文的玉斧（第 14 节）一般，它们也足以表明，这些社群并不是孤立的，而是欧洲大型贸易网络的一部分。与披肩一起出土的琥珀珠便来自距莫尔德千里之遥的波罗的海。

通过研究这些贵重的黄金、琥珀与青铜，我们能追寻到一个从北威尔士到斯堪的纳维亚，甚至远至地中海的贸易与交换网络。我们甚至能定位各种物品的原产地。莫尔德披肩的出土地离青铜时代欧洲西北部最大的铜矿大奥姆山较近。来自此地的铜与来自康沃尔的锡为当时英国绝大部分的青铜制品提供了主要原料。大奥姆铜矿开采的巅峰期应为公元前 1900 年至公元前 1600 年。通过对黄金加工技术及披肩装饰风格的分析，我们确定这一墓葬也属于同一时期。因此，尽管我们只能猜测，但这件披肩的主人很可能与大奥姆铜矿有某种关联，因为铜矿会带来巨大的财富，同时，那里也是整个欧洲西北部的一个大型贸易中心。但用来制作披肩的黄金，是否也是从别的地方交易而来的呢？爱尔兰国家博物馆的玛丽·卡希尔博士说：

> 黄金从何而来？这是个重大问题。我们对早期的铜矿来源已有不少了解，但黄金的产地却很难追寻，尤其是黄金多为出自河流的沙金，早期的开采痕迹极易被洪水冲洗干净。我们只能尽力去了解金矿的自然状态，再研究这些物品，试图将两者关联起来，希望能从中找到黄金形成的正确的地貌背景和地质环境，然后在大量的田野调查之后，真正找到青铜时代早期的金矿。

当时的黄金来源一定十分充足，因为这一时代的黄金用量远超其他金属。这些黄金一定是在一个极长的时间内逐渐收集起来的。这件披肩的制作工艺极其高超，不只装饰精巧，形状和形式也很成熟，因此才能合身。我们不得不相信，金匠曾坐下来仔细规划了很久：如何将黄金打薄成片，这本身就需要技巧，此外还得考虑如何装饰，如何把所有东西组合成披肩。可以说，这件物品表现得最充分的就是金匠的技术水平及设计感。

尽管披肩制作者的技艺之高超已确定无疑，但我们却无法了解其主人的身份。披肩本身给了我们一些线索。它可能曾有包裹着穿戴者的肩与胸的皮革衬里。披肩极为脆弱，同时又极大地限制了肩部与胳膊的活动，因此应该极少上身。但同时上面也有穿戴过的确凿痕迹：比如，披肩的上缘和下缘皆有孔洞，可能用于将其与服装相连。综上所述，它可能只在很长时间举办一次的庆典场合穿着。

但到底是什么样的人在穿？它的尺寸太小，强壮的武士首领应该穿不下，只适合身材瘦小的人，如女性或青少年。考古学家玛丽·路易斯·斯蒂·索伦森强调了早期社会里年轻人的角色：

> 在青铜时代早期，极少有人能活过 25 岁。大部分儿童在 5 岁前就夭折了，很多女性难产而死，只有少数人能活到很老。那些年龄较大的人在这样的社会里可能享有很特别的地位。
>
> 我们其实很难了解现代的儿童观念是否适用于这样的社会，由于社会的平均年龄较低，即使只有 10 岁的人也可能很快被当作成年人对待。当时大部分人口的年龄应该都在十几岁。

这挑战了我们的年龄和责任概念。在过去的很多社群，十几岁的人就能成为父母、领导，完全被当作成年人对待。因此披肩有可能由一位权力相当大的年轻人穿着。遗憾的是，最关键的证据，即披肩里包裹的骸骨，由于没有经济价值，在黄金出土时便被丢弃了。如今看着莫尔德黄金披肩，我心情复杂，一方面为如此精美的艺术品能保存至今而兴奋，一方面也因为它周围的物品被莽撞地丢弃而愤怒。我们原本可以通过它们更多地了解 4000 年前在北威尔士蓬勃发展的那个神秘而伟大的文明。

这也是考古学家对盗墓活动如此反感的原因。虽然珍贵的物品常能被保存下来，但那些能够解释它们背景的物品却常会遗失。这些背景物品虽然不具有高昂的经济价值，但对历史研究意义重大。

20

拉美西斯二世雕像

花岗岩雕像，发现于埃及古城底比斯（今卢克索附近）

约公元前1250年

1818年，大英博物馆的一尊雕像激发了诗人珀西·比希·雪莱的灵感，让他写下了他最广为流传的诗句：

"吾乃奥兹曼迪亚斯，万王之王
功业盖世，强者折服！"*

雪莱提到的奥兹曼迪亚斯其实就是我们的拉美西斯二世，公元前1279年至公元前1213年的埃及统治者。他表情平静庄严，巨大的头颅从高处俯视游客，气压全场。

它初抵伦敦之时，是当时英国公众所见过的最大的埃及雕像，也是第一件让他们感受到埃及人辉煌成就的物品。雕像仅上半身便高2.5米，重达7吨。这是一位对规模的力量及敬畏的作用有着空前了解的国王。

拉美西斯二世统治埃及的时间长达66年，正值埃及国力强盛、经济繁荣的黄金时代。他极有福气，享年超过90岁，儿女近百人。他在位期间，尼罗河的洪水带来了一连串的大丰收。同时，他的成就惊人，公元前1279年，他一坐上王位，便立刻向南北方派遣军队，在疆土上树满了纪念碑。为了纪念他的功业，后世共有9位法老继承了他的名字。在1000年后的克里奥佩特拉时期，他仍被当作神灵崇拜。

---

* 本节中这首《奥兹曼迪亚斯》参照了杨绛译文，略有改动。——译注

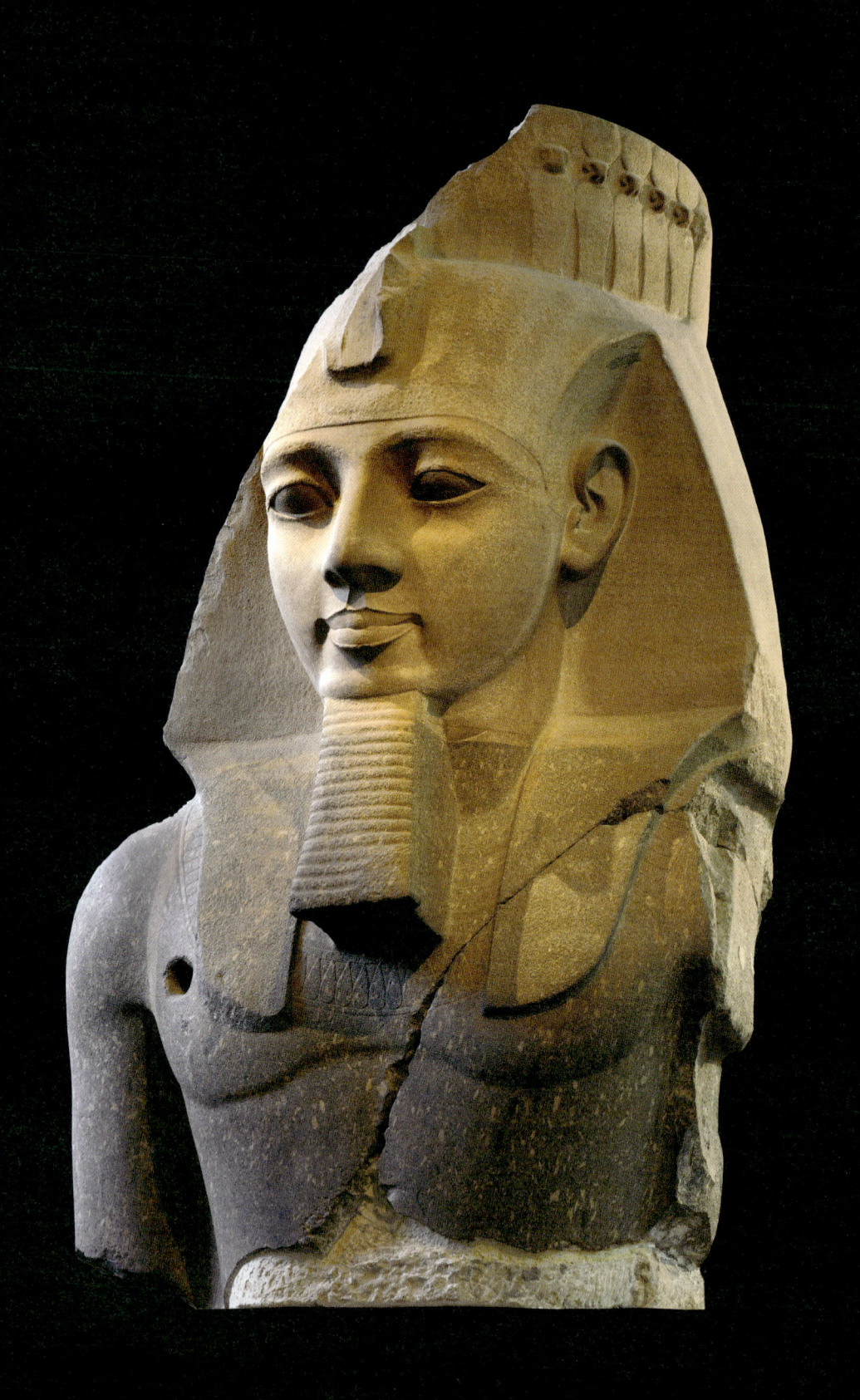

拉美西斯极擅宣传自己，不择手段。为节省时间和金钱，他常将以前雕刻的铭文抹去，换上自己的名字和光辉成就。在王国各处，他也修建了极多庙宇，如坐落于尼罗河岸边岩壁上的阿布辛贝神庙。他在此处的岩壁上雕刻了自己的巨幅雕像，引来后世无数的模仿者，美国拉什莫尔山上的巨大总统头像便是其中之一。

在埃及的最北部，面对着近东与地中海的邻近势力，他建立了新的都城，毫不谦虚地命名为"Pi-Ramesses Aa-nakhtu"，即"伟大而战无不胜的拉美西斯二世之家"。他最骄傲的成就之一是在底比斯修建的纪念建筑群，位于今日的卢克索附近。这里并非他的墓地，而是他生前接受敬拜、死后被当作神灵永世崇拜的庙宇。我们如今将其称为拉美西斯神殿，它占地极广，约有4个足球场大小，包含神庙、宫殿与藏宝库。

拉美西斯神殿内有两个院子，我们的这座雕像原本便在第二个庭院的入口处。虽然它雄伟壮观，但当时也仅是院内的众多雕像之一。拉美西斯的雕像遍布整个建筑群。这种不朽的力量反复重现，一定会让前来朝拜的官员及神职人员震撼不已。创作了"北方天使"的安东尼·戈姆利认为：

> 身为雕塑家，我认为原料的材质反映了人类寿命的生物时间与永恒的地质时间之间的关系，是雕像能够长存的基本条件。人的生命易逝，而雕像永存。在某种意义上，所有的埃及雕像都曾经与死亡对话，与另一个世界对话。
>
> 雕像中也包含了一些极为平凡的东西，它是人类集体力量的结晶。这正是埃及雕像与建筑的另一奇特之处，它们是民众共同创造出来的，是人们共同力量的极佳表现。

这一点至关重要。这座带着庄严笑容的雕像并非某一位艺术家的作品，而是整个社会的劳动成果，需要繁复庞杂的工程规划与后勤保障。它在许多方面都更接近于修建高速公路，而非创作艺术。

雕像所使用的花岗岩采自阿斯旺，在尼罗河上游，距神殿超过150公里。它使用了整块巨石雕琢，原石重量应超过20吨。先雕出基本形状，再靠大量的劳力把石料用木橇从采石场拖到木筏上，沿尼罗河顺流而下到卢克索，再从河边运到拉美西斯神殿，进行最后的雕刻。仅完成这一个雕像便需要大量的人力与庞大的组织结构，所有的劳工都需要训练、管理和调度，就算是没有薪水的奴隶也得保证食物与住所。在此过程中，一个庞大而运作良好的政府机构以及一群能写会算的公务员必不可少。同一国家机器也统筹管理着埃及的国际贸易、军队组织与武装。

拉美西斯确实能力超群，成就斐然。但和所有的宣传大师一样，如果事情不像他们想象得那么顺利，便会选择编造。他本身并非骁勇善战，却有能力调动起一支强大的军队，并用充足的武器武装他们。不管实际战况如何，官方记录永远一致：拉美西斯取得了胜利！拉美西斯神殿从整体上传达的信息就是：沉着的胜利。埃及古物学家卡伦·埃克塞尔博士对宣传家拉美西斯的评价是：

> 他深谙成功统治的核心就是要让臣民随时看到自己的面孔，于是竭尽所能地修建巨大雕像，并为埃及传统神祇修建神庙。从前人们总把这种行为解读为浮夸、炫耀……但我们真的要从统治需求的角度来考虑。人民需要强大的领袖，而他们所理解的强大，便是在外代表埃及出战，在内则无处不在。例如，在他统治第五年进行的卡迭石战役，一般认为是他篡改历史的证据之一。战斗打成平局，但他回到埃及之后，将这场战争在7座神庙分别记录下来，并把它描述为伟大的胜利，称自己独自战胜了赫梯人。这一切都是编造出来的，他极擅利用谎言。

这位国王不仅让国民臣服于他的伟大，也为世界固化了埃及帝国的强大形象。他让欧洲人深深着迷。19世纪初，英法相继侵入中东，竞相争夺拉美西斯的雕像。1798年，拿破仑的部下试图搬走拉美西斯神殿的这座雕像，但没有成功。雕像的右胸上部有一个网球大小的孔，专家们认为正是这次不成功的尝试造成的。1799年，雕像遭到毁坏。

1816年，一个叫乔瓦尼·巴蒂斯塔·贝尔佐尼的人找到了合适的方法，成功搬运了半身像。贝尔佐尼曾是马戏团里的大力士，后改行做了古董商。他使用了一套设计独特的水力系统，组织了数百工人，用木制滚轮与绳索将雕像运到了尼罗河岸。这几乎与当年雕像被运到拉美西斯神殿所用的方法完全一致。在3000年后，运送半截雕像仍可算作巨大的技术成就，由此可见拉美西斯当年的威力。贝尔佐尼把雕像运到船上，这一巨大货物途经开罗和亚历山大港,最后抵达伦敦。甫一运抵,它便震惊世人,引发了欧洲人对自己文化历史认识的一次革命。之前人们一直以为,伟大的艺术来源于希腊,大英博物馆的拉美西斯雕像是挑战这一观念的第一件艺术品。

拉美西斯的成功,不仅体现在维持埃及王权的至高无上、贸易网络与税收制度的良好运作,也体现在利用丰富资源修建无数的神庙与纪念物。他想留下一份伟大的遗产,向后世展示他不朽的功绩。但在大部分的讽刺诗中,他的雕像只起到了相反的作用。

雪莱听说了半身像的发现及其运抵英国的新闻。雕像之巨大令他惊讶,但同时他也熟知拉美西斯以后的埃及历史:王权依次落入利比亚人、努比亚人、波斯人和马其顿人手里。拉美西斯的雕像也被近期的欧洲入侵者毁坏。正如安东尼·戈姆利所言,人的生命易逝,而雕像永存。雪莱的《奥兹曼迪亚斯》一诗不仅表现出对一个伟大帝国的反思,也感慨了俗世权力的稍纵即逝。在诗中,拉美西斯的雕像成为人类所有成就终将化为虚无的象征:

"吾乃奥兹曼迪亚斯,万王之王
功业盖世,强者折服!"
此外空无一物,
废墟四周,黄沙莽莽。
寂静荒凉,伸向远方。

第五部分

旧世界，新势力

公元前 1100 年至公元前 300 年

在大约公元前 1000 年，世界上许多地方都有新势力崛起，战胜原有秩序并取而代之。战争规模之大前所未有。埃及受到了过去属国苏丹的挑战，伊拉克的亚述人作为一支新的军事力量，最终建立起几乎占据了整个中东的帝国。在中国，外来的周人推翻了统治多年的商朝，建立了周朝。经济行为也出现了影响深远的变革，在中国和土耳其都出现了钱币，促使商业迅速发展。同时，南美洲也独立发展出了第一批城市与复杂社会。

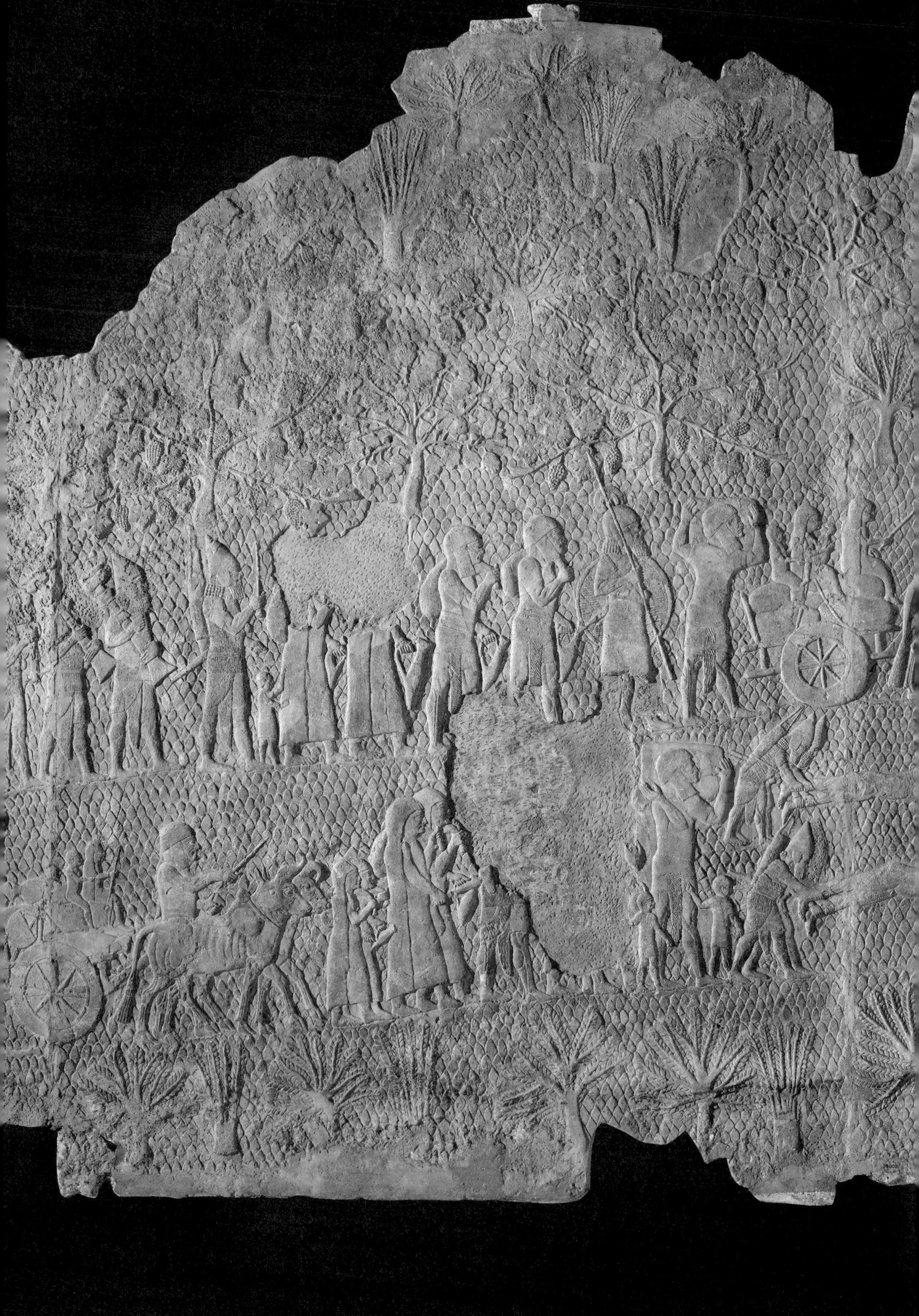

21

拉吉浮雕

石板，来自西拿基立王宫，伊拉克北部古城尼尼微（今摩苏尔附近）

公元前 700 年至公元前 692 年

公元前700年，亚述人的统治者在伊拉克北部建立起一个从伊朗一直延伸至埃及的帝国，囊括了如今我们称为"中东"的大部分地区，自此拉开了中东地区战争与冲突不间断上演的序幕。它是规模空前的内陆帝国，也是强大的亚述战争机器的胜利成果。亚述帝国的中心地带位于肥沃的底格里斯河岸，是进行农业生产与贸易的理想之地，但缺少自然屏障或防御工事。因此，亚述人花费大量资源组建庞大军队，巡防边境，扩展领土，防止敌人入侵。

拉吉，现名泰勒杜威尔，距亚述中心地区西南约800公里，但距耶路撒冷仅40公里，在连接美索不达米亚、地中海，以及富庶的埃及帝国的贸易路线中，占据了重要的战略位置。公元前700年，这里是壁垒坚固的山城，是当时在亚述帝国的阴影下勉强保持独立的犹大王国仅次于耶路撒冷的第二大城市。但在公元前8世纪末，犹大国王希西家错误地发起了反抗亚述的战争。西拿基立王发动亚述帝国的军队打了一场漂亮的胜仗，夺取了拉吉城，杀死了防御者，将城内居民尽数驱逐。大英博物馆中有一件那一时期的亚述文件，从西拿基立的角度叙述了当时的情况，据传是他亲口讲述的：

> 犹大王国的国王希西家不肯臣服于我，我便来征服他。因我的威力与军队的强大，我夺取了他46座严密防卫的城池，并洗劫了无数零散的小城。从这些

地方，我带走了200156人，有老有少，有男有女，还有不计其数的马、骡子、驴、骆驼和牛羊。

拉吉只是亚述人一长串战争中的一个战利品。它的故事格外吸引人，只是因为希伯来人的《圣经》从另一个角度记录了这个故事，据《列王纪》记载，犹大国王希西家拒绝按照西拿基立的要求进贡：

耶和华与他同在，他无论往何处去尽都亨通。他背叛，不肯事奉亚述王。

西拿基立因此野蛮地入侵了犹大国的城市，直到希西家完全战败、投降，接受条件。《圣经》略过了这些不光彩的事实，也是可以理解的。

亚述战争的巨大胜利被这些约2.5米高的浮雕薄板记录了下来。它们可能曾经是尼尼微城西拿基立王宫的一个房间中的壁画，一度占满整个墙壁。它们曾经应该色彩艳丽，但即使如今色彩全无，依然是震撼人心的历史文献。就如同一部石头上的电影，一部早期的好莱坞史诗片，参演人员多达千人。第一幕表现了入侵者的军队长驱直入，围困城市，展开血战。然后画面转向死伤者及大批的难民。最后出现的是得胜的国王，伟大的亚述帝国的西拿基立，骄傲地俯视他的战利品——古代中东的疆土。

如同任何一部优秀战争宣传片的导演一样，雕刻家把拉吉战役表现得像一场圆满完成的军事演习。他将城市置于树木与葡萄园之间，其下是行进中的亚述士兵、弓箭手与长矛手。接下来浮雕中的画面是一拨一拨的亚述人登上城墙，最终占领犹大。再下一幕表现的是战争的余波，幸存者逃离战火纷飞的城市，带着他们所能带走的全部家产。成队的人群带着财产，一步步走向放逐，这应该是现有最早的对难民的描画之一，十分令人心酸。仔细观察这些图画，很难不让人联想起，若干世纪以来，这片土地上曾有过数百万流离失所的难民。悲剧至今仍在上演。

阿什当勋爵是军人、政治家以及外交家，他对由军事冲突带来的人力损失感触极深，在巴尔干半岛的工作经历更让他感慨良多。我们向他展示了拉吉浮雕：

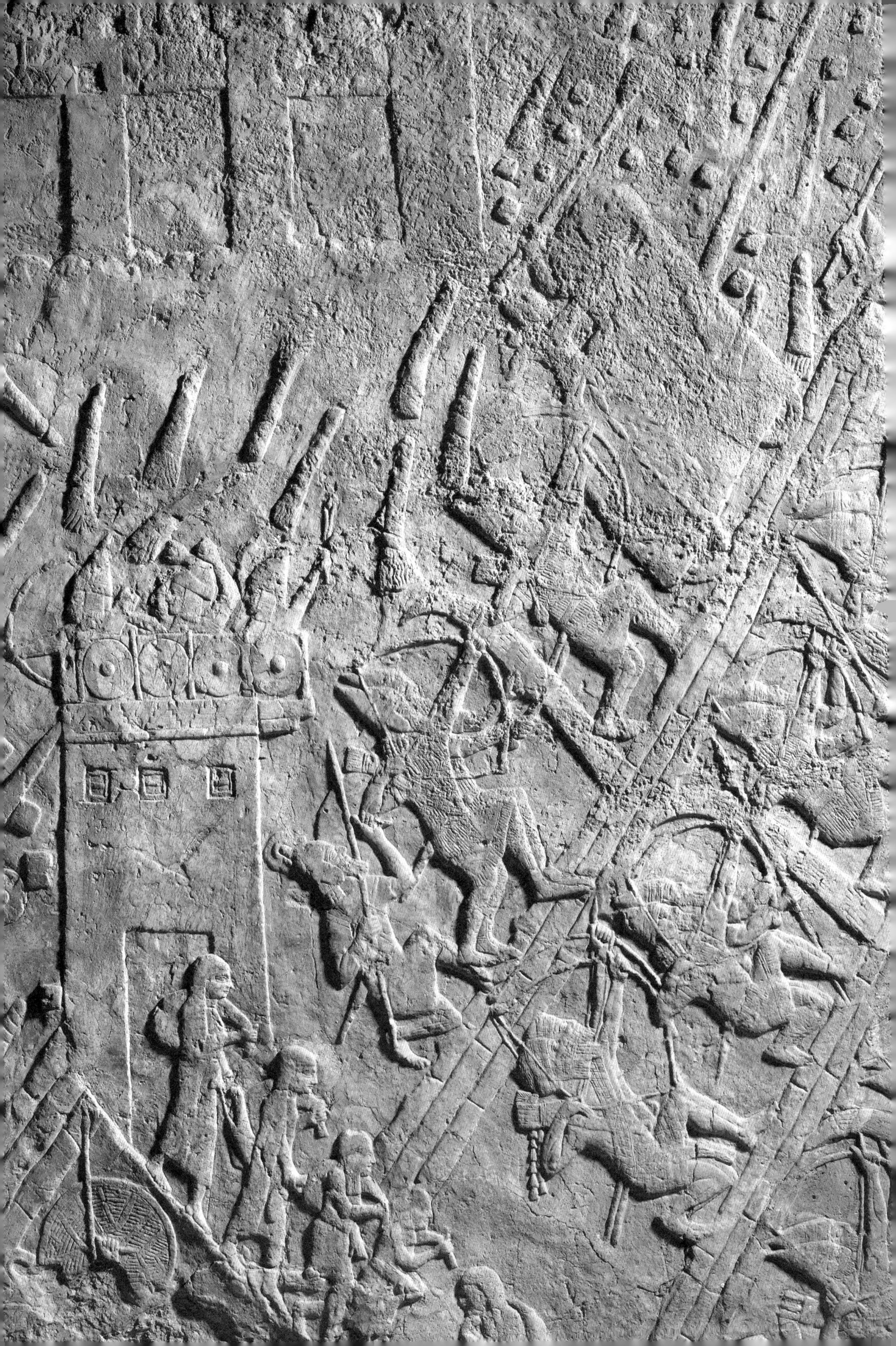

战囚与难民被迫离开拉吉

我在巴尔干半岛目睹过难民营的情形，说真的，我几乎止不住自己的泪水，因为我觉得那里住的就是我的兄弟姐妹、亲人子女。但我又看到塞尔维亚人被波斯尼亚人驱逐，波斯尼亚人被克罗地亚人驱逐，克罗地亚人又被塞尔维亚人驱逐，如此循环不息。我甚至看到过最可耻的一幕，一大群罗姆人被驱逐，大约有四五万人，而北约军队正好在附近执行任务。我们站在一边，眼睁睁地看着他们的房屋被烧毁，被赶出家园。这一切让我哀伤不已，羞愧难当。现实与浮雕都向我们展示了战争永恒不变的那一面。世间总有战争，总有死伤，总有难民。难民就像战争的残骸。战争结束之后，只留下废墟与难民。

我们在浮雕上看到的人是战争的牺牲品，他们承担了国王反叛的代价。一个个家庭走向流放，车上堆着他们的全部家当，而亚述士兵带着他们抢来的战利品，献给宝座之上的西拿基立王。浮雕上的文字把胜利归功于他："西拿基立，世界之王，亚述之王，端坐宝座，看着来自拉吉的战利品逐一献上。"他如同神灵一样，向沦陷的城市与被征服的居民发号施令，将他们驱逐到亚述帝国的其他区域。大规模的驱逐是帝国的常用政策。他们强制大群可能会惹事的居民离开家乡，移居到帝国版图上别的区域，甚至包括亚述本土。如此大规模的迁徙必然会带来统筹的问题。但无数次的征战已给了亚述人充足的流放经验，足以将整个过程极有效率地完成。

自那以后，人口迁移策略便成为强权帝国的一个常用手段。我们记忆中最近的例子，也许是斯大林在20世纪30年代实行的人口流放政策。和西拿基立一样，斯大林也很清楚应把叛乱分子驱逐出战略要地，让他们居住在远离故土的地方。

军事历史学家安东尼·比弗曾从历史的角度来比较西拿基立与斯大林：

> 拉吉失陷之后，犹大国民遭到流放，这样的历史事件告诉我们，统治者意图建立自己的绝对权威，而流放居民，是他们至高无上的权力的体现。
>
> 到了20世纪，背叛，尤其是政治上的背叛，则成为流放更重要的因素，如斯大林时期的苏联。仅仅因为怀疑1941年德国入侵苏联之后，有人暗中帮助德国，斯大林将数个民族整体流放。
>
> 其中最为人知的当然就是克里米亚鞑靼人、印古什人、车臣人和卡尔梅克人，可以肯定他们各自都至少有300万到350万人遭到流放。一般估计有40%的人在流放途中及到达之后的强制苦役中死去。虽然我用了"到达"一词，但实际上在很多情况下并没有目的地，他们被丢弃在铁路的终点，没有工具，没有种子，就那样被抛弃在荒漠中，所以这样的死亡率实在不足为奇。有意思的是，在基督教出现之前的时代，拉吉人被流放时还带着自己的羊群，而后的大多数情况下，流放者却只能两手空空地离开。

因此相形之下，西拿基立还比斯大林仁慈些。但这显然不能安慰那些战败者。拉吉浮雕表现了战败者常需承受的苦难。虽然艺术家想表达的重点并非是犹大人，而是对西拿基立取得的胜利的庆祝。他们并没有记载他不太光彩的结局，在他向授

"西拿基立,世界之王……端坐宝座,看着来自拉吉的战利品逐一献上。"

予他王权的神灵祷告时,两个儿子联手将他暗杀。之后,另一个儿子继承了他的王位。这个继位者的儿子征服了埃及,战胜了塔哈尔卡法老,这将是我们下一节提到的内容。浮雕上所表现的战争,那野蛮残忍、使人口锐减的战争,又将再次上演。

22

塔哈尔卡的狮身人面像

花岗石狮身人面像，来自苏丹北部卡瓦

约公元前680年

如果你问尼罗河属于哪个国家，大部分人会立刻回答埃及。实际上尼罗河水共流经9个非洲国家，而随着水资源的日益匮乏，它的归属问题也成了政治热点。

尼罗河的大部分河段事实上属于苏丹，这是现代埃及需要面对的一个关键问题。埃及对南方这一强大邻国的态度向来谨慎，但其实在历史上的绝大多数时期，埃及都是两者中的强者。不过本节中的物品想要表现的恰是历史上的少数时期，约3000年前，在长达一个世纪的时期里，情况恰好相反。

狮身人面像，拥有狮子的身体，男性的头颅，来自古埃及神话传说，是埃及王权的重要象征。而位于吉萨的那一尊庞然大物，是其中最著名的一座。

与吉萨的狮身人面像相比，本节提到的这一尊尺寸极小。它的大小与一只西班牙猎犬相当，但它的特别之处在于，它并不只是狮子与人的混合体，也是埃及与库施王国（位于如今苏丹北部）结合的产物。它用灰色磨砂花岗岩制成，保存得极为完美。狮子健壮的背部、脖子上的鬃毛以及强健有力的前爪，都具有强烈的埃及雕像的特征。但它的脸带有明显的非洲黑人特征，不是典型的埃及法老的脸。这座狮身人面像刻画的是一位黑人法老。雕像胸前的象形文字写着：这是伟大的塔哈尔卡王的雕像，他是库施与埃及联合王国的第四任法老。

在公元前700年左右，虽然当时的人口只有现在的1/100，但大规模的冲突较如今更为频繁，结局也更为惨烈。战火四处蔓延。原本处于边缘地带、生活水平略低

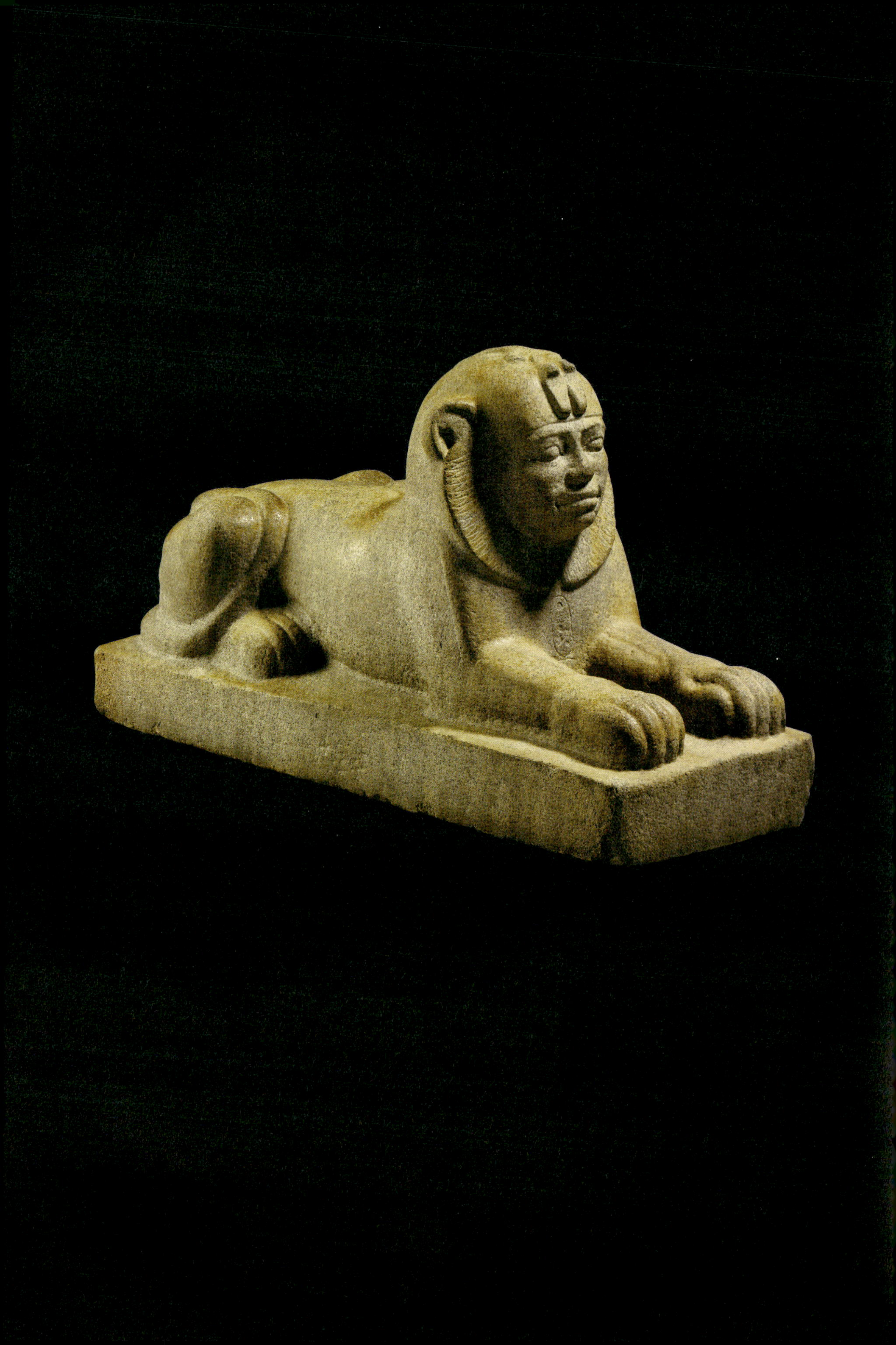

的民族征服了历史悠久、富庶文明的都市，是这一时期的一大特色。也正是在这一时期，埃及法老的强大王国被它的南方邻国——库施王国所征服。

数千年来，埃及一直把南方的库施看作一个富庶但棘手的属国。库施资源丰富，可提供黄金、象牙，以及最重要的奴隶。在这种几乎殖民化的关系中，埃及是绝对的领主。但在公元前728年，它们的力量此消彼长。埃及变得孱弱，王国分崩离析。库施王皮安基抓住机会，调动军队北征，逐一征服埃及各个城池，直至推翻整个埃及王国。库施当时统辖的领地从现代的喀土穆一直延伸到亚历山大。为了统治这个全新的国家，他们创造了一种新的国家认同，将埃及与库施结合了起来。

大英博物馆的狮身人面像所表现的塔哈尔卡王，是历任库施国王中最重要的一位。他开启了这一庞大新王国的黄金时期。而他成功的主要原因在于，他并没有强迫埃及人接受库施习俗，而是将二者融合起来。即使在库施本土，他也按埃及模式修建了金字塔。他敬拜埃及的阿蒙神，按照埃及风格重修神庙，并使用埃及象形文字作为官方记录语言。在历史上成功的征服案例中我们能一再看到这种模式：征服者沿用原有的权力系统与王权象征，因为它们已为大众熟知。用百姓们已经接受了的方法来统治他们，可以说是明智之举。塔哈尔卡的狮身人面像有意把两种不同的文明结合起来，这不只创造出了一尊库施统治者化身为传统埃及法老的动人肖像，也成为政治学的一种经典手段。从短期来看，这种手段成效惊人。

苏丹对埃及的简短统治早就被世人遗忘。埃及的官方记录轻轻略过了库施的这段历史，轻描淡写地称其为第二十五王朝，简单地将其融入了埃及永恒历史的漫长故事中。但如今，人们正在积极地重新评估库施的历史作用，苏丹的历史也在一定程度上得到了改写。

在大英博物馆，我们有一位专门负责历史重新发现与重新评估的馆长。德里克·韦尔斯比是著名的苏丹考古专家，曾在尼罗河岸工作多年，也在本节中狮身人面像的发现地，即喀土穆北部的卡瓦进行过大量考古挖掘。当年，这尊雕像曾被放置在一座经塔哈尔卡重建的神庙里。德里克对挖掘时工作环境的描述，也许能让我们了解当年库施人所面对的环境：

现场可以说酷热难当。即便在严冬季节也极为炎热，有时早上只有4至5

摄氏度，狂风呼啸。可到上午11点便迅速攀升到35至40摄氏度，温差极大。

塔哈尔卡在库施的中心地区卡瓦修建的神庙在设计上是纯埃及式的。事实上，参与建造的工人与建筑师也是塔哈尔卡从位于下埃及的首都孟菲斯派来的。但修建地却位于库施中心地带。然而，埃及文化只影响了库施文化的表面，本地的非洲文化一直是库施时代的文化核心。

以前人们认为，库施只是全盘抄袭埃及模式，照搬所有元素，但如今我们了解到，其实他们有自己的筛选过程。他们选择了那些能拓宽自己视野，加强统治者地位的元素，同时也保留了自己的文化特色。这一点在宗教中表现得最为明显。库施不只有来自埃及的神祇，如阿蒙神等，也有重要的本土神如狮神阿皮德马克等，有时他们还被供奉在同一座庙宇里。

塔哈尔卡的狮身人面像最初被安放在庙宇里，因此只有统治者与他身边极为亲近的人才能看到，如来自埃及与库施的神职人员和官员等。在圣殿内部看到这样的形象，库施人会因为其中的非洲黑人特征而感到欣慰，而其埃及特色则会让埃及人感觉自在。

除了南北特色的融合之外，塔哈尔卡的狮身人面像还有更为复杂的政治含义：它连接了当下与历史。狮子的鬃毛和耳朵十分接近1000年前第十二王朝所采用的雕刻形式。它想传达的意思十分明确：这位黑人法老，塔哈尔卡，与曾经统治过整个尼罗河流域的众多埃及君主是一脉相承的。

塔哈尔卡急于扩张西奈半岛及东北边境的领土。这一富有侵略性的政策导致了与亚述王西拿基立（第21节中我们曾提及他的石制浮雕像）的冲突。约公元前700年，库施与犹大国王希西家结盟，并肩作战。

但对亚述战争机器的挑战导致的最终结局是塔哈尔卡的垮台。10年后，亚述入侵埃及，对埃及的巨大财富虎视眈眈。虽然这次塔哈尔卡赢得了胜利，但亚述人很快便卷土重来。公元前671年，亚述人迫使他逃回了故土库施，他的妻儿都落入敌手。最终，在亚述的数次进攻后，他遭到了放逐。

在埃及的漫长历史中，库施人的统治不过是一段不超过150年的小插曲。但这段历史提醒我们，埃及与苏丹之间的国界线不仅是一条地理上的断层线，也是政治上的。这条线时常分隔着尼罗河流域的人民，同时也不断引发争夺。之后我们还会再看到它的身影（第 35 节与第 94 节），因为罗马人与大英帝国都曾再度血洗埃及与库施之间这条纷争不断的分界线。地理因素使它成为一条天然的分界线，在此处，第一瀑布把尼罗河分成了数条布满岩石、难以航行的细流。南北方的交流因而困难重重。对非洲人来说，尼罗河从来便不是一条只属于埃及的河流。如今的苏丹政府与当年的塔哈尔卡一样坚持着这一点。出生于苏丹的政治评论员泽纳布·巴达维认为，这才是这两个事实上非常相近的民族之间冲突不断的原因：

> 我不认为苏丹政府与埃及政府在理念上有什么巨大分歧，两国人民之间的关系也很密切。苏丹与埃及政治紧张与冲突的最根本原因在于尼罗河，以及尼罗河水的使用。大部分北苏丹人认为尼罗河流经苏丹的区域远多于埃及。苏丹是非洲最大的国家，国土面积在世界上排名第十，大小相当于西欧。它是尼罗河流域的土地，埃及人宣称尼罗河属于埃及让苏丹人有一种兄弟阋墙的感受。因为苏丹人在某种意义上认为自己才是尼罗河真正的守护者，毕竟，它的流域大部分都在苏丹。

也许这能解释为什么 3000 年前，苏丹与埃及的联合更容易在雕像中体现，而难以在政治动荡的现实世界实现。对库施历史的重现是近期考古工作的巨大成就之一，表现了生活在伟大帝国边缘的活跃人群是如何征服帝国，并对当地的旧传统加以利用的。而几乎与此同时，类似的故事也在另一个地方上演，那就是中国，我们下一节物品的来源地。

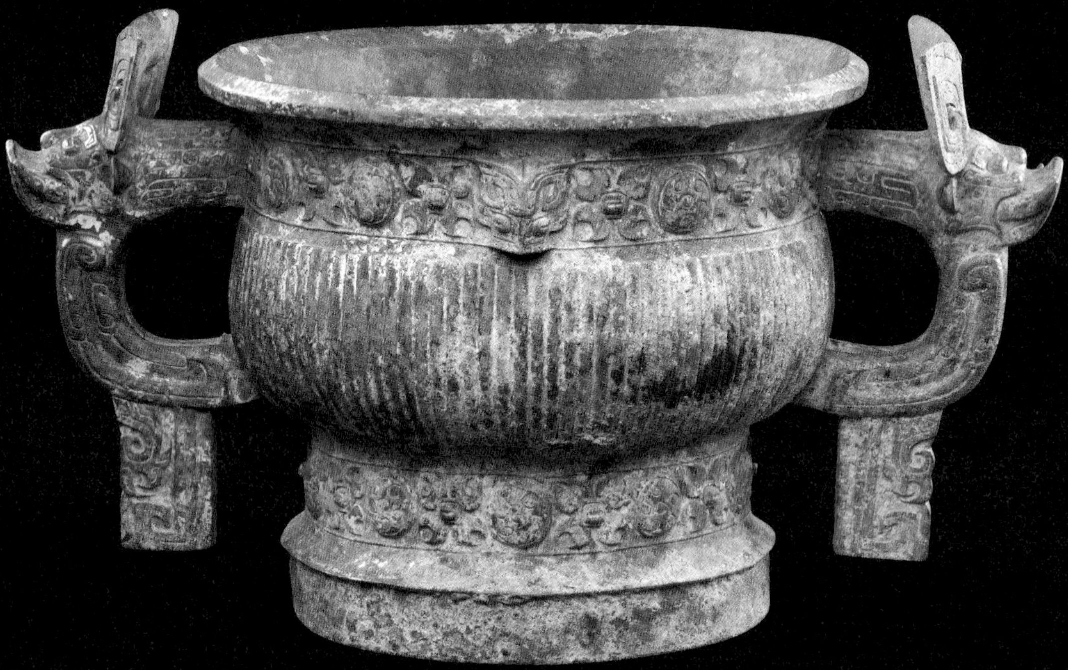

23

中国西周康侯簋

青铜簋，发现于中国西部

约公元前 1100 年至公元前 1000 年

你是否常与逝者共食？这问题听起来奇怪，对中国人来说却仿佛理所当然。至今仍有很多中国人相信，他们去世的家人会在另一个世界注视着他们，赐福或降祸给他们。如果有人去世，他们的随葬品会准备得十分齐全：牙刷、钱、食物、水，如今也许还会加上信用卡和电脑。令人沮丧（又或者安慰）的是，中国人去世后的生活听起来与我们的并无不同。但有一点差别极大：在中国，逝者会获得极大的尊重。一场准备齐全的葬礼仅仅是开始，几千年来，中国人一直为死去的祖先准备盛宴，并与之共享。杰西卡·罗森爵士是中国古青铜器的知名专家，她说：

> 中国最重要也最常见的古代宗教仪式，便是为逝者准备祭祀的食物。中国最早的两个王朝——商朝（前1500－前1050）与周朝（前1050－前221），都制作了大量盛放食物和酒水的青铜容器，用于7天一次或10天一次的大型祭祀活动。他们相信，如果这些食物酒水准备得当，逝去的祖先便能享用，并会因此保佑子孙后代衣食丰足。当然，我们所看到的这些青铜器，是极奢华的日常生活用品，并非主要为葬礼准备，但如果某个重要人物去世，人们相信他在死后还是会继续用食物供奉祖先，更确切地说，是以盛宴来取悦他们。

这件华丽的青铜器制作于约3000年前，名为簋。簋上常有铭文，是了解中国古史的一个重要来源,这件青铜器便是这样一个带有铭文的文献记录。它可能是一套不同尺寸的青铜器中的一件,如同现代智能厨房中的一套大小不一的深平底锅。虽然我们并不了解一套中所包含的确切数量,但在为逝者准备食物的过程中,每一件青铜器必定都有不同的用途,用来存放不同的物品。本节中的簋大小如同大潘趣酒杯,直径约27厘米,有两个大把手。杯沿与底座各有一圈精致的装饰花纹,但最引人注目的无疑是它的把手,每一个都是一头长牙尖角、大方耳的猛兽,正在吞食一只小鸟,嘴里还能看见鸟喙。这样的青铜器是最具代表性的中国古物之一,制作工艺极为繁复。先要将铜矿石与锡矿石熔化以制作青铜,再将青铜液倒进模具铸造。中国的青铜工艺世界领先。这件簋并非一次成型,而是用不同的模具制作出不同的部位,再进行组合,最终成为复杂而精细的艺术品。这样的作品,当时世界上没有其他任何国家能够制作。在这一过程中所花费的技术、时间与费用,使得它们价值昂贵,地位崇高,可用于最庄严肃穆的场合。

在家庭祭祀仪式中,子孙将酒水和食物敬献给保佑他们的祖先。规模更大的宫廷仪式则将它们敬献给神。簋用于向祖先及过往致敬,同时也用于强调现世的皇权。在国家动乱之际,君权与神权的联系显得极为重要。

公元前1500年左右,商朝建立,它建立起中国第一批大型城市。这一朝代的最后一个首都位于中国北方黄河流域的安阳,占地30平方公里,人口超过1.2万,在当时必定是世界上最大的城市之一。在商代,城市生活已十分规律,有将一年划分为12个月的历法、十进制的度量衡单位、兵役制度以及中央税收制度。城市既是财富中心,也是杰出艺术品如陶器、玉器,尤其是青铜器的制作中心。但在那时,约3000年前的地中海与太平洋地区,已有的社会都在坍塌,新势力将取而代之。

商朝的统治维持了500年,便被新的周朝取代。周朝的统治者来自西部:中亚的干草原。苏丹的库施人征服了埃及,而几乎在同一时间,来自帝国边缘的周人推翻了富庶稳定的中央帝国。他们最终接掌了整个商朝,并如库施人一样,在接手国家的同时也接手了前朝的历史、图像及仪式。他们继续鼓励不同形式的艺术创作,也延续了对中国政治权力来说极为重要的用青铜器祭祀祖先的仪式,以证明上天会庇佑新的政权。

簋的内部给人惊喜,表明它既是祭祀用品,也是权力工具。在通常会被食物掩盖的底部，刻着一些与现代汉字不尽相同的文字，表明这个簋是为一名曾参与推翻商王朝的武士制造的。在那个时代，所有的书面文字都极有分量，青铜器上的铭文更是极具权威。铭文记述了周人对商人的最终胜利：

> 王来伐商邑，延令康侯啚于卫，沫司徒疑眔啚，作厥考尊彝。
> （王来讨伐商的城池，把卫封赏给了康侯，沫司徒疑为纪念亡父，铸造了这尊青铜器。）

铸造此簋的沫司徒疑，不仅纪念了自己的亡父，同时也作为一名忠实的周人，纪念了公元前1050年周王的兄弟康侯平定一场商人叛乱的战争。由于竹片与木片上的文字记载都已消失，类似这样的青铜铭文是我们最重要的历史信息来源。商周间的战争通过它们得以重现。

技术相对落后、实力也较弱小的周如何打败了强大而有组织的商，至今仍是未解之谜。他们似乎有种特别的能力，能吸收整合异族，让他们与自己并肩作战，但最重要的是，他们被一种信念所鼓舞，相信自己是奉上天的旨意而战斗。与许多征服者一样，他们推翻并接管商朝时认为自己是替天行道。因此在战斗中，他们坚信自己才是天下的合法统治者。而且，他们明确地将其用思想控制的形式表达了出来——这在世界上尚属首创——并使之成为中国政治史的核心。

周朝是第一个明确提出"天命"的王朝。中国人认为上天会庇佑正义的统治者。对上天不敬或昏庸无能的统治者则会触怒神明，使其收回天命。因此，战败的商朝必定是失去了上天的庇佑，神明转而庇佑德行高尚的周。从此，天命成为中国政治的永恒主题，为君王的统治提供依据，或成为改朝换代的理由。伦敦大学考古学家汪涛博士这样描述：

> 天命改变了周朝，给予他们统治他人的权力。弑君或杀害尊长是当时最严重的罪行。但任何反抗权威的行为都可以用天命来解释。它内在的图腾含义相当于西方的民主概念。在中国，如果你触犯了神灵，或违背了民心，就会有凶兆预警——雷电、暴雨或地震。中国的每一次地震都让当权者恐惧，因为他们

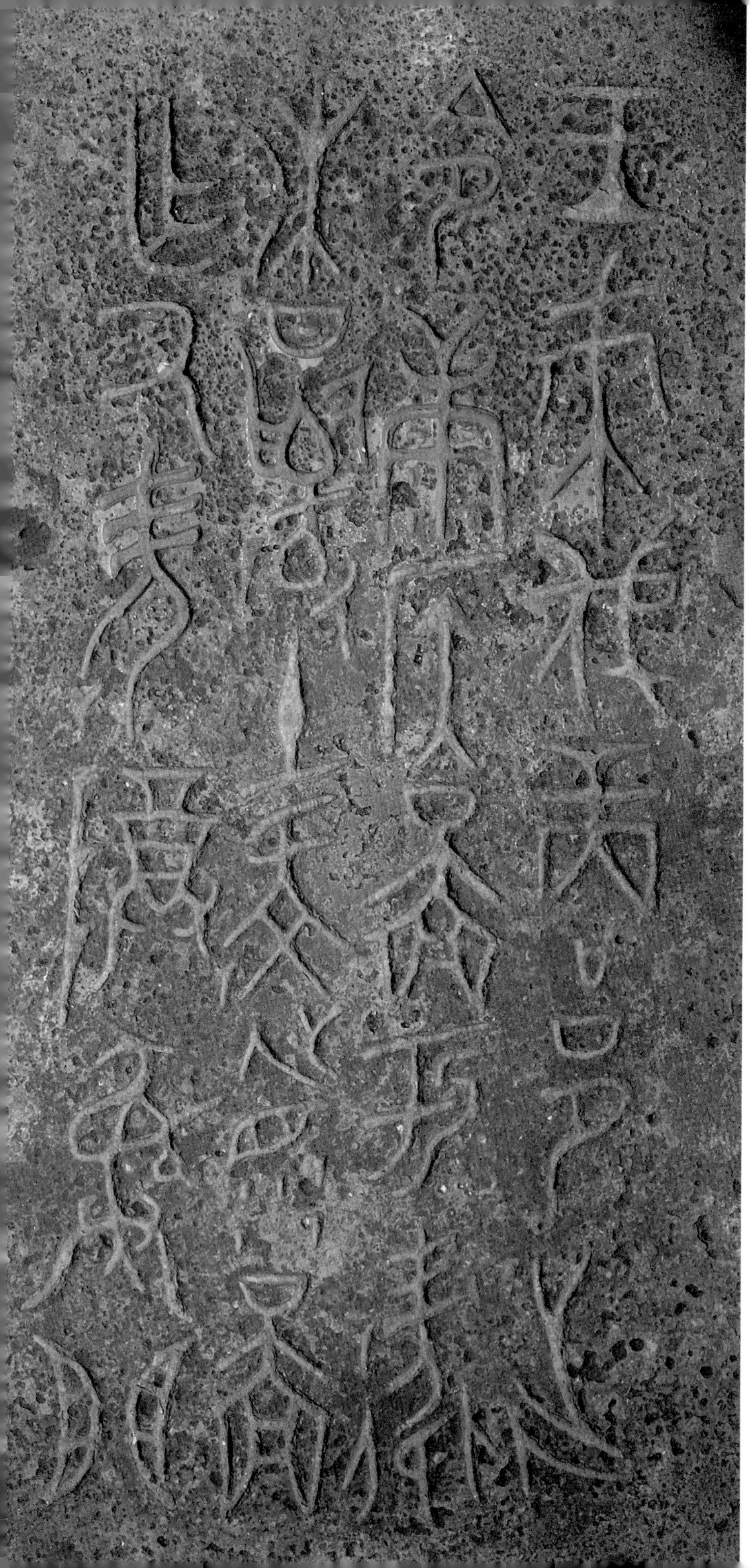

将其看作违抗天命的后果。

本节中这样的簋在中国各地都有出土，因为周朝继续征战，最后的统治面积达到了商朝的 2 倍。这是一个过于庞大的国家，领土面积不断波动。但它的统治期仍相当于罗马帝国，是中国历史上存在时间最长的王朝。

除天命之外，周朝还留下了另一个影响深远的概念。3000 年前，他们称自己的国土为中国，意为中央的国度。此后中国人一直将自己看作世界的中心。

簋内铭文记载了一次周朝平定商人叛乱的战争

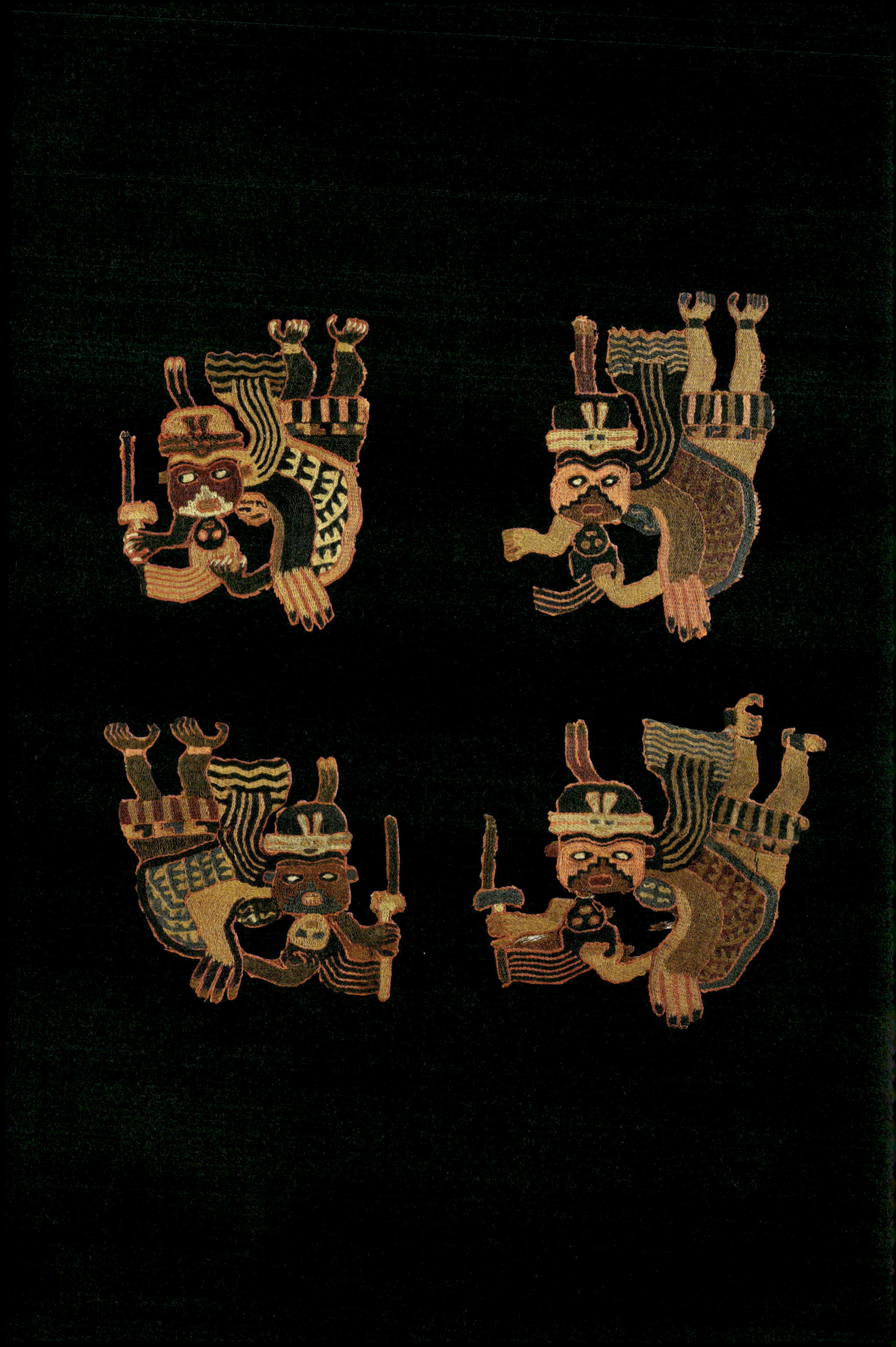

24

帕拉卡斯纺织品

纺织品碎片，来自秘鲁帕拉卡斯半岛

公元前300年至公元前200年

衣物是严谨的历史研究中重要的一部分。但世人皆知，它们极难保存：容易磨损撕裂，幸存下来的也难逃虫蛀。与石头、陶器和金属相比，衣物加入这一"通过文物看历史"系列的机会不会太大。因此，虽未免有些遗憾，但我们在讲述了近百万年历史之后才开始涉及衣物，似乎也顺理成章。衣服能向我们讲述社会的经济与政治结构，气候与风俗，以及在世的人如何看待逝者。但因其脆弱性，我们如今能看到的都是纺织品的碎片。

公元前500年的南美，与中东一样处于变革之中。但他们的手工制品整体都不如狮身人面像那么经得起岁月侵蚀：在这个社会，纺织品在复杂的集体仪式中发挥了主要作用。由于没有文字信息，虽然我们关于这一时期美洲的新知识在不断增多，但与亚洲或其他地区相比，一切仍显得十分神秘。我们只能从这些已有2000多年历史的布料碎片中不断拼凑，去还原这个世界的行为与信仰。

在大英博物馆，这样的织物一般会受到特别保护，不能在自然光与自然的湿度中暴露过久。引人注目的首先是它们独特的外表：每片大约10厘米长，用美洲驼毛或羊驼毛以茎绣法织成。到底是哪种动物的毛，我们很难确定，二者都是原产于安第斯山脉的动物，且很快便被人类驯养。图案是从一件较大的衣物，如披肩或斗篷上小心裁下来的。图案中的形象颇为奇特，并不完全像人，其四肢都更接近爪子，而非手脚。

粗看上去这些图案似乎很可爱，他们飞舞在空中，身后拖着长辫子或是发结。

但仔细观察则可能令人不适，他们挥舞着匕首，手里抓着割下来的人头。不过，最让人震撼的恐怕还是那精湛的刺绣工艺和炫目的色彩，蓝、粉、黄、绿，各种颜色在布面上被安排得井井有条。

这些宝石般的衣料碎片发现于帕拉卡斯半岛，距现代利马约240公里。在安第斯山脉与太平洋之间的狭长地带上，帕拉卡斯人创造出了世界上色彩最艳丽、工艺最复杂独特的纺织品。他们似乎把所有的艺术热情都投入到了纺织品上。刺绣的衣物对他们的意义，大致相当于同时期青铜器对中国人的意义。这是他们的文化中最受尊崇的物品，是地位与权力最明确的标记。这些碎片得以保存下来，完全有赖于它们的埋葬地帕拉卡斯半岛干燥的沙漠环境。在同一时期，相距几千里之遥的古埃及纺织品也因为类似的干燥气候得以保存。与埃及人一样，帕拉卡斯人也会把死者制成木乃伊。在秘鲁与埃及文化里，纺织品并不只为日常穿着使用，还有一个重要用途是包裹木乃伊。我们这几件帕拉卡斯纺织品的用途正是如此。

加拿大的纺织品专家玛丽·弗雷姆研究这些秘鲁杰作已逾30年。她认为这些用于丧葬的织物表现出了非凡的社会组织：

> 有一些包裹木乃伊的布料极长，其中一条甚至长达87英尺。要编织出如此巨大的布料，需要大量的人通力合作，这在当时一定是社会中的大事件。一匹布料上可能有超过500个图案，它们的模式十分固定，花色重复对称。布料突出反映了当时的社会水平。什么样的人群用哪种材料、颜色和纤维的布匹，一切早已约定俗成。阶级社会总会有这样的倾向，用类似衣料这样的重要物品来表现社会等级。

据目前所知，当时的秘鲁社会没有文字，因此服装便成为最主要的视觉语言。沙漠化的帕拉卡斯半岛上常见的土黄色背景刺激了色彩的使用。这些颜色都不易获得。亮红色来自植物根茎，深紫色则提取自沙滩上的软体动物。布匹的底料应为棉布，先纺织、染色，再用织布机编织。先勾出图案的轮廓，再丰富细节，衣着与表情等等都需要用不同的颜色极为准确地填充。估计这项工作是由年轻人完成的，因为需要极好的眼力。

大量不同工种的熟练劳工通力合作才能完成这样的物品。有人放牧牲畜、收获羊毛，有人种植棉花，有人收集染料，还有一大批人亲手制作这样的布匹。能动员这么多人力，并将如此多的力量与资源花费在丧葬品上的社会，一定是个组织严密、经济发达的社会。

制作木乃伊，是帕拉卡斯地位较高的人士下葬前的专属待遇，也是一场精心安排的仪式。赤裸的尸体先用许多细绳固定成坐姿，在嘴里塞上一小团布或黄金。地位更高的人，脸的下半部还会缚上黄金面具。之后，再用大匹的绣花织物把整个身体包裹起来，我们的碎片便来自这里。裹好的尸体以肩背笔直的坐姿放入一个大浅篮子里，里面装着贝壳项链、来自亚马孙丛林的兽皮与鸟羽，以及玉米、花生等食物。再将尸体、篮子和随葬品都用更大的无花纹棉布层层包裹起来，形成巨大的圆锥形木乃伊包，有时宽度可达 1.5 米。

我们无法准确了解这些刺绣图案代表了什么。从悬浮在空中的造型与尖牙利爪来看，他们不是人类，而是妖魔鬼怪。他们手持匕首和人头，也许代表了某种血祭仪式。这种杀戮的意义何在？又为何要绣在衣物上？我们面对的这个社会，一定曾有结构完备、内容繁复的信仰与神话。他们纺织作品的主题关乎生死。玛丽·弗雷姆认为：

> 割下的人头、伤口和奇怪的姿势，似乎是在描画人类变成鬼魂的各个阶段。鲜血和繁育似乎是围绕它的主题。人们用这些织物作为祈求农作物丰收的祭品。秘鲁土地贫瘠，极为干旱，人民十分重视种种保证连年丰收的宗教仪式。水对植物的生长至关重要，而鲜血在他们眼中有更大的效力。

1800 年后，当第一批欧洲人到达南美与中美时，他们发现当地社会仍用鲜血祭祀，以求风调雨顺、四季轮回、作物丰收。因此，这 4 个图案为我们提供了一些信息，可以在此基础上推测帕拉卡斯人的死亡观与信仰。而除此之外，它们也是伟大的艺术创作，是精美的刺绣作品。

可以肯定的是，当时的美洲社群，即使像帕拉卡斯这样发达的社群，其规模仍远小于同期的中东与中国。要到许多个世纪之后，印加帝国才会兴起。

但这些 2000 年前的帕拉卡斯织物，仍能跻身世界上最杰出的作品之列。它们被视作国家组织的一部分。如今的秘鲁，正在努力重现当年的纺织与刺绣工艺，以将秘鲁人的现代与过去联系起来，回溯到古老的、与欧洲完全无关的过往中去。

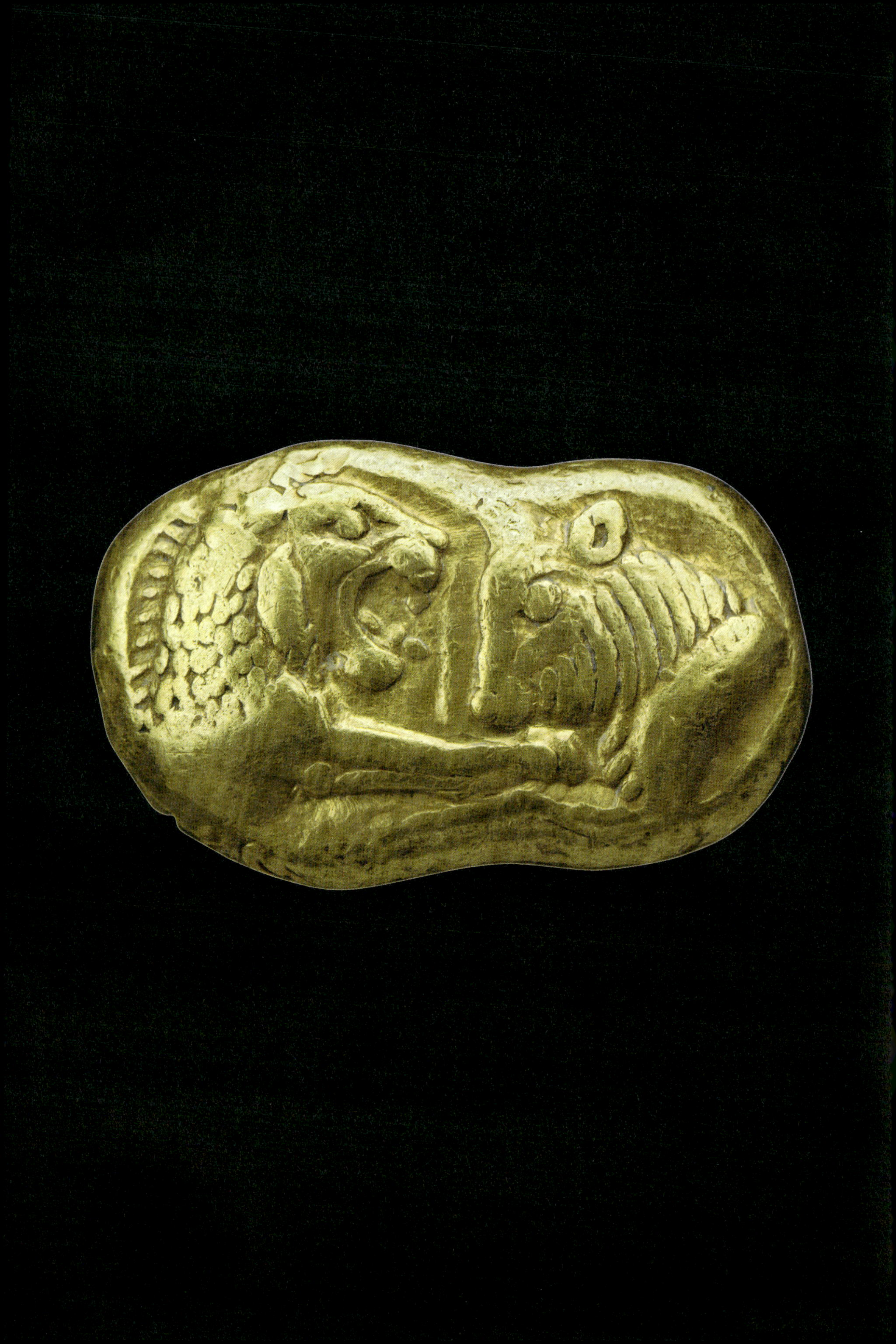

25

克罗伊斯金币

黄金币，铸造于土耳其

约公元前550年

"像克罗伊斯那么富有"是一句流传千年的俗语，如今，在那些宣称能让你快速发家的投资广告上还会不时出现。但有多少人在使用这句话时会停下来想一想那位真正的克罗伊斯王？他确实非常富有，而且据我们所知，在晚年生活出现转折之前，财富一直让他十分快乐。

克罗伊斯曾经是今土耳其西部地区的王。他的王国吕底亚是3000年前中东地区涌现的新势力之一。正是这些金币让吕底亚和克罗伊斯王富甲一方。它是一种新形式的物品，靠自身的价值获得力量。

我们现在都很习惯用小而圆的金属块购买物品，但很少有人知道，货币在世界舞台上出现的时间并不太长。在超过2000年的时间里，世界各国拥有复杂的经济制度和国际贸易网络，却并没有货币。比如埃及，就曾使用一套以铜和金的标准重量为基准的复杂体系来衡量价值。但随着新的国家与新的贸易线路不断产生，对货币的需求产生了。奇妙的是，货币几乎是同时在两个相隔甚远的地区独立出现的。中国人发明的通货外形像小型的矛和刀，但用途与今天的货币别无二致。而在中东地区，吕底亚制造的货币我们今天仍能一眼认出——他们采用了与如今货币相同的圆形贵金属片。

这些早期的吕底亚硬币有各种尺寸，大的相当于现在英国的一便士，小的则类似一粒扁豆。它们还有不同的形状，我们这里最大的一枚类似阿拉伯数字8，是一个中间略被挤扁的椭圆形。上面刻有一对对峙中的狮子与公牛，似乎随时都会向对方扑过去，撕咬起来。

这些硬币是公元前550年左右在吕底亚制造的。据说克罗伊斯在河流里发现了曾属于那个传说中能点石成金的国王——弥达斯的黄金。确实，这一地区蕴藏了丰富的金矿资源，这对作为土耳其西部贸易中心的吕底亚首都萨迪斯十分有利。

小型社会并无货币需求。人们通常可以信任自己的朋友或邻居，相信他们会用劳动、食物或其他物品作为交换或回报。我们很容易了解，对货币的需要是在人们与不太信任、有可能不会再见面的陌生人进行交易时出现的，而在像萨迪斯这样的国际都市就常会出现这种贸易。

在货币出现之前，吕底亚的支付媒介是贵金属，主要是金块或银块。形状并不要紧，重要的是重量和纯度。但问题是，自然状态下的金矿和银矿常混杂在一起，甚至掺杂其他价值不高的金属。检验金属的纯度是项无聊的工作，几乎每次都得耽误贸易的进行。在克罗伊斯王登基前100年左右，吕底亚人已发明了货币，但纯度问题仍无法解决。他们使用的是自然状态的金银混合物，而非某种纯金属。要如何才能准确了解某一枚货币的成分及价值呢？

吕底亚人最终找到了解决问题的方法，从而加速了市场交易，并在此过程中积累了巨额财富。他们的方案是让国家来铸造固定重量、价值绝对值得信赖的纯金与纯银货币。如果有国家做担保，金币和银币便成为可以完全信任的货币，不再需要任何检查程序即能放心使用。而他们到底是如何做到这一点的呢？古代金属专家保罗·克拉多克解释道：

> 吕底亚人选择让国家或国王来确定重量与纯度标准。货币上的印记便是重量及纯度的保证。但如果要保证纯度，则必须具备从金矿中加入或析出一些元素的能力。从技术上讲，析出铅和铜这样的元素不算太难。但遗憾的是，伴随黄金出土的主要元素常常是银。而从金中分离出银的技术之前还从未实现过。银对化学试剂的反应较为迟钝，金则更为迟钝。最终，他们把直接从矿场里采出的细金粉或打得极薄的旧金片，与普通的盐也就是氯化钠一起放进锅里，加热到800摄氏度，便得到了纯度很高的黄金。

吕底亚人于是掌握了制造纯金币的技术。其后他们雇佣工匠为货币做标记，标明它们的重量与价值。最早的货币上没有文字，日期和铭文都要到更晚期才会出现。但我们依靠考古证据，将这些货币的铸造日期确定到公元前550年左右，即克罗伊斯统治的中期。

用于表示货币重量的标记是狮子，由于货币的大小会随着重量的减少而递减，因而有时也使用狮子的某一部分。比如最小的货币上只有一只狮爪。吕底亚新的铸造模式让检查纯度与重量的工作从商人手中转到管理者手中，使得萨迪斯的商业运作更加快捷灵活，也更具贸易吸引力。由于人们信任克罗伊斯的货币，它的使用范围超出了吕底亚的国界，给国王带来了一种全新的政治影响力——经济实力。信任当然是一切货币流通的关键。你必须接受货币上标注的价值，也要接受它的信誉度。克罗伊斯创造了世界上第一种值得信任的货币。金本位也始于此。随之而来的便是巨大的财富。

借由这笔财富，克罗伊斯在以弗所修建了宏伟的阿尔忒弥斯神庙。重修后的神庙成为古代世界七大奇迹之一。但财富是否给克罗伊斯带来了快乐？据我们了解，一位睿智的雅典政治家曾告诫他，不论拥有多少财富或权力，一个人只有在临终时才能明了自己一生快乐与否。能否幸福地去世才是一生的关键。

吕底亚国力强大，经济发达，但东边迅速扩张的波斯对他们仍是一种威胁。为此克罗伊斯前往德尔斐著名的阿波罗神庙寻求神谕，得到的答案是，在未来的战争中，"一个强大的帝国将被摧毁"。这是典型的德尔斐神谕，怎么解释都说得通。最终，是他自己的帝国吕底亚战败，克罗伊斯被居鲁士大帝俘虏。但其实，他的结局也没那么凄惨，居鲁士十分精明，他让克罗伊斯担任自己的顾问——我猜是财政顾问——胜利的波斯迅速采用了吕底亚模式，克罗伊斯的金币沿着地中海和亚洲的贸易路线散播。其后，波斯人在克罗伊斯位于萨迪斯的造币厂铸造自己的纯金纯银货币。这一做法与库施人征服埃及后吸收埃及文化如出一辙。

中国与土耳其几乎在同一时间发明了货币，这也许并非巧合。3000年前，从地中海到太平洋，世界正发生着根本性的变革。货币的出现正是在回应这样的变革。军事、政治和经济的巨变带来了现代货币，也带来了一些至今仍能引起共鸣的崭新观念：人民与统治者全新的自我定位。简单来说，这便是现代政治思想的开端，开启了孔夫子与古代雅典的世界。下一部分，我们将以推翻了克罗伊斯统治的波斯人作为起点。

第六部分

孔夫子时代的世界

公元前 500 年至公元前 300 年

  世界上的不同文明都在演进各自的社会管理模式，其影响将持续千年。当苏格拉底教导雅典人如何表达不同意见时，孔夫子正在中国大力宣扬和谐政治理念。波斯人则找到了一种让不同的民族在庞大的帝国下共存的方式。在中美洲，奥尔梅克人创造出复杂的历法、宗教和艺术，塑造了未来千年的中美洲文明。北欧此时尚无城镇和国家，也没有文字或货币，但他们所制造的物品依然能够表明，当地的文明对在更广阔世界中的自己有着深刻的认识。

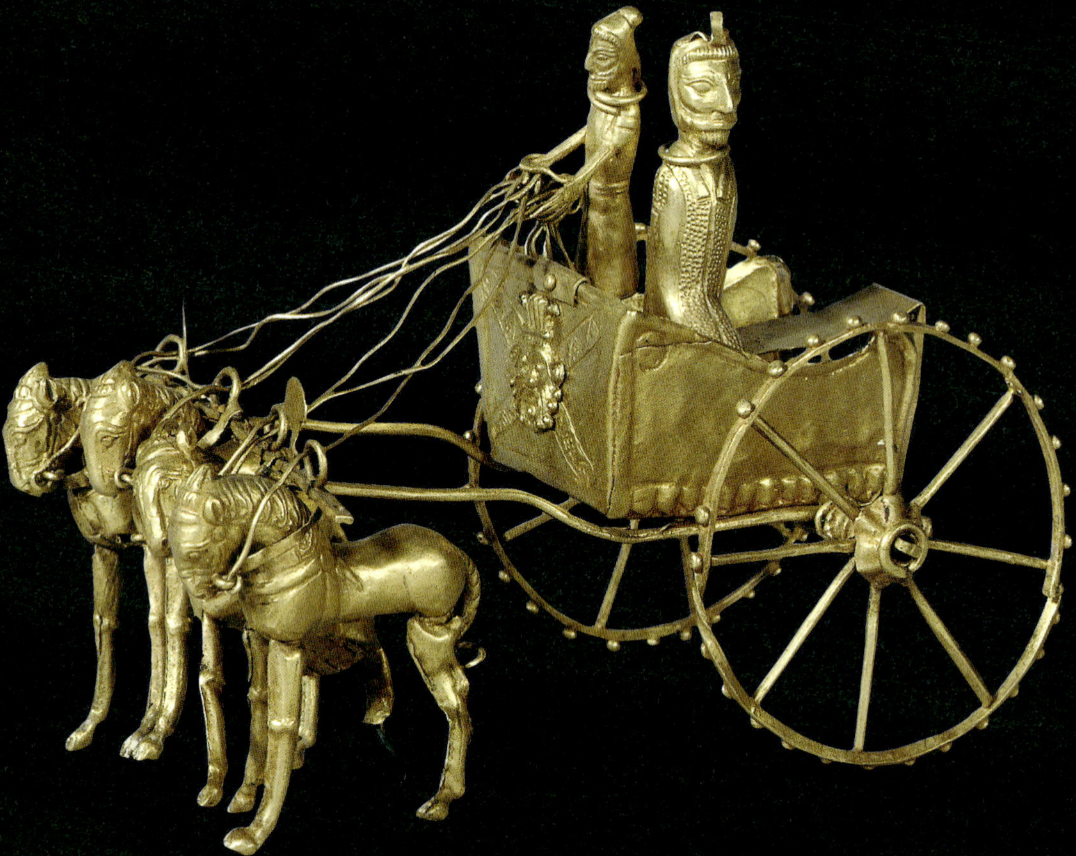

26

奥克苏斯双轮战车模型

黄金模型，发现于阿富汗与塔吉克斯坦边境，奥克苏斯河附近

公元前 500 年至公元前 300 年

公元前 5 世纪，全世界的社会都开始清楚地表达对自己与他人的认识。他们发明制定了一些如今被我们称为治国方针的政策。这一时代被后世称为"思想帝国时期"。2500 年前，波斯是世界上的超级大国，其治国方针与过去的所有帝国都大不相同。正如埃克塞特大学波斯与伊朗研究中心主任迈克尔·阿克斯沃西所说，从前的帝国大都赤裸裸地建立在强权即真理的基础之上，而波斯帝国的理念则是外柔内刚。

我们将通过这辆由 4 匹金马拉着的黄金战车来探索这一古老帝国。很容易想象一辆这样的马车行进在伟大的波斯帝国的道路上。车上有两个人，一个手持缰绳的站立马夫，以及一个身形要大得多、显然十分重要的乘客，坐在一旁的长凳上。他很可能是一位高级官员，代表波斯国王去巡视由他所管理的偏远省份。

这一模型的发现地确实极为偏远，位于帝国的最东边，靠近现代阿富汗与塔吉克斯坦的边界。与它一同被发现的还有无数金银器物，被称为奥克苏斯宝藏，在超过 100 年的时间内，一直是大英博物馆最重要的收藏之一。

这辆精致的马车十分适合在掌上把玩，它也许曾是贵族子弟的一件玩具。但这一点无法确定，也可能它是献给神灵的供品，用于祈福或还愿。但不管当时意义如何，如今它都能让一个古老帝国在我们的脑海里浮现。

这是一个怎样的帝国？在伊朗的设拉子城北部约 70 英里，有一座矮小的驼色山丘，周围是平坦多风的平原。在平淡无奇的景观之中，有一座建于大型石底、带有 6

级巨大台阶的建筑，如同一间带山墙的隐士小屋，占据了整片视野。这里是居鲁士的墓地。他是波斯帝国的第一位君主，在2500年前，建立起了当时世界上幅员最辽阔的帝国，从而彻底改变了整个世界——或至少是整个中东地区。

这一庞大的波斯帝国，中心位于现代伊朗，西至土耳其与埃及，东连阿富汗与巴基斯坦。要管理好这样的帝国，需要规模空前的陆路交通系统。波斯帝国可谓世界上第一个"陆路"大帝国。

波斯帝国与我们想象中的帝国样貌不尽相同，它更接近于多个王国的联合体。居鲁士自称为"Shahanshah"，万王之王，表明这是一个由许多国家结盟而成的联邦，王国各有自己的统治者，但处于波斯帝国的严格管控之下。这种模式下的王国享有高度的本地自治权与多样性，与后期的罗马模式极不相同。作家兼历史学家汤姆·霍兰德这样描述：

> 波斯人的统治地位，如同一道清晨的薄雾，淡淡地笼罩着整个帝国。你能察觉到它的存在，却并不觉得突兀。
>
> 罗马人采取的方式是让被征服者获得与征服者相同的身份认同，最终，居住在罗马帝国境内的所有人都认为自己是罗马人。而波斯的方式并非如此。只要你缴税，不造反，没有人会干涉你的生活。但是，征服如此辽阔的帝国不可能不流大量的血，若谁胆敢反抗波斯国王，必遭灭亡。

帝国的道路平直宽敞，军队沿着这样的道路进行镇压，消灭那些惹麻烦的人。但在帝国内部，由于管理机器强大有力，流血事件极少发生。万王之王统领一切，在每个地区派一名总督代表自己，密切监视属国的一举一动。总督可以颁布法令，征收税款，招募军队。

这让我们又回到了这件黄金玩具上，因为马车上的人必定是位巡视途中的总督。他神气地穿着一件显然价值不菲的时髦外套，头饰让人一眼认出他是一名高级官员。这是一辆专用于旅行的马车，巨大的车轮几乎与马等高，显然是为长途奔波做准备的。

交通系统能让人了解一个国家的很多信息，正如这辆马车能让我们了解波斯帝国的许多方面。当时，社会治安稳定，人民可以快捷地进行长途旅行，不需要护卫

波斯帝国居鲁士大帝的陵墓

保护。马匹经过精心培育,耐力好,速度快,再配上大而稳的轮子,这样的马车就是当年的法拉利或保时捷。宽阔的土路使得马车在任何天气下都可通行,沿途有很多驿站。由骑马、跑步的信差和特快专差组成的皇家邮递系统安全可靠,中央下达的命令可迅速传往帝国的每一个角落。当时的外国访客都大为惊叹,希腊历史学家希罗多德说:

> 世界上没有比波斯邮差跑得更快的了……据说有人员和马匹在沿途等待,人数与所需天数相等。一人一马负责一天的路程。邮差必须在最快的时间到达指定的驿站,无论雨雪冰霜,酷暑黑夜,任何事情都不能阻止他们。

除了当时的旅行和通信情况,马车还向我们展现了波斯帝国系统核心的包容性。

虽然它发现于帝国东边靠近阿富汗的边境，但从金属加工技术来看，应制作于波斯的中心。乘客与车夫皆着米底亚服饰，而米底亚人是曾生活在今伊朗西北部的古老民族。马车正面突出展示的是埃及神祇贝斯，他是一个双腿呈弓形的侏儒，从形象上看并不像保护神，但他照看儿童及陷入困顿的人，是庇佑长途马车的善神。我猜他的作用类似今天的旅途守护神圣克里斯托弗，或是悬挂在汽车后视镜上的平安符。

但是，一个埃及神怎么会在阿富汗的边境保佑波斯人呢？这便是波斯帝国惊人的文化包容性的完美表现。他们接受一切不同的宗教，甚至有时会吸收采纳被征服者的宗教信仰。这个兼容并包的帝国甚至乐于用别国文字发表正式公告。希罗多德曾提及：

> 没有比波斯更能包容的民族了，譬如，他们穿米底亚人的服装，因为觉得穿起来更帅气。士兵则穿戴埃及人的盔甲。

我们的小马车所表现出的多重信仰和多重文化，与组织完善的军事力量结合起来，创造出灵活的帝国系统，延续了超过200年。不管真实情况如何，国王向臣民表现出的，是一个宽大包容的帝国形象。因此，公元前539年，当居鲁士入侵靠近现代巴格达的巴比伦时，他用巴比伦语发布了一道仁慈得有些虚假的法令，将自己描述为这些被征服者的保护人。他恢复了各种神祇的宗教崇拜仪式，释放了巴比伦人关押的囚犯，让他们返回自己的故乡。他自称：

> 朕之士兵和平地大举进驻巴比伦……朕不许任何人惊扰百姓……为了百姓福祉，朕关注民生所需，保护他们的圣殿……释放了所有奴隶。

在居鲁士征服巴比伦后，他精明的统治政策最大的受益人是犹太人。这些人的上一代便被尼布甲尼撒二世俘虏，不得返还耶路撒冷的家园，也不得重修自己的神庙。居鲁士的仁慈令他们永生难忘。在希伯来《圣经》中，居鲁士被描述为受到神灵启示的大善人、大英雄。1917年，当英国政府宣布自己将为犹太人在巴勒斯坦修建定居地，使他们得以重返故土时，在整个东欧，居鲁士的画像与乔治五世的照片一起被陈列出来。一项仁政在 2500 年后还能收获敬意，殊为罕见。

然而，波斯帝国所留下的谜团之一，便是他们自己甚少记录自己如何管理国家。大部分资料都来自希腊。希腊与波斯常年为敌，从他们的记录里了解波斯，类似于从法国人的文献中探寻大英帝国的历史。好在现代考古学为我们提供了一些新的证据。近 50 年来，伊朗人在不断重探自己伟大帝国的过往，重拾旧日荣光。只要一踏上伊朗的土地，就能立刻感觉到这一点。迈克尔·阿克斯沃西解释道：

> 伊朗的历史中蕴藏着巨大的荣耀。在不同民族、宗教、语言的融合之下，形成了既复杂又宽松的文化，找到了让它们彼此关联，并涵盖、管理它们的方式。他们的政策既不过分松散，也不过于严苛，而是合理地将之结合起来。伊朗人热切地盼望别人能了解他们本国悠久的文化与历史遗产。

阿克斯沃西提出的"思想帝国"一词极好地概括了本部分的中心思想，但也许"思想国邦"会更确切一些。因为这些物品表现的是不同民族对理想国邦的设想。本节中我选择了一辆波斯帝国的玩具马车，下一节里则将通过一座神庙来讲述雅典历史。这两个国家常年处于交战状态，可想而知，他们对理想国邦的设想几乎背道而驰。正是由于彼此争战，他们总是倾向于用与对方对立的观点来定义理想国家。公元前480 年，波斯军队摧毁了雅典卫城的神庙。那里后来又重建了我们如今熟知的帕台农神庙。

在过去 200 年中，像帕台农神庙这样被公认能表现出一整套复杂观念的文物凤毛麟角。下一节里，我将探讨一件曾装饰过这座神庙的雕刻品。

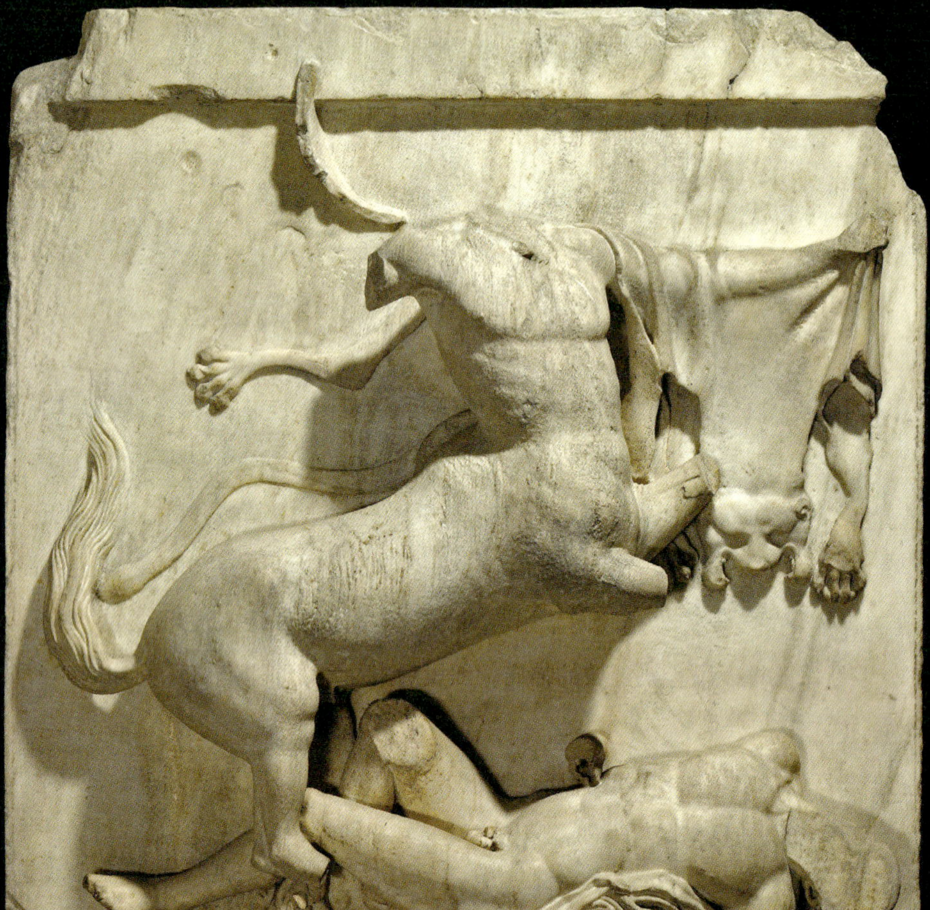

27

帕台农雕像：半人马与拉庇泰人

大理石浮雕，来自希腊雅典帕台农神庙

约公元前440年

1800年左右，驻奥斯曼帝国的英国大使埃尔金伯爵从雅典帕台农神庙遗址带走了一些石雕，几年后在伦敦进行了公开展览。对大多数西欧人来说，这是他们第一次近距离接触希腊雕刻，不由被它们的魅力深深折服。到了21世纪，这些被称为埃尔金大理石雕的艺术品，其艺术特色被淡化，更多地成为政治争端的焦点。对今天的大部分人来说，提到大英博物馆的帕台农雕像，只会想到一个问题：它们该保存在伦敦还是雅典？希腊政府坚持认为它们应归还雅典，但大英博物馆的理事们则认为应留在伦敦，因其属于世界文化不可分割的一部分。

双方各执一词，辩论十分激烈。但本文的关注点却与他们不同。我只想特别关注其中的一幅雕像，探讨在公元前5世纪的雅典，它在制作与观赏它的人眼中有何意义。

帕台农雕像表现了一个由神、英雄与凡人组成的雅典，日常生活与神话传说中的场景穿插在一起，是世上最动人、最振奋人心的一组雕刻。它们早已深入人心，极大地塑造了欧洲人的思维，因此很难再去了解它们最初产生的影响。但在制作之初，它们对人类，尤其是对雅典人来说，不管从生理上还是心理上，一定都是种全新的意义阐释。它们是空前的新型视觉语言，是至高无上的成就。雅典大学古典考古学教授奥尔加·帕拉吉亚教授描述道：

> 这种新风格是要在人物形体、动作与服装之间创造出新的平衡……它创造了完美的人体比例。其关键点在于和谐与平衡。这是帕台农雕像魅力永恒的原因，因为由此创造出的人物形象确实是不朽的。

但事实上，雕像制作于一个特定的时期，目的也很明确。它们概括表现了当时社会的自我认知。帕台农是一座献给雅典娜·帕台农女神（意为雅典娜处女神）的神庙，建于雅典市中心的石头城堡——卫城之上，中央大厅有雅典娜的巨大雕像，用象牙与黄金制成。石雕则无处不在。

在建筑物四面柱子的顶端，环绕着 92 幅系列方形石雕，被称为排档间饰，只要靠近神庙便可清晰看见。如建筑物中的其他雕像一样，它们也曾被饰以艳丽的红、蓝、金色，而如今，颜色都已褪去。我挑选的雕像便是其中之一，我想通过它来讲述公元前 440 年的雅典。

这些排档间饰都与战争有关——奥林匹亚众神与巨人的战争，雅典人与亚马孙女战士的战争，以及本文将要讲述的半人马与拉庇泰人的战争。雕像中的形象几乎都彼此独立，人像高达 1 米。半人马正在攻击传说中的希腊民族拉庇泰人。故事里说，在拉庇泰国王的婚宴上，人们犯了个错误，让半人马喝醉了酒。烂醉的半人马企图强奸妇女，他们的首领则想掠走新娘。一场恶战由此展开，拉庇泰人，也就是希腊人，赢得了最终胜利，战胜了半人马。

本节中的这幅雕像尤为动人：只有两个角色，其中，半人马摆出胜利者的姿态，正要踏向倒地挣扎的拉庇泰人。如众多的帕台农浮雕一样，这幅浮雕也已毁损，如今，我们无法看清垂死的拉庇泰人脸上的表情，也看不清半人马凶狠的眼神，但这无损于这幅雕像的动人魅力。然而，这图案究竟代表了什么意思？我们又如何从中了解当时的雅典城邦呢？

这些雕像无疑是在以一种神话的方式讲述当时现实中发生的英雄事迹。在雕像制作者的父辈生活的时期，由于波斯入侵希腊本土，像雅典这样原本处于激烈斗争中的城邦不得不团结一致，抵御外敌。在排档间饰上，我们看到希腊人大战半人马，这场神话中的战役代表了现实中希腊与波斯间的战争。剑桥大学的古典学者玛丽·彼尔德这样解释雕像在当时所代表的意义：

在古希腊人的世界里，凡事都通过争斗来解决。输赢决定一切。希腊人在世界上为自己定位的方式之一，就是将"敌人"及"他者"都视作"非人"。这便是他们与自己征服或痛恨的人之间的关系。帕台农神庙的雕像展示了表现敌人的"他者性"的不同方式。对这些排档间饰最好的一种诠释，便是将英勇的战斗视为确保秩序的必然手段。其中有一部分我们很容易感到认同：我们不愿意生活在半人马的世界，我们希望生活在希腊的世界，雅典的世界。

对雅典人而言，"半人马"的世界还不只是波斯帝国，也包括了其他敌对的希腊城邦，尤其是斯巴达，他们与雅典频繁开战。排档间饰上与半人马的战争成为一种永恒的战斗的象征。对雅典人而言，每个文明的城邦都需要战斗。理智的人们需要不断抗争野蛮的非理性。将对手非人化是条危险的路，但如果你要发动战争，这会成为极佳的民众动员令。它所传达的信息是：要想避免混乱，就一直要用理性去战胜非理性。

而我之所以挑选了这幅浮雕，是因为它传达了一个令人痛苦的信息，即以短期而论，理性并非总能获胜。为保卫理性规范的城邦，有的公民会献出自己的生命。然而，雕像上垂死的人形表现得如此苦痛，剧烈的战斗又被刻画得如此协调——这也正是雕像具有如此高的艺术价值的原因所在——以至于取得最后胜利的并非趾高气扬的半兽人，而是能把冲突转化为美的雅典艺术家。这件雕像仿佛在告诉我们，从长远来看，智慧与理性二者本身便能创造出经得起时间考验的事物。这不仅是政治上的胜利，也是艺术与智慧的胜利。

这是雅典人的视角。那希腊其他城邦的居民又是如何看待帕台农神庙的呢？你也许会认为，帕台农名为神庙，一定是个祭祀与祈祷的所在。但事实上这里成了雅典的金库：希波战争的军费来源。后来军费变成保护费，雅典以老大自居，要求希腊的其他城邦向它缴纳费用，强迫它们成为不断壮大的雅典海上帝国的附庸。其中一大笔钱被雅典用于修建卫城。玛丽·彼尔德告诉我们，雅典以外的希腊人是这么看待帕台农的：

帕台农神庙是那种让人想往上吐口水，如果可能的话还要踢上一脚的建筑物。如果你是雅典的附属城邦之一，它就是你屈从的标志。神庙修建时，雅典城内反对的声音很大，认为不能这样挥霍钱财。还说它把雅典城装扮得像个妓女。这样的描述今人恐怕很难理解，因为在我们眼里，帕台农雕像深具朴素之美，很难令人联想到淫邪。被我们视为古典美基准的物品，曾被人视为粗俗，这实在让人难以接受。但在当时，对一些人来说的确如此。

帕台农神庙的另一个奇特之处，是它在不同的历史时期，对不同的人群具有不同的意义。继作为雅典娜处女神的神庙之后，它在好几个世纪内都是天主教圣母马利亚的教堂，其后又成为清真寺。18世纪末，它成为土耳其治下屡弱的雅典城的一堆废墟。但在19世纪的20至30年代，希腊人赢得了独立，他们的欧洲同盟给他们安排了一位德国统治者。新国家需要找到自己的社会定位。奥尔加·帕拉吉亚说道：

希腊在19世纪30年代获得了新生。当时的国王是来自巴伐利亚的德国人。德国人决定重建伯里克利的雅典。在我看来，这一决定开启了新的希腊王国对帕台农的长久认同。我们从1834年开始重建帕台农，我相信这一工作永远不会结束！我们将不断恢复、重新定义作为希腊象征的帕台农。德国人在1834年播下了十分珍贵的种子。

因此，在19世纪30年代，这座伟大的建筑获得了崭新的含义。它不只是一个古老城市的自我认知，也是新的现代国家的象征。通过自1817年便陈列在大英博物馆的帕台农雕像，这一象征更是为欧洲所有受过教育的人所熟知。

近代欧洲史的一个关键点是，许多国家都希望通过历史上的某一特定时期，定义并加强现代的国家认同。在最近约100年的时间里，越来越多的爱尔兰、苏格兰及威尔士人，都想把自己视为一个曾活跃在北欧的民族的后代。这一民族的兴盛期与雅典人修建帕台农神庙的时期大致相同。这一群2500年前的欧洲人，被希腊人视为野蛮人而遭驱逐的欧洲人，将是我们下一节的焦点。

28

下于茨酒壶

青铜酒壶，发现于法国东北部摩泽尔河
约公元前 450 年

2500 年前的北欧人没有留下任何文字记录，只有希腊人曾轻蔑而粗略地提及他们。缺少亲自讲述的历史，我们只能通过他们留下的物品来了解他们——我们的近邻，以及我们当中一部分人的祖先。好在这样的物品为数不少，这对精美的酒壶便是其中之一。它们是帮助我们了解早期北欧社会的关键物品。

它们发现于法国东北部的洛林地区，接近下于茨镇，因而一直被称为下于茨酒壶。它们由青铜制成，造型优雅，装饰精美。大小约等于一个 1.5 升的大酒瓶，容量也基本相当，但形状却是壶形，有把手、盖子，以及尖尖的壶嘴。壶肩宽阔，往下则逐渐变窄，给人站立不稳之感。这对酒壶首先让人眼前一亮的是顶部的奇特装饰，动物与鸟聚集一处。如果在宴会上见到这种精巧的酒壶，这些装饰一定会成为目光的焦点。

这对精雕细琢的酒壶是在 1927 年被下于茨的掘地工人无意中发现的。此前在西欧从未发现过类似物品，许多考古学家都认为它们并非真正的文物，因为风格和装饰都过于奇特。但大英博物馆的馆员却认定它们并非赝品，而是代表着欧洲史上尚未被人发现的一段全新篇章，因而斥资 5000 英镑购买下来，在当时几乎是天价。这样的收购不啻一场豪赌，赌的是自己的文物鉴赏眼光。这一次，馆员赢了。后期的研究证实了它们的确制作于 2500 年前，正是在那一时期，希腊修建了帕台农神庙，波斯帝国达到巅峰状态，而孔子正在中国传道授业。下于茨酒壶成了目前已知的最

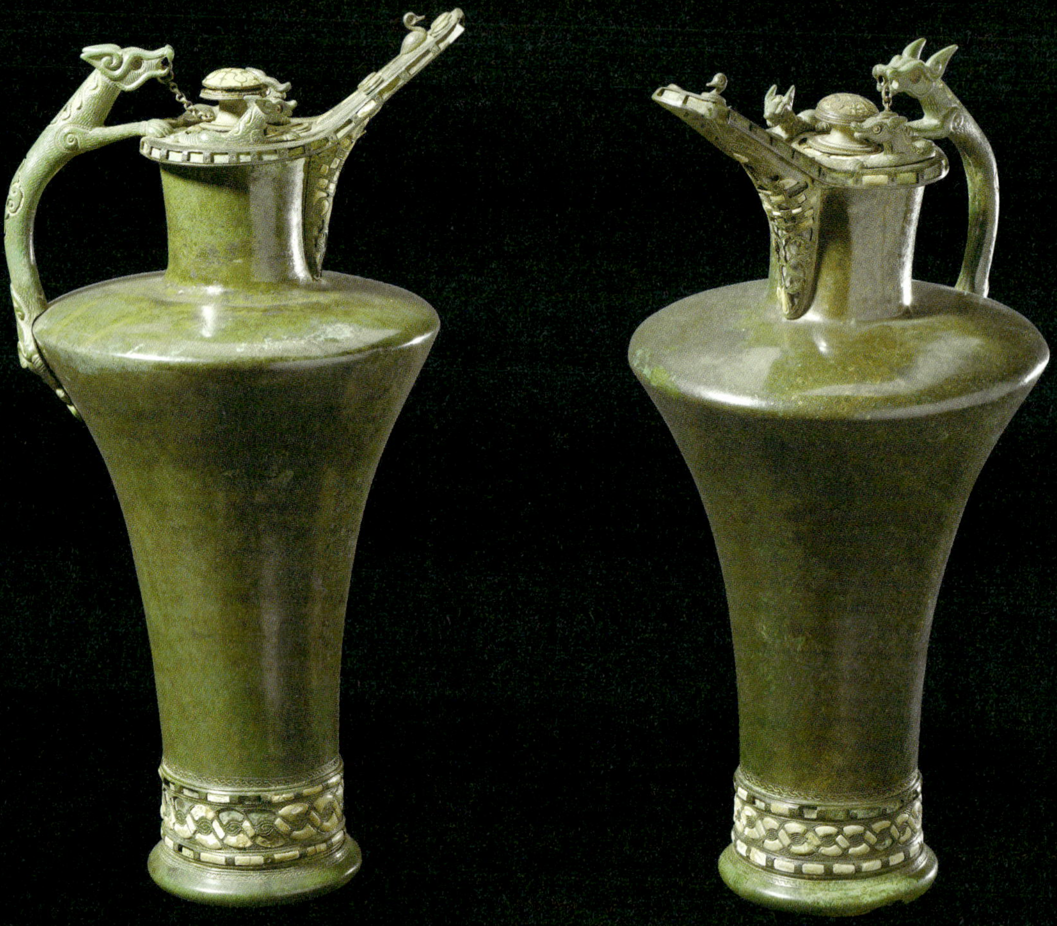

重要也最古老的两件凯尔特文物。

公元前450年，当时的北欧没有城镇，没有城邦或帝国，也没有文字或货币。从俄罗斯的干草原一直到大西洋，只有一些小型的由农民及武士组成的社群。贸易、交换和频繁的战争把这片长达数千英里的土地连接起来。在铁器时代的莱茵兰，大多数人的生活朝不保夕，但社会顶层的人们却活得相当惬意。在酒壶出土地发现的豪华墓葬里，我们发现了马车、双轮战车、丝绸、样式奇特的帽子、鞋子和衣服，以及所有举办宴会需要的物品。死亡并不能阻止这些北欧人的享乐生活，他们的墓穴里有很多酒器，碗、釜、牛角杯、壶，一应俱全。

很多物品必定是越过阿尔卑斯山交易而来的，如来自希腊的瓶罐，以及由生活在意大利北部的伊特鲁里亚人制作的酒瓶。有一种看法将下于茨酒壶的主人形容为"暴发户"，认为他们是生活在北欧，却用地中海的设计和风格来彰显自己智慧与思想的人群。这样的描述充满了偏见和误导。希腊人首先描述了这种印象，之后又由罗马人演绎，塑造了一种长久渴求南方文明的粗俗北欧人的刻板形象。这一观念已延续了2500多年，至今仍影响着地中海人对北欧的看法，以及北欧人的自我评价。几千年来，我想，这一定造成了莫大的伤害。

下于茨酒壶所使用的青铜材料及其设计工艺，都显示出希腊人将北欧人视为野蛮人的无稽，也让我们了解北欧人的日常生活。他们生活在小型社群里，但已掌握了复杂的金属加工工艺，制作酒壶的原材料显示他们曾频繁地进行国际贸易。制作青铜器需要来自阿尔卑斯山以南的铜和来自遥远西方康沃尔郡的锡。而壶底的花样在布列塔尼到巴尔干一带都很普遍，此外还有受古埃及艺术品中的棕榈叶启发而描绘的形状。事实上，酒壶这个概念本身即是舶来品，这种容器形态是生活在意大利北部的人们创造出来的。如果在盛宴上看到这样的酒壶，宾客们一定会认为这些新统治者交际广泛、视野开阔、生活富裕且品位不俗。

每一件酒壶上都有超过120片珊瑚，它们极有可能来自地中海。虽然如今都已褪为白色，但当初一定是鲜艳的红，与青铜的光泽形成悦目的对比。试想一下，酒壶映着熊熊火光摆在桌上，火焰投射在青铜上，将珊瑚的红色衬得更为娇艳。而有人正恭敬地将壶中的红酒、啤酒或蜂蜜酒倒进贵客的杯中。

酒壶上铸造的动物也透露了制作者的很多讯息。弯曲的壶把是一条瘦长的狗，

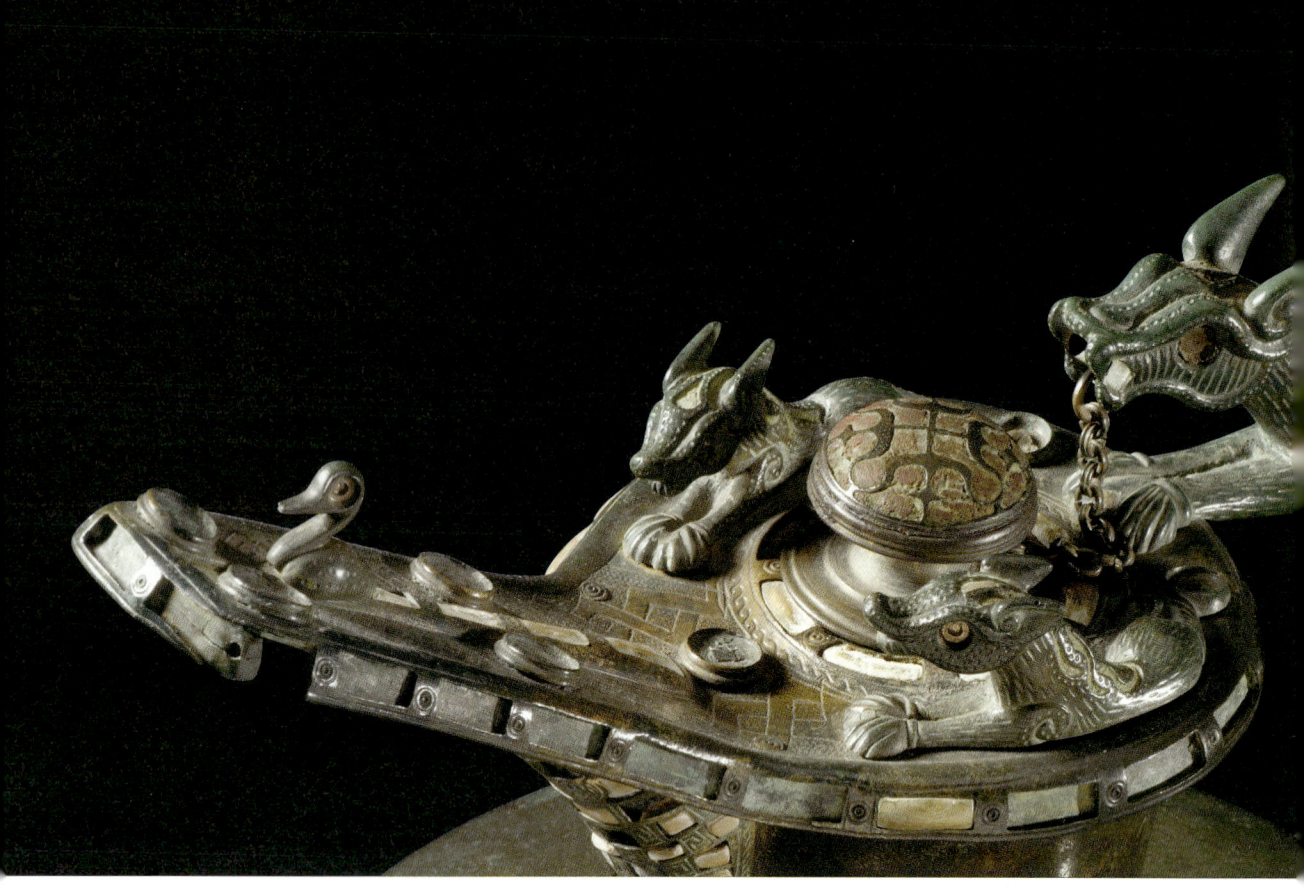

3条猎狗紧盯着壶嘴上的小鸭子

身体前倾,龇着牙,嘴里含着一条连接壶盖的链子。狗一定曾是狩猎生活的重要帮手,壶盖的两侧还各躺了一条体型略小的狗。3条狗的注意力都集中在壶嘴的1只小铜鸭上。这真是有趣又有创意的动人一笔。倒酒时,鸭子看起来就像在酒河上游泳。

当酒壶里的酒斟入酒杯,宾客很容易看出这些昂贵的物品是当地制造的。意大利人从未设计过类似物品。奢华的造型、独特的装饰组合及动物形象,无不清晰地表明它们制作于阿尔卑斯山的北部。设计师与工匠发挥出新的创造力,大胆地将来自不同地区的元素与当地资源结合起来,创造出一种全新的视觉语言。它是欧洲艺术的代表作之一。

那么,创造出这些杰作的饮者到底是谁?由于没有书面材料,我们不知道他们如何称呼自己。唯一的称呼来自对他们充满误解的希腊人,称他们为"Keltoi",是历史上有关凯尔特人的第一次正式记载。这也是我们将酒壶所表现出的艺术形式命名为凯尔特艺术的原因。但我们其实并不知道制造或使用这些物品的人是否自称凯尔特人,使用的语言又是否叫凯尔特语。前牛津大学欧洲考古学教授巴里·坎利夫爵士解释道：

> 凯尔特艺术与我们称之为凯尔特人的族群之间的关系错综复杂。在凯尔特艺术发展与使用的绝大部分区域，人们使用凯尔特语。但这并不意味着他们自认是凯尔特人，我们也不能把这种民族认同强加给他们。凯尔特语也许只是方便相互交流的工具。公元5世纪，当凯尔特艺术在法国东部及德国南部发展起来的时候，当地居民可能已经使用凯尔特语很长时间了。

今天，我们称之为凯尔特的民族，居住于布列塔尼、威尔士、爱尔兰和苏格兰等离发现酒壶的莱茵河流域很远的西方。但在所有这些区域，我们都发现了与下于茨酒壶装饰相呼应的艺术传统。19世纪后被命名为凯尔特艺术的艺术形式，将这两把华美的酒壶与1000多年后在爱尔兰及英格兰制作的凯尔特十字架、《凯尔经》和《林迪斯芳福音书》连接了起来。在金属制品与石雕作品、镶嵌画与手抄本绘画中，能清楚地看见装饰艺术的传承。中欧与西欧的大部分地区，包括英伦三岛，都受其影响。

但这种传承很难阐述清楚。了解古凯尔特的难题在于，我们所能看到的仅有5世纪的希腊人与19世纪的英国人和爱尔兰人对他们充满偏见的描述。希腊人把他们描述成野蛮暴力的民族，而数百年前，这一观念又被另一种同样不真实的看法取代：人们为他们蒙上了神秘智慧的面纱（如莪相与叶芝笔下浪漫的"凯尔特薄暮"），与当时盎格鲁-撒克逊工业世界的贪婪现实截然不同。到了20世纪，它对爱尔兰的形象塑造产生了极大影响。那之后，尤其是在苏格兰与威尔士，凯尔特人的身份认同更进一步衍生出了国家认同的内涵。

如今，有许多人都对凯尔特人的身份有所认同，同时也在大力宣传。但事实证明这一概念其实十分令人困惑，也一直变化不定。欣赏下于茨酒壶时会遇到的难题之一，就是如何拨开民族主义者制造的迷雾，让物品直接讲述它们的历史位置，以及它们所属的遥远世界。

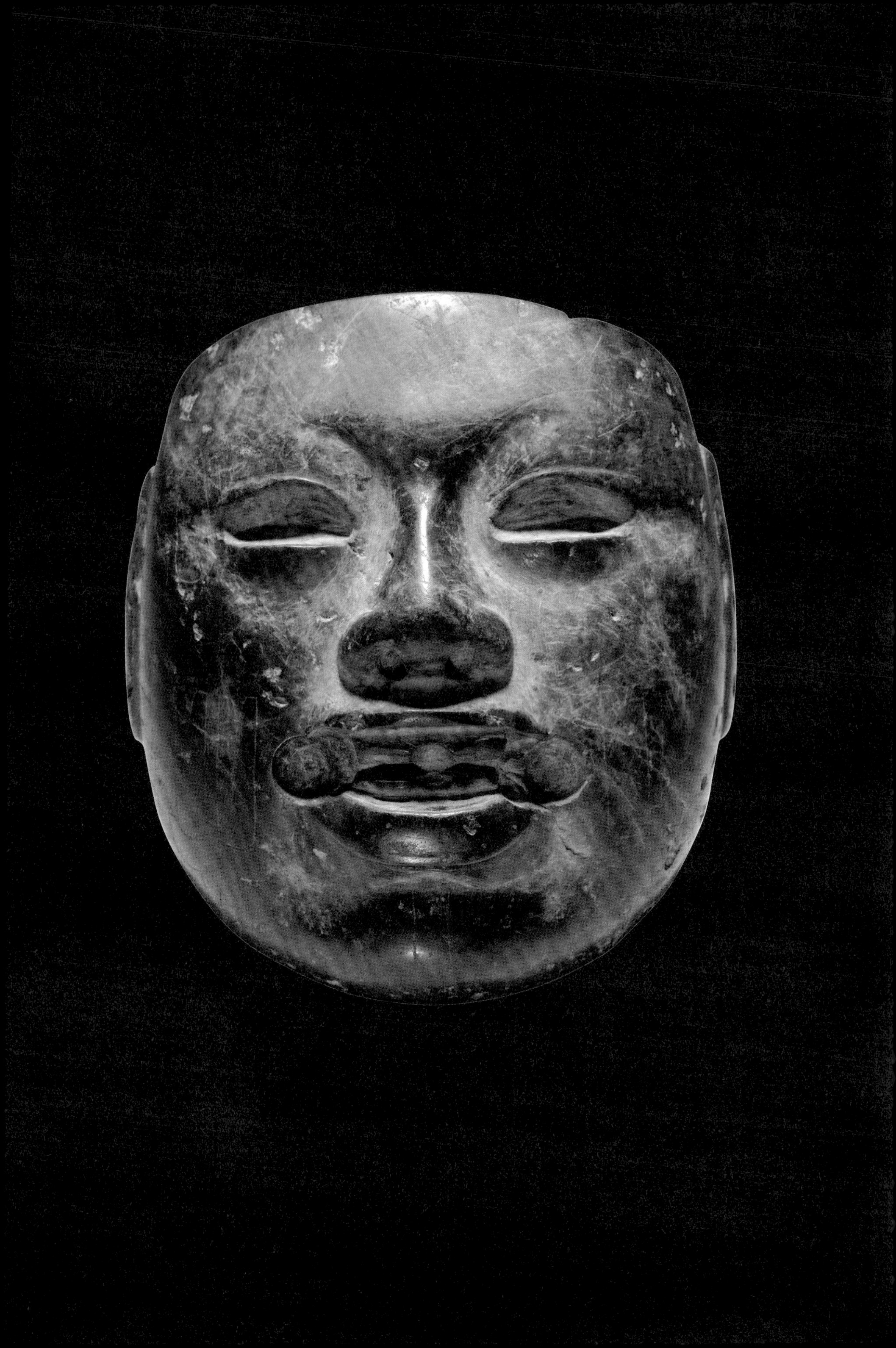

29

奥尔梅克石制面具

石制面具,发现于墨西哥东南部

公元前900年至公元前400年

这个石头面具是奥尔梅克人制造的。他们在公元前1400年到公元前400年间统治如今的墨西哥地区长达千年,被称为中美洲的母体文化。这副面具由抛光的青石制成,与石雕头像不同,它的后半部是空的。暗色石上如同蛇皮的白色花纹便是"蛇纹石"这个名称的由来。如果你凑近看,还会发现面具上有穿孔的痕迹,应该在仪式上佩戴过。

之前的几件物品让我们沿着波斯帝国的大道奔驰,走进了雅典的神话战役,也看过了北欧人的狂饮。每一件物品都展示了2500年前的制作者如何看待自己以及周遭的世界。在亚洲和欧洲,很显然,人们自我定义的方式通常是找出自己与别人的不同:有时也模仿,但更多的时候是与他人对立。而我们现在看到的这副来自美洲墨西哥东南部低地雨林的奥尔梅克面具,则向我们展现了一种只审视自己的民族文化。这正是与埃及一样古老,又极具延续性的墨西哥文化的一大特点。

大部分英国人在上学时都没怎么学习过中美洲文明。我们可能学过帕台农神庙和孔子,但并不怎么了解在同一时期出现在中美洲的伟大文明。奥尔梅克人拥有极高的智慧,他们修建了中美洲最早的城市,绘制了天文图,发明了当地最早的文字,并很可能创制了当地最早的历法。他们甚至还发明了世界上最早的球类游戏之一,西班牙人要在3000年后才首次接触它。游戏使用的是橡胶球,而橡胶取自当地的热带橡胶树。尽管我们并不知道奥尔梅克人如何自称,但有记录显示,阿兹特克人称他们为奥尔曼人，奥尔曼，即"橡胶之国"。

从墨西哥丛林中发现奥尔梅克文明的时间并不算长。一战后，人们才陆续找到他们的遗址、建筑和雕像，开始研究。人们花了更长的时间才确定了他们生活的时代。20世纪50年代，放射性碳定年法出现，考古学家才最终确定了那些建筑的兴建时间，从而估算出居民生活的年代。结果显示，这一伟大文明繁盛于3000年前。这一古老而悠久的文明的发现，对墨西哥人的民族认同产生了深远影响。我曾问墨西哥著名作家卡洛斯·富恩特斯，这一发现对他有何意义：

> 这表明我们有着惊人的文化传承。很多移民自欧洲或是对印第安文化没有认同感的拉丁美洲人，并不欣赏墨西哥文化的深厚底蕴。而这一文化在基督诞生前约1200年至1300年便已出现。
>
> 我们自认为是这些文化的继承人。它们是我们性格的一部分、种族的一部分。我们基本上是个印第安文化与欧洲文化混血的国度。印第安文化渗透了我们的文学、绘画、生活习惯以及民间传说。它无处不在。和西班牙文化一样，它也是我们传统的一部分，而西班牙文化对我们来说也不只是伊比利亚人的文化，还包括犹太人和摩尔人的。所以说，墨西哥是多种文化的综合体，其中之一便是古老伟大的印第安文明。

那么，奥尔梅克人到底是谁？这张面具上是谁的脸？它又该如何佩戴？奥尔梅克面具一直让历史学家着迷。在仔细查看它们的脸部特征后，有学者认为它们是非洲人、中国人甚至是地中海人，是来此地开拓新世界的。我猜，如果你想在我们这副面具上找到非洲人或中国人的面孔特征，你一定能说服自己。但事实上，它体现的是十足的中美洲人的特点。这样的面孔在今天生活在墨西哥的奥尔梅克人后裔身上还能看到。不过，想在古老的美洲社会找到欧洲或亚洲因素，找到古代社会相互关联与影响的证据，也是历史学家的迫切愿望，并极具启发性。新大陆与旧世界的文明十分相似，都修建金字塔、制作木乃伊，庙宇、祭祀仪式、社会结构和建筑也都有类似之处。很长时间以来，学者都难以相信美洲文明是完全孤立地发展起来的。但事实就是如此。

奥尔梅克面具脸颊上雕刻的图案

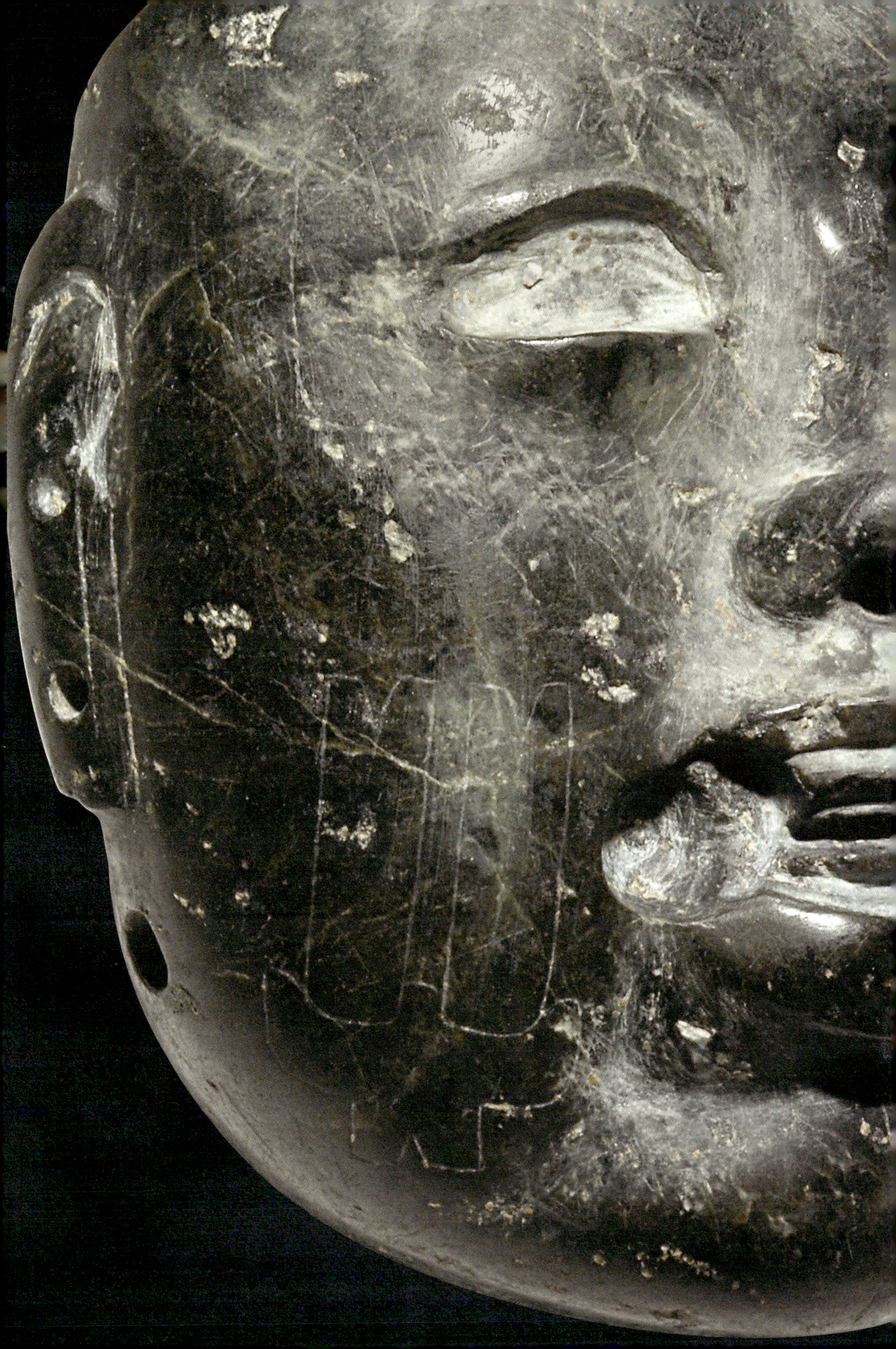

面具的高度只有13厘米，很明显无法戴在任何人脸上。它极有可能是戴在脖子上，或加在头饰上、在某种仪式上佩戴的。面具的边缘和顶部都有小孔，用细绳可以很方便地系上。脸颊两边刻有图案，以我作为欧洲人的眼光来看，那仿佛是烛台上的两支蜡烛。而在奥尔梅克专家卡尔·陶布教授的眼里，那4条直线很可能代表了罗盘的基本方位。因而他认为这可能是国王的肖像：

> 我们见过许多巨大的头像、国王的宝座和肖像，人们通常有一种中央观念，会把国王放在世界的中心。因此在这一精心雕琢的蛇纹石面具上，我们看到的4个元素很可能代表了4个基本方位。奥尔梅克人最关心的，便是以国王为世界中心和主轴的世界方位与世界核心。

奥尔梅克人崇拜各种神灵，也敬拜自己的祖先。这个有特殊标记的面具的确有可能代表了一位历史上的国王或传说中的祖先。卡尔·陶布发现，我们目前找到的许多雕像都有同一张脸，且颊上都有近似文身的刻痕。由于该图案多次出现，陶布认为真的曾有人将其文在脸上。奥尔梅克专家称他为"双涡纹王"。

不管面具上的人是谁，当他出现在公众面前时，一定曾大出风头。面具的耳上有数个小孔，可能曾用于佩戴黄金耳饰。嘴角有巨大的形似酒窝的小坑，应是代表了圆孔。我们如今对在脸上穿孔与饰钉已习以为常，但他的孔更大，想必是戴着塞子。穿孔与戴塞在中美洲的历史上都极为常见。这种奥尔梅克式的美会改变面部外形。只有这样的面具才能让我们了解奥尔梅克人曾经的长相，因为他们的尸骸都已被雨林的酸性土壤消解干净。但奥尔梅克人的审美还超越了化妆品与珠宝，进入了神话与信仰的领域。卡尔·陶布形容：

> 他们会改变自己的头部形状，人们通常称之为颅骨变形。但我觉得这种说法有点言过其实。对他们而言这是一种美的标记。他们把新生儿的头绑起来，使其变得修长，有人称之为鳄梨头。但他们实际上希望自己的头像一个玉米。奥尔梅克人是和玉米密不可分的民族。

奥尔梅克文化中心之一，拉本塔遗址

　　遗憾的是，留存下来的奥尔梅克文字数量不多，而我们的解读如今还只停留在初级阶段。没有足够多的连续文字，便无法确定这些符号的意义，因此只能去推测他们对神灵或自然循环的看法。但很多物品，如陶罐、雕像上都有符号、标记或象形文字，表明文字在奥尔梅克中心地区已被广泛使用。将来我们一定会有更深入的了解。

　　尽管还不能解读文字，但最近发现的建筑与城市却能让我们了解奥尔梅克的很多信息。拉本塔是一座靠近墨西哥湾的大型城市，城里有宏伟的阶梯式金字塔，以及敬拜神灵和举办国王葬礼的庙宇。这些建筑是城市的中心。金字塔的顶端常建有庙宇，就像同一时期的希腊人，将帕台农神庙建在高处，俯视整个雅典。

　　但帕台农神庙是建在卫城自然形成的岩石之上的。而奥尔梅克人要先建造人工山丘——用平台一词实在无法形容——在此之上再修建俯瞰全城的庙宇。城市的布局及景观安排不仅是典型奥尔梅克式的，也是后来大多数中美洲城市，如玛雅和阿兹特克城市的原型。一座神庙俯视着一片开阔的广场，周围散布着较小的庙宇和宫殿——后世的城市规划都只不过是奥尔梅克建筑模式的不同变体。

公元前400年，拉本塔和其他所有的奥尔梅克中心城市都被废弃了。这样的情况在中美洲历史上频繁出现，令人困惑。人口众多的大型城市，突然神秘地被废弃了。对奥尔梅克而言，原因可能是脆弱的热带河谷无法承受日益增多的人口，或是地壳运动让河流改道，也可能是当地的某座火山喷发，或厄尔尼诺洋流带来的短期气候变化。

但奥尔梅克的文化元素永远留在了墨西哥的中部。在奥尔梅克的中心区域神秘衰败了几个世纪之后，又出现了一座名为特奥蒂瓦坎的城市，城内有一座高达75米的雄伟金字塔。如今，在金字塔的顶端，你能看到特奥蒂瓦坎的遗址：城里有宽阔的大道、小型的金字塔以及各种公共建筑，城市规模与古罗马相当。它的外观与建筑都沿用了奥尔梅克模式。奥尔梅克文化确实是中美洲的母体文化。它影响深远，所建立的模式在后世不断为其他文化所追随。

30

中国铜钟

铜钟，发现于中国陕西省

公元前 500 年至公元前 400 年

    1997 年，香港回归中国的仪式上，中英两国挑选的音乐都极具特色。英国用军号独奏了《最后的岗位》，中国则演奏了一曲特别打造的交响乐《天地人》，其中一段由一组古代铜钟演奏。英方选择了一支表现战争与冲突的乐器进行独奏，而中方用一组乐器表现了和谐。从这一景象稍微延伸，就能发现，这其实表现了两种截然不同而又相当固我的社会组织方式。中国的铜钟已有几千年的历史，至今仍能在百姓中引发极大共鸣。因此，这也许是中国领导人想要暗示香港，他们将要回归一个怎样的文化和政治传统。本节的这口钟制作于大约 2500 年前，与回归仪式上演奏的铜钟属于同一时期。我们将要通过这口钟来了解孔子的和谐社会观念。

    公元前 500 年，当这口钟第一次被奏响时，中国正处于政治混乱、战火连绵的时期。诸侯为争夺霸权，不断挑起战争。社会普遍动荡不安，诸子百家为理想社会的形态争论不休。而诸子中影响力最大、最有名的一位便是孔子。他极为推崇和平与和谐，有鉴于当时动荡的社会背景，这恐怕并不令人惊讶。据说他曾说："夫乐者，乐也，人情之所不能免也。"对孔子来说，音乐是和谐社会的象征，可以让社会更美好。这样的世界观在今天仍能得到中国人的热烈响应，也与本文中的铜钟故事紧密相连。

    我们这口铜钟年代久远，又是馆藏文物，平时演奏的机会不多。它的外形硕大美观，如啤酒桶大小，截面呈椭圆形，令人联想起一只超大型的瑞士牛铃。钟身雕刻精美，通体环绕着带状花纹。圆形浮雕上刻有吞食大雁的龙头，顶部盘踞着两条

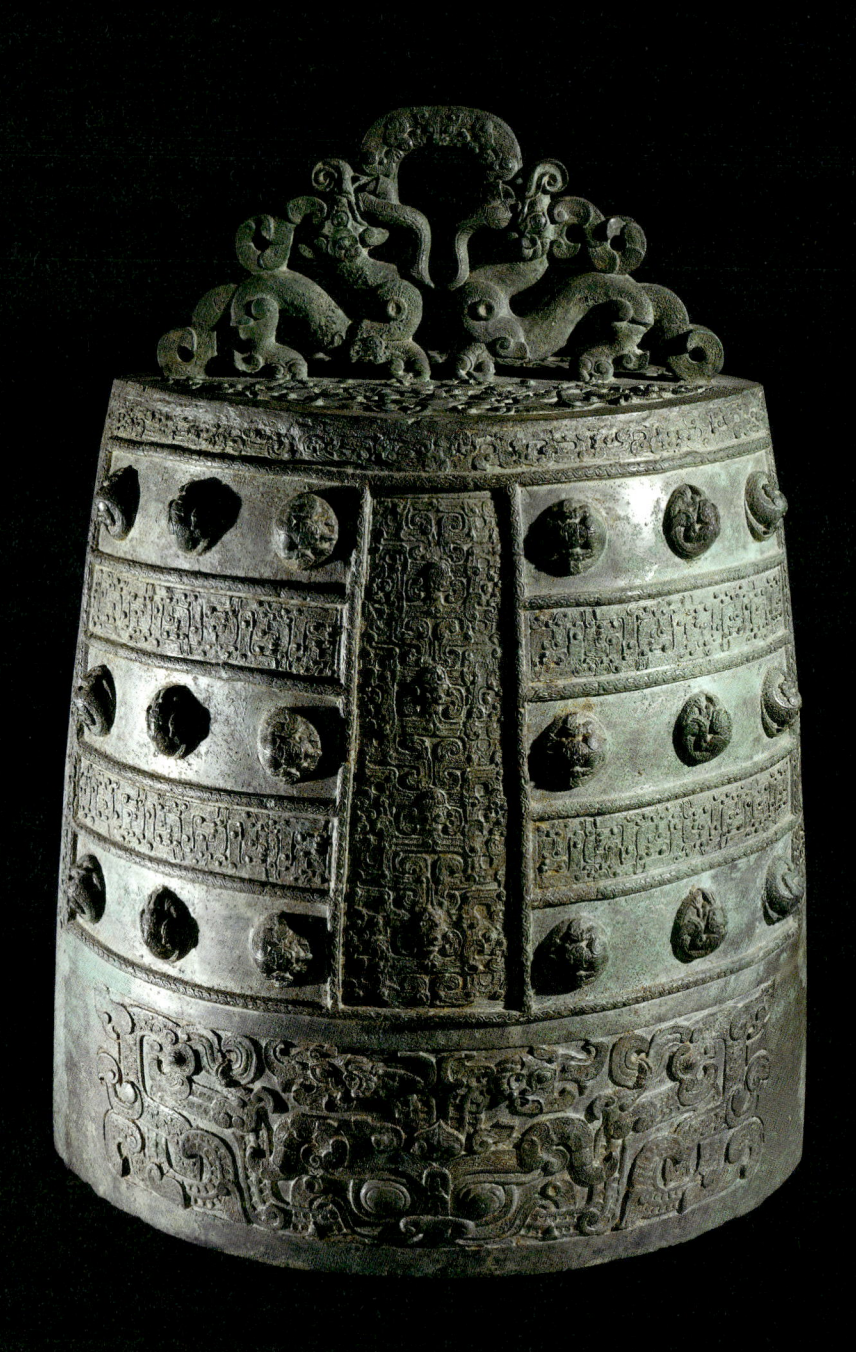

华美的龙，组成悬挂铜钟的把手。这样的铜钟，能给人听觉与视觉的双重享受。

这铜钟原本是成套的，主人可能是当时的诸侯，也可能是某个诸侯国的大臣。拥有一套铜钟，并拥有一整支能演奏它们的乐队，无疑是财富与地位的象征。铜钟所传达的主要信息便是主人的权势，但同时它也能表现出主人的社会观与宇宙观。

孔子曾多次谈及音乐，认为这是个人教育中的重要部分，也能帮助塑造一个国家。孔子教育思想的核心是让每个人都了解并接受自己在社会中的位置。也许正是这种思想，让铜钟具有了哲学意义：经调试过的铜钟依次奏响，乐声丰富而和谐。作家兼现代中国专家伊莎贝尔·希尔顿解释道：

> "和"是孔子思想的一个重要部分。他认为人民应该用德、仁、义来管理。如果君王能以身作则，人民自会效仿。以这些德行来陶冶百姓，便不需要惩戒与法律。羞耻心和是非观足以治国。如果这些理念都得以实施，自然就能创造出和谐社会。

和谐社会是德行高尚的群众共同努力、互相补足的结果。哲学家很容易从这些音阶分明、乐声和谐的铜钟里看出理想社会的隐喻。每个人都应各司其职，与大家通力合作。

钟（铃）在中国已有超过5000年的历史。最早出现的应该是简单的手铃，内有铃舌发声。之后人们舍弃了铃舌，改用槌子敲击铜钟外壁。本文的铜钟所属的钟组可能一套9口，也可能一套14口。每口大小不一，因敲击部位的不同各能发出两种不同的音调。打击乐手伊芙琳·格伦尼女爵士十分了解铜钟的魅力：

> 每口钟的声音都独一无二。可能是极细微、需要凝神静听的声音，也可能极为宏大响亮，整个社会都能共赏。我还记得早年我去中国演出的时候，他们摆了一整架的铜钟作为舞台背景的装饰。我情不自禁走上前去欣赏它们的工艺水平，并请求试敲一下。他们给了我一根长木槌，我用尽力气才能让钟发出声音：找准落槌点至关重要。敲击前我心中充满敬意。我并不是抱着随便玩乐的心情，而是把它当作极为宝贵的机会。那过程十分美妙，之后我久久沉浸在钟声的回响之中。

按欧洲的标准来看，这些中国铜钟的体型过于巨大。直到1500多年后的欧洲中世纪，欧洲人才制造出与其规模相当的物品。但钟在中国的作用远不只奏乐这么简单。为了校正出完美的音调，钟的形状必须标准化，因而可以用于测量标准容积。此外，制作铜钟所使用的青铜数量也是固定的，于是也可成为重量标准。古代中国的一套铜钟，演奏之余还可以充当当地政府的度量衡工具，使商业与社会和谐。

有趣的是，战争礼仪也需要铜钟。中国人认为，不奏响钟鼓便发动的攻击不是公平正义的战争，而钟鼓奏响之后便可大战一场。不过，铜钟还是更多地用于宫廷仪式与娱乐活动。在重大场合、宴会和宗教仪式上，铜钟奏响的复杂音乐标记了宫廷的生活步调。

铜钟及其古老的演奏方式也传到了中国境外。如今流传下来的最接近古代的演奏方式不在中国，而在朝鲜半岛：从12世纪出现起便一直流传至今的朝鲜宫廷音乐。

现在我们能听到的欧洲音乐，历史通常都不超过五六百年。但中国古代铜钟的音乐，2500多年来一直和谐地回荡。它不只代表了一个时代的声音，也代表了一个古代社会及其现代继承者的深层政治理想。孔子的思想在中国的传播曾遭中断，今天又重新流行起来。伊莎贝尔·希尔顿说：

> 在过去2000年中的绝大部分时期，孔子的思想都是中国的灵魂。但在20世纪早期，革命者和运动家曾激烈地批判孔子，认为他是造成中国过去200年衰退的主因。孔子学说受到冷落，但它从未消失。如今，我们又从当代政治家的口中听到了和谐社会。领导人希望人民对社会更满意，满足于自己的现状，不再有阶级斗争，而依据古老的孔子思想，领导人自身亦应体现出美德。是政府的德行使得百姓接受政府的管理。因此，我们看到古老的"和"的观念被重新接纳，转化为一种维护政治稳定的现代形式，让人民顺从地接受政府管理。

铜钟依然大行其道。1997年回归仪式上使用过的铜钟，在2008年北京奥运会上重新奏响。孔子又成为这一时代的宠儿。有一部投资超过2500万美元的传记电影以他为主题，有关他的书籍也十分畅销。还有人为他拍了电视连续剧，或将他的学说制成百集动画系列片。孔子时代再次来临。

第七部分

帝国缔造者

公元前 300 年至公元 10 年

公元前 334 年，亚历山大大帝征服了波斯帝国，开启了一个伟大帝国与狂妄君主的新时代。虽然之前也有过帝国，但这是地球上第一次在不同地区同时出现超级大国势力。在中东和地中海地区，亚历山大成为统治者争相效仿的对象，但也有人把他当作反面教材。罗马帝国的第一位君主奥古斯都就效仿亚历山大，利用自己的形象向臣民展现帝国威严。与之相反，埃及后来的希腊统治者却在国运衰落时回溯埃及往昔。印度君主阿育王废除了所有苛政，在全国境内树立石柱，用铭文向民众宣扬和平的哲学。虽然阿育王的帝国在他死后不久便告崩塌，但他的理念保留了下来。罗马帝国的统治延续了 400 年，只有中国的汉朝可以在人口、面积以及文明程度方面与它一较高下。当时的中国汉朝制造了众多奢侈品，赢得了别国的仰慕与臣服。

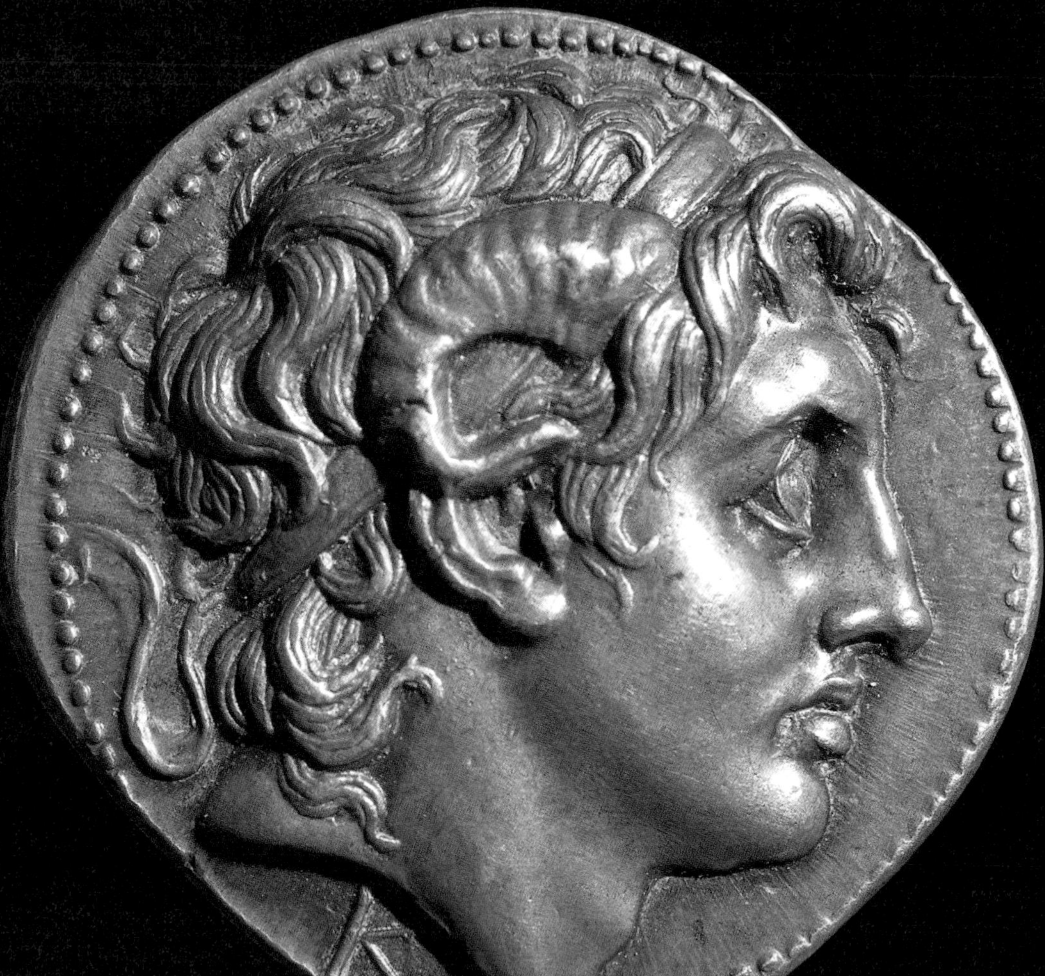

31

带亚历山大头像的银币

亚历山大大帝银币，铸造于土耳其古城兰萨库斯（今拉普塞基）

公元前305年至公元前281年

2000多年前，欧亚大陆出现了几大帝国：西方的罗马帝国，印度的阿育王朝和中国的汉朝。直到今天，它们巨大的影响力仍未消亡。这些帝国的权力是如何构建完成并行使的呢？军事实力仅在帝国建立初期发挥作用，而武力征服通常也是最容易完成的一部分。统治者如何才能把自己的权威烙印在臣民的头脑里？在这方面，图像往往比文字有力得多。而最有效的图像便是货币上的，这是人们时常接触但又不会太注意的东西。野心勃勃的统治者铸造了钱币，将信息记载其上，就算本人早已离开人世，钱币上的信息却能长存。本文中的这枚银币虽带有亚历山大大帝的头像，却是在他去世近40年后才由他的继任者利西马科斯下令铸造的。

银币直径约3厘米，比英国的两便士硬币略大些。上面铸有年轻男子的头像，鼻子与下巴的线条笔直，表现出古典美与力量。他凝视远方，前倾的头部流露威严，似乎要奋力向前。虽说是已故统治者的头像，想要表达的却是当下社会的权力与威严。

现代中国也有着同样的情形：红色的通用货币上印着毛主席的头像。如今，中国经济已是成功的市场经济模式，他们的货币仍使用了已故革命领袖的头像，其原因显而易见。毛泽东的头像提醒着中国人民如今的执政党共产党当年的英雄壮举。他代表着中国的统一、复兴与国际声望。每一届中国政府都希望能继承他的威信。利用前人的成就及过世领导人的画像不是什么新鲜事。这样的方式已沿用了几千年。今天毛泽东的头像发挥着与2000多年前亚历山大头像一样的作用。

这枚银币铸造于公元前300年，是已知最早的带有领袖头像的硬币。银币上的亚历山大大帝是当时，甚至是整个人类史上最伟大的军事指挥家。我们无法了解这个头像是否反映了他的真实相貌，但我们十分肯定他的身份，因为银币上的人除了人类的头发之外，还有一对公羊角。公羊角的象征意义在古代社会尽人皆知，毫无疑问，这就是亚历山大。公羊角所代表的宙斯－阿蒙神是希腊与埃及两位最重要神祇的结合体。因此，这枚小小的银币具有双重含义：其一，亚历山大统治着希腊与埃及，其次，他既是凡人，也是神。

作为人的亚历山大是马其顿国王腓力二世之子。马其顿是个位于雅典以北数百英里的小国。腓力二世对儿子寄予厚望，聘请了著名的哲学家亚里士多德来教导他。公元前332年，20岁的亚历山大登上王位，自信满满，声称自己将到达"陆地与海洋的尽头"。为完成这一宏愿，他发动了一系列战争，首先平息了雅典与其他希腊城市的反叛，然后挥师向东，讨伐希腊的宿敌波斯。波斯是当时世界上最伟大的帝国，领土囊括埃及、中东、中亚，直达印度，几乎与中国接壤。年轻的亚历山大10年征战，战功显赫，最终征服了整个波斯帝国。他显然是个充满魄力的人。但他不断前进的动力何在？我们询问了研究亚历山大的著名专家罗宾·雷恩·福克斯：

> 做个称职的马其顿国王、统领全马其顿的英雄式理想，以及实现个人荣耀、表现个人英勇的理想，都不断驱策着亚历山大。想要到达世界尽头的愿望也驱策着他。此外还有想超过自己父亲腓力二世的愿望。腓力二世确实是一位出色的国王，但与亚历山大的伟业相比，就显得暗淡无光了。

亚历山大的成就不止依靠军队取得。军队需要费用，大量费用。腓力二世早已占领了横跨如今希腊、保加利亚和土耳其的色雷斯地区，那里蕴藏着丰富的金银矿。这些贵金属成为亚历山大早期战争的经费来源。而在征服了波斯之后，他财富大增：他从波斯掠走了约500万公斤的黄金。

拥有百战百胜的军队、巨额财富和巨大的领袖魅力，亚历山大自然成了传奇。他不再是一个凡人，而是几近神祇。在早期征服埃及的战争中，他曾向阿蒙神寻求神谕，神谕称他为法老和天神。离开神示所后，他便拥有了"宙斯－阿蒙之子"的

银币背面雕刻着雅典娜女神像
及希腊字母"利西马科斯王"

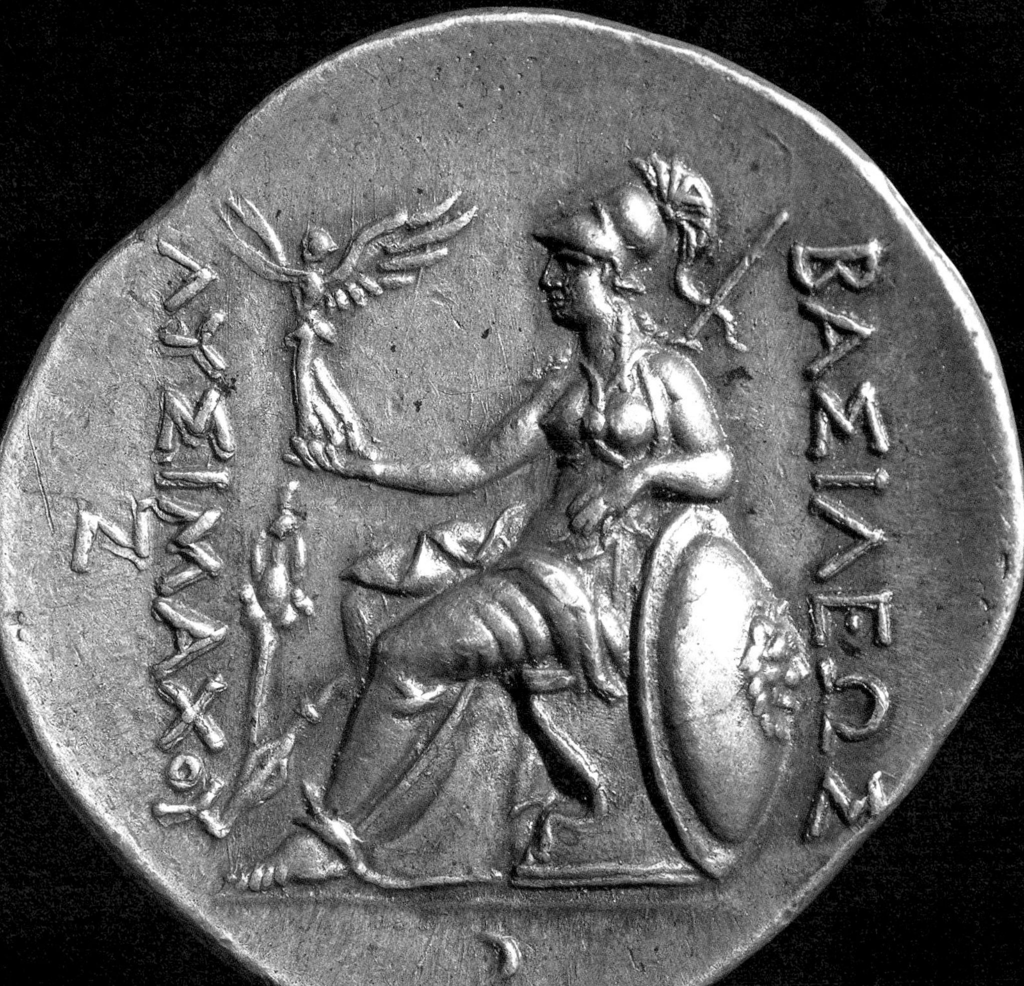
ΒΑΣΙΛΕΩΣ
ΛΥΣΙΜΑΧΟΥ

称号，因而他的头像上会有标志性的公羊角，如我们在银币上看到的一样。许多被征服的民众都视他为天神下凡，但我们不知他是否自视为神。罗宾·雷恩·福克斯认为，他更多地视自己为神之子：

> 他完全相信自己是宙斯的儿子。他的母亲奥林匹亚丝很可能曾告诉他，宙斯是他的天父，而伟大的腓力王则是他在人间的父亲。帝国中的一些臣民自发地把他当作神来供奉。与神享受同等膜拜并不会让他不快。但他知道自己只是凡人。

亚历山大建立的帝国面积超过 200 万平方公里，许多城市以他命名，如埃及著名的亚历山大港。虽然几乎欧洲每个大型博物馆都藏有他的肖像，但它们彼此间并不相同，因此很难确定他的真正面容。直到公元前 323 年他去世之后，才出现了一个统一的、理想化的肖像，也就是我们这枚银币上的头像。银币的背面表明，这并非亚历山大本人下令铸造：他是作为别人的政治剧中一位过世的特邀嘉宾而出现的。

银币的另一面是手持矛与盾的雅典娜女神像，她是希腊人的庇护神和战争女神。但她出现在这里并非要保佑亚历山大，因为她旁边的希腊字母表明，这是利西马科斯的银币。利西马科斯曾是亚历山大麾下的一名将军，也是他的朋友，他在亚历山大死后统治着色雷斯，直到公元前 281 年去世。利西马科斯从未铸造过带自己头像的硬币，他选择赞美前任统治者的荣耀与权威。这是一种对英雄形象的操纵，几乎可以算身份盗窃。

亚历山大 30 出头便英年早逝，他的帝国迅速瓦解，手下统治各块领地的将领开始了激烈的斗争，利西马科斯只是其中之一。所有的将领都声称自己才是亚历山大的真正继承者，很多人都铸造了带有亚历山大头像的货币来证明这一点。这不仅是战场上的战争，也是货币上的战争。这是一种永恒的政治手段：利用以前某位统治者的威仪与荣耀往现任统治者脸上贴金。

已故者的名望更稳固，也更容易操控。例如，二战以后，英国和法国的政治家，不管属于什么政治派别，只要情况有利，就会援引丘吉尔和戴高乐。但政治评论员兼广播主持安德鲁·马尔指出，在民主社会，这种行为的风险很大：

社会越民主，就越难盗用前任领导人的声誉。在如今普京统治下的俄罗斯，看到曾被视作嗜血暴君而被打倒的斯大林的影响逐渐复苏，实在是很有意思。因此，利用已逝领导人形象的案例屡见不鲜，但如果社会更民主，对争议与对抗更宽容，这样的情况就会减少。以丘吉尔为例，他的思想与言论广为人知，如今，如果有主流政党声称自己奉行丘吉尔政策，就一定会惹上麻烦，因为他的言论常常自相矛盾。你能找到对你有利的话，也一定能找到相反的例子。

逝世的统治者依然长存，他们的身影留在我们的货币上。如果此刻一个外星人同时拿着中国与美国的货币，大概会认为这两国的现任领导人一个是毛泽东，一个是乔治·华盛顿。而从某种意义上说，这正是两国领导人所希望的。政治伟人为面临巨大问题的现代国家带来稳定的氛围、合法性以及不容置疑的权威性。利西马科斯的政策与现代超级大国的政治依然合拍。

而且，在一定程度上，这一做法对利西马科斯自己也起了积极作用。与亚历山大的光辉相比，他只能算个历史的注脚。他未能建立帝国，但毕竟实打实地拥有一个王国。亚历山大死后20年，帝国已彻底分崩离析，无法重拾往日荣光。接下来的300年内，中东地区由数位说希腊语的国王统治过，他们治下的王朝文明发达，但彼此竞争激烈。后文将要提到的罗塞塔石碑（第33节），便是所有希腊国王所遗留下来的最著名的纪念碑。但下一节我们要先谈到印度。阿育王用了一种不同的统治方式来巩固自己的政治地位：他所依赖的不是强大的武力，而是最伟大的宗教家——释迦牟尼。

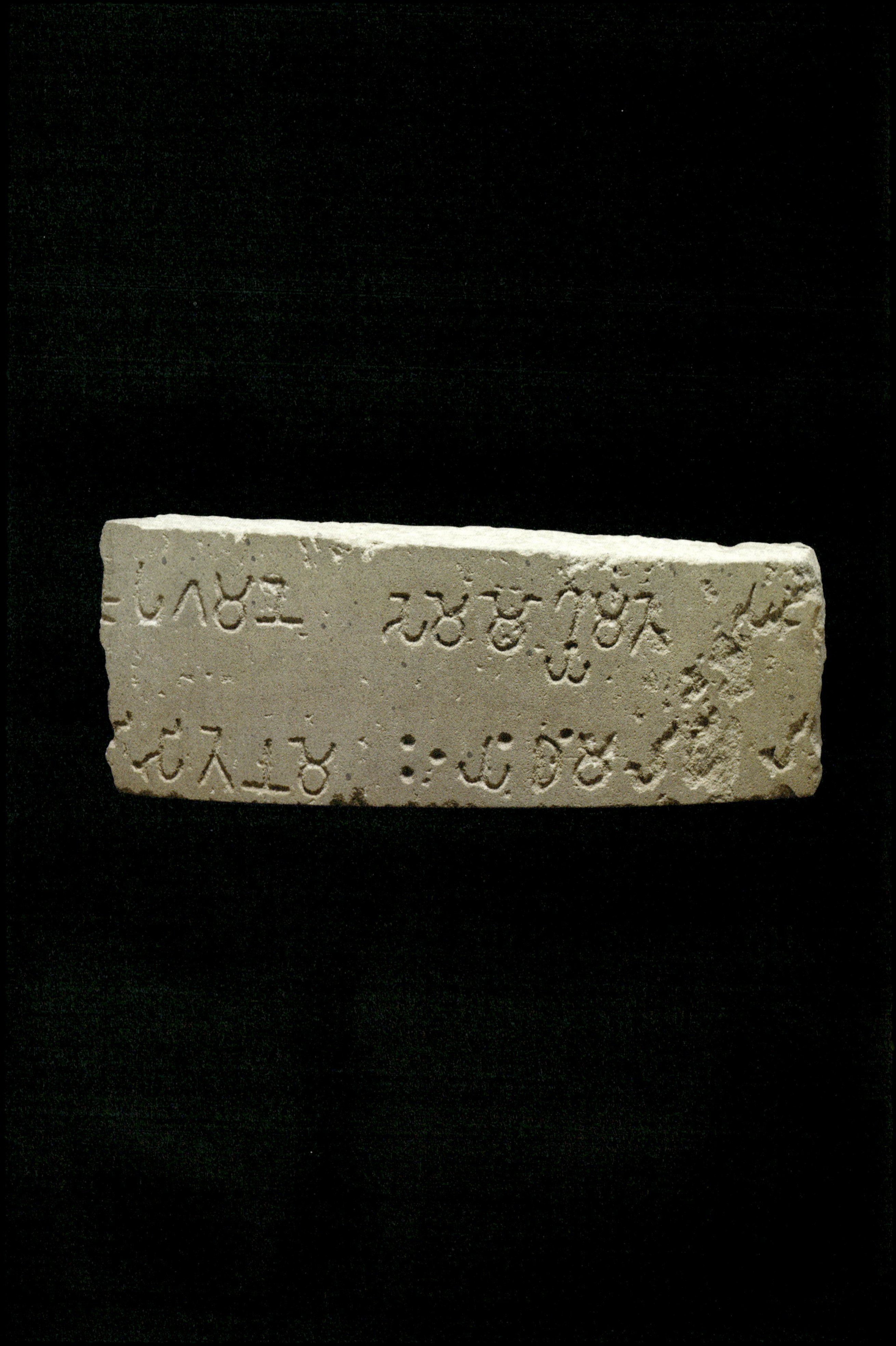

32

阿育王柱

曾树立于印度北方邦密拉特城的石柱碎片

约公元前 238 年

约 2000 年前的几个欧亚强国，其文化遗产影响人类至今。他们确立了有关如何正确治理国家，如何树立君主形象，以及如何运用自身权力的基本政治概念。同时也让我们了解统治者如何改变人民的思维。印度的阿育王接掌了一个庞大的帝国，而其思想开启了一个悠久的传统，直接影响了圣雄甘地，并活跃至今。这是一种多元并存、仁慈与非暴力的治国方针。本节将要介绍的文物便包含了这些思想。这是一块砂岩碎片，大小如同大型的曲面砖，外表虽不起眼，却能让我们了解世界史上的一位伟人。石头上刻着两行纤细的圆形文字，曾被称为"大头针文"。它们是两行原本刻在大型圆柱上的更长的文字的片段，原柱高达 9 米，直径约 1 米。

阿育王的整个帝国境内都树立着这样的石柱。它们是伟大的建筑物，通常树在主干道旁或城市中心，如同今日树在城市广场上的大型公共雕塑。但这些石柱与我们在欧洲常见的古典石柱不同，它们没有底座，却有莲花座的柱顶。最有名的一种阿育王石柱顶端有四只向外蹲踞的狮子——狮子至今仍是印度的象征之一。本文中碎片所属的石柱原树立于德里北边的密拉特城，在 18 世纪早期莫卧儿王朝的一次宫殿爆炸中被毁坏。但很多类似的石柱仍得以留存。阿育王的帝国覆盖了几乎整个印度次大陆，而石柱遍布整个帝国。

石柱是一种广播系统，阿育王的公告或法令雕刻其上，通过这种方式传播到整个印度，甚至印度之外。我们现在知道，石柱上有 7 条主要法敕，本文的碎片属于

第六条，意在宣示阿育王的仁政惠及国内的各个宗派与各个阶级：

> 朕思虑如何造福百姓，不唯朕之亲属及首都居民，要边疆百姓亦能蒙受恩泽。朕对全体臣民一视同仁，对各个阶层同等关怀，并为诸教敬奉祭品。但朕仍以亲身探访百姓疾苦为首要责任。

当时大多数百姓都不识字，这些内容一定是有人念给他们听的。阿育王的法敕不只令他们感到欢欣，同时也令他们松了一大口气。阿育王并非一直关心百姓福祉。登基之初，他并非一个温和慷慨的哲学家，而是个莽撞冲动的年轻人，紧跟着祖父旃陀罗笈多的军事扩张步伐。旃陀罗笈多多年征战，建立了伟大的孔雀王朝，西至现代阿富汗的坎大哈，东抵孟加拉，囊括了现代印度的绝大部分领土，是印度历史上国土面积最大的王朝。

公元前268年，经过激烈的争斗，阿育王夺得了王位。据佛教文献记载，阿育王为王位"杀了99个兄弟"，这应该只是一种比喻，但的确有许多兄弟遭到杀害。这份文献还记载着，在皈依佛教之前，阿育王放纵、轻浮、暴虐。登基后，他继续征战以求占领整个印度次大陆，入侵了当时独立的羯陵伽国——今印度东海岸的奥里萨邦。这是一场野蛮残暴的战争，让阿育王陷入了深深的懊悔。从那以后，他彻底改变了自己的生活方式，开始遵从"教法（达摩）"，教法要求信徒遵从教规，度过无私、虔诚、尽责、品德高尚与德行端庄的一生。锡克教、耆那教和印度教都有"教法"，而阿育王遵从的是佛法。在一道法敕中，他公开做了忏悔，描述了自己的转变：

> 天佑王在位第八年时征服了羯陵伽，俘虏15万，杀戮10万，另有数倍于此的人死于战火。战争一结束，王便潜心学习佛法。
>
> 征服了羯陵伽的天佑王如今陷入懊悔之中。因战争让无数人失去生命，流离失所。

自此阿育王开始弥补过失，亲近子民。为此，他没有使用后来成为王朝官方语言的梵文来书写法敕，而是采用了人民日常使用的当地方言。

皈依佛教后，阿育王不再把战争当成国策，而是坚持施行仁政，解决世界上的问题。佛教的思想启发了他，他的儿子成为第一个前往斯里兰卡传教的僧人，但他并没有强行让全国信奉佛教，从某种特别的意义上说，他治下的帝国是一个世俗国家。诺贝尔奖得主，印度经济学家、哲学家阿马蒂亚·森这样评价：

> 国家必须与一切宗教都保持距离。佛教没有成为国教，其他所有宗教都必须得到包容与尊重。在印度，政教分离并不意味着"政治事务不涉宗教"，而是"对所有宗教一视同仁"。

宗教自由、战胜自我、官民沟通、男女均享有人权、重视教育与卫生，这些都是阿育王曾在帝国推行的观点，也是佛教教义的核心。今天，在印度次大陆，仍有一个信奉佛教的小国——不丹，位于印度北部和中国之间。迈克尔·拉特兰是不丹驻英国领事，也是不丹前任国王的老师。我询问他阿育王的理念如何在一个现代佛教国家施行，他先援引了一段话来回答我：

> "在我的国家里，我不会像国王一样统治你，而会像父母一样保护你，像兄弟一样关心你，像儿子一样侍奉你。"这段话听起来就像出自阿育王本人之口，但其实是2008年27岁的不丹第五代国王登基演讲的片段。我曾有幸担任第四代国王的老师，他一直住在一间小木屋里，没有任何一国之君的排场。他大概是唯一一位劝导百姓拿走他的权力、实行民主选举制的君王。第四代国王还创造了"国民幸福总值"的概念，与"国民生产总值"形成对比。国民的幸福与满足比领土扩张更重要，我想阿育王也会认同这一观点。第五代国王也严格遵守佛教关于君主的戒律。

阿育王镌刻在石柱上的政治与道德哲学开启了宗教自由、非暴力抗争与追寻幸福的传统，影响了此后的印度政治理念。但遗憾的是，他仁慈的帝国在他死后未能持久，令人不禁想问，崇高的政治理想是否敌不过现实政治的残酷？但他的想法确实深切地影响了他的臣民及其后代。甘地与尼赫鲁都是他的追随者。有关他的信息甚至出现在了现代货币上。印度的每一张钞票上都绘有甘地头像，面对着阿育王石柱上的4只狮子。这位印度独立的领导人一直敬仰着阿育王。但阿马蒂亚·森指出，阿育王的影响力波及更远，整个印度次大陆都将他视为启蒙者与政治典范：

> 在独立运动时期，印度人特别强调阿育王的民主与政教分离观念。此外，他在中国、日本、韩国、泰国和斯里兰卡都广受尊敬。他是整个亚洲的偶像。

下一节我将介绍另一种碑文，以及另一位与宗教关系密切的统治者。但那宗教现已消亡，这位统治者对后世也没有什么影响力——事实上，他一直都只是一个无足轻重的君王。但这块碑石却是整个大英博物馆，乃至整个世界上最著名的文物之一。

33

罗塞塔石碑

发现于埃及拉希德镇

公元前 196 年

每天,我走过大英博物馆的埃及雕像厅时,总有操着各国语言的导游带领着一团团游客在那里参观。游客们都伸长了脖子观看这件展品。每一位游客的游览计划里都有它。它和木乃伊是大英博物馆内最受欢迎的藏品。为什么?它的外表毫无特色,只是一块灰色的石头,大小如同机场常见的人们拖在手里的带轮大行李箱。粗糙的边缘表明,它只是一块更大的石头的碎片。石片的一面布满文字,但如果你驻足阅读,便会发现那文字的内容也很乏味:是一份关于税收优惠的官方文件。但光看外表是不行的,博物馆中的很多物品都是如此。这块外表沉闷的花岗岩碎片在 3 个精彩的故事中都扮演了重要角色:亚历山大大帝征服埃及后,统治亚历山大港的历任希腊国王的故事;拿破仑入侵埃及后,英法争夺中东的故事;以及学者们和平竞争、破解埃及象形文字的故事。

关于罗塞塔石碑,首先有一个特别吸引人的关于权力斗争的故事。故事与一位孱弱的国王有关,他只能借助神灵,或者说是祭司的强大力量来维护自己的地位。他便是托勒密五世,在公元前 205 年,这个年仅 6 岁的希腊男孩登上了埃及的王座。当时,他已父母双亡。

托勒密五世出生在一个伟大的王朝。托勒密一世是亚历山大大帝的将领,在亚历山大死后接管了埃及,那是在托勒密五世登基前约 100 年前的事。托勒密不愿学埃及语,因而命令所有的埃及官员都使用希腊语,于是在长达 1000 年的时间里,希

187

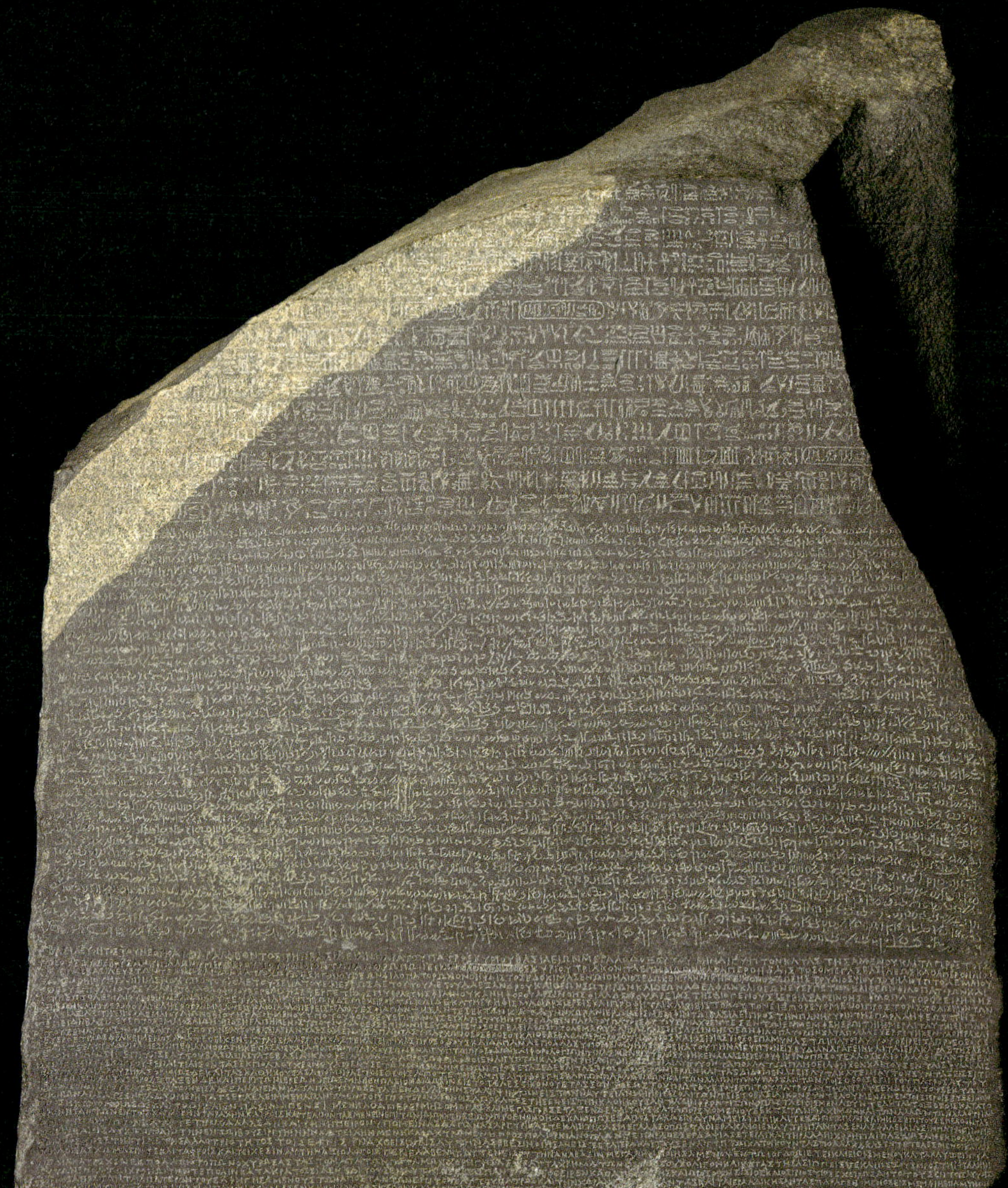

腊语一直是埃及的官方语言。这个王朝最伟大的成就,也许就是把首都亚历山大港建成了古代世界最辉煌的城市之一。在好几百年间,它都是仅次于罗马的世界第二大都市,在学术方面甚至还更活跃一些。它是汇集货物、人口与思想的所在。托勒密国王修建了巨大的图书馆,想要搜罗全球智慧。托勒密一世与二世还建造了成为古代世界七大奇迹之一的著名的法洛斯灯塔。一个如此多姿多彩、生气勃勃的城市需要强有力的统治者。而当托勒密四世骤然去世,年幼的男孩成为国王,他们的王朝与对埃及的管理开始显得脆弱不堪。男孩的母亲遭到杀害,宫殿被士兵捣毁,全国范围内的叛乱此起彼伏,以至于托勒密五世的加冕仪式拖延了数年之久。

托勒密五世颁布罗塞塔诏书及其他法令之时,社会便是如此动荡。这块石碑并非独一无二,另外还有17块类似的石碑被保存了下来,每块石碑都用3种语言赞美了托勒密诸王的伟大成就。它们被安置在埃及各地的大型神庙里。罗塞塔石碑制作于公元前196年,为的是纪念托勒密五世加冕一周年,而此时的托勒密五世已有10多岁了。这道诏书由埃及的祭司颁写,表面上是为了周年纪念,宣布托勒密是埃及法老、人间之神:此前,祭司们在圣城孟菲斯为托勒密五世举行了一套完整的埃及登基仪式,极大地巩固了他作为埃及合法统治者的地位。但这是一场交易。托勒密答应了这些位高权重的祭司们许多政治条件,才被加冕为神。剑桥大学的多萝西·汤普森博士解释道:

> 诏书签署时,社会环境正在发生变化。之前也颁过类似的法令,但此刻情况不同,年幼的国王正遭受来自四面八方的攻击。罗塞塔石碑上孟菲斯法令的条款之一便是,祭司们不再需要每年去王朝的新都亚历山大港朝拜,而只需前往埃及古都孟菲斯。这是从未有过的事,表明王室向祭司做了让步。

祭司在确保埃及民众全身心地拥护托勒密的统治方面发挥着重大作用,罗塞塔石碑上雕刻的承诺便是对他们的回报。法令不止免去了他们赶往亚历山大港的奔波之苦,也为他们提供了优厚的税收优惠。一个十几岁的孩子显然想不出这样的政策来,一定是有人在背后为年幼的国王出谋划策,维护托勒密的统治。

罗塞塔石碑因此讲述了一个权力与妥协的故事,但如果通读其全文,基本上跟

石上的文字表明它是从拿破仑军队得来的战利品

阅读欧盟用多国语言颁布的最新法规一样无趣。说到底，它只是用祭司口吻书写的语言干涩的官样文章。

但在今天，石碑的重要性并不在于它的内容，而在于它将同样的内容用3种不同语言记录了3遍。其一是官方的古希腊语，另两种则是古埃及语的两种形式，包括人们日常生活中使用的通俗文字，以及欧洲人数百年都无法破解的祭司使用的象形文字。是罗塞塔石碑改变了一切，它戏剧性地将整个古埃及世界展现在了学者眼前。

在罗塞塔石碑制作的时期，象形文字的使用已大幅减少，只有神庙里的祭司才会用。500年后，甚至再也没有任何人能阅读这种文字。

在接下来2000年的异族统治时期，石碑虽然得以保存，但上面的内容始终没人看得懂。继希腊人之后，罗马人、拜占庭人、波斯人、阿拉伯穆斯林以及奥斯曼土耳其人都曾统治过埃及。其间石碑从尼罗河三角洲的舍易斯神庙转移到了40英里外的拉希德，也就是如今的罗塞塔镇。

1798年，拿破仑进入埃及。法国的入侵当然以军事目的为主（他们想切断英国通往印度的道路），但军队也带来了许多学者。士兵们在罗塞塔重修防御工事时挖出了石碑，随行专家立刻断定这是件重要的文物。

法国人将石碑视作自己的战利品，却从未能将其成功地运回巴黎。在尼罗河河口海战中，纳尔逊勋爵打败了法国舰队，拿破仑抛下军队独自回到法国。1801年，

象形文字的最后一行表明这种符号既表音又表意

法国向英国与埃及的将领投降。之后签署的亚历山大协议要求法国人交出一切文物，其中便包括罗塞塔石碑。

许多书籍都会告诉你——就像我刚才说的一样——罗塞塔石碑上共有3种文字。但如果查看石碑断面，你便会发现第四种。上面用英文写着"1801，英国军队获于埃及"以及（在另一处）"英王乔治三世赠"。石碑表面的文字记载了非洲土地上第一个欧洲帝国——亚历山大帝国——的故事，而石碑的重新发现又恰逢新的欧洲列强争夺战的开端：英法争夺中东与非洲统治权的斗争，从拿破仑时期一直延续到二战。我曾询问埃及作家阿达法·苏维夫对这段历史的看法：

> 罗塞塔石碑让我想起埃及如何频繁地成为别国战争的舞台。这是最古老的能表现欧洲在埃及攫取殖民利益的物品之一。在英法两国为它的归属权争论不休时，似乎没有人想过石碑其实不属于他们中的任何一位。埃及的异族统治者们，不管是罗马人、土耳其人还是英国人，都随意地处置埃及历史遗产。埃及已被异族统治了2000年，1952年，纳赛尔终于成为埃及自法老时代之后的第一位本土统治者。

石碑被带回大英博物馆后立刻进行了公开展览。全世界的学者都能参观，文字的抄本与拓本也一并公之于世。欧洲学者立即着手破译神秘的象形文字。石碑上的希腊文每个学者都能读懂，这被认为是破译的关键。但没人取得任何进展。直到一位聪颖博学的英国学者托马斯·杨发现一组在石碑上反复出现的象形文字代表了一个王室姓氏的发音——托勒密。这使得研究迈出了关键性的第一步，但他也没能成功破译所有文字。法国学者让-弗朗索瓦·商博良其后发现，所有的象形文字都是既象形又表音的。这种文字也记录下了埃及语的发音。例如，在石碑上象形文字的最后一行，先有 3 个符号代表了"石板"（埃及文为"ahaj"）一词的发音，紧接其后的第四个符号则描画了石碑原本的样子：一块有圆顶的方形石板。音与意便以这种方式结合起来。

1822 年，商博良完成了全部的破译工作。自此，人们便能阅读一切古埃及文物上的文字，包括雕像、纪念碑、木乃伊和莎草纸文献。

罗塞塔石碑制作之时，埃及已被希腊统治了 100 余年，之后，托勒密王朝的统治又延续了 150 年，最终在艳后克里奥佩特拉七世手中声名狼藉地结束。她先后色诱了恺撒大帝与马克·安东尼。在安东尼与克里奥佩特拉死后，埃及被奥古斯都占领。托勒密埃及成了罗马帝国的一部分。

34

中国汉代漆杯

漆杯,发现于朝鲜平壤附近

公元4年

纵观历史,每个人类学家都会告诉你,最简单的笼络人心的方式便是赠送特别的礼物。一件只有你能送出,也只有对方才配拥有的礼物,如本文中的这一件。我一直在思考那些伟大帝国的统治者如何巩固自己的权威,无论是借用亚历山大大帝的头像、宣扬佛教理念还是收买埃及祭司。而在2000年前的中国汉代,馈赠礼物是帝王建立影响力的一个主要方式,这是一种介于外交与贿赂之间的模糊地带的行为。

漆杯制作之时,汉朝正处于内忧外患之中。在帝国的中心,君王正面临严重威胁,同时又要竭力稳固边疆。汉代的统治始于公元前202年,疆土南至越南,西至中亚草原,北达朝鲜。每一个边塞都有驻军。随着边塞贸易逐渐繁荣,人口增加,当地将领的势力膨胀,有拥兵自重谋取独立的风险。后世中国所谓的"分裂主义",当时就已令统治者烦心。皇帝需要将领的绝对忠心,达到这一目的的方法之一便是赠送他们能体现皇帝威仪的物品。大英博物馆中保存的这只精美的漆酒杯,很可能就是公元4年左右汉朝皇帝赠送给他在朝鲜的一位将军的礼品。

漆杯质地很轻,外形更像一个小碗,而容量相当于一个大葡萄酒杯。这是一个椭圆形的浅碗,直径约17厘米,形状与尺寸都像个大芒果。较长的两边各有一个镀金把手,酒杯因此被命名为耳杯。它整体为木制,我们能从一些破损处看到里面的木胎。大部分碗体由红棕色的漆层覆盖。内壁没有任何装饰,外壁则镶嵌黄金与青铜,并绘有数对相向而立的鸟,挥舞着它们大得夸张的鸟爪,而背景是一些几何图

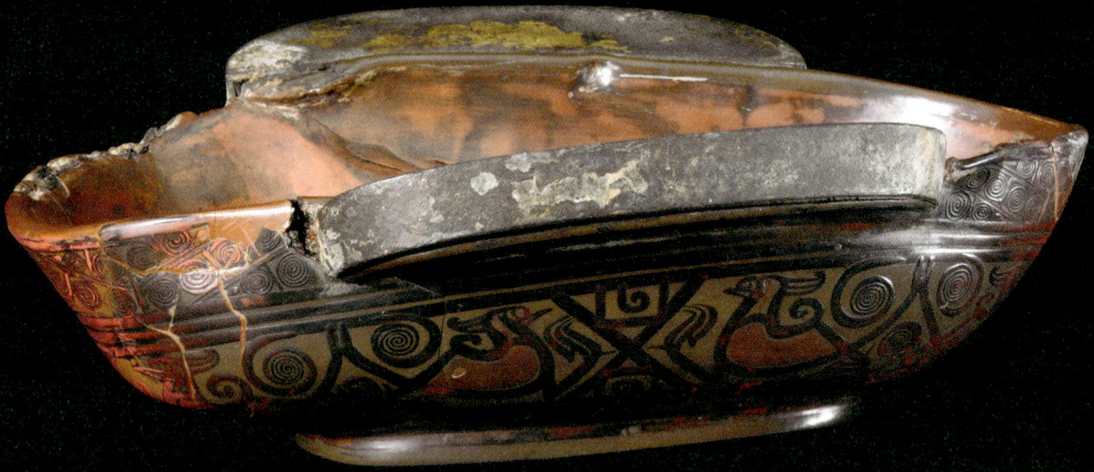

案及螺旋纹饰。漆杯价值高昂，工艺繁复，流露出优雅、时髦与自信。每一个细节都表现出对品位的笃定，又不显得过分奢华。制作这样的漆杯到底需要多少人力物力，剑桥大学中国史教授胡司德颇为了解：

> 漆器制作极为费时，且需要消耗大量人力，过程又十分枯燥。首先从漆树上割取汁液，然后与色素混合，晾干，再一层层涂抹在木胎上，最后才能得到美丽的成品。这需要多种手工艺人的配合。

高级漆器的表面十分光滑，同时又非常坚固。如本文中的耳杯这样的精品漆器需要涂抹 30 多层漆。每抹完一次便需耐心等待它干燥变硬，因此制作周期需要一个月之久。毫不奇怪，它的价格十分昂贵，一只漆杯的价格相当于 10 只青铜杯，因此仅限驻守边疆的将领等位高权重的人使用。

汉朝的领土与罗马帝国大致相当，但人口更多。漆杯制作前两年的一次人口普查得到了 57671400 人的精确数字。胡司德说：

> 我们必须了解，中国幅员辽阔，人口众多。汉朝的领土从朝鲜一直延伸到越南。但民众间的交流并不频繁，因此商品的流通、皇室专用物品的流通以及统一的文字，便成为帝国统一性的象征。你也许无法同帝国其他部分的百姓碰面，但各地产物的流通能让你找到身属一个庞大帝国的认同感。

给人民一种"想象的共同体"的归属感是巩固帝国的重要策略，但这种归属感代价高昂。皇帝每年都要花费大量税收赠送珍贵的礼物给盟国和属国，包括成千匹丝绸及数百件漆器。因此，我们这只漆杯是帝国体系的一部分，被当作礼物（或某种形式的俸禄）送给了驻扎在今朝鲜平壤附近的一位高级官员。除了货币价值之外，它还代表着荣耀，体现出皇帝与官员之间的亲密关系。

但在当时的汉朝，国家事务并非由皇帝掌管，太皇太后独揽了朝政大权。这位太后实际掌管了朝政 30 余年，因为当时的几个皇帝要么平庸无能，要么沉迷声色。她的儿子成帝与妃子赵飞燕（相传体态轻盈，能在皇帝的掌上舞蹈）终日厮混，一

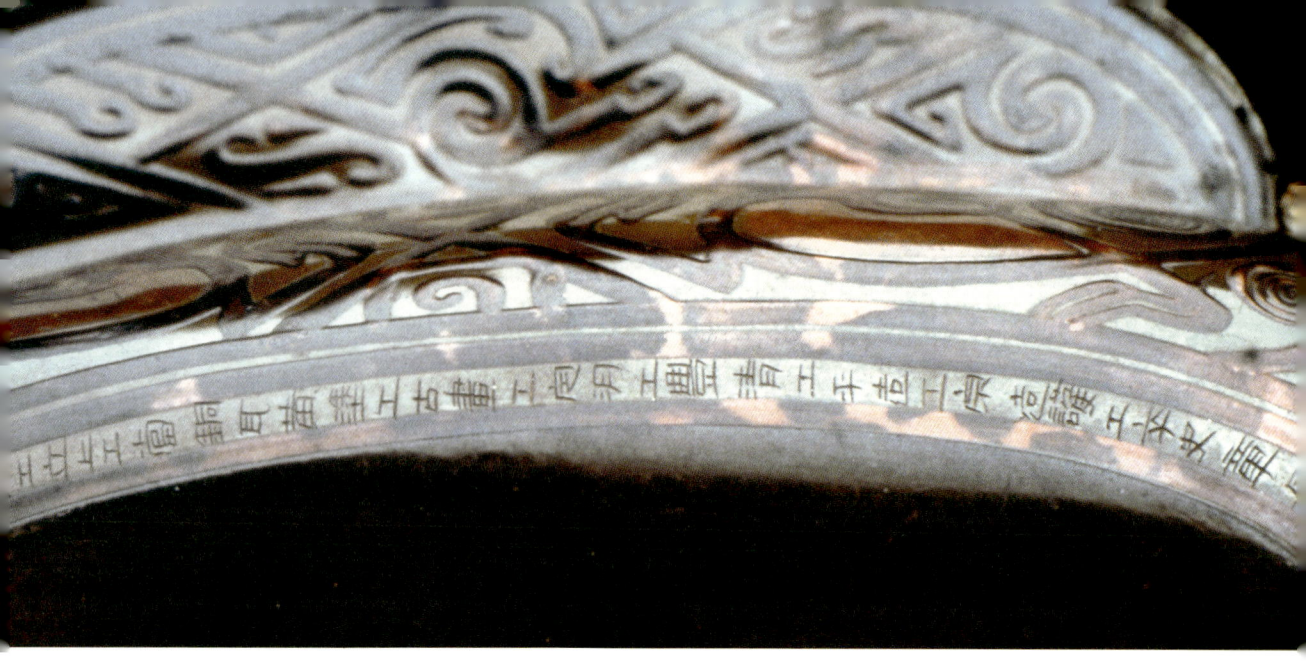

耳杯底部的一圈汉字记录了参与制作的工匠名字

位皇孙沉迷男色,另一位皇孙9岁即位,15岁便被人用酒鸩杀,就在本文中的酒杯制成两年之后。因此,这个酒杯一定是在太皇太后的授意下制作的。

尽管宫闱中丑闻不断,但当时的国家机器运行良好,包括奢侈品制作在内的一切仍在有条不紊地进行。我们的耳杯除了有登峰造极的制作工艺之外,对其生产品质的监管甚至超过了今天的许多奢侈品。

在耳杯的椭圆形底部有一圈共67个汉字。在欧洲,这里通常会是一句箴言或一条献词。但实际这里写的却是负责生产的6位不同种类的工匠的名字:制作木胎的,刷底层漆的,刷表层漆的,为把手镀金的,描画图案的和最后打磨的。接下来列出了7位质量监督员的名字:这种情况恐怕只有在中国才会出现。6位工匠,7位监督人员,是官方组织运作的明证。这些字是:

　　……素工卤、髹工立、上工当、铜耳黄涂工古、画工定、洱工丰、清工平、造工宗造,护工卒史章、长良、丞凤、椽隆、令史褒主。

漆杯是工匠生产与官府管理相结合的产物。官僚系统保证了产品的品质。现代欧洲人也许对此并不熟悉,但作家兼中国专家伊莎贝尔·希尔顿则认出这是中国的传统:

汉朝时，朝廷大量参与工业制作，目的之一便是筹措军费，征讨西方与北方的蛮夷。政府把主要的工业收归国有，或让私人在政府的监管下进行生产经营。这样的情况在现代再次出现。几十年前，出现了一种混合经济体系，中国经济从完全国有转向了以市场为主导、政府严格监管的新型经济体制。而如果你研究一下中国资产的投资方向或是工业的所有权结构，就会发现中国工业仍是以国有为主的。

因此，探索这只2000年前的漆杯能让我们更加了解现代中国：政府管控下的私人企业、尖端科技产品的大量生产、与朝鲜的亲密关系以及外交礼品的巧妙运用。中国人仍然清楚，最珍贵的礼物是别人无法送出的礼物。在汉朝，这样的礼物是丝绸与漆器。而今天，中国在建立与别国的亲密关系时同样能送出独一无二的礼物，我们称之为熊猫外交。

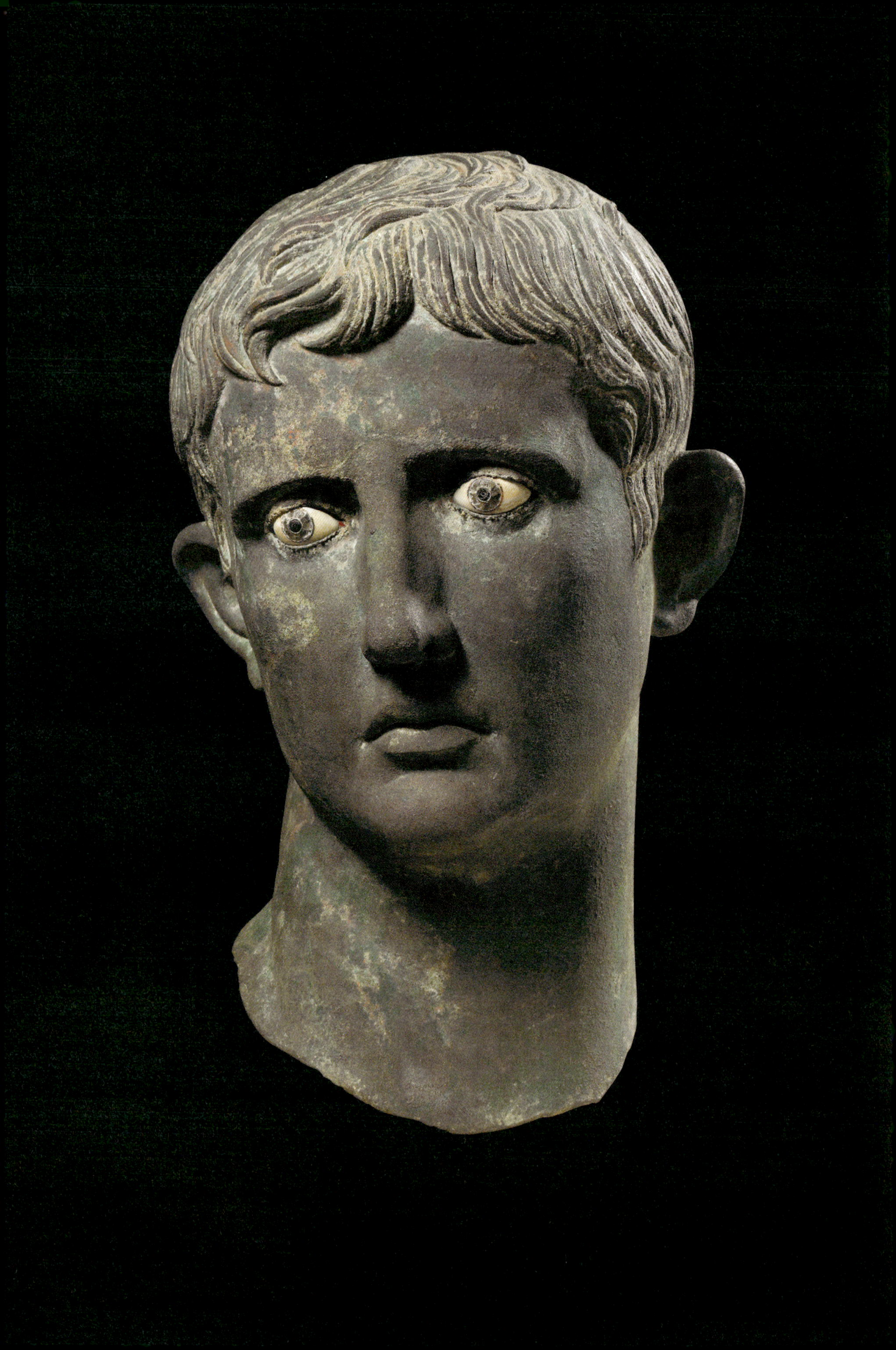

35

奥古斯都头像

青铜像，发现于苏丹古城麦罗埃（今尚迪附近）

公元前 27 年至公元前 25 年

恺撒·奥古斯都是第一任罗马皇帝，世界史上最著名的统治者之一。大英博物馆的罗马厅陈列着一具他的青铜头像，虽然已失去了光泽，但仍散发着领袖魅力与威严，让人难以忽视其存在。他的眼神锐利，内涵丰富，不管你站在哪里，都无法与他的视线相接。他的目光越过了你，注视着对他来说更为重要的东西：未来。

他的头发短而卷，带着点孩子气，略有些凌乱，不过这种凌乱是刻意为之的，很明显花了很长时间才做出了这个造型。这具雕像经过精心规划，将年轻与权威、力与美、野心与实力完美地融合在了一起，在当年就极具辨识度，之后也经受住了时间的洗礼。

头像比真人稍大，略微前倾，仿佛在与人交谈。也许在某个瞬间，你会觉得他是和你我一样的普通人，但这只是错觉。他是基督诞生时期的罗马统治者。头像制作之时，他刚打败了安东尼与克里奥佩特拉，占领了埃及。他正走在一条通往帝王荣耀的大道上，这也是一条成为神的道路。

之前我们介绍的几样统治者用于表现权威的物品都较为间接，需要动用联想。只有这件是纯粹以统治者的个人形象来表现权威的。这尊比真人略大的青铜头像传达出清晰的信息：我很伟大，我是你的君主，凌驾于一切日常国政之上。但讽刺的是，这尊头像曾被罗马的敌军缴获，颇为屈辱地被埋了起来，最后才来到大英博物馆。奥古斯都的荣光并不像他自己想象中那样完美无瑕。

奥古斯都是恺撒大帝的甥孙。公元前 44 年，恺撒遭到暗杀，奥古斯都继承了他的财富与权力。管理罗马共和国的重任猛然落到了年仅 19 岁的他肩上。

当时他还叫屋大维，在争夺绝对统治权的斗争中，他迅速战胜了所有对手。公元前 31 年击败安东尼与克里奥佩特拉的亚克兴海战成为他崛起的关键。在将意大利、法国、西班牙、利比亚和巴尔干半岛收入囊中之后，奥古斯都效仿亚历山大大帝占领了最富庶的埃及。尼罗河王国的巨大财富尽在他的掌握之中。他把埃及变成了罗马的一个行省，之后又把罗马共和国变为了他个人的帝国。在帝国境内，各处都树起了新君的雕像。事实上，作为一位雷厉风行的统领，刻画屋大维的雕像已有数百尊之多，但公元前 27 年，元老院授予他奥古斯都的尊衔，意为"神圣者"，以确认他在政治上的无上特权。新的地位需要新的雕像来展现，本文中的头像便应运而生。

这尊头像制作于奥古斯都称帝后一至两年内。这尊比真人略大、充满了力量的头像将他塑造为一名勇士。尽管雕像在颈部折断，但其余部分的青铜仍状况良好。这副面容以不同的形式出现在罗马帝国的每一个城市里，为成千上万的公民所熟悉。这就是奥古斯都希望自己留给百姓的形象。虽然他是地道的罗马人，却希望百姓知道他也是希腊文化的继承者，功绩堪与亚历山大大帝比肩。罗马历史学家苏珊·沃尔克解释道：

> 在成为地中海地区的君主、接受了新衔之后，奥古斯都需要一个全新的形象。他不能复制恺撒的头像，因为恺撒的肖像看起来就像个暴躁的罗马老头：骨瘦如柴兼又谢顶，采用了传统的罗马雕刻手法，完全未加美化，有损罗马君主的威名。而现在奥古斯都正在建立一个全新的政治系统，因此需要一个全新的与之相称的形象。他使用了自己 30 多岁时的相貌，直到 70 多岁去世时仍未变更。他的所有雕像都没有任何年龄的变化。

这就是力量与青春永驻的奥古斯都。他仍保留了罗马共和国的表面形式，执政手段灵活狡黠，恩威并施，成为后世野心勃勃的统治者们的榜样。他铺设新的道路，建立了更高效的邮递系统，使帝国的中央控制更为有力，他的形象也变得随处可见。他整饬并加强原本就战无不胜的军力，保卫疆土，扩大版图。在他统治的 40 年中，政治稳定，国内战火平息，罗马进入了长期稳定并繁荣发展的黄金时期，史称"罗马和平时期"。在通往权力顶峰的途中，奥古斯都曾经历过残暴的斗争，但在成为君主之后，他并不希望百姓将自己看作暴君。他用了种种措施来获取百姓的信任，最终成为他们所爱戴的君主。我曾问过伦敦市长兼古典文化学者鲍里斯·约翰逊对奥古斯都的看法：

> 他可以说是有史以来最伟大的政治家。如果要选11位世界上最负盛名的政治家、外交家和理论家来组成一支球队，奥古斯丁应该是队长兼中场球员。
>
> 他是罗马帝国团结一致的关键。在西班牙和高卢，无论走进哪座神庙，都能看到随身佩带奥古斯都头像，或将他的半身像缝在自己衣服上的女性。罗马人举行晚宴时，旁边的壁炉架上摆放着他的半身像，就像这座一样。他能让整个帝国完全效忠于他的政府。事实上，成为罗马帝国的官员，便意味着你成为奥古斯都教的一名神父。

持续不断的宣传让百姓保持着宗教般的狂热。整个欧洲都有以他的名字命名的城镇。现代的萨拉戈萨曾被叫作恺撒·奥古斯都之城。奥格斯堡、欧坦和奥斯塔都是他名字的变体。他的头像被印在硬币上，雕像也随处可见。但大英博物馆所藏的这具头像并非来自某座普通雕像，它涉及另一个故事，而这个故事向我们展现了帝国的阴暗面：在展现罗马威仪的同时，它也揭开了笼罩在帝国头上的阴影。

这尊头像来自曾伫立在罗马国境最南端的一座全身像，位于今埃及与苏丹之间，很可能就在阿斯旺附近的沙伊尼镇。这里向来是国际地缘政治的断层线，地中海文化与非洲文化在此短兵相接。根据作家斯特拉博的描述，公元前25年，苏丹麦罗埃王国的军队在强悍的独眼女王坎迪斯的带领下，攻占了埃及南部的数个罗马城市。他们把雕像运回麦罗埃城，修建神庙庆祝胜利，并将伟大的奥古斯都的神圣头颅埋在了神庙的台阶之下。这是一次极有预谋的侮辱。自此以后，每个踏上台阶、进入神庙的人，都将罗马皇帝踩在自己的脚下。今天，如果你近距离观察，还能看到青铜表面镶嵌着来自非洲沙漠的细小沙粒。这是罗马帝国荣耀之上的耻辱标记。

但这场羞辱仍未结束。强硬的坎迪斯派使者去协商和平条款。最后奥古斯都亲自处理此事，几乎答应了使者的所有要求。他以极高的代价维护了罗马的和平。作为精明的政治领导者，他随后让强大的帝国宣传机器把这段故事抹掉了。

奥古斯都的一生成了统治者如何获取并保有权力的范本。经营自身形象是巩固权力的关键。苏珊·沃尔克这样描述：

> 除了展示自己成为"奥古斯都"那日的形象之外，他其余的形象都颇为谦逊。他经常以穿着罗马宽松外袍的形象示人，用袍子罩住头部以示虔诚。有时他的形象是一个即将带领队伍投入战斗的将领，但事实上他从未亲征过。我们拥有来自罗马帝国的超过250种奥古斯都雕像。面部形象大致相同，辨识度极高，且历久弥新。

永恒的形象应有永恒的名字与之相配。奥古斯都死后，元老院宣布他为神，所有罗马人都应敬拜。他的两个名号——奥古斯都和恺撒——被每一位继任者沿用下来。鲍里斯·约翰逊说：

> 奥古斯都是罗马的第一任皇帝。他所创建的罗马帝国成为后世君主竞相模仿的对象。不管是俄罗斯沙皇、德意志皇帝、保加利亚沙皇、墨索里尼、希特勒还是拿破仑，他们都曾试图模仿罗马的个人崇拜及治国方式，而这些都始于奥古斯都。他是历史上第一位"国家元首"。

伟大的君主创造伟大的国度。但帝国内平民的日常生活其实更受到公共爱好与消遣方式的支配。在罗马和平时期也不例外。接下来的几件物品都来自罗马和平时期，能让我们深入了解当时人民的生活。它们都与香料和丑闻有关。首先要介绍的是为巴勒斯坦一位爱恋男童的男士制作的银杯。

第八部分

古代享乐，现代香料

公元 1 年至公元 500 年

    这一部分的物品将讲述人们对欢愉、奢侈和享乐的态度在历史中的起伏变化。比如在罗马帝国时期，成年男子和少年之间的同性恋关系能得到包容，在现代却是非法的。我们今天的许多享乐方式也能在古代国家找到源头：烟草和早期的球类活动都出现在美洲复杂的宗教仪式中。在罗马帝国，胡椒成为财富的象征，也有人担心它是腐蚀帝国根基的奢侈享乐。在中国，出现了描绘女性应遵从的举止规范的图画，上面还有历代收藏者的图鉴及批注。

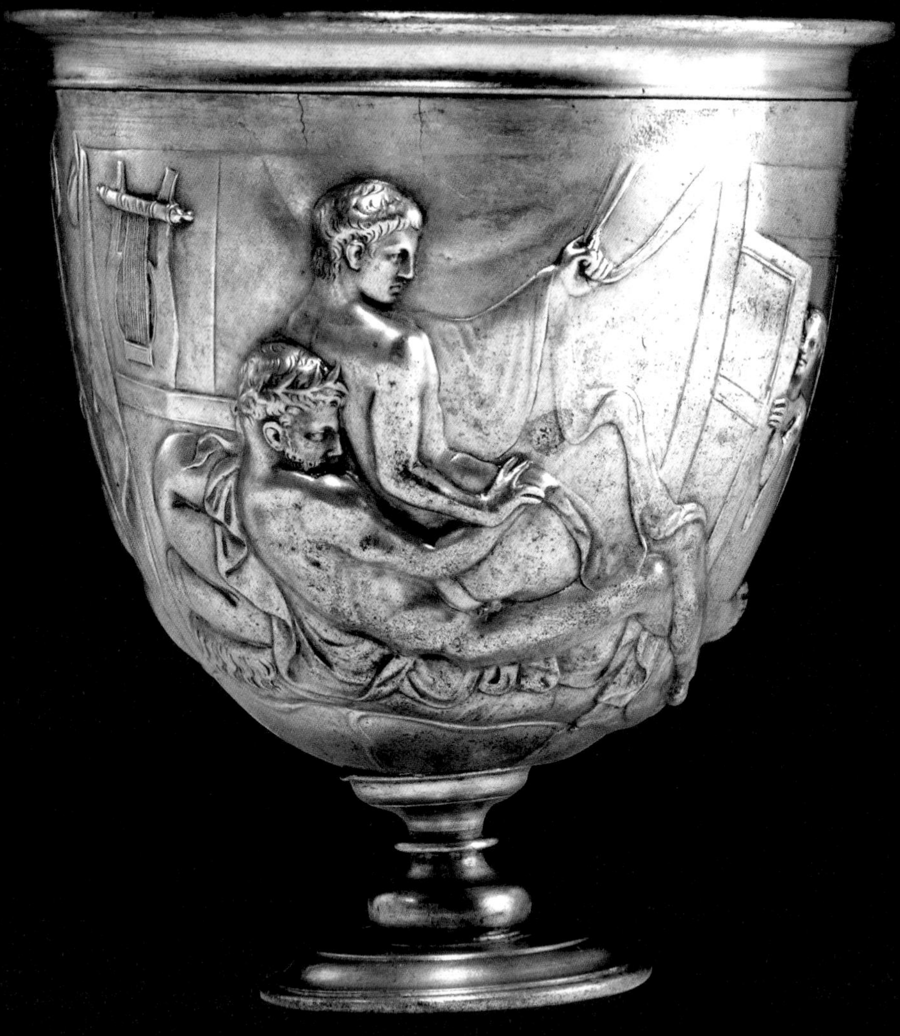

36

沃伦杯

酒杯，很可能发现于耶路撒冷附近的比提提尔镇

公元5年至公元15年

2000年前，像罗马这样伟大帝国的上层人士并非整天思考着权力与征服。如所有的社会精英阶层一样，他们也有时间娱乐并享受艺术。这件物品便是这二者的结合。这是一件在公元10年左右制作于耶路撒冷的银杯。在来到大英博物馆之前，它是美国富翁爱德华·沃伦（正是他定制了罗丹最著名的雕像"吻"）的收藏品。从它身上，我们不只能看到罗马人，也能看到21世纪的现代人对性的态度。

沃伦杯展现了成年男子与少年之间的性爱场景。这件制作于2000年前的罗马银器是个看起来容量颇大的高脚酒杯。形状就像一个底座很小的现代运动奖杯，它可能曾有两个把手，但现在已经丢了。任何人都能一眼看出它的工艺十分精美。酒杯上凸起的图案是靠敲打银杯内壁形成的。它应该曾在私人宴会上使用，就其图案主题而言，想必会获得在场所有人的欣赏。

铺张的盛宴是罗马世界的重要仪式。在整个帝国，罗马的官员与地方权贵都靠宴席来炫耀自己的权势，并打通政商关节。一般来说，罗马的妇女不会出席可能摆放这种酒杯的豪饮宴席，我们能大致肯定，它是为仅有男性出席的场合而准备的。

想象一下，在公元10年左右，一位男子来到耶路撒冷附近的一所豪宅。奴隶将他引进了华丽的宴会区，然后他和别的宾客一样在椅子上斜躺下来。桌上摆放着银质餐具与华美的器皿。在这样的场景下，本文的酒杯在宾客手中传递。上面的两幅男性性爱场景，都发生在私人豪宅。银杯上的人就躺在我们想象中的宾客所倚靠的

同样的躺椅上，旁边还有一把七弦琴与几把管乐器，等待着在他们享受感官欢乐时奏响。古代历史学家兼电台主持贝塔尼·休斯说：

> 银杯上刻画了两种不同的同性性爱。正面是一位有胡子的成年男性，身上跨坐着一位英俊少年。性爱的动作被刻画得阳刚有力，也十分逼真，但这并非理想化的同性性爱场景。不过如果你转到背面，便会看到一场更为标准的同性性爱。人物是两个英俊的青年男子：垂到背上的发缕表明他们还十分年轻。一人侧躺着，年纪稍大的那位则看向另一边。这是更抒情、更理想化的同性性爱场面。

尽管杯子上的场景在今天看来过于露骨，甚至有些惊世骇俗，触犯了社会禁忌，但在当时的罗马却是十分平常。不过这里的情况有些复杂，社会虽能容忍，但并非人人都能接受。罗马剧作家普劳图斯的喜剧《象鼻虫》中有一段话，大致能概括当时罗马人对同性恋的态度："想爱谁就爱谁，只要不是已婚妇女、寡妇、处女、年轻男性和自由民男孩。"

因此，如果你想要表现成年男性和非奴隶少年之间的性爱，把场景设置到古希腊时期会是个合适的选择，在古希腊，由成年男子教导少年如何生活是十分普遍的事，那是一种包含性行为在内的师生关系。早期的罗马帝国十分推崇古希腊，他们接受了大部分的古希腊文化，而我们这只酒杯上所表现的很明显就是希腊的场景。这是罗马人对古希腊同性性爱的幻想吗？也许，将它放在遥远的古希腊背景里会减少一些人们的道德不适感，同时增加一些禁忌与异域风情所带来的兴奋感。也许人人都相信，最好的性爱发生在别处。《希腊人与希腊爱情》的作者詹姆斯·戴维森教授为此解释道：

> 银杯描述的是古希腊的场景，但其实古希腊的画家在描画性爱时，虽然绝不会遮遮掩掩，但也会小心避免同性性爱，尤其是插入式性交的场景。因此罗马人所描画的内容在500年前绝不会出现。希腊为人们提供了一个能让社会思考、讨论并表现同性恋的托词，自18世纪以来，甚至在中世纪，都一直有人这么做。这让这个酒杯成为一件艺术品，而不是色情画。

银杯另一侧是两个年轻人

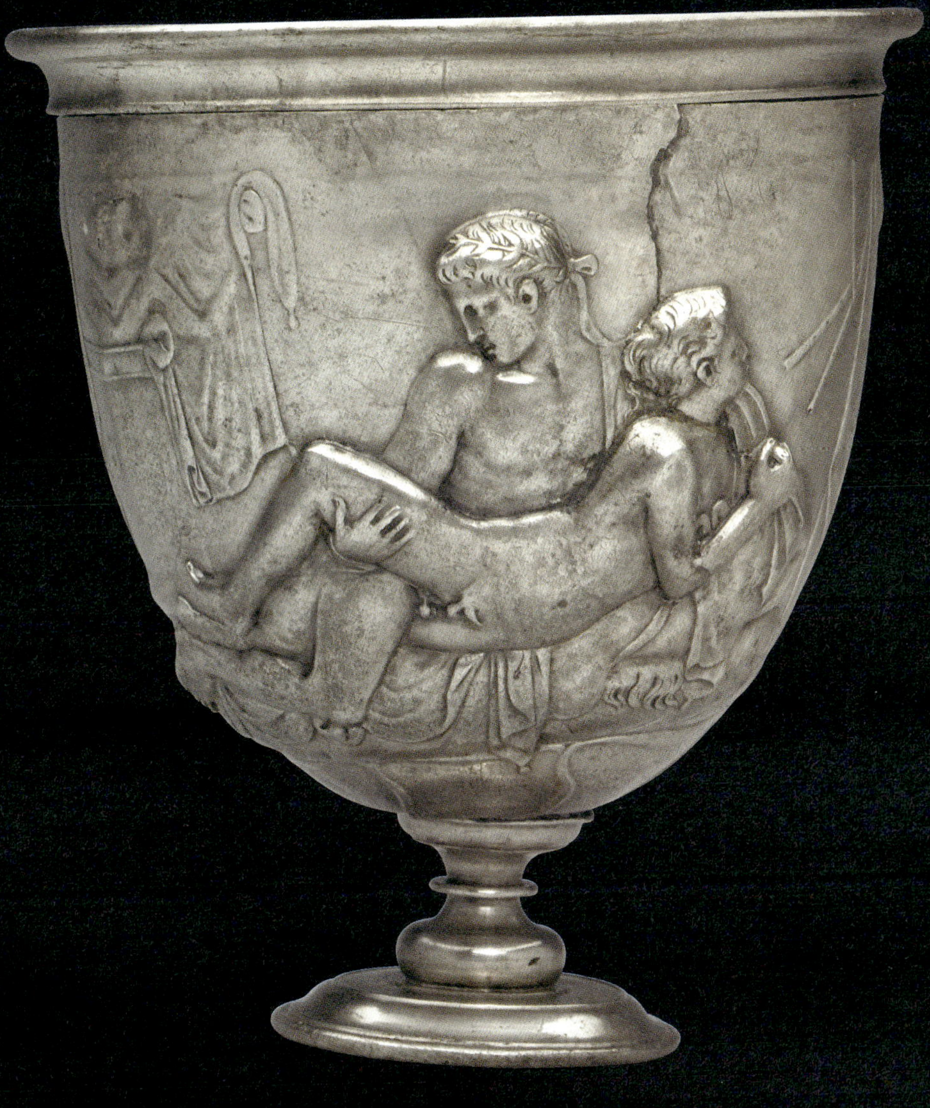

两个场景发生的时代显而易见：乐器、家具、恋人的服装与头饰都是几世纪前希腊式的。有趣的是，我们能看出酒杯上两个较年轻的少年并非奴隶。他们的头发中有一长缕垂到了背部，这是典型的希腊自由民男孩的发型。在 16 至 18 岁之间，作为成年礼的一部分，这缕头发会被剪下来献给神。因此他们应该都是自由民，而且家境富裕。我们在画面上能看到的另一个角色也出现在我们之前所假想的罗马宴会上。他正躲在门后窥探做爱的场面，只露出半张脸。他很明显是个奴隶，但我们不知道他是在享受偷窥的乐趣还是应少年的召唤来为他们服务。无论如何，他的出现提醒我们，我们眼前的场景只会发生在紧闭的房门之内。贝塔尼·休斯评论道：

> 罗马人认为，如果你有个好妻子，就不该再与同性恋爱。但我们从诗歌、法律，以及对同性恋关系的反向引用上，都能看出同性恋是当时社会的常见情形。沃伦杯是一件珍贵的物证。它让我们了解了当时的情况，了解了贵族圈里的同性恋关系。

制作于这一时期的银杯，流传于世的极为稀少，其中大部分都已被熔化，极少数幸存者也鲜有沃伦杯这样精湛的工艺。这样的杯子只有富人才买得起，一只的价格大约 250 枚古罗马银币。这笔钱可以让你买到 25 罐最好的葡萄酒，2/3 英亩土地，或是一个类似图中在门后窥探的奴隶少年。因此这件小小的宴会用具的主人一定属于上流社会，那个因为骄奢淫逸而受到圣保罗强烈谴责的阶层。

我们对酒杯的发现地并不确定，据称，它来自比提提尔附近的墓葬。这座镇子位于耶路撒冷西南数英里。酒杯为何会在此出现还是一个谜团，但我们不妨一猜。我们能确定它的制作时间大约在公元 10 年左右。约 50 年后，罗马对耶路撒冷的统治激起了统治阶层与犹太人的矛盾。公元 66 年，矛盾爆发了。犹太人用武力夺回了这座城市。当时的战况极为惨烈，银杯有可能是它的主人在逃跑前埋起来的。

之后，银杯消失了约 2000 年。1911 年，爱德华·沃伦在罗马购买了它。1928 年，沃伦去世。杯面上惊世骇俗的绘画主题让银杯在他逝后多年仍无人问津。伦敦的大英博物馆和剑桥的菲茨威廉博物馆都拒绝购买。有一段时间，它甚至无法进入美国境内，因为杯上的图案过于露骨，激怒了美国海关官员。直到 1999 年，公众对同性恋的态度已有了极大转变，大英博物馆才购买了沃伦杯，它成为当时收购价格最高

一名奴隶少年在门边偷看这对恋人

的文物。当时有幅漫画，一位罗马酒吧侍者傲慢地问顾客："你想要普通杯子还是同性恋杯子？"

在沃伦买下它 100 年后，沃伦杯终于成为大英博物馆的永久公开藏品。它不仅是罗马帝国精湛的金属加工工艺的代表，它的历史变迁：从宴会用品到有伤风化的容器，再到博物馆的标志性展品，这一过程让我们看到，社会对性关系的态度一直在改变。

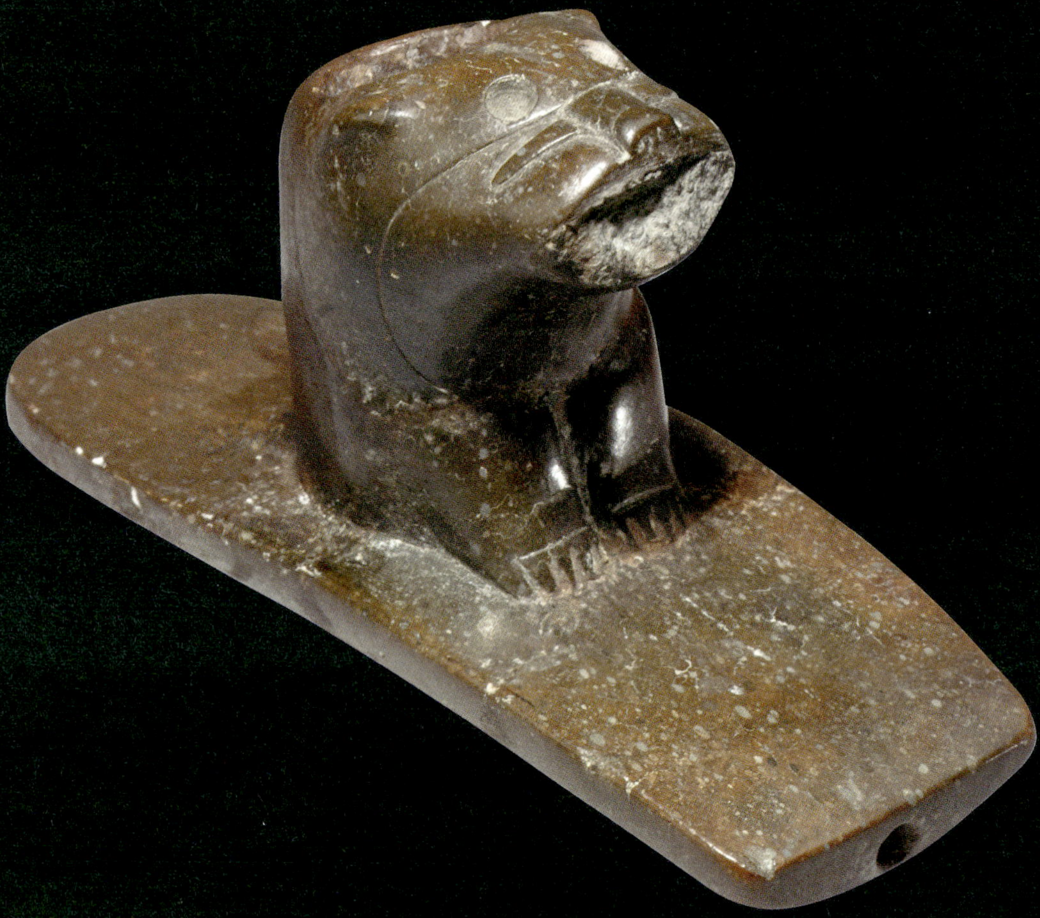

37

北美水獭烟斗

石制烟斗，发现于美国俄亥俄州芒德城

公元前 200 年至公元 100 年

除了性以外，大英博物馆的藏品还能展现出社会对许多事物的态度演变。本节中的物品曾具有重大的社会意义，如今却在所有的公共场所被禁止。这就是烟斗。人类抽烟的历史很长，它给人带来愉悦，同时也给身体带来伤害。文中的这只烟斗表明，在2000年前的北美，人们就已经开始大量享受烟草了。

这只烟斗的大小类似于卡祖笛。现代烟斗一般是一根一头带斗的长管，而文中这只由红色的石头雕成，还有一块长约10厘米的扁平底座，大小和颜色都与巧克力夹心饼干类似。底座的一头雕有小孔，起烟嘴的作用。斗的部分则位于中央，并非一个简单的碗形斗，而是形似一只漂在水里的水獭的上半身，仿佛它刚从水里冒出头，爪子搭在河岸上，正要四处张望。烟斗通体光润，完美表现出水獭湿漉漉的闪亮皮毛。水獭此刻正朝烟嘴的方向看去，人抽烟斗时就仿佛在与它对视。但其实抽烟的人与它之间的距离还会更近些：把烟斗含在嘴里，你的鼻子就会碰到水獭的鼻子。如今留在水獭眼窝处的深坑当年应镶嵌着淡水珍珠，让抽烟人与水獭的接触更有趣味。这只工艺精美的烟斗是目前已知世界上最早被使用过的烟斗之一，是烟斗历史的起点。

虽然如今人们将抽烟视为致命恶习，但在2000年前的北美，人们却将它看作生活中的基本庆典与宗教仪式。不同族群的美洲土著生活在这片大陆上，他们的生活方式比我们在好莱坞西部片里看到的丰富得多。这些美洲人生活在美洲中部，以农业为生。这片土地上流淌着汹涌的密西西比河和俄亥俄河，从五大湖一直流向墨西哥湾。他们没有修建城市，但留下了宏伟的纪念物，改变了这片土地的地貌。他们的农耕与贸易社群看起来彼此无甚交集，但死亡将他们聚在一起，共同修建大型的土木工程，举办葬礼，埋葬死者。他们的坟墓中有大量装饰精美的物品与武器，由自远方交换而来的原料制成，如来自落基山脉的灰熊牙、墨西哥湾的海螺、阿巴拉契亚山脉的云母，以及五大湖的铜。这些精心修建的大型坟冢让后来的欧洲来客大为惊讶。尤其是一组位于今俄亥俄州的墓葬，如今以"芒德城"*闻名。这是一片共有24座独立坟冢，占地约13英亩的地区。其中一座里埋藏着约200只石制烟斗，本文的烟斗便是其中之一。

这支烟斗来自我们已知的北美最早开始吸食烟草的年代。烟草最早种植于中美与南美，当地人用其他植物的叶子将其卷起来抽，就像雪茄一般。但在较冷的北方，人们在漫漫寒冬中找不到足够的叶子，便得用别的方式来盛放烟草，于是烟斗出现了。雪茄与烟斗之分，似乎部分是天气造成的。

俄亥俄墓葬群中频繁出现石制烟斗，表明它们曾在人们的生活中扮演重要角色。考古学家虽然还未能了解它们的确切意义，但我们已经可以根据现有的发现进行一些猜测。美洲印第安人国家博物馆导览员、印第安土著历史学家加布里埃尔·塔亚克博士认为：

> 烟斗中有一整套宇宙学和神学，包含着所有的宗教意义。在印第安人眼中，它们绝不是普通物品，甚至也不是圣物，而根本是有生命的存在。斗与柄一旦合二为一，整个烟斗便有了自己的生命和力量。例如，如果一个烟斗由红色的烟斗石制成，它便代表了水牛的血与骨。成为一个能在特殊场合携带烟斗的人，需要举行重大的仪式，同时这个人得担负起巨大的责任。

我们知道，2000年前，只有少数人能被埋在坟冢里。他们中的许多人必定曾是宗教仪式的关键成员，因为在骸骨上找到了仪式用服饰的碎片：用熊、狼、鹿的头骨制作的头饰。看起来，动物在这些人的精神生活中扮演着很关键的角色。本文中的水獭仅是烟斗动物园的成员之一，此外还有野猫、乌龟、蟾蜍、松鼠、鸟、鱼，以及正

---

* 原文为 Mound City，mound 泛指坟地。——译注

在吃鱼的鸟。也许烟斗上的这些动物在连接精神世界与现实世界的宗教仪式中起了一定作用。当时他们抽的是黄花烟草,提神效果极佳,同时也能让人产生幻觉:既然抽烟者曾与烟斗上的动物对视,我们可以想象,他(她)也许会进入一种迷幻状态,看到烟斗上的动物活过来。每一种动物对吸烟者来说也许都是一种灵导或图腾。美洲土著相信,如果自己梦见过什么动物,这种动物便会成为他一生的保护神。加布里埃尔·塔亚克说:

> 土著现在仍吸食烟草。烟草是十分神圣的物品。抽烟过程中产生的烟雾可以把人的祈愿和想法传达给神灵。烟斗可以单独抽,也可以在一个社群或家庭内传递着抽,他们用这种方式来统合心神,并将念力传达给广阔的宇宙、造物主或调停人。谈判时,"和平烟斗"仪式比签署文件更有效。这种方式不仅意味着合法协定,还相当于向冥冥中的神灵起了誓。这就不仅签下了人与人,也签下了人与神之间的协议。

直至今天,抽烟对印第安人来说也仍是神圣的。烟雾缓缓升起,逐渐消散,带着众多的祈愿升向天空,将整个族群的希望连接在了一起。

欧洲人晚至 16 世纪才开始抽烟。对他们来说,抽烟没有什么宗教意义,更多的只是休闲方式。关于烟草,从一开始就有反对的声音。1604 年,刚从爱丁堡来到伦敦、继承了伊丽莎白女王王位几个月的詹姆斯一世就发表了著名的《坚决抵制烟草》,没有任何现代政府的健康警告能与之相比。这位新国王指责抽烟是一种恶习,"视之反感,闻之生厌,损害大脑,伤害肺叶。乌黑发臭的浓烟,如同来自地狱的冥河烟雾"。

但很快,烟草便和金钱结合起来。英国在弗吉尼亚殖民之后,欧洲的烟草市场飞速发展,烟草很快成为经济支柱。不来梅与布里斯托尔,格拉斯哥与迪耶普的经济都因美洲的烟草而发达。18 世纪至 19 世纪,随着欧洲人逐渐深入美洲大陆,烟草成了一种货物甚至货币。在土著眼里,欧洲人收集烟草和使用烟斗的行为都是在侵略他们的家园。

自此,在欧洲和世界上大多数地方,抽烟成了一种单纯的享乐方式、日常习惯或是扮酷手段。大半个 20 世纪,电影明星都在屏幕上抽烟,观众们则在影院里吞云吐雾。抽烟不仅能展现成熟魅力，还能帮助思考，展现智慧。福尔摩斯曾有句名言来形容一个案子十分棘手："这得花 3 斗烟的时间。"当然，烟斗本身也能给抽烟者带来愉悦。政治家托尼·本因是个著名的老烟枪，他愉快地回忆起往昔：

> 斯坦利·鲍德温抽烟斗，哈罗德·威尔逊也抽烟斗：抽烟是件极平常的事。当然还有和平烟，让大家坐拢到一起的友谊烟，等等。抽烟除了给人满足感之外，还有别的意义。它可以说是种嗜好：清理烟斗，放入烟丝，轻敲一下，然后点燃，如果熄灭就再点一次。而如果在会议上有人问你问题，你可以点燃烟斗说："这真是个好问题。"这样便有时间思考。当然，在现代会议中已经不能抽烟了。我也不建议任何人开始学抽烟。

过去 30 年，欧洲的禁烟运动带来了巨大变革。在如今的好莱坞电影里，只有坏蛋才抽烟，观众则完全不被允许：抽烟者会被赶出电影院。詹姆斯一世想必会十分欣慰。如同沃伦杯一样，一些原本被社会视为享乐的活动，常被突然禁止。

38

仪式性球赛腰带

石制腰带，发现于墨西哥

公元 100 年至公元 500 年

在大英博物馆的墨西哥厅，有一件形似大型石制马蹄铁的物品，长约 40 厘米，厚 12 厘米，由美丽的灰绿色斑点石制成。1860 年它刚到大英博物馆时，人们以为它是马匹之类的拉车动物的轭。但很快疑问便出现了：首先，这件东西重约 40 千克，背起来似乎过于沉重；其次，在 16 世纪西班牙人进入美洲之前，美洲其实没有任何用于负重拉拽的动物。

直到 50 多年前，人们才了解这件石制品与动物无关，而是给人类穿戴的。它类似用布料或柳条编织的软垫，戴在腰间，在古代中美洲的球类运动中用于保护臀部。有些石头"腰带"可能只是模具，成品则由较轻的布料或皮革制成。而大英博物馆所藏的这一件也太过沉重，即使戴也戴不了太长时间。我们无法准确了解古人佩戴它的原因何在，也不了解他们在什么情况下会佩戴它，又是如何佩戴的。

中美洲球类运动专家迈克尔·惠廷顿认为，这些腰带主要是在仪式中使用的：

> 在运动比赛中戴着三四十公斤重的东西会让人动作变慢。因此应该是在比赛前的宗教仪式中使用的。它们象征着比赛中人们真正会使用的腰带。不过那些腰带通常都是用不耐久的材料制成的，无法保存下来。

我们对中美洲的球类比赛略知一二，是因为在几百年间，当地艺术家创造了许

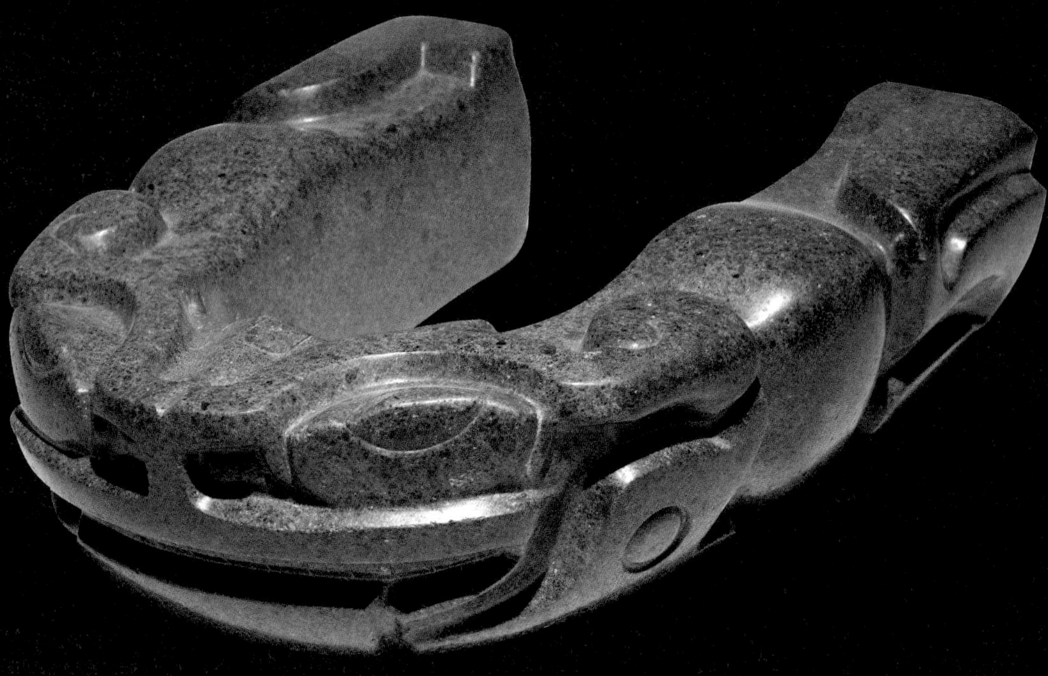

多跟这种比赛有关的艺术品，如运动员雕像、观众围坐着观看比赛的球场模型等。此外，欧洲来客也曾记录过这些比赛，而且，至今在美洲还能找到一些当年专为这些比赛而修建的球场。比赛用球让初到美洲的西班牙人震惊，这是一种对欧洲人来说完全陌生的材质——橡胶。一个有弹性的圆球，似乎完全无视地心引力，可以向任何方向弹射；第一次见到这种物品必定会惊讶万分。西班牙多明我会修道士迭戈·杜兰曾报道过：

> 他们把制作这种球的材料称为 hule（橡胶）……弹跳性能极佳，能上下左右弹射。追球的人在追到之前，就已经筋疲力尽了。

这种比赛并不轻松。橡胶球很沉，重量通常在三四公斤到十五公斤之间，比赛的目标是让球保持在空中传递，最终落在对方的球场上。球员不能用手、头或脚触球，只能用臀部、前臂和髋部。因此腰带是必备的护具。比赛中真正使用的腰带很可能是由皮革、木头或某些植物编织而成的。它必须很坚固，能帮助球员分担橡胶球的重击，又应该很轻巧，让他们能在球场上行动自如。1528 年，西班牙人将两个阿兹特克球员带回了欧洲。一位德国艺术家画出了比赛场景。两个球员几乎全裸，背对着背，穿戴着特殊的护具，球在两人间飞来飞去。我们不太了解比赛的具体规则，在几百年间，规则也许改变过，不同的部落之间也可能会有区别。我们所了解的只是，一支球队由 2 到 7 人组成，如现代网球一样，一方失误则另一方得分。失分的情况包括用手或头等违规部位触球、将球掉在地上或是打出场外。

橡胶球也变成了一种货币。据西班牙文献记载，他们曾向阿兹特克人强行索要过 16000 个橡胶球作为贡品。留存至今的球并不多，但墨西哥和中美洲的农民挖到过一些，同时还有数百件类似本节中文物的腰带，以及一些石头浮雕和雕像，上面的球员都戴着腰带。

腰带制作于约 2000 年前，当时已有许多专为举行这类比赛而修建的场地。大部分场地是长方形的，部分带有能让球弹回的长斜墙。观众可以坐在顶部观看比赛。一些泥雕还表现了为比赛喝彩欢呼的观众，就和如今的足球迷一模一样。

但这样的比赛并不只是竞技体育。它们在古代中美洲人的信仰中还占有特殊的

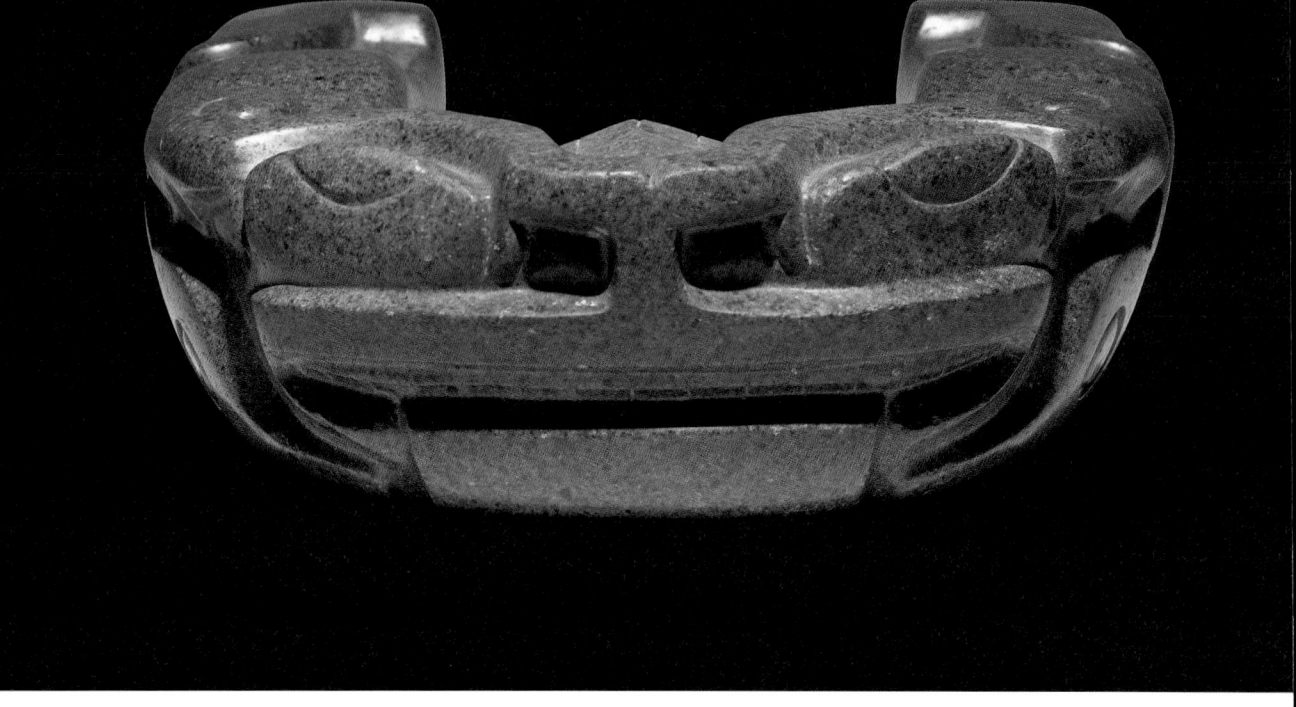

腰带上蟾蜍的眼睛和嘴部

位置。我们的石制腰带提供了一条解开这些神秘信仰的线索。腰带外侧雕有图案，前方弯折处刻了一只光润的蟾蜍。它的大嘴与弯折处等长，眼后方的球根状腺一直延伸到蜷曲的后腿。动物学家称之为美洲巨蟾蜍。也许我们了解这条腰带的关键是，这种蟾蜍会分泌出一种致幻物质，而中美洲人视之为一位土地女神的化身。球类比赛的腰带上刻着各种生活在地下的动物，因此它们可能都是某种大型仪式的一部分，而不是单独存在的。激烈的比赛象征着生与死两股巨大的力量无穷尽的争斗。迈克尔·惠廷顿解释道：

> 我认为这是中美洲人世界观的一个隐喻。中美洲玛雅人的史诗《波波尔·乌》中提到了一对孪生兄弟，乌纳普和斯巴兰克。他们都是球员，生活在地下，与死神一起玩球。这种游戏再次突显了中美洲人的自我定位及其与神灵的关系。每次球赛都是天神与死神间的较量。

在查尔斯五世宫廷表演的中美洲球员，克里斯托弗·魏迪兹绘

    这种联系熟悉得令人困惑。1986 年的世界杯上，阿根廷对阵英格兰，马拉多纳的第一个引起众多争议的进球被他自称为"上帝之手"；每次奥运会前，取自希腊奥林匹亚圣殿的圣火都会被传递；威尔士的橄榄球球迷在卡迪夫阿穆公园球场集体唱圣歌。这些都表明，竞技比赛与宗教紧密相连。如今，那些为自己支持的球队唱圣歌、献出疯狂热情的人中很少有人了解，世界上已知最早的团体比赛就有强烈的宗教含义，而团体比赛的发源地并不在希腊，而在中美洲。

    但现代球员不会再面对古代先辈们的危险了。过去通常认为，战败的队伍会被杀死祭神。尽管之后这样的情况偶有发生，但其实我们并不清楚，在制作腰带的年代，人们究竟会如何处置战败的队伍。通常来说，比赛是举办宴会、祭祀和加强社交往来的好时机。有人认为，最早的比赛是男女都能参加的，但到 16 世纪西班牙人进入美洲时，它已变成了纯男性的比赛。球场也是圣地，祭品埋在地下，使得建筑本身成了有生命的实体。西班牙人认识到了这些场地在宗教上的重要性,同时又想用天主教来代替当地宗教。因此,他们把天主教堂修在了当年阿兹特克的特诺奇蒂特兰城(今墨西哥城)大球场的位置绝非偶然。但尽管球场已被摧毁或废弃,在经历了殖民者对墨西哥的野蛮掠夺及对阿兹特克文化的粗暴毁灭之后,球赛依然存活了下来。一种名叫乌拉马的球赛今天仍在举行,这证明了——如果需要证明的话——假如一种运动与国家的认同感相关,它的生命力是极为强大的。

历史上,这种有组织的比赛有个极为显著的特点:能够跨越文化差异、社会等级甚至政治动荡。它游荡在神圣与世俗的边界,能成为社会的黏合剂,也能让社会分化。这是当今社会所有人共同关心的极少数问题之一。墨西哥仪式腰带强有力地证明,所有社会都热衷于大型有组织的运动。

第 219 页图中文字:
印第安人戴着护具接触这个滚圆的球,手不离开地面,
护具上有一层硬皮革,以减轻球的冲击力,
他们还戴着相同皮革的手套。

39

女史箴图

画，来自中国

公元 500 年至公元 800 年

之前我们讨论了早期罗马帝国的盛宴和同性性行为，北美洲的烟草与仪式，墨西哥的球赛与信仰，而本节中我们要讨论的是一种高雅的社会娱乐：赏画。博物馆中有一件来自中国的精品画卷，是一幅原作于公元 400 年或 500 年左右的画作的临摹品，它包含了 3 种不同的艺术形式，在中国，这被称为"诗书画三绝"。作为一幅画卷，它十分适合几位知交好友共同欣赏，而作为一件精美的艺术品，它数百年间一直被历代帝王收藏。画卷名为《女史箴图》，它是一种古代中国的行为规范，用于教导宫廷中的女性遵守妇德。

前几节的物品有一个共同的主题，即社会对娱乐方式的接受程度的变化。在世界史上，人类对一种行为好坏的判断标准常发生 180 度的转弯。但欣赏一件像《女史箴图》这样的艺术品一直是公认的乐趣之一。画卷上的题跋和印章是几百年间有幸欣赏过这幅画卷的人所留下的记录。

画卷长约 3.5 米，整体摊开保存在大英博物馆特别修建的东亚画作保存室里。画卷将历史上不同时期的艺术家联系在了一起，而且自它完成以来，一直大受推崇。公元 292 年，晋朝大臣张华作了一首长诗，一个世纪以后，公元 400 年左右，一名画家根据诗文内容创作了一幅著名的画作，原画据信已经失传。大英博物馆保存的这幅很可能是 200 年后的一件临摹品。它完全把握住了原画的神韵，甚至有人认为它就是原作。无论真相如何，它都是中国古代画作留存下来的珍品。

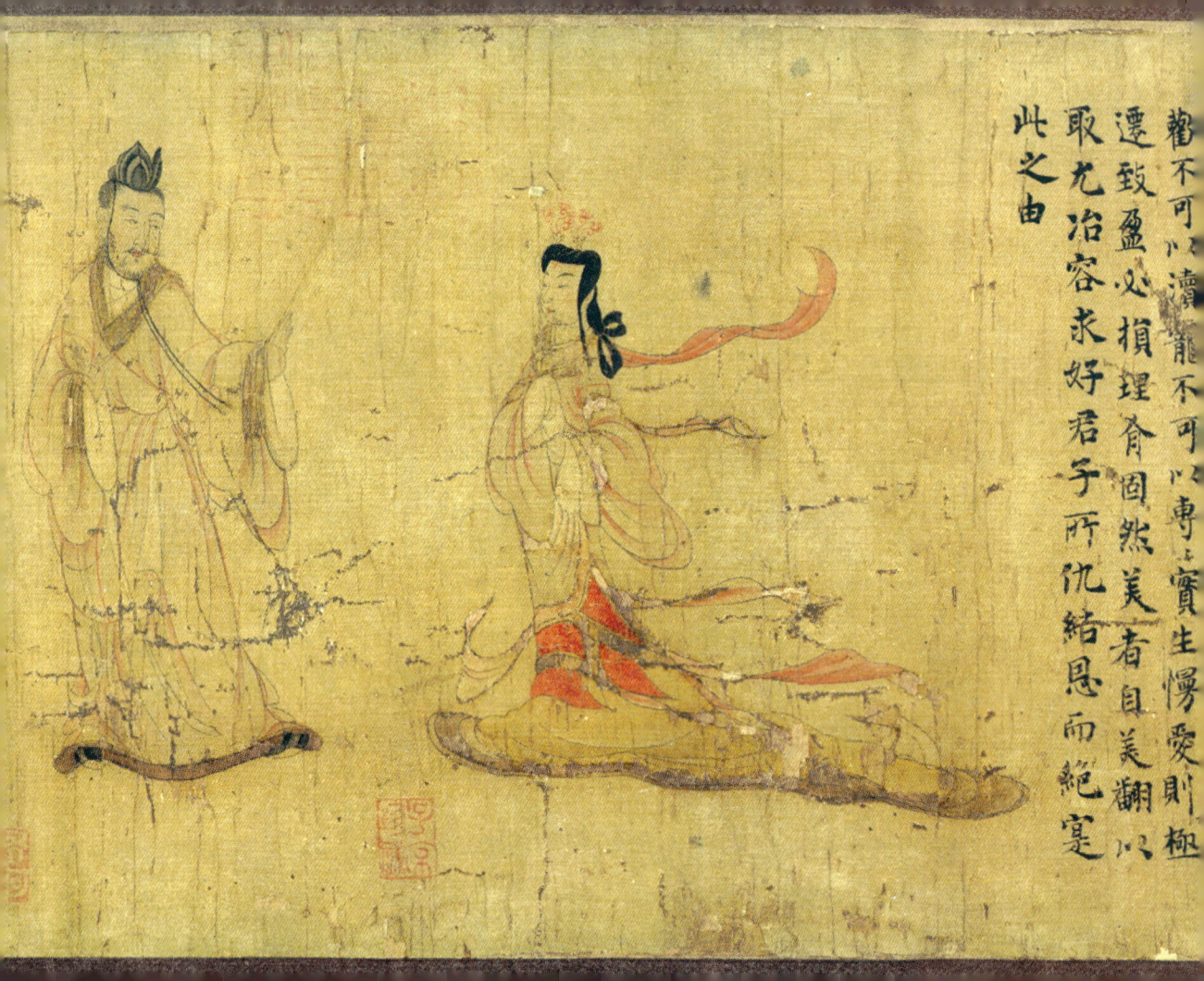

> 鑒不可以讀龍不可以專 實生慢愛則極
> 遷致盈必損理育固然美者自美翻以
> 取尤冶容求好君子所仇結恩而絕寵
> 此之由

画卷中包含数幅场景,每幅各有箴文。画卷缓缓展开时,先看到几句诗文,然后是相应的图画,一次只能看到一幅,这种展开过程正是赏画的关键乐趣之一。其中有一场景颇令人不安。一个美丽的宫廷女子正风情万种地向皇帝走去,衣袂和红丝带随着动作飞舞。但如果凑近细看你就会发现,皇帝伸出胳膊做出了拒绝的姿势,表明自己不想亲近美色,这令她踌躇不敢向前。女子身体扭转,准备转身离开,脸上是难以置信的挫败神情。

公元292年,张华作诗之时,中国正处于汉朝崩塌后的分裂状态,各方势力明争暗斗,皇位危如累卵。当时的晋惠帝昏庸无能,贾皇后大权在握,行为荒唐。据史料记载,朝中大臣张华忧心忡忡,担心皇后及其同党会篡夺皇位。她的淫乱、凶残和奸诈严重威胁了王朝的安稳。张华的诗文表面上是在劝诫所有的后宫女子,实则是想进言贾后。他希望通过优美而发人深省的诗歌的力量,让贾后回归正道,安分守己,恪守妇道:

> 翼翼矜矜,福所以兴。
> 靖恭自思,荣显所期。

而表现诗歌的画作也有崇高的道德目标。劝诫的对象不只是女性,也包括男性。皇帝拒绝妃子的引诱,表现了男性的决断与力量。肖恩·麦克索兰博士是中国古代绘画的知名专家,他曾仔细研究过《女史箴图》:

> 这是一种正面的劝导。艺术家的目的并不是想告诉别人哪些事不能做,而是告诉他们如何能做得更好。每一幅场景都描述了宫廷女性应如何改善自己的行为举止、个性品行。画的主题是关于学习与改进。为了避免欣赏者对说教感到厌烦,艺术家还加入了机智幽默的内容。画作的内容与为君之道密切相联,是对治国者与他人互动模式富有洞见的描画。

但遗憾的是,贾皇后并不为诗文所动,继续过着荒淫的生活。她的冷酷也许在某种程度上情有可原,因为当时有藩王叛乱引起内战。公元300年政变成功,贾皇

帝王转身拒绝了他的妃子　　　　　　　　下页图:一名女性上前替帝王阻挡狂暴的熊

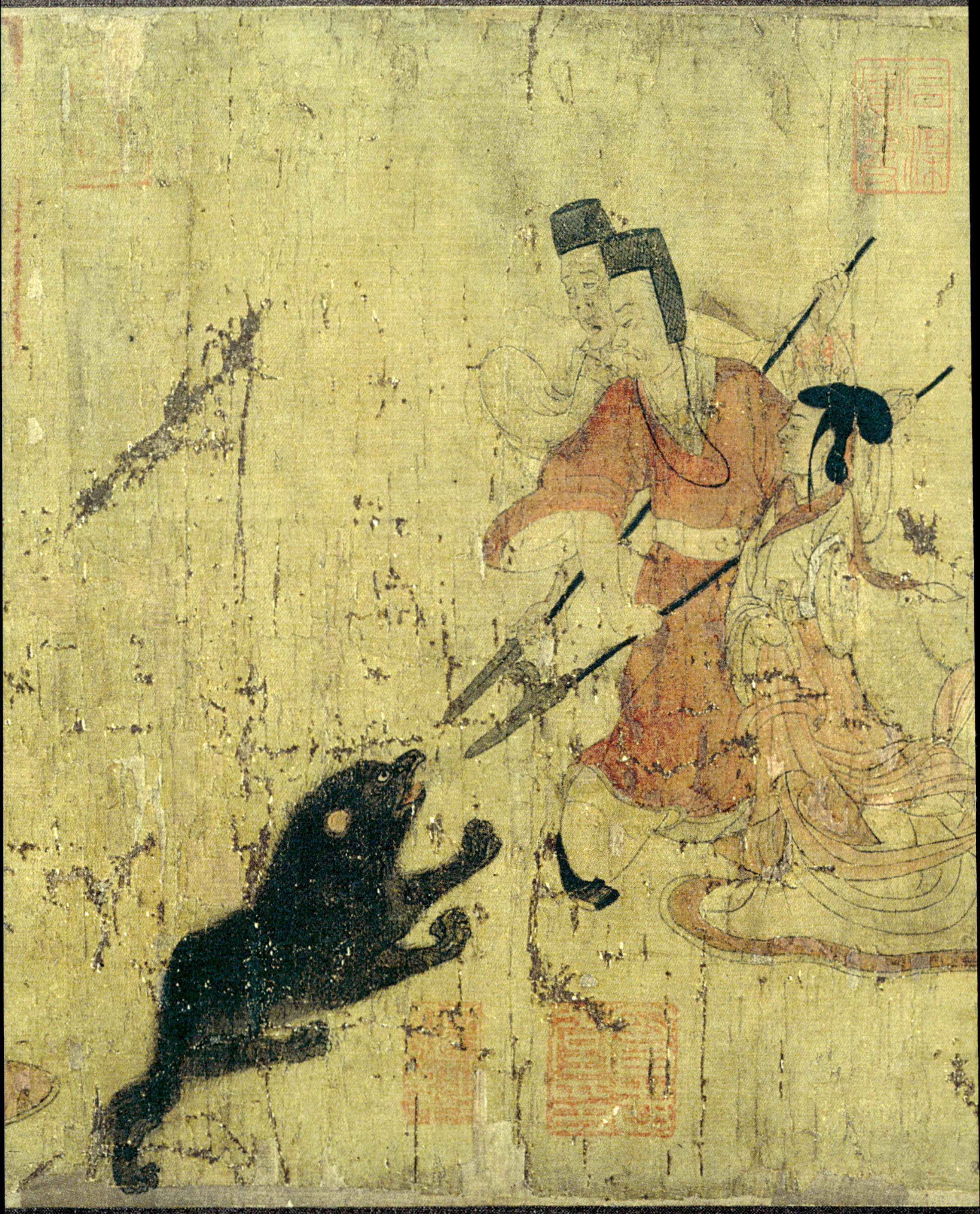

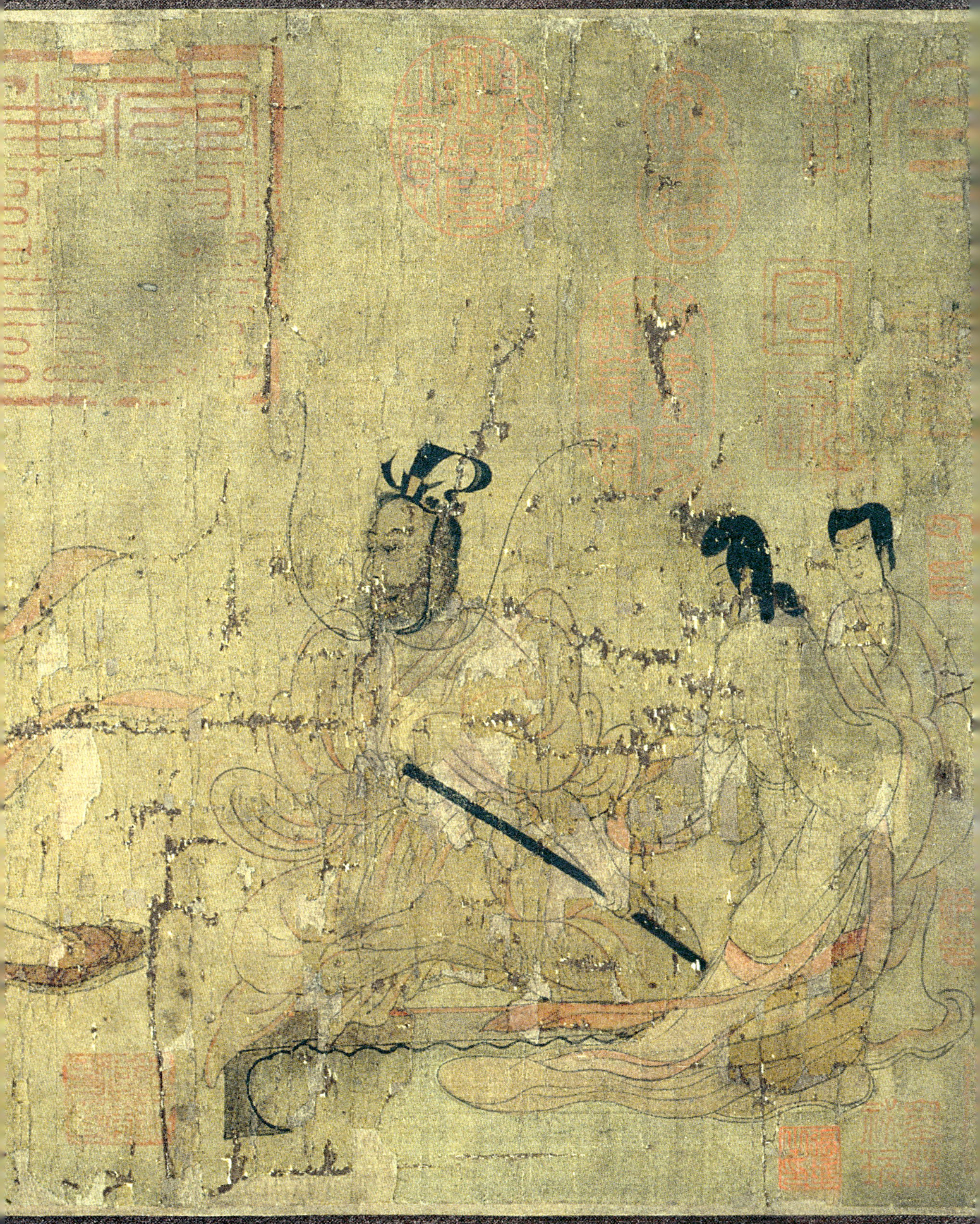

后被俘获并赐死。

约 100 年后，宫廷中的悲剧再度上演。一日，孝武帝对爱妃说："你已 30 岁了，我该去找更年轻漂亮的女子了。"皇帝只是玩笑，妃子却信以为真，当晚便杀了孝武帝，震惊宫廷。劝导妇女遵从妇德成为当务之急，于是，当时的著名画家顾恺之将张华的诗用画的形式表现出来，由此诞生了绘画杰作《女史箴图》。大英博物馆亚洲部总监司美茵对这幅画了如指掌：

> 画卷表现了一种受到儒家思想影响、始于汉代的教诲图传统。读诗赏图之时，便能感受到它所传达的深意。孔子认为，每个人在社会上都有自己的位置，如果能各司其职，社会便能稳定高效地运行。在张华作《女史箴》诗的年代，有种根深蒂固的思想，即女性不论美丑，都应谦逊守礼，牢记自己在家中的地位，服从丈夫。这样才能对社会起积极作用。

《女史箴图》告诉我们，女性绝不能凌驾于丈夫之上。只有在保护身陷危难的皇帝之时，女性才能站到他的前面。画卷中的另一幅画描述了一个真实事件：在一次宫廷表演中，一头凶猛的熊逃脱了控制，两位妃子转身就逃，同时惊恐地回头张望。皇帝吓呆了，坐在椅子上动弹不得，而他身前站着一位勇敢的女性，她挡住皇帝，熊愤怒咆哮着向她扑去，皇帝则脱离了险境。画卷告诉我们，伟大的女性应做出这种自我牺牲。

《女史箴图》曾为数位皇帝珍藏。他们也许认为它能帮助他们降伏后宫悍妇，但同时，他们也欣赏画卷的艺术价值，用收藏来表现自己的艺术素养与权势。每位帝王都在画卷空白处盖上了自己的印章，因此我们准确地知道到底有谁欣赏过它。还有些收藏者在画上题字。这带来了一种欣赏欧洲油画时永远无法享受的乐趣：你感觉自己正与古人一同欣赏画作，因为对作品的共同喜爱，你与千百年前的古人结成同盟。例如，18 世纪时，大约与乔治三世同时期的中国皇帝乾隆曾留下评语：

> 顾恺之画女史箴并书真迹。内府珍玩神品。

这幅画作是极为珍贵的传世之宝，历史上能有幸把玩的人极少。而如今情况依旧如此，不过原因略有不同：光线会损毁画卷所用的绢布，因此极少公开展出。虽然如今我们不能盖上自己的印章以示观赏之乐，但多亏了现代的复制技术，我们所有人都能与乾隆，以及千百年前的古人一起享受赏画的乐趣。多亏了互联网，全球人类都能享受中国宫廷的专属娱乐。

第 222 页图中文字：
欢不可以渎，宠不可以专。
专实生慢，爱极则迁。
致盈必损，理有固然。
美者自美，翻以取尤。
冶容求好，君子所仇。
结恩而绝，实此之由。

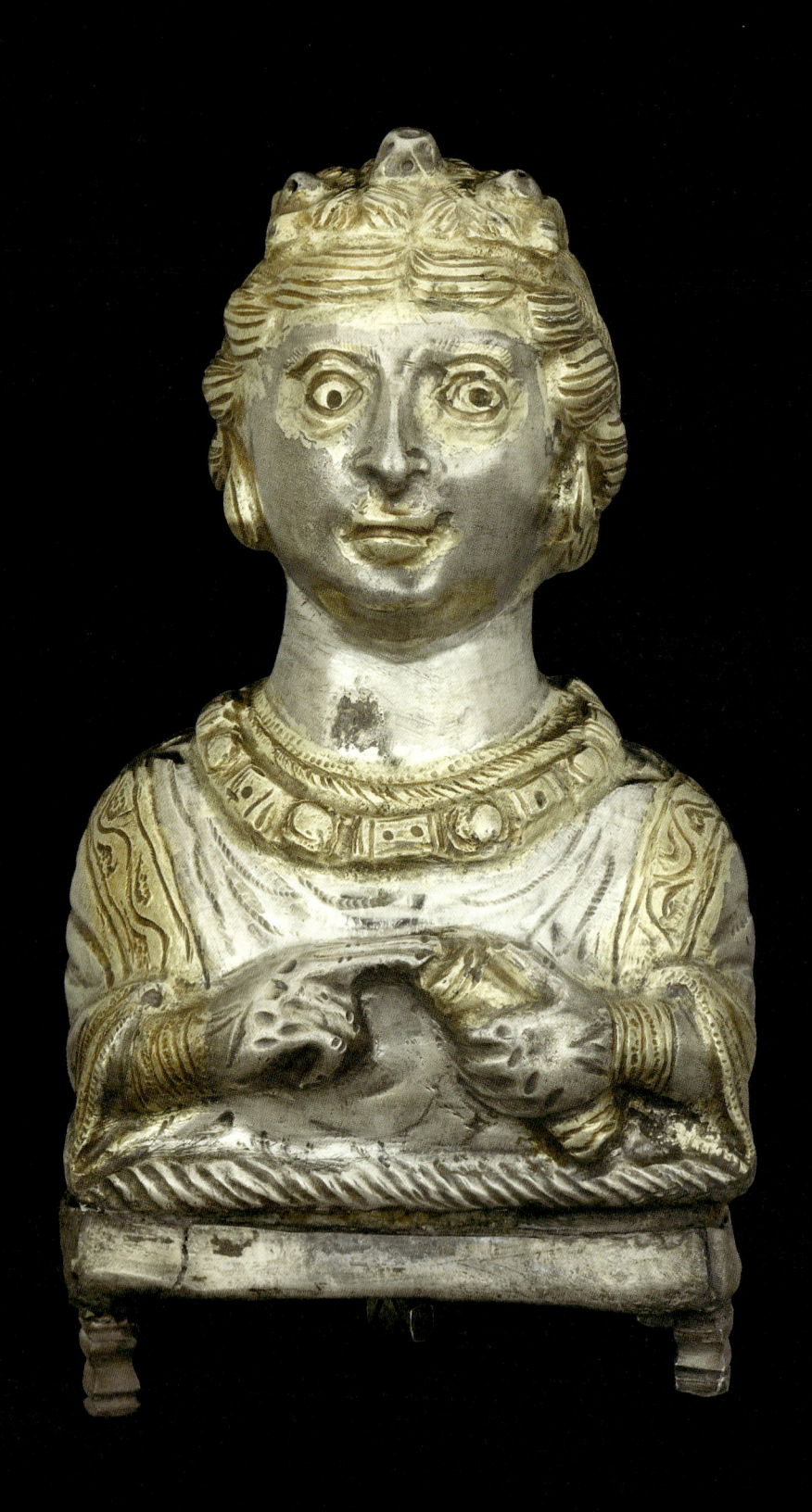

40

霍克森胡椒瓶

银罐，发现于英格兰萨福克郡霍克森

公元350年至公元400年

数千年前，东方的香料便已传入西欧。在咖喱成为一道英国国菜之前，不列颠人老早就盼望着来自印度的异域风味能对这个岛国沉闷的食物有所调剂。对诗人乔治·赫伯特来说，"香料国度"是一个完美的比喻，唤起了人们对远方的无尽想象与无尽渴望。因此，千百年来，香料既是诗歌的主题，也是贸易的主角。远东与欧洲之间的香料贸易让葡萄牙与荷兰大获其利，同时也引发了无数场血腥战争。公元5世纪初，香料买卖已遍布罗马全境。公元408年，西哥特人进军罗马，退兵的条件是巨额赔款，包括黄金、白银、大量的丝绸以及一吨胡椒。这种珍贵的香料在整个罗马帝国境内都大有市场，从印度一直到本节物品的发现地东安格利亚。

我们如今称为萨福克的地区，对罗马人来说算是远西，它是罗马的西部边陲。公元400年左右，不列颠几百年来的和平与繁荣即将结束于一场混乱。罗马帝国在西欧四分五裂，在英格兰的影响力也逐渐减弱。在动荡时期，富人的处境十分危险，不再有军队来保护他们的财产，因此，他们逃亡时留下了极为珍贵的宝藏。本文中的物品便是在公元410年左右埋藏在萨福克霍克森地区的金银财宝中的一件，1992年，它在埋藏1600余年后终于重见天日。

它看起来就像是一位罗马夫人的半身雕像，服饰华美，挂着长耳环，发式精巧繁复，发辫盘在头顶。一望即知，这是位庄重的贵妇，衣着入时。雕像高约10厘米，大小如同一个胡椒罐。而它也恰恰就是一个银制胡椒罐，底部有精巧机关，可以控制胡椒的倒出量。只要扭动把手，就可以选择全开、全闭或半开。胡椒罐显然是富人所有，设计目的是为了增加生活乐趣。夫人的脸部由白银制成，眼睛和嘴唇却使用了黄金，如遇烛光闪烁，它们就如同会动一般。在萨福克的宴会上，它一定曾是话题焦点。

公元43年，英格兰成为罗马帝国的一部分。因此到制作这个胡椒瓶的时期为止，英国已由罗马统治了300余年。本地的不列颠人与罗马人混居、通婚，所有人都采用了罗马的风俗习惯。罗马贸易专家罗伯塔·汤伯尔阐述道：

> 罗马人来到不列颠时，带来了大量罗马的物品、文化以及社会习俗，让不列颠人感受并逐渐认同了罗马文化。葡萄酒和橄榄油都来自罗马，而胡椒是这个系列中更为珍贵的物品。

罗马人十分重视饮食。掌管厨房的奴隶厨师长每天都要为他们准备大量佳肴。一份高级菜单应该包括：洒有蜂蜜与罂粟籽的睡鼠，身下围着用蛋糕做的吸奶小猪、腹内填满活鸫鸟的整头野猪，以及作为结束的榲桲、苹果和伪装成鱼类或禽类的猪肉。这样丰富的菜单自然离不开大量的调味品，而当时最主要的香料便是胡椒。

为何这种香料具有如此持久的吸引力呢？我曾询问过作家克莉丝汀·麦克法登在食物中加入胡椒的重要性：

> 人们对胡椒的欲望永无止境，甚至为了它大动干戈。每一份罗马食谱的开头都是："把胡椒放进……"
>
> 一位20世纪早期的大厨认为，没有别的哪种香料能为如此众多的食物提味，不管甜咸，都能搭配。它含有一种名为胡椒碱的生物碱，能给人辛辣的口感，让人大量出汗，从而降低体温，使人在炎热的天气里感觉舒适，同时也能促进消化，刺激味蕾，促进唾液分泌。

离罗马最近的胡椒原产地是印度。罗马人让货船往返于印度洋上，将货物运抵地中海。整支商队满载着胡椒从印度来到红海，然后穿越沙漠到达尼罗河岸，再通过河路、陆路与海路到达罗马帝国。这一贸易网络复杂而危险，但利润奇高。罗伯塔·汤伯尔补充道：

> 斯特雷波称，1世纪时，每年都有120艘船从红海港口米奥斯－霍米斯前往印度。当然，在红海别的港口以及别的国家也都有开往印度的船只，贸易金额巨大。一份穆吉里斯的莎草纸文献记载，整船胡椒价值700万赛斯特帖姆，而当时罗马士兵一年的薪俸仅为800赛斯特帖姆。

因此，让本节中的这个胡椒罐保持常满状态必然会花去大笔开支，但胡椒瓶的主人还拥有3个类似的银罐，其中一个的外形是希腊神话中的英雄赫拉克勒斯，另两件则是动物造型，用来盛放胡椒或其他香料，简直奢侈得惊人。尽管如此，胡椒瓶也只是这批埋藏的宝藏中的一小部分。当时出土的一个柜子里有78把普通汤匙，20把长柄勺，29件金饰，以及15000多枚金银币。硬币上共有十五位君主的肖像，距今最近的一位是公元407年登基的康斯坦丁三世。由此我们推断，这批宝藏的大致埋藏时期一定在此之后。差不多就在此时，罗马帝国在英国的统治迅速崩溃。

我们再来看看这个贵妇造型的胡椒瓶。这位夫人的左手骄傲地握着一卷纸，右手的食指搭在上面，造型很像一个在毕业照中自豪地展示证书的学生。这告诉我们，这位女性不仅出身高贵，而且接受过良好的教育。罗马女性不能参与法律、政治等领域，但在艺术方面的课程却很多。成为一名淑女需要精通歌唱、弹奏、读写及绘画。虽然不能公开露面工作，但一名这样的女性必然也发挥着相当的影响力。

从胡椒瓶上我们无法确认这位女性的身份，但宝藏里的其他东西留下了一些线索。一只金镯上刻着"UTERE FELIX DOMINA JULIANE"，意为"愿它带给你快乐，朱利安女士"。虽然她未必是胡椒瓶上的那位贵妇，却一定是胡椒瓶的主人。另有数件物品镌着"奥列里乌斯·乌尔西努斯"的名字，他会是朱利安的丈夫吗？这些物品的体积都不大，但价值极高。它们一定曾是一个罗马富裕家庭的财产，在政权崩塌之时，他们所受的冲击最大。古代世界没有瑞士银行账户，只能将财宝都埋藏起来，希望日后有归来挖宝的机会。但朱利安与奥列里乌斯没能再回来，财宝一直深埋地底，直到1600多年后，一名叫埃里克·劳斯的农夫丢了一把锤子，他带着金属探测器去找锤子，却在无意中发现了这个宝库。当然，锤子最后也找到了，它也成为大英博物馆的藏品之一。

如果没有考古学家、人类学家、历史学家等人的辛勤工作，许多历史物品对我们来说都毫无意义。而如果没有像埃里克·劳斯这样的寻宝人，我们甚至都不知道它们的存在。他们的发现改写了不列颠的历史。埃里克发现了几件文物之后，立刻通知了当地的考古学家。他们记录了详细的出土地点，并将宝物连同附近的泥土一起取出研究。工作人员用了数周的时间进行细致挖掘，取出了所有文物，并弄清了它们当年的摆放方式。用于存放宝物的宽约60厘米的木箱已基本腐朽，但里面物品的位置没有变动。我们的胡椒瓶与一堆长柄勺、几个小银罐和一把造型为跃起的母虎的漂亮银把手摆在一起。在箱子顶层还有用布仔细包裹的一些首饰，如项链、戒指和金链条等，主人不知道是否还有一天能再次佩戴它们。通过这些物品，我们仿佛能近距离地感受到让这些人惶惶如惊弓之鸟的灾祸。

宝藏中的一把汤匙上刻着"VIVAS IN DEO"（愿主保佑你），这是一句常见的基督教祝词，因此宝藏的主人很可能是基督徒。当时，基督教作为罗马帝国的国教已达百年。它与胡椒一样从罗马来到了英国，如今，帝国早已消失，但它们依然存在。

第九部分

信仰的兴起

公元 100 年至公元 600 年

为理解宇宙的永恒，从 2000 多年前开始，几大宗教信仰逐渐成为塑造世界的力量。令人惊讶的是，佛教、基督教和印度教竟然在几百年内不约而同地将神祇具象化：公元 100 年至 200 年，佛教首先用人类的形象来表现佛陀；公元 312 年，随着基督教成为罗马国教，耶稣最古老的形象也出现了。而印度教几乎也在同时创造出了流传至今的本教神灵的形象。在伊朗，国教袄教明确指出，维护世界秩序是统治者的宗教责任。公元 570 年，先知穆罕默德的诞生带来了伊斯兰教的兴起，这一宗教最终替代了阿拉伯世界曾敬拜过的各种本土神灵。

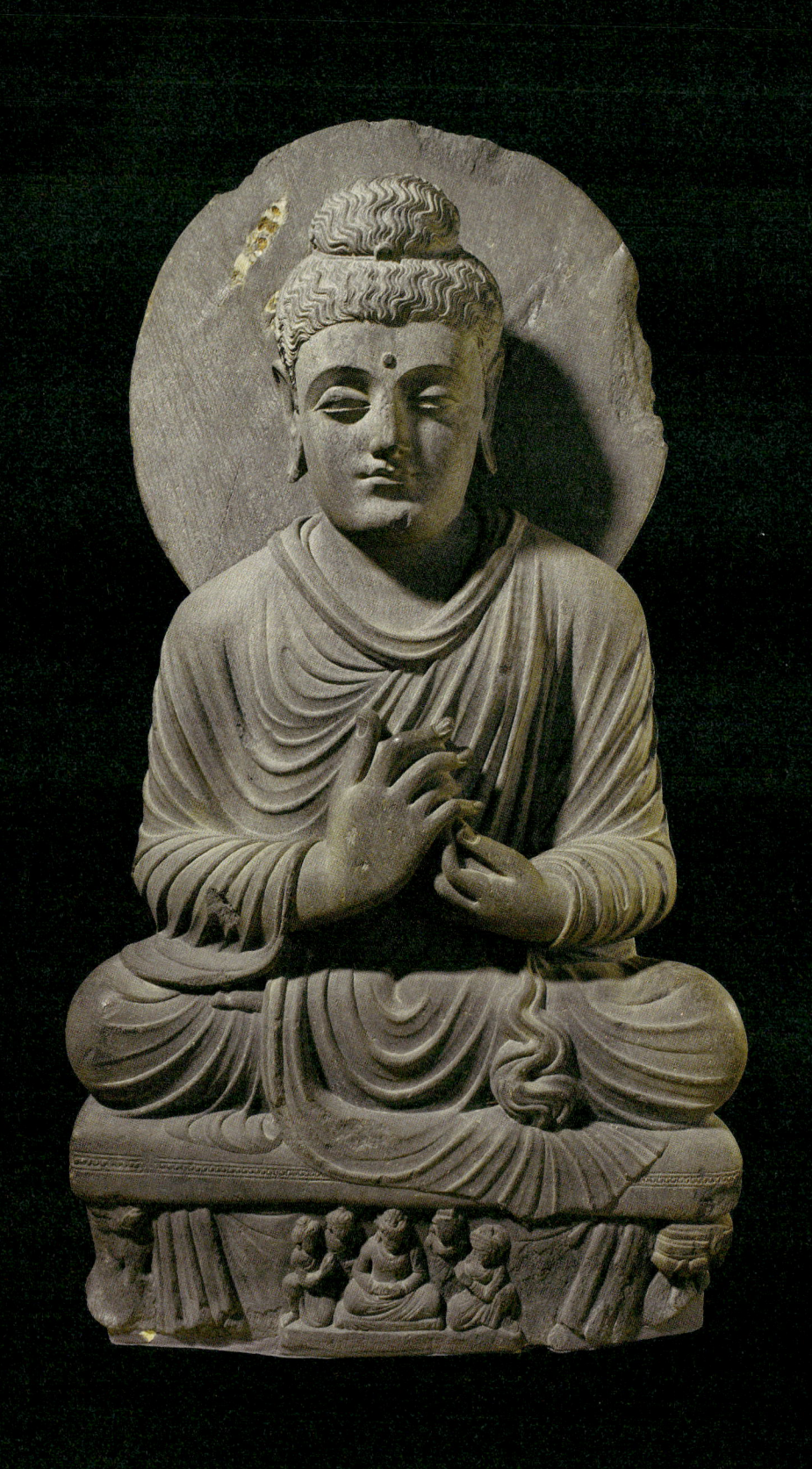

41

犍陀罗佛陀坐像

石像，出土于巴基斯坦

公元 100 年至公元 300 年

巴特西公园位于伦敦泰晤士河南岸，听起来不像是会邂逅佛陀的地方。但正是在这里的和平宝塔一侧，一位来自日本的长濑法师每天都会敲着木鱼在 4 尊镀金佛像的注视下穿过草坪。法师对这几尊佛像极为熟悉。从某种意义上来说，每个伦敦人都很熟悉。从泰晤士河看过去，佛像结跏趺坐，双手置于胸前。无须过多描述，因为坐佛是世界宗教史上最著名、历史也最悠久的造型之一。

大英博物馆中收藏着一尊用灰色页岩雕成的佛像。这种岩石中含有结晶碎片，在光照下光芒闪烁。佛像头与手的大小与真人类似，但身体较小。他盘腿呈莲花坐，手置于胸前。双肩皆披袈裟，身上有表现袈裟皱褶的厚重深刻的衣纹。脚大部分隐藏在衣服之中，只露出脚心朝上的左脚的几个脚趾。他的头发整体向上束起，顶端似有发髻，但其实那是佛陀智慧的象征。他眼帘低垂，安详地看向远方，双肩往上至头后的圆盘状物是他的光环。

如今，在全世界都能找到宝相庄严的佛陀坐像，但起初，佛陀其实并没有供人瞻仰的具体形象，几百年间都只能通过一些象征物来表现。佛陀以人类的形象示人，始于 1800 年前的巴基斯坦。

彼时佛教已经存在了数百年。据佛教文献记载，佛陀曾是公元前 15 世纪北印度迦毗罗卫国的一位王子，他放弃了王族生活，成为一名苦行僧，想参透人生的苦痛与无常，助人脱离苦海。在漫长的苦行生活之后，他在一棵菩提树下打坐，悟道 49

天后终于开悟,脱离了人生的贪、嗔、痴。从那一刻起,他便成了佛陀,意为"觉者"或"悟者"。他向僧侣传授自己的佛法,僧侣们再将其传向亚洲各地。佛法在向北传播的途中来到了今巴基斯坦东北部的犍陀罗,即喜马拉雅山山脚的白沙瓦附近。

所有宗教都需要面对一个关键问题,即如何理解永恒与无限,人类又如何亲近神?有的宗教采用了吟诵的方式,有的则完全依赖文字,但大部分宗教都认识到,神像能让凡人感受神的力量。在大约2000年前,几大宗教都开始用神像来传道。基督教、佛教和印度教几乎在同一时期采用人类的形象来表现本教神灵,这难道仅仅只是巧合?不管真相如何,三大宗教都在这一时期创造出了流传至今的神的形象。

自19世纪50年代以来,考古学家在犍陀罗地区发现了大量的佛教圣地及雕像,数量比在其他古印度地区发现的总量还多。事实上,我们这尊栩栩如生、大小等同真人的佛像便来自这一地区。在1800多年前,这样的一尊雕像必定会令佛教教徒心生恭敬。在那之前,教徒们一直用一些象征物来代表佛陀,如他开悟时的菩提树、一双脚印等等。这是他首次拥有人类的相貌。

在布鲁塞尔自由大学教授印度艺术史的历史学家克劳汀·波兹-匹克隆解释道:

> 佛陀是真实的历史人物,因此并非神灵。约2000年前,人类开始把几百年前的智者与各种神灵用人类的形象表现出来。代表佛陀的形象首先被雕刻在舍利塔的四周,以他曾于其下开悟的那棵菩提树为象征。而对佛足印的崇拜至今在印度还很兴盛,足印代表了曾在世间留下足迹,但如今已离开人世的人。之后的象征手法变得愈加精巧,他们用燃烧的柱子代替菩提树,火焰象征着佛陀发出的光芒。这些象征方式逐渐成为艺术手法,导致了其后佛陀具象的诞生。

本节中这尊佛像大约雕刻于公元3世纪,是已知最古老的佛像之一。当时犍陀罗在北印度贵霜王朝的统治之下,该王国的领土从喀布尔一直延伸到伊斯坦布尔。其时,丝绸之路连接着中国、印度与地中海地区,贵霜王朝位于这条路线的节点上,因而国力强盛。始于犍陀罗的主干道向西穿过伊朗,一直通往埃及的亚历山大港。国家经济繁荣,政治稳定,因而可以修建大量寺庙和佛像,并能派出僧侣,四处传扬佛法。能够流传至今的宗教,起初都是靠着贸易与国家实力发展起来的。佛教的创始人当年抛弃了荣华富贵，过着苦行僧的生活，但矛盾的是，佛教的繁荣靠的却是奢侈品贸易。僧侣们与丝绸等贵重物品一起踏上旅途，随身携带佛像。也许在语言不通的时候，用人类形象表现的佛像更能体现佛法的深意。

我们今天所熟悉的佛像有四种标准姿势：卧姿、坐姿、站姿及行姿。这些姿势所表现的与其说是某一时刻，不如说是佛陀生活中的某一侧面。本文中的佛像表现的就是佛陀开悟时的形象。他身着袈裟，但蓄有头发，与普通僧人不同。他已脱掉了华丽的衣饰，摘掉了珠宝。他的耳朵上不再坠有沉甸甸的金饰，但长耳垂上的耳洞仍显露了他的王子身份。他的莲花坐姿是佛教中冥想与说法时的姿势。

这尊佛像与后来出现的成千上万的类似佛像都有着同一个目的。曾做过僧人的图登金巴向我们解释佛像如何助人开悟：

> 修行者凝视佛像，佛的形象随之进入他们的心灵。之后他们思考佛的身、语、意。佛像能令信徒想起佛陀，回忆起他的奉献、开悟以及重要事迹。不同形式的佛像实际上就代表了不同的事迹。比如，佛陀有一个很著名的姿势：结跏趺坐，手作说法印。其实严格来说，这应该叫转法轮印，意为转动佛法之轮。

这正是本文中坐佛的手势。法轮象征了通往开悟的道路，是印度艺术中已知最古老的佛教象征。佛陀的手指代表法轮，他为听众转动法轮，让他们能放下虚幻的现实，脱离苦难与自我，进入极乐的涅槃状态。佛陀教导：

> 外饰粉脂。璎珞衣服。华鬘钗钏。假庄严身。痴人不知。横被诳惑。于色境界。妄生欲心。若有智人。正念观察妇人身体体性如是空无有主。犹如梦幻。

佛教的所有艺术都教导人们不要眷恋虚幻的物质世界，即使它所依赖的是佛像这种物质实体。下一节的文物来自印度教，他们信仰众多神祇，并相信物质的丰富能使人快乐。

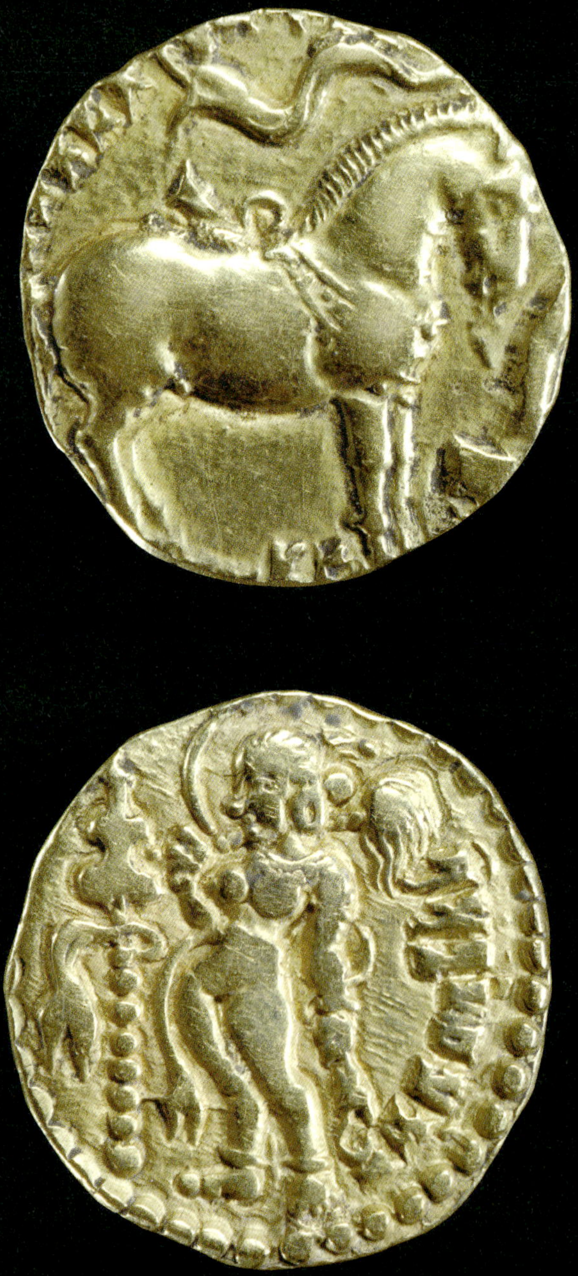

42

鸠摩罗笈多一世金币

金币，来自印度

铸造于公元415年至公元450年

在伦敦西北有一座印度教神庙——尼斯登庙，它是整个伦敦乃至整个英国最让人惊艳的建筑。这座巨大的白色建筑由开采自意大利的大理石筑成，在印度由1500多名工匠精心雕琢后，再运到伦敦。

访客脱鞋之后，进入一个装饰华丽的大厅，里面有许多印度神像，用来自卡拉拉的白色大理石雕成。中午时段谢绝访客，因为这是众神睡觉的时间，下午4点左右，音乐响起，唤醒众神。我们如今看到这里湿婆、毗湿奴等印度神祇的形象，仿佛亘古以来就是如此，但其实这些形象的形成，在历史上自有其起点。印度教众神祇的形象与基督教和佛教一样，也是在公元400年左右形成的。我们如今在伦敦看到的形象，可追溯到约1600年前印度伟大的笈多王朝。

人类要与神互动，就需要神有一个可资辨识的形象。但要如何表现出他们的身份特征呢？印度教尽管有苦修的成分，但也承认物质富足所带来的欢愉，他们神庙里的许多神祇都装饰华丽，佩戴着鲜花及花环。湿婆与毗湿奴很容易辨认，前者手持三叉戟，与自己的妻子雪山神女在一起，后者则端坐着，4条手臂拿着铁饼与莲花。附近通常还有一个对1600年前的笈多王朝十分重要的神，即湿婆的儿子鸠摩罗，现在又叫卡尔凯蒂耶。公元400年前后，在北印度笈多国王修建的新神庙里，所有的印度神都开始以我们如今熟悉的形象呈现。

大英博物馆的钱币与勋章馆藏有两枚印度国王鸠摩罗笈多一世的金币，他于

金币的一面是马的图案，另一面是一位女神，
可能是吉祥天女

公元414年至455年在位。这两枚硬币表现了国王的宗教信仰中极为不同的几个方面。它们由黄金制成，大小与英国的一便士相当，拿在手里颇有分量。在第一枚硬币上，别国通常用来雕刻国王头像的位置，刻着一匹神骏的牡马，身上装饰着彩带，头顶上飘着一面三角旗幡。金币边缘有一句梵语，意为"鸠摩罗笈多一世，至尊王者，克敌制胜"。

为什么硬币上的形象是马而不是国王？这源自印度教诞生之前就已存在的一种古老的祭祀仪式，之前的印度国王一直奉行，笈多的国王也将其继承了下来。这种仪式一位国王一生中也许只能举行一次，因其步骤繁复可怖，持续时间更是长达一年，要耗费大量钱财，并以大规模夸张的杀生献祭作为结束。鸠摩罗笈多一世决定要举办一次。

他们选中了一匹牡马，净身仪式后，放它出去漫游一年。一支由王子、信差及仆从组成的队伍一直尾随并观察它。他们的主要任务之一是阻止它交配：牡马必须保持纯洁。在整整一年无法交配但自由自在的生活之后，牡马被抓回来，经过一系列复杂仪式后交给国王，由国王在众人面前用金刀亲手将其杀死。我们这枚金币便是为了纪念鸠摩罗笈多一世所完成的这一比印度教还古老的仪式。该仪式再次确认了他的王统与无上的权力。但与此同时，鸠摩罗笈多一世也急于推动其他较新的宗教活动，希望得到其他神灵的扶持，以巩固自己在人世的地位。他花费了大笔金钱修建神庙，在寺内广树雕像，绘制壁画，用新颖动人的形式来吸引信徒。事实上，正是他与当时的许多人一起，重塑了神灵的形象。

笈多王朝始于公元300年后不久，以北印度为中心迅速开始扩张，占领了印度次大陆的大部分领土。公元450年，王朝成为该地区的超级势力，与伊朗及东罗马帝国（拜占庭）比肩。公元313年，罗马的君士坦丁大帝承认基督教合法，其后不久，北印度的笈多王朝便制定出印度教许多流传至今的形式——复杂的宗教结构、庙宇、僧侣，以及我们今天能看到的众神形象。

为什么这一切都发生在历史的这一时期？对基督教和佛教而言，这同帝国、财富、不断增长的信徒与艺术的力量有关。只有强盛稳定的国家能出现伟大的艺术与建筑，它们比语言文字直观得多，只要一眼便可以了解，这在多语言的大帝国中是极大的优势。而且，建筑与雕像一旦树立，便能长久保存，为未来提供仿制对象。在罗马，

金币的一面是骑着孔雀的鸠摩罗，
另一面是鸠摩罗笈多自己

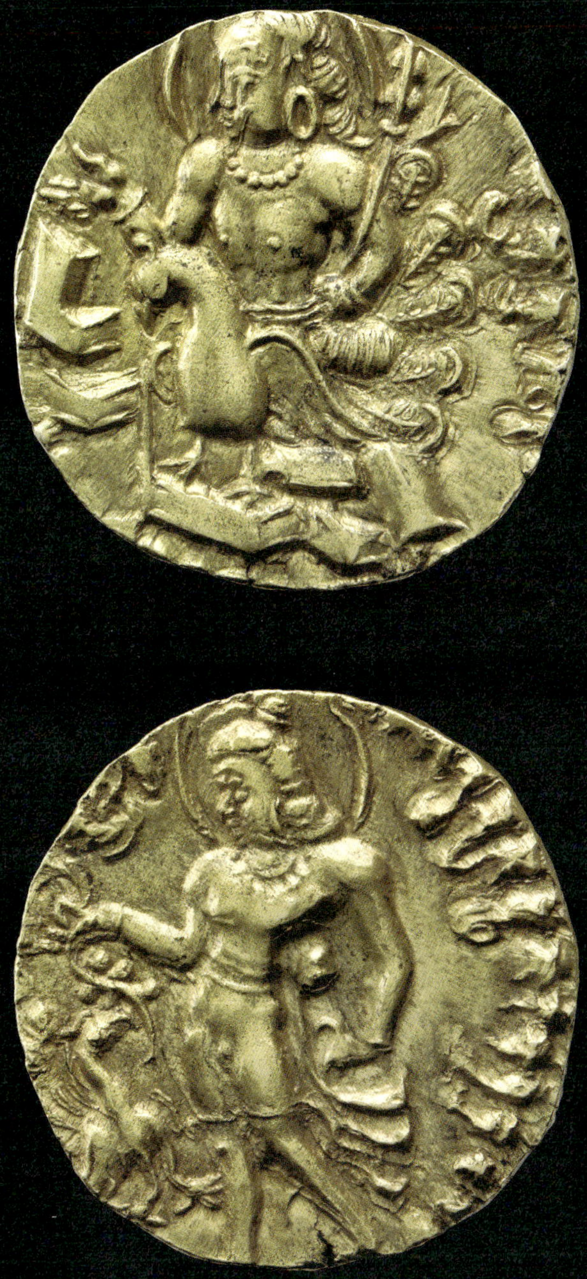

基督教迅速成为唯一的国教，但在印度，印度教对笈多王来说只是接近神祇的方式之一。看起来，这个世界能轻松地面对复杂状况，让不同的真理和谐共存，并宣布它们都得到国家承认。

在笈多王朝，印度教蓬勃发展之际，信徒与神之间形成了一种怎样的关系？牛津大学古印度研究中心主任、印度教僧人肖纳卡·里希·达斯解释道：

> 印度教将所有的神都当作造物主的分身。造物主无处不在。因此，对神灵形象的实体展现被认为对呼唤造物主显身极有帮助。去寺庙参拜时，神像便是显身。同时，你在家里也可以供奉。印度教教徒会邀请造物主进入这一实体。早上敬献甜食唤醒他，晚上将他置于床榻之上，起床后用温水、酥油、蜂蜜、酸奶为他沐浴，然后穿上通常用丝绸缝制的服装，并饰以美丽的花环，最后再开始一天的敬拜。这一套实践造物主显身的仪式十分有趣。

鸠摩罗笈多一世最常敬拜的神祇从他的名字就能看出来。他选择的是战神鸠摩罗。这便是我们在第二枚金币上看到的形象。鸠摩罗上身赤裸，手握长矛，骑坐在一头孔雀上。他们的孔雀并不像西方传统中那样是虚荣自负的象征，而是一种凶残可怕的神鸟，鸠摩罗骑着它上战场。这一形象出现于1600年前，时至今日仍能让人一眼认出，在许多寺庙都能见到。但有一处细节值得一提，金币上的鸠摩罗与孔雀立于基座之上。因此我们看到的并非一幅神祇的形象，而是一尊寺庙里的雕像，也许鸠摩罗笈多自己也在供奉一尊。寺庙造像的传统即在这个时代出现，一直延续至今。

金币的另一面上是鸠摩罗笈多自己的形象，也有一头孔雀。国王立在一侧，优雅地让神鸟享用葡萄，并没有像鸠摩罗一样骑上去。他戴着王冠，头顶光环，还戴着沉甸甸的耳环和精致的项链。金币上刻着"鸠摩罗笈多王，德行高尚，战无不胜"。

这两枚金币充分发挥了硬币的独特功用：它们让所有硬币持用者了解，他们的君主受到神的恩宠。后面这枚还特别表现来自战神的恩宠，因为很显然，国王与鸠摩罗的关系非同一般。这是在亚历山大死后统治者们发明的大众传播方式（第31节），一直沿用至今：英国的每一枚便士都宣称女王蒙受上帝恩典，作用与鸠摩罗笈多一世的硬币一般无二。但鸠摩罗笈多金币上的神像不只表现了权力神学，它还表现了人类的普遍欲望，人类一直渴望能与神有直接的个人接触。借助雕像与画像，这种关系自此成为印度教的核心。

在笈多王朝的统治下，印度教的主神及其供奉方式成为定制，至今仍支配着印度的宗教格局。近年来，不少历史学家都在探讨笈多王朝中的印度教活动。新德里贾瓦哈拉尔·尼赫鲁大学古印度史荣誉退休教授罗米拉·塔帕解释说，在今天的印度还能感受到笈多王朝的存在，不仅因为他们留下的建筑物，也包括一些政治方式：

> 在开始记述印度殖民史时，有一种民族主义的书写方式将笈多王朝称为"黄金时代"。过去几十年，一种叫"印度教教徒主义"的理论逐渐壮大，他们认为只有印度教教徒才是印度的合法居民。因为只有印度教是土生土长的。穆斯林、

伦敦近郊西北三区显眼的印度教神庙

基督徒、祆教徒都是后期从国外来的。可他们却没考虑过这些教徒中99%都是纯印度人。正是因为这种思潮，笈多王朝重新受到重视。

这实在令人惊讶。正如我们的金币所示，笈多王朝虽然建立了印度教的全新形式，但他们也尊奉旧有的宗教传统。同时，他们还大力保护佛教与耆那教，并无排外性。简言之，600年前，信奉佛教的阿育王开启了对所有宗教一视同仁的伟大印度传统，鸠摩罗笈多王只是延续了这个传统。而之后，信仰伊斯兰教的莫卧儿王朝君主、英国殖民统治者与现代印度的建国者们，都将这一传统继承了下来。

43

沙普尔二世银盘

银盘，来自伊朗

公元 309 年至公元 379 年

理查德·施特劳斯的交响诗《查拉图斯特拉如是说》曾在电影《2001 太空漫游》中被使用，因此很多人都很熟悉，但极少有人知道查拉图斯特拉究竟说过什么，甚至不知道他到底是谁。这恐怕有点让人吃惊，因为他曾创立了世界上最伟大的宗教之一，并有一个更为人熟知的名字——琐罗亚斯特。数百年来，琐罗亚斯特教*与天主教、基督教、伊斯兰教并列中东四大宗教，而且是其中最古老的，是第一个将教义用文字记录下来的宗教，对其余三大宗教有着极为深远的影响。如今全世界仍有许多琐罗亚斯特教徒的社群，尤其是在它的发源地伊朗。事实上，今天的伊朗伊斯兰共和国仍保证在国会中为犹太教徒、基督徒与琐罗亚斯特教徒保留特别席位。而在 2000 年前，伊朗是中东地区的强国，祆教是其国教。

本文将要介绍的是一个来自公元 4 世纪的银盘，它略显夸张地表现出伊朗帝国的势力与信仰，盘上的国王狩猎图蕴含着国王维护世界稳定之意。

当时，基督教刚成为罗马国教。而在伊朗，萨珊王朝几乎在同一时期建立起了高度中央集权、政教合一的国家。伊朗帝国的领土从幼发拉底河一直延伸到印度河流域，用现代地理概念来说，便是从叙利亚一直到巴基斯坦。在数个世纪的时间里，它的实力与罗马相当，是与罗马争夺中东控制权的强有力的对手。银盘上狩猎的萨珊国王是沙普尔二世，他在位时间为公元 309 年至公元 379 年，他成功地统治伊朗

---

* 即祆教。——译注

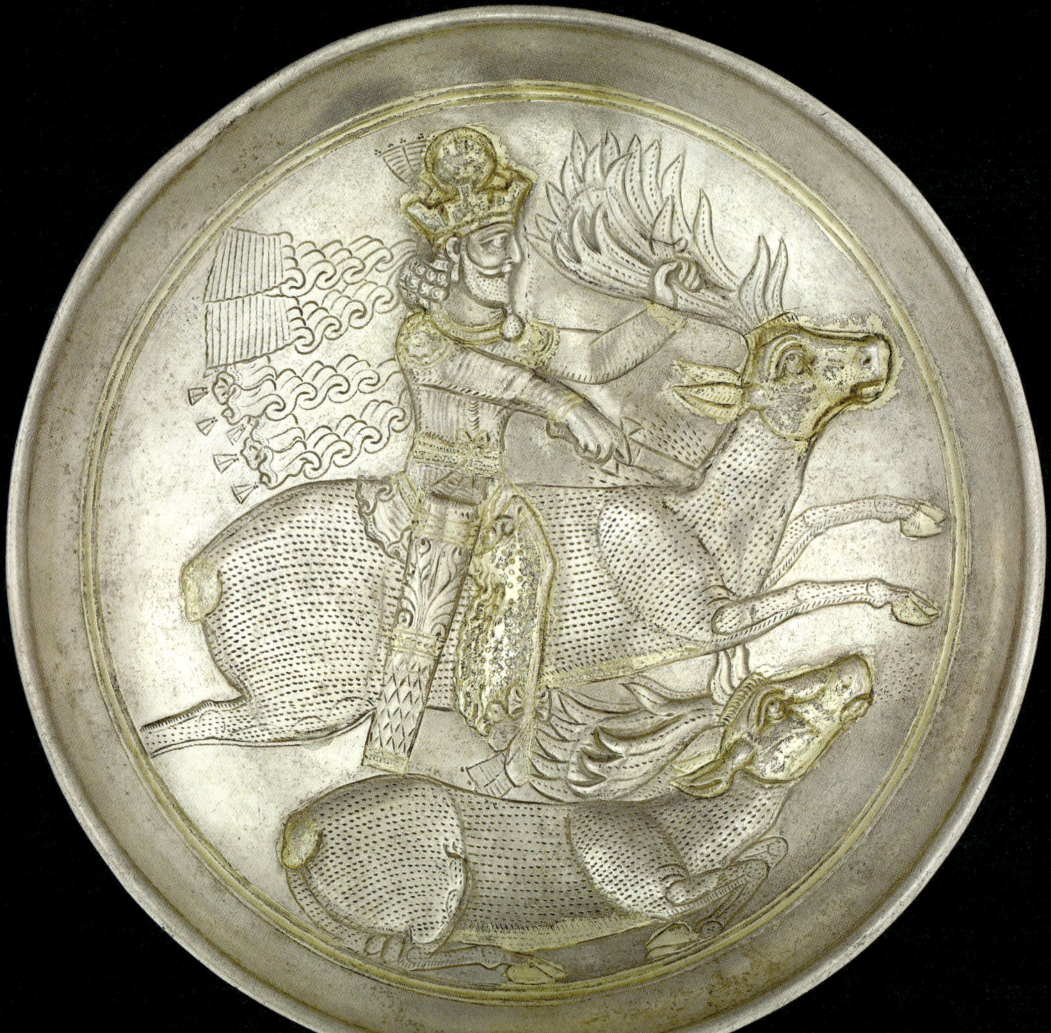

长达70年之久。

这是一个浅底银盘，大小与形状都类似小号飞盘。它用上好的白银制成，一经转动还会发现它曾用黄金点缀。国王镇定地跨坐在坐骑上，头顶巨大的王冠，冠顶的装饰就像一个带翅膀的地球仪，绶带飘扬在身后，表现出动感。他的衣饰极为奢华：垂坠的长耳环，带精美垫肩的长袖束腰外衣，装饰华美的长裤以及带缎带的鞋子。一副精心塑造的表现财富与权力的仪式性形象。

也许你觉得这一切不足为奇。国王的形象从来都是装饰华贵的，动物也永远对他俯首帖耳。但这幅图的意义远远超出了普通的财富与权力展示。因为萨珊国王不只是俗世的统治者，也是神的代言人。沙普尔的完整封号表现出他的宗教身份："神的虔诚信徒，沙普尔，统管伊朗与非伊朗，神之后裔，万王之王。"这里的神当然就是国教琐罗亚斯特教的神。历史学家汤姆·霍兰德向我们介绍了伟大的诗人及先知琐罗亚斯特：

> 如果你对先知的定义是摩西或穆罕默德，那么琐罗亚斯特便是人类的第一位先知。他的生卒年不详，甚至有人认为他不曾真正存在过。但如果真有这个人存在，他一定生活在公元前1000年的中亚。经过千百年的发展，他的教诲成为琐罗亚斯特教的核心。琐罗亚斯特教逐渐成为伊朗人的国教，在萨珊帝国成立之后，又被立为帝国的国教。
>
> 凡是犹太教、基督教或伊斯兰教家庭出身的人，对琐罗亚斯特的基本教义都不会陌生。琐罗亚斯特是第一位提出宇宙是善恶两种势力斗争的战场的先知，也是他首次提出时间并非永无止境的循环，终会有世界末日，人类将面临最终审判日。这些概念都进入了亚伯拉罕诸教——犹太教、基督教与伊斯兰教的教义里。

如果你注意到银盘上国王的坐骑，一定会大吃一惊。他骑的并不是马，而是长着大鹿角的牡鹿。他直接跨坐在没有镫也没有鞍的鹿背上，左手抓着鹿角，右手的匕首灵巧地刺入鹿脖子，鲜血飞溅。银盘的底部还有另一头垂死的牡鹿。整幅图画都有些不真实，比如他头顶的大皇冠，如果真的在骑行，一定早就掉下来了，而刺死正在飞奔的坐骑更是教人不可思议。

这到底是怎么回事？千百年来，狩猎场景在中东一向是表现王权的普遍形式。我们曾看到叙利亚国王坐在重重护卫的马车里，在安全距离外英勇地杀死了狮子。沙普尔所做的略有不同。他挺身犯险，与野兽单打独斗，并非盲目逞能，而是在保卫臣民的利益。作为臣民的保护神，我们看到他杀死的都是些危害百姓生活的动物，如猎食家禽家畜的猛兽，破坏庄稼和牧场的野猪与鹿等。这样的图画是琐罗亚斯特教式的王权体现。国王猎杀野鹿，象征着消灭混乱，重归神圣的秩序。沙普尔作为琐罗亚斯特教善神的代言人，将战胜一切恶势力，完成身为国王的重大职责。

加州大学伯克利分校的亚洲艺术教授贵提·艾莎培教授十分强调国王的双重身份：

> 这是一幅俗世画——狩猎是大部分民众喜欢的消遣，在伊朗尤其盛行——但同时也是当时琐罗亚斯特教思想的表达。人类是神用来战胜黑暗与邪恶的武器，人要遵守教义，一生善言善行，协助造物主赢得最后的胜利。虔诚的琐罗亚斯特教徒因而可以享有圆满的一生，并在死后进入灵魂的乐园。最好的国王不仅是国家的首领，也是宗教的守护者，他维护正义与秩序，是英勇的战士，也是勇猛的猎人。

银盘的用途不只是观赏，更是炫耀。这件奢侈品由一块整银打造，通过在背面敲打制造出浮雕效果。图画中的细节被工匠表现得栩栩如生，他运用不同的手法打造出动物肌肉与国王服饰。图中的重点，即国王的王冠、服饰，鹿的头、尾和蹄都用黄金装饰。当银盘出现在烛光摇曳的宴会上时，黄金将为图画增添生气，让大家把注意力集中在国王与野兽的冲突上。这就是沙普尔想展现给人民的形象，他也希望别国如此理解他的国家。萨珊国王曾大量铸造这样的银盘，作为外交礼物送往亚洲各地。

除了送出具有象征意义的银盘外，沙普尔还派出了琐罗亚斯特教的传教士。这种与政权紧密结合的方式最终被证明十分危险，尤其是当萨珊王朝倒台、伊朗被伊斯兰军队占领之后。汤姆·霍兰德解释道：

琐罗亚斯特教与萨珊王朝被紧紧地绑在了一起。它通过帝国与君主来给自己定位。因而当帝国崩塌后，琐罗亚斯特教也元气大伤。虽然最终这一信仰被保留了下来，但伊斯兰教从来没给过他们与基督徒或犹太教徒相同的尊重。更大的一个问题是，基督徒们就算自己的国家被穆斯林侵占，总还能找到独立的基督帝国或王国，他们知道总会有这样的地方存在。可琐罗亚斯特教徒没有这样的选择。他们曾经的国度全都被伊斯兰占领了。如今就算在琐罗亚斯特教的发源地伊朗，琐罗亚斯特教徒也为数不多。

虽然教徒的数量不算多，但他们的一些核心教义，如世界的善恶之争，以及世界末日的观念，依然有巨大影响。如今中东依然政局不稳，末日启示和正义必胜等观念仍在某种程度上影响着政局。这些观念都源自琐罗亚斯特教，如今为犹太教、基督教与伊斯兰教共有。德黑兰政治家提到的"大撒旦"，华盛顿政治家所谴责的"邪恶帝国"，这些都是"查拉图斯特拉如是说"。

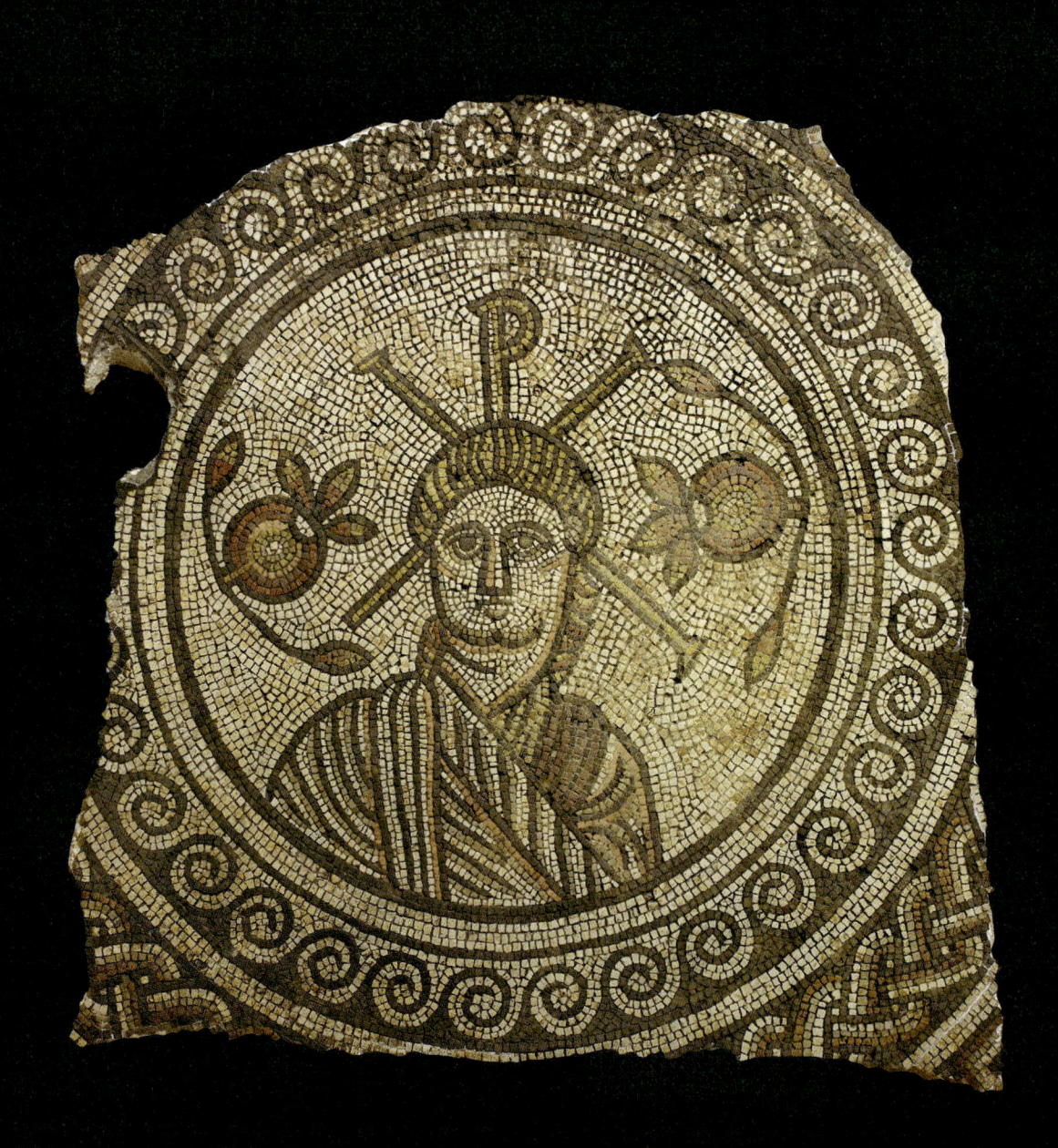

44

亨顿圣玛丽马赛克

罗马马赛克，来自英格兰多塞特郡亨顿圣玛丽

公元 300 年至公元 400 年

大英博物馆中有一个展厅专门陈列约 1700 年前不列颠处于罗马帝国统治时期的文物，其中有一系列神像：一个小型战神马尔斯，一个端着酒杯的酒神巴克科斯，一个在银盘上吹笛子的潘神，还有一个看起来也像是某个异教神。这是一幅齐肩人像的马赛克图案，大小相当于真人，画中人的胡子剃得很干净，金色的头发往后拢着，穿着束胸外衣，长袍紧裹肩头。在他头部后方还有两个希腊字母 Chi 和 Rho，这让我们立刻了解了这名男子的身份：这是希腊文"christos"的首字母，而我们所看到的正是耶稣最早的图像之一。它并非东地中海或罗马帝国的某座教堂的物品，而是公元 350 年前后多塞特某座别墅的地板装饰，能留存至今极为不易。

地板几乎全用多塞特本地材料制成。黑色、红色、黄色的小石块靠罗马的伟大发明——水泥黏合在了一起。进入房间后，首先映入你眼帘的是地板上的一个圆形装饰图案。神话中的英雄柏勒洛丰骑着会飞的天马珀伽索斯，战胜了长着狮头羊身龙尾的怪兽喀迈拉。英雄战胜邪恶是罗马世界中常见的图像，比如我们在沙普尔二世银盘（第 43 节）中看到的。但在房间的另一端，还有一个冲着相反方向的圆形图案。在早年，这里通常会是靠音乐征服世界的俄耳甫斯，或是广受欢迎的酒神巴克科斯。但这里出现的却是基督。

在基督教兴起后的前两 300 年里，望向神的脸庞，甚至仅仅是神以人的形象出现这件事本身，都是不可想象的。首先，没有关于基督外貌的记录，艺术家们没有

创作依据。而更重要的原因在于，犹太人的传统是用灵魂和真心去崇拜神，而非用艺术来表现神。因此早期的基督徒从未尝试制作任何形式的基督像。但到了今天，基督像已随处可见，人们一眼就能辨出。这样的形象又缘何而起呢？很可能是由于罗马上层社会早已习惯用雕像、绘画及马赛克图案表现罗马神祇，因而人们最终决定描画基督面容。这是神学上的重大一步，也是欧洲视觉文化的一个重要转折点。

多塞特的基督像制作于罗马统治英国的最后百年之内。从很多方面来讲，这都是一个黄金时代。当时的社会物资极其丰富，统治阶层能花大笔的钱来装修自己的别墅，购买精美奢华的餐具。基督像附近的展柜里陈列着许多银花瓶、银勺和胡椒罐（第40节）。这些物品表明，当时的社会对基督教及其他宗教都能愉快地接纳。比如在萨福克郡米尔登霍尔发现的大银盘上，有喝醉了的酒神巴克科斯与柔美的仙女一起跳跃的图案，而同一地点出土的勺子上带有基督教的标记。异教的盘子配上基督银勺，这很好地概括了当时英国的情况，且在当时不会让任何人不快。在3世纪至4世纪的英国，基督只是人们信仰的众多神祇之一。基督与巴克科斯的组合在当时并不像今天这么突兀。历史学家伊艾门·达夫教授向我们解释基督如何被纳入诸神：

> 我觉得这幅基督像不算太好看，瞧那肥下巴！令我感兴趣的是将基督与异教神话中的柏勒洛丰、珀伽索斯和喀迈拉并列摆放的做法。基督徒用这些材料表现耶稣复活的信息，表现生命战胜死亡，并把基督被钉在十字架上与英雄杀死怪兽进行比较。这很有意思，认为这位基督教创始人的失败实际上是一种英雄式的胜利……

柏勒洛丰是生命战胜黑暗势力的一个象征，此后这种故事出现了基督教版本，演化为圣乔治屠龙，或圣米迦勒天使长大战恶魔等。

我想知道，当时有多少人在走过这片地板时会意识到自己从一个世界走到了另一个世界，从熟悉的神话场景走到了现代宗教信仰。人人都能认出精力旺盛的柏勒洛丰，但未必都能认出房间另一侧的那张平静面孔是谁，因为当时应极少有人见过基督像。究竟该如何表现一位你从未亲眼见过的神灵的相貌呢？没有任何可依据的

圆形图案中柏勒洛丰骑着天马珀伽索斯，战胜了喀迈拉

东西，比如关于基督相貌的描述或模型等。这在神学和艺术两方面都是难题，我们应给予这位面对极大挑战的多塞特艺术家深切同情。相较而言，绘制俄耳甫斯和巴克科斯的画像要容易些，俄耳甫斯聪颖、年轻、充满艺术气质，巴克科斯活力十足、性感、随时准备享乐。他们也都有标志性的物品，俄耳甫斯拿着里拉琴，巴克科斯则拿着一串葡萄或类似的东西。但在当时，基督没有任何具体的象征物。很少有人愿意看到胜利的全能的耶稣与他耻辱的受难刑具十字架放在一起。他曾告诉门徒，他是道路，是真理，是生命，但这些东西都无法用具象表现出来。他也曾宣称自己是世界之光，但马赛克图案很难表现出光芒，尤其当艺术家水平并不算太高明的时候。我们这位亨顿圣玛丽的艺术家没有使用任何象征物，而是采用了本文开始时提到的

希腊字母☧（Chi Rho）来表明基督的身份，并将它表现为基督身后的光环。

"Chi Rho"是公元312年，罗马的君士坦丁大帝转变了对基督教的态度后所采用的标志。我们几乎可以肯定这块地板制作于约40年后（基督与柏勒洛丰的发型都是公元350年左右流行的发式，即是明证）。米尔维安大桥战役时，君士坦丁改变了对基督的态度，之后才可能有这样的地板出现。此前，没有一个别墅主人敢如此大胆地公开宣扬自己信仰基督，因为基督徒一直受到迫害。但现在一切都不同了。牛津大学教授埃弗利尔·卡迈隆女爵士解释道：

> 据说战前，君士坦丁在天空中看到了十字架，因而改信了基督。之后他始终赋予基督徒极大的特权，彻底扭转了此前基督教不合法时的情况。他给基督教的神职人员税收优惠，介入基督徒间的争端，宣布基督教合法，拨款给基督教会，修建基督教堂。所有这些行动极大地推动了基督教的发展。

正是这种鼓励使得别墅主人敢于向我们展示基督图像。图像上的基督正面直视着我们，明白地显示出这是位强有力的人物。他所穿着的昂贵长袍和时髦的发型也许来自别墅主人，但这肯定不是一位当地统治者，也不是本土神祇。☧符号表明了他的基督身份。此外还有另一个线索：艺术家在他头两侧各创作了一个石榴。了解希腊神话的访客必然立刻就能联想到神话中被带到冥府的珀耳塞福涅，她的母亲解救了她，让她重返人间。但由于她在冥府时吃了几粒石榴籽，因此每年都有一段时间必须在黑暗中度过。她的这个神话是关于四季循环、死亡与重生、落入地府又重返光明世界的寓言故事。艺术家用这一水果将耶稣与异教中同样死而复生的神祇联系起来，比如曾往地府寻找欧律狄克的俄耳甫斯，以及同样与复活有关的酒神巴克科斯。多塞特的基督汇聚了古代世界的所有希望，而这也是人类最深切的愿望：死亡不是终结，之后还会有更丰富的生活，更丰饶的收获。

我们不知道这样的马赛克图案曾出现在一个怎样的房间里。在豪华的罗马别墅，铺设着最美丽的马赛克图案的房间通常是餐厅。但这间屋子似乎并不是。屋里没有地暖，而且朝北，就多塞特的气候而言，在这里用餐未免太冷了。通常，房间的墙壁也能表现出它的用途，但这间屋子的墙壁早已消失。一种有趣的可能性是：鉴于基督肖像面朝东方，而图案与墙壁间的空间刚好可以摆放一个圣坛，因此这里也许是早期的家庭教堂。

人们逐渐开始对将基督像装饰在地板上感到不安，最终罗马人也对此顾虑重重。427 年，罗马帝王最终禁止用马赛克制作基督图像装饰地板，并下令毁掉一切业已存在于地板上的基督像。但禁令颁布时，不列颠已脱离了罗马的统治。亨顿圣玛丽的这座别墅很可能遭到废弃，因此地板完好地保存了下来。从整体而言，罗马人的撤离给英国带来了巨大的文化灾难，但在这件事上，我们应感到庆幸。

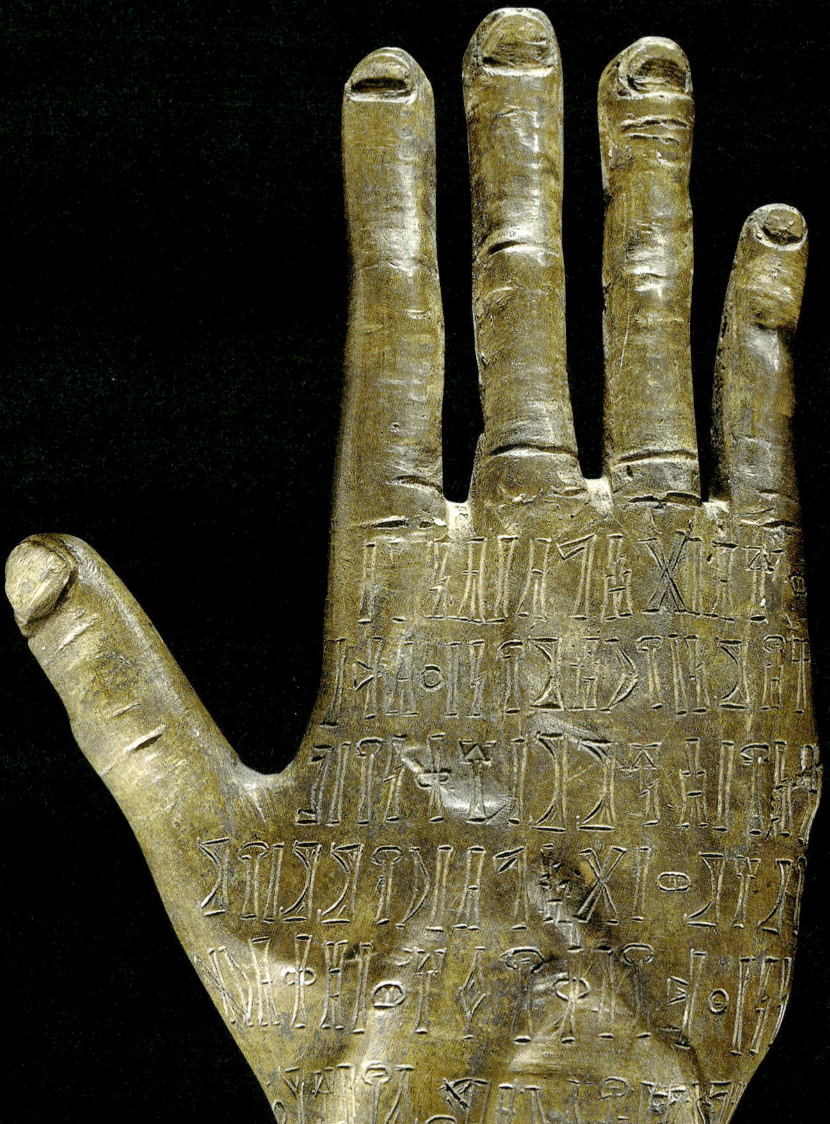

45

阿拉伯铜手

铜手,来自也门

公元 100 年至公元 300 年

最近几节,我们已看过了佛陀坐像,印度神祇以及基督。本节中的物品是一只右手,是献给神的供品,这几乎是用实物表达了"为了某一目的,奉献我的右手"之意。这只手的主人希望能将自己的手放进他所敬拜的神祇手中,以获得神的恩宠。他甚至与这位神拥有同样的名字——塔拉布。

约 1700 年前,世界上的宗教与神远比现在要多。当时的神多具有地域性,而非像现在一样通常为全球各地的人民信仰。例如在麦加,在人们追随穆罕默德之前,朝圣者们进神庙敬拜,每天敬奉的神像都不相同。我们这部分的最后一件文物便是献给后来被穆罕默德禁信的众多阿拉伯本土神祇之一的。他的全称是塔拉布·里阳,意为"里阳的神"。里阳是也门的一座山丘城镇,而塔拉布庇佑着这里的山区百姓。公元 3 世纪的也门是个繁华之地,它是一个国际贸易集散地,出产一些在地中海、中东和印度市场都需求极大的物品,并为整个罗马帝国提供乳香和没药。

我们这只铜手的原主人名为瓦哈·塔拉布。它的大小与真人的手相当,仅比我的略小一号,由青铜制成,很有分量。这手看起来惟妙惟肖,但没有手臂,仿佛是从手臂上切下来一般。但切尔滕纳姆综合医院的整形外科及手外科医生杰瑞米·费尔德认为,事实并非如此:

制作者非常用心地制作出血管的效果,因此这不太可能是截肢。如果手被切下来，血管一定会因失血而干瘪。手上的这些细节都经过精心打造，十分精美。我敢肯定这是一只真人手的模型，不过其中有些奇怪的地方。比如指甲全部呈汤勺状凹陷，显示出它的主人曾患过贫血症。此外，手指细弱纤长，且小指略有变形，我想应该曾折断过。

在被人遗忘了1700多年后，这些微小的医学细节又让瓦哈·塔拉布复活了。我发现自己在揣测他的年纪——他手背上的血管非常突出——而我最想了解的还是他的小指为何折断。是在战场上受的伤吗？我感觉不会是在田里——这不像是一个体力劳动者的手。算命师肯定首先想看看他的掌纹，但这只手的掌心一片空白。确实有些线条，不过雕在手背上，是古老的也门文字。古也门语与现代希伯来语和阿拉伯语都有关联。文字记录了铜手的制作目的及展示地点：

  巴努·苏克因的子民，尤塞麦特族人希山姆之子献上自己的右手给他们的保护神塔拉布·里阳，敬奉于萨法城杜卡布拉特神庙，祈求福祉。

这一大串人名和地名确实有点儿让人头晕，但历史学家重建古代也门社会与宗教信仰的工作几乎全部建立在这样的铭文上，它们的信息量很大。专家破译出文字后，我们了解到，这只手曾被供奉在也门山丘高处一个叫萨法城的地方的塔拉布·里阳神庙里。手的原主人瓦哈·塔拉布来自某个部落，而这个部落属于一个规模更大的、信奉塔拉布神的族群。因此，塔拉布的名字显然来自他所敬拜的神祇，为了表现虔诚，他将自己的手公开献给萨法城中心的神庙，与人们献上的其他供品摆在一起，其中包括塑造成人、动物、弓、箭头等形象的金、铜与雪花石膏制品。供奉者希望神能够赐福他们作为回报。

  瓦哈·塔拉布一定相当富有。只有富人才能供奉出如此精美的青铜手。不过按照当时的国际标准，他整个族群的成员都很富有。青铜手制作时期，几乎整个阿拉伯半岛南部都属于一个国家，一个由类似塔拉布所属族群所组成的城邦联合体，历史学家称之为希米亚里特王国。他们留下了无数的建筑以及铭文。当时的也门绝非荒僻之地，它把守着红海入口，控制了从埃及与罗马帝国的其他地区通往印度的贸易路线。罗马作家老普林尼在公元 79 年曾提及也门为何如此富裕：

> 阿拉伯的主要特产是乳香和没药……他们是世界上最富有的国度，从罗马帝国与帕提亚帝国来的财富源源不断地流入。他们出售来自海洋与境内森林的物产，却从不购买任何别国的物品。

"熏香之路"是一条曾与丝绸之路同样重要的物品与思想交流通道。罗马人大量使用乳香，它是古代世界最主要的香料。从叙利亚到赛伦塞斯特，罗马帝国的每一个神坛上都燃着来自也门的熏香。没药用途广泛：包扎伤口时可以杀菌，制作埃及木乃伊时用于涂抹尸体，还可以用于制作香水。虽然没药的香味并不浓烈，但它却是已知的香料中后味最持久的。莎士比亚曾形容麦克白夫人"用尽所有的阿拉伯香水"都不能使她沾过血的手变香。这些阿拉伯香水中的主要成分便是没药。它一定清洁过瓦哈·塔拉布的手，并为他增添香气。乳香和没药都十分昂贵。一磅乳香的价格等同于一个罗马劳工一个月的工钱，而一磅没药的价钱是它的 2 倍。因此，当东方三贤将乳香和没药带给刚出生的耶稣时，他们送上的不仅是合适的敬神之物，而且价值也像他们另外送上的黄金一样珍贵。

除了铜手上这种简短晦涩的铭文之外，古代也门没有给我们留下任何书面文献。但众多质量相当的青铜工艺品以及最近在阿拉伯南部发现的古代工业矿渣堆，证明当时的也门也是一个青铜制造中心。瓦哈·塔拉布的手一定是工艺娴熟的金属加工匠的作品。仔细观察，你会发现它曾使用了失蜡法（第 18 节），且腕部有精细打磨的痕迹，证明它并非某件大型工艺品的一部分，而是一件完整的作品。

向神灵敬献自己身体某一部分的复制品并非阿拉伯人独有的做法。在希腊神庙、中世纪神坛以及现代罗马天主教堂里都能看到类似的供品，用于向神或圣人祈求病体康复，或用于康复后的还愿。瓦拉·塔拉布献上自己的手时，他们的信仰世界还处于本土神庇佑一方子民的时代。但这样的时代很快便要终结了。阿拉伯的香料曾极广泛地应用于信仰异教的罗马帝国的宗教生活。但当罗马帝国转而信仰基督教时，他们便不再需要焚烧乳香了。香料贸易的大幅下滑导致了也门的经济衰落。塔拉布等本土神消失了，也许是因为他们不能再给人民带来富足。公元 370 年左右，也门人对本土神的敬拜戛然而止，取而代之的是在全世界都有信徒的大宗教，也就是那些延续至今的教派。在接下来的数百年间，也门统治者从犹太教转向基督教，又转向袄教，最后在628年改信伊斯兰教，直至今日，伊斯兰教仍是也门占支配地位的宗教信仰。在这些超越国境的大宗教面前，塔拉布等本土神再也没有任何机会。

但塔拉布信仰的一些元素仍保留了下来。比如，人们仍会前往他和其他一些阿拉伯神的神庙朝圣。宾夕法尼亚州立大学的宗教历史学家菲利普·詹金斯教授对这种残存的信仰元素很感兴趣：

> 阿拉伯的这些古老宗教确实有一些元素延续到了伊斯兰和穆斯林时期，其中影响最大的便是到圣地麦加的朝觐仪式。穆斯林排斥一切异教教义，因此将这种观念融入了易卜拉欣的故事里。但其实这种朝觐行为很可能曾受到发生在这一宗教中心的古代异教信仰仪式的影响。
>
> 我曾提出宗教死亡论，但也许它们会留下一些幽灵。在中东，你能看到许多古老宗教的幽灵进入了新兴宗教。例如，伊斯兰教中有一些来自基督教与犹太教的内容。《古兰经》中的有些故事看起来毫无意义，只有放到当时犹太教或基督教的背景中才能理解。在伊斯兰的建筑、制度和一些神秘仪式中都能看到别的宗教的影响。随着伊斯兰教的传播，它会继续从其他古老宗教中吸收新的模式，唤醒新的幽灵。

最终，伊斯兰教成功地散播到本部分所提及的绝大部分地区，只有多塞特例外。接下来，我们将探讨这些成功的伊斯兰统治者如何管理他们所征服的领土。

第十部分

丝绸之路及其延伸

公元 400 年至公元 800 年

  公元 500 年至 800 年是从中国通往地中海的丝绸之路的鼎盛时期，也是西欧历史上所谓的"黑暗时代"。贸易路线连接着繁荣的中国唐朝与新兴的伊斯兰哈里发国家，这一国家在阿拉伯半岛迅速崛起，以惊人的速度征服了中东及北非。在丝路上流动的不只是货物与人群，思想也在沿途传播。佛教从印度传往中国，并进一步传入新成立的朝鲜半岛国家。在萨顿胡墓葬中找到的宝石告诉我们，南亚的货物曾千里迢迢地来到英国。而在同一时期，南美的第一个国家组织完全独立地发展了起来，正处于欣欣向荣的阶段。

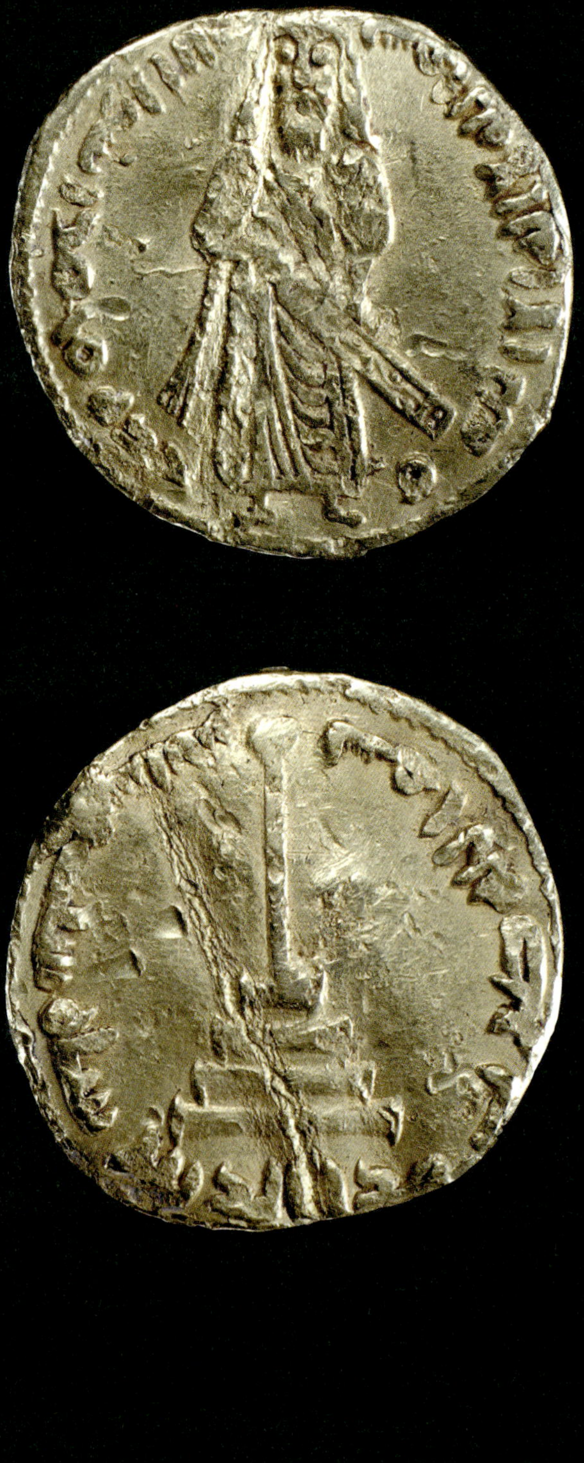

46

阿卜杜勒·马利克的金币

金币，铸造于叙利亚大马士革

公元 696 年至公元 697 年

这两枚第纳尔概括了世界史上最重大的一次政治与宗教巨变：先知穆罕默德去世后，中东发生了永久性的改变。对穆斯林来说，穆罕默德及其信徒从麦加迁到麦地那是历史的起点。这次希吉拉（出走）事件发生于基督教纪元的 622 年，也是伊斯兰新历中的希吉拉元年。在信徒眼中，穆罕默德的教义从根本上改变了世界，因此时间重新开始了。接下来的几件物品都表现了世界在这一关键时刻的样貌。它们都大致制作于穆罕默德去世那一年，即希吉拉十一年，公元 632 年前后，分别来自叙利亚、中国、英国、秘鲁和韩国，向我们展示了这些地区权力与信仰的交互作用。

先知去世后约 50 年，阿拉伯军队便改变了中东的政治现状，征服了埃及、叙利亚、伊拉克和伊朗。几十年间，伊斯兰教的势力范围就达到了基督教和佛教在几百年间所传播的范围。7 世纪 90 年代中期，大马士革的居民们一定发现自己的生活正发生翻天覆地的变化。大马士革于 635 年被穆斯林军队占领，尽管表面上还是一个信仰基督的罗马大都市，但它事实上已成为新的伊斯兰帝国的首都。这个新兴帝国的首领哈里发住在皇宫，伊斯兰军队也都住在自己的军营，与普通居民没有什么接触。但大马士革街市上的人民将通过自己每天都要与之打交道的物品——货币，将新的现实带回家中。

7 世纪 90 年代早期，大马士革的商人们也许并没意识到他们的世界已经彻底地改变了。虽然伊斯兰教统治了几十年，但他们仍用着前朝信仰基督的拜占庭君主的

阿卜杜勒·马利克发行的金币上有他自己的图像（上）

货币，上面有很多基督教符号。他们想当然地以为，基督教的君主迟早会赶走敌人，再回到大马士革，因为这样的故事不止一次地发生过。但这一次，他没有回来。直至今日，大马士革仍是一座穆斯林城市。也许这个新兴的伊斯兰帝国将要长期延续下去的最明显迹象，就是货币的改变。

下令铸造本文这两枚金币的人是阿卜杜勒·马利克，他是继承先知穆罕默德的第九代"哈里发"——信徒的领路人。希吉拉七十六年至七十七年，即公元696年至697年，在不到12个月的时间内，两种硬币先后发行。它们都是金币，大小相当于英国便士，分量则略重。两枚金币的设计完全不同，其一有哈里发像，另一枚上却没有任何图案。这种变化表明，在早期的关键岁月里，伊斯兰教不仅把自己定义为一个宗教体系，同时也是一个政治系统。

在第一枚金币的正面，通常的拜占庭货币放置帝王像的地方，是哈里发阿卜杜勒·马利克的全身像。这是已知最早的穆斯林画像。金币背面，拜占庭人铸十字架的地方，铸着一个顶着圆球的圆柱。

阿卜杜勒·马利克的全身像为站姿，他长须，着阿拉伯袍，戴贝都因式头巾，腰悬宝剑，一手搭在剑上。这幅像十分精彩，是我们了解早期哈里发服饰与王权象征的唯一途径。他威风凛凛，仿佛就要拔剑在手。腰下的线条应代表着长鞭。像的目的是要让人产生敬畏，表明地中海东部如今已有了新的信仰以及威严的新统治者。

他手下某位官员的信函也应和了图像暗含的信息：

> 阿卜杜勒·马利克，信徒之统帅，无懈可击的领袖，对叛徒绝不手软！他的鞭子会抽到与他对抗的人身上！

他的模样十分庄严，但据野史记载，他有极为严重的口臭，以致有"苍蝇杀手"的绰号。但无论如何，他都是自穆罕默德之后最伟大的穆斯林领袖，是他将这一片原本可能只是短期征服的领土变成了统一的国度，以不同的形态一直延续至一战结束。

阿卜杜勒·马利克不同于以往的伊斯兰领袖。他没有亲身接触过穆罕默德。而且他狡猾地从早期帝国，尤其是罗马和拜占庭帝国的统治经验中吸取了最好的传统来建立自己的国家。伦敦亚非学院的休·肯尼迪教授解释道：

阿卜杜勒·马利克发行的新金币上有来自《古兰经》的文字

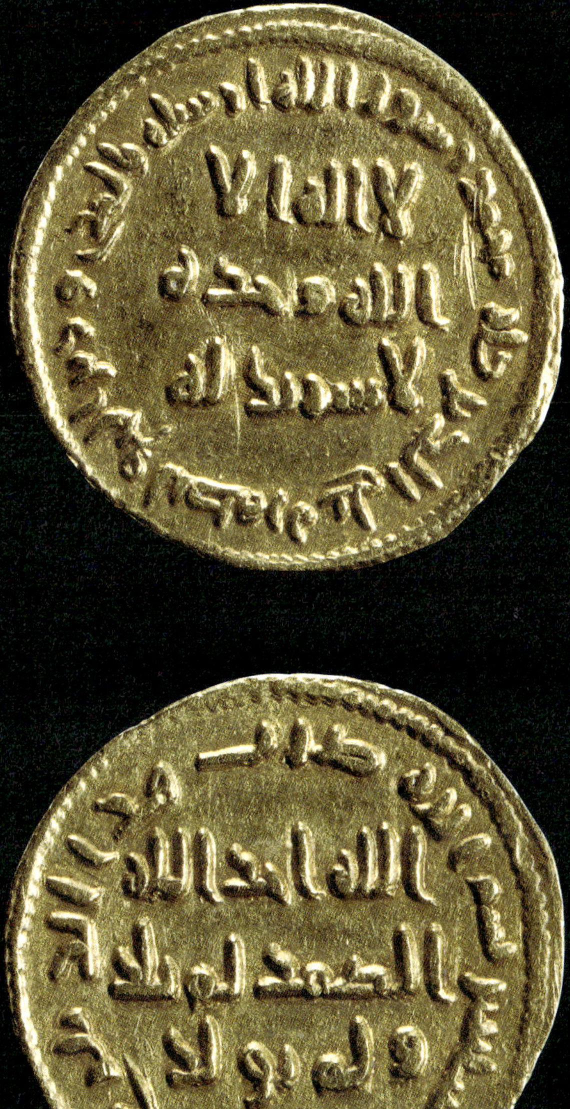

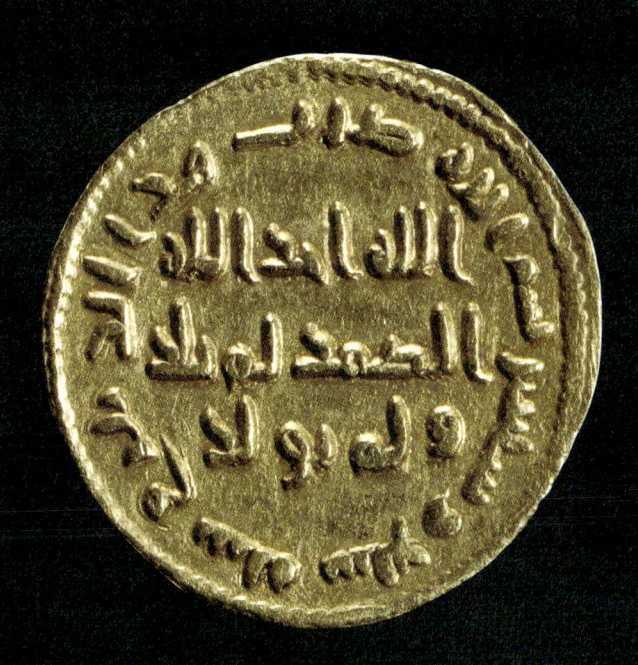

公元632年，穆罕默德去世之后，哈里发成为穆斯林最重要的政治及宗教领袖。在伊斯兰历的最初100年内，所有的阿拉伯穆斯林都意识到他们处在一个全新的国度，之前的一切都不重要。哈里发不是拜占庭皇帝的继承人，也不是萨珊王朝万王之王的继承人。他们也许会借鉴这些帝王管理国家的经验，比如如何收税，收哪些税，但他们并不认为自己与前人扮演着同样的角色。这个制度是全新的。

阿卜杜勒·马利克向拜占庭皇帝借鉴的管理手法之一便是货币管理。在此之前，新伊斯兰帝国所使用的货币要么是占领区的前朝传下来的，要么是从伊斯坦布尔进口的金币。但阿卜杜勒·马利克很快意识到，如果不去控制货币的数量与质量，就会出现经济动荡。他也了解到货币是权力的印章，是向它所流通的社会表明统治权的手段，而统治权如今在他手中。在前现代社会，货币几乎是唯一一种在日常生活中被大量制造并流通的物品，因而也是一个国家视觉文化中最重要的因素。

因此，阿卜杜勒·马利克本人的形象出现在了伊斯兰第一款公开发行的货币上。拜占庭皇帝被信徒的领路人取而代之。但令人意想不到的是，短短几年，这些带有马利克像的货币竟消失了。希吉拉七十七年（公元697年），铸有哈里发站姿的货币被一种截然不同的货币取代。新的货币上没有哈里发，也没有任何图像，只有文字。这是伊斯兰公共艺术的一个决定性时刻。此后长达千年的时间内，都不再有人像在公共场所出现。

第二枚金币的尺寸与重量都与第一枚完全相同，也用纯金制成。它的制作时间只比上一枚晚一年，但上面镌刻的内容只剩下文字。正面是："万物非主，唯有真主。穆罕默德是真主的使者，真主以正道和真教的使命委托他的使者，以便他使真教胜过一切宗教。"这段话出自《古兰经》。硬币的背面还有另一段《古兰经》文字："他是真主，是独一的主，真主是万物所仰赖的；他没有生产，也没有被生产。"

金币上的文字引发两点有趣的思考。首先，这是现存最古老的《古兰经》经文。在穆罕默德之前，阿拉伯世界几乎没有任何文字，但精确抄录神的话语的需求促成了最早的阿拉伯文字——库法文诞生。这也就是这枚硬币上的文字。此外，金币也表明，这一帝国的统治力量不是君王，而是真主。此后，帝国的官方文献上再也没有出现任何人像或写实艺术。曾流行于整个中东地区的将帝王像置于货币上的传统始于 1000 年前的亚历山大时期，如今被废弃了。直到一战之前，这种只有文字的硬币形式一直是伊斯兰世界的标准。而阿拉伯语，镌刻于货币之上的真主的语言，成为第一个伊斯兰王朝整合与生存的基本工具。

公元 705 年，阿卜杜勒·马利克，这位真主使者的继承人、安拉的代理人、第九代哈里发和信徒的领路人去世了。但在这个以信仰为基础的帝国里，由他镌刻在货币上的信息至今影响深远。

如今的世界上已没有哈里发了。这个头衔长期以来由土耳其的苏丹继承，1924 年正式废止。在历史上，得到广泛承认的哈里发极少。但建立一个统一的哈里发帝国的梦想在现代的伊斯兰社会仍极有号召力。我曾询问过社会人类学家马达维·拉西德对这一点的看法：

> 今天的穆斯林，至少世界穆斯林社区中的某部分穆斯林，十分渴望哈里发国家的理想能实现于现实中的伊斯兰社会。这得益于网络的普及，新的通讯技术让拥有不同背景的穆斯林能与其他穆斯林取得联系，而忽略他们之间存在的文化、语言和种族差异。在英国的二代穆斯林中就有这种情形，他们已经失去了父母那一代的文化背景，而能与来自其他伊斯兰世界的年龄相仿的穆斯林建立联系。他们向往一种全球化的认同，一种基于信仰，而非种族背景甚至国籍的认同。

1300 多年前，大马士革的金币以一种物质形式表现出了对统一的伊斯兰国家，对以真主为唯一指引的社会的渴望；如今，这样的渴望仍活跃于穆斯林之间。

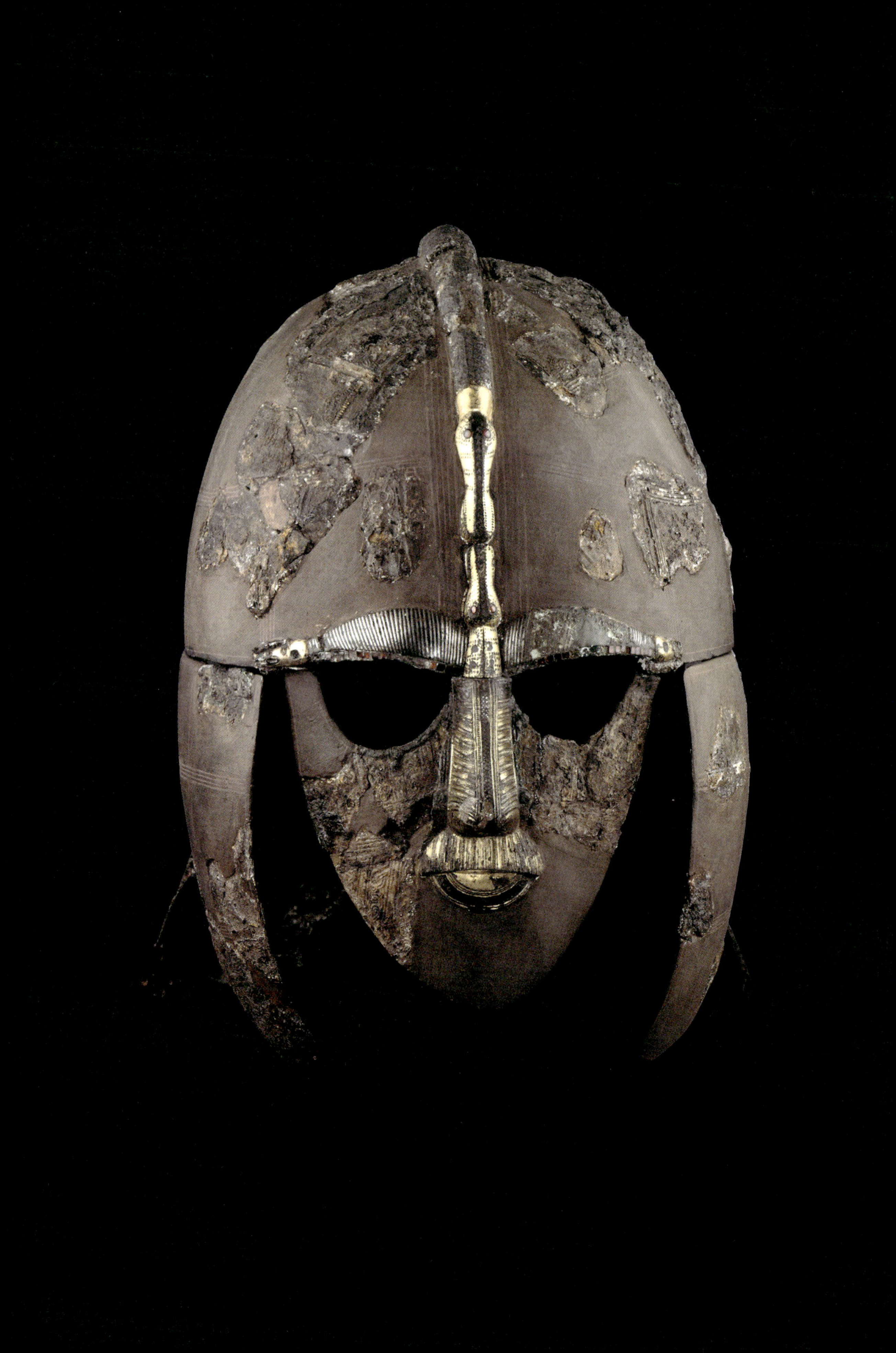

47

萨顿胡头盔

盎格鲁-撒克逊头盔，出土于英国萨福克郡萨顿胡

公元 600 年至公元 650 年

上一节里我们身处炎热的阿拉伯，目睹了先知穆罕默德死后伊斯兰帝国的兴起及中东政治的重塑。这一节的物品则将我们带到寒冷的东安格利亚，在这里，70多年前，诗歌与考古曾神奇地交叠，改变了我们对英国国家认同的理解。本节中的头盔是现代考古最重要的发现之一。它向我们讲述了千百年前一个位于北海的世界，讲述了诗歌与战争。

1939年夏，英国考古史上最激动人心的发现之一出现在距萨福克海岸数英里的萨顿胡。在一座公元7世纪早期的盎格鲁-撒克逊墓葬中发现的物品深远地改变了人们对所谓的"黑暗时代"，也就是罗马帝国在英国的统治崩溃之后那几个世纪的看法。国家信托组织的东安格利亚考古学家安格斯·韦恩赖特描述了当地的景象：

> 在一道约30米高的山脊上坐落着几十个大土丘，俯视着德本河。那些最大的当中有一个被我们激动地称为土丘一号，1939年我们就是在那儿发现了大型船葬墓地。附近还有18至20个类似的土丘。

著名的萨顿胡头盔便出土于这个船葬墓地，同时出土的还有来自欧洲各地的数目惊人的珍宝：武器、盔甲、精美的黄金首饰以及宴会用的白银餐具和许多货币。之前从未发现过类似的盎格鲁-撒克逊时期的文物。发掘工作给人们带来了一大疑团：坟墓

里没有尸体。对此，安格斯·韦恩赖特的解释是：

> 人们曾认为这可能是个衣冠冢，是无法得到逝者尸体时的一种象征性墓葬。但我们现在认为，它的确曾埋葬过逝者，只是当地特殊的酸性土壤分解了所有尸骸。你知道，船是不透水的，因而埋入地下之后，泥土中析出的水分逐渐汇聚其中，基本上形成了一个注满酸性液体的浴缸。一切有机物如尸体、皮革、木头等都被溶解，因而消失了。

船葬的发现吸引了英国公众的注意力，他们欢欣鼓舞，称之为"英国的图坦卡蒙"。但1939年的政治形势给这一发现带来了阴影：不仅仅因为战争邻近，挖掘工作不得不加快节奏，同时也因为墓葬本身便是历史上某个使用日耳曼语的民族成功入侵英国所留下的痕迹。安格斯·韦恩赖特记录了他们的发现：

> 挖掘工作伊始，人们便发现了船只使用的铆钉，那是用来将船板固定在一起的钉子。同时他们也发现所有的船板都已完全腐烂，但由于一个神秘的过程，船的形状以一种陈年黑沙的形式被完整地保留了下来。因此，在小心地挖掘之后，人们逐渐挖出了整艘船。船体长达27米，是已知最大最完整的盎格鲁－撒克逊时期的船只。
>
> 对当时的盎格鲁－撒克逊人来说，船只极为重要。河流与海洋是他们主要的交通路径。在那时，水路交通比陆路方便得多。因此，当时居住在现代斯温顿的人对他们来说无异于居住在世界尽头，而丹麦和荷兰则是他们的近邻。

我们至今仍未了解这艘船的主人是谁。但萨顿胡头盔给了这段难以捉摸的历史一张面孔，一张自发现以后便不断出现在书籍、报纸和杂志上，庄重地凝视着人们的面孔。它已成为英国史的代表性物品之一。

这是一副英雄的头盔，一经发现，人们便立刻联想起伟大的盎格鲁－撒克逊史诗《贝奥武甫》。在1939年前，人们都理所当然地认为《贝奥武甫》完全是虚构的，是一个想象中的由武士的荣耀与丰美的盛宴组成的世界。但萨顿胡船葬中发现的大锅、酒器、乐器、磨损严重的武器、大量的皮草与为数众多的金银财宝，都表明《贝奥武甫》绝不只是诗歌想象，而是对一个在文字出现之前就已存在、业已逝去的光辉世界的精确记忆。

头盔上装饰着用镀金青铜制作的动物图案以及银线，带着战场厮杀的痕迹。看着它，再看看《贝奥武甫》中的描述：

> 为了护头他戴着闪亮的头盔
> 将来必会被水底的淤泥污染
> 还会被旋风卷得模糊
> 它用金箔打造
> 王子般的帽子紧紧扣住
> 一个武器工匠创造的奇迹
> 饰以公猪
> 自此之后抵御刀剑无数

很明显，这位盎格鲁-撒克逊诗人曾仔细观察过类似萨顿胡头盔的物品。

我询问过诺贝尔文学奖得主、桂冠诗人、《贝奥武甫》的译者谢默斯·希尼对萨顿胡头盔的看法：

> 我从不觉得这头盔属于哪个历史人物。在我的想象中，它来自《贝奥武甫》的世界，在诗章中闪耀，又消失于土丘。最好的方式是，想象它与某位历史上的国王或别的什么人一起入葬，然后它的光亮在泥土中慢慢暗淡。《贝奥武甫》中有一节特别精彩的《最后的老兵》，部落里剩下的最后一个人将珍宝埋藏起来，说，待在这里吧，珍宝，你属于爵爷们，世界已经改变了。他向这些财宝告别，将它们掩埋起来。这是一首哀歌，向美好告别，向珍宝告别。我觉得类似这样的哀歌一直萦绕在这头盔周围。它属于诗歌，同时也属于萨顿胡的墓室。但当它进入想象世界，便离开了墓室，成为诗歌的欣赏者和大英博物馆的参观者脑内的奇观。

当然，萨顿胡头盔的主人一定不是诗歌中想象的英雄，而是现实中的某个统治者，只是我们不知道是哪位。人们普遍认为，拥有如此高规格墓葬的人一定是位势力很大的武士首领。而由于我们都希望能在历史记载中找到对应的人物，长期以来，我们都倾向于认为他有可能是东盎格鲁的国王雷德沃尔德。比德在他的《英吉利教会史》中提到过他，他可能是620年左右全英格兰最强大的国王。

但我们无法确定。很可能他只是雷德沃尔德的一位继任者，或是一个完全没有留下任何记录的统治者。头盔依然充满诱惑力地漂浮在历史与想象之间。谢默斯·希尼说：

> 九一一事件中，纽约的消防队员舍生忘死。在那之后，头盔对我个人而言有了全新的意义。早在20世纪80年代，一名波士顿消防员就送过我一个消防员头盔，分量极沉，用传统工艺制成，原料是皮革和黄铜等等，还有一道金属脊。接受这件礼物对我而言有宗教仪式般的感觉，就和贝奥武甫杀死哥伦多后接受来自荷罗斯加的礼物一样。

从某种意义上说，整个萨顿胡墓葬都是一件仪式性的礼物，展示了两位历史人物的财富与权力：一位是埋葬在这里的受人尊敬的逝者，另一位是拥有巨大财富、安排了这次豪华葬礼的人。

萨顿胡船葬无意中将诗歌《贝奥武甫》拉近了历史现实。在这个过程中，它彻底改变了我们对英国这一时期历史的认识。罗马撤离后的几个世纪曾长期被认为是"黑暗时代"，现在我们了解，这其实是个高度发达的社会，贸易范围十分广泛，东安格利亚不仅与斯堪的纳维亚和大西洋地区建立了密切联系，甚至与东地中海以外的地区也有往来。

船葬是斯堪的纳维亚常见的墓葬形式。我们的萨顿胡船轻松地穿越北海，使东安格利亚成为包括现代丹麦、挪威和瑞典在内的一个更广阔世界的一部分。你也许猜到了，头盔也是斯堪的纳维亚式的。但船里还有来自法国的金币、英格兰西部的凯尔特悬碗、拜占庭的宫廷银餐具和印度或斯里兰卡的石榴石。尽管船葬仪式是属于异教的，但陪葬品中仍有两把银勺直接或间接地与基督教世界有关。这些发现迫使我们改变对盎格鲁-撒克逊及不列颠的看法。不管这个国家大西洋一侧的情况如何，在东安格利亚这一侧，英国一直是更广阔的欧洲世界的一部分，贸易与人口迁徙已持续数千年。

正如希尼所言，这座盎格鲁-撒克逊船葬墓地让我们立刻想到《贝奥武甫》的世界。它是英国诗歌的基石，但诗中没有一个人物是真正的英格兰人。他们是瑞典人和丹麦人，是来自北欧的勇士，同时，萨顿胡船葬中的珍宝产地从东地中海一直延展到印度。这些物品讲述的英国历史是陆地的历史，也是海洋的历史。早在公元600年，这个岛屿就与欧亚两洲建立了长期联系，海岸之外的世界一次次地塑造、影响着它。

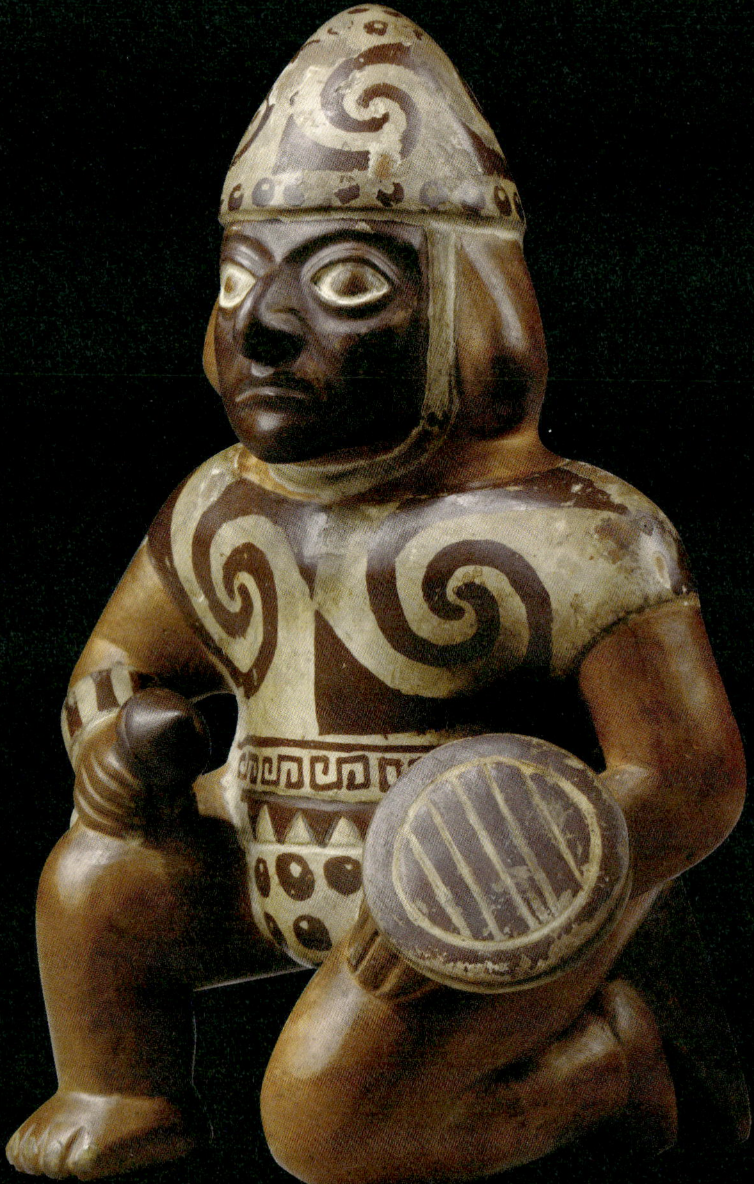

48

莫切武士陶俑

陶俑,来自秘鲁

公元100年至公元700年

在秘鲁,有一个几乎被人遗忘的民族,他们留给历史的不仅仅是一张如萨顿胡面具那样的面孔,而是一座武士的三维立体雕像。借助这座小雕像的服装、武器及其制作与埋葬的方式,我们得以重建这一失落的文明。它与同时期在欧亚蓬勃发展的各种文明没有任何联系,却有众多惊人的相似之处。

历史对大部分美洲文明都是残酷的。阿兹特克人与印加人在我们对美洲人的想象中具有不可动摇的地位,但很少有人知道莫切人来自何方。早期美洲史的专家们正在缓慢拼凑与同时期最发达的欧洲文明不相上下的种种美洲文明。而莫切文明正是这一重寻美洲历史工作的重点。

约2000年前,莫切人创建了也许是整个南美洲第一个类似国家的组织。这一文明背靠安第斯山脉,面对太平洋,在这片几乎都是沙漠的狭长地带上发展了800余年:大致从公元前200年罗马扩张开始,一直持续到公元650年伊斯兰国家建立。如今,只有考古学能让我们了解这段历史,因为莫切人没有留下任何文字。他们留给我们的是这些陶壶。

在大英博物馆的启蒙厅,陈列着一系列来自南美的陶壶。这些小陶雕有1300余年的历史,引人注目地排列在展架上:高约23厘米,整体为深棕色,上有乳白色图案。它们唤醒了往昔的世界。其中有一对猫头鹰、一只蝙蝠、一头正在吃鱼的海狮,还有祭司与武士。均呈蹲姿,如小型雕像一般,但大都带着圆把手与壶嘴,可做水壶使用。这些陶器向我们展现了莫切人的世界。

我从中特别挑选了一个半跪的年轻武士带我们去探索1300年前的秘鲁社会。他右手握着一根形似麦克风的短棒，是能砸碎人脑袋的武器。左手小臂上戴着小号的圆形盾牌，皮肤呈深古铜色，睁大眼睛直视前方，露出了大片的眼白。

这些陶壶除了能让我们了解当时的社会之外，本身也是十分精美的艺术品。莫切人是制陶大师，因此让另一位制陶大师、特纳奖得主格雷森·佩里来评价他们的作品最合适不过了：

> 它们有极好的模子，看起来就如同抛过光一样。如果我想做出这种效果，很可能会用汤匙的背面去抹，而他们用的应该是某种骨制工具。他们是制模专家，有种类繁多的模具，可以反复制作同一个模子的物品。想象一下，制作这件陶像的人，也做了数百件同样的陶像。在过程中，他拥有无比的自信。

在莫切墓葬的考古发掘中，常会大量出土这种装饰陶壶，有时达数十件之多。莫切人以重复的主题或题材为中心，仔细安排它们的摆放位置。留存下来的这些高品质陶器让我们了解，他们必定是一个规模庞大的社群。陶壶制作必定已形成一种工业，包括培训、量产及分配等复杂的组织工作。

莫切的领地在今秘鲁的太平洋海滨，绵延约350英里。他们身处一个狭长地带，一面是海，一面是山，中间又通常是沙漠，生活相当不易。但我们在现代秘鲁城市特鲁西略南部发现的莫切人大型社区可以说是南美洲第一个真正意义上的城市，有街道、沟渠、广场与工业区。这种规划就算放在同时期的罗马也会令人骄傲不已。他们挖掘沟渠，从山区往城市引水，开通的水流网络至今犹存。他们还利用大西洋丰富的海洋资源，捕捉鱼类、贝壳、鲸鱼及海鸟。大英博物馆收藏的另一件莫切陶壶上有莫切渔民驾驶大船捕捞金枪鱼的场景。他们细心耕耘土地，种植玉米和豆类，畜养美洲驼、鸭子和豚鼠。他们当时的人口数量是如今这一地区人口的3倍。

但人类史上经常出现这样的情况：艺术作品最喜欢表现的不是水利工程和农业，而是战争，莫切文明也不例外。对战争和武士的颂扬是莫切艺术的中心。这也表现了战士在他们生活中的重要地位，就如欧洲的罗马人与盎格鲁-撒克逊人一般。但

莫切陶罐：海狮、祭司（2个）、武士、蝙蝠和一对猫头鹰

莫切人将战斗与宗教结合的方式并不为欧洲人熟知。莫切人作战具有很强的仪式性。这名战士为了保护自己，携带着一面大小类似餐盘的盾牌，进攻的武器则是一根粗木棒，可以轻易敲碎人的颅骨。他的穿着表明他是个地位较高的年轻人，但他显然是名步兵。当时南美洲还没有马，后来欧洲人才将马带到这片土地上来。因此就算是上层莫切人，也靠步行旅行与战斗。

有的陶壶上有战士们捉对厮杀的场景，都和这位武士一样带着木棒与小盾牌。这也许是当时真实的战斗场景，但也是我们能从一组组陶壶中拼凑出来的莫切神话的一部分。这些陶壶似乎是陪葬专用的，因而尽可能严肃地表现着生死。它们合在一起讲述了一个可怕的故事。对战士而言，输掉这样一场战斗可不是丢脸那么简单的事。战败的战士会被当成祭祀的牺牲品：一个兽头人将砍掉他的脑袋，其余的人喝掉他的血。陶壶上这血腥的一幕绝不只是一种艺术创作。著名考古学家斯蒂夫·博格特找到了证明其真实性的证据：

> 我们挖掘了一处祭祀场所，找到了75具在不同仪式中被献祭的男性战士的尸体，此外还有两名被献祭者的坟墓，其中一座中发现了一根沾满了人类血液的木棒。也就是说，我们在神庙内找到了和行刑工具摆在一起的牺牲者。
>
> 这些都是男性武士，身强力壮。年龄在18岁到大约39岁之间。他们身上有一些战斗中留下的旧伤，同时有很多新的伤口。咽喉上、胳膊上、脸上都有新刀痕。这表明他们大部分都曾被割喉，少数人还被剥掉了脸皮，或是砍掉了胳膊。有些人全身的皮肉都被剥了下来，只剩一具骨架。甚至还有两个人的头被做成了某种容器。

这个恐怖而又极具吸引力的故事还有很多疑团有待解开。到了7世纪，莫切人不再制作这种如恐怖电影般的陶壶，事实上，他们几乎停止了一切陶壶生产。这大概与萨顿胡船葬（第47节）同时期发生。没有文献资料能让我们发现原因所在，最可能的理由是气候变迁。在数十年雨水充沛的气候之后，突如其来的大旱摧毁了莫切人脆弱的农业生态系统，毁坏了大部分田地与基础设施。人们并没有完全废弃此地，但他们的才干似乎已大部分用于修建堡垒。这个世界因日渐稀少的自然资源而分化对立，陷入了残酷的竞争之中。不论原因如何，在公元600年前后几十年的时间里，莫切人的国家灭亡，文明崩塌。

对于今天大部分的欧洲人来说，莫切文明和其他的南美洲文明都显得陌生而无趣。部分原因在于，他们的文明模式与亚非欧都截然不同。在长达数千年的时间里，美洲一直独立地发展着。但随着了解的逐渐深入，我们发现他们其实也经历着与其他地区的居民同样的困境，一样要改造自然，利用资源，尽力避免饥荒，安抚神灵，发动战争。同样，他们也试图通过建立长治久安的和谐国度来解决这些问题。在美洲，就像在全世界一样，这些曾被人忽略的历史如今都成为塑造现代民族认同的基石。斯蒂夫·博格特说：

> 在研究今日秘鲁时，我发现一件令人高兴的事，秘鲁踏上了一条与墨西哥、埃及同样的道路。这些有着灿烂悠久历史的国度，通过历史建立起了民族认同：历史成为现在的一部分。我相信中国最终也会如此。因此，秘鲁的过去将成为

它的未来。莫切人会成为与玛雅人、印加人以及阿兹特克人一样响亮的名字，最终成为世界遗产的一部分。

越是深入地研究美洲文明，我们就越发现他们的故事与整个世界的文明模式有着惊人的相似之处。而历史上的故事似乎注定要在现代政治中发挥更重要的作用。在下一节里，我们将会了解同样发生在1300年前的故事对当今的朝鲜半岛有何影响。

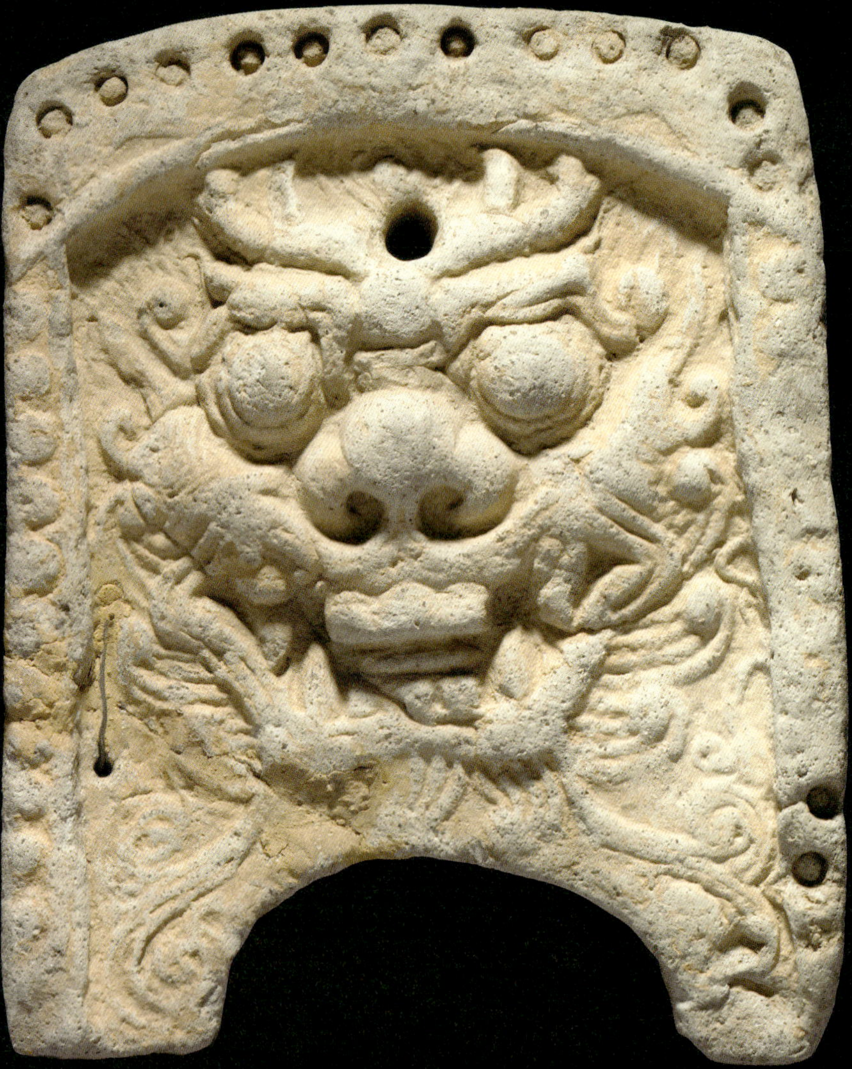

49

新罗瓦当

陶瓷瓦,来自韩国

公元 700 年至公元 800 年

手机、电视、汽车,如果你使用这些产品,很可能其中至少有一件来自韩国。韩国是亚洲经济四小龙之一,一个高科技产业国家。人们可能会把它当作国际舞台上的新成员,但他们自己可不这么认为。朝鲜半岛一直在中日关系中扮演重要角色,他们在科技创新方面也有悠久的历史。比如,他们最早创造了金属活字,远早于欧洲。除科技外,大家对他们最熟悉的一点,可能是自 1953 年朝鲜战争结束以来,朝鲜半岛就被迫分为两个国家,北边的共产主义朝鲜和南边的资本主义韩国。

这片瓦当来自公元 700 年左右的新罗,当时这个刚统一不久的国家正处于经济繁荣时期。这段历史如今在朝鲜和韩国有着不同的解读方式,但它仍然是全体朝鲜人现代民族认同感的核心。

公元 700 年,新罗是一个富裕的都市化国家,处于著名的丝绸之路末端,是这个贸易网络重要的成员之一。但本文中的物品并不是用昂贵的丝绸,而是用不起眼的黏土制成的。这些黏土将向我们讲述朝鲜半岛的"黄金时代"。

有趣的是,这段时期,欧亚大陆的两端都在发生类似的政治变革:部落与小国联合起来,形成如今我们熟悉的大国。其中一端是英国与丹麦,另一端则是日本与新罗。对这些国家来说,这几个世纪是他们历史上的关键点。

朝鲜半岛地处日本与中国东北之间。同英国一样,当时这里也分成了许多相互征战的小国。公元 668 年,最南端的新罗国在中国唐朝政府的支持下吞并了半岛上的其他国家，将自己的疆土从最南端扩张到了北部今平壤一带。它的势力从未涉及半岛的最北端（与今日中国接壤的部分），但在接下来300年的时间里，这个统一的新罗国从自己位于南部的首都庆州发号施令，统治着今日朝鲜与韩国的绝大部分疆土。庆州兴建了许多豪华的新建筑，城市被装扮得极为华丽。大英博物馆所藏的这片陶瓦便来自当时这些新建筑中的一幢。它曾是一座庙宇的屋瓦，向我们讲述了公元700年左右，年轻的新罗国的成就与忧惧。

瓦当的大小类似于大的老式石板瓦，略小于30厘米乘30厘米，用乳黄色的黏土制成，顶部和两边都有装饰粗糙的瓦缘，中间是一张可怕的脸，直直地望向前方，阔鼻，鼓眼，细角，胡须很多，看起来像是中国龙与京巴的混合体。它十分类似同期产于中国唐朝的瓦片，但它绝非中国制造。中国龙通常有一张大嘴，而这个动物的嘴小且具有攻击性。整个瓦片的造型也颇为粗犷，一点儿也不中国。

它看起来就像个东方的滴水兽，而这也正是它的用途。它曾被安放的位置与西方的滴水兽类似，高踞于庙宇或豪宅的屋顶。瓦片的面部细节极为粗糙，显然只是将湿土按压进一个简单的模具制成的。它很明显是大规模量产的瓦片之一，而这正是我们对它感兴趣的原因。人们的屋顶曾经只用茅草覆盖，而今在繁华的新罗，人们制造出成千上万件类似的瓦片，覆盖在屋顶之上。

朝鲜半岛专家白珍博士解释了新罗为何要将庆州修建得如此繁华，又为什么需要如此多的新建筑：

> 庆州是模仿中国的首都长安建造的。长安是当时世界上最大的城市之一。新罗征服了朝鲜半岛的大部分地区之后，庆州立刻飞速发展起来。许多战败国的王公贵族来到庆州居住，他们需要覆瓦的豪宅。瓦顶建筑对当时的庆州来说是新鲜事物，因此这样的瓦片是某种地位的象征。

贵族使用瓦片，不只因为它价格昂贵，也是看中了它不似传统的茅草般易燃。屋顶着火是所有古代都市最大的隐患之一。而铺盖瓦片的城市是相对安全的。因此，9世纪朝鲜半岛的一位评论家在歌颂城市的华丽与高度繁荣时特别提到了屋顶，这是十分合情合理的：

> 都城庆州共有178936座房屋……不同的季节里，王公贵族居住在不同的别墅与花园里。铺盖瓦片的房屋成行成列，不再有一个茅草屋顶。风调雨顺，五谷丰登。

但我们的这块瓦还不仅仅是用来遮挡柔风细雨的，那是覆盖整个屋顶、更加普通、没有装饰的瓦片的工作。而瓦当一般放在屋檐的最前端，俯视整个城市。瓦当上的龙用于抵御无形的妖魔鬼怪大军。不止遮风挡雨，更要驱走邪魔。

从某种意义上说，在庆州屋顶发生的这场与邪魔的大战中，我们这片瓦当上的龙顶多只能算个小小的步兵：总共有40种不同的生物一起组成了防护阵营，随时抵御鬼怪，保卫国家和人民。但在地面上还有别的威胁：反叛势力一直蠢蠢欲动，那些被迫住在庆州的王公贵族就是其中之一，而沿海还有来自日本海盗的威胁。龙也许能保佑家宅平安，但每一任新罗王都不得不应对这些瓦当龙也无法解决的困境：如何在强大的邻国——中国唐朝的阴影下保持独立自主。

中国曾在新罗统一朝鲜半岛的战争中支持过他们，但这只是中国吞并朝鲜的前奏罢了。因此新罗国王一方面要摆出谦卑的姿态以巩固同盟关系，一方面又要严阵以防中国皇帝出兵。这种依赖与自主间的微妙平衡在朝鲜半岛持续了千余年，至今仍是影响韩朝两国外交政策的主要因素。

在朝鲜半岛历史上，位于丝绸之路末端的统一繁荣的新罗王国开辟了一个重要的创新与学习的时代，这也是建筑、文学、天文和数学发展的"黄金时代"。威猛的龙瓦当一直留在庆州的屋檐上，流传至今。今天在韩国仍能看到新罗国留下的遗产。韩国国家博物馆馆长崔光植告诉我们：

> 瓦当所表现的文化因素至今仍留在韩国文化里。现在庆州市区的街道上仍能看到它们的身影。因此，从这方面看，这些物品虽然已经算是古物，却仍然存活在文化中。我认为韩国人从某种意义上将其看作一种实体，一种母亲的形象。因此可以说新罗仍是韩国历史上最重要的时代之一。

尽管这种街道装饰与文化传承至今，但并不是每一个朝鲜半岛居民都对新罗的文化遗产有同样的解读，也不是所有人都认为它是今天朝鲜半岛的母体文化。白珍认为：

> 居住在半岛不同地区的人对新罗有不同的看法。如果他们生活在韩国，新罗代表了他们抵抗中国影响的骄傲时刻，意味着朝鲜半岛可以在中国之外独立发展。但朝鲜人则认为人们夸大了新罗的历史重要性，因为它实际上仅统一了半岛 2/3 的领土。新罗对人们的意义取决于你生活在三八线的哪一边。

1300 年前朝鲜半岛的情形究竟如何，并非朝鲜争端中微不足道的小问题。人们对历史的理解取决于阅读历史的地点，这样的情况已屡见不鲜。

50

传丝公主画版

丝绸画，出土于中国新疆

公元 600 年至公元 800 年

很久很久以前，有一位美丽的公主，住在出产丝绸的帝国。有一天，她的父皇要把她嫁给遥远的出产玉石的国家的国王。产玉的王国不能出产丝绸，因为皇帝将产丝法视为机密。公主决定把丝绸当作礼物送给自己的新子民，于是想出了一条妙计。她准备好所有的东西，蚕茧、桑树种，把它们都藏在自己的凤冠里。她知道自己出发的时候，皇帝的护卫不敢搜她的身。亲爱的，这就是于阗国得到丝绸的故事。

这是我对历史上最重大的一次技术盗窃案的儿童版解释。它就是著名的《传丝公主传奇》，大约 1300 年前，这个故事被绘制在一块厚木板上，如今则被保存在大英博物馆，不过它的出土地位于传奇的丝绸之路上一座废弃已久的城市。

公元 700 年左右的世界上，人口与商品都在大量流动。当时最繁忙的高速公路之一，如同今天一样，始于中国。这就是丝绸之路。这并非只是一条道路，而是一个延绵 4000 英里，将太平洋与地中海连接起来的贸易网络。这条路上运输的货物都是奇珍异宝——黄金、宝石、香料、丝绸。伴随着货物传送的还有故事、思想、信仰，以及本文故事的关键——技术。

这幅画来自中亚的绿洲国度于阗。它如今位于中国西部，但在 8 世纪时是一个独立的王国，曾是丝绸之路上的枢纽，为往来客商提供水与食物补给，同时也是丝

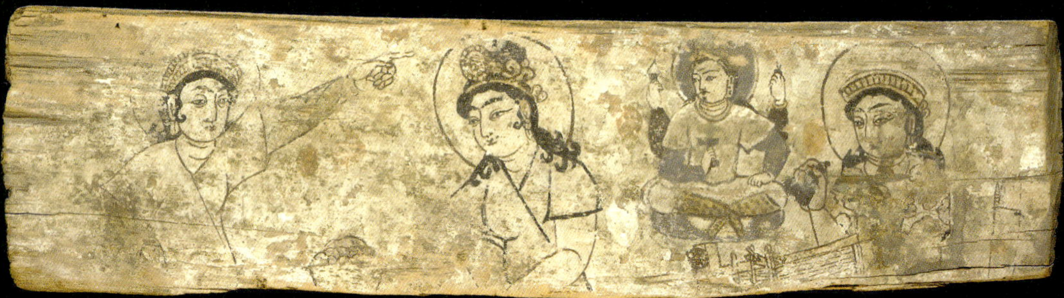

绸生产大国。于阗的说书人创作了一则传奇,讲述生产丝绸的秘密是如何在被中国垄断千年后传到于阗的。这便是我们的画版所讲述的传丝公主的故事。

这块画版是在今和田地区一个废弃的小寺院里被发现的。这座寺院规模极小,早已在黄沙中掩埋了千年。19世纪末,丝路的著名考古学家、英国探险家奥莱尔·斯坦因爵士重新发现了它。也是他发现了于阗是丝绸之路上一个极为重要的贸易与文化中心。

这幅图绘制在一块厚木板上,大小与电脑键盘几乎完全相同。人物几乎只用黑白描画,只在某些地方用红色或蓝色装点。作为艺术品,它并不引人注目。但它原本便不是为了艺术而创作的。它是说书人讲故事的工具,用于提示内容。木板正中即是传丝公主本人,戴着硕大精美的头冠。为了让人明白这头冠是故事的绝对焦点,画面左边还有一个女仆动作夸张地指着它。之后说书人会提到这里藏有制作丝绸所需的一切:蚕、蚕茧以及桑树种——桑叶是蚕的食物。接着,在公主前面,我们看到了随后发生的事:蚕茧被堆放在篮子里,而在画的最右边,一名男子正在辛勤地将蚕丝制成服装。很明显,公主安全抵达了于阗,她的计谋奏效了。这幅图简单地描绘了三幕场景,表现出技术与知识从东向西的传播。

我们对丝路在8世纪对世界经济与学术领域的重要影响了解已久。但直到较晚时期,它才获得了浪漫的名声。旅行作家兼小说家柯林·施伯龙对此十分了解:

> 在人口迁移、货物流通、观点与发明的流传和宗教传播等方面,丝路的历史重要性不论怎么强调都不过分。佛教从印度向东北传入中国,以及伊斯兰教深入亚洲,这都是丝绸之路带来的。

直到1887年,德国地理学家费迪南·冯·李希霍芬男爵才创造出了"丝绸之路"这一说法。之前从未有人这样称呼过它。但这名字一经使用,便很好地契合了丝路的浪漫、美丽与奢华。

神秘的事物常会催生各种试图对其进行解释的故事。丝绸作为这一贸易路线上最重要的商品,它的神秘自然会激发各种神话。奢华,精美,耐用,丝绸几乎成了它的原产国——古代中国的代名词。中国从4000多年前便开始生产丝绸,并长期独

下页图:从左至右为传丝公主、丝绸神、纺织丝绸的工人

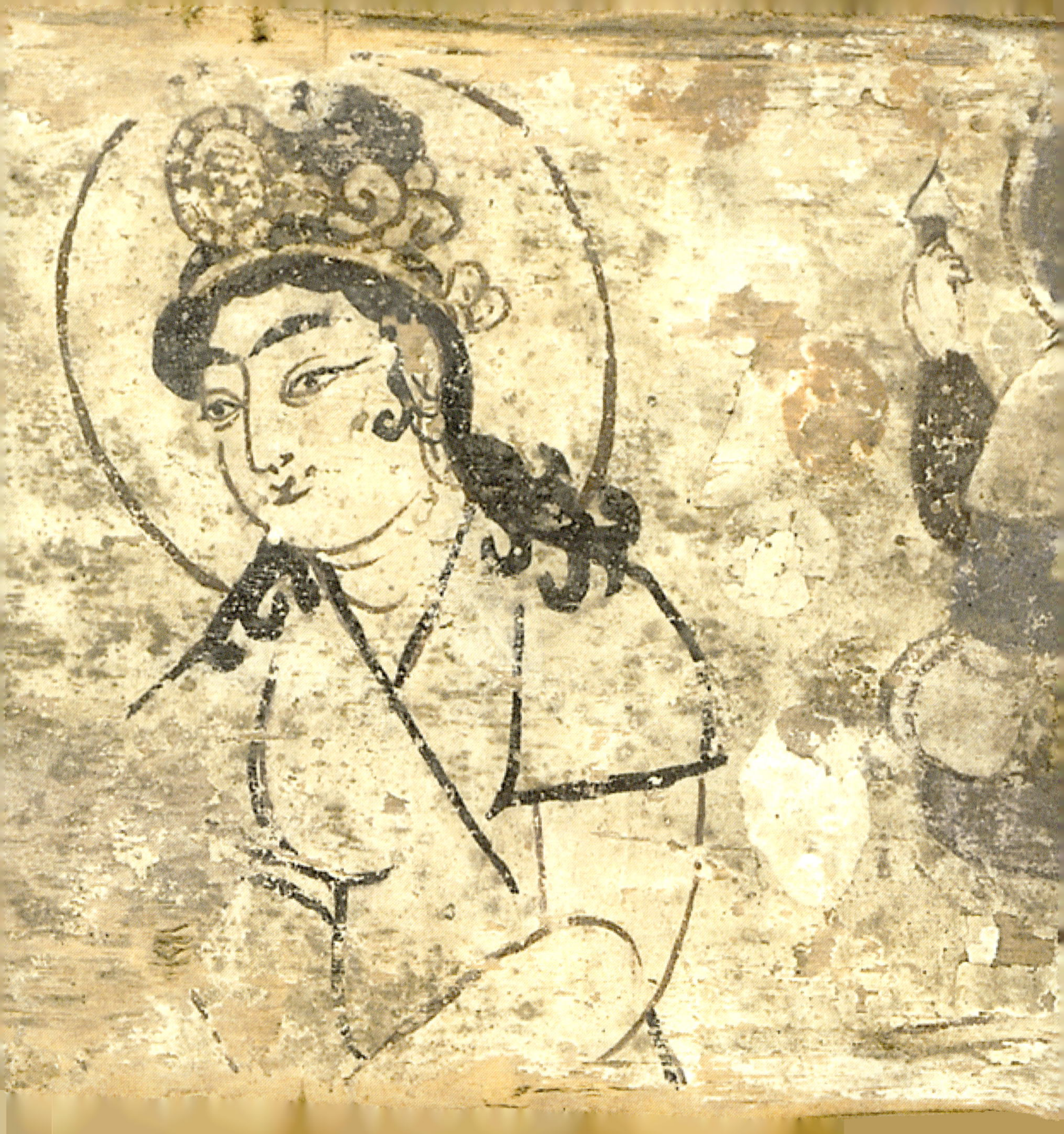

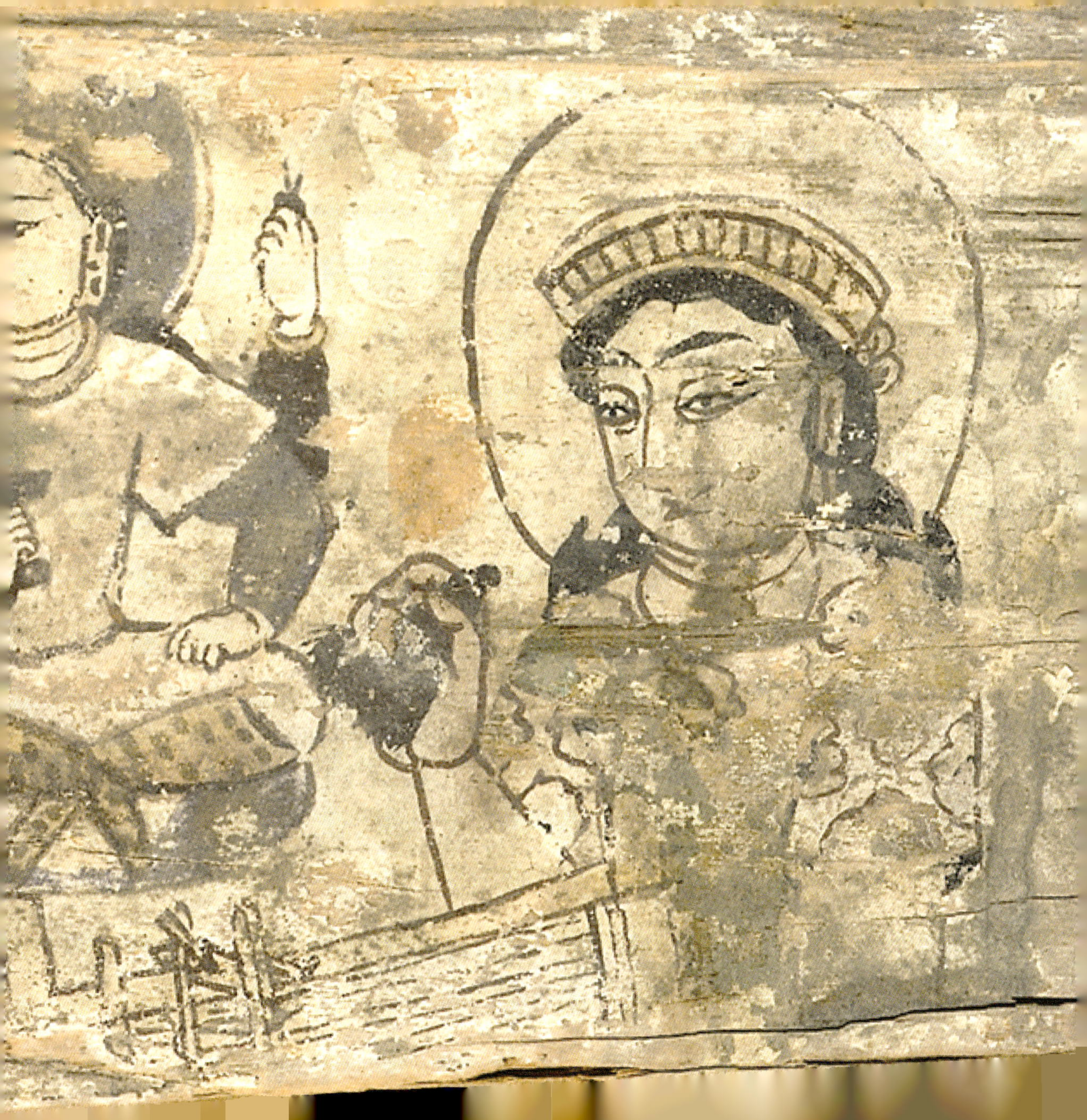

占这一技术。远在罗马帝国成立之前，丝绸就已在中国大量生产，并出口邻国。它的生产技术曾是高度机密，但这种利润巨大的机密注定不能持久。于阗便是秘密泄露后的受益者之一。

我们再来看看这幅图画，图上还有第四个人物：一个长着4条胳膊、手里拿着纺丝用的纺梳与梭子的男人。他是丝绸神，主宰着整个画面，带来精神上的应许，确保我们不会将公主看作工业间谍，而是勇敢的女恩人。故事因而上升到神话层面：传丝公主也许不足以媲美将火种从天上带到人间的普罗米修斯，但她仍在人们心中留下了传统神话中将知识与技术带给别人的施惠者的印象。

与图中故事相对应的文字版本告诉我们接下来发生了什么：公主感谢神灵，确保于阗人民会永久保留制丝的秘密：

> 她在喂养第一批蚕的地点建造了这座寺院，这里还有很多古老的桑树树干，传说是最早种植的那一批桑树。从那时起，这个王国便拥有了蚕，且不允许任何人杀害它们。

丝绸制作至今仍是当今和田地区的主要工业，从业人员超过千人，每年制造约150000000米长的丝绸，制成布匹、服装和地毯。

当然，我们并不真的了解丝绸是如何传到于阗的。但我们知道，观念、故事、神灵和丝绸确实在丝路上双向传播着。大提琴家兼作曲家马友友对丝路研究颇多：

> 我对音乐的传播尤感兴趣。录音的历史只有百年，因此我们需要从口述传统以及其他的一些图像资料中去寻找，如博物馆或传说，从中了解思想与商品是如何流通的。你越是深入研究一件事情的源头，就越能在本地的物品中找到世界性元素。这是个值得深思的大课题，但它同时也表现在故事、语言和物品这些日常事物之中。丝绸便是其中之一。

画版在本文中发挥了它原本的用途——作为一个讲故事的工具。谁是它最早的主人，我们不得而知，但我们知道出土画版的那个寺庙曾让斯坦因感触良多：

毫无疑问，这些画版和其他后来发现的物品一样，都是虔诚的信徒还愿的供品，千百年来，它们都留在原地。还有几样无甚价值但同样动人的物品，将这座小寺庙香火萦绕的最后时光鲜活地展现在我们眼前。在靠近基座的地板上，在角落里，我发现了几把古老的扫帚。最后在这里侍奉神灵的人，一定曾用它们清扫过这些圣物上的灰尘。

这些扫帚不只清扫过这块画版上的灰尘。这座寺庙中有佛陀画像，也有印度教的湿婆与梵天画像。其他寺庙中也都同时供奉着佛教、印度教与伊朗宗教的诸神，还有一些本土神。沿着丝路流传的众神如途中的旅人一样，愉快地分享着住所。

第十一部分

宫墙之内：宫廷的秘密

公元 700 年至公元 900 年

  这部分中所选取的物品都是权贵阶级的私人物品，展现了世界各地的王室生活。虽然制作背景各不相同，但目的都是让各国统治者向自己、官宦以及神灵一次次彰显权威。有时这也暗示了伴随权威而来的职责。在这几个世纪里，中国唐代、伊斯兰帝国和中美洲的玛雅文明都处于各自的鼎盛时期。而中世纪的欧洲虽然政局屡屡动荡不安，仍取得了极高的艺术成就，如法兰克王国宫廷内的工艺品。

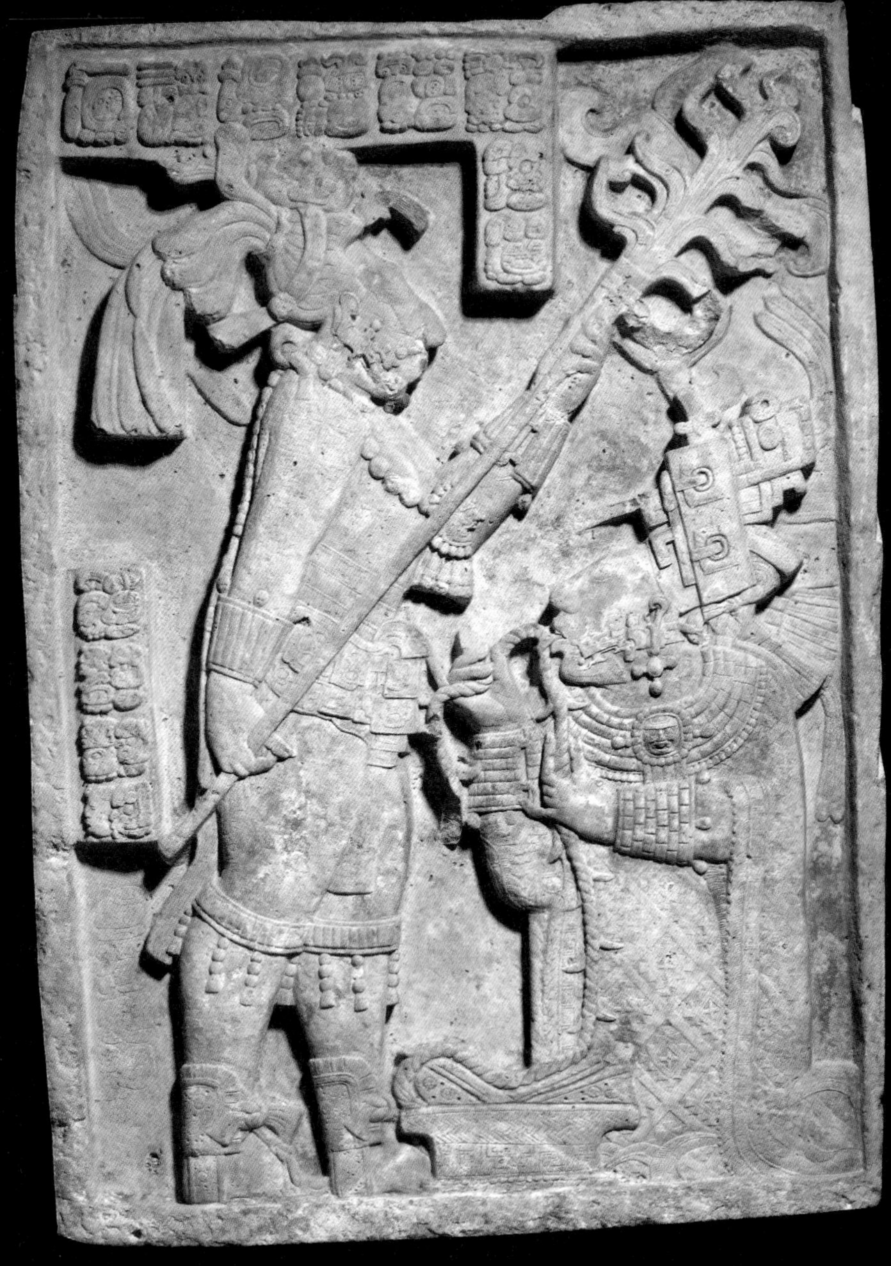

51

玛雅宫廷放血仪式浮雕

石刻浮雕，来自墨西哥古城亚斯奇兰（今恰帕斯州境内）

公元 700 年至公元 750 年

  高处不胜寒，起码居高位者都希望我们觉得在高处的日子不好过。工作时间长，公众曝光度高，责任重大。不过可能多数人会反驳说，他们为此得到了相应的权势与金钱，有很多人都愿意接受这种交易。但不管多么有权有势，如果当权者的日常工作之一是接受眼前这片浮雕上的酷刑折磨，那么这种地位是否值得艳羡，恐怕很多人都会三思。我甚至不忍直视这一画面。

  这是一片石灰石浮雕，长方形，大小同小咖啡桌相当，上面有两个人物形象。站立着的男性举着燃烧的火把，旁边跪着一名女性。两人都盛装打扮，头戴硕大而华丽的冠冕。仅这些还无关痛痒。但如果你凑近细看这名女性，场景就变得可怖了。她手里扯着一条满是大刺的绳子，那绳子刺入并割破了她的舌头。

  在我这个拘谨的欧洲人眼里，这一幕简直令人瞠目结舌。但在公元 700 年左右的玛雅，这只是一项国王与王后共同完成的献身仪式，意在表现他们的地位与权势。这是国王为王后私人宫室举办的仪式，当然，只有极少数人能够旁观。

  这块石雕完工后不久，伟大的玛雅文明便崩塌了。它留下的城市遗址让 16 世纪的第一批西班牙访客困惑不已。之后的数百年间，探险家们在今墨西哥南部与危地马拉的密林中发现了数座废弃的大型城市。最早的现代访客之一，美国人约翰·劳埃德·斯蒂芬斯描述了他 1839 年的奇遇：

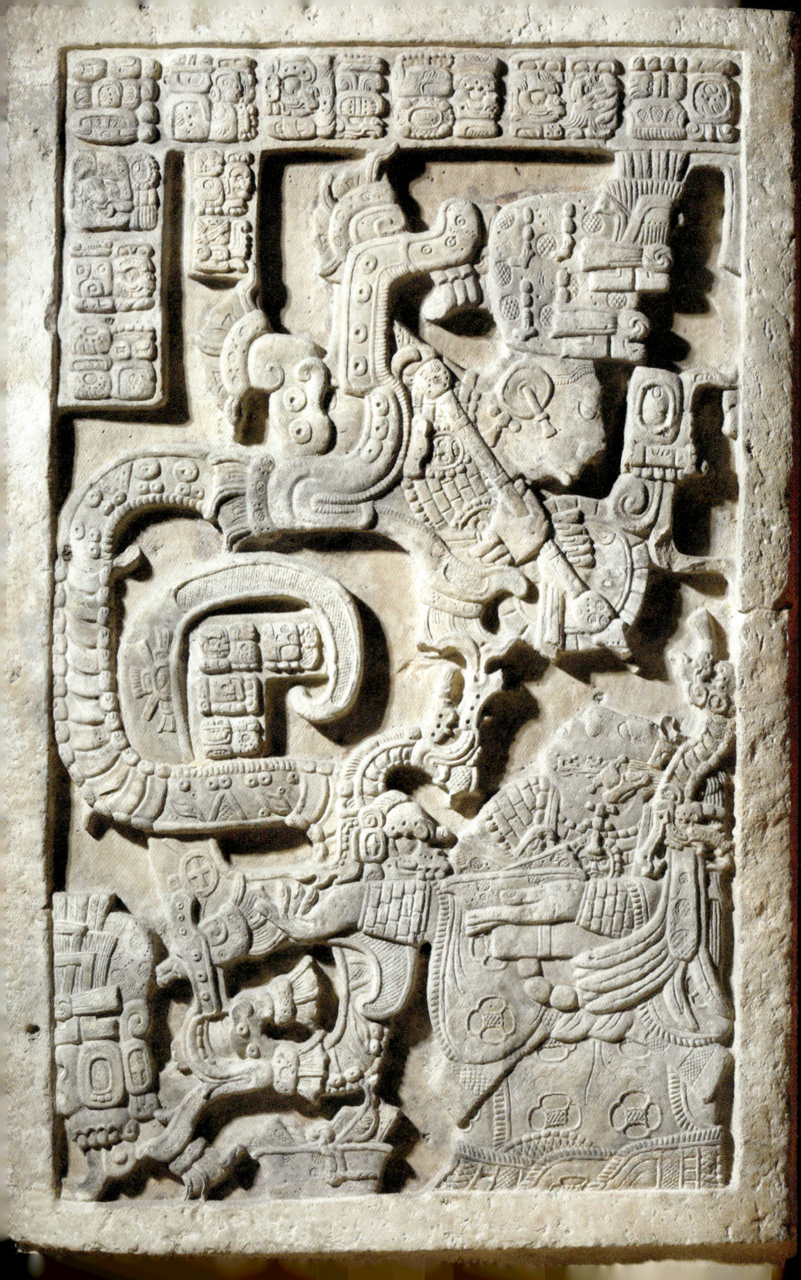

> 矗立在雨林深处的遗迹沉默肃穆，带着自身的道德寓意。它们不同于其他任何建筑，它们的用途与目的何在，有过怎样的故事，人们全都一无所知。能够解开这一切秘密的象形文字无人能解，我亦不敢妄加评论。

玛雅疆域包括今洪都拉斯、危地马拉、伯利兹以及墨西哥南部。其中最早的一批城市修建于公元前500年左右，稍早于雅典的帕台农神庙。这一文明延续了千年之久，城市人口超过10万，城中心修建着金字塔、公共广场与纪念性建筑。值得庆幸的是，近代学者成功破译了玛雅象形文字，建筑上这些曾让斯蒂芬斯困惑的字迹如今已得到了解读，它们是玛雅统治者的名字与故事。到了20世纪，玛雅人不再被视为神话中消失的民族，而成为历史上真实存在的族群。

雕刻着割破自己舌头的王后的石板来自亚斯奇兰城。公元600年至公元800年，玛雅古典期晚期，亚斯奇兰成为重要的大型城市、地区性权力中心。这一显赫的地位得益于这块石楣上的国王盾豹王。他在75岁之时下令修建了一座建筑，庆祝掌权60周年。而这块石雕则出自一座似乎是献给王后造克夫人的神庙。

在浮雕上，国王与王后都身着华服，他们华丽的冠冕应是由玉石与贝壳制成，并用绿咬鹃闪亮的绿色羽毛装饰。在国王头饰的上端，还能看到一个已经干瘪的头颅，那可能是之前的祭品，也可能是某支战败敌军首领的项上人头。他在胸前佩戴着太阳神形状的装饰，穿着有斑点的美洲豹皮凉鞋，膝盖处挂有玉板。他的妻子则佩戴着十分精美的项链与手镯。

我们在神庙里共找到了3块浮雕，均位于不同的入口之上。它们表明，用带刺的绳子割破王后的舌头并非只是为了用她的鲜血来献祭，此外还要造成剧痛，在例行的准备仪式过后，这种疼痛会让她进入幻觉。

对于施虐狂和受虐狂，大家基本少有好感。大部分人都想方设法避免疼痛，有意的自残行为体现的是精神状态的不稳定。但世上总有一部分人相信，加诸自身的痛苦能带来超脱的体验。而对寻常的21世纪公民而言，当然包括我在内，这种故意自我伤害的行径令人震惊。

对王后来说，承受这种痛苦是极其虔诚的行为。她的痛苦能够召唤并取悦这个国家的保护神，最终可能保证国王的胜利。女性心理作家兼精神治疗师苏茜·奥巴赫博士认为：

> 当你为自身制造了某种痛楚并坚持过去之后，你会进入一种境界，虽然称不上极乐，但是脱离了平凡，自觉能够超脱，为普通人之所不能为。
>
> 这幅图画虽然十分可怕，但让我感兴趣的是，这名女性将痛苦表现得极为明显。我认为时下世人总是倾向于掩藏自己的痛苦。我们总是拿自己承受痛苦的能力开玩笑，但实际上并不会把痛苦外露。
>
> 虽然有些夸张，但这其中表现出的一些东西是女性能够理解并反思的，它是女性与丈夫及其子女之间的本质关系，是男性无法体悟的。女性通过这些事、这种过程感受自我，获得自我认同感。我确信对王后来说也是如此。

第二块石雕上刻画了王后自我伤害的结果。放血仪式和疼痛让她的意识变得模糊，她在盛放自己血液的碗里看到了一条圣蛇。蛇嘴里出现了一个挥舞着长矛的勇士，他是亚斯奇兰王朝的开创者。通过这种方式，国王与自己的祖先建立了某种联系，他统治的正当性因此得到了保证。

对玛雅人来说，放血是一项每逢重大时刻都要进行的传统仪式，更是接近神权与王权的途径。16 世纪时，玛雅文化湮灭已久，石雕也已存在了 800 年，但登上美洲大陆的西班牙人依旧目睹了玛雅人的放血仪式，尤卡坦州的第一位天主教主教在报告中说：

> 他们用自己的鲜血献祭，有时将自己的身体割出一道道伤口，并保留下来作为某种标记。有时他们横着刺穿自己的舌头，在剧痛中将稻草从孔里穿过去；有的人还会割开自己生殖器上的包皮，就像他们对耳朵所做的那样。

浮雕的特别之处在于，它展示了女性在仪式中的重要作用。造克夫人出生于亚斯奇兰当地的一个贵族家庭，她与国王的婚姻让两大家族的势力联合起来。浮雕提供了当时王后所能享有的权力和所能参加的仪式的典型。在玛雅其他城市都没有发现类似的图案。

造克夫人的丈夫盾豹王在位时间相当长，但这对夫妇去世后不久，玛雅所有的大城市都陷入了混乱。其后的玛雅遗址上，战争成为主要的意象。延续千年的政治系统瓦解了，曾生活过数百万人的土地也荒芜了。原因仍是未解之谜。

环境因素是最广为认同的解释。有证据表明，此地曾发生过长期的干旱，由于人口众多，干旱导致的资源枯竭必然引发灾难性后果。但玛雅人并未就此灭绝。在南美数个地区仍有玛雅人的居所。在被西班牙人征服之时，当地仍有正常运作的玛雅社会。当今世界有超过 600 万玛雅人，他们的文化传承依旧稳固。亚斯奇兰这座曾经"消失"的城市，一度只有乘坐小型飞机或走数百英里水路才能到达，如今已有便捷的通道。自 20 世纪 90 年代以来，从最近的城镇出发只需要坐上一个小时的船，因此观光客络绎不绝。

1994 年，一个自称萨帕塔民族解放军的组织发动了一场玛雅人的起义，向墨西哥宣战。他们的独立运动深深震动了现代墨西哥。"我们进入了新'玛雅时代'"，一出当地戏剧的台词如此宣告，他们推倒了西班牙征服者的雕像，并把它们砸成碎片。如今，玛雅人正以他们的过去重新审视自己的身份，努力让他们的历史遗产与语言回归民族生活的中心。

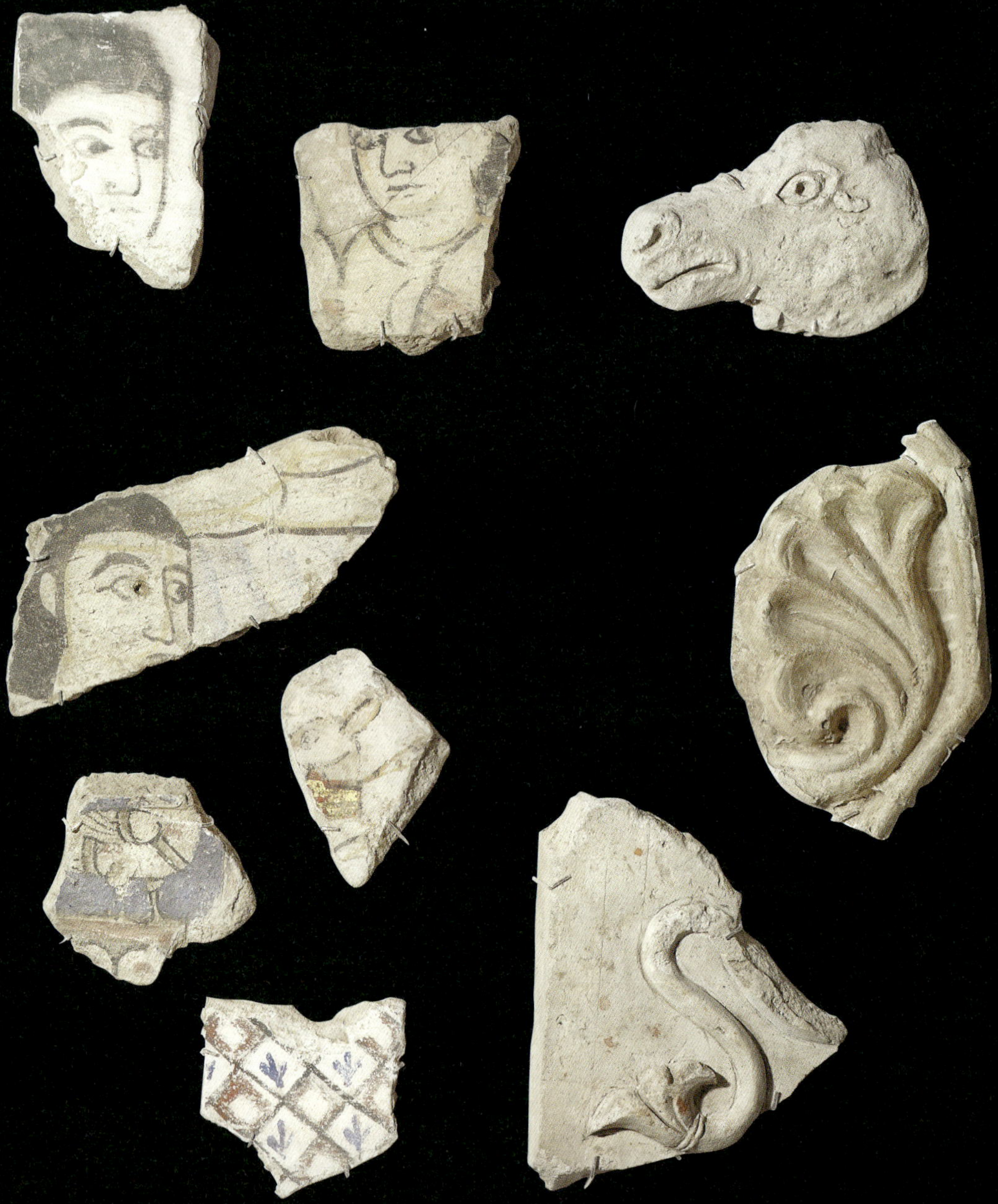

52

后宫壁画残片

壁画残片，出土于伊拉克萨迈拉

公元 800 年至公元 900 年

在《一千零一夜》中，美丽的山鲁佐德为了避免被国王处死，给他讲了一千零一个故事，这些故事带我们回到了 1200 年前的中东：

> 女孩们围坐在我周围。夜色降临，其中五个起身摆上丰盛的晚宴，包括许多坚果与香草。她们还带来了酒器，我们坐着畅饮开来。女孩们环绕着我，有的唱歌，有的演奏鲁特琴，吹奏长笛等乐器，还有的吟唱诗歌。觥筹交错，酒足饭饱，我快乐无比，忘记了世间所有的忧愁，自言自语："这就是人生，唉，转瞬即逝的人生。"她们对我说："啊，主人，请从我们当中挑选与您共度良宵的人吧！"

永远未完待续的故事让国王欲罢不能，山鲁佐德就此取悦了国王。

今天，大多数人对《一千零一夜》的了解都来源于经过改编的好莱坞电影和童话剧。它们展现了万花筒般的阿拉伯世界：辛巴达、阿拉丁和巴格达大盗；哈里发和魔术师，大臣和商人；还有众多美女，大部分是奴隶，但都聪明伶俐、能说会道。他们都身处古代伊斯兰教的繁华城市，其中当然包括鼎盛时期的巴格达，还有开罗，以及与本节中的人物面孔关联最大的城市：位于今伊拉克巴格达北部、横跨底格里斯河的萨迈拉。

尽管我们将《一千零一夜》当作充满异域风情的虚构故事，它们也能让我们一窥阿拔斯王朝哈里发的真实宫廷生活，了解从8世纪到10世纪，从中亚延伸至西班牙的泱泱伊斯兰帝国的最高统治者。历史学家罗伯特·欧文博士曾为《一千零一夜》写过一本导读，追溯了其中形形色色的历史渊源：

> 有的故事确实反映了8世纪至9世纪巴格达的现实状况。阿拔斯王朝的哈里发手下有一群叫"努达玛"的职业陪客，负责在哈里发吃喝之际讲述奇闻轶事和笑话，评论食物与传说。《一千零一夜》中的部分内容，便出自这些努达玛的讲述。
>
> 那是一个封闭的社会。极少有人敢走进皇宫，据说虔诚的穆斯林应哈里发召见前往时，会带上自己的寿衣。平民百姓对宫墙之内恐惧万分。哈里发拥有多座宫殿，对它们的态度也像是对待一次性用品，常常在"用完"一座之后便开始修下一座，将上一座抛弃。在巴格达，宫殿比比皆是。迁都萨迈拉后依然如此。

不管在巴格达还是萨迈拉，大多数阿拔斯宫殿如今都仅存废墟，但也有些残垣断壁被保留下来。大英博物馆收藏了一些出自阿拔斯哈里发后宫的上漆石膏像碎片，它们将我们带回了9世纪的伊斯兰帝国中心，去一睹《一千零一夜》中那些女子的真容。对我来说，它们比电影更有魔力，她们的眼波流转千年，也许曾为这一千零一个故事带来灵感。

这些画像虽然有的看起来像男性，但应该都是女性。它们是大型壁画的碎片，能让我们直接窥见中世纪的伊拉克。公元800年前后，巴格达辉煌时期的建筑尽数被蒙古人摧毁，无一幸存。幸运的是，伊斯兰帝国的首都曾一度迁到巴格达以北约70英里的萨迈拉，在此定都将近60年。萨迈拉有许多古迹，我们尚能借此了解阿拔斯宫廷的模样。

一眼望去，这些图画无甚可观，只是一些残片而已，最大的不过CD碟大小，构图也十分简单，在黄褐色背景上勾勒出黑色线条，用寥寥数笔表现出人物特色。画面上的一些金点让我们能大致推测出昔日的奢华。就像几小块拼图，我们无法靠它们猜出整幅壁画的全貌。它们也不都是人物肖像，有的上面是动物图案，有的则是衣服与身体的局部。但我们能看到的人物面孔都表现出了鲜明的性格，她们眼神忧郁，似乎正从那个被封存的遥远世界看向我们。

这些碎片是考古学家从达尔阿尔凯拉法宫的废墟中挖掘出来的，这座宫殿是哈里发在萨迈拉的主要居所，也是新都的庆典中心。连城市的名字都表露出国王享乐的决心，它是从"Surra Man Ra'a"简化而来的，意为"见者即喜"。但在欢乐的表面下也涌动着不祥的暗流。哈里发之所以在公元836年做出迁都萨迈拉的决定，是因为他的卫队与巴格达居民之间的关系已剑拔弩张，暴乱时有发生。萨迈拉便被当作了宫廷的避难所以及哈里发军队的安全基地。

萨迈拉新城规模极大，其中的宫殿以任何年代的标准来看都堪称恢宏，造价不菲。现已确认建于当时的建筑超过6000座。萨迈拉城的末代哈里发穆塔瓦基勒也许是整个阿拔斯王朝最伟大的建造者。一份同时代人的描述能让我们领略到他所修建的宫殿有多壮观：

> 他用许多描金裹银的图画装饰宫殿，建造了一个内外贴满银箔的大水池，在其中竖起一棵金树，上有鸟儿欢唱……为他制作了黄金的宝座，绘有两头狮子。通往宫殿的台阶上画满了狮子、鹰等图案。宫墙内外都贴满了马赛克和镀金大理石。

这种建筑狂热是有意图的：建造这座处处是宫殿与军营的城市就是为了让来访者眼花缭乱，要让这座城市成为伟大的伊斯兰帝国令人难忘的中心。

哈里发宫殿的后宫隐藏在鳞次栉比的小房子里，墙上的壁画描绘了各种愉快与享乐的景象。肖像碎片便是在这里发现的。这些面孔应当是哈里发的奴隶与仆从，她们都是供哈里发玩乐的女性，或许也不乏男孩。被豢养在这些房屋里的女性都是奴隶，但她们也能享受到极大的特权。在剑桥大学教授伊斯兰文化的阿米拉·贝尼逊博士如此评价这些残存的画像：

> 它们展示了哈里发的娱乐生活，从与知识分子或宗教界的学者举行沙龙会

谈，到欣赏被绘入这些壁画中的女子表演歌舞。值得一提的是，这些女性都训练有素，类似日本的艺伎。进入阿里发的后宫是女性所渴望的。如果你出身贫寒但擅长歌舞，在受过良好训练之后，这是改变命运的好途径。

后宫中时有放纵与喧哗。哈里发穆塔瓦基勒的幽默感似乎很难令人称道，他曾几次将宫廷诗人阿布阿伊巴扔进一个装饰性的池子里。《一千零一夜》中还有一个更不愉快的故事，在欣赏了一夜美女的歌喉之后，哈里发穆塔瓦基勒被暗杀了。故事说，醉醺醺的哈里发与儿子起了激烈争执，然后被自己的土耳其士兵杀了，宫女和朝臣作鸟兽散。

这则故事是真实的。哈里发穆塔瓦基勒确实于公元861年被自己的土耳其士兵所杀。他的死亡结束了萨迈拉作为都城的历史。此后10年之内，军队陆续撤离，巴格达重拾首都地位。萨迈拉的宫殿成为日渐消散的幻影。宫廷权贵遭放逐，歌女与宫女被驱散。萨迈拉发行的最后一枚硬币铸造于公元892年。

萨迈拉城修建于传奇的阿拔斯王朝的末期，在某种意义上说，它是政治失败的纪念碑。导致哈里发穆塔瓦基勒遭暗杀的紧张气氛最终招致了王朝的覆灭。一位流浪在废弃的萨迈拉城的诗人为它的衰败写下了挽歌：

> 我熟知的萨迈拉，人民安居，充满欢乐，
> 对时间的流逝与厄运浑然不觉。
> 权贵们大摇大摆
> 簇拥着头戴王冠的伊玛目，
> 后来因土耳其军队背叛，他们变成了
> 猫头鹰，为灭顶之灾而哀号。

萨迈拉作为这个伟大帝国首都的时间不超过50年，但对什叶派而言，它仍是朝圣要地，因为有两位重要的伊玛目安葬于此。现代萨迈拉也有一段悲惨的历史。2006年，著名的阿斯卡里清真寺的大圆顶被炸毁。一年之后，包括大清真寺和它的螺旋形尖塔等在内的古城遗址被联合国教科文组织列为世界文化遗产。

这些不知名的男男女女的面孔从来不曾为哈里发家族之外的人注视过。他们是阿拔斯王朝留下的为数不多的寻常百姓的记录。如今他们仍注视着我们，一如我们注视着他们。有意思的是，我们没有看见那些修建萨迈拉城的骄奢的哈里发的画像，却看到了他们的奴隶与仆从，这让我们由夸张逗趣的好莱坞动画回到了沉重的历史真相。

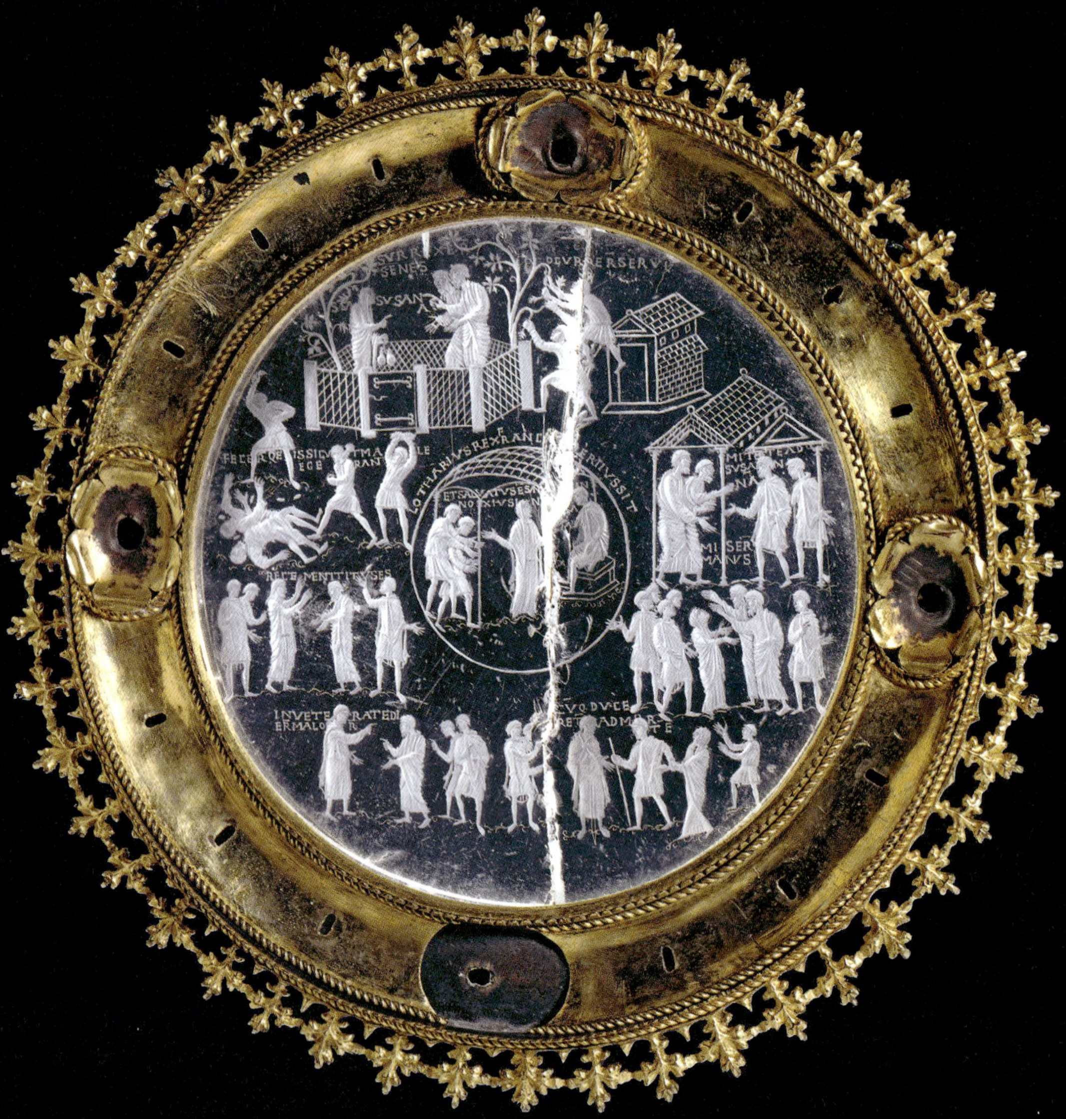

53

洛泰尔水晶

刻有苏撒拿故事的水晶，可能制作于德国

公元855年至公元869年

王室成员的离婚通常会引发政治纷争。亨利八世的婚姻问题曾让英格兰数十年陷于宗教冲突；爱德华八世想迎娶一位离过婚的女士，导致宪制危机，并付出退位的代价。本节的这件物品也与一位国王的婚姻有关，他以延续王国为名处心积虑地想和妻子离婚，最终失败。这件事很可能最终要了他的命，他的血脉与王国也都因此终结。这件水晶雕刻上的拉丁文铭文中有他的名字："奉法兰克国王洛泰尔之命制作。"

这块洛泰尔水晶也被称为苏撒拿水晶，它呈扁平圆盘状，直径约18厘米，上面共雕刻了8幅图画，连成一个《圣经》故事（也有些教派认为是伪经），像一组水晶连环画。这个故事发生在巴比伦：年轻美丽的苏撒拿是富商的妻子，一天，她在丈夫的果园中沐浴，两个士师闯了进来，想要非礼她。她大声呼叫仆从，两个士师老羞成怒，反而诬告她与人通奸。我们可以看到画面上苏撒拿被带走，并将遭到被石头砸死的惩罚。这时，年轻睿智的先知但以理插手干涉，质疑罪证。他把两个士师隔离开，分别向两人提出了法庭上的经典质问：你们看到苏撒拿在什么树下与人通奸？两人的说法相矛盾，证明罪证是捏造的。最终他们因作伪证被判用石头砸死。最后一幕中，苏撒拿被宣布无罪，她感谢上帝的保佑。我曾请英国前首席大法官兼上议院高级法官宾厄姆勋爵从律师的角度分析这个故事：

> 但以理的做法与"老贝利律师"鲁波尔一样，如果觉得目击证人在说谎，

就要进行盘问。但以理只靠一个问题就揭穿了证人的谎言，推翻了他们的证词，这种情况在现实生活中要算极其幸运的。但他的信条十分明确，手法相当老练。

水晶上的每一幅场景都是微雕杰作，这位艺术家也留出了一定空间，用拉丁文为它们分别配上相应的故事内容。最后一幕画面周围环绕着一句"Et salvatus est sanguis innoxius in die illa"，即"那一天，无辜的流血得以幸免"。正是在这幅图旁，我们找到了涉及洛泰尔国王名字的文字。

下令制作苏撒拿水晶的国王，是中世纪欧洲赫赫有名的查理曼大帝的后代。公元 800 年前后，法兰克国王查理曼大帝所缔造的帝国疆域几乎囊括了整个西欧，包含意大利北部、德国西部与现代法国。它是自罗马帝国覆灭之后西欧最大的帝国。查理曼大帝治下的社会繁荣稳定，使得接下来若干年内艺术发展欣欣向荣。水晶盘便是所谓"卡洛林文艺复兴"的绝佳代表。

这件珍品一直备受推崇。大部分时间它都被珍藏在查理曼帝国的中心，今比利时境内的沃尔索修道院内，至少我们知道，12 世纪时它的确藏于此院，因为修道院的编年史有记载：

> 这件诱人的珍宝……是奉著名的法兰克国王洛泰尔之命而制作的。中间的绿宝石包含了《圣经·但以理书》中记载的苏撒拿如何被两个士师诬陷的故事。这块水晶展现了多种精湛的工艺。

它很可能一直被收藏在这个修道院，直到 18 世纪 90 年代这里被法国革命军洗劫。也许正是他们将水晶扔进了附近的默兹河中，因为它明显是他们所厌恶的王室的物品。当它被重新发现时已有了一道裂缝，除此之外没有任何残缺，因为水晶的质地极为坚硬，它无法用凿子凿，只能用金刚砂慢慢磨。整件物品所耗费的时间与运用的工艺应该都十分惊人，价值也必然非凡。我们并不了解制作这一水晶盘的初衷——也许是神殿的供奉物——但它显然与一国之君的身份相衬。

这个水晶盘制作之时，查理曼大帝的王国已经四分五裂。整个欧洲西北部被他那内讧不休的家族中的 3 位成员争相瓜分，导致帝国一分为三：东边的王国日后发展为德国，西边的是法国的前身，洛泰尔那名为洛塔林基亚的中部王国则从现今的比利时经普罗旺斯一直延伸到意大利。中部王国因被两位邪恶的叔叔左右夹击，向来是最弱小的，洛塔林基亚需要自卫的能力：它需要一位强悍的国王。

剑桥大学研究中世纪历史的罗莎蒙德·麦基特里克教授认为：

> 我们对洛泰尔二世的宫廷一无所知，原因在于现有的与他相关的资料基本只有两类。一类引用各项记录描述他那夹在东西法兰克王国之间的小国的脆弱，他的两位叔叔，西边的秃头查理和东边的日耳曼人路易，都对他的江山虎视眈眈。另一类则跟这块水晶关系更密切，着重描述了国王为摆脱妻子塞勃格而作的努力。他似乎是在继承王位不久之后便迎娶了塞勃格，但之前早已有个名叫沃尔德华达的情妇，还为他生有一子一女。而塞勃格一直没有给他添子嗣。洛泰尔

水晶上的最后一幕：两个士师被处以石刑，苏撒拿被宣布是清白的。

似乎断定沃尔德华达才是较好的选择。他找来科隆和特里尔的两位主教，要他们以王后与她的兄弟乱伦为由宣布解除他们的婚姻关系。

洛泰尔试图废后再迎娶情妇的行为并非完全出于一己私欲：他需要一位合法继承人，这是他保留继承权与王国的唯一机会。但王室的离婚事件，不论今时还是往日，都是政治上的一颗重磅炸弹。

科隆和特里尔的主教其实已经拿到了王后供认与兄弟乱伦的证词，这可能是屈打成招的结果。但塞勃格又向教皇上诉，后者通过调查宣布她是清白的。这对洛泰尔来说是沉重的打击，但他不得不接受教皇的判决。此后他仍千方百计试图废后，无奈世人皆知他对塞勃格的指控没有根据，这位被中伤的女子完全是清白的。

这段历史与苏撒拿的故事有惊人的相似之处，因而人们一直想找出水晶盘与这出王室丑闻的关联。它也许是为塞勃格而制的礼物，表明洛泰尔真心相信她的清白。若果真如此，这种私人声明也许会让他们之间的敌意暂时告一段落。但有人认为水晶盘上的最后一幕场景暗示了更多的信息。在这一幕中，艺术家偏离了《圣经》的内容，描画了一位听审的国王宣布苏撒拿无罪，所附铭文中又特别提到了洛泰尔的名字。它所传达的信息一目了然：国王的一大职责是维护公正。也就是说，国王必须尊重法律，维护法律的实施，哪怕这会损害他个人的利益。公正可以说是王室必备的美德。

一篇可能由洛泰尔亲自执笔的论述作了清楚的说明：

> 公正而热爱和平的国王谨慎推敲每个案件，并不蔑视患病或贫苦的国民。他必须做出公正判决，惩恶扬善。

这一早在1000多年前便提出的政治理想，如今仍是欧洲政治生活的核心。宾厄姆勋爵告诉我：

> 在水晶的中央，能看到国王承担了法官的职责。这十分有趣，也意义重大，因为自古以来，王位与王权就被视作正义的源泉。1953年，伊丽莎白二世在加

冕典礼上宣读的誓词便来自一项立于 1688 年的法案中的古老誓词。她将在日后的所有判决中秉持仁慈与公正。这正是民众眼中洛泰尔应当担任的践行正义的角色。诚然，如今女王并不亲自担任这一角色，但以女王之名行使审判权的法官都以"女王陛下的法官"这一头衔为荣。

苏撒拿水晶是在一个没有未来的王国里为一位没有子嗣的国王制作的。869 年，洛泰尔去世了，其时他仍未离婚。叔叔们果然瓜分了他的王国，洛塔林基亚如今只剩下一个地区名——洛林。在逾千年的光阴里，实际上直到 1945 年，洛泰尔那中部王国一直都是两位邪恶叔叔的继任者——德国与法国所争抢的土地。如果洛泰尔能如愿与妻子离婚并拥有合法继承人，也许如今洛林已是欧洲大陆上与西班牙、法国和德国并驾齐驱的大国。洛塔林基亚消失了，但洛泰尔水晶上宣扬的原则被保留了下来：国家统治者的核心任务是在公开法庭上不带任何私人倾向地保证正义的伸张。无辜者必须得到保护。洛泰尔水晶是欧洲最早体现法治观念的图像之一。

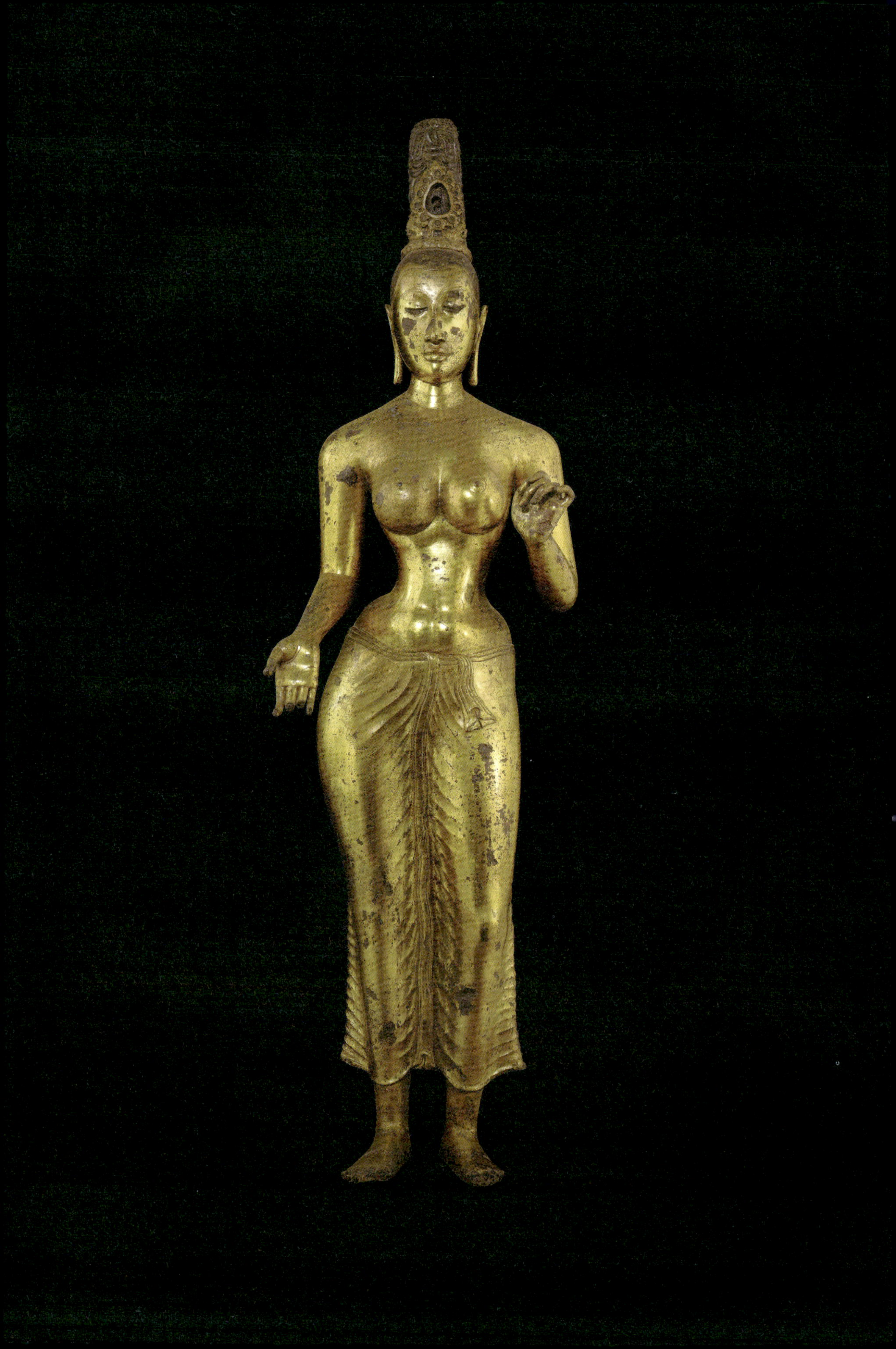

54

度母雕像

青铜雕像，来自斯里兰卡

公元700年至公元900年

每一个宗教几乎都有圣灵或圣人，神或女神，让信徒在艰难时刻祈求佑护。如果你生活在公元800年左右的斯里兰卡，那一定祈求过救苦救难的度母。在数个世纪中，许多艺术家都曾赋予度母实体形象，但很难想象还会有比大英博物馆亚洲厅里收藏的这尊更精美的。它通体金色，接近真人大小，安详地立着。

这尊度母雕像由整块纯铜打造而成，外面镀一层金。刚完工时它一定曾在斯里兰卡的阳光下光彩夺目。如今虽然镀金已经磨去，照射它的也只有博物馆的冷光，但它依然散发出迷人的光泽。雕像大小约有真人的3/4，立于基座之上，这是度母的一贯造型。当你仰望她时，她也仁慈地注视着你。铜像的面部特征能让人一眼看出她来自南亚。但这并不是最吸引参观者眼球的地方，因为她拥有堪称不可思议的沙漏形身材，上半身几乎全裸，纤细的蜂腰上是丰满圆润的胸部。髋部则围着一条轻薄的纱笼，光泽闪耀，突显下半身的迷人线条，令人陶醉。

19世纪30年代，初抵博物馆的度母雕像立刻被放进储藏室保存，近30年的时间内，只有提出申请的专家学者才能观看。也许会有人认为公开展览这样的雕像有伤风化，但制作它的意图并非撩人情欲。在佛教中，它是虔诚的信徒在遭遇困境之时祷告求助的神祇，来自一种能将神性与感官享受毫无困难并愉悦地加以结合的宗教传统。度母神像带我们进入了一个用信仰与身体之美的结合来促成超脱的世界，也让我们多少了解了1200年前的南亚与斯里兰卡。

斯里兰卡岛与印度仅隔着 20 英里浅海,一直是海上贸易的重要集散地和印度洋各岛的连接点。在公元 800 年左右,它不但与南印度诸邻国关系密切,也与中东的伊斯兰阿拔斯王朝、印度尼西亚和中国唐代往来频繁。斯里兰卡的宝石口碑极好,1200 年前,这里出产的红宝石与石榴石定期销往东西方,运送到地中海,甚至远涉英格兰。萨顿胡的盎格鲁－撒克逊船葬(第 47 节)中的部分宝石可能就来自斯里兰卡。

踏上旅途的不仅仅是商品。公元 500 年前后,佛陀曾在印度北部传法(第 41 节),他的教义逐渐发展成一套复杂的、帮助苍生脱离世间苦难的哲学与修行系统。新的信仰沿着印度的贸易路线迅速传播开来,因而在这尊度母雕像完工之时,佛教已作为斯里兰卡的主要宗教存在了千年以上。在盛行于斯里兰卡的众佛教天人中,菩萨占据了重要位置,他们是能救信徒于苦难的神灵。度母便是其中之一。

佛教历史与思想研究方面的权威理查德·贡布里希教授这样分析她的背景:

> 她是一个化身,象征佛陀拯救众生、渡人脱离轮回苦海的力量。有一位特殊的未来佛菩萨,叫观世音,早在公元 1 世纪便有关于他的文字记录。起初他以男神的形象度化众人,但数百年后,他的救世力量逐渐以女神的形象来承载,她代表他的慈悲与无边法力。度母便是观世音的化身之一。

这尊度母像当年很可能立于某座庙宇内,起初身边一定还有与她相配的男身观世音雕像,但后者没有被保存下来。

严格说来,度母像并非用于信徒膜拜,而是为了让人对它所代表的慈悲为怀与法力无边进行冥想。她的金身基本只有上层社会的僧侣才能看到,因此只有极少数人能对着她的形象冥思。

在了解了她所代表的意义之后,站在她面前,我们就更能体会制作者何以选择这样的方式来表现她的形象。她的美丽与宁静象征着无尽的慈悲。她垂在体侧的右手臂并不是放松的,而是作予愿印,表明她作为信徒的慷慨救助者的首要身份。镀金与装饰用的珠宝证明这尊度母一定是富人委托制造的。

如此大型的雕像鲜少能逃脱被重铸的命运,至少在中世纪斯里兰卡的文物中,我们没有找到任何一个类似的雕像。现存同一时期的大型雕像多数是将金属浇铸在泥坯上制成，是空心的，而这一尊与其形成鲜明对比，是实心的。不管制作者是谁，必然掌握了大量的青铜、稀世的工艺及丰富的铸造高难度雕像的经验。它不只是一件美丽的艺术品，也是高超工艺的集大成者，当年必定价值连城。

我们并不知道这位背后金主是谁。也许是公元800年前后某位在斯里兰卡为了领土征战不休的国王，一个想要得到她拯救的人。斯里兰卡的统治者和其他任何地方的一样，将送礼物给宗教机构作为重要的政治策略，是他们对自己与神祇之间特权关系的公开展示。

有一点很有意思，这座雕像完工之时，度母刚刚为佛教所接纳。她本是印度教的母亲神，后来才开始被佛教教徒信奉。佛教与印度教之间源源不断的交流与影响持续了数个世纪，至今仍能在东南亚各地的建筑与雕像中看出两者交融的痕迹。度母便是其中典型又独具魅力的例子。它表明，虽然佛教与印度教并不同宗同源，却以各种形式汲取了对方的智慧。用现代的表述来说，度母就是一个令人惊叹的兼容并包的形象：它由讲僧伽罗语的斯里兰卡宫廷中的佛教教徒制作，但风格上更广泛地融合了南印度讲泰米尔语、信奉印度教的宫廷特色。直至今日，泰米尔语和僧伽罗语、印度教与佛教，仍共同占据着斯里兰卡，它们通过外交、通婚，同时也通过频繁的战争，彼此紧密联系，广泛交流。

荷兰莱顿大学从事历史与国际关系研究的尼拉·维克拉马辛格教授为我们阐释了历史上这种持久的关系模式对当今该地区形势的影响：

> 印度南部与斯里兰卡地区在文化、政治等诸多方面都相通，而艺术、宗教与技术上的影响也一直是双向的。当然，它们的关系并非一直是和平的，历史上印度南方各邦与斯里兰卡诸酋邦之间的侵略和战争也时有发生。
>
> 是贸易吸引人从印度去往斯里兰卡。斯里兰卡有许多社区是在9世纪至13世纪之间由印度南方的新移民所建。他们慢慢地让自己的南印度身份与斯里兰卡身份相融合，并且更认同后者。有意思的是，这些人的后裔如今反而成了最激进的僧伽罗民族主义者。

这种错综复杂的关系在度母形象上早有所呈现，僧伽罗人与泰米尔人、斯里兰卡与印度南部、佛教教徒与印度教教徒，彼此间的影响在1200年后的今天依然延续。悲剧的是，在斯里兰卡，这一关系也导致了现代历时甚久的血腥内战。

但这尊度母雕像的幸存也多亏了战争。佛像表面的痕迹说明它曾被埋在地下，也许就是为了躲过入侵者的洗劫、逃脱被重铸的下场。1820年前后，它突然为锡兰（斯里兰卡当时的名称）总督罗伯特·布朗里格所有，不幸的是，没有人知道它从何地出土，又是如何来到他手里的。早先，在拿破仑战争期间，英国从荷兰手里接管了锡兰。1815年，布朗里格征服了岛上最后一个独立王国。1822年，他将这座度母雕像带到了英国。

数个世纪以前，斯里兰卡居民遗弃了度母占主导地位的独特佛教派系。在宗教纷争中，为了保全这座铜像，有人将它从庙里移出来埋到地下。度母在斯里兰卡的地位已不复当年，但她在尼泊尔和中国西藏等地仍举足轻重。现今世界上还有数百万人，一如1200年前的斯里兰卡信众，向度母祈求佑护。

55

唐代墓葬俑

陶俑，出土自中国河南省

约公元 728 年

据说，如果你拿起报纸首先会去翻讣闻版，说明你已经步入中年了。但我觉得，不管中年与否，大部分人都很好奇自己身后会被他人如何评价。在公元 700 年左右的唐朝，达官显贵不光好奇，还渴望操控自己在后人心目中的形象。他们或亲笔撰写自己的讣告，或委托别人代笔，将自己的丰功伟绩昭告祖宗与神明。

大英博物馆北区的亚洲厅摆放着两尊中国阴间的判官雕像，他们是负责记录人生前的善举与恶行的，因此是唐朝的权贵想要讨好的对象。在他们前面摆放着一组 12 只栩栩如生的陶俑，高度在 60 厘米至 115 厘米之间，形象包括人、兽以及人面兽身。它们都来自唐朝名将刘廷荀之墓。他曾任忠武将军、河南道与淮南道校尉以及中央枢密使，在公元 728 年以 72 岁高龄去世。

这些信息来自他命人撰写的墓志铭。这份铭文通篇溢美之词，与他的陶瓷随从们一同被下葬。墓中的文字与物品让我们得以一窥 1300 年前的中国。但它们首先都是些寡廉鲜耻的自我吹捧，目的则是为了能名垂千古。

想要控制自己死后名声的人在如今也屡见不鲜。曾任《泰晤士报》讣闻版编辑的安东尼·霍华德回忆：

> 我收到过不少写着"我已时日无多，想来有必要让你们了解一下我的生平事迹"的信。它们简直让人难以置信，字里行间透出的尽是狂妄自大，充斥着

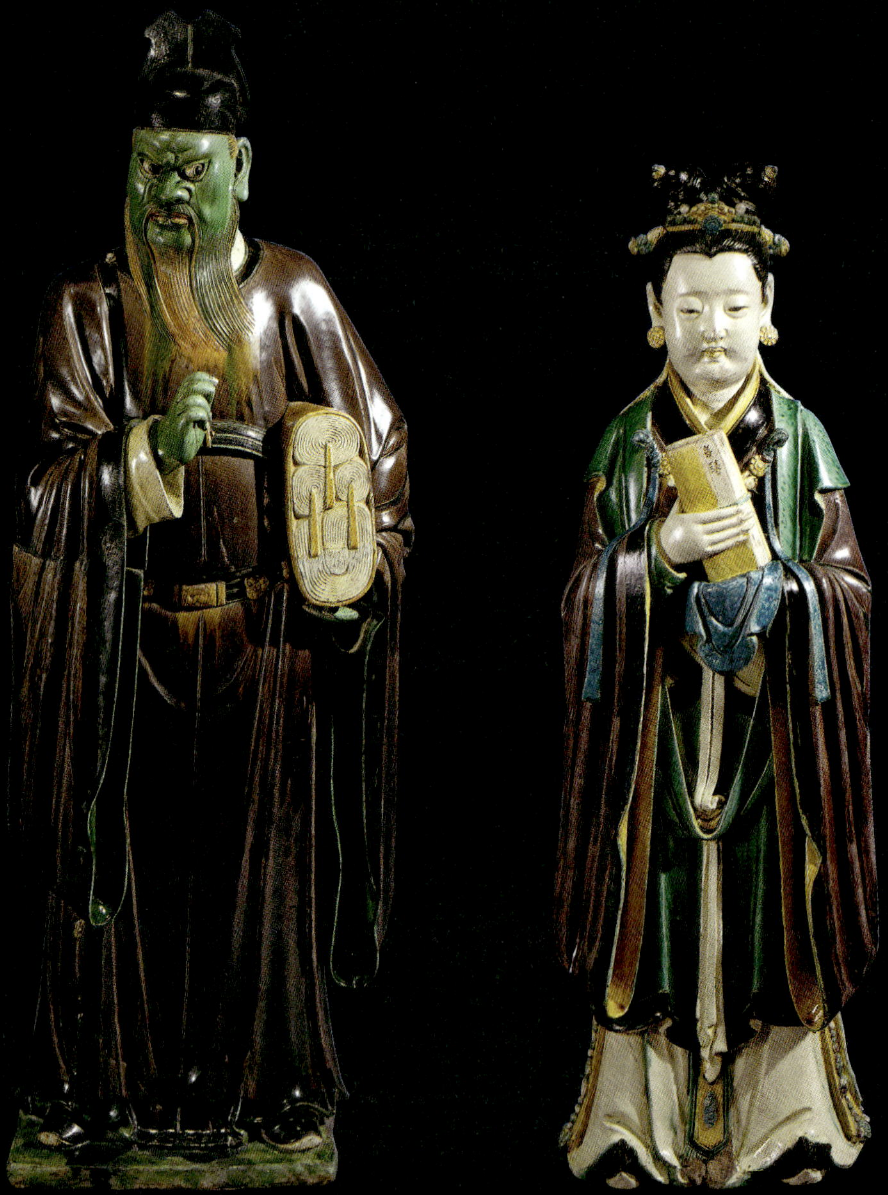

类似"虽然他是一个极具魅力的人"的描述。我很难相信有人会如此评价自己。当然,如今没有谁委托别人为自己写讣告,早年间的这种信通常也直接进了废纸篓。

我以前总是为《泰晤士报》的讣闻版夸口说"我们在书写当代历史的第一个版本"。这也正是讣告的价值所在。它自然并非写给逝者的家人或朋友看的。

唐朝的讣闻也同样不是写给家人或朋友的,但它们亦非那一代历史的首个版本。刘廷荀的讣闻的目标读者并非在世的人,而是阴间的判官,它让他们得以了解他的地位和能力,好在阴间给予他相应的地位。

刘廷荀的墓志是狂热的自我褒扬的典范,其定位显然高过安东尼提到的"他是一个极具魅力的人"。他声称自己行为世范,必将彻底改变百姓的举止礼仪。在朝为官时,他"仁、义、贤、耻、忠、信、礼"。他的军事才能可与传说中的英雄媲美。在一次战役中,他轻松击退入侵的敌军,"如拂蝇于鼻"。

唐朝的统治自618年起至906年止,刘廷荀显赫而起伏不定的仕途正处于此朝的鼎盛时期。对中国人而言,无论内政还是外交,唐朝都是成就斐然的黄金时代。当时,这个扩张中的伟大帝国,与中东阿拔斯王朝的伊斯兰帝国一起,卓有成效地建立了西起摩洛哥东及日本的庞大的奢侈品专营市场。虽然在欧洲史文献上很难看到相关记述,但这两大帝国一度统治并塑造了中世纪早期的世界。在刘廷荀去世、墓葬俑完工的728年,西欧还是由许多小国与城邦拼凑在一起、政局混乱、岌岌可危的落后之地。而唐朝作为一个统一的国家,疆域北至朝鲜,南抵越南,向西循丝绸之路一直延伸到中亚。这个国家的结构、实力以及对自身文化的极度自信都在刘廷荀的陶瓷墓葬俑上得到了生动体现。

陶俑分为6对,只有3种颜色:琥珀黄、绿和棕色,两两并列,排成一队。最前方是一对兽俑,夸张的半人兽造型顶着滑稽的鬼脸,头上长角,还有翅膀与兽蹄。他们是队列中领头的神兽,墓葬的守护者。之后是一对人形陶俑,外表显然深受印度的影响。再下一对则极具中国特色,是两个拘谨严肃的官员,双手毕恭毕敬地交叠,站立,他们将履行特殊的使命:起草刘廷荀的墓志,并将其呈交给阴间的判官。队列中最后的人物形象是两位马夫,他们的身影完全被身后所照看的庞然大物吞没了。

地狱中的两位判官

下页图:一套光彩生动的陶瓷墓葬俑

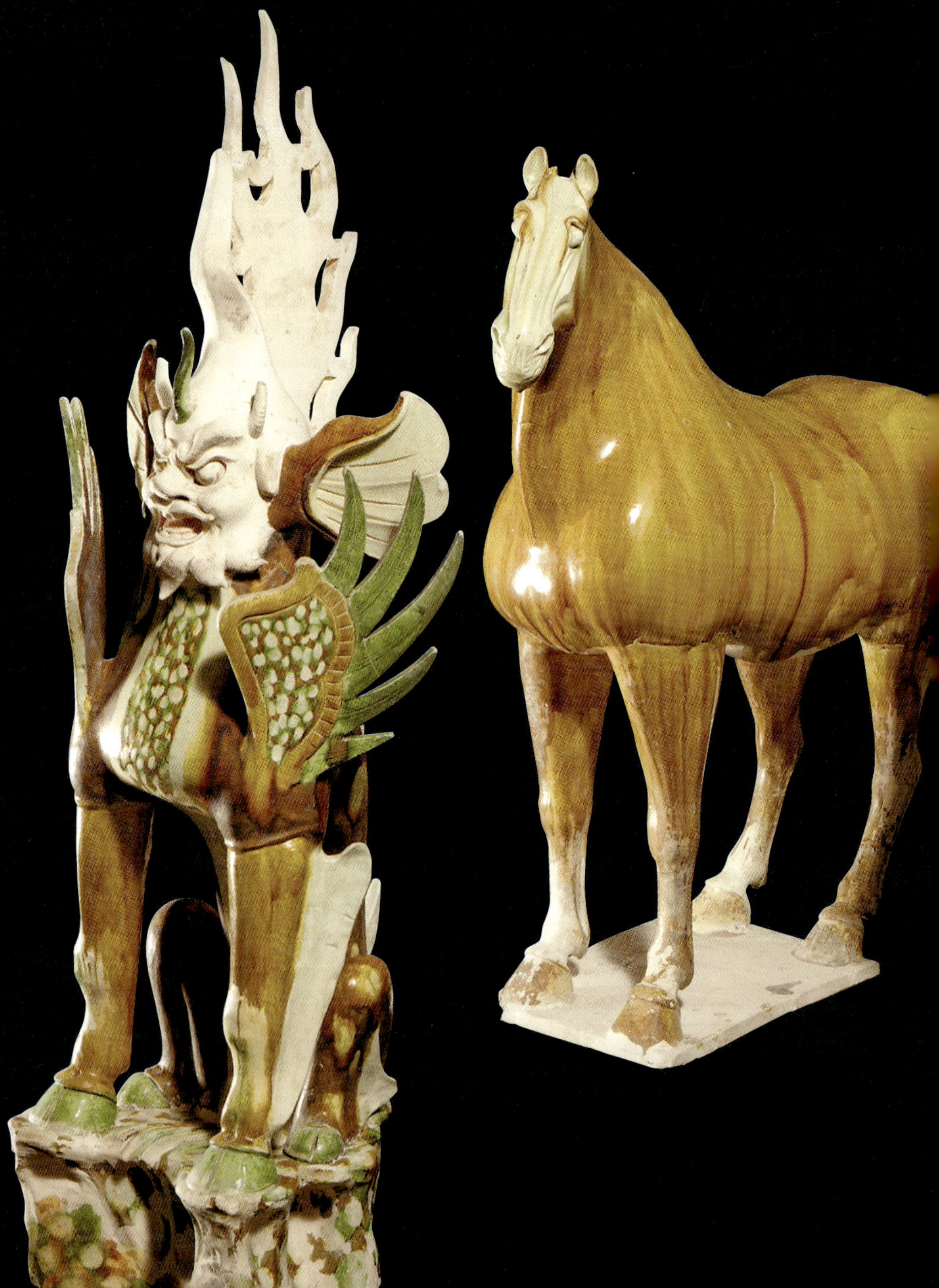

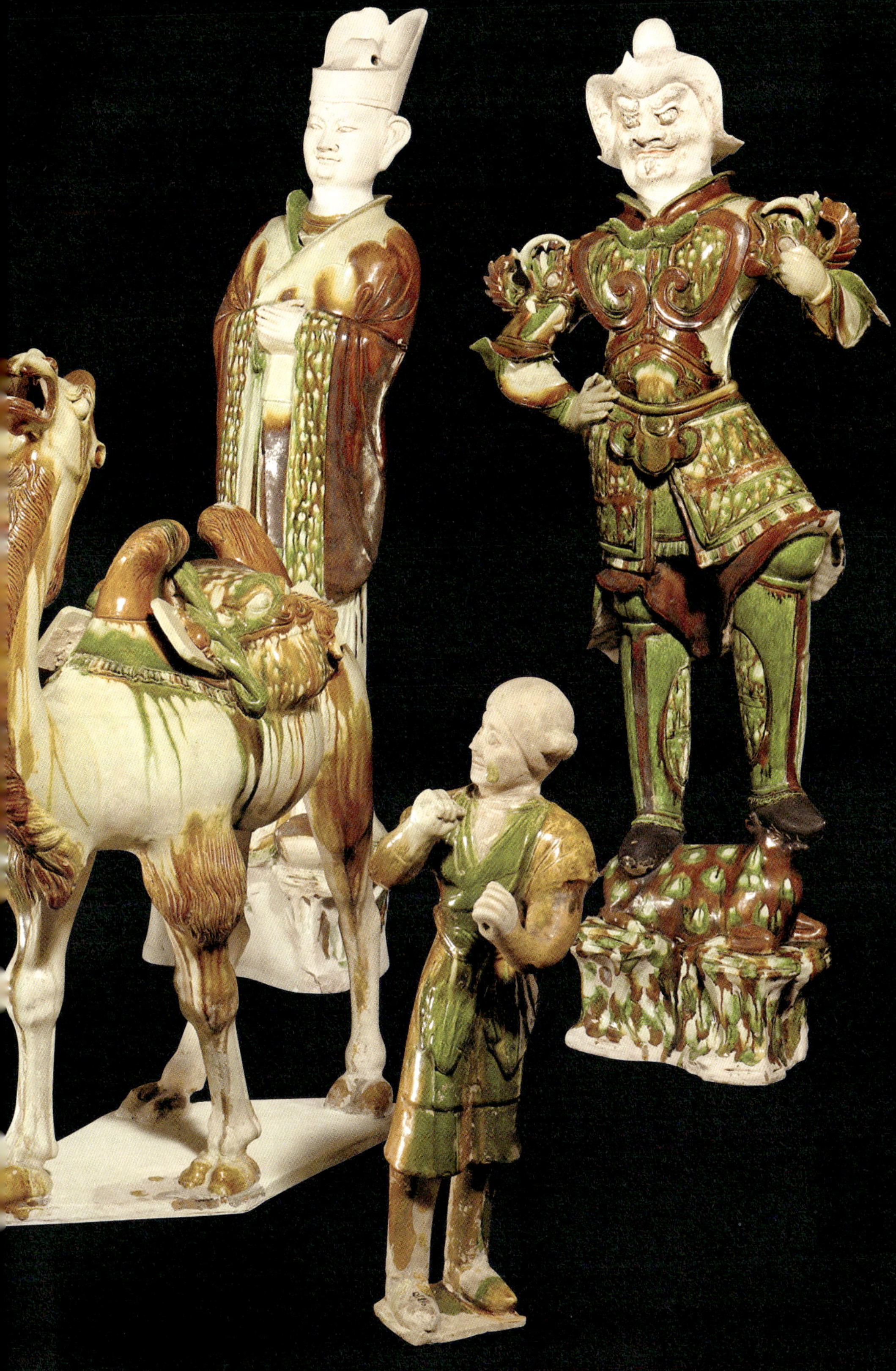

首先是两匹良马，高近 1 米，一匹乳白色带黄绿斑点，一匹通体棕色。殿后的是一对漂亮的大夏双峰骆驼，头向后仰，做嘶鸣状。陪同刘廷荀前往另一个世界的阵仗真是浩大。

随行的骆驼与马匹正如你所料，表现出刘廷荀很富有，但同时也能说明，唐朝通过丝绸之路，与中亚乃至更远的国度间有着紧密的贸易联系。陶瓷马基本应该是当时名贵的新品种，高大健硕，沿着世上最著名的贸易路线来到中国。如果说这些马是丝绸之路上的亮点，类似宾利或保时捷，大夏骆驼则是载重货车，每一头都能扛起总重 120 公斤的珍贵货物——丝绸、香水、草药、香料，穿梭于空旷荒芜之地。

公元 700 年左右，类似的陶俑在 50 年间被大量制造，而其唯一用途便是立于位高权重者的坟墓之中。在刘廷荀任职的中国西北部，大型城市大量出土了这种陶俑。古代中国人认为，人应该用一切在世时的必需品作陪葬，因而陶俑只是刘廷荀墓葬的一部分，此外还有可观的丝绸、漆器、白银、黄金等奢侈物品。人俑与兽俑能够服侍和取悦墓主，神兽俑则用于驱邪镇魔。

从制造完工到入葬，这些陶俑应该只有一次在世人面前露面的机会，即在出殡时被运往墓地的过程中，此后便该永不再见天日。进入墓室之后，它们便按照一定位置围绕着棺木摆放，其后石门会被永久闭合。其时有位诗人张说评价道：

往来皆此路，
生死不同归。

与 8 世纪中国的各种物品一样，陶俑制造业受某个官方部门的控制，而该部门只是维系唐朝社会运行的庞大官吏系统中的一小部分。高级官员刘廷荀用两个官员俑陪葬，想必是为了确保自己永世的行政权。奥利弗·摩尔教授一直在研究精英官僚阶层，这个阶层逐渐成了中国政府的同义词，如今我们仍以"mandarin（官员）"一词指代高级公务人员。

当时的官僚系统由古老的侯门与我们可以称之为新贵的阶层共同构成。他们分属不同的部门，工部、户部、兵部以及规模最大的礼部。礼部官员会组织各种周期性的仪式（每年一次或每月一次），比方为皇帝、皇子和公主举办寿宴，以及农业节气，如演耕：每年春天，皇帝都会在宫内象征性地犁一下地，宣布春耕开始。还有一类官员则通过科举考试获得官职。起初他们人数很少，但逐渐成了官僚系统的重要组成部分。科举考试的规模也逐年扩大，至公元1000年，有约15000人赴都城应考，其中1500人能够金榜题名，9成以上名落孙山，为数众多的人终其一生都在不懈赶考。这一科举制度同时也保证了官员对朝廷的忠诚度。

刘廷荀是朝廷忠心耿耿的服务者，他的墓葬规格、人俑、兽俑和墓志从一个侧面体现了唐朝全盛时期的面貌，从中我们能一窥军队与民政间的密切关系，社会的欣欣向荣，精美工艺品制造业的发达，以及帝国四海升平、声名远播之下的自信。

第十二部分

朝圣者、入侵者和商人

公元 800 年至公元 1300 年

  中世纪的欧洲并没有与非洲和亚洲相隔绝,士兵、朝圣者和商人携着商品与观念定期穿越各大洲。斯堪的纳维亚的维京人在格陵兰和中亚之间游走、经商。在印度洋,庞大的经济网络将非洲、中东、印度与中国相贯通。印度教与佛教则沿着这些路线从印度传到了印度尼西亚。就连十字军也没有阻挠过欧洲的基督徒与伊斯兰世界间频繁的贸易往来。而处于所有这些亚洲贸易路线尽头的日本却相反,开始实行闭关政策,在接下来的 300 年里甚至与邻国中国也中断了往来。

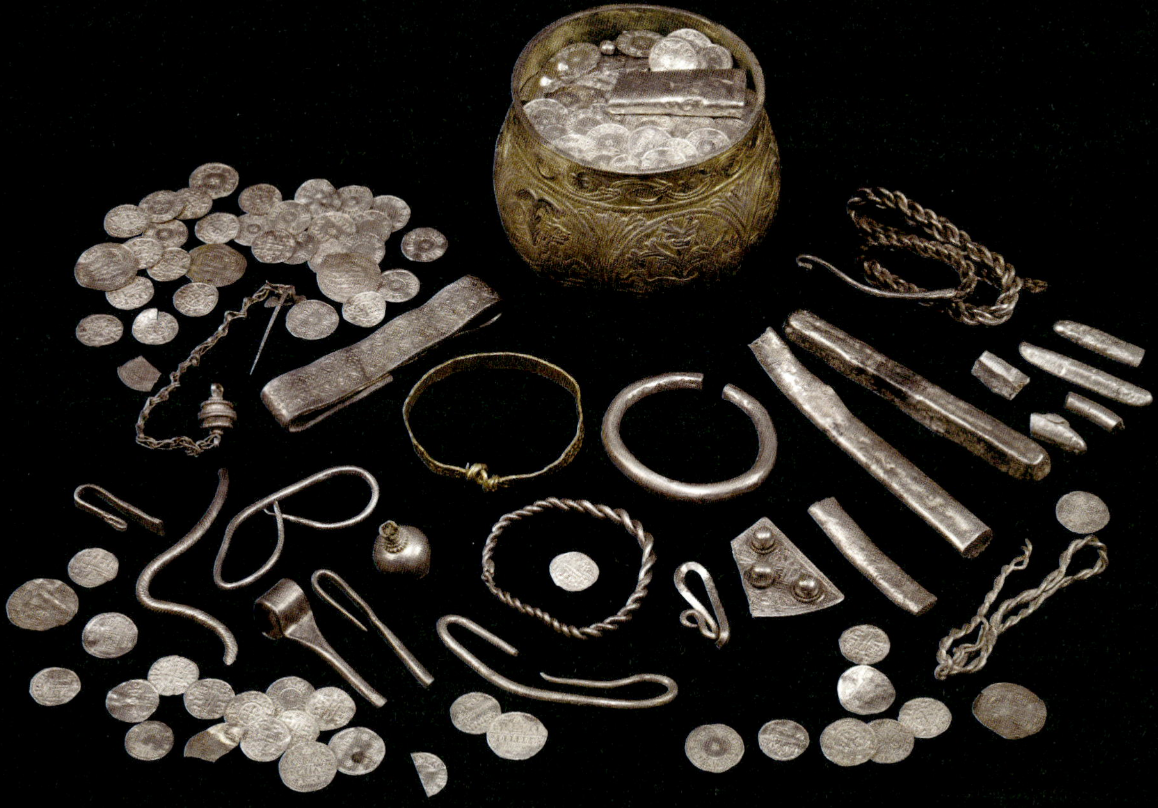

56

约克郡河谷宝藏

维京物品，发现于英格兰哈罗盖特镇附近

埋藏于公元 927 年左右

放眼望去，约克郡一派诗意：辽阔的绿油油的田野，绵延的远山，笼罩着清晨的薄雾。这正是安宁而恒久的英格兰的缩影。但如果刨开表面，更准确地说，如果拿着金属探测器在地面挥动一番，一个迥异的英格兰就会浮现。这曾是一片充斥着暴力与恐慌的土地，海洋并没能成为她天然的屏障，她对入侵者毫无抵抗之力。1100 年前，正是在这片土地上，一位惊惶的男士埋下了大量的白银、珠宝与钱币。这批宝藏将英格兰与当时遥远得几乎无从想象的俄罗斯、中东和亚洲联系了起来。这位埋下自己宝藏的是个维京人。

接下来的 5 件物品将带我们走过 9 世纪至 14 世纪欧亚大陆的广阔区域。我们将会认识两条重要的贸易路线：一条始于伊拉克和阿富汗，向北延伸至俄罗斯，最后止于英格兰；另一条则在南边，从印度尼西亚开始，跨越印度洋，直抵非洲。

一提到"商人与劫匪"，浮现在我们脑海里的总是维京人的形象。维京人一直刺激着欧洲人的想象力，他们的名声也总是大起大落。在 19 世纪，英格兰人视他们为野蛮的恶棍，戴着牛角头盔，奸淫掳掠无恶不作。但在北欧人眼中自然并非如此：他们是北欧传奇中所向披靡的英雄。一度有考古学家认为维京人的文明程度相当高，在本地及外地经商的人比海盗多。不过最近发现的约克郡宝藏则给他们的形象减分不少，民间流行的侵略者一说再次回归，只是增加了一点四海为家的魅力。其实维京人一直以来的形象都是：暴力而又耀眼。

10世纪初，英格兰一分为二，东、北部被维京人占据，西、南部则是盎格鲁－撒克逊人的韦塞克斯王国。这百年间英格兰最重大的历史事件便是盎格鲁－撒克逊人逐渐夺回维京人所占领的土地。本节中的物品不但精准地反映出英格兰历史中的这一篇章，同时也与维京人巨大的贸易网络相连接。

这处宝藏是于2007年冬天，戴维·惠兰和安德鲁·惠兰父子在约克郡北部哈罗盖特南方的田野里探测金属时无意中发现的。

这批财物装在一个做工精美、约小甜瓜大小的银碗里。令人惊讶的是，碗里竟然盛着600多枚银币，每枚直径接近现代的一英镑硬币，但极薄。银币大部分来自盎格鲁－撒克逊王国，小部分由维京人在约克制造，还有一些源自西欧或中亚。和银币一起出土的还有一个金臂环、五个银臂环，以及被一些考古学家称为"碎银"的银块：它们是胸针、指环和窄银条的碎块，多为数厘米长，曾被维京人用作货币。这一因素也使考古学家确信这是维京人而非盎格鲁－撒克逊人的宝藏。

这一宝藏带我们进入了英格兰历史上的关键时刻：盎格鲁－撒克逊国王阿瑟斯坦终于击败了维京入侵者，建立了英格兰王国。当然，它们首先表明了维京人当年统治英格兰北部时的贸易范围。他们与外界接触十分频繁，如历史学家米歇尔·伍德所说：

> 其中有爱尔兰的维京臂环，以及来自遥远的撒马尔罕、阿富汗与巴格达的银币。我们从而得知了当时他们的活动范围。维京国王及其代理人的足迹踏遍了西欧、爱尔兰与北欧，其贸易路线也覆盖了这些区域。据阿拉伯文献记载，贩卖奴隶的维京商人曾在里海沿岸从事贸易。当时有个有名的奴隶贩子叫"俄罗斯人古利"。他其实是爱尔兰人，只因常戴着俄罗斯式的帽子而得此绰号。他曾在里海沿岸以及流经诺夫哥罗德和基辅、注入黑海的河流沿线进行买卖，足迹遍及那些著名的贸易路线。这就是为什么公元915年铸造于撒马尔罕的银币能在四五年的时间内就来到约克郡。

约克郡的宝藏表明，维京人确实一度在整个欧洲大陆经商。宝藏中有一枚撒马尔罕的货币迪拉姆，也有一些来自中亚的伊斯兰货币。基辅与约克一样是维京人盘

宝藏中的钱币：（上）迪拉姆，（中）镌刻圣彼得名的钱币，（下）阿瑟斯坦发行的钱币

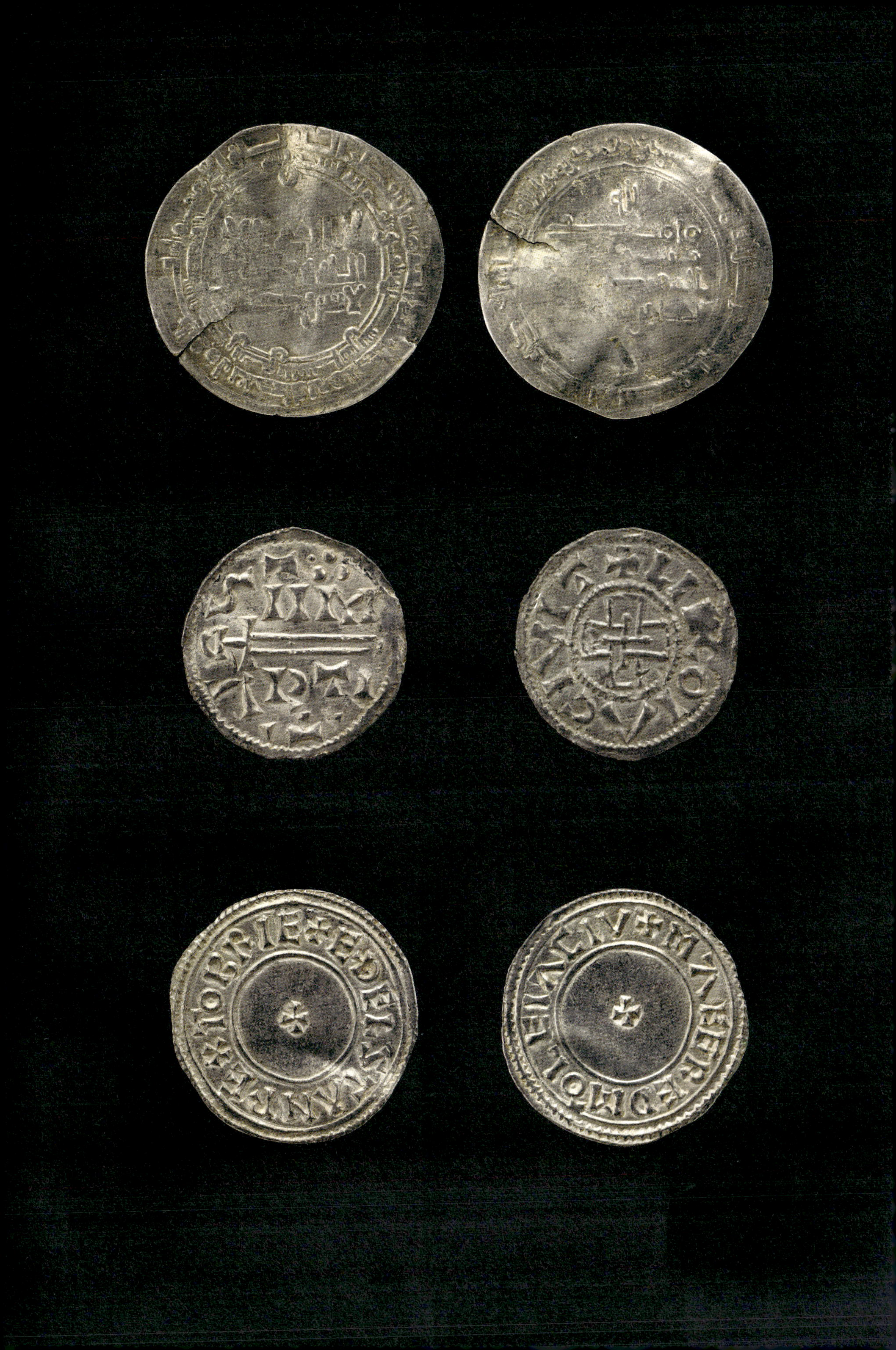

踞的重要城市，来自伊拉克、伊朗和阿富汗的商人在这里取道俄罗斯和波罗的海，将货物销往整个北欧。居住在基辅周边的人因而变得富裕。当时的一名阿拉伯商人说，这里的人熔化贸易所得的金银币，为妻子制作项圈：

>女人戴着金银项圈。男人一旦攒够 1 万枚迪拉姆，就会给妻子打一个项圈，两万枚就打两个……一个女人通常拥有多个项圈。

宝藏中确实有一块这种俄罗斯项圈的残片。

基辅和约克都是维京人的城市，但它们之间几乎没有过直接交流。贸易路线上通常会有好几个中转站，商人到这里将香料、银币和珠宝运往北方，再将琥珀和皮草运往南方，每次转手都能赚上一笔。这条贸易路线也让维京人恶名远扬。他们在整个东欧到处抓人，运到基辅的奴隶市场上贩卖。也因此，在很多欧洲语言中，指代"奴隶"（slave）和"斯拉夫人"（Slav）的词语仍高度相关。

这一宝藏也揭示了当时约克郡的状况。维京人正在逐渐接受基督教，但仍不愿放弃旧宗教的个别符号象征。斯堪的纳维亚的远古神灵仍有人信仰。920 年在约克郡铸造的一枚银币上有一柄剑和基督徒圣彼得的名字，但有意思的是，当时彼得的拼写为"Petri"，其中的"i"被画成了一把锤子，这是北欧古老的神祇雷神索尔的象征。新的信仰沿用了旧宗教中的武器。

我们能肯定的是，这批宝物的埋藏时间在 927 年后不久。因为在这一年，韦塞克斯国王阿瑟斯坦最终击败了维京人，收回了约克郡，并获得苏格兰和威尔士统治者的宣誓效忠。这是自罗马人撤离之后英格兰本土发生的最重大的历史事件。这批宝藏中有一枚银币，便是阿瑟斯坦下令铸造以示庆祝的。上面有一个他自封的、前无古人的称号：Athelstan Rex totius Brtitanniae（不列颠全境之王阿瑟斯坦）。现代不列颠联合王国的概念即源于此，虽然还要过 800 年才能完全实现。不过阿瑟斯坦总被视为现代英国的缔造者。迈克尔·伍德解释说：

>这批宝藏的非凡意义在于它们指向英格兰王国建立、成为统一国家的那一时刻。10 世纪初正是"国家认同"被初次提及之时，因此之后的英格兰国王，

不管是诺曼王朝、金雀花王朝还是都铎王朝，都奉阿瑟斯坦为王国的奠基人。在某种意义上说，他们都追溯到了 927 年的那一刻。

但当时的形势十分混乱，这批宝藏表明维京人和盎格鲁－撒克逊人的争斗远未结束。它们的主人必定是位有钱有势的维京人，在盎格鲁－撒克逊接管约克之后，他仍然居住于此，因为宝藏中有一些阿瑟斯坦于 927 年发行的银币。他一定是厄运临头，因此不得不把财宝埋藏起来，且埋得相当谨慎，想必幻想着日后回来挖掘。他是否在维京人和盎格鲁－撒克逊人持续不断的纷争中被杀？他有没有回到斯堪的纳维亚，还是去了爱尔兰？不管藏宝人的命运如何，留在英格兰的维京人多数被日渐同化。如今在英格兰东北部，以"by"和"thorpe"结尾的地名，如 Grimsby 和 Cleethorpes，便是维京人曾漫长存在的生动残余。约克郡宝藏提醒我们，在公元 900 年前后，这些地方也曾是由斯肯索普延伸至撒马尔罕的繁华贸易之路的一端。

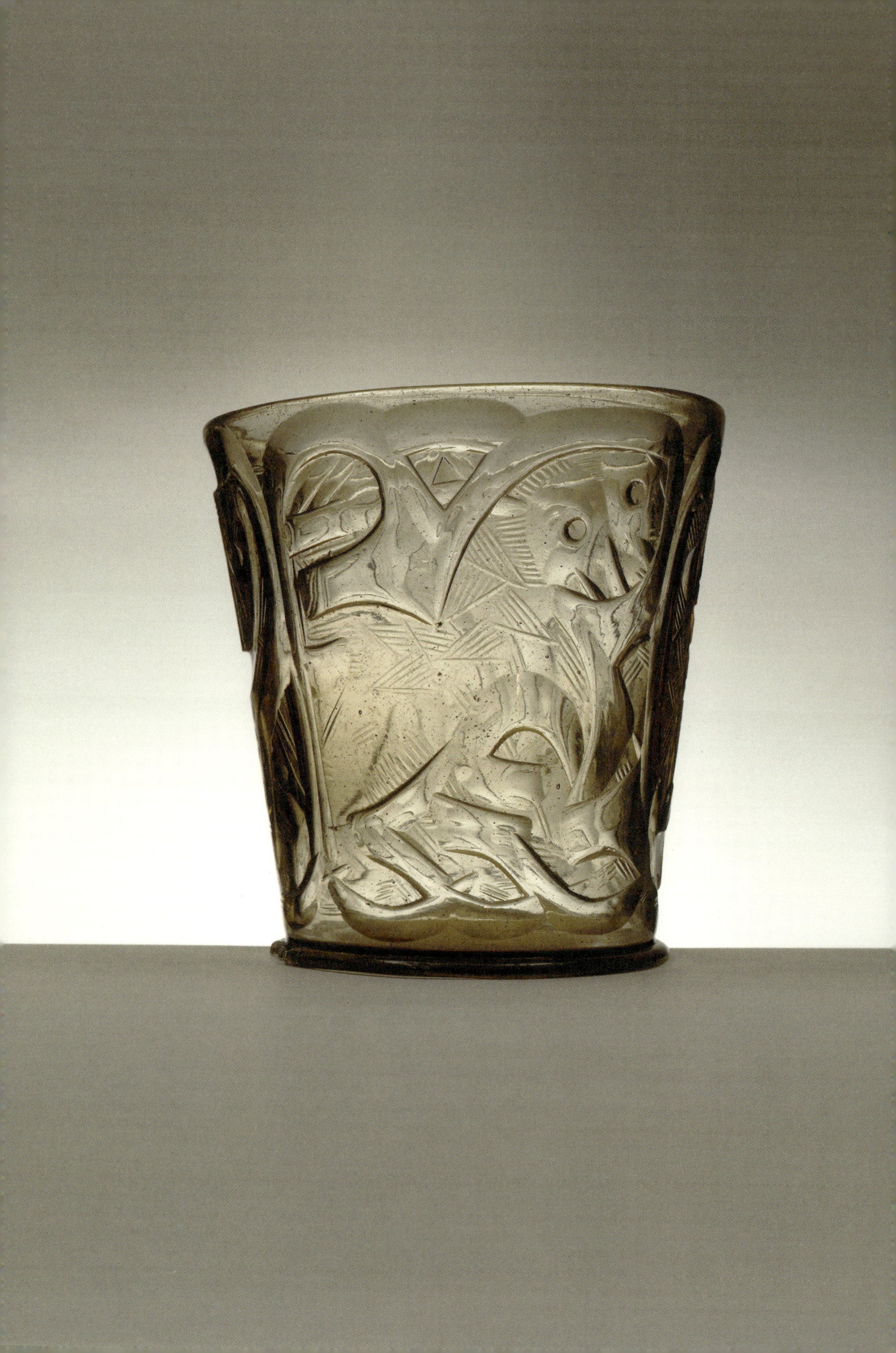

57

海德薇玻璃杯

玻璃杯，可能制作于叙利亚

公元 1100 年至公元 1200 年

对于大多数人来说，提及海德薇这个名字最多能联想到哈利·波特那只听话的猫头鹰信差，但对中欧人，尤其是波兰人而言，海德薇有着特殊的含义：她是出身王室的基督教圣徒，在公元 1200 年左右成为一个民族与宗教的象征。在数个世纪里，她传递的不是信息，而是奇迹。她最广为人知的奇迹，是她玻璃杯中的水会定期变成美酒。至今，中欧各地仍有一些神秘而极具特色的玻璃杯被视为她当年用来盛这些奇迹之水的容器。

大英博物馆也收藏了一个海德薇的玻璃杯。它引领我们穿越历史，回到宗教与政治高度结合的十字军时代，回到狮心王理查与萨拉丁的伟大时代，去面对一个意外的事实：同基督徒与穆斯林之间的战争相伴而生的是双方蒸蒸日上的贸易往来。最近的研究让我们逐渐认识到，被中欧人当作基督教神迹的海德薇杯，极有可能出自中东信仰伊斯兰教的玻璃工匠之手。

海德薇嫁给了西里西亚公爵"长须"亨利。公爵的领地横跨今日的波兰、德国直至捷克边疆，他与海德薇共育有 7 个子女，其中包括名字很悦耳的"鬈发"康拉德。1209 年，两人宣誓禁欲，这也许并不让人意外，因为当时公爵夫人的行为已有明显的圣人倾向。她为女麻风病患者修建了一所医院，对当地修道院修女的礼遇甚至到了让人不安的程度：

她用修女们洗过脚的水来洗自己的眼睛，常常也一并洗整张脸。更惊人的是，她也用这样的水来清洗她孙子孙女们的脸和头。她坚定地认为，使用过这些水的修女们的圣洁能让自己的后辈得到救赎。

虽然贵为公爵夫人，她穿着极为简朴，常常赤脚，即使是行走在雪地里。据说，她曾在雪地里留下连串带血的足迹。她只饮用水，这种滴酒不沾的行为在当时简直是闻所未闻，也让她的丈夫极为担忧，怕妻子会因此患病：其时人们常以酒代水，因为水总是不够洁净，酒相对安全一些。但有传言说，一天，公爵看到夫人端起水杯放在唇边时，杯里的水奇迹般地变成了酒。她的圣徒之名自此确立，健康也大概因此得到了保证。

她使用的玻璃杯也声名远扬。中欧人无止尽地渴望看到与宗教神迹相关的圣物。其中最著名的圣物之一便是据称曾在迦拿的婚礼上使用的杯子，基督用它第一次显示了奇迹，将清水变成了美酒。海德薇的杯子继承了这一令人自豪的传统。

我们所收藏的玻璃杯与其说是一个水杯，倒不如说更像是个小号的花瓶。它是世上仅存的约12个外观酷似的玻璃杯中的一个，这些杯子被虔诚的信徒认定曾为海德薇所使用。它们用厚玻璃制成，呈烟熏的黄玉色，高约14厘米，需要用双手才能捧起，想用它喝水更是不易。如果往里面注水，再试着一口喝光，水会因杯沿太宽而洒出。并且遗憾的是，水并没有变成酒。

不过它们承载着另一个奇迹：如此脆弱的玻璃制品，竟然能够历经千年的岁月，被完整无缺地保留至今。它们一定曾被人悉心收藏。我们知道，这些玻璃杯中有很多为皇室藏品或教堂珍宝，极有可能在皇家礼拜堂或大教堂内被用作圣杯。现存不少海德薇玻璃杯都曾被置于贵金属制成的支架上，在弥撒时使用。观察这个杯子的底部与边缘，也能看到金属支架的安装痕迹。

值得注意的是，海德薇属于新类型的圣徒。1267年，她被宣布为圣徒之时，女圣徒的数量达到了教会史上的新高，并且终于打破了封圣无形的性别限制，约有1/4的新封圣徒为女性。这应该是得益于当时的新教派圣方济会和多明我会推行的宗教复兴策略。他们相信真正的基督徒不应该生活在修道院中，而应该生活在城镇里，也坚持认为女性应该在教会中与男性平起平坐。因此他们鼓励贵族女性多行善。海德薇对麻风病患者的关怀便极具代表性，而戴安娜王妃照顾艾滋病患者的善举也让我们了解到王室强大的榜样作用。中世纪的教会便采取为这些女性死后封圣的做法来巩固这种榜样。这一类型的圣徒名单相当惊人：圣库尼根德，神圣罗马帝国皇后；圣玛格丽特，匈牙利公主；圣安妮，波西米亚公主；圣海德薇，西里西亚公爵夫人。她们身上都曾出现过神迹，只有海德薇的与酒有关。

当时的教会另有一项革新，即修道士不只要提倡修行，还要号召打正义的仗。圣方济会和多明我会都是最积极鼓吹十字军东征的团体。海德薇饮酒之时，十字军正全速前进。1217 年，她的姐夫匈牙利国王加入了十字军，带领一支队伍前往圣地。有趣的是，不管双方的战事如何发展，相互间的贸易往来依旧兴盛，甚至也许战争倒起了促进作用。剑桥大学地中海历史学教授戴维·阿布拉菲亚认为：

> 12 世纪至 13 世纪，中东与欧洲维持着密切的贸易往来，与威尼斯人、热那亚人和比萨人更是持续地进行商品交易。不难想象，这一情况有时会招致一定的反感，例如这些人尚在亚历山大港时，萨拉丁却着手与基督徒争夺圣地。贸易的主要目的是用西方的原材料交换产自伊斯兰世界的奢侈品，如丝绸、玻璃制品和陶瓷等，当时整个西欧都无法生产出质量能与之媲美的物品。

贸易与战争并存的局面，正是使海德薇玻璃杯非同寻常的一大原因。

所有的海德薇玻璃杯都带有一些相类似的图案：狮子、狮身鹫首兽、鹰、花卉和几何图案，但只有本馆收藏的这一个集结了以上所有元素。上面的狮子与狮身鹫首兽各举起一只爪，宣誓效忠于立在它们中间的鹰。整个杯壁布满深深的刻痕，想必是趁玻璃还滚烫柔软的时候压上模具，一丝不苟地雕刻出纹理与图案的细节，从而呈现羽毛和兽皮的特点，而最重要的是，它极具风格，不明就里的人也许会把它当作 20 世纪 30 年代北欧装饰派艺术的作品。这款杯子与制作于中世纪欧洲的任何玻璃制品都大相径庭，也许正是因此才会有人把它们与神迹联系起来。

发现玻璃杯的地点当然不会是它们的原产地。在逾 200 年的时间里，人们一直在探究其出产地。如今我们可能离真相更近了一步，因为经科学分析发现，这 10 来个海德薇玻璃杯的材质并非欧洲传统的钾玻璃，而是现代以色列、黎巴嫩和叙利亚沿海一带出产的钠玻璃。它们在形状、质地和风格上都很相似，这表明它们应该是在同一间作坊里批量制作的。这间作坊一定位于上述地区的某个沿海城市里，制作者几乎肯定是位穆斯林。当时伊斯兰世界大量生产玻璃制品并出口到欧洲，"大马士革玻璃"曾是中世纪财宝清单上常见的条目。位于耶路撒冷的十字军王国的贸易中心阿卡是这项买卖最重要的口岸。对于当时的情景，研究十字军的历史学家乔纳森·赖利-史密斯教授有如下描述：

> 位于今以色列境内的阿卡是地中海东岸地区最重要的贸易中心。来自西边的船运来欧洲的布匹，换作香料带回欧洲。我们有一张有趣的清单，罗列了13世纪时在阿卡港交易过的商品，并附有每种商品的关税额。这份清单并没有列出这些玻璃杯，但提到穆斯林的陶器是会被课税的主要商品。因此，欧洲出现以及留存这种玻璃杯的现象，应当由欧洲与黎凡特之间大规模的贸易背景来解释。以这个十字军港口为中转的贸易甚至延伸到了更为遥远的东方乃至亚洲腹地。

所有这些情况造成了一个饶有趣味的可能。我们知道海德薇的姐夫匈牙利国王曾在阿卡居住过一段时间，是否是他在此处停留期间下令制造了这些玻璃杯？这也许能解释为什么这些杯子会和他家族中的圣徒海德薇有关联，也能解释为什么它们来到了中欧。在他位于布达佩斯的宫殿内，我们也发现过海德薇玻璃杯的碎片，因而这个推测很可能是成立的。但无论如何，目前这依旧只是猜测。这一假设相当诱人，也许真能解开缠绕海德薇玻璃杯已久的由来之谜。

58

日本铜镜

铜镜，来自日本

公元 1100 年至公元 1200 年

大多数人都有过向许愿井或喷泉里投掷硬币求好运的经历。游客投入罗马著名的特莱维喷泉的硬币金额日均高达 3000 欧元，他们希冀交到好运并故地重游。向水里投掷珍贵物品已是延续千年的传统。这似乎是人类难以抑制的一种冲动，早先也并非投一个硬币、随便许个小愿望那么简单；过去，人总用这种方式向神提出极其严肃的恳求。考古学家不断地在英国的河流与湖泊中发现数千年间世人敬献给诸神的武器、珠宝和贵金属。在大英博物馆，我们也收藏了来自世界各地的这类被肃穆或愉快地投入水中的物品。其中一面镜子的故事颇为有趣，它是在约 900 年前被扔进日本一座寺庙的池子里的。

写于公元 1000 年前后的日本历史名著《大镜》中提到一面镜子，它不但能说话，还能透露这个国家的历史：

> 我是一面普通的老式镜子，来自遥远的古代，用优质的浅色金属制成，不擦拭也能保持常新……接下来我要谈严肃的话题了。大家都请用心聆听。记住，你们将听到的是日本的历史……

大英博物馆收藏的这面铜镜便基本制作于上述时间，尽管直到最近我们才了解它的渊源以及它所讲述的 900 年前日本社会的情况。这面镜子目前可以讲述的

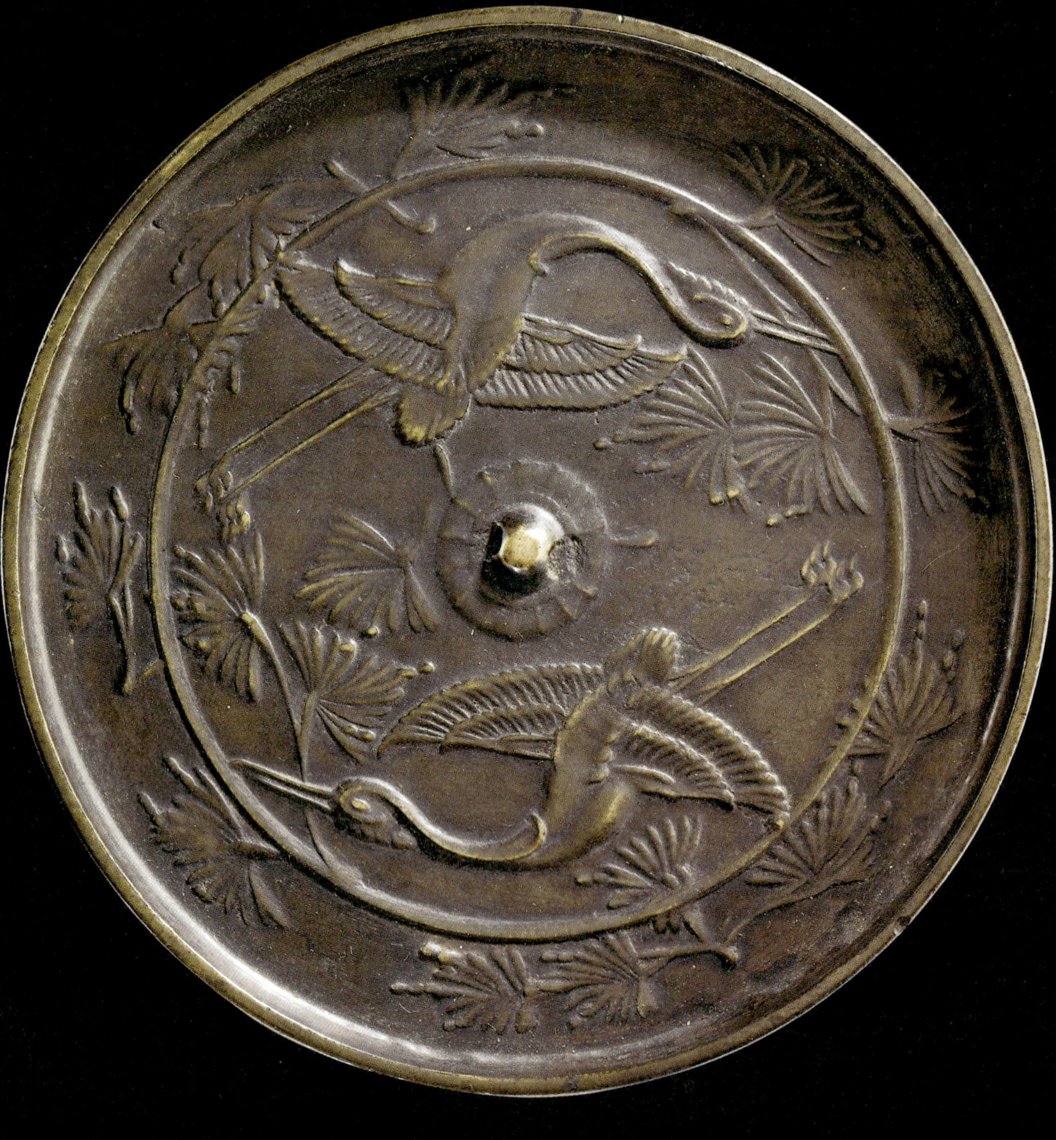

是恋人与诗人，宫廷女子与女神，僧侣与帝王的故事。

镜子呈圆形，普通杯托大小，抓握起来正合适。它不带把手，但曾经有个环，可以挂在钩子上。它并非镀银的玻璃镜，我们所熟悉的背面镀银的镜子要到16世纪才亮相。早期的镜子如这面铜镜一样，通常是用金属制成的，经过仔细打磨之后，能照见脸庞。

与日本文化中的众多东西一样，镜子也是从中国传入的。大约1000年前，欧亚大陆上的各国都在热切地进行贸易往来，交流知识与信仰。在9世纪至10世纪，日本也是其中的热心参与者，尤其是与中国。但由于其地处海岛，位于所有那些庞大贸易路线的尽头，日本有了独特之处：它能够选择退出这个紧密联结的世界。在历史上，日本曾多次实行锁国政策，最为著名的一次是在894年，它宣布中断与中国的一切正式往来，有效地将自己隔绝在整个世界之外。排除了外来影响，也没有新的舶来品，日本在接下来的几个世纪发展出独具特色的文化，留下了至今难以磨灭的影响。当时京都宫廷生活的各个方面都在不断改进，日渐变得精致而富有美感，追求考究的享乐。在那个社会的文化生活中，女性占据了主要地位。那段时期也是日本文学的诞生期，作者亦以女性居多。通过这些文字记录，我们得以细致了解那个时代，而那也正是我们这面铜镜诞生的时代。它的第一任主人很可能阅读过日本首部重要的小说《源氏物语》，它也是世界范围内最早的文学巨著之一，作者是宫廷女官紫式部。小说家与日本文化专家伊恩·布鲁玛对当时的社会背景做了补充：

> 紫式部有点像简·奥斯汀。《源氏物语》让我们得以深入了解日本平安时代的贵族生活。
>
> 日本中世纪文化独树一帜。当时的民众极端追求美，将美当作宗教般膜拜。审美体现在生活的方方面面，不只是镜子、筷子这样的物品，生活本身自然也是高度仪式化的。任何贵族社会都如此，但平安时代的贵族阶层对美的追求可谓空前绝后。人们用诗歌交流，举办闻香比赛。他们追求一切美的活动，包括男女关系。当然这其中不免有个人情感，滋生为紫式部所唯美描绘的嫉妒等一切正常人的品行。

在这面铜镜中，我们窥见了紫式部生活其中的那个追求美、举办闻香比赛的世界。镜子背面的装饰图案是一对飞翔的仙鹤，它们昂首展翅，嘴里衔着松枝，颈部弧线与镜子本身的曲线相契合，外缘则装饰着更多松枝。这是一件对称严格、构图完美的艺术品。它美丽的外观之下还蕴藏着深意：仙鹤寓意长寿，日本人相信它们的寿命长达千年。紫式部告诉我们，与她同时代的一位女子曾在一项特殊的宫廷仪式中穿着一件绘有在海边起舞的仙鹤图案的礼服：

> 弁内侍的礼服下摆展示了用银线描绘的在海边翩翩起舞的仙鹤图案。这可很新鲜。她还绣上了松枝。她很聪慧，因为这些都是长寿的象征。

仙鹤还有其他寓意，这种鸟终身只有一个伴侣，因此是忠于爱情的象征。镜子背面图案所传达的信息很简单，即不渝的爱。《源氏物语》的男主角光源氏在远行之前拿出一面镜子，对着它诵念一首深情的情诗，然后把它送给自己心爱的人。他离开之后，他的心上人握着这面镜子，仿佛就能感受到他的爱意、在镜子光洁的表面上看到他的面容。这面铸有忠贞仙鹤的镜子，想来是一种格外适合表白的工具。

在日本，镜子不只用于传情，它还可以传达晦涩的信息——通过它进入灵界、与神对话。伊恩·布鲁玛说：

> 在日本文化中，镜子蕴含多重意义，有的甚至彼此抵触。它可以驱邪，同时又会招邪。直到今天，在比较传统的日本家庭里，不使用镜子时还会用布将它遮盖起来，以防招来恶灵。此外它又是神圣的物品。日本最神圣的伊势神宫的内宫禁止任何人进入，那里面藏着日本的三神器之一，其实就是一面镜子……

伊势神宫中的镜子属于日本的太阳女神天照大神。根据古老的传说，在天地创始之初，她派自己的孙子下凡治理日本，为了助他成功，她给他一面神镜，供他和继任者召唤太阳神。如今，这面八咫镜仍是日本天皇登基仪式上不可或缺之物。

1927 年，我们的这面镜子与其他 18 面铜镜一起来到大英博物馆。正是上述沟通人与神的特殊能力让它们留存至今。这些镜子都用青铜制成，表面均没有光泽。直至 2009 年，我们才从一位来博物馆做研究的日本学者处了解了这 19 面铜镜的渊源。它们都来自同一个地方，日本东北部羽黑山脚下一座著名寺庙的圣池。20 世纪初，为了给香客修一座桥，人们抽干了池里的水，施工人员惊讶地在池底的淤泥中发现了大约 600 面铜镜（我们的这些也在其中），都是在过去的岁月中被托付给池水的。这名日本访问学者、考古学家原田雅之描述道：

> 信徒们开始上山朝拜，因为他们认为这里的景致神圣庄严，适合众神居住。例如，山顶终年不化的白雪便透着神圣意味。圣池本身也成了朝拜的中心，人们认为池中住着一位神。日本人相信，如果后世还想投胎为人，这一世就得多积德。大概正是基于这种想法，人们才向僧人献上如此贵重精美的镜子以示虔诚；将供品献给神，以期轮回转世。

基于这些信息，我们可以推测镜子的来龙去脉。它于公元 1100 年打造于京都的一家青铜作坊，之后进入高高在上的宫廷，用于仪式与展示活动。对于想要以完美形象示众的贵族男女，它们是不可或缺的道具。某天，它的主人突然决定将它献出，在僧侣的护送下走过漫长的路途，最终到达北方的庙宇。它被扔进圣池中，带着主人的形象，将信息送往另一个世界。主人和僧侣都不曾想过，它有朝一日会将这些信息传达给我们。这些铜像就像《大镜》一样，向现代观众述说着古日本的故事。

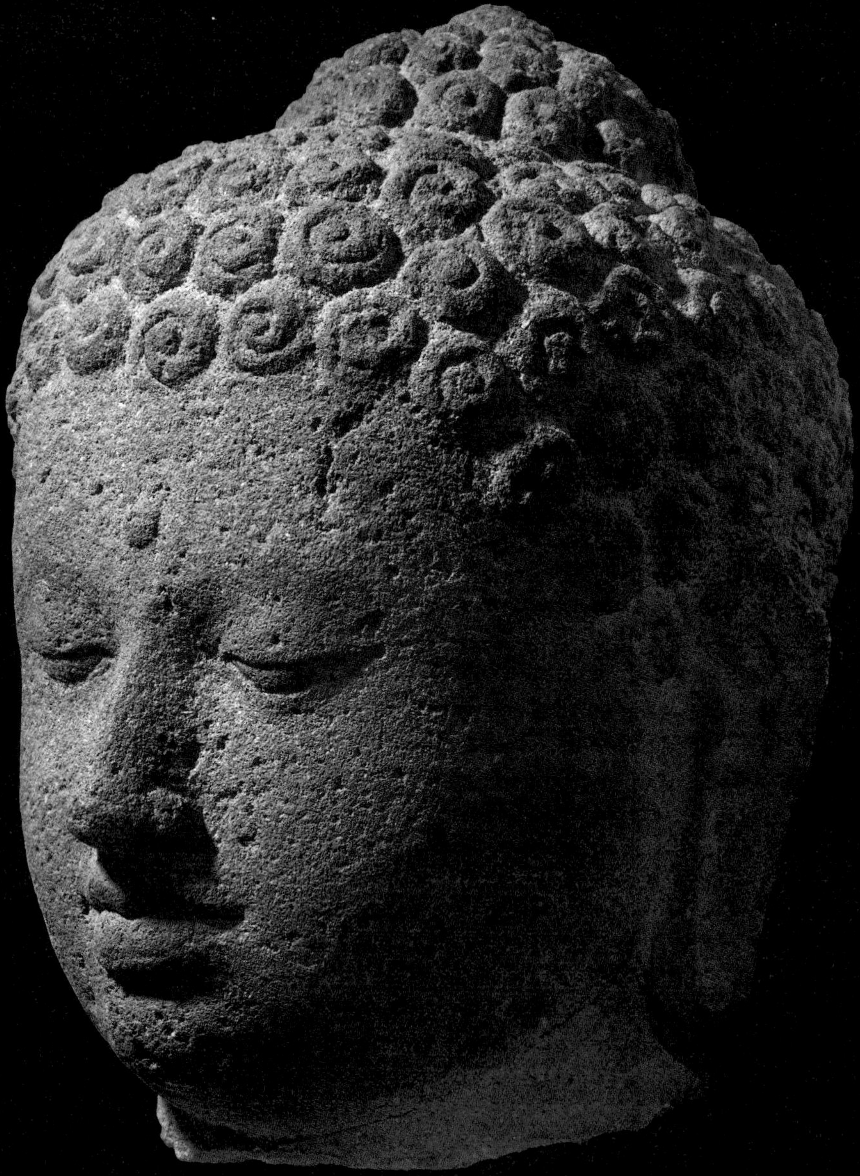

59

婆罗浮屠佛陀头像

石制佛陀头像，来自印度尼西亚爪哇岛

公元 780 年至公元 840 年

让我们沿着千年前的那条连接亚欧非三大洲的贸易路线追溯。本节介绍的这件石制佛头能帮我们了解当时跨越中国海和印度洋的巨大贸易网络，这张网络使东南亚的居民得以交换商品，交流观念、语言和宗教。佛头来自印度尼西亚爪哇岛的婆罗浮屠，地处赤道以南仅几度的位置，是世界上最大的佛教遗址，也是人类历史上最伟大的文化成就之一。那是一座巨大的方形底座的阶梯状金字塔建筑，饰有上千块浮雕与数百座佛像，以石头堆砌出一个佛教教徒眼中的世界。参拜者攀爬台阶的过程也是一趟心灵之旅，象征性地从现实世界迈入一个更高的境界。在富饶且具有重要战略意义的爪哇岛上，婆罗浮屠的遗址作为一个典范，让我们了解佛教如何借助海上贸易走向外界，成为世界性的宗教。

阶梯金字塔形的婆罗浮屠位于岛中央的火山平原上，共计使用了超过 150 万块石头，大约修建于公元 800 年。它共有 7 层，往上逐级变窄，下 4 层为方形，上 3 层为圆形，顶部则是一座圆顶佛塔。

在沿着台阶逐渐攀爬的过程中，参拜者也会走上一条心灵净化之旅。最底层的浮雕表现了充满烦恼与缺憾的人世间的痛苦与无常，以及对通奸者、杀人犯和盗贼的惩处，犹如但丁所描述的罪行及其无法逃脱的惩罚。上层的浮雕则是佛陀在俗世时的写照，他超脱于这个不完美的世界，放弃了王子身份和荣华富贵而去修行，最终大彻大悟。之后则是佛陀的各种雕像，作沉思或讲法状，引导信众继续涤去俗念，实现精神超脱。

16世纪，伊斯兰教成了爪哇岛上最大的宗教，佛教圣地婆罗浮屠被废弃，在接下来的数百年里，丛生的草木将其完全遮盖。直到300年后的1814年，它的第一位现代访客才让它重现于世。这位到访者是英国驻当地的行政长官、学者和军官莱佛士爵士，自英国在拿破仑战争期间赢得此岛之后，他便被派来担任副总督一职。他对当地人文历史有着浓厚兴趣，在听说有一座"雕像山"后立刻派遣人马去调查。传回来的好消息让莱佛士决定亲自探访这片在当时被称为婆罗婆罗的遗址：

> 婆罗婆罗是令人倾倒的艺术杰作。它占地面积广，部分为繁茂的热带草木所掩盖，每个局部都精细华美，整体又呈现出对称与和谐。雕像与浮雕数量之巨、造型之生动，以及它们此前从未被研究、记录和描绘的事实，让我们连连称奇。

这处古迹曾遭受地震的严重毁坏，还有相当一部分被掩埋在火山灰之下。即使到了今天，也仍有许多残石成排散落在遗址周围，掩映在野草与百花之中。不过，当时的莱佛士仍然惊喜万分，他敏锐地意识到遗址的建筑价值与艺术成就，并带走了两个掉落的佛头。

莱佛士的发现让世人对爪哇历史的了解有了根本性的转变。自婆罗浮屠后，他又发现了岛上重要的印度教遗址，这两种宗教都一度在岛上盛行。他想说服西方世界，爪哇岛上实际存在着高度发达的文明。人类学家奈吉尔·巴利博士也有一样的看法：

> 莱佛士信仰"文明"这一概念，他虽未提出过文明的定义，但提到过数条标准：一是拥有文字系统，二是社会奉行等级制度，三是拥有复杂的石制建筑。因此，你大可以将婆罗浮屠看作爪哇拥有灿烂文明的标志，其程度应该不亚于同一时期的希腊与罗马帝国。他向大英博物馆捐赠的私人藏品和撰写的《爪哇历史》一书，都是为证明这一观点所做的尝试。

莱佛士的藏品包括婆罗浮屠的两尊佛头和些许碎石，以及为数不多的印度教与

婆罗浮屠布满了佛陀雕像与浮雕

伊斯兰教的艺术品。还有一些藏品则展现了他在爪哇居住时期当地文化的面貌。他选择的藏品很特殊，因为他希望这些藏品本身便能证实爪哇文明的发达，让人了解到爪哇文化是南亚文化传统的重要组成部分，欧洲人应该将其与自己的文化一视同仁。莱佛士意欲掀起一场文化的革命，让世人了解世界历史并非以地中海文化为中心，亦并非以其为巅峰。

莱佛士在婆罗浮屠捡拾的佛头中的一个，如今被摆放在大英博物馆东亚厅爪哇区。它比真人头略大，双眼低垂呈冥思状，嘴角一抹经典肃穆的浅笑，螺发紧紧贴在头上，过长的耳垂表明长年悬挂沉甸甸的金耳环，是他成佛之前尊贵的王子身份的体现。它让我们立刻联想到印度西北部第一尊以人形出现的佛陀雕像（第41节），其制作时间比这一座早了近500年。莱佛士熟谙印度文化，清楚婆罗浮屠的佛像乃至爪哇文化都与印度有着千丝万缕的联系。

这种文化交流可以上溯到婆罗浮屠落成约1000年之前。早先人们以为它是印度入侵或人口迁徙的结果,近来才发现它始于一条伟大的陆路与海路并举的运输网络,由此,人口和商品得以流动,技能、观念与宗教也随之扩散。正是这张贸易网将佛教带到爪哇:先沿着丝绸之路到达中国、朝鲜与日本,再乘船渡过南亚大洋到达斯里兰卡和印度尼西亚。但佛教一直不具有排他性,因此几乎在修建婆罗浮屠的同时期,雄伟的印度教庙宇也在附近以同等规模拔地而起。

此等建筑要消耗大量的人力和财力。人力在爪哇不成问题,而当地土地肥沃,一向富庶,公元800年前后更是富极一时。除了农业的发达,它也是国际贸易中关键的中转港口,尤其是包括丁香在内的各种来自更遥远东方的香料,在这里停靠后被运往中国以及印度洋上的各个国家。

婆罗浮屠的某一块浮雕上刻了一艘公元800年前后的船只,这是对海路贸易最直接生动、最有说服力的证据。浮雕所用的技法高明,造型生动,刻痕极深,充满活力乃至幽默——画面最左端的船头之下,有一位船员死死地抱住船锚。最重要的是,它提供了可视的证据,让我们了解当时已有足以胜任长途旅行的船舶。这种桅杆林立、风帆众多的船只能够从中国、越南漂洋过海地来到爪哇、斯里兰卡、印度以及东非。

我一向认为,宏伟的宗教建筑中普遍存在着一种矛盾,而参观婆罗浮屠让我对这一观点有了前所未有的感触:修建这样一座建筑需要大量的物力,需要深涉种种俗世事务,但修建目的却是要启发我们放弃身外之物、与世无争。佛学教师与作家史蒂芬·巴彻勒对此表示赞同:

> 婆罗浮屠无疑壮丽无比,毫不逊色于同时期欧洲雄伟的哥特式教堂。和欧洲的天主教堂一样,这种规模的建筑需耗时75年至100年才能完工。因此,它是佛教世界及佛教视野的一个重要象征,在某种程度上说是一种智性的展现。但它气势磅礴、精雕细琢,又被赋予了其他含义。它已经超越了宇宙观和宗教教义,代表了人类的精神所能达到的成就。

登上七级浮屠的过程让人体验到强大的力量。从低层封闭的走廊,来到上层开阔明朗、火山环绕的空间中时,你会明明白白地感受到自己摆脱了物质的束缚,进入了一个更广阔的世界。就算是最麻木的游客也能感受到自己并非参观了一个景点,

婆罗浮屠上的一幅大船浮雕

而是完成了一次朝拜。婆罗浮屠的修建者巧妙地运用布局，影响了人的思想。

到达顶部3层圆形平台之时，我发现教诲停止了。不再有任何承载着故事的浮雕，只有一座座钟形的佛塔，其中各有一尊佛陀坐像。现实世界已被留在身后，踩在脚下，而身处无形的世界。浮屠顶部的钟形佛塔中空无一物。体悟万物皆空的境界正是这趟精神之旅的终极目标。

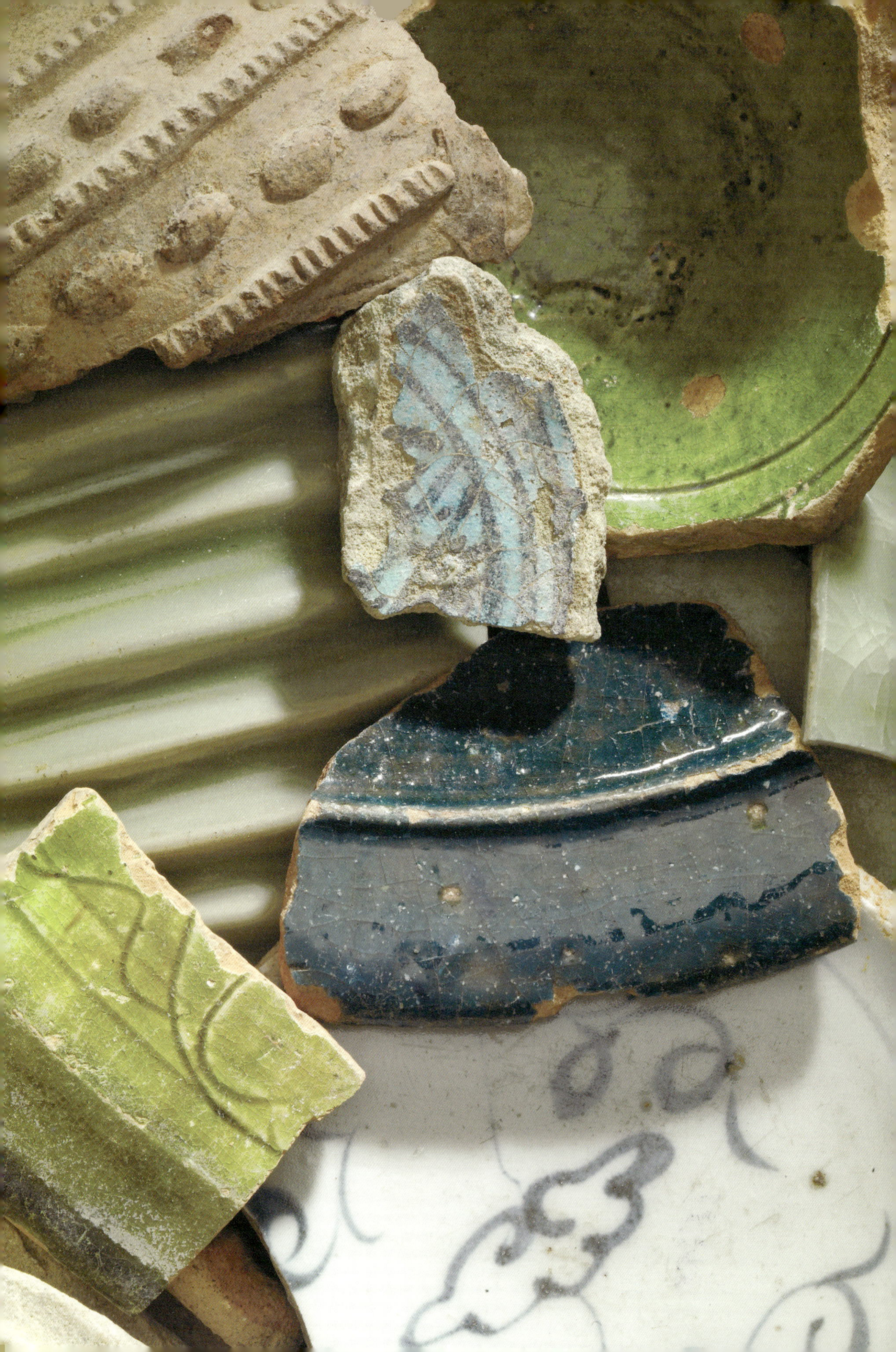

60

基尔瓦陶器碎片

陶瓷碎片,发现于坦桑尼亚基尔瓦

公元 900 年至公元 1400 年

几个残破的瓶罐碗碟也能道出精彩的故事。这一节的物品是陶瓷,但并非那种只在某些宝藏或是古墓中才出现的高档物品,而是寻常家庭所使用的普通陶器,众所周知,能留存至今的一般都是碎片。盘子和花瓶之类的物品向来脆弱无比,不过一旦打碎,倒是几乎无法再遭破坏。陶器的碎片比其他任何物品都更能细致地为我们提供古人饮食起居的面貌。

照片中的这些陶器碎片残存在东非海滩上长达千年。1948 年,它们被一个敏锐的海滩寻宝人发现,并于 1974 年被送至大英博物馆。这些碎片虽然毫无经济价值,却能让我们一窥千年前的东非乃至整个印度洋周边世界的民生状况。

历史上相当长的一段时期,文字记载都局限于人类的陆上生活。多数人会就城镇与都市、河流与山川、大陆与国家展开思考。但如果不考虑诸如亚洲大陆、印度历史等背景,而将海洋放在显著位置,我们将会得到一个全新的历史视角。前面几节中我们探讨的都是 9 世纪到 14 世纪时观念、信仰、宗教与人口沿着亚欧间的贸易路线扩散的方式。而这一贸易路线其实也曾穿越公海,跨越整个印度洋。非洲与印度尼西亚相距约 5000 英里,但它们之间的交流仍能像与中东、印度和中国的交流一样畅行无阻,这都多亏了印度洋乐于助人的季风,它半年时间刮向东北,另外半年则刮向西南,远航的商人因而不必担心返程的问题。在数千年间,商人与水手的船只轨迹纵横在海洋上,运载的不只是物品,也包括植物、动物、人、语言与宗教。

马达加斯加人能说一口印度尼西亚语并不是巧合。印度洋的各个海岸尽管相距遥远，民俗环境各不相同，仍属于同一个社会。本节中的这些陶器碎片便能助我们一探这个社会的规模与复杂程度。

我选择的这一捧碎片蕴含着很多故事。最大的一块约有明信片大小，最小的则只有半张信用卡大。从外形看可分成3组。第一组表面光滑，呈淡绿色，类似现代的昂贵瓷器；第二组带蓝色图案；第三组则是没有上釉的粗陶，布满浮雕图案。它们早先各自待在世界上相距甚远的角落，但在公元600年至公元900年间却被扔到了同一个地方——东非的海滩。它们都是在基尔瓦岛一处坍塌的低矮悬崖下被发现的。

如今的基尔瓦只是一个宁静的坦桑尼亚小岛，岛上散布着几个小渔村，但在公元1200年左右，它曾是一个繁华的海港城市。岛上至今还留有许多大型石制建筑遗址，以及一度作为撒哈拉沙漠以南地区规模最大的清真寺的遗址。1502年，一位葡萄牙访客发现这座城市时这样形容：

> 这座城市一直延伸至海边，它被城墙和高塔环绕，共有约12000名居民……街道狭窄，房屋高耸，都有3到4层，相互挨得很紧，人们可以沿着一个个屋顶奔跑……海港中停泊着众多船只。

基尔瓦是东非沿海最南端，也最发达的城市。这条海滨城市链从坦桑尼亚一直向北，穿过今肯尼亚境内的蒙巴萨，到达索马里的摩加迪沙。各社群间交流密切，船队往来如织，和漂洋过海来到此地的商队接触频繁。

碎瓷便是这些贸易存在过的证据，它们包含了大量信息。连我都能一眼辨出那些灰绿色瓷片来自中国，应该是秀美昂贵的瓷碗或瓷罐的一部分。当时中国大规模生产的瓷器出口到整个东南亚，甚至穿过印度洋来到了中东和非洲。坦桑尼亚小说家阿卜杜勒-拉扎克·古纳还记得自己童年时在沙滩上捡到中国瓷器的情景：

> 我们常常在海滩上捡到这类瓷片。有时会有老人告诉我们，"这些是中国瓷器"。我们都不以为然，类似飞毯、迷路的王子之类的故事听得太多了，以为这也是编造的。直到后来在博物馆看到或听到这些曾经到访东非的强大中国船队

的故事时，我才意识到这些东西的价值，了解到它们曾是国家间具有重大意义的联系的代表。回头再看这些物品，你便能看到它们的完整，它们的重量与美丽。数百年来，它们所代表的万里之遥的中国文化，让人无从忽视。

除了中国瓷器，还有一些碎片也来自遥远的异国。那些蓝底上有黑色几何图案的明显来自阿拉伯世界。在显微镜下仔细观察瓷片的质地后，我们得出结论：它们制作于伊拉克或叙利亚。剩下的碎片则来自阿曼或波斯湾的其他地区。单是这些碎片便足以表明基尔瓦与中东伊斯兰国家有过多么深入而广泛的交流。

基尔瓦人显然热爱外国瓷器。他们不仅将瓷器用作餐具，还将碗直接镶嵌在家里或清真寺的墙壁和拱门上用作装饰。陶瓷只是当地人从中获利的进出口商品之一，但因其耐久性和牢固性幸存至今，成为当年贸易的明证。他们也进口印度的棉花——这项贸易持续至今——以及中国的丝绸、玻璃、珠宝和化妆品。另一位葡萄牙访客描述了一处类似基尔瓦的热闹港口所进行的令人眼花缭乱的买卖：

> 他们与摩尔人、印度的异教徒交易布匹、黄金和象牙，林林总总。每年都有大量满载商品的船只来到他们的港口，以黄金、象牙与蜂蜡充实他们的仓库。

而从非洲输出的商品包括印度需要的铸铁块，波斯湾建筑所需的木材、犀牛角、龟壳、豹皮、黄金和奴隶。大量商品从非洲内陆，如津巴布韦，被千里迢迢地运至这个港口。800年前，正是通过基尔瓦的进出口贸易，津巴布韦成为强盛的国家，有实力兴建繁华的首都，留下诸如大津巴布韦一类的著名遗址。

贸易让基尔瓦富裕起来，但它所带来的并不仅仅是物质上的改变。因为海上东北风与西南风各有半年，贸易通常以年为单位进行，来自波斯湾和印度的商人常常要滞留数月才能等到归途的顺风。在这些日子里，他们不可避免地与当地人密切接触并逐渐影响对方。由于阿拉伯商人的潜移默化，从某一时刻起，这些海滨城市开始信仰伊斯兰教，当地的班图语吸收了阿拉伯语和波斯语的词汇，产生了一种新的通用语斯瓦希里语。从索马里到坦桑尼亚，从摩加迪沙到基尔瓦，这些海滨城市组成了一条斯瓦希里文化带，居民都信仰伊斯兰教，外表也是内外合璧。但毫无疑问，非洲文化仍然是斯瓦希里的文化核心。历史学教授马彭达解释道：

> 我们知道，人们移民东非的一大诱因便是贸易。当地居民吸引了外来移民，之后才有斯瓦希里文化的诞生。它并非"舶来品"，而是当地居民奠定下基础，外来人口再渐次加入。

最后一组陶片很好地证实了这一点。它们是棕色窑烧陶片，带着醒目的浮纹，是日常餐具或厨具，使用的黏土产于当地，工艺也具有明显的非洲风格。基尔瓦的非洲居民在愉快地享用外来陶瓷的同时，也用自己的传统陶罐依传统的方式烹饪食物。这样的陶罐也证实了非洲人当年曾跨越印度洋进行贸易，因为在中东的港口也发现了类似的陶片。另有史料告诉我们，非洲商人曾去印度经商，斯瓦希里文化带中的诸座城市也曾向中国朝廷派遣使节。对隔海而居的人们来说，海洋通常会让大家更为团结，而不是彼此疏远。和地中海一样，印度洋也创造出了一个巨大而紧密相连的世界，本地历史常常包罗融汇了各洲历史。

第十三部分

地位的象征

公元 1100 年至公元 1500 年

  这 4 个世纪尽管有黑死病与蒙古人在亚欧大陆的入侵所造成的战乱，知识与文化依旧硕果累累。技术进步使一些奢侈品应运而生，有钱人借其彰显地位，炫耀品位与才智。蒙古人治下的中国诞生了标志性的青花瓷，在全球市场广受欢迎。在西非首批城邦之一的伊费，宫廷艺术家以精湛的青铜制作工艺铸造出栩栩如生的雕像。在伊斯兰世界里，艺术、科技欣欣向荣，天文学、数学及棋类方面的成就也让欧洲学者从中获益，国际象棋更成了整个欧洲贵族阶层的娱乐方式。在哥伦布时代之前的加勒比海地区，首领的地位与让他们通灵的王权仪式息息相关。

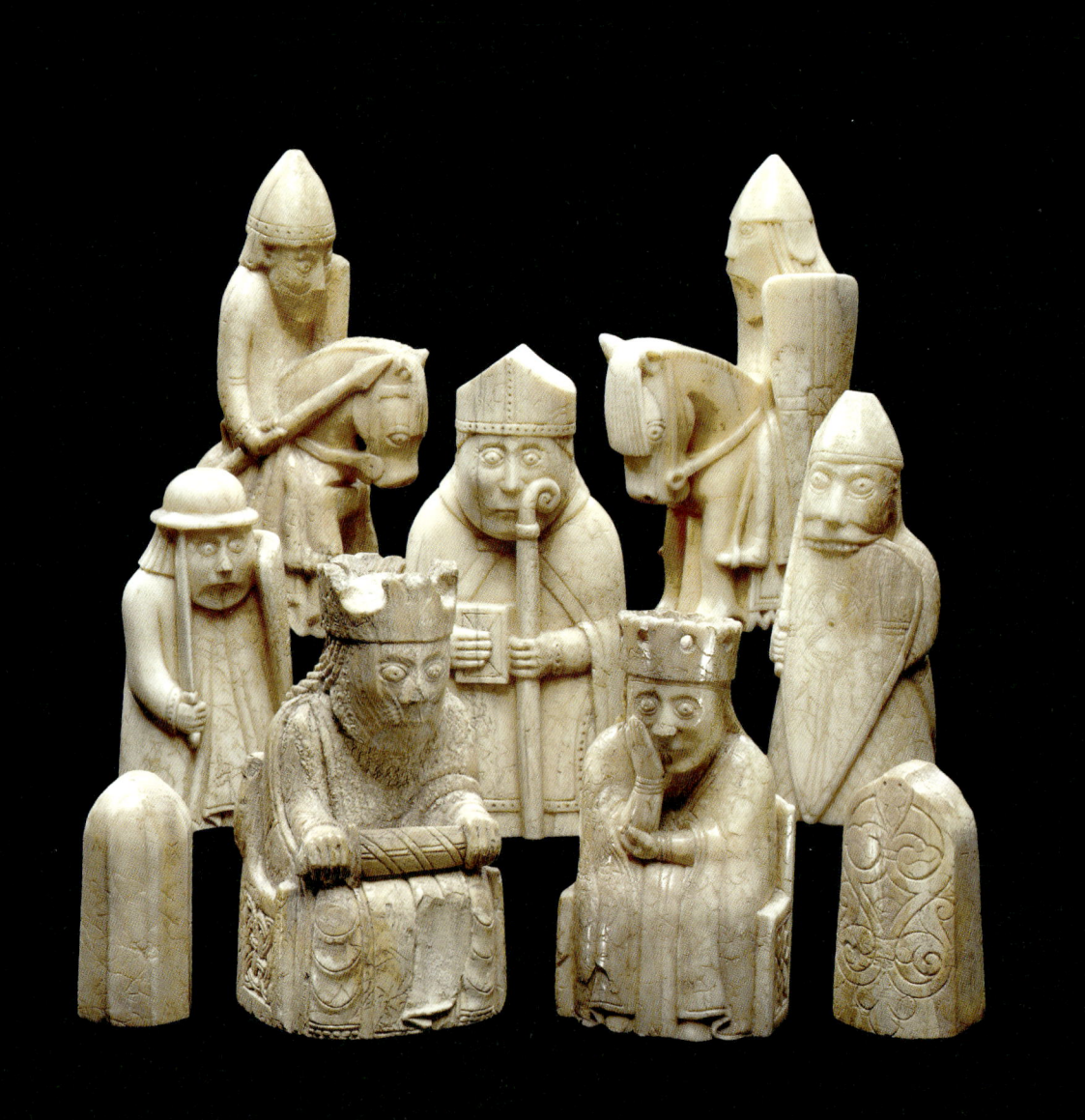

61

刘易斯棋子

以海象牙及鲸齿制成的棋子,很可能产于挪威;发现于苏格兰刘易斯岛

公元 1150 年至公元 1200 年

1972 年,全世界都在关注冷战期间的一场大战。战场位于冰岛,武器是棋子,交战双方是美国的博比·菲舍尔和苏联的鲍里斯·斯帕斯基。

当时菲舍尔宣称,"国际象棋是棋盘上的战争",而在历史上的那一刻,情况也确实如此。其实用国际象棋来形容整个人类历史也未尝不可,因为所有的游戏在一定程度上都是战争与暴力的替代品,而没有哪种游戏能像国际象棋这样比肩精心布局的战役。双方军队摆好阵式,越过棋盘向对方进军,兵卒在前,将领在后。每一种棋具都呈现了一个处于战争中的社会,不管是在印度、中东还是欧洲,棋子的名称和形状都向我们展示了当时社会的运作方式。因此,要想了解公元 1200 年左右的欧洲,没有比观察他们的棋类游戏更好的方式了。1831 年,在赫布里底群岛中的刘易斯岛上发现了 78 枚棋子,它们被命名为刘易斯棋子,没有哪套棋子能像它们一样让我们深入了解当时的欧洲社会。

这套象棋中的 67 枚棋子目前被保存在大英博物馆,另外 11 枚在苏格兰国家博物馆。这些备受珍爱的棋子带我们进入中世纪欧洲的腹地。

人类下棋的历史已超过 5000 年,国际象棋在棋类大家族中较为年轻,似乎是在公元 500 年之后创始于印度。在此后的几百年里,它被传播到了中东,接着传入了基督教盛行的欧洲。它每到一个地方都会吸收一些当地风俗,并作出相应改变。比方说,在印度,有一组棋子被命名为"战象";在中东,因为伊斯兰教对人像的避讳,

所有棋子的形象都变得十分抽象；欧洲的情况则刚好相反，棋子的形象被精雕细琢。刘易斯棋子不但展示了特定的人物形象，也反映了中世纪时蔓延于整个北欧，从冰岛、爱尔兰直到斯堪的纳维亚和波罗的海的权力游戏的结构。

它们比现在常见的棋子略大。例如，国王高约 8 厘米，恰好能被握在掌心。大部分棋子用海象牙雕成，少数则是鲸齿材质。它们的颜色不是现在常见的黑色，其中有些一度被漆成红色，不过现在都褪成了奶油般的浅棕色。

我们先来看这些兵。刘易斯棋子留下的疑团之一，是这 87 个棋子中兵偏少，而大棋很多。这些棋子由残缺的几套拼凑而成，一共只有 19 枚兵，它们也是唯一没有以人形表现的棋子，仅仅是一小块直立如墓碑的牙板。在中世纪欧洲，它们代表被粗暴地强征充军的农民。他们在所有的社会中都处于底层，在他人眼里没有身份，能够被随意替换，因而这里的步兵没有任何身份特征。

而主要的棋子则都个性鲜明，包括精锐的卫兵、马背上的骑士、发号施令的国王以及沉思中的王后。最重要的当数政权中的最高统治者，国王——俘虏了国王就赢得了战争。刘易斯棋子中的每个国王都坐在华丽的宝座上，膝盖上横放一把宝剑。两种特殊的武士守卫着国王，其一我们很熟悉——骑士，跨在马上，行动迅捷，多才多艺。国际象棋自打在印度初现后，骑士便一直存在，任何国家、任何朝代都没有舍弃它，它的角色至今变动也不大。但站在它们旁边的是邪恶百倍的人物。在现代通常放战车的位置，排列着斯堪的纳维亚世界中最可怕的队伍，他们恶狠狠地伫立着，有的还咬着手中盾牌的上沿，杀戮的欲望似乎就要爆发。

它们被称为"Berserker"，狂暴战士。"Berserker"为冰岛文，原意为穿着熊皮衣服的人。英文中的"berserk"一词至今仍有"狂暴的、充满暴力破坏欲"之意。这些棋子比棋盘上所有其他类型的棋子都更能揭示当年北欧战争的可怖。

公元 1200 年左右，位于今苏格兰西北边陲的刘易斯岛乃是当时挪威王国的领地，它作为北欧世界的核心，使用挪威语，大主教的教堂位于特隆赫姆，奥斯陆以北 250 英里。特隆赫姆曾是海象牙雕刻制作中心，刘易斯棋子的风格与产自这里的其他作品很接近。我们了解到，在爱尔兰也曾发现过类似棋子，而刘易斯也是特隆赫姆和都柏林之间兴旺的海洋贸易线上的中转站。中世纪历史学教授米尔·罗宾如是说：

  我相信它来自挪威，很可能产于特隆赫姆附近，因为它与当地的同类物品风格酷似。但我们也要考虑到，当时的大不列颠与中欧、北欧之间的往来并不像今日这么频繁，那么作为各地区间纽带的，（与其说是北海，）不如说是整个北海地区。那里是维京人的老家，是最终征服了欧洲的诺曼人的祖籍。因此，如果我们假定它是一个联邦，一个因其惊人的森林、琥珀、皮毛和金属资源而富有的北方联邦，我们就不难理解为什么挪威产的东西最终会来到苏格兰西海岸了。

刘易斯棋子是 1831 年在刘易斯岛乌伊格湾一间掩埋在沙丘中的小石屋里被发现的。它们的幸存迄今为止最合理的解释是，它们是某个商人出于安全考虑而藏在此处的，而他原本想在刘易斯将其出售。有一首作于 13 世纪的诗歌提到了一个大权在握的人物，刘易斯王、艾拉岛的君主安格斯·摩尔，他从父亲手中继承了一套象牙国际象棋。

  为你，他留下了王位，他的护胸甲，他所有的宝物……他的长剑，他的棕色象牙棋子。

通过国际象棋这一娱乐形式，如安格斯这样的统治者暗示，尽管其辖地位于大陆的最边缘，但他仍属于席卷欧洲宫廷的精英文化。棋盘上最能代表欧洲宫廷的则是王后。
  在伊斯兰社会中，统治者的妻子不能抛头露面，与之相反，欧洲王后则充当了公众人物的角色，享有身为国王智囊所带来的尊崇地位。在欧洲，女性也可以继承土地和权力。因此，伊斯兰棋盘上的国王身边伴随的是男性谋臣，而欧洲棋盘上的国王身边坐的是王后。刘易斯棋子中的王后们都呈坐姿，右手托腮，望向远方。她们想为身边人出谋划策，呈现出滑稽又忧郁的神情。
  也许她们确实有忧郁的理由。在中世纪，国际象棋中王后的作用不大，一次只能斜着走一格，无法与现代国际象棋中的王后所占据的最重要的位置相比。除了王后之外，别的棋子都没有大变化，尤其是就各种走法的缜密推算而言。这项活动虽然需要久坐，也耗费脑力，但总能激起人们的热情。这两方面都吸引着作家马丁·埃米斯：

国际象棋的推算十分有趣，各走4步之后便出现了数十亿种可能性。它是顶级的棋类游戏。在极偶然的情况下，你才得以一窥优秀棋手一直了然于胸的布局；棋盘会在眨眼间变得无限丰富，充满了各种可能性。所有伟大的棋手都十分好战，并拥有杀手的直觉。

有时候，这种直觉会演变成现实。一份1279年的英国法庭记录表明，一个名叫戴维·德布里斯托尔的人在与一个叫朱丽安娜·勒科德威勒的人下棋时发生激烈的争执，他拔出剑刺向她的大腿，造成后者当场死亡。

还有一点我尚未提到，但那也许是刘易斯棋子最重要的所在，能揭示它们所诞生其中的社会的关键情况。在中世纪欧洲，主教曾是最有权势的群体之一，不但控制民众的精神生活，也直接掌握土地和人民。特隆赫姆主教曾是刘易斯岛的当权者，而刘易斯棋子中的主教是现存最早的主教棋子，它强势地提醒着人们，在整个欧洲，教会都是国家战争机器的关键组成部分。十字军远征圣地的历史以及教会在其中起到的作用如今尽人皆知，但当时还有一支由条顿骑士率领的北方十字军征服了东欧的部分地区，迫使当地民众信仰基督教；而在南方，卡斯提尔和西班牙中部的伊斯兰势力溃败，民众重新信仰基督教，这其中主教功不可没。

下一节中的物品正是来自当时新近改信了基督教，但仍有穆斯林和犹太人居住的西班牙。它便是当年的多功能智能手机——星盘。

62

希伯来星盘

黄铜星盘，可能来自西班牙

公元 1345 年至公元 1355 年

这是一个可以随身携带的宇宙模型，外表精致，呈圆形，由黄铜打造，看起来像只大号的黄铜怀表。拿在手里，可以了解时间，做一些勘测工作，或是通过太阳和星辰了解自己在地球上所处的位置。如果掌握必要信息，甚至还可以做星象占卜。

虽然古希腊人对星盘十分熟悉，但它却是一种在伊斯兰世界格外重要的工具，因为能帮助信徒找到麦加的方向，所以传世最早的星盘是 10 世纪的伊斯兰物品，似乎是顺理成章的。本节图中所示的星盘出现于 750 年前，是一个犹太人在西班牙制作的。上面雕刻了希伯来字母的铭文，但其中夹杂了西班牙文与阿拉伯文词汇，并结合了伊斯兰教和欧洲的装饰元素。它不只是一件先进的科学仪器，也是欧洲特殊的宗教和政治时期的一个象征。

我们不能确定这块希伯来星盘的原主人是谁，但能从中了解犹太学者和伊斯兰学者是如何继承古希腊与古罗马的知识传统，重振科学与天文学的发展的。它是各门学科智慧的结晶，也是三大宗教——基督教、犹太教和伊斯兰教相安无事的时代的产物。这三大宗教当然并没有相互融合，但它们之间的摩擦带来了丰富成果，共同将中世纪西班牙打造成了欧洲的知识文明强国。

星盘是让人一目了然地看到中世纪天文知识成就的集大成者。如同现在的最新科研成就，这是一件必备的科技产品，表明你处于潮流最前端。乔叟曾给他 10 岁的儿子刘易斯写过一封诙谐而又感人的信，因为刘易斯和每个对科学抱有浓厚兴趣的

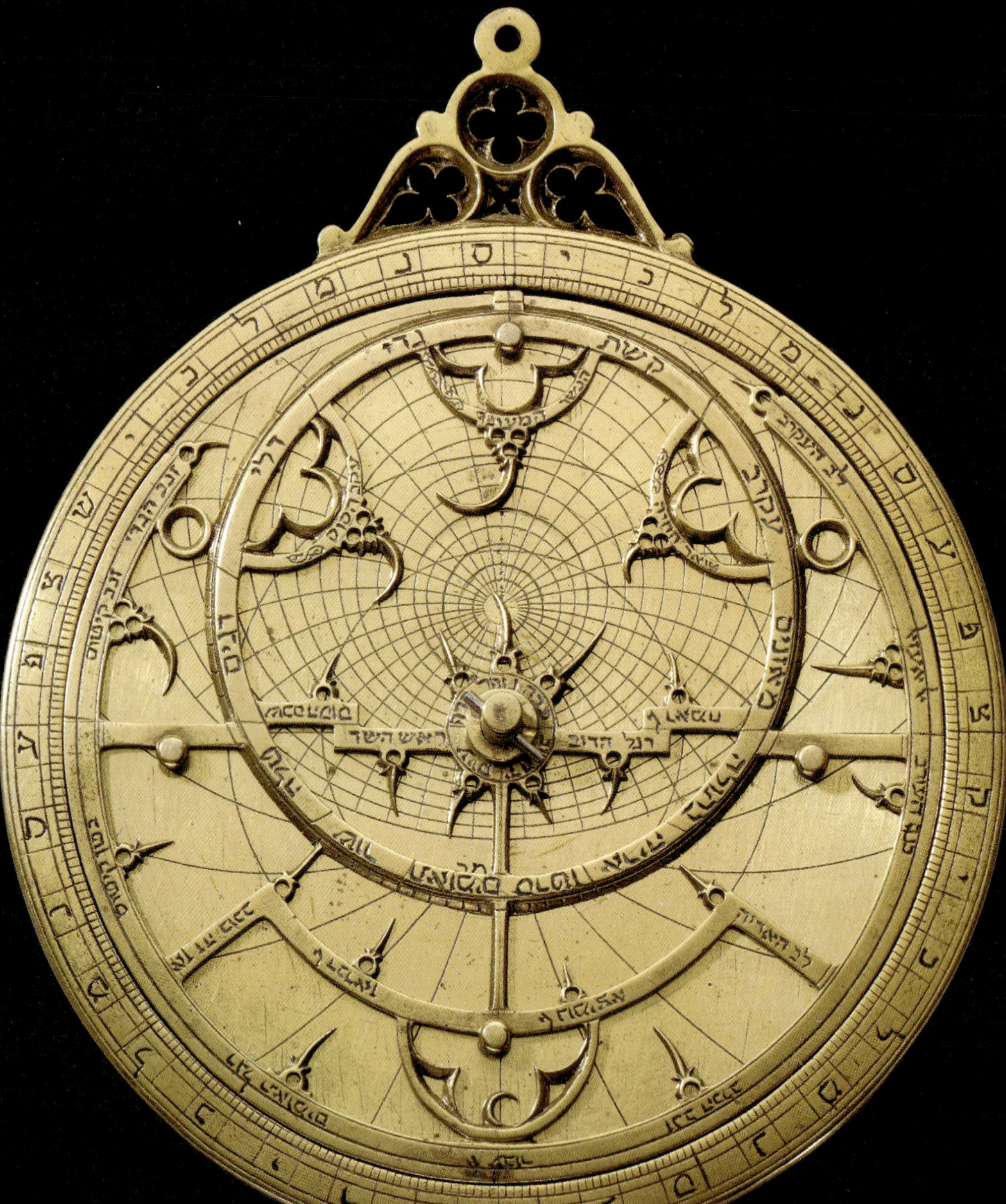

קשת
גדי
דלי
עקרב
ראש השד
רגל הדוב

孩子一样，一直嚷着要家人给他买一块星盘。除了信以外，乔叟还写了一份简单的说明，告诉孩子如何使用星盘以及会遇到哪些困难。虽然我怀疑刘易斯很可能会像今天的大多数孩子一样，把父亲的话当作耳旁风。

  小刘易斯，我已经十分了解你学习数字与比例方面科学知识的能力，我也知道你有多渴望掌握星盘知识。送你一块我们所处地区使用的星盘，并附上一则总结使用要点的说明。

  你要相信，关于星盘这样高贵的仪器，目前所总结出的知识以及未来可能会得出的结论在我们这个地区没有人能够完全掌握。我也看过一些使用说明，但按上面的步骤操作完全得不到预期的结果。其中有一些对10岁的你来说也未免太费解……

一眼望去，这块星盘像是一块超大号的老式纯黄铜面怀表。它闪闪发亮，各部件间紧密相扣，5个超薄圆盘层层相叠，中央穿过一根细针将其固定。表层有数根指针，和圆盘上的各种符号相对后会显示出一些天文读数，或是帮助你判断现处方位。星盘是根据目标地区的纬度特别设计的。这5个圆盘能让你了解纬度从比利牛斯山脉到北非之间任何位置的精确数据。这一纬度范围包括了西班牙城市塞维利亚和托莱多。

我们据此得知，这块星盘是为一位居住在西班牙的人设计制作的，他可能曾往返于北非与法国。星盘上的文字告诉我们，他是一位受过良好教育的犹太人。

大英博物馆科学器械管理员西尔克·阿克曼博士仔细研究了这块星盘：

  星盘上的铭文皆为希伯来字母，字母精雕细琢，可以清晰分辨。不过这块星盘最有意思的一点在于，铭文并非都是希伯来语，有的使用了阿拉伯语，还有的是中世纪的西班牙语。比方说，在被我们称为天鹰座的星座中的某一颗旁刻着希伯来文"nesher me'offel"，意为飞翔的鹰。但其他星辰的名字则用了阿拉伯语，如在金牛座的毕宿五旁便用希伯来字母雕刻着它的阿拉伯语称法"al-dabaran"。而那些希伯来字母雕刻的月份名称10月、11月和12月，其读音则是中世纪西班牙语。所以你看到，古希腊天文学家绘制星相图的知识与穆斯林、犹太人和基督教学者的贡献相结合，全都掌握在你手中。

这块星盘制成时期的西班牙正是当时中世纪基督教盛行的欧洲大陆上唯一有众多穆斯林定居的地方，同时，犹太人的规模也很可观。8 世纪至 10 世纪，这 3 种不同宗教的信徒的混居是西班牙社会最明显的特征之一。当然，其时这一地区尚不存在类似现代西班牙的国家，直到 14 世纪，它仍是多个分立的城邦。其中最大的是卡斯提尔，它与半岛上最后一个独立的穆斯林城邦格拉纳达接壤。在当时信仰基督教的西班牙，有不少地区散居着大量犹太人与穆斯林，三者混居在一起，但都承袭了各自的传统，这也许可以用"早期多元文化楷模"来形容。这种多元并存的情况在同期的欧洲极为罕见，西班牙语称之为"convivencia"。

著名西班牙历史学教授约翰·埃利奥特爵士解释了这种多元社会的成因：

> 在我看来，多元文化的精髓是不同宗教和不同民族的团体各自保持独特的身份。在伊斯兰教主导的大部分时期，尽管统治者把基督教和犹太教当作次等宗教，施行的政策仍是兼容并包。基督教统治者接管这片地区时采取的政策也大同小异，因为他们没有别的选择。但在这些社群中，异教或异族通婚是被禁止的，因此这是一种有限的多元文化。不过其他方式的交流并没有受到阻止，尤其是文化上的互通。正是这 3 方之间的交流促成了一种充满活力与创造力的新颖文化的诞生。

在此前的几个世纪，这样的通融将中世纪西班牙推到了欧洲范围内文化扩张的前沿。一方面，关于星盘等天文仪器方面的知识在不断进步；另一方面，古希腊哲学家的作品，尤其是亚里士多德的著作，在西班牙被翻译成拉丁文，进入了中世纪欧洲文化的血液。这种先锋工作依靠的是穆斯林、犹太教与基督教学者们的不断交流。到了 14 世纪，他们的文化遗产已经深深扎根于包括科学、医学、哲学与神学在内的欧洲思想中。星盘成了天文学家、占星学家、医生、地理学家乃至所有受过一定教育的群体的必备工具。就连乔叟的儿子这样的 10 岁小男孩也需要它。最终，这件多功能的物品分裂为地球仪、印刷地图、六分仪、经线仪和罗盘,各司其职。

穆斯林、犹太人和基督教思想家们的共同遗产在数个世纪间不断流传,但3种信仰之间的交流却没有延续下去。虽然如今的政治家常宣称中世纪欧洲为文化包容的楷模和多元文化并存的典范,但历史的真相并非如此轻松。约翰·埃利奥特爵士接着说:

> 真正的宗教宽容并不像各民族共存那样简单明了……总体来说,基督教世界是相对苛刻的社会,不能容忍任何背离正统的行为,尤其是对待犹太人。比如在1290年,英国驱逐了境内所有的犹太人,100多年后的法国也出现了同样的现象。至于基督徒与穆斯林,12世纪之后二者的关系便逐渐僵化。基督教派出了十字军团,来自北非的穆瓦希德王朝则发动了圣战。双方的攻击性都在逐渐增强。

在这种背景下,基督教治下的西班牙显得相对宽容。但矛盾的征兆已然存在,穆斯林王国格拉纳达的幸存提醒着基督徒事业未竟。很快,一位好战的西班牙君主就破坏了基督徒、犹太教徒与穆斯林之间的文化交流,他一心想要追随欧洲其他地区,确保基督教的绝对统治地位。公元1500年左右,犹太人与穆斯林遭到迫害,被驱逐出了西班牙。多元并存就此终结。

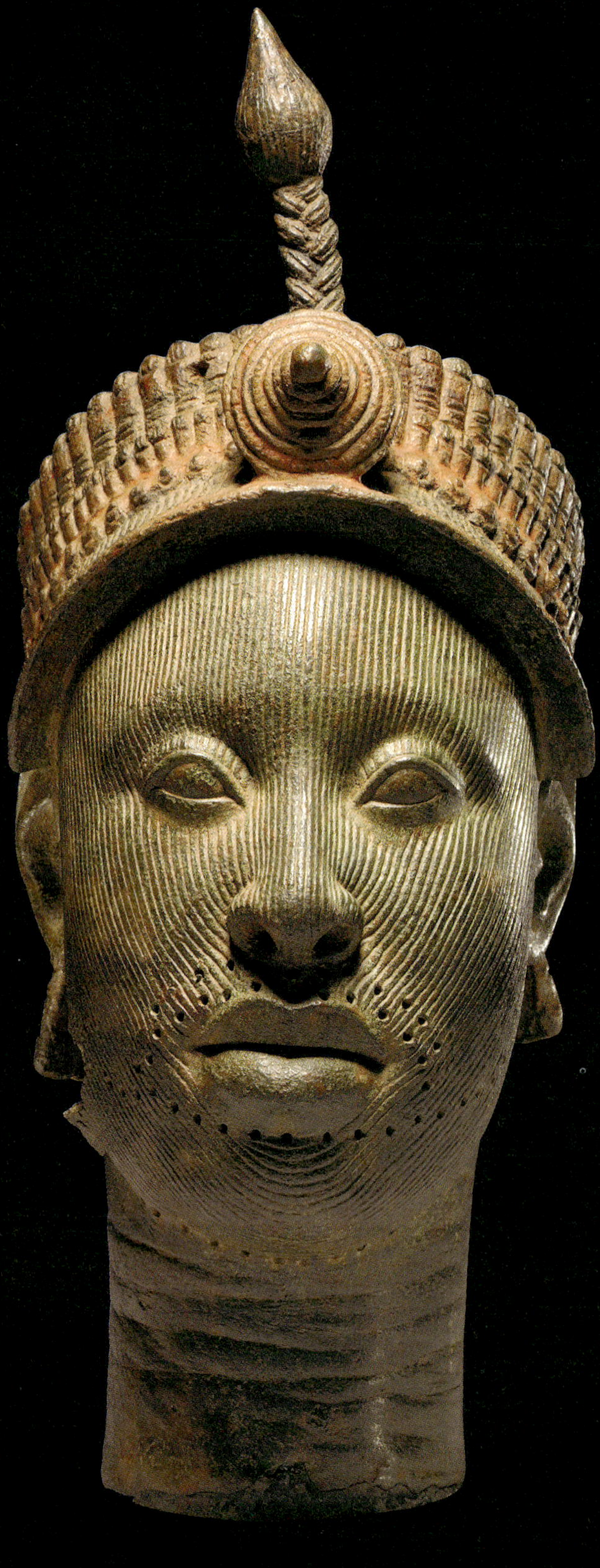

63

伊费头像

黄铜雕像，来自尼日利亚

公元 1400 年至公元 1500 年

到目前为止，我们"通过文物看历史"系列几乎已经涉及了所有类型的物品，它们都各有动人之处，但很多既说不上好看，也算不上昂贵。本节中的文物为一座黄铜头像，却毫无疑问是一件艺术珍品。很明显，它是某位人物的雕像——虽然我们不知道他是谁；它必然出自某位伟大的艺术家之手——虽然我们也不知道他是谁；它一定曾被用于某种仪式——虽然我们仍旧不知道是哪一种。我们能肯定的只有：这座头像来自非洲，为王室藏品，是 600 年前西非伟大的中古文明的典范之作。它来自 1938 年尼日利亚伊费城一座王宫遗址所出土的一组共 13 座的头像。这些头像都是用黄铜精雕细琢而成，它们的美震惊了世界，立刻被奉为某个没有留下任何文字记载的文明最重要的证据，而它们也承载了一个非洲王国的历史，一个作为当时世界上最先进与最都市化的国家的历史。伊费的雕像拓展了欧洲人对艺术史的概念，迫使其重新思索非洲在世界文化史中的地位。如今，它们在非洲人的自我认知方面也发挥着关键作用。

这座伊费头像被保存在大英博物馆的非洲厅，仿佛时刻注视着前来参观的人。它比真人的头颅略小，用黄铜制成，光彩因岁月而暗淡。它的脸部呈优雅的椭圆形，布满了精心雕刻的竖线。这种面部伤痕的对称性无可挑剔，非但没有损害雕像的魅力，反而为其增色不少。他戴着一顶高高的串珠王冠，上面竖着插了一根醒目的羽毛状饰物。王冠上最初的红漆至今还保留了大部分。这一物品具有非凡的存在感。警惕的眼神，瘦削的脸颊，半张着的仿佛要说话的嘴唇——这一切细节的雕琢都展现了艺术家的胸有成竹。要掌握这样的面部结构，必须进行长期的训练和细致的观察。毫无疑问，它表现的是一个真实人物，但对实际情况做了一定的修饰。面部的细节经过整合与提炼，传达出一种安宁之感。与这件黄铜雕像面对面时，我能感受到他是一位沉着镇定、拥有无上权力的领导者。出生于尼日利亚的小说家本·奥克瑞不仅从伊费头像中看到了一位统治者，还有一个社会与一种文明：

> 它之于我的影响类似某些佛陀雕像。一件洋溢着宁静祥和之感的艺术品，背后必然有强大的文明。如果没有经过深思，没有提出自身在宇宙中所处的位置等宏大问题并给出满意的解答，你便无法达到内心的宁静。对我而言，这就是文明。

对一百年前的欧洲人来说，这一层面上的非洲黑人文明的观点几乎无法想象。1910年，德国考古学家莱奥·弗洛贝纽斯在伊费城外的沙滩上发现了第一座黄铜头像。他为头像所表现出的美与所使用的工艺所震惊，立即将其与他心目中最伟大的艺术——古希腊传统雕刻联系起来。但古希腊与尼日利亚在历史上可能存在怎样的联系？不管是文字记载还是考古发现都没有任何证据表明二者曾有过接触。对于这个谜团，弗洛贝纽斯很快想出了一个显而易见并令人兴奋的答案：消失的亚特兰蒂斯一定是在尼日利亚海岸附近沉没的，幸存的希腊人踏上了这片土地，完成了这一令人惊艳的雕像。

这个观点现在看来当然令人失笑，但在20世纪初期，欧洲人对非洲艺术传统的了解十分有限。对毕加索、诺尔德和马蒂斯这样的艺术家而言，非洲的艺术表达是肆无忌惮的，它们生机勃勃而狂热奔放，出乎本能而激情澎湃。而伊费雕像所表现出的庄重、理性与克制明显表示它来自一个秩序井然、技术高度发达、神权与王权都十分稳固的世界，这样的世界在任何方面都足以与欧亚历史上若干盛名远扬的社会媲美。除了承袭所有伟大的艺术传统之外，伊费的雕像还表现了一种看待人类生存意义的特殊视角。弗吉尼亚联邦大学艺术史教授巴巴汤迪·拉沃尔认为：

1910年前后，弗洛贝纽斯认定这些头像是由失落的亚特兰蒂斯文明中的希腊幸存者所雕刻的，他预测道，如果有全身像，头部和身体的比例一定符合希腊雕像的经典比例，即头部的大小占整个身体的1/7。但全身像最终在伊费出土时显示，头部占据了全身的1/4。这是典型的非洲艺术——他们强调头部，认为头部是身体的王冠，灵魂的宝座，是自我认知、感受与交流的所在。

迄今为止发现的伊费金属雕像共有30具左右，在这种以头部为尊的传统下，也许不难理解为什么它们几乎都是头像。1938年在此地发现了13座头像，毋庸置疑，它们完全是非洲传统文化的产物。1939年4月8日的《伦敦新闻画报》报道了这一发现。在一篇精彩的文章中，作者仍然使用了20世纪30年代那种相对保守（在我们看来不无种族主义倾向）的措辞，将其称为"黑鬼（Negro）传统"——这个词在当时与黑奴及原始主义紧密相连——认为伊费雕像使得这种传统艺术跻身世界经典艺术之列。而"Negro"从此具有了不同的含义。

不只是行家或专家，普通人也可以欣赏它们的造型之美、力量、沉静、庄严与简约。希腊和罗马鼎盛时期的雕像或者切利尼、乌东的作品中没有一件能像它一样，带给人如此强烈的感官冲击，契合欧洲人对完美比例的认知。

这篇文章表现出一种对传统历史偏见的彻底扭转。尼日利亚的艺术成就已经能与希腊、罗马、佛罗伦萨及巴黎比肩。如果你想看看物品如何改变人们的成见，1939年伊费头像带来的冲击就是最好的例子。

近期的研究表明，我们发现的伊费头像几乎铸造于同一段时间内，有可能是15世纪中期。当时的伊费作为先进的政治、经济与文化中心已有数百年的历史。这个依靠林间耕作、以城市为主导的社会，沿着尼罗河西岸发展。河流使得伊费被纳入西非地区的贸易网络，当地人驱着驼队穿越撒哈拉沙漠，将象牙与黄金运至地中海沿岸，并交换到制头像用的金属。地中海地区并没有像弗洛贝纽斯猜想的那样为伊费头像提供艺术家，而是仅仅提供了原材料。

这些森林城市由其最高统治者、伊费的奥尼掌控。奥尼不仅享有政治上的权威，也干预人们的精神生活与宗教仪式，而伊费一直是约鲁巴民族的宗教中心。当今世界上仍有奥尼这一角色，他拥有极高的仪式性地位与道德权威，所佩戴的头饰也与拥有600年历史的头像上的头饰遥相呼应。

这座黄铜头像无疑是一位奥尼的肖像，但我们并不清楚制作它的初衷。它一定不是单独摆放的，可能曾经被安在木制身体上，脖子上的那个小钉孔也许是用于固定的。有人说，它可能会在游行队伍里使用，或在某种宗教仪式上代替无法出席或亡故的奥尼。

头像嘴部周围有一连串小孔，其用途我们也无法确定，可能是用来悬挂遮盖嘴唇与下颌的串珠帘子的。我们知道，如今的奥尼仍在某些仪式上将整张脸遮盖起来，这是表明他不同于普通人的强有力的标志。

伊费雕像在一定意义上也成了整个非洲大陆的象征，成了后殖民时代的非洲对自己悠久的文化传统的信心之源。对此，巴巴汤迪·拉沃尔解释说：

> 如今，许多非洲人，尤其是尼日利亚人，对自己的过去（那一度被世人误认为原始而野蛮的历史）引以为豪，他们意识到自己的祖先并不像以前想象的那样不开化，备觉欣喜。这种认识使他们体验了一种新的民族主义。他们开始挺直腰板，表达对过往历史的骄傲。在我们这个已经成为地球村的世界，现代艺术家也开始从这一历史中寻找灵感，激发自己探求身份认同。

伊费艺术的发现足以作为某种普遍的文化与政治现象的典型而载入教科书：了解过去，让我们得以了解自己以及更多的事物。一个人若立志将来有所成就，必须首先认清自己的过去。在这一层面上，国家与民族亦然。它们也在通过不断地追溯历史来重新定义自己。伊费的雕像已是一个鲜明的民族与地区身份的标志。

64

大卫对瓶

瓷瓶，来自中国玉山县

公元 1351 年

忽必烈汗曾于上都
下令建造一座富丽的安乐宫：
那里圣河亚弗奔涌，穿过
深不可测的岩洞
流入暗无天日的海洋。

这是柯勒律治在吸食鸦片后的迷幻状态下所写诗歌的开篇，至今读来仍让我为之一震。十几岁初读时，这种神秘又带有异域风情的景象便深深吸引了我。但那时，我并不知道他所描述的是一位真实的历史人物。忽必烈汗是 13 世纪的一位中国皇帝，英文中的"奇境"（Xanadu）一词，其实源自他的夏宫上都（Shangdu）。忽必烈是成吉思汗的孙子，后者于 1206 年称帝，其威名曾震慑全世界，其铁蹄为各处带来浩劫，其所建立的蒙古帝国的势力范围东西从黑海延伸至日本海，南北则从柬埔寨一直延展到北极圈。忽必烈则进一步扩张疆土，成了中国的皇帝。

在蒙古皇帝的统治下，中国制造出了一种在世界史上最负盛名、历久弥新的奢侈品，它的华丽不输安乐宫，在几百年的时间里传遍世界，不管是在富丽的宫殿还是在寻常人家都能看到它的身影，它便是青花瓷。如今，这种蓝、白配色已然被我们视为中国特色，但事实上并非一贯如此。这种中式审美实际上源自伊朗。多亏中

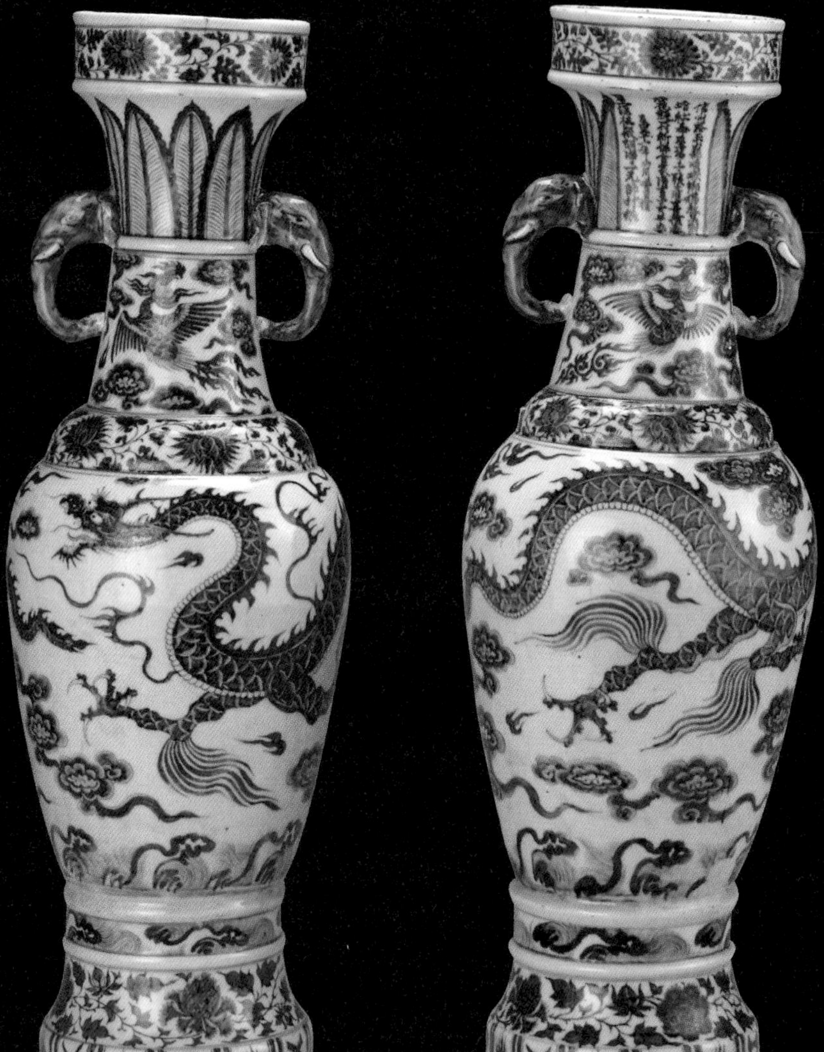

国人有在物品上题字的传统，我们得以获知是谁委托制造了这两件青花瓷瓶，用来献给哪位神，以及敬献的精确日期。

中国瓷器的地位毋庸赘言。在逾1000年的时间内，它广受赞誉，不断被模仿，深刻地影响了世界上几乎所有的陶瓷制造传统，在跨文化交流中发挥了关键作用。在欧洲，青花瓷几乎是中国的代名词，若提及中国明朝，总免不了提它。但大英博物馆收藏的这对大卫对瓶让我们去重审这段历史，因为它烧制于明朝以前，忽必烈汗的蒙古王朝，即统治中国直至14世纪中期的元朝。

700年前，几乎整个亚洲以及欧洲的大部分土地都曾遭受蒙古军队的侵害。我们都知道成吉思汗是终极毁灭者，他的儿子对巴格达的洗劫至今留在伊拉克人的记忆中。他的孙子忽必烈也是一位骁勇的武士，但他治下的蒙古王朝开始变得稳定有序。作为中国皇帝，他支持学术与艺术的发展，鼓励奢侈品生产。帝国建立之后，"蒙古和平"得到了保障，一如罗马和平，带来了长期的稳定与繁荣。蒙古帝国的疆域随古老的丝绸之路延伸，保障了沿途的安全。多亏蒙古的和平，13世纪中期，马可·波罗才能从意大利来到中国，并最终回到故乡，向欧洲人讲述他的见闻。

让他惊叹的物品之一便是瓷器。实际上，英语中的瓷器"porcelain"一词便来自马可·波罗对他在忽必烈治下的中国旅行的笔记。意大利语中的"porcellana"意为小猪，是紫贝壳的俗称，因为这种贝壳确实像一头蜷起的小猪。这种紫贝壳，这种"porcellana"，是马可·波罗在向读者描述他在中国见到的坚韧优质、带着贝壳般光泽的瓷器时所能想到的唯一的相似物。自此之后，我们便将其称为"小猪"，"porcelain"，有时候也直接称作"china"。我认为，世界上再没有哪个国家的称谓可以这样与它的代表性输出商品彼此替代。

大卫对瓶的名称源自它的最后一任主人珀西瓦尔·大卫爵士。他的1500余件中国瓷器藏品如今都陈列在大英博物馆的一间特别展厅里。我们将这对瓷瓶摆放在展厅入口处，是为了突显它在这一系列藏品中的特殊地位。大卫从两个不同的收藏家手里分别购得这两只瓷瓶，并于1935年让它们重聚。它们形制高大，高度超过60厘米，最宽处直径达20厘米，造型优雅，上下窄，腹部圆。在洁白的胎质与外层透明的釉色之间是用钴颜料描画出的青花图案，图案设计精美，笔法自信。瓶颈与瓶足饰以花、叶图案，瓶身上则是一条飞舞的中国龙，龙身纤长覆鳞，胡须张扬，龙爪锋利，还有祥云环绕。瓶颈两侧各有一象首耳。一望即知,这对奢华的瓷器是独具匠心的艺术家的倾心之作。

青花瓷是一种经高温烧制而成的特殊陶器,炉温常常要达到1200至1500摄氏度。高温使黏土玻璃化,因而能像玻璃一样盛住液体,不会和普通陶器一样出现渗漏孔。青花瓷问世之前,洁白坚硬、半透明的瓷器就已受到广泛赞誉和追捧。

蒙古野蛮地入侵中东,给当地陶瓷制造业带来了毁灭性的打击,伊朗受创尤其严重。因此,重归和平之后,中东便成了新兴的中国出口市场。又因为在当地市场上白地青花极受欢迎,致使中国的陶瓷工匠仿效当地风格,使用伊朗颜料蓝钴以迎合市场。来自伊朗的钴被中国人称为"回回青","回回"是穆斯林的别称,这个称呼明确表示这种蓝白配色并非中国传统,而是源自中东。中国文化史专家柯律格教授将这一现象放入了更深层次的背景之中:

> 伊朗和今伊拉克地区是这种颜料的来源地。这种来自异域的技术告诉我们,当时的中国作为自太平洋横贯地中海地区的蒙古帝国的一部分,对亚洲其他地区采取的开放程度是前所未有的。正是这种开放为中国带来了青花瓷,也对其文学形式产生了影响。就文化形式的构成而言,元朝对后世有着极为重要的影响。

大卫对瓶便是文化开放的积极产物之一。除了白地青花装饰外,它们的重要性还在于瓶身的题字。借助这些文字,我们得知,它制造于1351年5月13日,星期二。如此精确的记录正是中国特色的绝妙体现,同时也是早在明代之前优质青花瓷便已存世的铁证。它们所传达的信息还不止于此。两只花瓶上的题字略有不同,左边一只上写的是:

> 信州路玉山县顺城乡德教里荆塘社奉圣弟子张文进,喜舍香炉花瓶一副,祈保合家清吉,子女平安。至正十一年四月良辰谨记。星源祖殿,胡净一元帅打供。

这段文字信息量很大。我们了解到瓷瓶的制作目的是为了供奉在寺庙里,供奉者为张文进,他恭敬地自称为"奉圣弟子"。文中提到的他的家乡顺成位于今江西省,在上海西南几百英里外。他供奉了一对大花瓶和一个香炉(这三件套是常见的供品组合),但其中的香炉至今未被发现。受供的神明是胡净一元帅,他本是13世纪的一位名将,后因超凡的力量与智慧以及预言未来的能力而位列仙班。张文进供奉物品,便是为了祈求他的保佑。

域外的统治者——蒙古人,域外的材料——回回青,以及域外的市场——伊朗与伊拉克,是成就青花瓷的关键,而吊诡的是,它在中国以外被当作了最具中国特色的物品。很快,这种瓷器便从中国大量出口,输送至日本、东南亚,跨越印度洋来到非洲、中东以及更遥远的地方。

几个世纪之后,这种起源于伊斯兰国度伊朗的蓝白配色,经过蒙古治下的中国人改造,成为青花瓷来到欧洲,并受到了狂热追捧。一如对待其他热销商品,本土制造商很快便开始对它进行大规模仿制。许多人一提起青花瓷便会联想到的垂柳图案,实际上是在18世纪90年代由英国人托马斯·明顿首创(或者应该说剽窃?)的。这种花式迅速走俏,它如同柯勒律治的诗歌一样,表现了对中国的美好遐想。也许柯勒律治从那个关于忽必烈的元上都的幻梦中醒来之后,确实用一款垂柳图案的茶杯喝过茶呢。

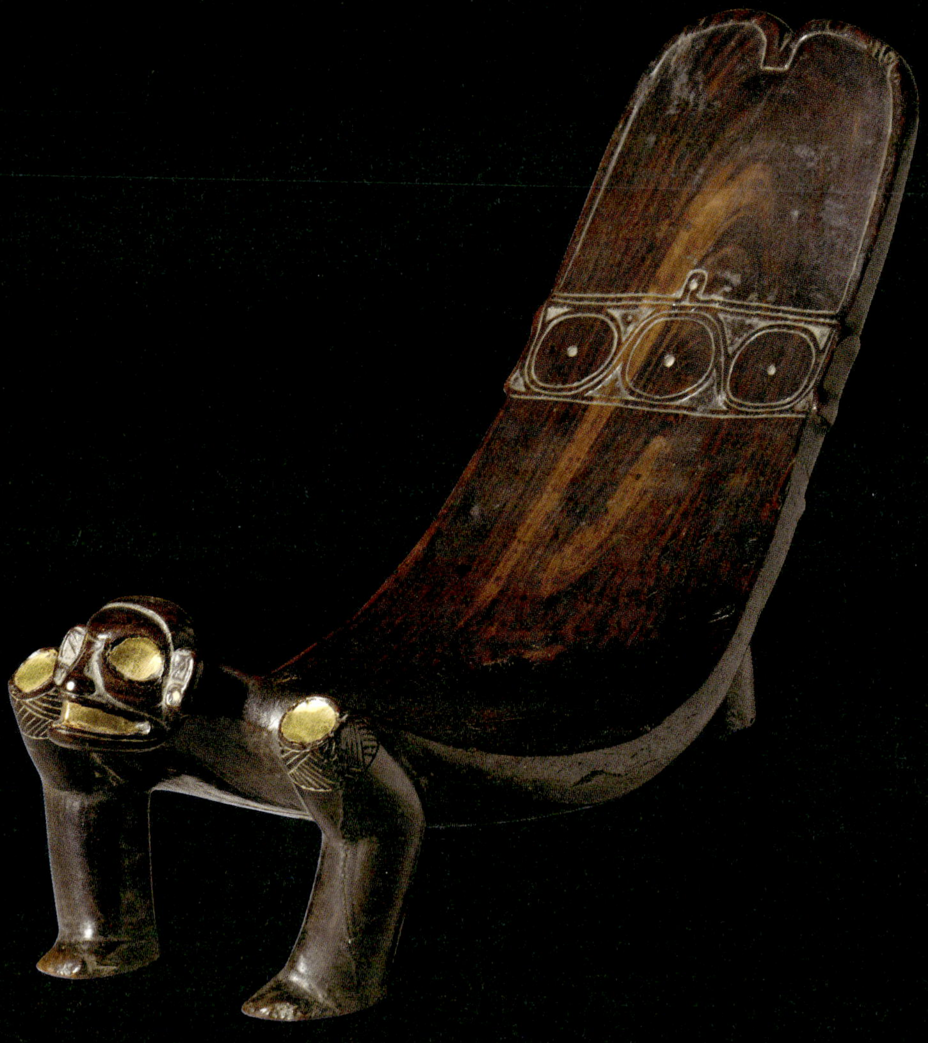

65

泰诺仪式用椅

木制长凳,来自多米尼加圣多明各

公元1200年至公元1500年

前几节讲述的都是尊贵的物品,它们曾属于700年前各国的思想者与统治者,反映出其诞生地——斯堪的纳维亚、尼日利亚、西班牙和中国的社会面貌。本文中的长凳则来自加勒比海今多米尼加共和国境内的地区。它也承载着很多故事,诉说着在哥伦布一行到达加勒比群岛之前生活在当地的民族泰诺人的种种。在这本关于世界历史的书中,这条长凳是自克洛维斯矛尖(第5节)之后第一件体现原本独立的美洲文化与欧亚非三洲文化交集(更确切地说是碰撞)的文物。这条长凳不是寻常的家用物品,它代表高高在上的权力,被雕刻成半人半兽、充满异域情调的奇特形象,好似某种来自其他世界的生物,一种可以帮助它的主人往来于不同世界、赋予他预言能力的生物。我们并不了解它的主人是否真的可以因此预知未来,但我们知道,制造这条长凳的民族面临着凄惨的未来。

自1492年西班牙人登上这片土地后的100年间,大多数泰诺人因感染了他们带去的疾病而死亡,家园也被这群征服者瓜分。这种情形在美洲一再重演,但泰诺人是首批面对外来欧洲人的族群之一,他们遭受的苦难也许比其他美洲土著都要深重。他们没有文字,因而我们只能通过为数不多的长凳一类的物品,一窥他们对所处世界的想象和他们所寻求的掌控世界的方式。

"泰诺"一词泛指曾经居住在加勒比群岛中几个较大岛屿——古巴、牙买加、波多黎各、伊斯帕尼奥拉岛(如今分属海地和多米尼加共和国)——上的主要族群,这里便是长凳的发现地。在这些岛屿上发现的宗教用品能让我们多少了解泰诺人的生活与思想，其中包括用来佩戴的人脸面具、木制小雕像，以及一种用于吸食某种致幻物的器具。泰诺人留下的这些物品中，最能生动表现他们生活面貌的，便是这种被称为"都何"的祭祀用长凳，它们是承载着泰诺人世界观的实体。

泰诺人相信，他们的世界与另一个看不见的、有祖先与神灵生存的世界并存，而他们的首领可以向那个世界问询未来，只有族群中最权高位重的人才能拥有一把作为通向神灵世界必要媒介的都何。从某种意义上来说，它相当于王座，同时也是通往超自然世界的门户与工具。

它的大小与踏脚凳相当，是个小型曲面长凳，用深色木材雕刻，经过细致抛光与打磨。凳子前端雕刻着一个面部扭曲、双目外突、阔嘴大耳的类人生物，它的双臂向下伸展，形成凳子的两条前腿，其后是宽大的弧形凳面，像海狸的大尾巴，由两条后腿作为支撑。它不像地球上的任何一种生物，我们可以肯定的只有一点，即它是雄性的。因为在这个四不像生物的后腿之间雕刻有男性生殖器官。

都何作为领袖的宝座，为村庄或地区首领所有。泰诺的首领没有性别限制，而都何则彰显他们在社会、政治及宗教等方方面面的影响力，对他们的呼风唤雨至为重要。我们发现了至少一个首领坐在都何上下葬的例子。致力于发掘泰诺文化的若泽·奥利弗博士解释了都何是如何被利用的：

> 都何并不是普通家具，而是首领地位的象征。这件物品实在太小，正常人很难坐在上面。有意思的是，我们在加勒比海地区发现的所有木制长凳，包括本文的这条，都是男性的，或是刻画了男性象征物，有时甚至在凳子下方雕刻出男性生殖器官。这种凳子其实是一个拟人化的角色。想象它是一个四肢着地的人，而你正坐在它的背上，就像骑驴或骑马一样。首领就这样骑坐在这件也有感知的物品上。他们认为这样的东西拥有"cemi"，即灵魂。

长凳前端张口瞪眼的形象模仿的并非人类，而是灵魂，泰诺人先祖的灵魂。

首领的一大职责，便是进入灵魂居住的神圣空间。他们坐在凳子上，深吸一口由烤焦的柯呼拉树种制成的有致幻作用的鼻烟。柯呼拉一般在半小时内便会起作用，

椅子前端半人半兽像的狰狞面部

效力能维持两三个小时。它能让人看到光怪陆离的色彩，听见奇怪的声音，彻底进入梦境般的幻觉。

巴托洛梅·德拉斯卡萨斯是泰诺文化早期的记录者之一，也可算是对他们最为同情的西班牙征服者。他于1502年来到伊斯帕尼奥拉岛，描述了人们利用都何所进行的仪式，他将首领称为领主：

> 泰诺人有一个传统，即通过柯呼拉仪式解决棘手事务，如是否发动战争等他们认为需要集会的大事。领主带头行动，其他人都先安静地坐在被他们称为都何的精雕细琢的矮凳上。领主吸完柯呼拉（将这种粉末吸进鼻腔）后，将头

扭向一边,双臂置于膝上,在一段时间内保持不动。然后他向大家描述自己看到的景象,告诉他们"灵魂"向他说了什么,预言即将来临的是好运还是厄运,他们是会添丁,还是死亡,还是和邻邦发生冲突或战争。

泰诺社会采用首领制,各社群首领彼此间进行争斗、谈判或结盟。一个社群通常有数千人,他们围绕一个中央广场修建宽敞的圆形房屋,每座房屋可容纳约12户家庭。首领的居所略微离群,通常也兼具圣地或神庙的功用,是都何使用的场地。

我们不知道这些都何的制造者是谁,但可以一眼看出其木料经过精挑细选。这种木材产自加勒比海地区,曾让欧洲人惊艳,因其特殊质地又被欧洲人称为"lignum vitae",生命之树。它的树脂曾被用来治疗小到感冒、大至梅毒的多种疾病。它也是少数因密度很大而能够沉入水底的木材。一名西班牙人曾撰文感叹:"它们用如此美丽光滑、近乎完美的木材雕成,让金银器物都相形见绌。"

其实都何上也有黄金。凳子前端类人生物大张着的嘴和鼓出的眼睛上都镶嵌着金盘,为它更添几分恐怖。正是这些黄金让西班牙人以为伊斯帕尼奥拉岛上有他们渴求的金矿。但他们的希望落空了:在多米尼加共和国,他们仅仅在河流中发现了黄金,经过几个世纪也才积累下少量。一如特殊的木材,稀有珍贵的黄金突显了都何作为沟通现实世界与灵魂世界媒介的非比寻常。

它也能成为在世的领袖们之间的沟通媒介。尊贵的访客会被邀请坐在都何上参与仪式。哥伦布便曾享受这种待遇。然而,泰诺首领们坐在都何上预言的一切都与未来的实际不相符。西班牙人带来了天花与伤寒,而对于完全不具备免疫力的泰诺人来说,就连普通的感冒都是致命的。幸存下来的人被西班牙人重新安置,亲人被活活拆散。之后,非洲黑奴被引入,以补充当地消失的劳动力。

到底有多少泰诺遗产或身份被保留了下来?这至今仍是加勒比海地区争论不休的公共议题。著有《泰诺复兴》一书的加夫列尔·赫斯利普－维拉教授就那些自称为泰诺人后代的人的声明表示:

> 至公元1600年西班牙人到来百年之后,作为纯粹种族的泰诺人已不复存在。为数不多的幸存者基本先后与西班牙殖民者以及被运送过来充当主要劳动力的

非洲黑人进行了交合。近期科研成果，即遗传学家所做的混血测试表明，在以说西班牙语为主的加勒比海地区，最主要的混血形式是非欧混血。实验的压倒性结果表明，大安的列斯群岛的这些说西班牙语的加勒比人都有混血背景，且主要是非欧混血。

泰诺人也许在几百年前就彻底灭绝了，但我们仍然可以通过一些熟悉的词与失落的泰诺世界产生共鸣。这些反映了他们的经验与文化的词——暴风、烧烤、吊床、独木舟和烟草——属于加勒比人的日常生活。而泰诺世界所留下的物质遗产，如都何凳，道出了人类普遍的、与超脱现实的灵魂世界交流的需求。这种未曾中断过的需求将是贯穿以下多件文物的主题。

第十四部分

与神相见

公元 1200 年至公元 1500 年

世界上的各种宗教体系都会使用实物在人与神之间建立联系，以期帮助个人、社会乃至国家与诸神交流。在西方的基督教会中，信徒们会蜂拥去圣地瞻仰圣物，包括圣人的遗骸。东正教则以圣像的形式崇拜基督与圣徒。印度的印度教教徒会借助神庙中的雕像来培养与每位神之间的联系。墨西哥的瓦斯特克人会向母亲神的雕像忏悔，祈求净化与宽恕。在太平洋地区，复活节岛的信徒逐渐反省他们日益恶化的环境，不再制作祖先的巨型雕像，而是创造了一种以岛上数量与日递减的鸟类为核心的宗教崇拜。

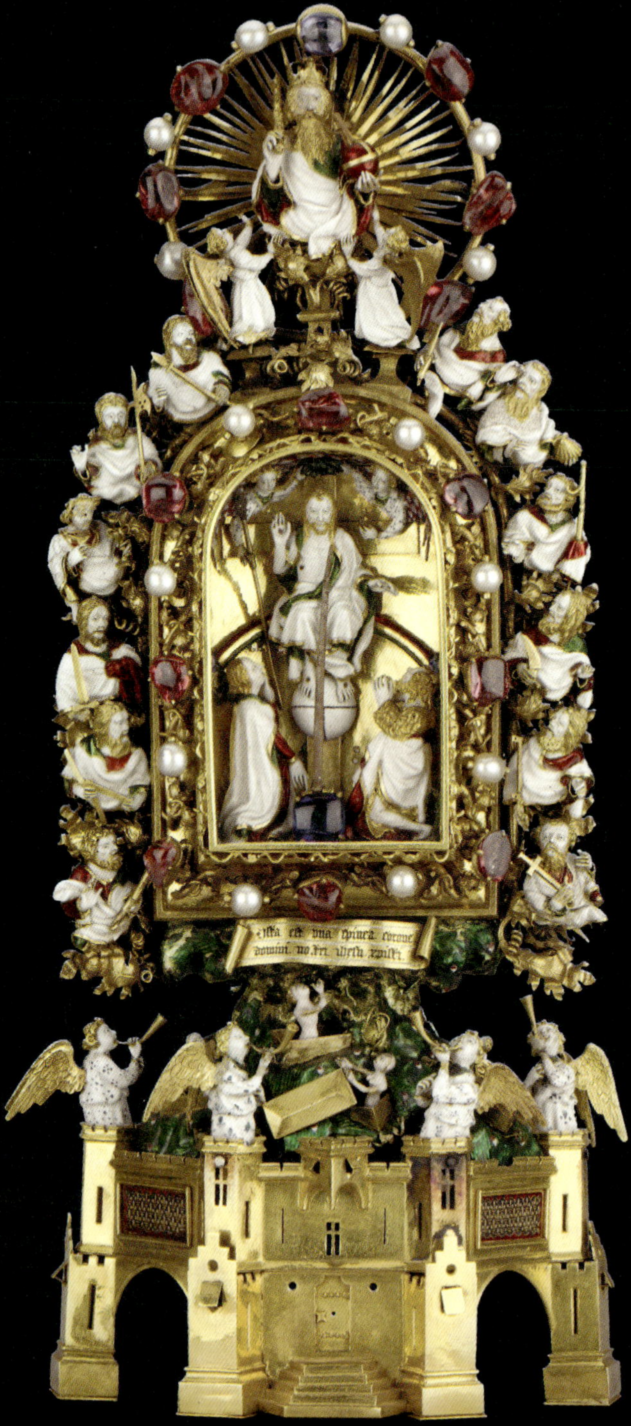

66

圣荆棘之匣

黄金、珠宝与珐琅打造的圣物匣，来自法国巴黎

公元 1350 年至公元 1400 年

600 年前，世界各地的宗教都与世俗密切相连，大多数人都无法划清二者之间的分水岭。也许这就是为什么超凡的希望常常表现为俗世的财富——堂皇的神殿与贵重的物品。这种矛盾在这个圣荆棘之匣中被表现得淋漓尽致。制造此圣物匣的目的是存放一根荆棘。有人笃信这根荆棘取自耶稣被钉上十字架之前头戴的荆棘冠，是至高无上的圣物。

那顶荆棘冠如今保存在巴黎圣母院。但它起初被安放在圣礼拜堂，一座 13 世纪 40 年代由法国国王兴建、专门用来存放当时全欧洲顶极珍宝的教堂——荆棘冠毫无疑问是重中之重。以中世纪基督教徒的视角来看，这一世人生的主要目的便是保证在下一世获得救赎。圣人的遗物无疑是通往天堂的捷径，而其中没有哪一件能与曾经见证基督苦难的物品相提并论。用于展示这些国王所收藏圣物的圣礼拜堂富丽堂皇，造价计 4 万枚法国银币，而仅为荆棘冠这一件物品所花费的钱财便 3 倍于此。它也许是全欧洲斥资最巨的物品。从荆棘冠上取下的一根刺是法兰西国王所能献出的最贵重的礼物。

这根取自荆棘冠的刺，是本节中圣荆棘之匣的核心。匣子的造型是一座高约 20 厘米、纯金打造、表面饰以无数珠宝的剧院。我们可以从中看到世界末日的可怕景象，即我们与其他死者一起接受最终审判的日子。总有一天，这出戏所有的观众都会变成参与者。整出戏分为 3 幕，在底部，天使在想象中的大地角落吹响了号角，坟墓

在鲜绿色的珐琅制山坡上开启。4个人物——两男两女,仍在各自的棺木中,赤裸的身体由白色珐琅雕成,他们昂起头,高举双手祈祷。而在匣子顶部,天父远远地端坐于闪亮的黄金与珍贵的珠宝间进行审判。处在这二者之间的便是整个圣物匣的重点。

在中世纪,基督徒相信逃脱地狱折磨的唯一希望就蕴藏在耶稣曾流下的救赎之血中。因此圣物匣的中心是裸露着伤口的耶稣,他的脚下是一根针一样的长荆棘,正是它导致圣血的流淌。珐琅刻绘的标签上写着"Ista est una spinea corone Domini nostri Ihesu Christi",意即"这是我主基督耶稣荆棘冠上的荆棘"。

利兹的天主教主教亚瑟·洛克强调了它的重要性:

> 在思考受难的代价这类更深层次的问题时,它自然成了焦点。尤其当你认为它就是那件切实的圣物,曾在耶稣承受痛苦、被钉死在十字架上的过程中刺穿过他的头,它在某种程度上就将我们在这个世界上所遭受的苦难与基督替我们承受的苦难联系起来。这个焦点赐予我们力量,让我们能够忍受背负的痛苦。

这件物品对跪在它前面的信徒产生的影响力之大,再怎么形容都不为过。这根原本毫无价值的荆棘刺出的鲜血可以拯救不朽的灵魂,让世间的任何宝物都黯然失色,无论是它下方的蓝宝石底座,保护它的水晶,还是环绕在它周围的红宝石与珍珠。这是用黄金与珠宝打造的布道,能助人反思,得到最深的抚慰。

我们无从证明这根荆棘是否曾刺穿耶稣的头部,但确信它出自一种至今仍生长在耶路撒冷附近、叫作鼠李的植物的枝条。在公元400年的耶路撒冷,有人首次提出荆棘冠应被视为圣物。后来它从圣地来到东罗马帝国的基督教都城君士坦丁堡,在当地被珍藏了数个世纪。公元1200年后不久,穷困的国王将它抵押给了威尼斯人,换回一笔巨款。此事震惊了国王的表兄,时为法国国王、十字军首领的路易九世,但也带给了他一个难得的机会。路易九世付清了国王的欠款,赎回了荆棘冠。作为十字军的首领,他虽然未能占领耶稣的受难地圣城耶路撒冷,但至少得到了荆棘冠。荆棘冠在信众心中无比神圣,路易九世因此在他们眼中直接与耶稣本身相连。为了珍藏这件举世无双的圣物,路易九世不仅打造了一个圣物匣,还修建了一座教堂,

圣礼拜堂一扇窗户中央方玻璃上的
所罗门与示巴女王

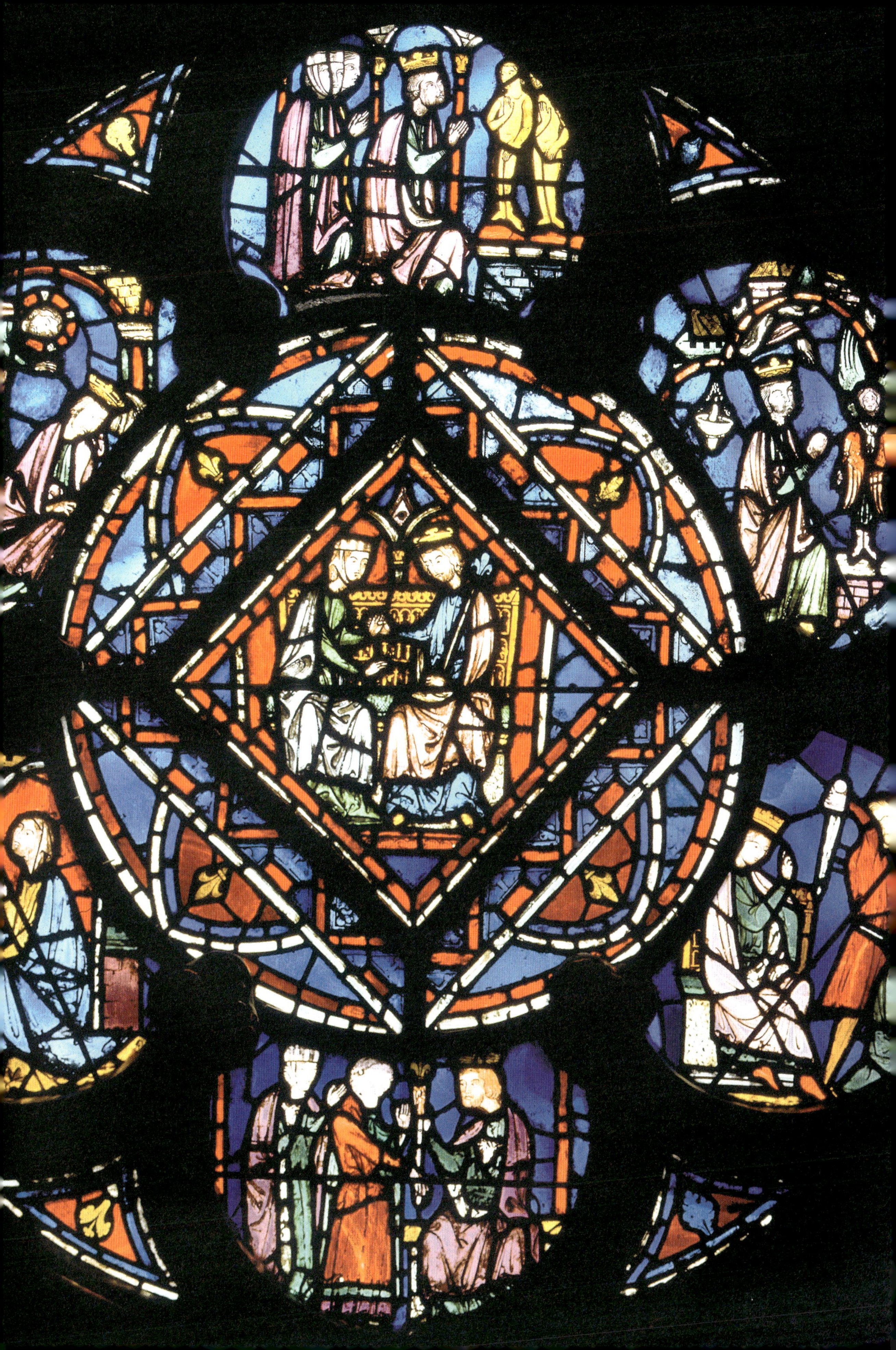

他称之为圣礼拜堂。

圣礼拜堂的彩绘玻璃花窗让我们深信，荆棘冠的到来彻底改变了巴黎与法兰西王国。路易九世本人也在1297年被封圣，成了与所罗门平起平坐的圣路易。圣礼拜堂成了他的圣殿，巴黎成了耶路撒冷。荆棘冠送达之日，有人宣称它将由法兰西国王一直保存至最终审判日耶稣前来取回它为止，法兰西王国也将成为上帝的王国。1248年教堂落成时，主教宣布道："正如耶稣基督选择圣城向我们展示他救赎的神迹，他也特别挑选了法国，作为对他受难的荣光更为虔诚的崇拜之地。"荆棘冠在国际宗教政治中长期扮演着重要角色——它使得圣路易宣布法国在欧洲诸国中具有独一无二的地位，之后的历任法国君主竞相效仿他的这一做法。

历史学家本尼迪克塔·沃德修女认为这不仅仅是一种宗教上的追求：

> 与耶稣受难相关的圣物是一个人能拥有的最好的东西，同样的物品还有圣徒的圣物，尤其是殉难者的。我深深感到它们教人忌妒，尤其是法国的系列收藏。在英国出现了严重的对抗情绪："我们应该拥有更珍贵的圣物，因为我们的国家更伟大。"外界的一切纷扰都会对它们产生影响。它们和别的物品一样，也能成为商品。政治、商业、交易，无疑时刻围绕着圣物。

在受政治影响的复杂的经济体系中，来自荆棘冠的刺成了法兰西最贵重的王室礼物。14世纪末期，其中一根落到了大权在握的法兰西王子贝里公爵手中。我们确信如今保存在大英博物馆的这个圣物匣曾属于他。匣上饰有他的盾形纹章，并汇集了他所关注的众多事物：他曾委托艺术家创作了几件当时最伟大的宗教艺术品，也热衷收藏各种圣物。他拥有号称属于圣母马利亚的结婚戒指，曾在迦南的婚礼上使用的酒杯，天主现身时燃烧的荆棘的残片以及一具完整的圣婴遗骸——那是被希律王杀害的儿童中的一个。他也热衷修建城堡，圣物匣便相当于一座纯金城堡。这个圣荆棘匣一定是中世纪欧洲金属加工业的顶级成就之一，但可惜的是，我们并不清楚它能否算是贝里公爵的藏品中最为非凡的。1415年，法国在阿金库尔战役中败给英国人的那年，公爵去世，不过数月，大批曾经属于他的黄金制品被重铸。这件圣物匣得以幸存，表明他在死前把它赠送给了别人。

我们确定不了他赠送的对象。但在1544年，它成了维也纳哈布斯堡君主的藏品。在那之后，它开始回归俗世，世人对装饰其上的黄金、珐琅与珠宝比对盛放其中的平凡荆棘更感兴趣。19世纪60年代，它被送到一名狡猾的古董商处修复，而他却制造了一个赝品送回，留下了真品。最终，真正的圣物匣被罗斯柴尔德银行维也纳分行行长购得，并由费迪南德·罗斯柴尔德男爵作为沃德斯登庄园展品之一赠送给了大英博物馆。如今，这一来自沃德斯登的赠品占据了博物馆的整整一间小型展厅。

圣荆棘匣本身便可算是一座只有一件展品的博物馆，也许还算得上全世界最奢华的一座：展品摆放在蓝宝石上，前面陈列着一排水晶，标签用珐琅做成。它的用途和所有博物馆并无不同：为一件有价值的物品提供一个相称的展示环境。我们不太了解游客会以何种视角欣赏大英博物馆所陈列的物品，但在面对圣荆棘匣时，许多人仍会遵循它虔诚的制造初衷，对着它沉思或祷告。

对荆棘冠本身的崇敬则一直延续至今。拿破仑曾下令将其永久收藏在巴黎圣母院。现在，每个月的第一个星期五，整个荆棘冠——我们的荆棘刺便是600年前取自其上的——仍会被展示在信徒面前，以供祈祷。

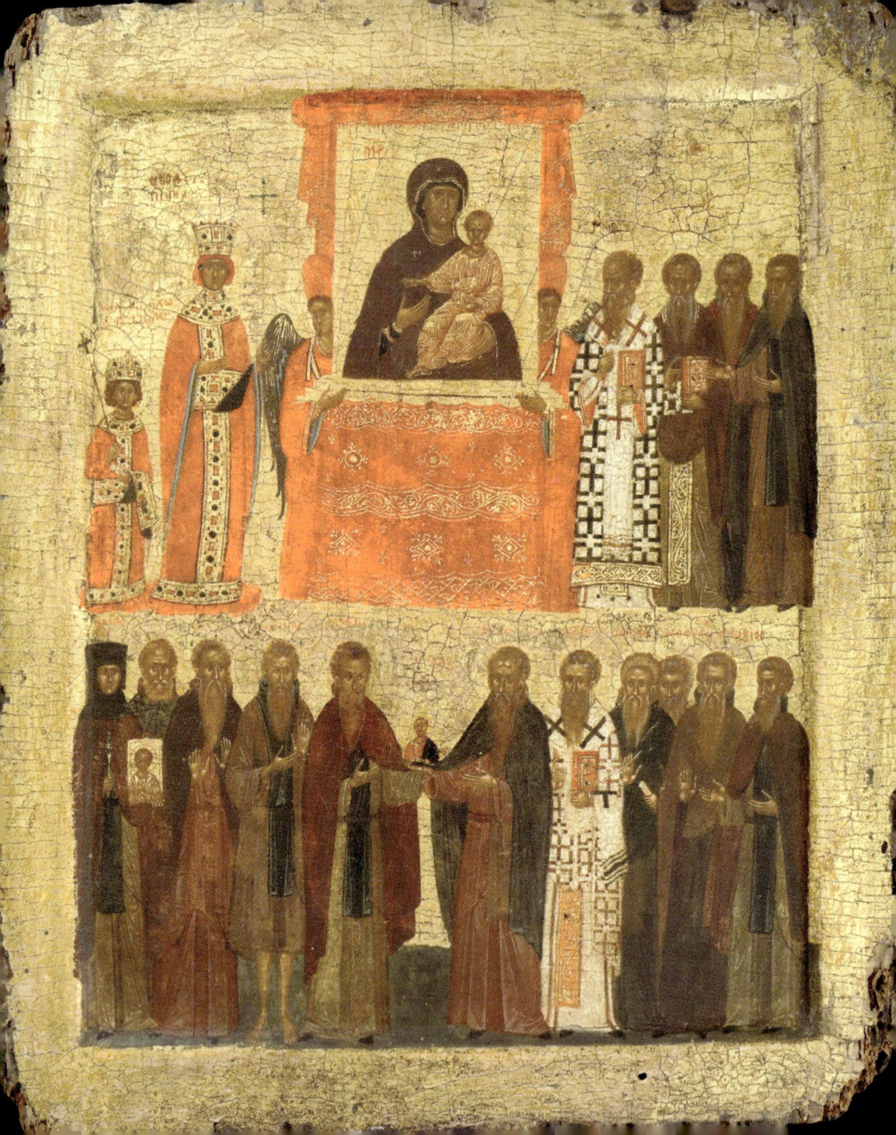

67

正信凯旋圣像

带蛋彩画与金箔的木板，来自土耳其君士坦丁堡（今伊斯坦布尔）

公元1350年至公元1400年

一个大国面临迫在眉睫的入侵与破坏时会采取什么行动？可以对内组织武装，向外寻求盟国，但更妙的方式是重访历史并创造一个神话，以团结民众走向胜利。这个神话应该让所有国民相信，他们的国家被历史特别挑选出来维护正义与公平。1914年的法国和1940年的英国都采用过这一方式。在这种情况下，对历史的重新理解可以成为强大的武器。公元1400年前后，当奥斯曼土耳其帝国即将把信仰基督教的拜占庭帝国从地图上抹去时，后者也开始回溯自己的历史，找出了一个可以表明自己存在的独特意义以及上天赋予其神圣权力的事件，再将其打造成国人皆知的神话。他们所选用的传播方式是影响最广泛且最为得心应手的一种：订立一个新的宗教节日，并委托绘制一幅新的宗教圣像画。

对拜占庭帝国而言，寻求神的帮助永远是第一位的。作为罗马帝国的继承者、东正教的捍卫者以及称霸中东数百年的强大帝国，拜占庭昔日的荣光早已逐日消散，只留下一抹淡影。1370年，帝国的领土缩减到几乎仅剩君士坦丁堡，即今伊斯坦布尔。所有的行省都已失陷，大部分被奥斯曼土耳其帝国蚕食，君士坦丁堡已处于包围之中。东正教本身能否幸存都是个问题。

从远方搬救兵的希望也很渺茫。西欧曾做过两次勇敢的尝试，但增援队伍都在巴尔干半岛遭到惨败。皇帝本人也曾数次离开君士坦丁堡前往西欧各国，甚至远赴伦敦，寻求财力和军事方面的支援，但都无功而返。1370年，形势已很明朗：拜占庭无望得到俗世的救助，境地之绝望，只能仰仗上帝的援手。正信凯旋圣像便绘制于如此走投无路的背景之下。它所表现的并非拜占庭的现实，而是若想得到上帝的庇护，它需要呈现的状态。

这幅画高约40厘米，绘制于一块木板之上，形状与笔记本电脑的键盘酷似，其中人物用黑红两色勾勒，背景是闪亮的金色。画面中上部有两位天使举着供大家膜拜的画像，它是东正教最著名的圣像，也与君士坦丁堡密切相关，被称为赫得戈利亚——圣母马利亚怀抱着婴儿耶稣。一群圣徒、东正教的首脑——牧首以及王室，正在敬拜它。他们代表了包括俗世与教会在内的整个君士坦丁堡。这幅圣像本身便在体现一幅圣像的作用，是对圣像在东正教中的核心地位的赞颂。

牛津大学教会史教授戴尔梅德·马克库罗奇如此描述圣像的功能：

> 圣像是一架能让你看到天堂的望远镜。你能通过图像到达天堂，因为东正教坚信人能够接近神，甚至成为神。这一大胆放肆、简直惊世骇俗的声明是西方基督教不敢直言的。

绘制圣像画基本当属宗教活动而非艺术行为，它有严格的指导章程。画像究竟出自谁手并不重要，重要的是动机与方式。这一点吸引了美国艺术家比尔·维欧拉，他引述一份中世纪的文献说：

以下是一篇中世纪的短文，名为《圣像画守则》。

第一，在作画之前要画十字并默祷，宽恕你的敌人。第二，每一笔都要小心谨慎，如同你是站在上帝面前作画。第三，在绘画过程中，有节奏地进行祈祷……第九，绝不忘记将圣像传遍世界的喜悦，绘画过程的喜悦，让圣徒的光芒通过画像闪耀的喜悦，与你所绘制面孔的圣徒相联合的喜悦。

这幅正信凯旋圣像到底有什么含义呢？想了解它，还要再往前追溯700年。在了解了东正教中圣像的核心地位以及绘制过程中的热忱之后，下面的信息也许会让你震惊：曾有150年的时间，东正教教会禁止敬拜任何圣像，信众还积极地寻找并销毁已有的画像。那是在公元700年左右，拜占庭帝国几乎被一种全新信仰——伊斯兰教——的军队摧毁了。与基督教截然不同的是，伊斯兰教禁止敬拜宗教画。在当时的背景下，伊斯兰教显然所向披靡。基督教是否走错了方向？是破坏了十诫中的第二诫"严禁雕刻偶像"的缘故吗？国家教会是否踏入了歧途？是否因此导致了如此惨烈的战争？一夜之间，圣像的使用在教会中引发了广泛而根本性的讨论。对此，戴尔梅德·马克库罗奇认为：

> 你能描绘出神的模样吗？拜占庭帝国曾经就此展开激烈的争论，这实则是一个把简单的问题演化成政治话题的典型例子，使整个帝国分为势力相当的两大阵营。强大的拜占庭帝国遭受了重创，几乎要被横空出世的伊斯兰势力碾碎。拜占庭人自然会产生疑问："这是为什么？为什么神会庇佑那些不知来自何处的穆斯林？"让他们大受冲击的是，穆斯林没有任何圣像画，也许这就是答案。因而他们认为，如果抛弃基督教之前绘制圣像的传统，也许拜占庭帝国就能再次赢得上帝的眷顾。这可能就是当时拜占庭人在境内攻击画像和圣像的一大动机。

因而公元700年之后，东正教破坏圣像的浪潮席卷全国。这场神学争辩持续了一个世纪，过程极为复杂。但自始至终，普通民众都坚定地保护着自己的圣像。最终，部分归功于来自皇室女性成员的支持，皇后西奥多拉下令恢复了圣像崇拜。这一事件被称为正信凯旋。重新建立起的礼拜模式成为检验是否真正信仰东正教的试金石、拜占庭式祈祷的核心以及帝国生存与壮大的关键因素。确实，在接下来的500年中，这个帝国成功地抵挡了伊斯兰教的进攻。因而当帝国面临更大的威胁时，君士坦丁堡的领袖们自然会鼓励民众回顾公元843年人们重建信仰、巩固帝国政权的伟大时刻，在面临令人恐惧的未来时向过去寻求安慰。1370年，正信凯旋主日被正式确定，之后不久，本节中的这幅画便面世了。

它呈现了西奥多拉皇后与公元843年的伟大复兴。她站在圣母与圣婴的赫得戈利亚圣像旁，身边是儿子米海尔三世。两人都穿着精致的皇家长袍。画面下部是站成一行的圣人与殉道者，他们紧挨在一起，如同在合照，有的手里拿着圣像，仿佛在展示刚被授予的奖章。在1400年前后，任何看到这幅画的人都会立刻知道，这些都是在圣像复兴战中受难的圣徒。每个人头顶都用红笔清楚地标示了姓名。我个人最喜欢的要数站在最左端的那位，圣西奥多西娅，这群人中唯一的女性。她是一位急性子的修女，因杀死一名皇家侍卫而被处死。当时她看到对方爬上梯子，要移走皇宫入口处的一张基督圣像，于是一把推开了梯子，使他跌下来摔死了。她自然很快被处以死刑。

一名1400年的观众可能会忽略的是，图上的某些圣人或殉道者在843年尚未出生。正信凯旋圣像表现的是整个社会通过一件艺术作品回顾历史、祈求上帝佑护其未来的状况。这幅画像充满力量，动人心弦。艺术家比尔·维欧拉认为：

> 这是一幅非同寻常、极具创意的画，是别出心裁地将现世的过去、未来、当下与永恒及神圣相连接的方式。我认为它几乎可算是后现代风格，采用了框架层叠的概念。圣像中有圣像，图像中有图像。

虽然民众通过节日与圣像的方式庆祝了正信凯旋，但它未能保证拜占庭帝国的延续。1453年，君士坦丁堡最终落入了土耳其人手中，成了奥斯曼土耳其帝国的首都，雄伟的圣索菲亚教堂成了清真寺。世界原有的力量格局被打破。但尽管拜占庭政权灭亡了，东正教却得以存活。这幅画中所展示的信仰如此强大，就算是处于穆斯林的统治之下，东正教的传统以及对圣像的崇拜都被保留了下来。在某种程度上可以说，圣像起到了它应有的作用。每年四旬节的第一个星期日，全世界的东正教会都会庆祝这幅圣像画上的节日：正信凯旋日，这是一个汇聚了图像和人声，表达势不可当的精神向往的仪式。

68

湿婆与雪山女神像

石制雕像，来自印度奥里萨邦

公元 1100 年至公元 1300 年

在大英博物馆工作总会遇到很多惊喜，其中之一便是，我们时常会发现在印度教雕像前恭敬地摆放着鲜花或水果。这样的场景总是很动人，它表明宗教物品虽然被送进了世俗的博物馆，却也未必会丧失神圣性。这也让我们想起，在 2001 年英格兰及威尔士的人口普查中，有接近 5% 的居民声称他们的家庭出身于印度次大陆。

这是一段悠长共享的历史中的片段，在这段历史中，虽然暴力时有发生，但联系一贯密切。数个世纪以来，英国人一直为印度的文化着迷，并通过努力多少了解了他们。对 18 世纪的欧洲而言，印度最大的奥秘是印度教，因为这种宗教一方面鼓吹否定世界的禁欲主义，一方面提倡放浪的肉体欢愉，令人困惑不已。为什么很多印度教寺庙有别于英国的基督教堂，遍布带有色情意义的雕像？基督教的耶稣承受着剧烈的痛苦，而印度教的众神却沉溺在肉欲之欢中。1800 年左右，一个名叫查尔斯·斯图亚特的英国人决心向国人证明，印度教应该受到广泛尊崇与认真研究。收集和展示古印度寺庙中的雕像也是他行动的一部分，其中之一便是本节要介绍的文物。

它来自印度东北部孟加拉湾的奥里萨邦，该邦人口稠密，盛产水稻。1300 年前后，它是一个社会发达、经济繁荣的印度教小国，境内修建了数千座宏伟的寺庙。那是奥里萨宗教建筑的鼎盛时期，装饰花样越繁复精美越受人称道。寺庙中供奉最多的是湿婆神，因为对奥里萨人而言，湿婆是国家的保护神。他同时也是印度教三大主

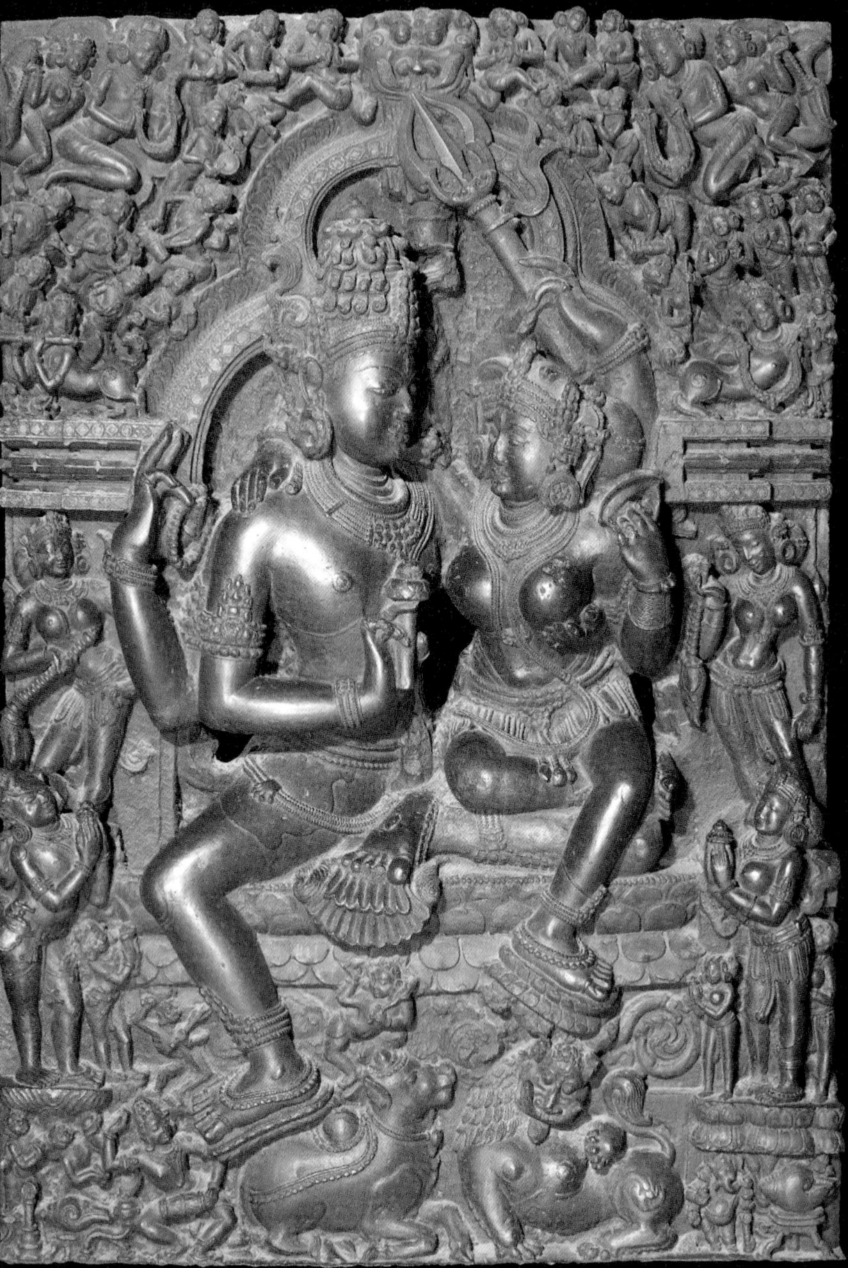

神之一，本身便充满矛盾，既负责创造，又热衷毁灭，是印度人家园的主宰。所有的矛盾都在他身上得以调和。

这座雕像来自奥里萨的某座湿婆庙，是一块高2米、宽1米的石板。它原本应有鲜艳的颜色，如今只剩略带光泽的深黑。装饰之繁，无以复加。石板边缘雕刻着数十位小型神祇，中间体型最大的则是湿婆，他标志性的三叉戟以及被他踩住后背的一头神牛（他常用的坐骑）帮助我们确定了这一身份。湿婆的身体被雕刻得极为立体，观者越靠近便越会感觉到一位神切实的存在。制作雕像的本意便是让观者接近湿婆神，并在某种意义上与他交流。印度教学者兼神职人员夏纳格·瑞西·达斯解释说：

> 以实体形式表现的神像有助于集中精神，获取所谓的"福德"，即感受到神的存在。通过去寺庙，你得以感受到神在生活中的存在。你从神像中体会到他的存在，你向他跪拜，供上食物，敬上香，祈福，或者只是单纯因他的存在而喜悦。
>
> 如果将神请回家中，例如将神像供在起居室里，你便不会口出恶言，不会做出有渎神灵的事。这对我们的假我来说是一大挑战。神的信徒会逐渐修成真我，成为神永远的仆人。

这尊雕像曾被摆放在寺庙这种完全公开的场合，但它所提供的实际上是与神持续的一对一接触。面对这尊雕像不过是与神的一种接触，是始于寺庙并能在家中继续的交流方式。注视神像仅仅是一种日常对话的起点，它最终会帮助你塑造自己的方方面面。

在雕像中，湿婆并不是单独一人：他的妻子雪山女神坐在他腿上，被他4条臂膀中的一条紧紧搂着。二人的打扮极为相似，都只围着腰带，裸露着躯体，戴着沉重的项链与华丽的头饰。他们面对着面，深情地凝视彼此的眼睛，专注得忘乎一切存在。这份浓情蜜意感染了他们脚下的动物。湿婆的神牛目光如主人一样满溢宠溺，雪山女神的狮子则羞涩地微笑回应。整座雕像透着强烈的情色氛围，让人觉得下一秒钟他们便会紧紧相拥。当然，事实上并不会，至少暂时不会，因为他们正等待着来客，或者更准确地说，是等待着信徒的到访。这座雕像原本应被置于神庙的门楣之上，用以欢迎来访的家庭。供品不仅是献给湿婆的，也是献给雪山女神的。

这尊喜气而性感的神像所要表现的并非只是一对让世间夫妻效仿的模范伴侣湿婆与雪山女神，也是对神的本质进行的思索，因为他们其实是同一位神的两个化身。夏纳格·瑞西·达斯解释说：

> 神亦男亦女。这一想法的思维基础是，神是高于我们的存在。神不能摒弃其女性身份，因为世间有女性，所以他必须有女性的分身。
>
> 雪山女神是一位贤妻，不喜欢世人对她的丈夫不敬。因此信徒必须小心行事，务必先敬拜雪山女神，再敬拜湿婆。这才合乎礼数，并且不会出错。他们都十分慷慨。你并不需要付出很多来取悦他们，他们会大方地回馈于你。

正是神的女性分身雪山女神的存在让非印度教教徒感到困惑，尤其是那些从小被灌输一神论思想的人。这是一种独特的看待神的视角。一神论的神当然是独立存在的，不能与其他神发生关系，不能成为活跃的性关系中的一方——犹太教和基督教不但只信奉唯一的神，而且在它们悠久的历史中，神一直都是男性。而在印度教传统里却相反，湿婆需要雪山女神。宗教史学者凯伦·阿姆斯特朗解释说：

> 在一神论宗教，尤其是基督教中，要解释性与性别的问题十分困难。个别宗教，如基督教和伊斯兰教，初期肯定女性，但类似观点在发展过程中遭到劫持，乃至退守旧有的父权制。我认为人们对性的看法存在巨大差异。如果你认为性是神圣的，是人理解神意的方式，那一定会引发某种结果——你会发现印度教的婚礼便是一种神圣的行为。性与性别的问题一直是基督教的死穴，体现了一种调和的失败，没有把一项人类生活中的基本事实与宗教成功地结合。

印度教包容性，包容生命万象，正是这种包容深深感染了搜集雕像的查尔斯·斯图亚特。作为东印度公司的一名小职员，他对印度教的价值与优点抱有的狂热使同事们大为惊讶，他也因此获得了"印度人斯图亚特"的绰号。斯图亚特欣赏印度生活中的一切，他研究印度的语言与宗教，甚至呼吁英国妇女穿"理性而又性感"的印度纱丽。这自然被太太小姐们拒绝了。

作为其印度文化研究的一部分，斯图亚特搜集了大量雕像，本节文物便是其中之一。他想集齐印度众神，使收藏成为一部宗教与文化的百科全书。这些藏品在他位于加尔各答的家里公开展出，是严肃而系统地向欧洲人展示印度文化的初次尝试。他并不觉得印度教有何令人困惑不安的内容，而是发现其中有值得赞叹、足以与基督教媲美的架构。1808年，他将自己的观点写成一本小册子出版，名为《印度人的辩护书》：

> 在印度神话的辽阔大海中，无论何时环顾四下，我都能看到虔诚……道德……我坚信，它是世界上最完整、最丰富的道德寓言体系。

斯图亚特大声疾呼，反对游说印度教教徒皈依基督的传教行为，认为其十分可耻。他也一直希望自己的藏品能够在英国展出，让大家崇敬这一伟大的世界性宗教。我相信，斯图亚特如果有知，一定很高兴看到在200年后，他收藏的湿婆与雪山女神雕像仍然在大英博物馆公开展示。这一制作于公元1300年的雕像，其初衷就是欢迎前来朝拜的信徒。他也会很高兴地看到，在如今前来参观的英国人中，有许多是印度教教徒。

英国教科书上有关印度教的内容逐渐增多，但多数不曾自幼受印度教熏陶的人仍然很难理解有多重化身、多位神祇的复杂的印度教系统。然而，只要站在这座雕像前，你便能立刻感受到这一伟大宗教传统的核心教义：神也许不应该被设定为孤单的个体，而该是一对恩爱的欢乐夫妻。肉体欢愉不是人类的堕落，而是神性不可或缺的一部分。

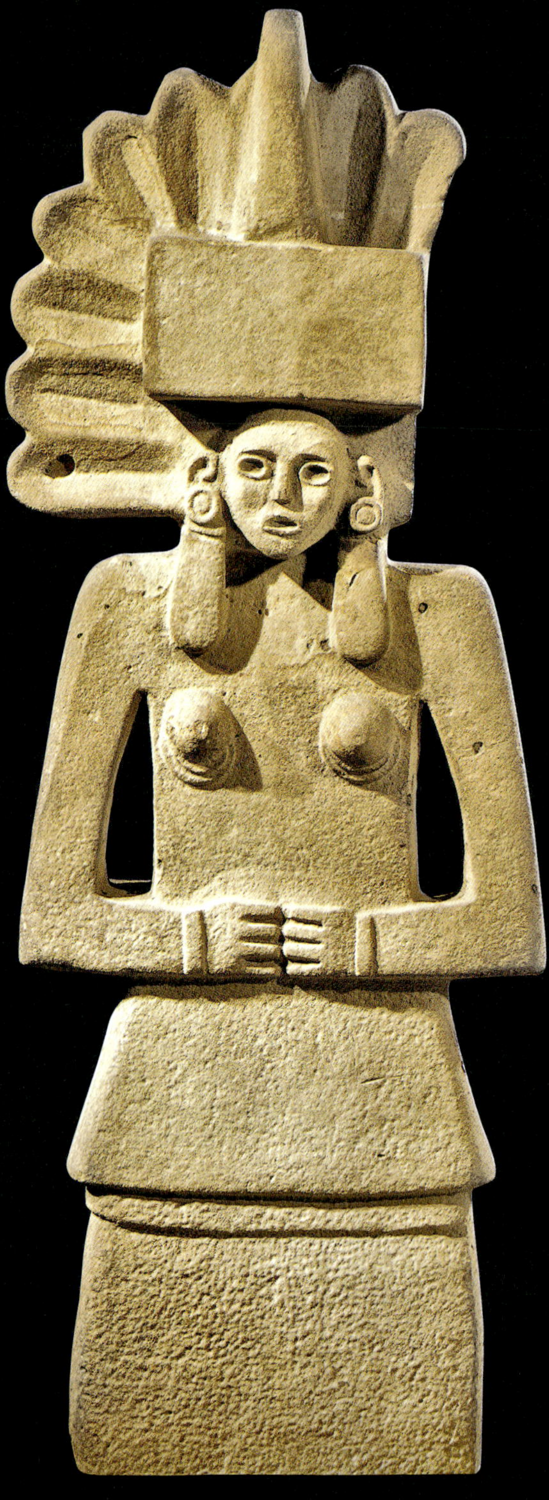

69

瓦斯特克女神雕像

石制雕像，来自墨西哥

公元 900 年至公元 1521 年

有一句古训说，翻译是一种背叛。想要翻译没有文字的失落文明的复杂思想，情况也一般无二：我们常常需要穿过后世的重重解读去找寻真相，而这些做出解读的人常有着与失落族群不同的思维方式，本族语言中也并没有能表达他们思想的现成词汇。

想理解这件文物最初的意义，首先要排除两种之后出现的、使用不同语言的不同文化的过滤作用，但即便如此，我们也无法肯定到底能探究出多少。这件物品一向使我着迷，但我越来越不确定自己是否了解它。它是一尊女性雕像，来自今墨西哥北部，而在公元 1400 年左右，这里是瓦斯特克人的土地。

1520 年左右，西班牙人征服了阿兹特克帝国，这两者的渊源早已尽人皆知。但是，阿兹特克人在建立起自己帝国的过程中也侵略过外族，这一点大家恐怕知之甚少。被征服的民族中最有意思的当数瓦斯特克人，他们是阿兹特克人北方的邻居，居住在墨西哥北部海湾，今贝拉克鲁斯附近，在 10 世纪至 15 世纪拥有繁荣的城市文明。但在公元 1400 年左右，这片兴盛之地被南边好斗的阿兹特克人占领，瓦斯特克的政权随之瓦解。我们掌握的信息少之又少，无法重建他们昔日的社会与思想，也没发现任何文字的痕迹。唯一相关的文献来自阿兹特克人对其所征服的民族的记录，而这份记录是被击败了阿兹特克人的西班牙人传播开来的。如果想听瓦斯特克人自己讲述身世，就只能依靠他们留下的物品。这是他们唯一的文献，其中能提供最多信息的大概要数一组辨识度极高的石制雕像。

这座瓦斯特克女性雕像陈列在大英博物馆的墨西哥厅，身边站着她的3个砂石做的姐妹，后者的设计相仿。雕像高约1.5米，几乎与真人等大，但模样与真人并不相似，看上去像是用大型饼干模子压出来的，身体外轮廓的线条横平竖直、身板呈扁平状，你可以把它想象成一个大号姜饼人。从侧面看过去，会发现她是用极薄的砂石雕刻而成的，边缘厚度不超过10厘米。她双手交叠放于胃部，胳膊稍稍外撑，与身躯之间空出一个三角形。其实她的整个身体都是由各种几何图形构成的，胸部是两个完美的半球，腰部以下穿着一条梯形裙，裙子上没有任何装饰，直接与基座相连。这是一位由各种直线与硬边组成的女士，你一定不想跟她有什么纠葛。但她也有两处人性化的地方。首先头很小，却出人意料地很有生气，眼睛好像在侧上方看到了什么，嘴唇微启，似乎在诉说着什么。此外是胸部，她身体上唯一被刻画的细节，几道曲线表现了胸部下垂的状态，明显是成熟女性的标记，也可能是母亲的象征。因此很多人认为，她也许是母亲神。

我们对瓦斯特克族的母亲神一无所知，只了解对征服者阿兹特克人而言，她的地位与他们自己的女神特拉佐尔特奥特尔相当。你可能会觉得，所有母亲神扮演的角色都大同小异：确保民族繁衍生息，看顾幼儿成长。但文化历史学家玛丽娜·沃纳认为实际情况要复杂一些：

> 母亲神的形象并非单一，认识到这点很重要。很多时候她与春天、植物生长、繁衍生息——不只是人类，也有动物——等等相连。说到繁衍，你将进入一个非常危险的领域，因为在分娩过程中母亲与孩子都面临着生命危险。在人类历史上一向如此，直到进入现代社会才有所好转。也有很多人认为，与这种延续生命的冒险行为接触，会让你接近不洁之物。这一点在基督教中表现得尤为强烈。奥古斯汀曾说："我们是伴着粪便与尿液出生的。"人类在分娩过程中表现出的动物性让他忧虑。总体而言，母亲神必须帮助世人正视某种焦虑——在污秽的威胁下，生与死的界限变得十分模糊。

分娩和抚养婴儿总是与肮脏相伴。哪怕想取得最低限度的卫生，也需要发明应对污秽的系统。从广义上说，母亲神需要应对污秽。

因此，特拉佐尔特奥特尔的名字在阿兹特克语中的字面意思是"污秽女神"，这一事实也并不出奇。她是繁衍、植物生长与复苏之神，是最重要的绿色女神，能将有机废料和排泄物转化成全新的健康生命，保证自然再生循环的运转。这位女神将自己的双手置于污秽之中，而在阿兹特克神话中还不只是双手——她有另一个名字，"食秽者"，她会吞下污秽并净化它们。因此，虽然这让人有点不舒服，但如果按照阿兹特克人的观念来重新欣赏这尊女神，也许我们就能理解她为何嘴张开，眼睛看向上方。

特拉佐尔特奥特尔既然能吞下真正的污秽，还生活以清洁美好，自然也可以净化人的道德。阿兹特克人告诉西班牙人，她也是听取人忏悔性方面的堕落的女神：

> 人可以向她倾诉自己所有虚荣的行径，所有肮脏的行为，不管多丑陋，多可怕……一切都可以向她坦承。

西班牙修道士伯纳狄诺·德萨哈冈认为这与基督教的性罪行和忏悔观念有着惊人的巧合。让我们好奇的是，西班牙人在何种程度上将阿兹特克的女神以及通过他们了解的瓦斯特克的女神，与自己的宗教传统，尤其是圣母马利亚联系起来。但是，基督教早已撇清了马利亚与任何性行为之间的关系。西班牙人也因特拉佐尔特奥特尔所固有的与污秽的关联而感到不适。德萨哈冈极其反对她的"色欲与放荡女神"这一身份。而阿兹特克人也转而鄙视瓦斯特克人的物品，认为它们放荡至极。

因此，我们很难得出这尊女神雕像的真正含义，一些学者甚至质疑她的女神身份。那么，她身上还有什么其他蛛丝马迹吗？

这尊雕像最引人注目的是她的巨大扇形头饰，几乎是她头部的10倍大，虽然已部分损毁，但可以看到，它和她的身体一样，是通过几何图形来表现的。头部正上方顶着一片倾斜的平板，其上是一个同样没有任何装饰的圆锥体，这些都被包围在一组如鸵鸟羽毛的石刻半圆中。究竟是羽毛还是树皮，由于其色彩早已脱落，我们无从得知。也许这样的头饰曾是一目了然的身份证明。令人恼火的是，如今我们已无法从中得到任何确凿的信息。

瓦斯特克专家金·里克特给出了更为世俗的理解：

> 我认为雕像代表的是瓦斯特克贵族，她身上夸张的服饰元素在中美洲各国的贵族阶层中其实是很常见的。我已经发现这些头饰与出土于其他地区的类似头饰之间存在联系。
>
> 这是当时的潮流，但也具有更深的含义……与现在的古驰包不无相似处。全球的富人都拿着它，它是身份的象征，也代表现代世界各地之间的联系。头饰也有类似的功能。它们向本族群宣告，自己是更广大的中美洲文明的一部分。

金·里克特所言也许是对的，这尊雕像表现的可能只是当地贵族。但我仍然很难相信这些呈几何形状的赤裸的女性雕像会是贵族的肖像，哪怕是最为仪式化的类型。我们知道，它们曾一组组地站在人工堆出的土丘上，从高处俯视自己的部落，俯视在此汇聚、举行仪式与游行的族人。但我们无法从雕像本身获得任何明确信息。遗憾的是，如今已没有人可以告诉我们真相。金·里克特说：

> 我认为这些雕像对如今居住在当地的人不存在任何意义。在野外调查期间，我曾询问过当地人。他们很感兴趣，很好奇，想知道更多，但他们本身对雕像一无所知。我听说有一篇报告声称，在某片遗址附近，当地人把雕像当作靶子练习射击。

关于这件文物，我们所不知道的远远多于我们所知道的。雕像的实体以绝对的直接方式向我们诉说着它的故事。但在所有的文物当中，它应该算是最难过滤历史记载从而获得确定信息的一件了。在下一节中，我仍将通过文物重构一个失落的精神世界，不过更多证据尚待发掘。它与地球上最晚有人类定居的土地之一——复活节岛——有关，是世界上最广为人知的雕像。

70

复活节岛雕像

石制雕像，来自智利复活节岛（又称拉帕努伊岛）

公元 1000 年至公元 1200 年

    拉帕努伊岛，即复活节岛，是太平洋上乃至全世界范围内最偏远的人类居住地。它的面积约为怀特岛的一半，距离最近的有人烟的岛屿约 2000 公里，距离最近的大陆约 3200 公里。因此可以想象，人类是花了多少时间才到达这里的。南太平洋上的波利尼西亚人是举世公认的公海上最强的航海能手，有驾驶双壳体独木舟在无垠的太平洋上穿梭的经验，这一能力是人类历史上最伟大的成就之一。他们居住在夏威夷和新西兰，在公元 700 年至 900 年间，部分族人来到了拉帕努伊岛，为人类历史的浩瀚篇章画下了一个句点——复活节岛很可能是最后为人类永久定居的土地之一。

    直到 1000 年之后，欧洲的航海技术才能与波利尼西亚人比肩。1722 年的复活节，欧洲水手们到达这个小岛时，惊讶地发现这里已居住着大量人口。而更令他们惊诧的是当地人制作的物品——巨石雕像，从未在太平洋的其他地方发现过，在全世界范围内也不曾出现过。它们已是当今世上最著名的雕像。本节中的文物便是其中一尊，名为何瓦·何卡纳奈阿，可以大致译作"隐藏的朋友"。它于 1869 年来到伦敦，此后一直是大英博物馆最受欢迎的藏品之一。

    有个主题在人类历史上不论何种社会始终如一，即世人会耗费大量的时间和资源来确保自己得到神的眷顾，但很少有哪个能做到拉帕努伊岛上这样惊人的规模。岛上居民大概从未超过 15000 人，但在几百年间，他们开采、雕琢并竖起了超过 1000 座巨型石像。何瓦·何卡纳奈阿便是其中之一。他大约制作于公元 1200 年，几

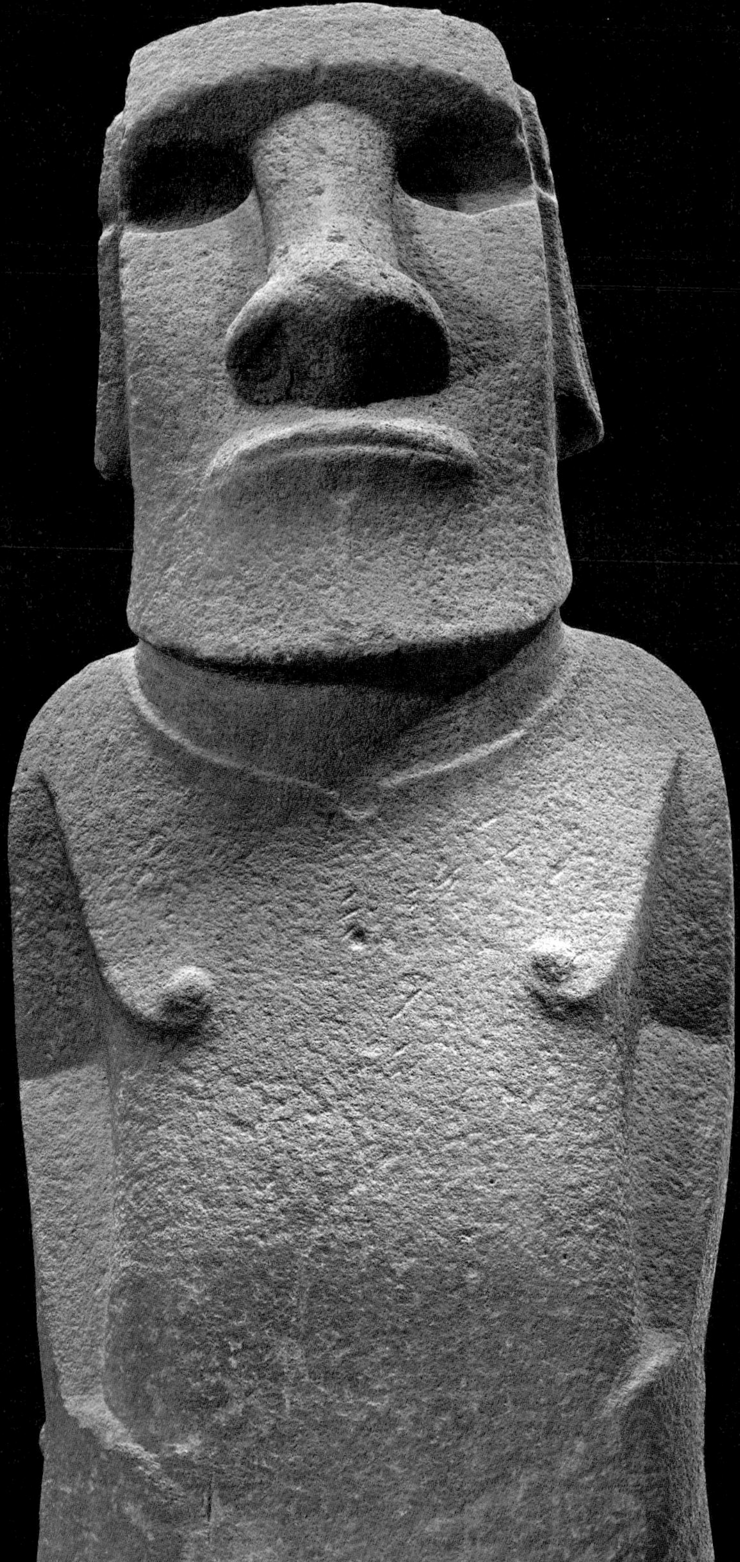

乎可以肯定，他是用来给先人灵魂居住的躯壳，是可以让先人时常拜访与居住的石像。

一站在他面前，你便能看出它的原材料是坚硬的玄武岩，虽然仅是半身像，依然高达2.7米，不管放在哪个展厅都极有气势。如此坚硬的岩石外加粗糙的石制工具，自然无法雕出太多细节，因而雕像的每个部位都巨大而醒目。沉重的长方形头颅几乎与身体等宽，突出的眉骨则是一条横穿整个额头的直线，眼窝又大又深，鼻梁笔直，鼻孔外张，宽阔的下巴坚定地前伸，双唇紧闭，仿佛不高兴地撅着嘴。比起头部，身体似乎只是潦草的补充。胳膊只简单地勾出了线条，双手则全部消失在隆起的肚腩处。躯体上唯一的细节便是突起的乳头。

何瓦·何卡纳奈阿所表现出的力量与感染力的结合是罕见的。对于雕刻家安东尼·卡罗爵士而言，这正是雕刻的关键：

> 我认为雕刻这种处理石头的艺术是人类的基本活动之一。你在石头上投入了一种情绪的力量，一种存在。制作雕像是一种宗教仪式。复活节岛雕像则表现了人的本质。自罗丹之后，雕刻家们都在去繁化简，彰显石头自身的力量。我们向本质接近，它的大小、简约，它的气势、定位，才最为重要。

这些雕像被放置在沿海岸线特别修建的平台之上，其神圣的布局反映了拉帕努伊岛上的部落划分。移动这些雕像需要数天的时间和大量人手的通力合作。何瓦·何卡纳奈阿曾和同样巨型的石像伙伴们排成一条条庄严的线，立于基座之上，背朝大海凝视着这个岛屿。这种强悍的先祖形象一定会让那些意欲入侵的外敌胆寒，难以忘怀，而对来访的贵客则像是一种华丽的欢迎仪式。还有不少人认为它们是由某种神秘力量创造的。但人类学家与艺术历史学家史蒂文·霍伯认为：

> 这是一种在世者与祖先联系和交流的方式。祖先可以对现世的传宗接代、社会繁荣、生活富足等方面产生很大影响。这些雕像体型都很巨大，大英博物馆的这一座相对较小。在复活节岛的采石场上，还有座未完成的雕像高达70英尺，天知道他们是怎么把石像竖起来的！它们让我想起中世纪英国等欧洲各地的天主教堂那种需要耗费大量人力、物力和时间，考验技术的精美建筑。这些零散

地分布在复活节岛各处斜坡上的巨型雕像的价值几乎与中世纪教堂等同。它们并不是生活的必需品，所传达的信息也不只是宗教虔诚，还与社会和政治斗争息息相关。

如此说来，这个岛屿人丁兴旺，组织有效，还有精心架构、充满活力的宗教仪式。但到了公元 1600 年左右，雕像制作突然停止了。没有人知道具体原因。不过有一点很明显，所有类似岛屿的生态系统都十分脆弱，而复活节岛上的状况已经恶化到了无法让人类舒适生活的地步。岛上居民逐渐把植被砍伐殆尽，将鸟类捕杀绝迹。而海鸟，尤其是乌燕鸥则迁到了更安全的岩石和岛屿上筑巢。在他们看来，这一切必定是因为神灵收回了眷顾。

当君士坦丁堡人通过回顾古老的宗教事件来应对眼前的危机时，拉帕努伊的居民发明了一种新的宗教尝试，自然转向了一种完全与稀缺资源有关的仪式，后世称为"鸟人崇拜"。这种仪式以一年一度的竞赛为主，参赛者要去邻近的岛屿收集迁居的乌燕鸥本年下的第一枚鸟蛋。能够穿过海洋和峭壁将鸟蛋完整带回来的男人便成为这一年的鸟人，被赋予神圣的能力，必须独自居住，将指甲留长模仿鸟爪，并挂一根仪式用的船桨作为地位的象征。我们现在能讲出这个故事以及岛上宗教仪式的变迁，全靠我们的何瓦·何卡纳奈阿。它没有像其他雕像一样被遗弃，而是参与了鸟人仪式，被搬到一间棚屋中放置，从此进入了生命的新篇章。

这一后期宗教仪式中的所有元素都包含在这座雕像里，刻在它的背部。这些图案应该是在雕像制成数百年后添加的，其风格与石像正面截然不同，为较小的浅浮雕，雕刻者显然试图同时表现迥异的风格。石像两侧的肩胛骨上各有一个鸟人的标志，这两只军舰鸟长着人类的胳膊，爪尖相对，喙碰触着石像的后颈。在石像的后脑上有两支极具风格的船桨，手柄上带有类似石像脸孔的图案。船桨中间站着的鸟一般认为是小乌燕鸥，它的蛋正是仪式的核心所在。这种石像背后的雕刻一向难以辨认。我们知道它曾被刷上鲜艳的颜色，更好辨认也更易于理解，但如今颜色褪去之后，它在我眼里显得繁杂而无力。和自信而充满活力的正面相比，后面简直是混乱而又怯懦的补充。

在石头上记录生态的变迁十分罕见。而这是何瓦·何卡纳奈阿正面与背面雕刻

何瓦·何卡纳奈阿背面刻有"鸟人崇拜"的浅浮雕

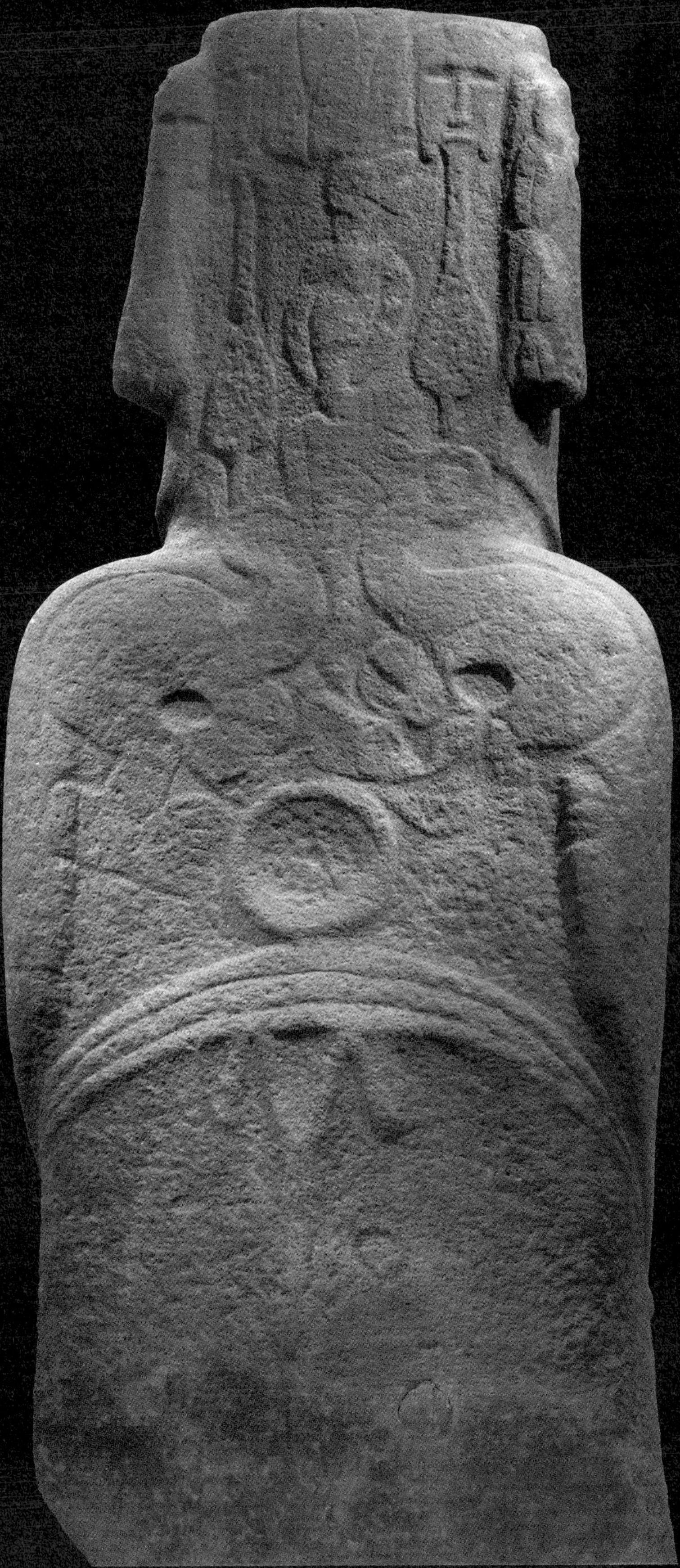

的对话中最令人悲伤的一点。它是一个教训，告诉我们没有任何生活或思维方式能永久持续。它的脸上是我们坚定不移地抱持着的希望，而背后记录的则是面对现实时不得不采取的各种权宜之计，然而这才是生活。它就是凡人。

而凡人通常能够幸存。复活节岛上的居民似乎已经很好地适应了不停变化的生态环境。波利尼西亚人一向长于此道。但19世纪时，他们又迎来了全新的挑战——奴隶、疾病与基督教跨越重洋到来。1868年，英格兰皇家海军巡防舰"托帕兹"号抵达之时，岛上仅剩数百人。已成为基督教徒的首领将何瓦·何卡纳奈阿送给了船上的官员。我们不了解他们为什么愿意将它送走，也许这种古老的先祖雕像对新来的基督教信仰是一种威胁。它被一队岛民送上船，载到英国，作为礼物献给了维多利亚女王，之后被送到大英博物馆收藏。它面朝东南方，正对着14000公里外的拉帕努伊岛的方向。

何瓦·何卡纳奈阿如今被安放在"生与死"主题厅，周围错落放置着表现太平洋地区和美洲其他社会如何应对这一人类永恒困境的文物。它极有力地证明，所有社会都尽力寻找着适应幻变世界的新方式，以保证自己的生存。在公元1400年，欧洲人对这个展厅陈列的任何一种文明都一无所知。而在接下来的讲述中，我们将会看到这些不同的世界如何——不管是自愿还是被迫——被逐渐纳入统一的全球体系，就连拉帕努伊岛这样的偏远之地也不例外。这段历史从各方面来说都并不陌生，但文物所讲述的故事仍能吸引我们，给我们惊喜和启迪。

第十五部分

现代世界的入口

公元 1375 年至公元 1550 年

几千年来，各种物品不远万里穿越陆地与海洋，游走于世界各地。尽管存在这些往来，公元 1500 年前的世界仍基本分为几个小型网络。没有人拥有全球性视野，因为还没有人能够周游世界。这一部分讲述了世界进入现代化之前最后一段时期内的几大帝国，它们的领土当时还没有人能够一一踏遍，其强大势力也仅囿于国境之内。

71

苏莱曼大帝的花押

书法作品，来自土耳其君士坦丁堡（今伊斯坦布尔）

公元1520年至公元1566年

1350年至1550年间，世界上有数片幅员辽阔的强国——南美洲的印加帝国，中国明王朝，中亚的帖木儿帝国，此外还有横跨三大洲的活跃的奥斯曼帝国，其领土东起里海，西迄阿尔及尔，北到布达佩斯，南至麦加。其中两个帝国的统治延续了数百年，而另两个在数代之内便分崩离析。帝国的长治久安靠的不仅仅是刀剑，更是笔墨。换言之，它有着健全而高效的官僚体系，就算不幸遭遇困境或是昏君掌权，也能依靠其安然度过。但矛盾的是，纸老虎反而维持得更长久。本节中将谈到的一个统治耐久的帝国是奥斯曼土耳其帝国，公元1500年前，它占领了君士坦丁堡，稳固的边防与扩张的力量带来的自信让他们的重心逐渐从军事扩张转移到行政管理上。奥斯曼帝国向我们证明，在现代世界，文书就是力量。

这是一张多么了不起的文书啊。它是幅绝美的绘画作品——是国家的徽章，权力的印玺，顶尖的艺术作品。它被称为花押。它是用钴蓝色墨水以粗重的线条描画在厚纸上，并饰以形如金色花朵的明丽图案。画面左边是一大片装饰性的环，呈饱满的椭圆状，中间3道粗重的竖直线，右边是一个弯曲的装饰性尾巴。这精美的图案其实是字母的组合，是从一张公文顶部裁剪下来的，整体的设计拼出了它所代表的那位掌权苏丹的封号：苏莱曼，塞利姆汗之子，无往不利。这一句简单的阿拉伯语以纷繁的笔法被描画成一枚勋章，清晰地表明了奥斯曼帝国的富足。无怪乎这位与亨利八世及神圣罗马帝国的查理五世同时期的无往不利的苏丹，会被欧洲人尊称为苏莱曼大帝。

1520年登基之时，苏莱曼继承的是一个迅速扩张中的帝国，之后，他以所向披靡之势不断稳固和扩大疆土。短短几年，他的军队便粉碎了匈牙利帝国，占领了希腊的罗德岛，掌控了突尼斯，与葡萄牙争夺对红海的控制权，并对意大利虎视眈眈。苏莱曼似乎想重建一个穆斯林治下的罗马帝国——重拾罗马帝国荣光的梦想不但点燃了西欧文艺复兴的火种，也成为驱使卓绝的奥斯曼帝国成就斐然的动力。这两个相互敌对的世界有着同一个难以实现的梦想。一位威尼斯大使向苏莱曼大帝表达欢迎他日后造访威尼斯的意愿时，这位苏丹回答："当然，在我攻下罗马之时。"他一直未能征服罗马，但如今，世人公认他是奥斯曼帝国最伟大的皇帝。

小说家艾莉芙·夏法克从土耳其人的视角如是说：

> 对许多人，特别是土耳其人来说，苏莱曼都是一位让人无法忘怀的苏丹——他的统治长达46年之久。在西方，他被称为苏莱曼大帝，但在土耳其，他被称为"Suleiman Kanuni"，即"立法者苏莱曼"——因为他改变了法律系统。从这个称呼中，我看到了权力、荣耀与尊贵。苏莱曼对征服东西方都极为热衷，因而许多历史学家认为他受到了亚历山大大帝的影响。在这枚花押之中，我也看到了这一表达，看到了一个世界强国。

如果拥有苏莱曼那样疆域辽阔的帝国，你会怎么治理，会如何保证中央权力触及帝国的每一个角落？你需要一个官僚体系。遍布帝国的管理者需要向大家证明他们拥有皇帝授予的权力，而其实现方式便是一枚方便携带并示众的标记。本节的花押即这种标记。它盖在所有重要官方文件的顶部。在当权期间，苏莱曼曾发布过15万份文件。在建立外交关系、组建强大的行政体系以及推行新的法律制度等事务上，他不遗余力。而上述一切都需要相应的政府文书、给外交官员的指示以及法律文件，所有这些都将以花押图案开始。

这枚花押本身提及了苏丹的姓名。底部那一行文字写的是："此乃苏丹高贵的姓名签字，带给世界光明的崇高图案。愿这份旨意能够在永恒的造物主真主的帮助与守护之下，发挥它的力量。苏丹下诏……"我们所藏的这份文件到此便被截断了，

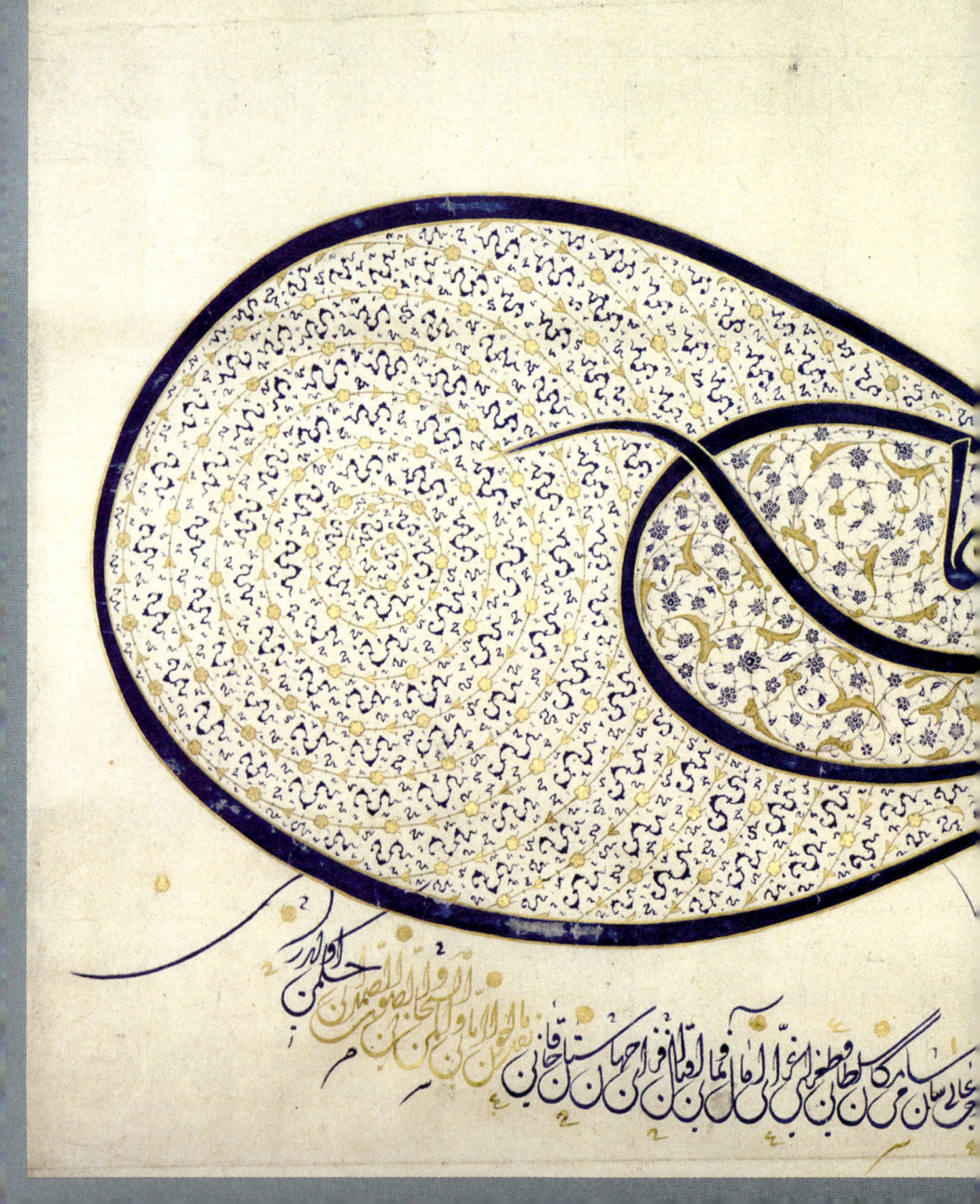

على سلامك كل طفلٍ من اطفال الصوفيان اول الحكمين اول ارر
مالحسن اباي اليمن في ما بين الغيلان فرلن احسن استان قازان

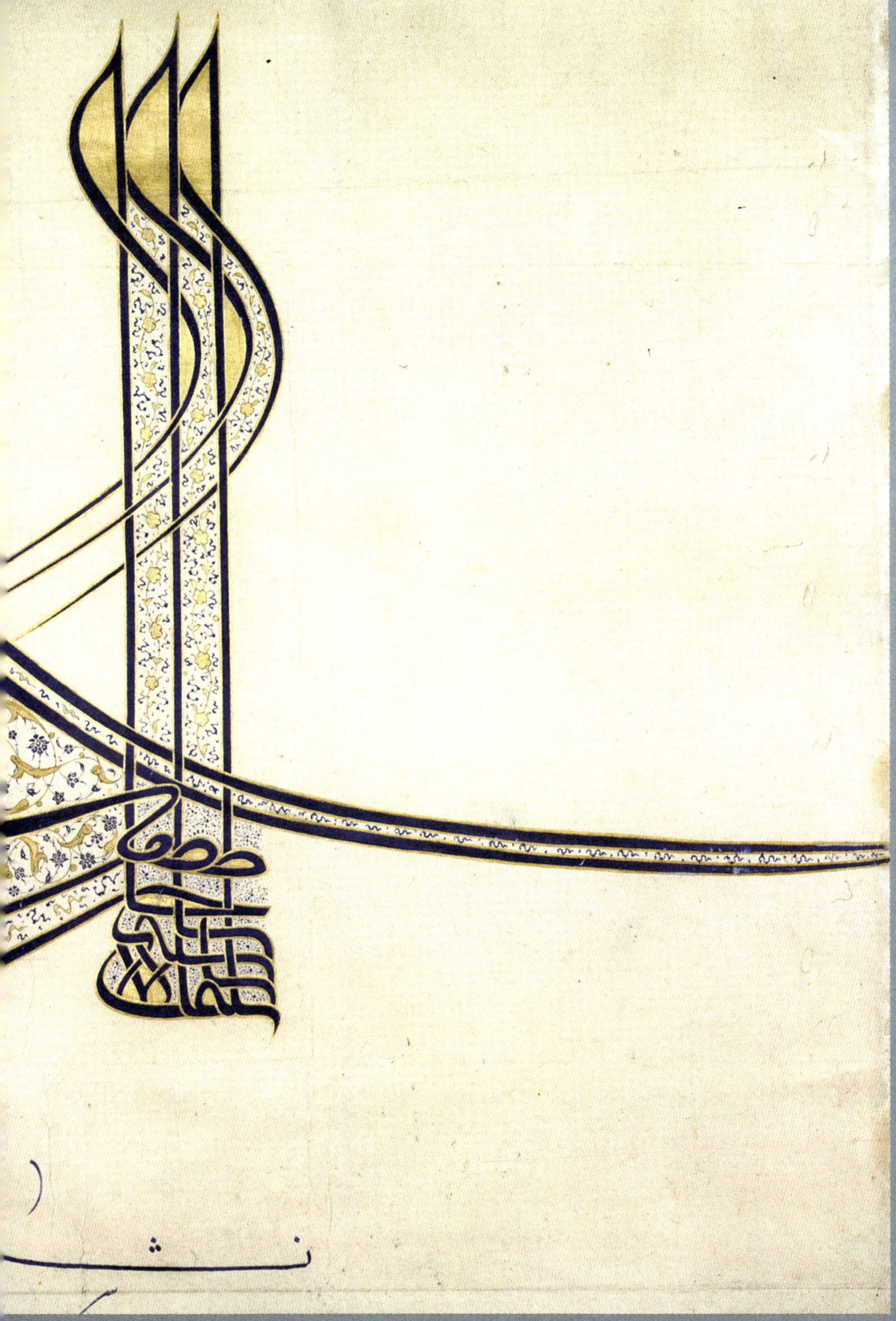

下面应该是一份特别指示、法律条款或命令。有趣的是，画面中有两种文字，花押是用阿拉伯文写就的苏丹的名字，提醒我们，苏莱曼是穆斯林的守护者，有保护整个伊斯兰世界的义务。下面的文字则是土耳其文，说明他的身份是苏丹，是奥斯曼帝国的统治者。阿拉伯文用于表现精神世界，土耳其文则用于描述俗世地位。

土耳其文想必是接受这份公文的官员所使用的语言。花押如此精美复杂，收件人一定也是地位显赫。他可能是省长、将军、外交官或是皇室的一员。文件的目的地则可能位于迅速扩张中的苏莱曼帝国的任何角落。历史学家卡洛林·芬克尔认为：

> 他击败了马穆鲁克帝国，因此埃及和叙利亚的所有阿拉伯人、汉志（位于今沙特阿拉伯西南部）以及几大圣地上的所有人口都成了奥斯曼帝国的臣民。苏莱曼的花押最远可到达波斯边境，波斯是帝国的东方劲敌，萨菲王朝挑战奥斯曼的尝试不曾中断；花押也可远达北非，奥斯曼的远征海军在那里取得了巨大胜利，他们在西地中海压制了西班牙哈布斯堡王朝的势力，向北则可直达今俄罗斯南部。

苏莱曼的奥斯曼帝国控制了地中海的整个东海岸线，势力从突尼斯一直延伸到意大利的的里雅斯特。东罗马帝国终于也在 800 年后以伊斯兰帝国的身份得以重建。正是这个全新的庞大国度迫使西欧人转而寻求其他与东方继续交流与贸易的途径，放弃地中海，转投大西洋。不过，这都留待后文提及。

当日的绝大部分公文都已遗失、损毁或丢弃。像我们的驾驶执照和账单难逃消失的命运一样，我们也无法找到奥斯曼帝国的大部分文件。一份公文得以保留下来，最常见的原因是它与土地相关，后代需要公文来证明土地的归属权。因此这张花押最有可能出现在一份涉及大片土地的公文上，目的是确认或转让土地的所有权。它被保存了相当长的时间，直到后世，可能是 19 世纪，一位收藏者才将花押剪下，作为艺术品单独出售——这样的解释还算顺理成章。

它不啻为一件杰出的艺术品。钴蓝色线条与金叶子雀跃着绕出一个又一个圈，其中点缀有莲花、石榴、郁金香、玫瑰与风信子，繁茂如花圃。这是华丽的伊斯兰装饰，充满了自然形式的欢快，同时避免了对人体的表现。它也是高超的书法作品，展现了技巧的卓绝与书写的喜悦。奥斯曼土耳其继承了古风，也和同时期的伊斯兰世界成员一样，十分重视书法。与神相关的字眼必须书写出神圣之美。被称作"Divan"的书法家是土耳其文书部门的重要官员，奥斯曼帝国被称为"Divani"的官方文件便得名自他们的头衔。他们创造出的这种极尽繁复的美丽笔法给阅读造成的极大困难早已是众所周知，不过他们是有心为之，其用意在于防止公文出现冗余，同时也能防止公文被伪造。书法家既是艺术家，又是官员，也是将这门技术代代相传的手艺人。在伊斯兰世界，政府公文常常极富艺术性。

现代政客惯于得意地宣扬他们扫除官僚主义的意图。以现代人的偏见来看，它拖慢了效率，阻碍了发展进程。但纵观历史，正是官僚系统护送人们挺过艰难时刻，保证了国家的存续。官僚系统并非惰性的证据，这在第 15 节中已得到证明。它的持续如一可以救国家于危难，这一点在中国表现得淋漓尽致。中国是世界上现存的历史最悠久的国家，其官僚体系也颇有历史，这两者并存的现象绝非巧合。下一节的物品便是一张来自中国的纸，它与花押一样是国家的强大工具。它就是纸币。

大明通行寶鈔

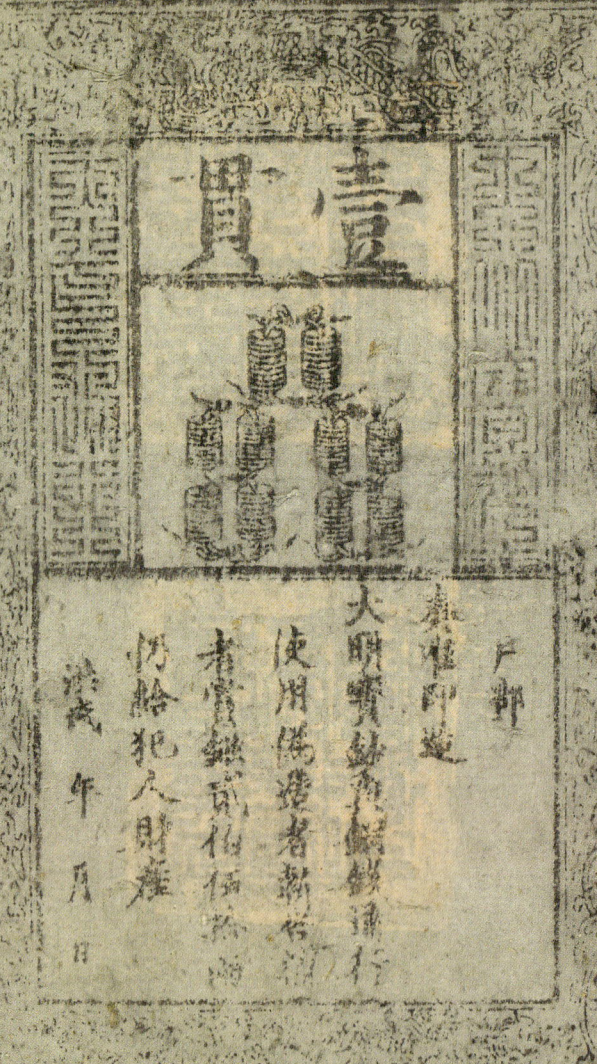

壹貫

戶部

大明寶鈔天下通行
中書省奏准印造
使用偽造者斬告
捕者賞銀貳佰伍拾兩
仍給犯人財產

洪武 年 月 日

72

明代纸币

纸币，来自中国

公元 1375 年至公元 1425 年

"你们相信有精灵吗？快说你们信！信的话就拍拍手吧！"

彼得·潘邀请观众和他一样相信精灵的存在以拯救小仙女，这闻名于世的一幕永远都能得到观众的热烈响应。有一种本领，即说服人相信某些看不见但又让人抱有希望的事物真实存在，古往今来一直以各种形式大行其道。以纸币为例，几百年前，某个中国人在纸上印出了一定金额并请所有人相信这张纸确实具有与它注明的金额同等的价值。或许可以说，纸币就如《彼得·潘》中达令家的孩子，应该"和黄金一样珍贵"，或者就本文的背景而言，是和黄铜一样珍贵——其价值与印于其上的铜钱数目相当。现代的整个货币与信用体系便建立在这种单纯的信任之上。纸币的确是人类历史上一项革命性的发明。

本节中的文物便是早期的纸币之一，中国人称之为"飞钱"——"会飞的钱"——它来自公元 1400 年左右的明朝。关于发明纸币的缘由，英格兰银行行长默文·金说：

> 我认为"金钱是万恶之源"这句谚语在某种程度上应当反过来说。纸币的发明旨在解决与他人之间的不信任。但问题是，你能否相信发行纸币的人？发行纸币的责任自然由国家承担，因此接下来的问题是，我们能否信任国家？这个问题也牵涉到我们能否相信未来的自己。

那个时候，世界上大多数地方还在使用金币、银币和铜币，它们具备固有价值，可以通过重量来判断。而中国人已经发现纸币具有大量金属货币所不能及的优势：它轻巧、便携，尺寸较大，允许记载大量文字与图案，不仅能表明它的价值，还能昭示它背后的政府的权威性以及它所承担的种种职责。在恰当的操作管理之下，纸币能成为高效率政府的强大工具。

这张纸币乍看之下与现代纸币全无共通之处。很明显，它是一张纸，比 A4 纸略大，质地柔软，呈现天鹅绒般的灰色。它其实是用桑穰制作的，这是当时中国纸币的官方制造原料。桑穰的纤维长而柔软，因此在 600 年后的今天，这张纸币仍然保持着柔韧度，可以折叠。

纸币的一面用木版黑墨分条框印满了汉字与装饰图案。最顶端是 6 个醒目的大字"大明通行宝钞"，这行字下方是绕着纸张边缘的一圈龙纹花栏。龙是中国的传统标志，也是中国皇帝的象征。龙纹花栏内有两列文字，右列再次强调这是"大明宝钞"，左列则写着"天下通行"。

这声明真是好大的口气。天下能被掌控多久？将这样的承诺印在每一张纸币上，明王朝似乎认定自己能万古长存并保证此币的价值。对这种大胆的断言，我请默文·金发表一下意见：

> 我认为这是一种隐形的合约，合约双方是民众和他们选择相信的、在接下来的百十年中确保纸币价值的决策。这只是一张纸，本身不具有任何内在价值，它的价值是由其背后的发行机构的稳定性决定的。民众一旦相信这一机构能够延续，认为官府所做的保值承诺值得信任，他们就能够接受并使用纸币，纸币也就成了流通中的普通一环。而当政权在战争或革命中被推翻——这一幕屡屡上演，货币系统也就随之崩溃。

事实上，当蒙元帝国的统治于 1350 年结束之时，在中国的确上演过这样的情况。1368 年，接管中国的新王朝明朝所面临的挑战除了恢复国家秩序之外，还有重建货币系统。明朝的开国皇帝朱元璋本身是位粗鲁无知的军阀，作为当时中国的最高统治者，他雄心勃勃地推行了一项重塑中国社会的计划，试图用孔子的理念来指导臣

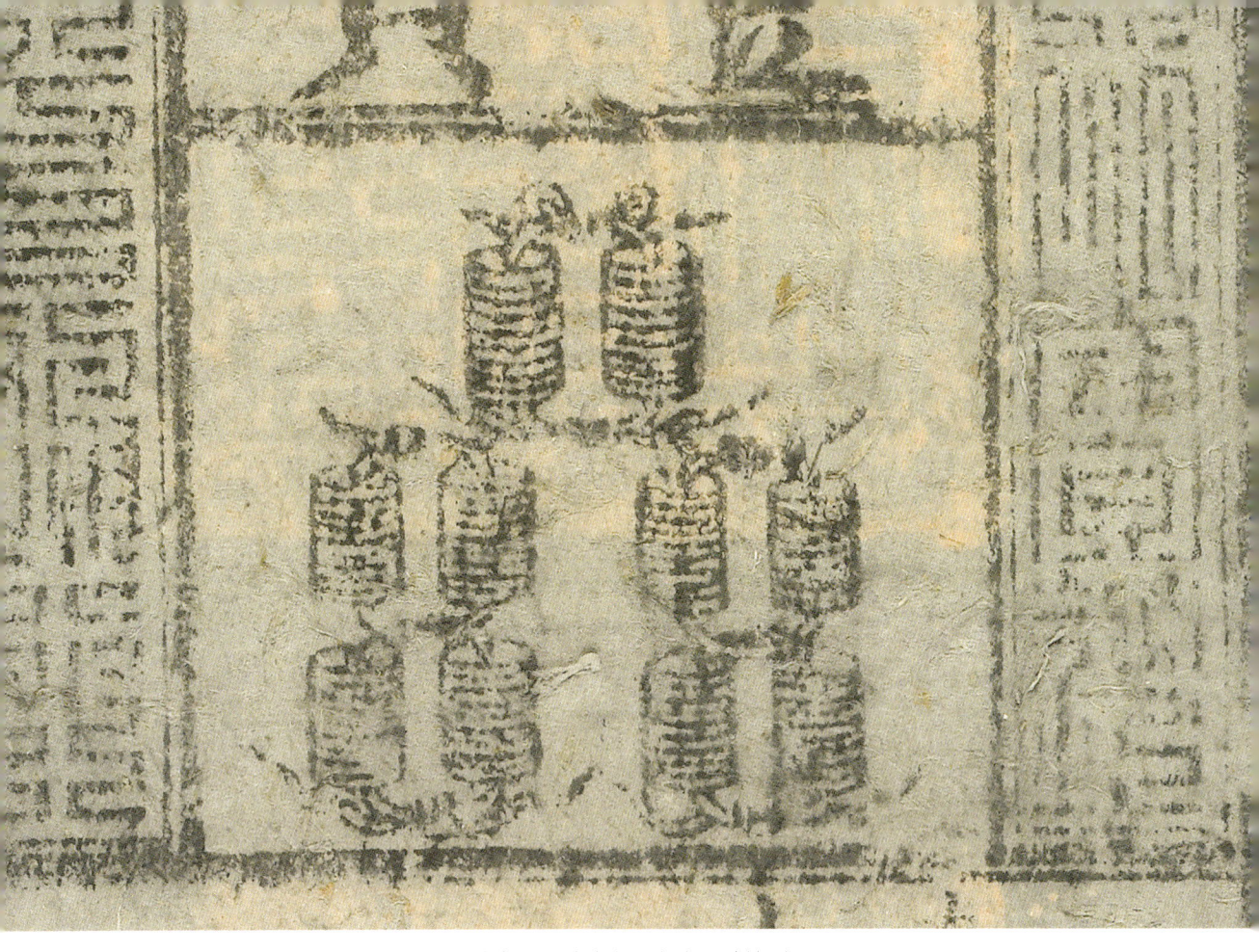

宝钞中间画着连成一串的 10 摞铜钱

民的言行，使社会稳定、民风开化。历史学家卜正民进一步指出：

> 明朝开国皇帝的目标是让儿童掌握基本的读写和运算能力，他认为所有人都应该接受一定的教育。在他看来，识字的好处之一是有利于商业运作——使经济运转更加高效，同时也有助于培养道德观。他希望国民自幼学习孔子思想，学习与孝道和敬老有关的经典。他也希望文化的普及能维护国家的长治久安。想象一下，当时中国社会约有 1/4 的人能够阅读这张纸币上的文字，与同时期的欧洲社会相比，这实在是项了不起的成就。

作为这项宏伟政治计划的一部分，这位新登基的明朝皇帝决定发行新的货币。朱元璋明了，一个稳定灵活的货币体系能促进社会稳定。因此他建立了户部，又在 1374

年成立了宝钞提举司，次年开始发行宝钞。

纸币遇到的第一个挑战便是假钞。所有纸币都会遭遇假钞这一威胁，因为纸张的实际价值与其面值之间的落差实在太悬殊。明朝的纸币上还印有对假币举报者的奖励措施。一方面利诱百姓，一方面又恐吓潜在的造假币者：

> 伪造者斩。告捕者赏银二百五十两，仍给犯人财产。

更大的挑战是保证新币价值稳定。为此，明政府实行的最关键的货币政策是确保纸币能自由转换为铜钱——纸钞与一定数量的铜钱等值。欧洲人将这种铜钱称为现金——它们是一种中央有方孔的圆形铜钱，已在中国使用逾1000年。这张明代纸币让我很欣赏的一点是，它在正中间画出了与此纸币面值等额的铜钱，共10串，每串100枚，计1000文，或按纸币上文字所示，计一贯。若要随身携带，这一数量的铜钱必然不及同等价值的纸币方便实用。这张纸币上画的1000枚铜钱若用绳子串成一串，总长可达150厘米，重达3公斤，携带起来十分笨重，取用也同样麻烦。因而对一些人来说，这种纸币必然让生活便捷多了。时人记载：

> 出钱以收钞，出钞以收钱。此如池中水。虽万世可行。

听起来十分简单。但"万世可行"却曾令大明皇帝苦恼。通常情况下，实践操作都比理论复杂得多。宝钞换铜钱、铜钱换宝钞的想法从未顺利实现过。与别的政府一样，明朝也没能抵抗随意加印纸币的诱惑，导致纸币大幅贬值。明政府发行宝钞15年后，一位官员记录道，一张面值为1000文的宝钞已只能兑换250枚铜钱。到底哪里出了问题？默文·金解释说：

> 明代没有中央银行，且过量发行了纸币。本质上说，纸币是由铜钱支撑的——发行纸币的原则如此。但实际操作中，这一关系失效了。而一旦百姓意识到这一点，对宝钞实际价值的判定便取决于政府是否会发行更多的纸币，让纸币的实际购买力下降。这样的纸币最终会变得一文不值。

但我以为，并非所有纸币都注定会失败。如果你在经济危机发生的四五年前来问我的意见，我多半会说："我认为我们已经找到了管理纸币的办法。"但在经济危机之下，我们也许应该更为小心谨慎，在此大概可以引用另一位中国伟人周恩来对法国大革命的评价："下结论为时尚早。"在纸币问世700年后的今天评价它，也许还是太早了。

1425年，明政府终于放弃努力，中止了纸币的使用。小精灵逃跑了——换句话说，纸币赖以存在的信用基础崩塌了。银锭转而成为明朝货币制度的基础。但无论管控难度多大，纸币所拥有的无数优势仍然驱使世界各地的人无可避免地重新去使用它。任何一个现代政府离开纸币都无法运作。有关印在中国桑皮纸上的早期纸币的记忆，依然活在伦敦市中心的一个小花园里。20世纪20年代，为了向这些纸币先驱致敬，英格兰银行种下了一小片桑树。

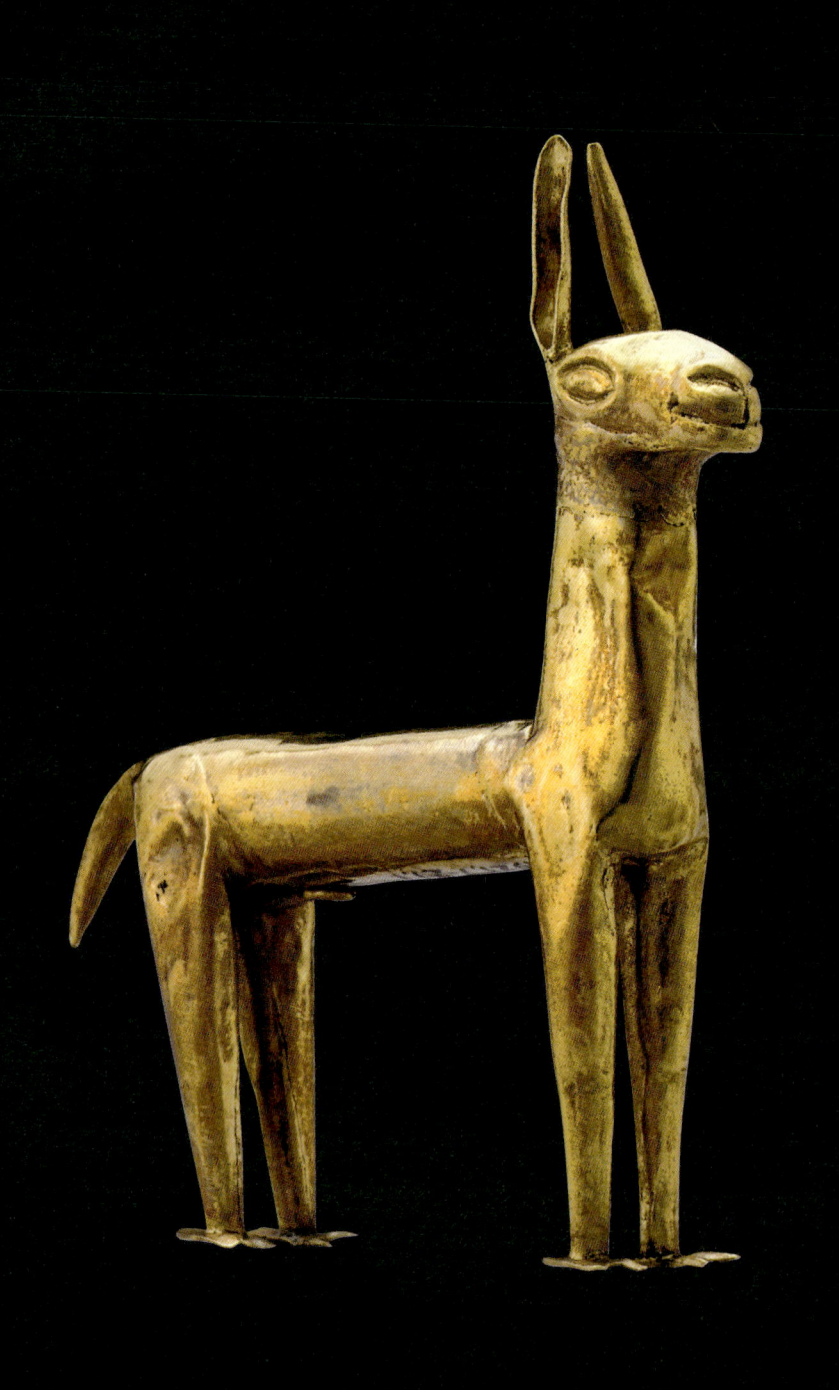

73

印加黄金美洲驼

黄金雕像，来自秘鲁

公元 1400 年至公元 1550 年

在大约 500 年前，印加帝国的疆域之广超过了奥斯曼土耳其帝国，也超过了明代中国，实际上，它可算是世界上面积最大的帝国。在鼎盛时期，即公元 1500 年左右，其领土自安第斯山脉向下绵延 3000 英里，总人口超过 1200 万，国民遍布从今哥伦比亚到智利、从太平洋海岸到亚马孙丛林的各个角落。1520 年前后，西班牙人将踏上这片土地，把原有的一切破坏殆尽；但在那之前，印加帝国一派欣欣向荣。这个国家没有文字，却是一个高效的军事社会，是以秘鲁库斯科为中心的秩序井然、生产发达、生活富足的文明。它的经济由人力与美洲驼的畜力共同推动——它拥有庞大的劳动力人口和成千上万的美洲驼。虽然它是当时幅员最辽阔的帝国，我们选择来陈述它的历史的，却是本部分中体积最小的文物——一个来自山巅世界的小巧的黄金信使。

印加帝国的政治、军事与社会结构都高度发达，但是由于没有文字，要了解他们，我们只能求助于他们的征服者西班牙人的记录。从这些记录以及遗留下来的文物中我们得知，印加帝国的建立是世界史上最伟大的成就之一。在明朝开始统治中国、奥斯曼土耳其帝国征服君士坦丁堡之际，此帝国也日渐庞大。他们起初只占据了秘鲁南部，到 1500 年，领土已扩张了 10 倍。

安第斯地区遍布着崇山峻岭——这是一个垂直的帝国，沿着山坡开垦梯田，翻越山脊修建道路。挖凿的灌溉系统与沟渠改变了河流走向，梯田也因而变得肥沃。

满盈的仓库和四通八达的交通要道呈现了城市细致入微的整体设计与规划。印加帝国能成功地在难以通达之地开辟出道路，关键便在美洲驼。国家强盛得益于某种动物，这并不是什么新鲜事。科学家及作家贾里德·戴蒙德认为：

> 是否有可被驯养的动物，能够驯养什么动物，对人类文化与历史都有深远的影响。在旧大陆欧亚两洲，大型动物如马、牛、山羊、绵羊和猪，为人类提供了肉、蛋白质与奶。其中体型壮硕的还可供运输使用。比如马、骆驼和驴，足够人类骑乘；还有一些牲畜，主要是牛和马，能替人类拉车。马和骆驼还因为可供骑乘而被用于战争，因而欧亚大陆的民族在与其他大陆的民族开战时占据了极大的优势。可以说，家畜不但促进了人类的定居进程，提供了食物，还是征服的有力武器。

贾里德·戴蒙德所陈述的将当地动物成功驯化的几率相当于中彩票。欧洲与亚洲中了大奖，相形之下，澳大利亚则没那么走运。鸸鹋难以驯化，袋鼠更是无望成为战争中的坐骑。美洲人也同样缺乏手气，不过他们至少有美洲驼。美洲驼的速度远逊于马，运载力不及驴，并且脾气暴躁，一旦疲倦便就地休息，不肯再挪动一步。但是它们极适应高海拔地区，耐严寒，自主觅食，还可以提供驼毛、肉和肥料。美洲驼虽然无法骑坐，但一头健康的美洲驼能轻松运载30公斤左右的货物，超过如今乘坐飞机的标准行李重量，因此在运输军队补给方面相当有作为。在沿安第斯山脉向下拓展的进程中，印加人饲养了大量美洲驼，用于运输军用物资。这种强壮耐寒的牲口是维系帝国运作和国民生活的基础，因而制作美洲驼雕像也就顺理成章。

这座小美洲驼金像精巧无比，可以托在手心，高仅5厘米上下。它是用打薄的金箔制成的，中空，因而十分轻。塑像栩栩如生——脖子伸直，耳朵警觉地上竖，眼睛圆睁，嘴角明显挂着笑意。对这种经常带着滑稽的高傲或者嘲弄的神情的动物来说，如此赏心悦目的表情极为罕见。在整个印加帝国境内曾出土过许多类似的小金像或小银像，它们一般作为祭品埋在山顶。

印加地形分为3种：一是平坦的海滨地带；二是贫瘠艰险的山坡地带，正是在这片土地上，人们开垦出了著名的安第斯梯田来种植玉米；三是海拔超过3500米的山巅之上的高山草原。美洲驼则连接着这 3 种迥异的印加世界，并把这个庞大的帝国凝聚在一起。这是个多民族的帝国，使用不同语言，信仰不同神灵，不同群体之间常常剑拔弩张。为了治理迅速扩张中的国家，政府使用了各种手段。一些地方势力被无情消灭，也有个别头目被帝国纳入，赐予私人土地并免除赋税。而后期所征服的领土，如厄瓜多尔北部，则更像属国，并未完全融入印加帝国的体系。这些马赛克状的文化之所以会被印加军事机器焊接成强大帝国，依靠的正是成千上万可做运输工具又可食用的美洲驼。据史料记载，早期某场针对西班牙的反抗战争后，战败的印加人丢弃了 15000 头美洲驼。

这尊小美洲驼的制作原料黄金，是构建印加神话的关键元素，它是伟大的印加太阳神的象征，代表了他的生殖能力。黄金被赋予"太阳的汗水"的称号，白银则是"月亮的泪水"。因此黄金与男性力量，尤其与被奉为太阳之子的印加国王本身的力量相关。此帝国的黄金与白银物品鲜有存世，只有一些细小的残片能一展 1520 年西班牙人初到之时曾提及的炫目奢华。他们描述了用纯金铺就的宫墙，用黄金或白银制成的人兽塑像，居住着闪闪发光的禽类、爬行动物和昆虫的袖珍黄金花园。所有这些都被献给了西班牙人或被他们抢夺一空，然后几乎全部被熔化成锭运回国。

在所有的社会中，播种和收获活动都伴随着祭祀与供奉神灵的仪式。在印加帝国，这种仪式上常会献上活祭，从豚鼠直到贵族的孩子。秘鲁籍的印加文化专家加夫列尔·拉蒙认为，在这样的仪式上，成千上万的美洲驼曾被献祭：

> 印加帝国通行两套历法，其一是官方的皇家历法，其二为治下的不同省份或区域各自的历法。官方历法试图与农时同步，在重要的播种或收获季举办重大的庆典，其中就包括数个有美洲驼参与的仪式。殖民地作家古曼·珀马曾提到一个 10 月份的庆典：祭上白色的美洲驼求雨。

印加文化中最盛大的宗教仪式是太阳祭。一位西班牙编年史学家为我们留下了完整的记录：

接下来是印加祭司，有大量颜色各异、有公有母的美洲驼幼崽参与。和西班牙的马匹一样，秘鲁的美洲驼也有各种颜色。所有美洲驼都属于太阳。首先献上的一匹被用来占卜此次祭典的吉凶。它被牵上来，头朝东方站立，接着被活生生地劈开左腹，掏走心肺等内脏，并且都得从喉咙下方一次性掏出。如果掏出的肺叶仍在翕动，便被视为大吉。在这头小美洲驼被献祭之后，剩下的大群或公或母的幼崽便被带上前进行普通献祭。它们的喉管被切开，毛皮被剥下，血和心脏被留下来献给太阳。一切最后都会被烧成灰烬。

这位西班牙作家还告诉我们，除了宰杀活的美洲驼之外，各省的首脑也会向君主献上黄金或白银制成的美洲驼塑像，作为这一地区繁盛的牲畜财富的象征。本节中的这头美洲驼可能就是象征物之一，但它也可能是另一种有点令人不适的宗教仪式的祭品。被挑选出来的贵族的孩子在经过宗教净化仪式后，作为活祭品被弃于山顶，献给山神。在他们的尸骸旁也曾发现类似的塑像。

印加帝国财富的积聚不仅仰赖大群的美洲驼，也凭借其强迫臣服者为自己劳作的本事。这些被征服者无论如何都不像美洲驼那般温顺。很多被剥夺了财产、遭受压迫的安第斯人视印加人为外来侵略者，对他们深恶痛绝：

> 印加暴徒已来到家门口……我们如果屈服，便会被夺走自由，失去最好的土地和最美的女人，放弃风俗和法律……我们会成为这些暴徒的奴仆。

印加帝国对许多省份的控制都不堪一击。不断发生的暴乱便印证了潜在的危险。这一点在1532年皮萨罗重返美洲征服秘鲁之时，成了印加的致命伤。一些地方贵族立刻抓住机会，与外来者结盟，挣脱了印加的枷锁。

西班牙人除了得到反叛势力的支持外，还配有剑、盔甲和枪，这些都是印加人未曾拥有的，此外最关键的是，他们还有马。印加人从未见识过人骑动物，也没见识过人与动物协调之下形成的速度与机动性。突然之间，印加人的美洲驼显得那么脆弱与迟缓，简直令人绝望。战争迅速结束，区区几百名西班牙士兵屠戮了印加军队，俘虏了国王，扶持了一个傀儡统治者，掠夺并熔化了他们的黄金宝物。我们的这座小美洲驼是为数不多的幸存物之一。

丰富的金矿传说吸引了西班牙人来到秘鲁，但他们找到的却是世界上储量最大的银矿。于是他们立刻开始铸造银币，促进了第一次全球性的货币流通。印加人用美洲驼来衡量帝国的财富；而在后文，我们将看到西班牙人如何用八里尔银币来衡量他们的财富（第 80 节）。

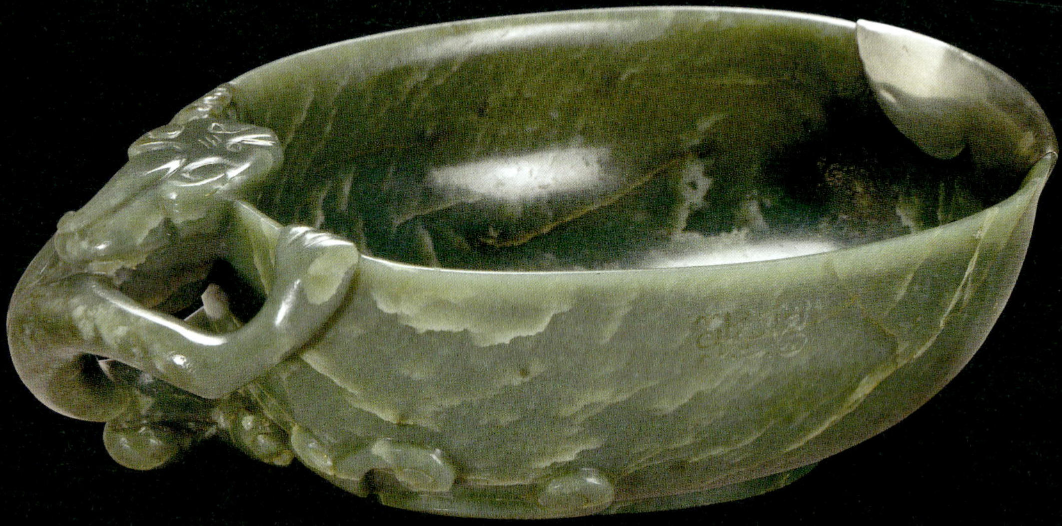

74

翡翠龙杯

翡翠杯，来自中亚

公元 1417 年至公元 1449 年

我们将带你去堂皇的军营，

你会听到西徐亚的帖木儿

用令人惊骇的言语威胁世界，

用征服者之剑让各王国遭殃。

克里斯托弗·马洛的这几句诗让欧洲人对帖木儿大帝的印象永远地定了型，在伊丽莎白时代的英格兰，他的强大仍是一个传奇。回溯几百年，在公元 1400 年前后，帖木儿征服了除中国之外的所有蒙古帝国领土，他所建立的帝国的核心区域如今是几个"斯坦"——乌兹别克斯坦、哈萨克斯坦、土库曼斯坦和塔吉克斯坦。中亚这片广袤的区域一向风云突变，政权不时更迭，一个个帝国兴起、衰落而后消亡——历史总在重演。这一地区不可避免地拥有双重面孔，一张望向东边的中国，一张望向西边的土耳其和伊朗。帖木儿的都城撒马尔罕是连接东西方的伟大的丝绸之路上的要地。这只小小的翡翠杯包含了一段复杂的文化与宗教史，它的原主人是帖木儿的孙子，天文学家乌鲁格·贝格。

月球表面有成百上千个环形火山，它们为观测者增添了趣味与质感，而它们的名字也别有一番趣味：它们组成了一部伟大科学家的名录。不少环形山以哈雷、伽利略和哥白尼等天文学家命名，其中也包括乌鲁格·贝格。15 世纪初，他生活在中亚，曾在位于现代乌兹别克斯坦的撒马尔罕修建了一座雄伟的天文台，编绘了一部囊括千余颗恒星的星表，后者成了亚洲与欧洲的标准参考资料，并于17世纪在牛津被翻译为拉丁文，为他赢得了美誉和冠名那座月球火山的殊荣。他曾短暂地身居世界上最强盛的帝国之一帖木儿王朝的统治者之位，这一帝国在其鼎盛时期曾主宰整个中亚地区以及包括今伊朗、阿富汗和伊拉克、巴基斯坦、印度的部分疆域。帖木儿帝国由令人敬畏的帖木儿在公元1400年左右创立。他的孙子，身兼天文学家的王子乌鲁格·贝格的名字被刻在了图中的翡翠杯上。

乌兹别克斯坦作家哈里德·伊斯玛里洛夫说：

> 这件物品属于乌鲁格·贝格，实在激动人心。我们如今能够看到阿拉伯文的"Ulugh Beg Kuragan"字样，想象乌鲁格·贝格在抬头观星的时候曾使用它，这实在令人惊叹。

乌鲁格·贝格的这只杯子呈椭圆形，约5厘米高，15厘米长，论造型更像一只小碗。它用质地细腻的橄榄绿翡翠制成，天然云状纹理一片片飘在光亮的表面。翡翠杯的美自不待提，但除此之外，中亚人还看中了翡翠的保护作用。他们认为玉石能够保护主人免遭雷击与地震之灾，并可以防毒，这一点对杯子来说尤为重要。据说，如果被投毒，玉杯便会裂开。因此杯子的主人可以畅饮无虞。

这只杯子的把手是一条漂亮的中国龙。它的后爪紧贴着碗底，嘴和带蹼的前爪则抓住杯子的上沿。它从杯沿上向内张望，弓起的身体与杯体之间形成一定空隙，方便抓握。这真是一种亲密的感官体验。

把手也许是中国式的，但杯上的铭文"Ulugh Beg Kuragan"则是阿拉伯文。"Kuragan"意为驸马，原是帖木儿本人的封号，后来传给了乌鲁格·贝格。他们都与成吉思汗的后代联姻，以女婿的身份成为成吉思汗打下的广袤蒙古帝国的继承人。

因此，这个杯子很可能是在撒马尔罕制造的，它的把手显示出与东方的中国的关系，铭文则表现了与西方伊斯兰世界的往来。阿拉伯文字提醒着我们，帖木儿建立的王朝是活跃的伊斯兰国家。位于布哈拉、撒马尔罕、塔什干和赫拉特的众多雄伟的清真寺就是在那时基于一张宏图而兴建的。那是中亚版的文艺复兴。

从大约 1410 年起，乌鲁格·贝格开始接替其父治理撒马尔罕。他在当地修建了天文台，修订并完善了古希腊天文学家托勒密所拟的星表。和中世纪的希伯来星盘（第 62 节）一样，这也是古希腊学者与阿拉伯学者研究成果的结晶。但这位中亚的文艺复兴王子与他的祖父，戎马一生的开国皇帝帖木儿并不相像。历史学家碧翠丝·福贝斯·曼兹总结道：

> 他缺乏指挥才能，在某些方面算不上一位杰出的统治者。但他是位优秀的文化扶持者，对天文学和数学的慷慨赞助尤为人所知。这些才是他真正的热情所在，我觉得他对这些事物比对国家或军务上心得多。他也喜欢玉石，因而在他的所有物中发现类似的玉杯不足为奇。他过着奢华的宫廷生活，遵循的道德约束较他父亲为松。乌鲁格·贝格十分虔诚，对整部《古兰经》烂熟于胸，但也有统治者常见的通病，即在某些方面较为放纵，比如宴饮频繁。

1415 年，中国明朝的一位使节到访撒马尔罕，看到帖木儿王朝都府无拘无束的生活方式大为惊异：这里还保留着自在随意的半游牧社会的氛围。城区规划十分古怪，传统帐篷，即源自草原的大蒙古包，与现代建筑一并存在。在这位优越感极强的中国访客眼里，撒马尔罕还是一片未开化之地：

> 凡相见之际，略无礼仪。下之见上，则近前一相握手而已。妇女出外皆乘马骡，道路遇人，谈笑戏谑，略无愧色。且恣出淫乱之辞以通问，男子薄恶尤甚。

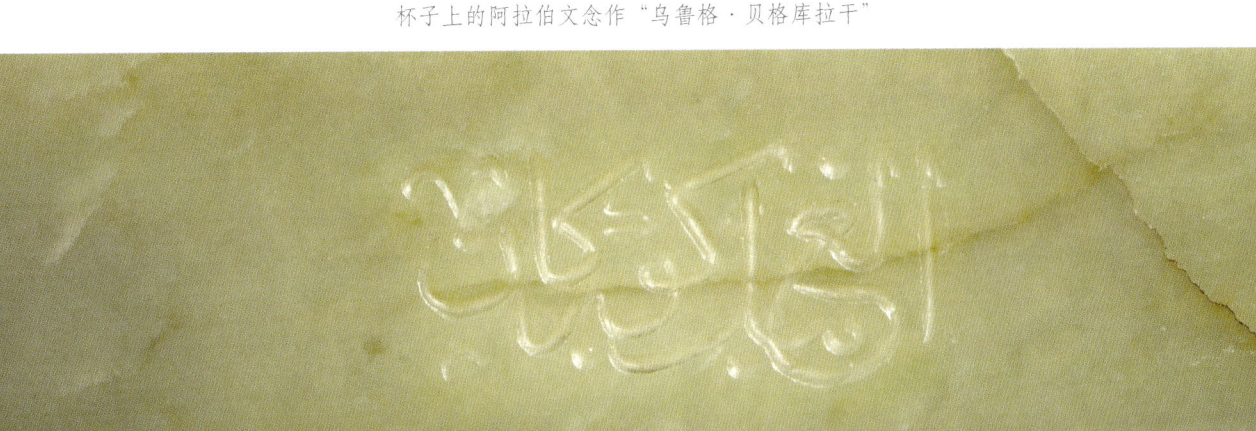

杯子上的阿拉伯文念作"乌鲁格·贝格库拉干"

仅靠个人忠诚维系的帖木儿帝国在历史上昙花一现似乎也在情理之中。作为统治者的民族习惯了草原生活，觉得官府缺少自由。他们未曾建立一个有序的中央政权，也没有成功运作的官僚体系。每一任统治者的去世都造成了混乱。乌鲁格·贝格的父亲试图重振帖木儿帝国，但当他于1447年去世之后，继承王位的乌鲁格·贝格仅仅维持了两年的统治。他一度想借帖木儿的威名来稳固自己的大权，于是在他祖父的墓上盖了一块用稀有黑玉制成的纪念碑，其上用阿拉伯文宣告世人："在我苏醒之际，世界将为之战栗。"他一定万分渴望看到一个他自知永远无法企及的强权的回归。大地不会因乌鲁格·贝格而战栗。哈里德·伊斯玛里洛夫在这个翡翠杯里看到了诗意的隐喻况味：

> 玉杯在此地区被视为个人命运的象征。当我们说"杯子已满"时，意味着命数已定。乌鲁格·贝格的侄子、伟大的诗人巴布尔在一首诗中写道：哀兵不可尽数，唯有斟上烈酒，以杯为盾。这就是酒杯的象征意义——它是盾，是抵挡哀兵的抽象盾牌。

但这一次，盾牌没有发挥效力。直至生命结束，哀兵一直在乌鲁格·贝格左右。他维持两年的统治不仅短暂，而且凄惨。名副其实的大军攻入了撒马尔罕，他于1449年溃败，被其长子俘虏，交给一名奴隶斩首。但他并未从此被遗忘。他的侄孙巴布尔建立了莫卧儿王朝，将他的遗骸埋葬在黑玉纪念碑之下，与伟大的帖木儿大帝相伴。

帖木儿帝国的统治至此结束。中亚再一次分崩离析，成为各方势力纷争的战场，其中还包括来自西方的新兴强国奥斯曼帝国。我们的玉杯也记录了后续发展。在某一时期，也许在乌鲁格·贝格去世后很久，这个珍贵的玉杯可能被摔过，导致一端严重裂损。不过这道裂缝后来用白银修补了，白银上还有一句雕刻于17或18世纪的铭文，当时距乌鲁格·贝格被杀已有300多年。铭文为奥斯曼土耳其文，因此玉杯在当时应已辗转来到了伊斯坦布尔。上面写着"神的仁慈无远弗届"。

不幸的乌鲁格·贝格可能不会赞同这句话。玉杯被刻上土耳其文之时，俄罗斯帝国已扩张到原属帖木儿帝国的地区。到19世纪，整个地区都将并入俄罗斯帝国

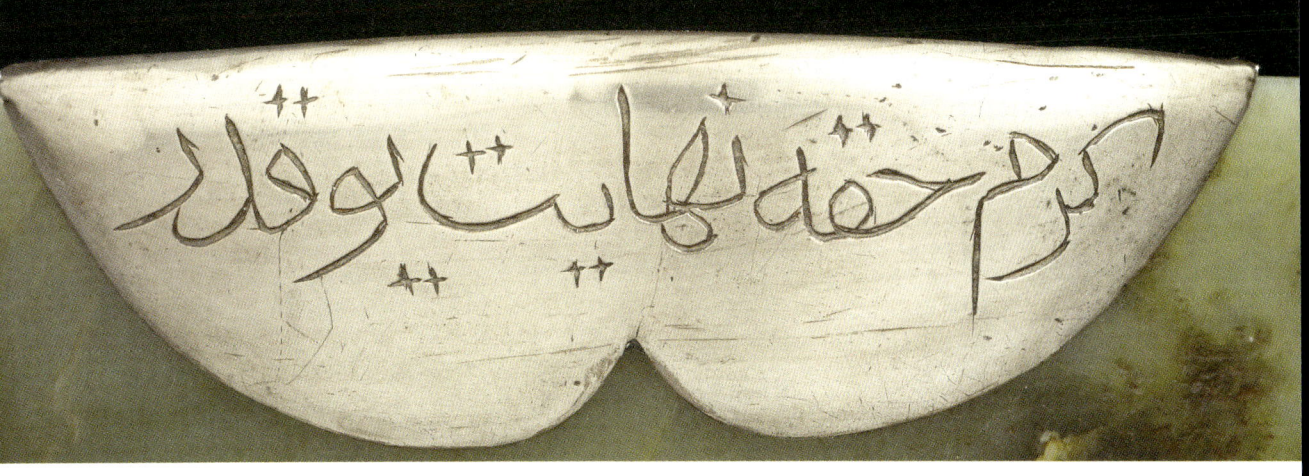

后期的修补处雕刻了土耳其文"神的仁慈无远弗届"

旗下,撒马尔罕被纳入另一个中亚帝国的版图——先是沙俄,其后是苏联。直至1989年苏联解体,帖木儿人再度经历习以为常的剧变。

乌兹别克斯坦是后苏联时期崛起的新生国家之一。它在努力寻求自己的身份定义之时,希望在历史中找到与俄罗斯、中国、伊朗或土耳其都无关的元素。现代乌兹别克斯坦的纸币便向世界宣称,他们是帖木儿帝国的后裔:纸币上绘有黑玉纪念碑陵墓的图案,即乌鲁格·贝格和帖木儿大帝的长眠之地。

毫无疑问,乌鲁格·贝格作为天文学家所取得的成就比作为一个摇摇欲坠的帝国统治者所立下的功业要大得多。有一个安排也许恰到好处:以他名字命名的月球火山位于风暴洋附近。在面对风暴之时,他的玉杯能提供的只有安慰,而不是任何保护。

75

丢勒的《犀牛》

木版画，来自德国纽伦堡

公元 1515 年

南大西洋中部小小的圣赫勒拿岛最让人津津乐道的故事，恐怕当数它作为天然的监狱，囚禁了在1815年的滑铁卢战役中失利而被流放的拿破仑·波拿巴。不过还有一个震惊欧洲的奇迹也曾在这座小岛上驻留——当然，和那位法国皇帝相比，它的破坏性可小多了，而且对于1515年的欧洲而言，也确实算是奇迹。它是一头印度犀牛，同样也被囚禁了起来，不过是在一艘从印度远航至里斯本、在此地做短暂停留的葡萄牙货船里。这趟旅程可算是航海史上的一次伟大胜利。当时欧洲正处于迅速扩张的边缘，很快就将在世界各地探索、测量、征服，这些都有赖于船舶建造与航海技术日新月异的发展。此外，人们也热衷于将迅猛发展的科技记录下来并加以传播，而这要依靠另一项技术——印刷术。这两种不同的发展在本节的文物上均得以体现，它是文艺复兴时期最著名的画作之一，所描绘的这头印度犀牛至少在一个方面比拿破仑幸运：它的肖像是由阿尔布雷特·丢勒绘制的。

在前几节里，我讲述的文物来自四大内陆帝国，500年前，它们都掌控着大面积的内陆土地。而本节中的文物关涉到刚刚崛起的海洋帝国葡萄牙。数个世纪以来，印度洋地区与欧洲一直进行着稳定的香料贸易，但在15世纪晚期，奥斯曼土耳其帝国占领了东地中海，切断了传统的贸易路线（第71节）。为了继续享用亚洲商品，西班牙与葡萄牙不得不另辟蹊径。两国都冒险向大西洋进发，在当时，这片海域对长途航行来说风险极高。在寻找印度的过程中，西班牙向西行进，发现了美洲；

而葡萄牙则向南航行，沿着非洲似乎无穷无尽的海岸线转过好望角，终于进入印度洋，到达了富饶的东方。在亚洲和非洲，他们修建了数个休息站，包括港口和贸易点，然后沿着这条路线运输香料等舶来品，其中便包括本节中的犀牛。

丢勒的《犀牛》为木刻版画，绘有一头巨型野兽，头顶的字母"RHINOCERVS"（犀牛）表明了它的身份，其上有表示年份的"1515"，以及画家的姓名缩写"AD"。犀牛侧身而立，头部偏向右方。丢勒很巧妙地给图画加了边框，将犀牛的身体圈进一个仅能勉强容身的密闭空间，给人一种受束缚的观感。他还故意舍弃了一部分犀牛尾巴，并让它的角紧紧地抵住右边框。画面给我们的感觉是，犀牛在试着逃跑，一定会惹出大麻烦。

在围住犀牛的边框之上用德语写道：

> （1515年5月）得自印度的活动物——犀牛——运抵里斯本，献给英明神武的葡萄牙国王曼努埃尔一世。它的模样如下所示。其颜色类似斑点乌龟，遍体覆盖着厚鳞片，个头类似大象，但腿更短，刀枪不入。……有人说它行动迅捷，活泼而狡猾。

犀牛来到欧洲的故事告诉我们，葡萄牙不仅想跟印度进行贸易往来，还想在当地建立永久基地——这是欧洲人侵占亚洲土地的开端。这一目标的得逞在很大程度上要归功于阿方索·德阿尔布克尔克，葡萄牙帝国驻印度第一任总督、印度殖民地的有力开拓者，也是为我们带回犀牛的人。1514年，阿尔布克尔克去与古吉拉特苏丹商谈一座岛屿的使用问题，随行使节带去了奢华的礼物。苏丹也有回礼相赠，犀牛便是其中之一。这件活生生的礼物似乎让阿尔布克尔克有些不知所措，他因此借葡萄牙一个小型舰队路过之机将犀牛送回里斯本，作为给国王的贡品。一头犀牛的重量在1.5吨到2吨之间，在16世纪，用船运送这样一头庞然大物无疑是个巨大的挑战。

一首意大利小诗赞颂了这次震惊整个欧洲的航行：

> 我是那头被运抵此地的犀牛，来自幽暗的印度，

Nach Christus gepurt.1513. Jar.Adi.j.May. Hat man dem großmechtigen Kunig vo
Rhinocerus.Das ist hye mit aller seiner gestalt Abcondertfet.Es hat ein farb wie ein gesprec
Aber nydertrechtiger von paynen/vnd fast werhafftig. Es hat ein scharff starck Horn vo
fantz todt seyndt. Der Helffandt furcht es fast vbel/dann wo es In ankumbt/so laufft In
vn erwürgt In/des mag er sich nit erwern. Dann das Thier ist also gewapent/das In de

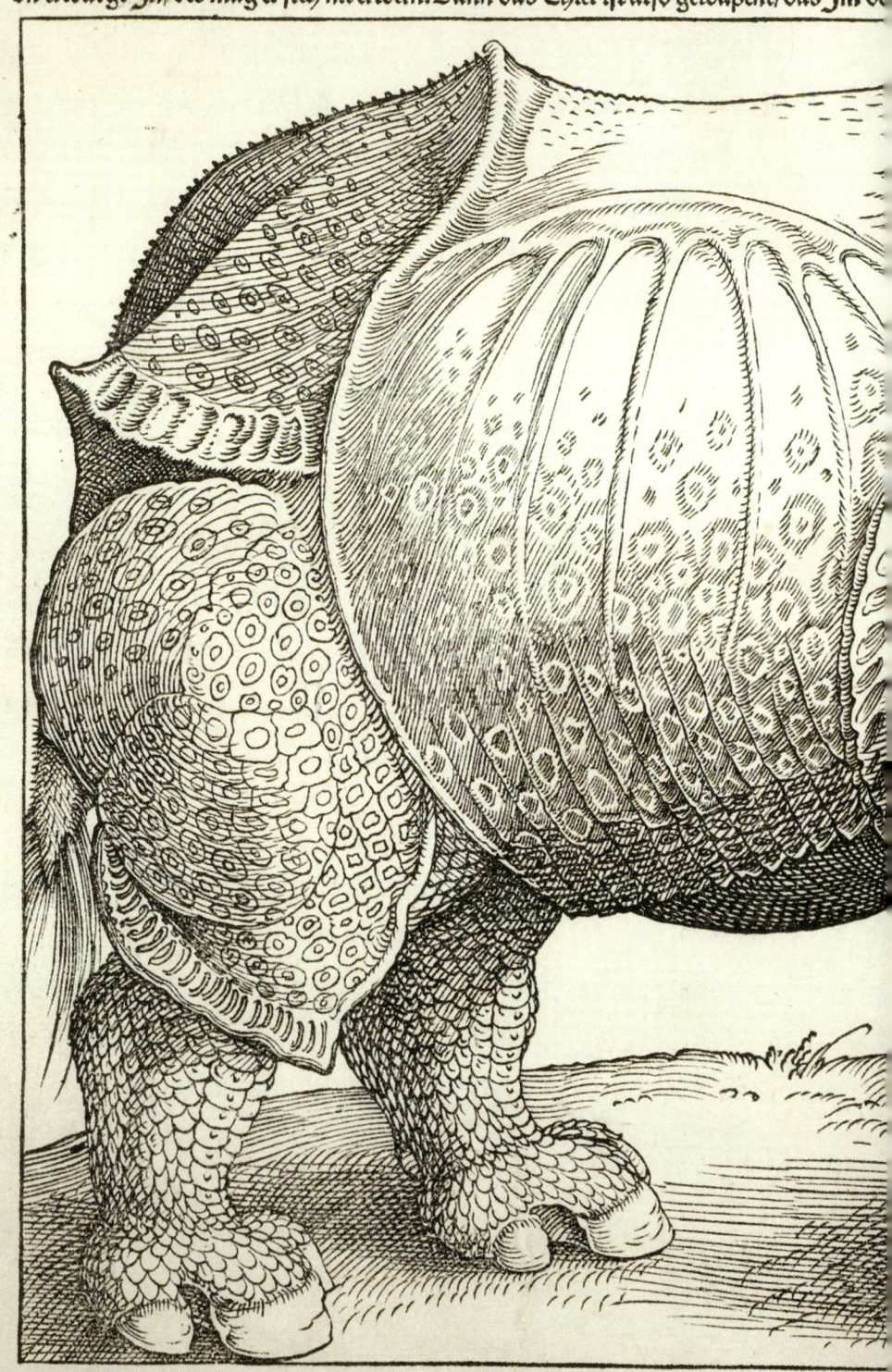

ll Em anwell gen Lysabona pracht auß India/ein sollich lebendig Thier. Das nennen sie
ldtkrot. Vnd ist võ dicken Schalen vberlegt fast fest. Vnd ist in der gröſſ als der Helfandt
nasen/ Das begyndt es alberg zu wetzen wo es bey staynen ist. Das dosig Thier ist des Helfs
mit d em kopff zwischen dye fordern payn/vnd reyst den Helffandt vnden am pauch auff
t nichts kan thůn. Sie sagen auch das der Rhynocerus Schnell/ Fraydig vnd Listig sey.

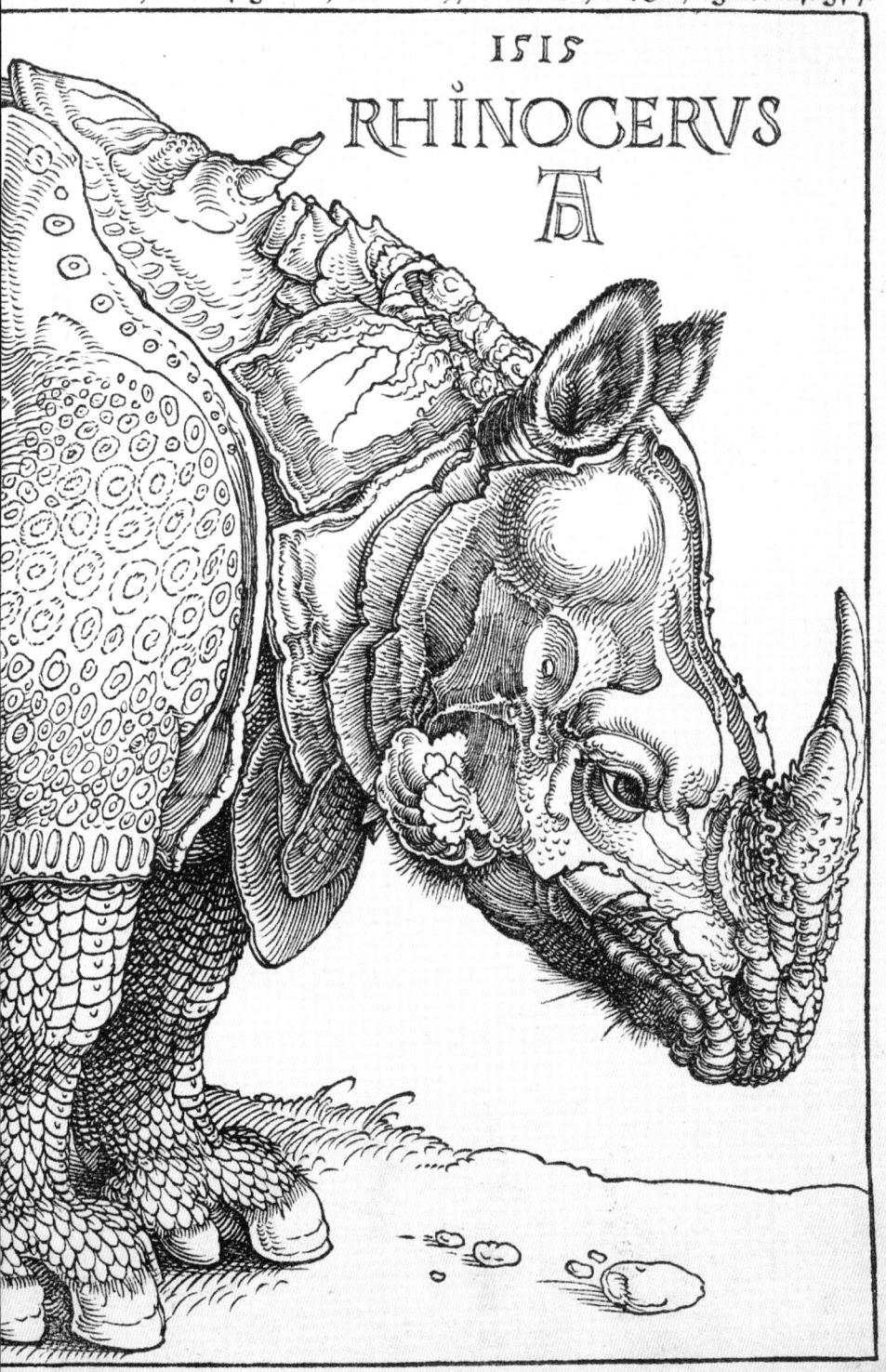

1515
RHINOCERVS
AD

来自光的入口与昼的门户。
我登上驶向西方的舰队，踏上勇敢无畏的航行，
勇闯新天地，看看新世界。

1515年1月初，犀牛踏上了旅途。陪伴它的除了它的印度饲养员奥森，还有大量的大米，这种食物对犀牛来说可能有点古怪，不过体积比它日常的草料小得多。我们不知道犀牛对这一食物作何想法，不过至少它活了下来。经历了120天的海上旅途和仅仅3次短暂停留——莫桑比克、圣赫勒拿岛和亚速尔群岛，它在5月20日抵达了里斯本，引得大批民众前来观赏，啧啧称奇。

犀牛抵达的那个时期，欧洲人既着迷于海外充满可能的未来，又积极谋求恢复内部深远的传统。在意大利，人们正以极大的热情发掘古罗马的建筑与雕像，这些考古工作逐渐揭开了过往世界的真相。来自东方的异域生物犀牛的现身，对受过教育的欧洲人来说，是另一件古董重见天日。罗马作家普林尼曾描述过一种类似的生物，它们一度是古罗马圆形剧场中的明星，但在其后逾千年的时间内在欧洲销声匿迹。古物的再现十分振奋人心，可被看作一种活生生的动物学的文艺复兴，且伴随着充满异域风情的东方财富的诱惑，无怪乎丢勒会做出如此强烈的反应。历史学家菲利佩·费尔南德兹·阿梅斯托认为：

> 犀牛的重要性在于它让大家见证了古文献的具象表现——普林尼在《自然史》中用不长的篇幅提到了犀牛。因此，连最显赫的人物见过它之后都说："你知道吗，普林尼说的是真的！这种动物确实存在。它就是古文献可靠性的有力证据……"这也是丢勒绘制它的理由，是关于它的版画在欧洲各地热销的原因。

葡萄牙国王决定把这头犀牛作为礼物送给教皇，他需要对方支持自己确立对东方国家的支配权，而他深知教皇和整个罗马都将为犀牛着迷。但是这头可怜的犀牛没能踏上意大利的土地。运载它的轮船在离开拉斯帕恰港口后遭遇了风暴，船上人员全部遇难，作为游泳好手的犀牛由于被铁链拴在甲板上，也没能逃过一死。

但这头犀牛的故事却一直流传着。在这头异域生物活着之时，关于它的诗歌、

故事和素描便已传遍欧洲。有一张素描传到了纽伦堡的丢勒手里。我们不知道那幅素描原作如何，但没有亲眼见过犀牛的丢勒参照它完成的作品明显带有很多艺术家自己的想象成分。乍看上去，它很像印度犀牛的模样，粗壮结实的大腿，如披着盔甲般的身躯，长鬃毛的尾巴，以及头上标志性的独角。但细看之下有些地方不对，事实上，如果跟真实的犀牛比较，谬误之处有很多。它的腿上也有鳞，脚趾过于巨大而且外翻，皮肤上有褶皱，僵硬的线条从腿部往上延伸，看起来更像是一层盔甲，而不是皮肤。它的脖子上还有一个多余的小角，没人知道它是怎么回事。这头奇怪的长着胡须的生物浑身布满了鳞片与旋涡状图案，令人立刻联想到军用品或者装饰品。

尽管和真实的犀牛相去甚远，但由于真实的那头已经淹死，丢勒的这幅画像便成了数百万欧洲居民心中的犀牛形象。得益于木版印刷技术，丢勒能够大量印制此画像，满足了无数民众对这种生物的好奇心。

丢勒所生活的纽伦堡是座巨大的商业中心，也是首批印刷店铺与印刷商的根据地。1515 年，丢勒本人已作为版画制作人小有名气，因此各方面条件都适合他将自己绘制的犀牛变成能赚钱的印刷品。他一生中卖出了 4000 到 5000 张犀牛画像，此后以其他形式出版的销量更是以百万计。这一形象已深入人心，就算后来出现了描画更为准确的版本，丢勒的犀牛画像在有关自然史的作品中的地位仍不可动摇。17 世纪，它的复制品无处不在，从比萨教堂的大门到南美哥伦比亚某座教堂的壁画都有它的身影。如今，它也出现在马克杯、T 恤和冰箱贴上。

在创作这幅《犀牛》5 年之后，丢勒遇到了另一种充满异国情调的物品。1520 年在布鲁塞尔，他见到了由阿兹特克马赛克拼贴出的各种面具及动物造型，它们与犀牛一样新奇而令人激动。"各种奇妙的物品，"他写道，"用途各异，在我眼里比奇迹更美丽。"欧洲人将要面对的各个新世界，会从根本上改变他们看待自我的方式。

第十六部分

第一次经济全球化

公元 1450 年至公元 1650 年

在这一时期,欧洲人第一次冒险远离了自己的大陆。其中成就最大的莫过于沿非洲西海岸进入印度洋,以及横跨大西洋之举。航海技术的突飞猛进为航海帝国的崛起提供了可能性,同时也带来了第一次经济全球化。从欧洲到美洲,到中国和日本,西班牙八里尔银币成了这次浪潮中通用的货币。也正是在这期间,荷兰东印度公司成为世界上第一家跨国公司,将商品从远东运送到欧洲市场。在探险家与商人的带动下,几种不同的文化首次得以相互接触,结果各异:西班牙探险家来到墨西哥,导致了阿兹特克帝国的灭亡;相反,葡萄牙和贝宁王国互惠互利,葡萄牙水手提供给贝宁人渴求的黄铜,换取了象牙和棕榈油。

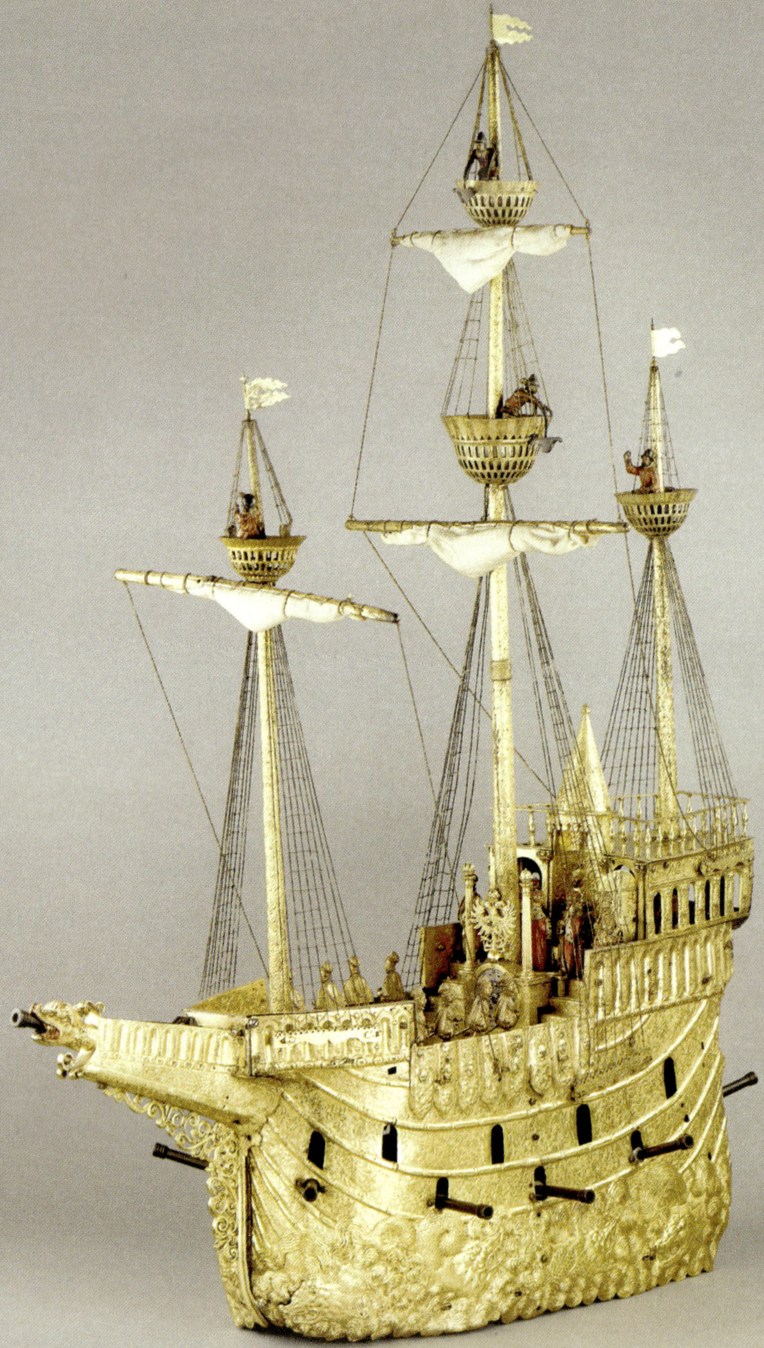

76

机械帆船

机械帆船,来自德国奥格斯堡

公元 1585 年

这艘华丽的船已备齐帆和桅,等待起航。船尾上端坐着日耳曼民族神圣罗马帝国的皇帝,正接受大臣们的依次致敬。深置于船舱中的管风琴演奏着音乐。之后大炮开火,发出爆炸声响,烟雾升腾中帝国的帆船威武地前进了。

但这一切都是缩微版本。这是一件用抛光的铜和铁精心打造的模型,高约40厘米。设计者的目的并非让它下海航行,而是在奢华的桌面上缓慢行进。它是一件装饰品,附带八音盒和时钟功能——由这种16世纪欧洲最常见的肩负着战争与贸易重任的带桅帆船集于一身。内部的精巧装置原本可以让它发出声音,放出烟雾并缓缓移动。如今它已沉默无声,静静地停泊在大英博物馆里,但其外观依然华丽动人。这艘船是文艺复兴时期欧洲人打造的最华美的机械玩具之一,它不仅是对欧洲造船业的概括,也是1450年至1650年欧洲的缩影。在这两百年间,欧洲对世界的认识以及自身在世界上的地位发生了翻天覆地的变化。承载欧洲扩张的动力装置便是大型帆船,一种为远洋航行特别设计的新型船只,尤其能很好地适应大西洋的风。正是搭乘这样的船只,欧洲探险家穿越外海去往各大陆,与其他社会进行了接触,很多都是史上第一次。

这艘模型船从未经历狂风巨浪,充其量只跨越过欧洲贵族的豪华餐桌。但它的造型结构与欧洲那些远洋巨轮并无二致,也与亨利八世的"玛丽罗斯"号战舰同款,最值得一提的是,它也是1588年西班牙派出的对抗英国无敌舰队的船型。这种通常有三桅的圆身战舰能装载军队和枪支，是16世纪所有国家海军力量的关键组成。不过荒唐的是，它们也是流行的餐桌装饰，被提及时总使用法语称呼——"nef"（船型桌饰）。

海洋考古学家克里斯托弗·多布斯是朴次茅斯造船所"玛丽罗斯"号的负责人。他把"玛丽罗斯"号与这艘镀金船形桌饰作了对比：

> "玛丽罗斯"号与这艘船不尽相同，年代也更久远一些。"玛丽罗斯"号本身是海军军备的重要部分，它是最早在吃水线附近专门布置带盖炮口的船只之一。这些船只都是当时国家军事实力的象征，类似现代的宇宙飞船，因而举足轻重。所以我认为，这也是人们骄傲地在豪华餐桌上摆放船形装饰的原因，它不仅是一个设计精巧的机械摆件，也体现了战舰的荣耀，甚或代表了当时社会最先进的技术。

巨轮是当时欧洲最庞大而复杂的机械。这一缩微版的机械帆船也不愧为令人惊叹的杰作，是机械生产和金饰业的高超技术与艺术水准的集大成者。不过略有矛盾的是，它来自一个距海洋数百英里远的社会，其制造者、当地工匠汉斯·斯洛特海姆很可能从未见过一艘真正的远洋船。制造时间是在16世纪末期，地点是神圣罗马帝国治下的自由市、位于德国南部的富裕的奥格斯堡。当时的罗马帝国东起波兰，西至比利时一带的海峡口岸，奥格斯堡也在其中，和其他帝国辖地一起宣誓效忠于鲁道夫二世。

我们所看到的端坐于船尾的人物形象正是鲁道夫。在帝王面前站有7个选帝侯，他们是德语世界中各个教会与城邦之主。他们选举新的君王，此间收受贿赂，大发横财。这艘船很可能是为选帝侯之一、萨克森的奥古斯都一世制作的。

奥古斯都的财物清单中，有一件财物的描述与大英博物馆的这艘帆船几乎完全吻合，因此我们相信，它所记录的正是这件船形桌饰。

> 一艘镀金帆船，工艺精湛，附有每一刻钟及整点报时的钟表，每24小时上一次发条。在3根桅杆之上的瞭望台中站着一个会旋转的水手，用锤子敲钟报时。

神圣罗马帝国皇帝高坐于船尾，身边立着7位选帝侯

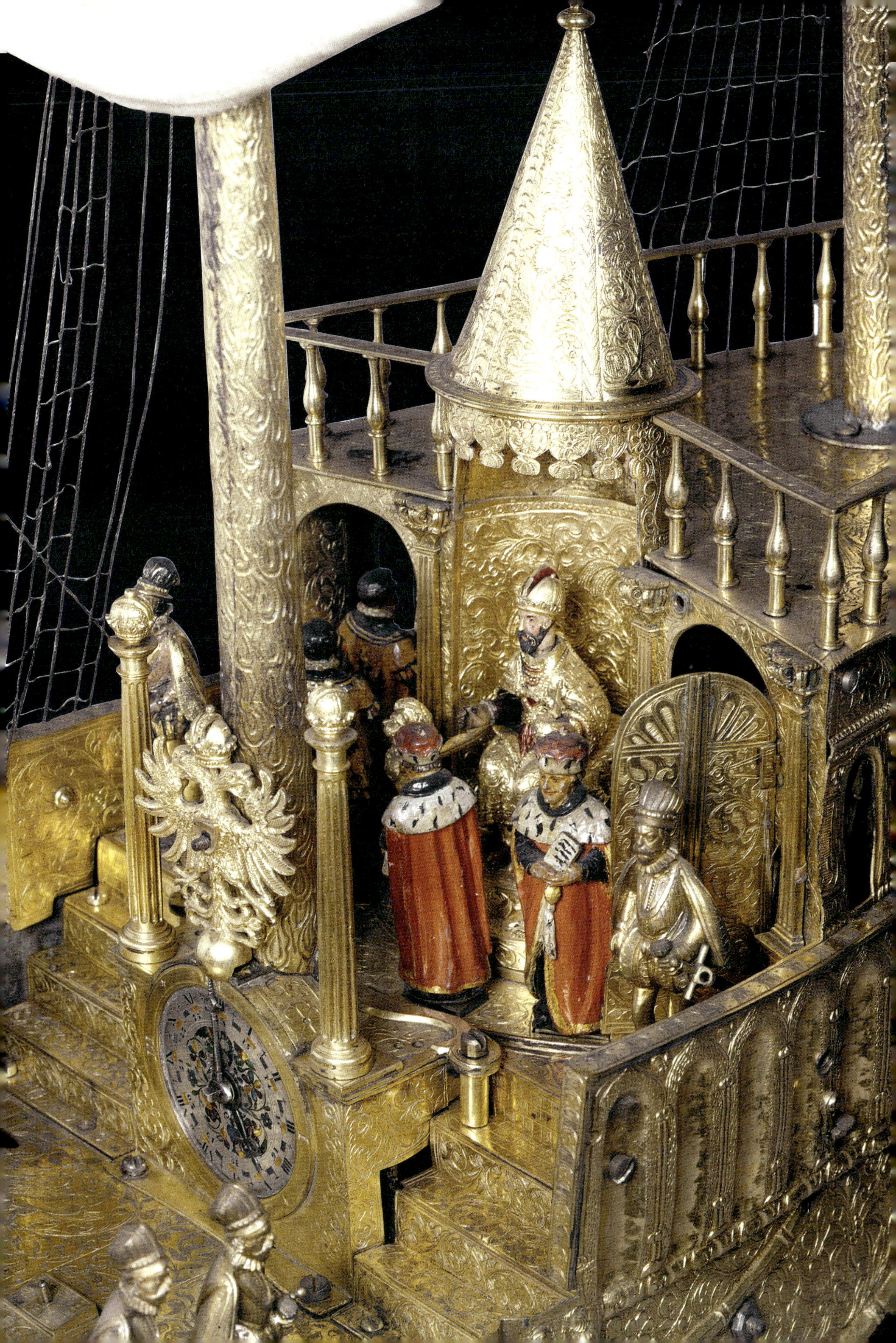

神圣罗马帝国皇帝坐在宝座上,面前走过 7 位选帝侯及使者,正接受封地并向皇帝致敬。此外,10 名号手与 1 名定音鼓鼓手交替宣告盛宴开始。另有 1 名鼓手与 3 名侍卫,16 门小炮,其中 11 门能够进行自动装载并发射。

那些从德国南部前来参加宴会的宾客在看到这有趣而惊人的物品开始运行并听到它发出的声响时会有怎样的想法?他们当然会赞叹这件钟表装置的精巧趣味,但同时也一定能完全体会到它隐含的寓意——它是国家这艘战舰的象征。自古以来,在欧洲文化中便有将国家喻为船只、将统治者喻为舵手或船长的传统。西塞罗便常使用这一比喻。英语中的统治者"governor"一词源自拉丁语中表示舵手的"gubernator"。更有趣的是,"gubernator"来自希腊语的"kubernetes",后者也是英语中控制论"cybernetics"一词的来源。因此统治、掌舵与机器人技术的概念在我们的语言中,也在这艘船中产生了交集。

这艘战舰模型所象征的国家独一无二。神圣罗马帝国在欧洲史上绝无仅有。它的领土涵盖了现代德国及其他一些地区的大面积土地,而其国家机器与这艘帆船的结构一样复杂。它不是现代意义上的国家,而是由教会土地、贵族领地以及小型富裕城邦组成的复杂网络。这是一个包容众多不同元素,以对君主的忠诚为基础而凝聚的古老的欧洲梦想。历史证明,这个梦想具有惊人的可行性。

在这艘镀金帆船制作之时,将国家譬作船只的古老比喻又获得了新意。船舶成为人们对机械与技术的浓厚兴趣的焦点,它们吸引着全欧洲的统治者,让他们深深着迷。历史学家丽萨·贾丁认为:

> 各种富人,各色权贵,人人都想拥有一些科技产品——某种带有齿轮、转轮和发条装置的东西,也许是一件装饰性的钟表或装饰性的定位设备。拥有科技产品是一种时尚,因为它们是扩张与探索的工具。从根本上讲,发条装置是欧洲产物,在 16 世纪早期便已出现,且至少已开始小规模生产。它依靠纯手工制作,通常由银匠或金匠完成,要求耐心细致,完全无法量产。上过发条之后不需触碰就能自主运行的物品立即让所有人趋之若鹜。发条装置是 16 世纪的奇迹。

它确实是一项奇迹，同时也是16世纪德国的重要贸易品。以这艘船为例，最伟大的技术不是造型，也不是镀金，而是钟表与自动装置。欣赏者会连连赞叹它的精密、精准及高雅，它象征着现代欧洲国家早期所向往但鲜能实现的理想：各个城邦在同一位仁君以及统一方针的指导下各司其职、和谐并存。它的魅力甚至走出了欧洲：类似这艘帆船的机械装置曾被赠送给中国皇帝与奥斯曼土耳其苏丹，获得了高度赞誉。从德雷斯顿到东京，哪位君主不会为这种严格遵照指令坚定不移地运转的装置而满心喜悦？它与现实世界中混乱无序的统治截然不同。

就算是在16世纪，这样的自动装置也远不只是富人的把玩之物：它们是实验科学、机械学、工程学和关于永动机的探索的核心，反映了人们意欲通过掌握世界运转的奥秘来逐渐掌控整个世界的愿望。更进一步地说，它体现了人们以机械手段模仿生命的迫切需求，这种需求奠定了现代的自动化及人工智能的基础。可以说，正是在公元1600年前后，人类将世界视为整套机械装备的观念逐渐成形，宇宙被视为一种机器，虽然复杂难解，但最终能够为人所操控。

这艘帆船所象征的神圣罗马帝国为自己烦冗的管理体系所限，又被宗教势力分化削弱，驶向了波涛汹涌的大海。东部被土耳其包围的它，即将在面向大西洋的葡萄牙、西班牙、法国、英国和荷兰等西欧国家面前黯然失色。这些国家在帆船所承载的新兴航海技术的支持下，开始与世界各地展开广泛交流，为自己带来前所未有的财富，也改变了欧洲的力量格局。他们乘坐着类似这艘镀金帆船的巨轮远航，遇见了未知的王国，为那里的文化及繁荣而陶醉，与它们进行贸易，频繁对它们做出错误的解读，并最终摧毁了数个文明。这种远航在很大程度上塑造了我们今天所生活的世界。在下一节中，我将讲述这些新式帆船带领欧洲人前往的第一片土地：西非。

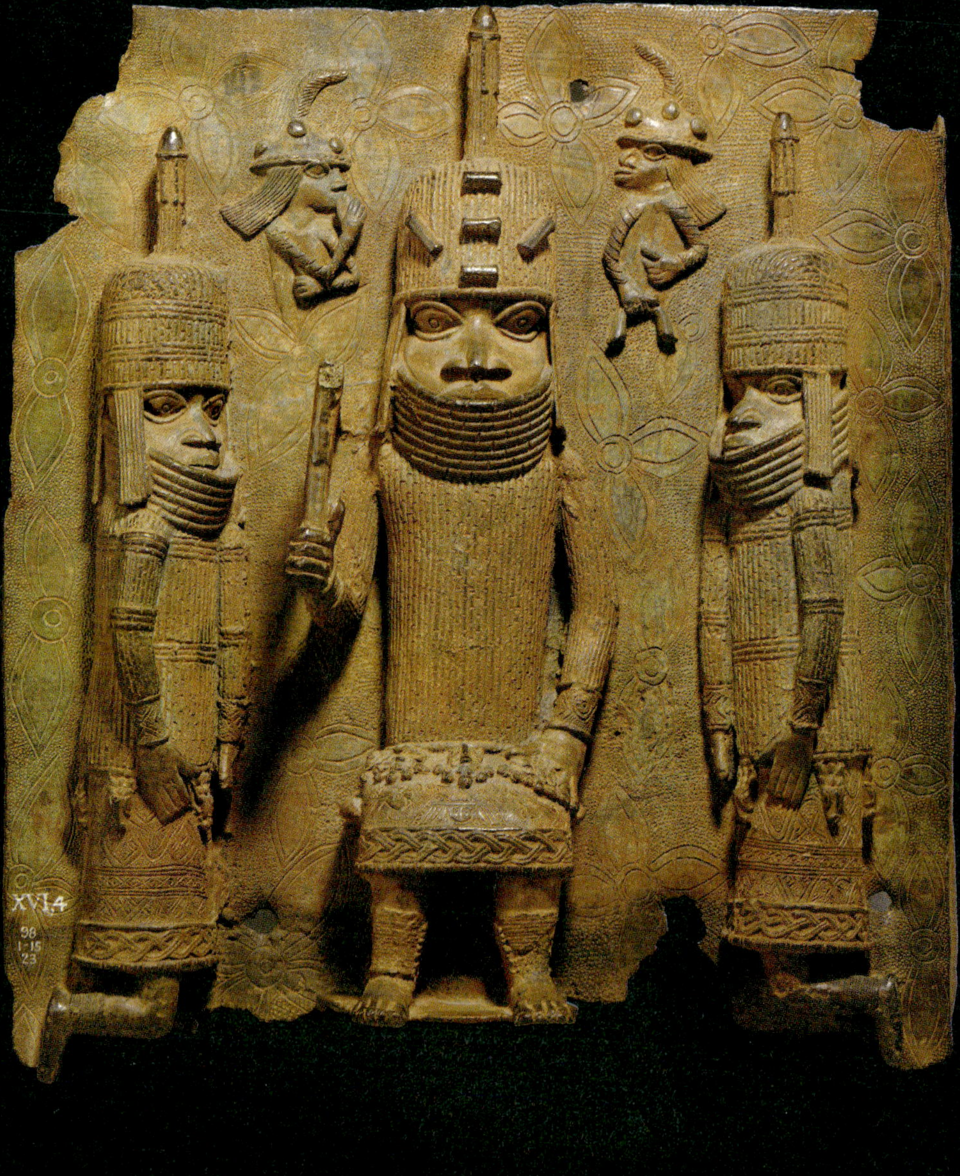
XVI.4
98
1-15
23

77

贝宁饰板：奥巴与欧洲人

黄铜饰板，来自尼日利亚贝宁

公元 1500 年至公元 1600 年

2001年英国人口普查显示，每20个伦敦人中就至少有一个非洲黑人后裔，近年来，这一比例还在不断增大。现代英国生活与文化中的非洲元素不可小觑。这是西欧与非洲关系史上的最新篇章，在这漫长而动荡的关系史中，曾以"贝宁青铜器"之名被世人所知的饰板有着举足轻重的地位。

贝宁饰板制作于16世纪、今属尼日利亚的地区，其原料是黄铜而非青铜。每件饰板都有A3纸大小，用深浮雕的方式尽现庆祝贝宁统治者奥巴胜利的场景以及奥巴宫廷内的仪式。它们是顶级的艺术品和金属雕刻的杰作，也是欧洲与非洲相接触的两个独特历史时刻的记录——第一次是和平的贸易，第二次则是血腥的屠杀。

在这几节里，我们将看到16世纪欧洲与外部世界初次接触并进行贸易的相关文物。而这些精美的雕刻品便是以非洲人的角度记录了双方的相遇。今日欧洲与美国的博物馆里收藏着数百件贝宁饰板，它们让我们对这个西非王国的结构有了直观的了解。饰板的主题都是对奥巴以及他身为猎人与军人的英勇行径的歌颂，但同时也让我们了解了贝宁人是如何看待他们的第一批欧洲贸易伙伴的。

本节的饰板上，奥巴的威武形象占据了中心位置。饰板宽约40厘米，颜色上初看更像青铜而非黄铜。其上共有5个人物：3个非洲人和2个欧洲人。雕刻得最为立体的是坐在宝座上的奥巴，他头戴类似头盔的王冠，眼睛直勾勾地注视着我们，脖子被一串从肩部一直摞到下唇的大圆环完全遮挡，右手握着一把仪式用斧头。他的两侧各跪着一名宫廷高官，他们的穿着类似奥巴，但帽上的装饰较少，戴的项圈数也少一些。他们腰带上挂着的小鳄鱼头表明他们获得了与欧洲人进行贸易的许可。他们后方浮着两个仅露出头和肩部的小小欧洲人。

这两个欧洲人来自葡萄牙，他们在15世纪70年代起航，乘坐新型帆船沿着非洲西海岸前往梦想中的印度，但一路受到西非的胡椒、象牙与黄金的强烈吸引。他们是第一批经海路到达西非的欧洲人，大型远洋航船震惊了当地居民。之前西非与欧洲之间的贸易都是通过驱赶骆驼驮载商品穿越撒哈拉沙漠的中间商进行的。葡萄牙的帆船摒弃了一切中间环节，且能够运载体积更大的物品，从而开创了全新的贸易局面。他们和随后在16世纪加入商贸竞争的荷兰人及英国人一起将象牙与黄金运回欧洲，并为奥巴的宫廷带去他们喜爱的世界各地的商品，包括地中海的珊瑚、可直接作为钱币使用的印度洋的货贝、远东地区的布料以及数量空前的欧洲黄铜，而后者正是制造贝宁饰板所需的原料。

奥巴在王国内既是世俗的最高统治者又是精神领袖，这一点给所有的欧洲访客留下了深刻印象。贝宁黄铜饰板的主要目的便是歌颂他。它们被悬挂在宫墙上，如同在欧洲宫廷中悬挂的壁毯，让观赏者可以同时瞻仰国家的巨大财富与国王的丰功伟绩。对于这种总体效果，一位早期的荷兰访客曾有过详尽描述：

> 国王的宫廷呈正方形……分成众多雄伟的宫殿、房屋及朝臣的居所，还包括一些和阿姆斯特丹的交易所一般大的长方形的美丽画廊，上上下下都饰以铸造过的黄铜，上面雕刻着表现战争场面与功绩的画面，光可鉴人。

15世纪至16世纪到访贝宁的欧洲访客发现，贝宁社会组织的方方面面都不输欧洲宫廷，结构清晰、秩序井然。不只是对外贸易，社会各方面都由一个专门的部门管理。贝宁宫廷极为国际化，这正是贝宁饰板令出生于尼日利亚的雕刻家苏加利·道格拉斯·坎普着迷的一大原因：

> 就算是在当代奥巴的照片上，也能看到他戴的珊瑚项圈比别人多，胸前装饰的珊瑚也更多。在尼日利亚，有一个颇有意思的现象，所有的珊瑚及相关物

品都并非产自我们自己的海岸，而是舶自遥远的葡萄牙等地。因此这种交流的一切在我看来都十分重要。我们以为这些是本国的传统物品，岂料是经传统贸易交换而来的。

为方便运输，用于制作饰板的黄铜通常会铸成被称为马尼拉的巨大链状物，贸易数量大得惊人。1548年，一个德国商会同意向葡萄牙提供432吨黄铜马尼拉投向西非市场。我们再来细看这块饰板，一名欧洲人的手里持着一个马尼拉。而整个画面的关键在于：奥巴正在接见管控欧洲贸易的官员。这3名非洲人在画面前端，体型远远超过后部蓄着长发、戴着装饰精美的羽毛帽子的袖珍欧洲人。马尼拉表明，来自欧洲的黄铜仅用来制作类似饰板的艺术品，而这款饰板上的图案也表明，当时这一贸易的主动权掌握在非洲人手里。他们奉行的管理政策之一是严禁出口这种黄铜饰板。因此在16世纪时，来自贝宁的象牙雕刻闻名欧洲，但黄铜饰板却只留给奥巴，严禁运离国境。1897年之前，它们没有在欧洲出现过。

1897年1月13日，《泰晤士报》刊登了一则题为"贝宁之灾"的报道。一队英国人试图在一个重要的宗教仪式的过程中进入贝宁城，因而遭到了攻击，部分成员遇难。事件细节的真实性模棱两可，引发了激烈争论。不管真相如何，英国仍借为公民报仇之名组织了一队复仇远征军，血洗了贝宁城，放逐了奥巴，建立起南尼日利亚保护领地。这次袭击所获得的战利品包括象牙雕刻、珊瑚首饰以及数百件铜雕及黄铜饰板。大部分物品都被拍卖以弥补远征的开销，为世界各地的博物馆购得。

这些前所未见的雕像的出现在欧洲引起了轰动。不消说，它改变了欧洲对非洲文化及历史的成见。第一个见到饰板并确认了它的性质与意义的是时任大英博物馆馆长的查尔斯·赫拉克勒斯·瑞德：

> 第一眼看到这些令人叹为观止的艺术品，我们立刻被这项预料之外的发现所震惊。同时我们也非常困惑，无法把如此精美的艺术品与全然野蛮的民族联系起来……

关于饰板众说纷纭。有人认定它们源自古埃及，或者贝宁人本身是以色列人消失的部落之一，也有可能是受了欧洲文化的影响（毕竟它们是与米开朗基罗、多纳泰罗和切利尼同时期的物品）。但相关研究立刻表明，贝宁饰板完全是西非的创造，没有受到任何欧洲文化的影响。欧洲人必须重新检视对自己的文化优越性想当然的假设。

令人吃惊的事实是，到19世纪末期，欧洲与西非在16世纪建立的广泛而和谐的贸易关系被欧洲人彻底遗忘，没有留下任何痕迹。这也许是因为，在双方后期的关系中，横跨大西洋的奴隶贸易占据了主体，在那之后，欧洲各国更是争先恐后地掠夺非洲土地，1897年的复仇远征只是其中一个血腥的例子。掠夺贝宁艺术品并带到世界各地也许能让人们了解并欣赏贝宁文化，但这首先给尼日利亚人的内心留下了一道至今仍在刺痛的伤痕。尼日利亚作家、诺贝尔文学奖得主沃尔·索因卡认为：

> 面对一件贝宁青铜器，我首先注意到的是技术的精湛与工艺的精美，它是二者的融合。我也立刻想到了一个具有凝聚力的古文明。它能增强我们的自信，因为它让人确信非洲社会曾诞生过一些伟大的文明，创造过一些灿烂的文化。它至今仍有助于减少许多非洲社会的屈辱感，提醒人们在外来势力野蛮入侵之前，我们曾是运作有序的民族。这些被掠夺的文物至今仍负载着政治意义。贝宁青铜器与其他工艺品一样，仍是现代非洲政治很大的一个组成部分，对尼日利亚来说尤其如此。

这些令人动情的贝宁饰板至今依然让我们震撼，一如它们在百余年前首次来到欧洲时掀起的轰动。它们是举世瞩目的艺术品，是16世纪欧洲与非洲曾平等往来的证据，但也是殖民主义叙事中备受争议的对象。

78

双头蛇

马赛克装饰小塑像，来自墨西哥

公元1400年至公元1600年

现如今，到访墨西哥城的游客总会看到身上装饰着羽毛、绘有彩绘的街头艺人，听到他们敲着阿兹特克风格的鼓。他们不仅为路人提供娱乐，也想借此留住逝去的记忆——阿兹特克帝国，15世纪一度统治墨西哥的组织严密的强大帝国。卖艺人想让我们相信（而如果你愿意就可以相信），他们是蒙提祖马二世的后代。这位君主的统治在1521年被西班牙人粗暴地推翻了。

在西班牙人征服美洲的过程中，阿兹特克文明多半遭到摧毁。那么对这些卖艺人所尊崇的阿兹特克人，我们了解多少？关于阿兹特克文明的文字记录几乎都是其征服者西班牙人留下的，因此阅读时必须抱着审慎的态度。如此一来，对那些被证实出自阿兹特克人之手的物品、那些逃过一劫的阿兹特克制品进行研究，也就变得尤为重要。那些物品是这个战败的民族的档案。我想，通过它们，我们能听到战败者的诉说。

16世纪之初，阿兹特克人显然对自身迫近毁灭边缘一事一无所知。当时他们的帝国风华正茂、高歌猛进，其疆土与贸易网络从得克萨斯直达南部的危地马拉，覆盖了今墨西哥的大部分领土。他们的文化繁荣，制造出了对他们而言比黄金更为珍贵的精美艺术品——绿松石马赛克。

16世纪20年代，西班牙人将马赛克等阿兹特克珍宝带回欧洲之时引起了极大的轰动。这是欧洲人首次得以一窥这个来自美洲的、闻所未闻的伟大文明，它显然与

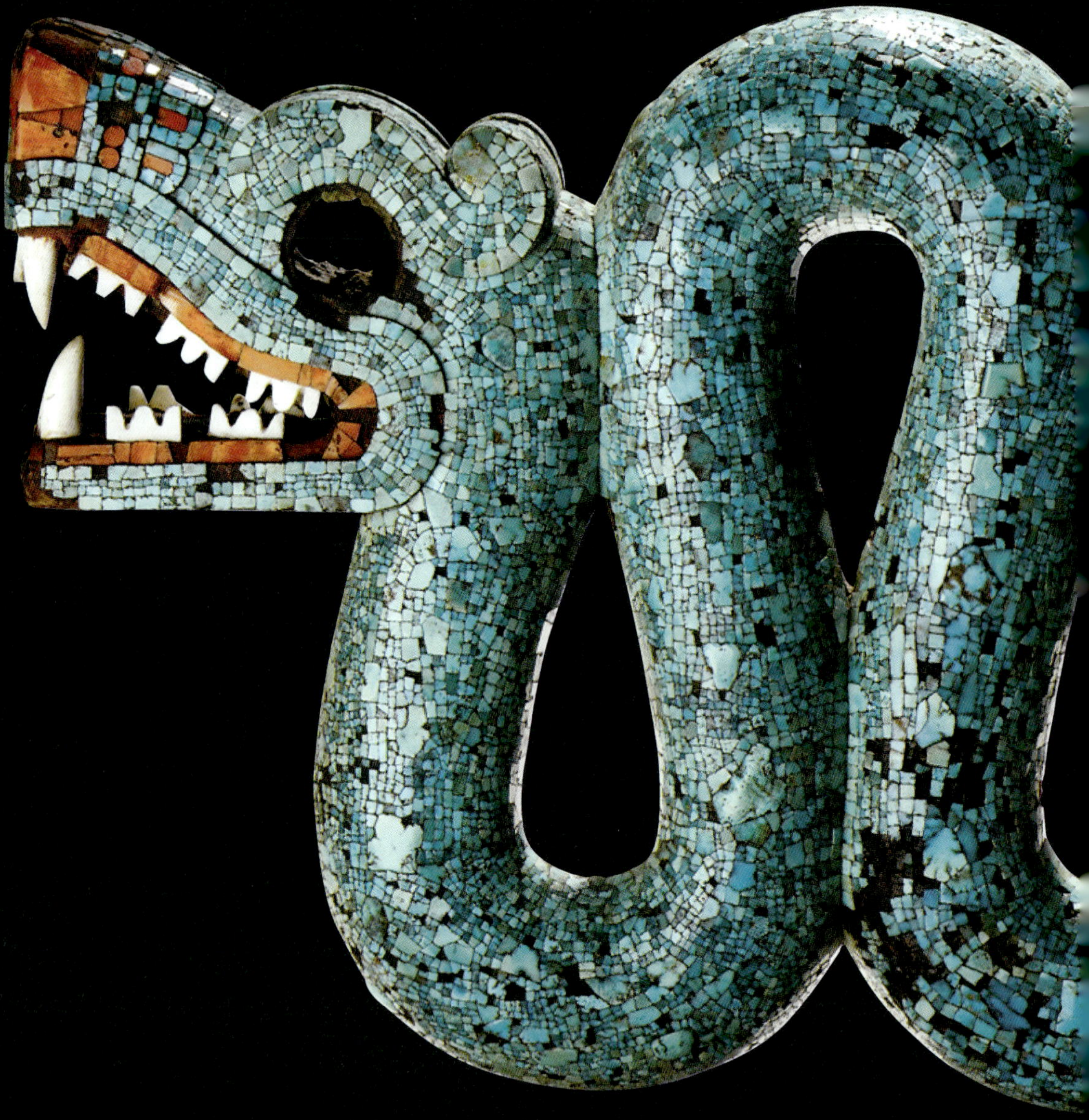

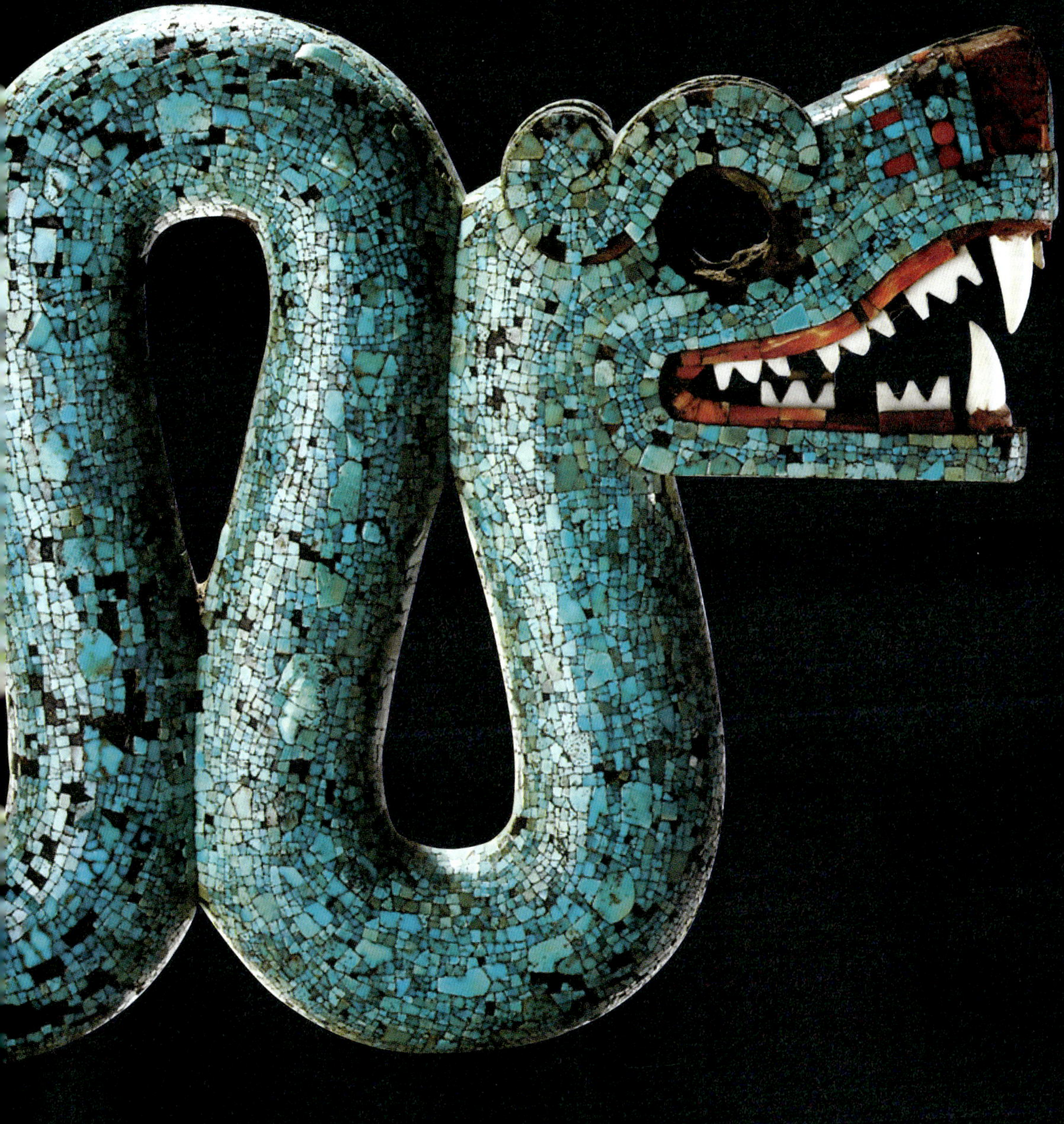

欧洲文明一样，复杂而绚烂。这座双头蛇便是现存的罕见的阿兹特克文物中手工技艺最高超，最引人注目的一件。

这座塑像内部是一个雕刻的木架，外面则贴了大约2000块小绿松石，整体宽约40厘米，高20厘米。整条蛇双头一身，以侧面示人，身体呈W形蜷曲起伏，两端各有一个凶狠咆哮的蛇头。整个蛇身由绿松石打造，在鼻子和齿龈处则用鲜红色贝壳装饰，牙齿用白色贝壳镶嵌，前端是硕大而可怕的毒牙。如果在它面前上下移动观赏位置，光线便在绿松石上闪烁，变幻的颜色仿佛让蛇活了过来。小片的绿松石与其说像鳞片，不如说像在阳光下闪烁的羽毛。它既像蛇又像鸟。它神秘而令人不安，既是炉火纯青的手工艺品，又传递出一种原始的力量，让人感觉面对的是一种魔力。

这条蛇的制作方式向我们提供了不少有用的信息。在大英博物馆的维护部，瑞贝卡·斯泰西检验过制作这一物品的原料以及将这2000多块碎片黏合起来的树脂或胶水。

> 我们进行了一系列的分析，检验了现存的各类贝壳。用于嘴部和鼻子附近的鲜红材料来自海菊蛤，由于其迷人的猩红色和需要潜入深海进行采集的难度，在古墨西哥价值极高。所用的黏合剂则是树脂，这也是重要的仪式物品，因为它同时也用作熏香和仪式的祭品。对当地人来说，该仪式是极为重要的宗教生活。树脂也分为各种类型，有大家较为熟悉的松脂，还有热带橄榄树脂，后者芳香浓郁，更常用于熏香，至今在墨西哥仍有使用。

因此，这件神奇物品的各部分被信仰之胶黏合在一起。瑞贝卡·斯泰西及世界各地的科学家一致认定，阿兹特克墨西哥的绿松石是从极遥远的地方运来的，其中有一些甚至采自距离首都特诺奇第特兰（今墨西哥城）千里之外的地方。绿松石、贝壳及树脂等材料曾在此地区内进行广泛贸易，但这座双头蛇的制作原料更可能是阿兹特克人在征服外族后强制征收的贡品。阿兹特克帝国成立于15世纪30年代前后，距西班牙人的到来已不足百年。强大的军事实力，从属地规律性地（同时也是极不情愿地）送至特诺奇第特兰的黄金、奴隶和绿松石维持着帝国的运转。贸易与进贡带来的财富让阿兹特克得以修建道路、堤道、运河与水渠，以及多个大型城市。这

个帝国的城市景观让日后在其中穿行的西班牙人大感震惊:

> 早晨,我们走上一条宽阔的堤道继续行军……我们看到了多座水上城市与村庄,也看到了不少陆上的美丽城镇,我们十分惊奇,仿佛置身于阿玛迪斯传奇中所述的迷人景致。巨塔和建筑从水中升起,且全部由砖石筑成。一些士兵甚至怀疑眼前的是不是梦境。

绿松石的价值极为昂贵,是各种大型仪式的焦点,目的是让人印象深刻并产生威慑效果——这种威慑有助于维护帝国统治。这些情况我们是通过狄亚哥·迪杜兰的记录了解到的。他是一位多明我会的修道士,对阿兹特克人抱有极大认同感,他学习他们的语言,向世人传播他们的文化与历史,因此,虽然也是西班牙人,他对阿兹特克宗教仪式的记录基本是可信的:

> 人们献上黄金、珠宝、服饰、羽毛和珍贵的宝石,琳琅满目,所有的物品都价值极高……如此巨大的财富不可尽数,也无法估价。这些都只是为了向敌人、客人和陌生人炫耀自身的伟大以及权力,让他们感到恐惧和敬畏。

绿松石也是阿兹特克统治者蒙提祖马二世的盛装上的关键元素。他戴着绿松石王冠、绿松石鼻塞,系着镶满绿松石珠串的腰带,主持隆重的活人献祭仪式。几乎可以确定,这条双头蛇曾在仪式中用于佩戴或携带,也许就是在蒙提祖马1502年的登基大典上。它很可能具有重大的象征意义,不仅因为它的材料是珍贵的绿松石,也因为它的造型是一条美丽的蛇。诗人和作家阿德里亚娜·迪亚斯·恩西索阐述了这条蛇与阿兹特克神祇,尤其是伟大的羽蛇神奎兹特克的关系:

> 对阿兹特克人来说蛇很重要,因为它是重生和复活的象征。如今在特诺奇第特兰的奎兹特克神庙里还能见到一些蛇的浮雕,它们嘴里喷出的水落到地里帮助庄稼生长,这代表着生殖繁衍。金字塔及寺庙的墙壁上也都描绘着羽蛇神。在众多雕像与绘画作品中,奎兹特克的形象都是遍体覆盖着羽毛的蛇。这种叫

作绿咬鹃的鸟和作为大地象征的蛇的结合代表着天与地的力量的结合，因此也是永恒与重生的象征。

现在我们再来打量这条双头蛇，便可以清楚地看出，它身上经过仔细打磨的细小绿松石的颜色十分接近绿咬鹃尾羽的蓝绿色。它们经过细心切削，闪耀着如绿咬鹃斑斓的羽毛般的光芒。双头蛇也许确实是奎兹特克的象征。如果事实果真如此，它便与西班牙将领荷南·科尔蒂斯到来时发生的重大事件有着直接关联。

当时的西班牙文件记录了科尔蒂斯与蒙提祖马的相遇，后者将科尔蒂斯当作了奎兹特克的化身。在阿兹特克的神话传说中，奎兹特克游入了大西洋，并会以蓄大胡子和浅色皮肤的男性之身归来。因此据西班牙人的记载，蒙提祖马面对这一外来势力时没有召集军队，而是向其献上了供神用的珍稀礼物，并表达了敬意。其中之一被记录为"嵌有绿松石的弯曲巨蛇"，它很可能就是这条双头蛇。

我们也许永远都无法洞悉真相，但我们知道阿兹特克的贡品制度让属民怨声载道，因此很多人加入了西班牙入侵者的阵营。要不是这些心存不满的本土势力的帮助，西班牙人永远无法征服墨西哥。因此，这条双头蛇讲述的故事具有双重意义，它既是阿兹特克帝国艺术、宗教与政治势力顶峰时期的记录，也是其对属民进行系统性压迫的证据，而这也正是帝国最终崩塌的根源。蒙提祖马很快便去世了，特诺奇第特兰被西班牙人夷为一片焦土瓦砾。没有了一国之君，没有了首都，阿兹特克帝国的统治也便无以为继。紧随其后的是欧洲的传染病，尤其是天花所带来的灾难。据说在西班牙人到达数十年后，近九成的土著居民死亡。墨西哥成了西班牙帝国在美洲大陆北起加利福尼亚南至智利与阿根廷的广袤领土的一部分。我们将会看到，这个帝国的影响力还将越过西班牙与美洲，到达更广阔的世界。

79

柿右卫门瓷象

陶瓷雕像，来自日本

公元 1650 年至公元 1700 年

对世界上很多地区而言，白象一直都是力量与神迹的象征。东南亚的君主就极为看重它们，因为佛陀出生之前，他的母亲便曾梦到一头白象。然而白象也让人忧虑——作为国王赐予的礼物，它们地位尊贵，不能用作畜力，饲养的花费又极其高。在英语中，"白象"向来代表着无用的累赘。大英博物馆里收藏着两尊几乎白色的大象，它们确实没有任何实际用途，又极为昂贵（换算成今日的货币，它们在当时应价值数千英镑），但却能给观赏者带来相当愉悦的感受。同时，它们也讲述了 17 世纪一个出人意料的中日朝间三角斗争的故事，并见证了现代跨国公司的诞生。

这对白象是在 1660 年到 1700 年间运抵欧洲的。大小类似约克夏梗犬，粗壮的身躯与尖牙则表明了身份。另类的是它们夺目的色彩。通体瓷质呈漂亮的乳白色，上面用瓷釉装点着大片图案。腿部饰以红点，背上覆的蓝色图案明显是在表现乘骑的挽具。耳郭正面为浅黄色，并以红色勾勒边缘，显然是亚洲象的耳型，眼睛则具备日式神韵。我们几乎可以肯定，制作大象的匠人想象了一种他从未见过的动物，而且完全可以肯定，他是一位日本人。

这两头神采飞扬的瓷象是日本与邻国中国和朝鲜之间错综复杂关系的直接产物，同时也代表了 16 世纪至 17 世纪亚洲与西欧密切的贸易往来。自这种贸易关系建立起，欧洲总是阶段性地陷入对日本艺术与工艺的迷恋。而这一切都始于 17 世纪柿右卫门风格瓷器所掀起的狂热。据说这种风格是由一位名为柿右卫门的陶艺家所开创，

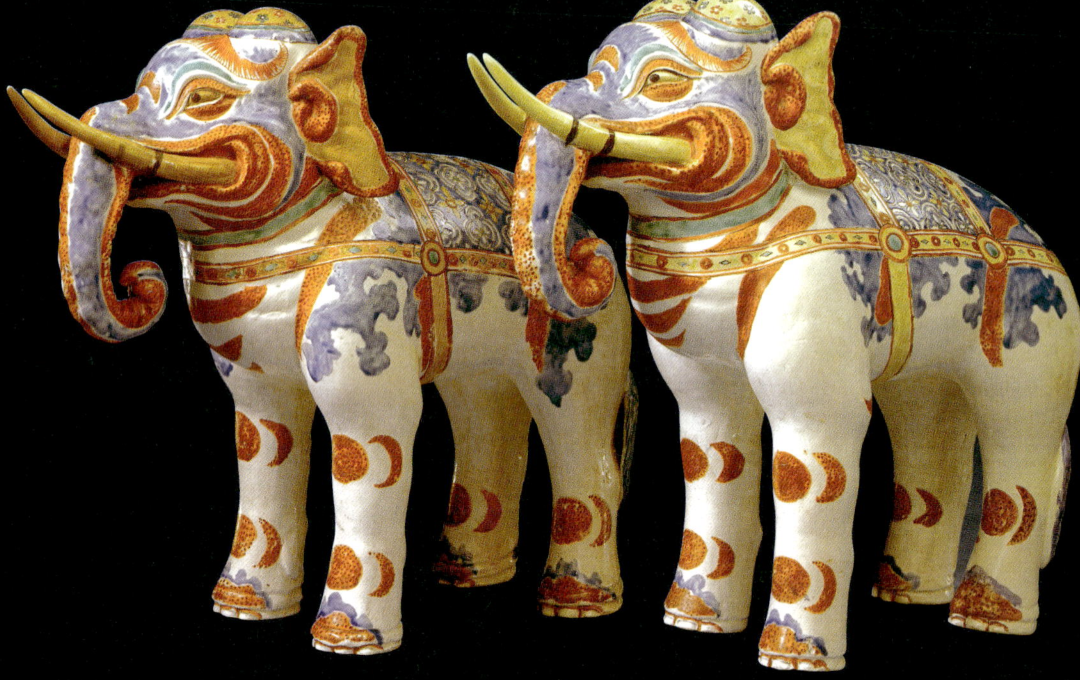

后经世代相传，成为日本的传统手工技艺。这对大象正是柿右卫门风格，在17世纪，此风格的瓷器作为流行装饰占据着欧洲豪宅的家具与壁炉架。林肯郡的伯利庄园便拥有一批最早也最精美的日本动物造型瓷器藏品，其中就有柿右卫门瓷象。

瓷器收藏家埃克塞特勋爵的直系后代米兰达·洛克讲述了勋爵是怎样收集这些瓷器的：

> 这些瓷器是第五代埃克塞特伯爵、伟大的收藏家约翰和妻子安妮·卡文迪什的成就。他们都热衷于旅行。根据藏品清单记录，我们知道日本瓷器早在1688年便来到了当地。我们也能确定当时有一位精明的中间商一直跟约翰保持着密切联系，因为伯利庄园所收藏的日本瓷器数目可观，而当时它们正风靡英国。我们收藏了许多绘有日本人物的漂亮摆件以及类似的精美瓷象。

我们也采访了柿右卫门陶艺的第十四代传人。他自称是这项工艺的创始人的后代，如今，他也被日本奉为"人间国宝"。他可能就是那名400年前为埃克塞特的瓷质动物园收藏添彩的匠人的直系后代。他在日本的佐贺县有田市，即日本瓷器的诞生地工作和生活。他的家族世代在此居住并制作瓷器：

> 柿右卫门家族制作柿右卫门风格的彩绘瓷已有近400年的历史。有田附近有许多瓷石，在经历数千年的风吹日晒后自然氧化了。柿右卫门家族从江户时代起便开始利用这种自然原料。一般来说，掌握这项制瓷技术需要三四十年的时间，培养接班人一向是个大难题。
>
> 大象表面的上釉技术被称为"浊手"。它是在有田发展的专利，我们一直在努力承袭。瓷色并非纯白，而是一种暖色调的乳白。可以说柿右卫门瓷器正是在江户时代开始自成一格。
>
> 我至今仍使用传统工具。在日本，很多手工艺人都是如此，传统工艺正是因此才得以保存。日本有自己的独特美学，并为维护它而不懈努力。有人可能以为我不过是在因循守旧，但我认为我的工作将传统元素与现代形式包容并举。我们都觉得大英博物馆的那对大象是独一无二的。我自己在家里也收藏有一头

小象。

众所周知，中国是瓷器的发祥地，数个世纪以来，一直有大量瓷器出口。16世纪，欧洲陷入了瓷器狂热之中，尤其渴求闻名遐迩的青花瓷（第64节）。欧洲富人的胃口似乎永远得不到满足，来自中国的瓷器勉强能达到供求平衡。1583年，一位沮丧的意大利商人写道：

> 现在留给我们的不过是些渣滓。这里的人买卖瓷器就像饿汉拿到一大盘无花果，先吃掉熟透的，再用手指一个个捏剩下的，从中挑出较软的，直到最后吃得一个都不剩。

不过新的供应商即将进入这一生机勃勃的市场。15世纪，朝鲜掌握了中国的制瓷技术与知识，战争又把这些秘密传播到了日本。16世纪晚期，日本在野心勃勃的丰臣秀吉的领导下完成了统一，并于90年代两次发起对朝鲜的战争，试图让它成为自己进攻明王朝的跳板。他未能占领中国和朝鲜，但在这一过程中，日本从朝鲜半岛获得了宝贵的制瓷技术，也带走了一些陶匠。韩国学者何智娜描述了这3种文化长期以来的互动：

> 从史前时代开始，朝中日三国就保持着紧密的联系。在文化交流中，通常是中国率先发展出高超的技术和工艺，朝鲜随后加以学习，再将其传到日本。16世纪末，日本在侵略朝鲜期间就带走了陶匠李三板。说来有趣，这场战争常被称为"陶匠战争"，因为日本带走了众多朝鲜陶匠，试图在国内发展白瓷制作工艺。柿右卫门大象应该是朝鲜制造工艺、中国装饰技术与日本审美品位的结合。

1600年前后，日本制陶业有了两次机遇。首先，16世纪90年代的朝鲜战争带来大量的劳力及技术，制陶工艺出现飞跃。其次，1644年中国明朝覆亡，在之后长期的政治混乱中，其陶瓷业受到重创，在欧洲市场上留出很大缺口。这对日本而言是完美的时机，它在陶瓷出口贸易中一举替代了中国，并在一段时间内占领了整个欧洲市场。为了迎合欧洲人的审美，柿右卫门风格的陶瓷作品迅速扩展，创造出了新的造型、尺寸、设计以及最为重要的色彩，即在传统青花瓷的基础上加入了艳丽的红与黄。欧洲人争相购买，最终开始自行仿制。到18世纪为止，德国、英国和法国都已开始涉足生产"柿右卫门"瓷器。历史总有让人始料未及的离奇转折，第一批被欧洲人模仿的瓷器并非来自中国，而是日本。

而促成日本与欧洲制瓷业创新发展的机构，正是世界上第一家跨国公司荷兰东印度公司。它有着举世无双的资源、人脉和经验。在位于阿姆斯特丹宏伟的新总部，公司的经营者及管理者操纵着远渡重洋的商业运作，在近百年的时间里主宰着整个世界的贸易往来。

此时的日本也进入了幕府时代。1639年，为了增强对内的控制力度，统治者切断了国家与外部世界的交流，只保留了几处受严格管理的门户，其中以长崎港最为自由。在这里，他们允许中国和朝鲜等少数几个享有特权的国家进行贸易活动，其中唯一的欧洲合作伙伴便是荷兰的东印度公司。这种独家经营权使得东印度公司从日本运往欧洲的瓷器数量不断增加，并且由于垄断了货源，他们得以高价出售以赚取暴利。以第一批从日本输出的货物为例，货船于1659年到达荷兰，共装载了65000件商品。这对大象也一定是乘坐着东印度公司的货船而来的。

柿右卫门大象讲述的故事涉及了17世纪的整个世界。日本的工匠虽然与世隔绝，仍运用习自中国和朝鲜的技术，制作着印度的动物形象，以迎合英国购买者的需求，而荷兰通过第一家真正意义上的国际化公司从中协调。这一案例很好地呈现了世界各洲是如何通过轮船与贸易第一次被连接起来的。这个新世界开始需要新的行之有效的流通工具——国际货币。下一节将要讲述一种支持着早期国际贸易的文物：开采于南美、以西班牙八里尔银币的形式被输往世界各地的白银——第一种全球性的货币。

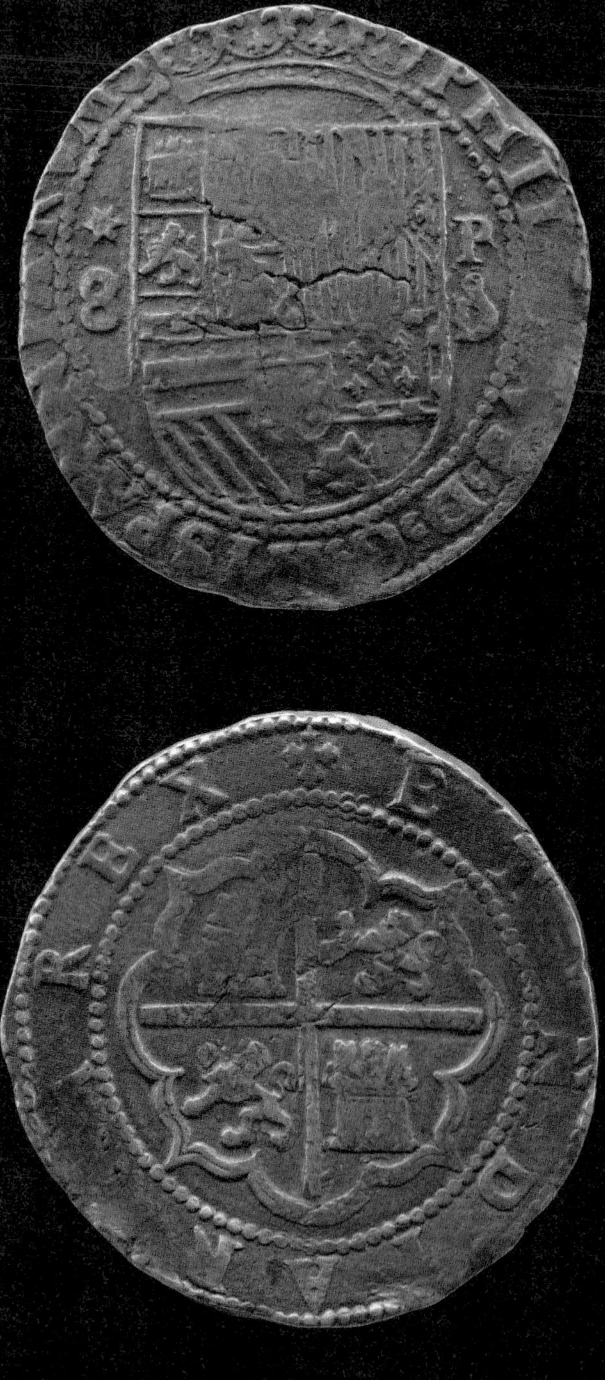

80

八里尔银币

西班牙钱币，铸造于玻利维亚波托西

公元 1573 年至公元 1598 年

广告商总向我们保证，钱能让我们买到梦想。但有的货币，尤其是硬币，本身便是梦想之物。它们的名字回响在传奇与历史的奇迹里，如达克特、弗罗林、格罗特、畿尼和金镑，但其中没有哪一个能与全世界最负盛名的硬币——八里尔银币相提并论。它不断地出现在从《金银岛》到《加勒比海盗》等各种书籍和影视作品中，带着人们对它的各种联想——西班牙无敌舰队、黄金船队、海难、战争、海盗、公海以及美洲的西班牙殖民地。

八里尔银币得以成为世界货币的宠儿并不只是《金银岛》里那只独脚海盗头子的鹦鹉的功劳。西班牙语称为"peso de ocho reales"的八里尔银币是第一种真正意义上的全球货币。它曾被大量生产，于 16 世纪 70 年代首次铸造后，在 25 年之内便传遍了亚洲、欧洲、非洲和美洲，所建立的全球性优势地位一直持续到 19 世纪。

按现代硬币标准来看，八里尔银币体积偏大。它直径近 4 厘米，颇有分量，约为 3 个一英镑硬币的总和。本节中的这枚银币由于表面氧化，呈暗淡的银色。但刚问世时，八里尔银币应该是非常闪亮的。以现代标准衡量，1600 年前后，一枚八里尔银币应该能买到价值 50 英镑左右的商品，并且几乎可以在全球的实际交易中使用。

西班牙人是在黄金的诱惑之下来到美洲的，但真正使他们发财的却是白银。在阿兹特克时代的墨西哥，他们迅速发现了银矿并加以开采。不过直到 16 世纪 40 年代，他们才在秘鲁真正中了大奖——印加帝国的南部山区有个名叫波托西（今属玻利维亚）的地方，它很快便成了闻名遐迩的"银山"。波托西银矿开采数年之后，来自西班牙美洲殖民地的白银便从大西洋上滚滚而至。20年代采矿初期的年开采量在148千克左右，到90年代便达到了近300万千克。在世界经济史上从未有过数量如此庞大，或造成如此重大影响的货币。

与世隔绝的波托西山区海拔3700米，位于安第斯山脉干燥寒冷的高原地带，是南美洲人迹最为罕至的地区之一。尽管地处偏远，但由于银矿开采需要大量劳力，1610年这个村庄的居民达到了15万人，按照当时的欧洲标准已经算是一个大城市，富裕程度超乎想象。1640年，一位西班牙神父狂热地赞誉了这座银矿和它出产的白银：

> 银矿石极为丰富……数量大到好像就算世上没有别的银矿，它也能凭一己之力让世界充满财富。城市正中心矗立着怎样赞美与崇拜都不为过的波托西山，财富从这里源源不断地流向世界各国。

若没有波托西，16世纪的欧洲史恐怕完全会是另一番面貌。是美洲的白银帮助西班牙国王成为欧洲最有实力的统治者，能够担负起西班牙军队与无敌舰队的开销。美洲的白银使得西班牙得以与法国、荷兰、英国以及土耳其作战，并建立起一种最终被证明极具破坏性的开支模式。几十年间，白银的源源流入为西班牙提供了坚实的经济基础，让它熬过了最严酷的经济危机和破产风潮。人们相信来年总会有新的船队满载珍宝到来，事实也的确如此。"白银乃我王权稳定与强大之根基。"西班牙国王菲利普四世如是说。

财富的生产过程付出了巨大的生命代价。在波托西，年轻的美洲土著男子被征集到矿上，强制下矿劳作。环境极其恶劣，且伴随着生命危险。1585年，一位目击者称：

> 他们除了干活，就只剩被当成狗的待遇。他们常常被毒打，而借口通常是开采的白银太少，花费的时间太久，带上来的是泥土，或是偷了部分银子。不到4个月前，一位矿主便想以这样的理由斥责一名印第安人。这位领班害怕领受矿主挥舞的木棒，逃向矿井去躲避，却慌不择路地跌下去，摔成了一堆肉酱。

英国驻澳大利亚的统治者将八里尔银币改造成五先令币，充当当地的货币

CAROLUS·IIII·DEI·GRATIA·
1803
FIVE
SHILLINGS
HISPAN·ET IND·REX·
M·8R·F·T·
NEW SOUTH WALES

在海拔极高的寒冷山区易患肺炎,而在白银提纯的过程中,水银中毒也常常夺去工人的性命。1600年前后,由于本地印第安社群的死亡率飙升,成千上万的非洲奴隶被带到波托西进行顶替。他们确实比本地人更能吃苦,但也免不了大批死亡。波托西银矿的强制劳力至今仍是西班牙殖民压迫的历史性象征。

然而令人沮丧、更令许多玻利维亚人揪心的是,如今波托西银矿的劳作环境仍然十分恶劣,对健康有极大损害。联合国教科文组织波托西项目的玻方前负责人图提·普拉多告诉我们:

> 以现在的人口规模来看,波托西是全国最贫困的地区之一。当然,如今的开采技术与400年前相比已不可同日而语,但贫困及健康问题依然一样严峻。矿上有许多童工,不少矿工的寿命只有40至45岁,有的甚至活不过35岁。是硅肺病与沙尘损害了健康。

从波托西的矿山开采出的原料曾让西班牙富极一时,而在波托西铸币厂铸造的八里尔银币一度成为全球货币体系的基础。银币在波托西通过美洲驼运输,经过两个月的跋涉跨越安第斯山脉来到利马,抵达太平洋沿岸,然后被西班牙宝藏舰队运往巴拿马,再走陆路穿越地峡,在护航队的保护下横穿大西洋。

但白银贸易不止集中在欧洲。西班牙同样也以菲律宾马尼拉为中心建立起一个亚洲帝国,很快,大量的八里尔银币横渡太平洋来到这里,通常被用于与中国商人进行贸易,换取丝绸、香料、象牙、漆器以及最要紧的瓷器。西班牙的美洲银币的到来动摇了东亚经济体系,导致中国明朝的经济陷入混乱。实际上,当时世界上没有一个地方能逃脱这种无处不在的银币的影响。

大英博物馆的钱币收藏系列清晰地展示了在西属美洲铸造的八里尔银币曾发挥的全球货币的作用。其中有一枚银币被印度尼西亚当地的苏丹做了压印,另有一些则由西班牙人自己打上印记,以在其位于今比利时的布拉班特省使用。还有一批是由中国商人标记的。另外有一枚来自波托西的银币是在苏格兰西海岸之外的赫布里底群岛靠近托伯莫里的地方出土的,它来自昔日西班牙无敌舰队中的一艘于1588年沉没于此的战舰。19世纪，八里尔银币甚至出现在了澳大利亚，因为当时英国货币短缺，统治者便购买了西班牙八里尔银币，挖去其上的西班牙国王头像，刻上"五先令，新南威尔士"字样。八里尔银币从赫布里底到新南威尔士的分布表明，它作为货币和商品，根本性地改变了世界贸易格局。经济史学家威廉·伯恩斯坦有如下描述：

> 秘鲁和墨西哥的银矿是上天的恩赐。很快，数亿乃至数十亿的银币便被铸造出来，构成了全球金融系统。它们是16至19世纪的VISA、万事达和美国运通卡，具有极高的信誉度。举个例子，你如果读到一则关于十八九世纪中国茶叶贸易的报道，说因贸易额巨大，价格都以银圆计，辅以银圆的标记，那么报道中所提到的银圆自然都是西班牙银圆，即八里尔银币。

在欧洲，来自西属美洲的财富开创了一个新的银圆时代，"一种足迹踏遍欧洲各国的财富"。

但是银币的充足引发了一系列新问题。货币供应的增加就像现代政府发行过量纸钞一样，其后果便是通货膨胀。在西班牙，当帝国的财富在经济和政治两个领域都显得徒有其表时，人们困惑了。不无讽刺的是，银币在西班牙境内变得稀缺，因为大部分都被用来购买外国商品而流出，本国的经济活动反而衰退了。

随着黄金和白银的流失，知识分子开始努力弥合财富在现实与想象之间的鸿沟，以及这种预料之外的经济问题所引发的道德恶果。对此，一位作家在1600年描述如下：

> 西班牙崩塌的根源在于，其乘风前行的财富的承载形式通常是合同契约、汇票和金银，而不是能够开花结果、因拥有更大价值而从外部吸引来财富的商品。本国的人民因而破产了。由此我们看到，西班牙缺少黄金和白银的原因就在于拥有的太多。西班牙的贫穷正是它的富有造成的。

4个世纪之后，我们仍然在挣扎着了解世界金融市场，控制通货膨胀。

波托西依旧因其财富举世闻名。今天的西班牙语中仍有一个说法"vale un Potosí"（价值一个波托西），意为"相当值钱"。而西班牙的八里尔银币仍然作为一种充满浪漫色彩的道具活跃在海盗传奇中。但在现实中，它曾是现代世界的基石，支撑起第一个世界帝国，预演并促成了现代经济全球化的可能。

第十七部分

宽容与褊狭

公元 1550 年至公元 1700 年

    宗教改革使得西方基督教会分裂成两个敌对派别,并因此引发了大规模宗教战争。"三十年战争"之后,由于没有任何一方取得胜利,精疲力竭的欧洲进入了一段宗教宽容的时期。欧亚大陆上则有三大伊斯兰势力鼎足而立:奥斯曼土耳其帝国、印度莫卧儿王朝和伊朗萨菲王朝。莫卧儿王朝实行宗教宽容政策,允许印度次大陆上大量的非穆斯林人口继续信仰自己的宗教。伊朗的萨菲王朝创立了世界上第一个重要的什叶派国家。同时,征服与贸易重新划分了世界各宗教的势力范围。美洲的天主教和东南亚的伊斯兰教都在寻求与新征服的领地上的本土宗教和谐共处的模式。

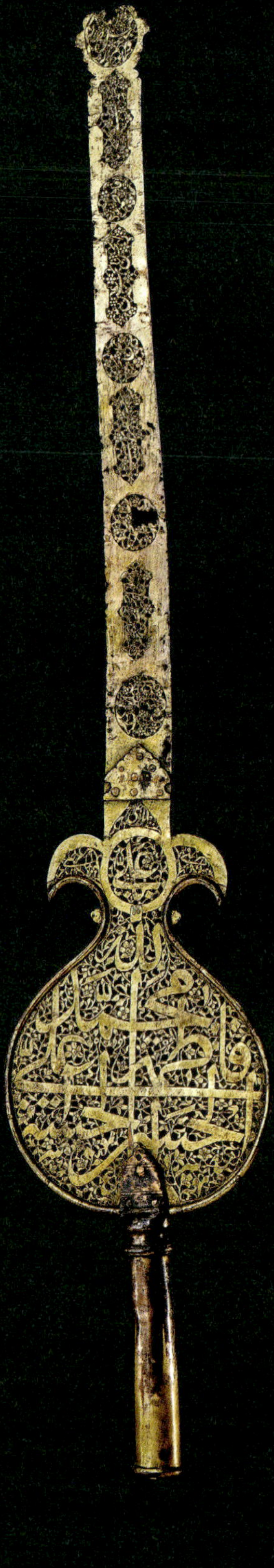

81

什叶派宗教游行仪仗

镀金黄铜游行仪仗，来自伊朗

公元 1650 年至公元 1700 年

伊斯法罕是 17 世纪什叶派伊朗的首都，如今到访此地的多数游客都会惊讶地发现，在这座纯正的伊斯兰教城市里矗立着一座举世瞩目的基督教教堂，其内部到处陈列着银十字架，满墙壁画讲述着《圣经》中的救赎故事。这座教堂是 17 世纪上半叶由阿拔斯一世下令修建的。阿拔斯一世是早期现代伊朗的伟大君主，他的故事可以作为案例，让我们很好地了解 16 世纪至 17 世纪世界各大宗教是如何重新划分势力范围的。这种重新划分最核心的问题在于一个国家是否能同时包容多种宗教的并存。在 16 世纪至 17 世纪的伊朗，答案当然是肯定的。但各个一神论的信仰总是很难长期和平共处，其间的宗教宽容通常会受到质疑且不堪一击。在本节中，我将通过"阿拉姆"——一柄华丽的镀金黄铜仪仗来探索 17 世纪伊朗的情况。阿拉姆原本用于战争，会像战旗一样被带上沙场，但它在 17 世纪被用于重要的宗教游行之中，召集来的不是士兵，而是信徒。

阿拔斯一世是萨菲王朝的一位君主，他于 1500 年前后登基，将伊斯兰教什叶派立为国教，这一状态一直延续至今。此事件与同时期英国的都铎王朝巧妙地形成了呼应。当时的都铎王朝在几乎同一时间将新教立为国教。在这两个国家，宗教都成了国民同一性的关键因素，将本国与敌对的邻国加以区分——信仰新教的英格兰与信仰天主教的西班牙，什叶派的伊朗和所有逊尼派的邻国，尤其是土耳其。

阿拔斯一世与英国的伊丽莎白一世身处同一时代，他怀抱罕见的政治才能以及更为罕见的宗教实用主义。和伊丽莎白一样，他热衷于发展国际贸易与交流。他邀请世界各地的宾客访问首都伊斯法罕，热忱地欢迎来自中国的使节，同时聘请英国人做顾问。他不断扩展自己的疆土，在征战中俘虏了亚美尼亚基督教徒并带回伊斯法罕。这些亚美尼亚人在当地建立起了与中东及欧洲的丝绸和纺织品贸易，获利丰厚。作为回报，阿拔斯一世为他们修建了一座基督教堂。来访的欧洲人会为这里积极宽容的宗教气氛所震惊，基督教徒和犹太教徒各自拥有礼拜场所，在一个穆斯林的国度和谐共存。如此高程度的宗教多样性在当时信仰基督教的欧洲是无法想象的。伊斯法罕当然是伊斯兰教学术的聚集地，在这里，建筑、绘画、丝绸、陶瓷和金属等方面的精湛工艺都是为宗教服务的。

萨菲王朝时期的什叶派伊朗社会高度发达，具有全球意识，经济繁荣，信仰虔诚，这一持续200年的帝国的荣光从这柄制作于1700年左右的仪仗上仍能窥得一斑。它大致呈一柄剑的形状，在剑刃与把手之间有一个圆盘，整体高约1米，用镀金黄铜制成，这是伊朗传统的金属加工工艺，在伊斯法罕尤为发达。来自印度、中东和欧洲的工匠、商人曾汇聚于此，从事交易。

不管采用的风格和工艺有多么国际化，仪仗本身是为什叶派穆斯林庆典准备的，游行时被装在竿子上，高耸于队伍之中。仪仗剑刃的部分被转化成了金银丝装饰的文字和图案。文字是信仰的有效宣言，类似这样的文字也是什叶派伊斯法罕的实体结构的组成部分。

在为基督教徒修建教堂的同时，阿拔斯一世也兴建了沙赫·鲁特法拉清真寺。这是一座文字的纪念堂，建筑的一切结构元素都由铭文凸显与装饰，内容包括真主的话语、先知的预言以及其他神圣的经文。事实上，仿佛正是这些文字撑起了这座建筑。在那为信徒指明朝拜圣地麦加的方向的中央壁龛米哈拉布上方，写着先知的家人的名字，包括穆罕默德本人，他的女儿法蒂玛，女婿阿里和他们的两个儿子哈桑与侯赛因。

大英博物馆展厅中的这柄阿拉姆上也有这些名字，其中阿里出现了3次。他被什叶派穆斯林视作第一任伊玛目，是信徒的精神领袖。这种阿拉姆被称为"阿里之剑"。这柄阿拉姆上还刻着另外10位什叶派伊玛目的名字，他们都是阿里的后代，也同他一样为教捐躯。当这把阿拉姆被高举在街上时，信徒们能看到先知、法蒂玛以及阿

由阿拔斯一世修建于17世纪上半叶的伊斯法罕基督教堂，
将基督教的图像表现法与伊斯兰教的设计相结合

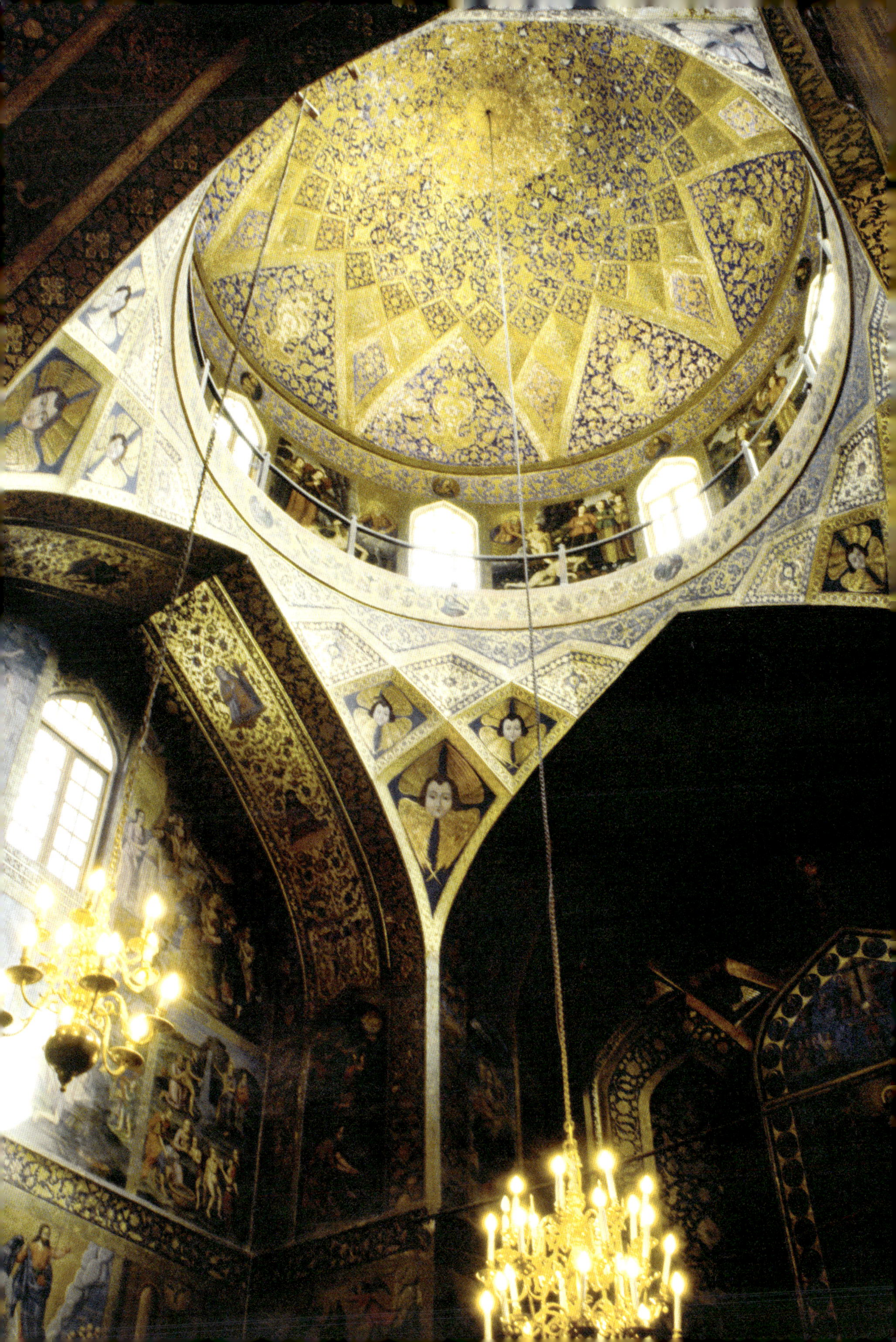

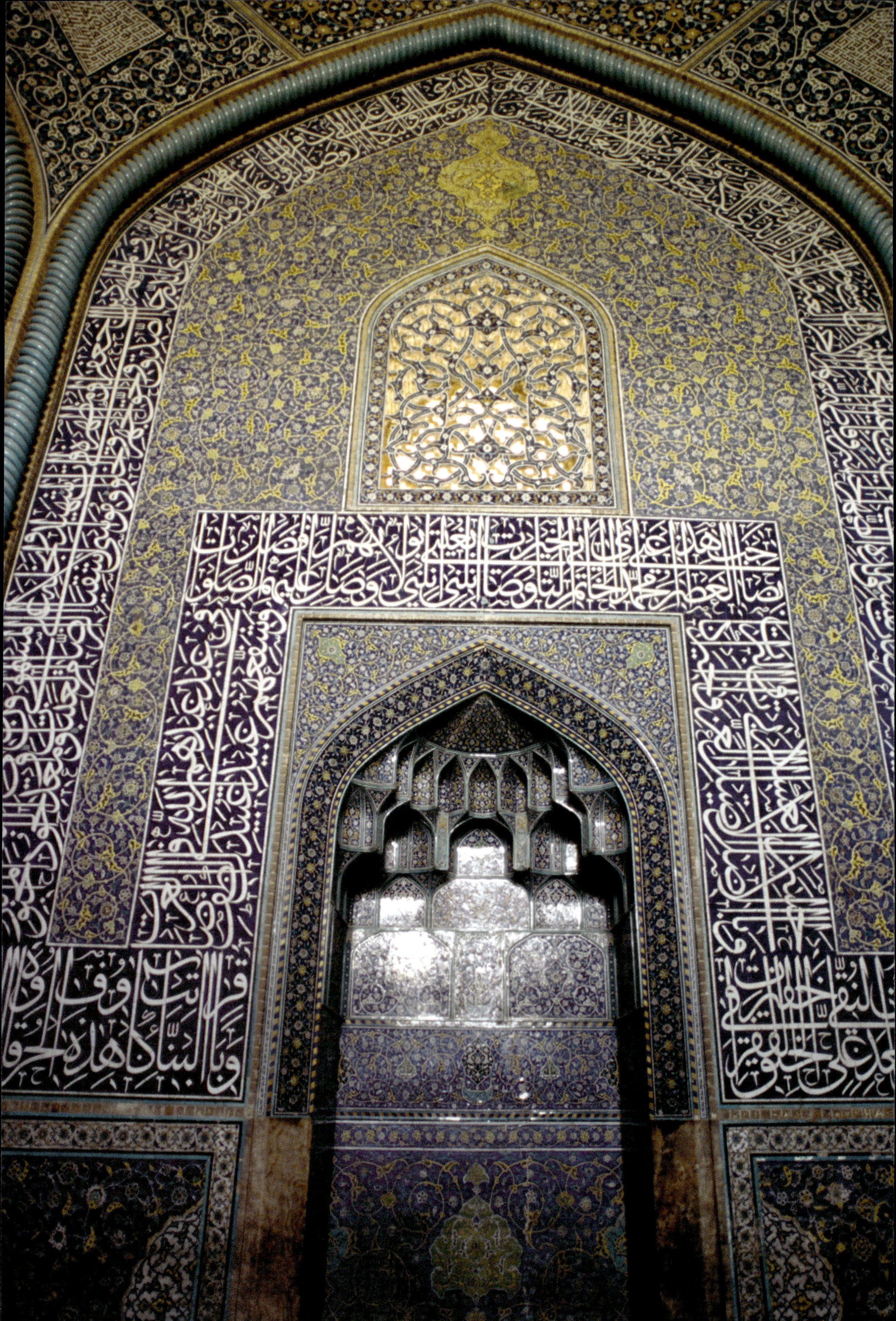

里和其他伊玛目的名字。

什叶派信徒认为伊玛目是绝对可靠的宗教指引者，只能由穆罕默德的家人担任，亦即先知的女婿阿里的后代。而大部分逊尼派穆斯林则相反，他们信奉最初由选举产生的哈里发的权威。先知去世后的几十年里，这种歧异引发了流血冲突，导致阿里与其子全部遇难，这一事件开启了什叶派伊玛目殉教的传统。

萨菲王朝信奉"Ithna 'Ashari"，即"十二伊玛目"。他们认为伊玛目共有十二位，其中殉教的十一位的名字被刻在了阿拉姆上。第十二位伊玛目据称在873年隐遁，被众信徒等待着在真主满意之时复临，在世间建立正义与太平盛世。在此之前，自诩为先知后代的萨菲王朝的君主是隐遁伊玛目的临时代理人。宗教事务的管理权并非掌握在君主手中，而是在乌理玛，即伊斯兰学者和法学家团体手中。他们负责解释伊斯兰教的律法，至今仍是如此。

出生于伊朗的学者哈勒·阿夫沙回顾了数百年来什叶派在伊朗的社会与政治生活中的地位，以及它在1907年宪政革命和1979年伊斯兰革命中起到的作用：

> 有数百年的时间，什叶派一直是伊斯兰教中的一个少数教派，从未当权。它一直饱受争议，游离于边缘地带。萨菲王朝成立后宣布什叶派伊斯兰教为伊朗国教，这才开始建立起一个有层次且有一定政策影响力的宗教组织。这在伊朗历史上是划时代的举措。这一过程持续了几个世纪，其间宗教机构总是处在社会改革的最前沿。例如，在1907年的宪政革命中，宗教领袖要求成立司法机构，制定宪法；1979年的革命也是以"正义"这一在什叶派教义中不变的主题为名的。

这种对正义感的强化也许是着眼于牺牲与殉难的什叶派教义的根本所在。在这柄阿拉姆制作完工的17世纪末，为纪念殉道者之死而精心策划的仪式上有挥舞铁链的苦修者、随节奏律动的人群和音乐唱颂。这表现出了大英博物馆收藏的这柄阿拉姆的矛盾本质。尽管它的形式与名称都类似宝剑，乍看之下充满了必胜信念与攻击性，但它实际上却被用于纪念战败、苦难与殉教的什叶派仪式之中。

如今有一些阿拉姆规格极大。它们不再是金属剑的形状，而成为一种覆盖着装饰布的巨型装置，宽度有时能横跨整条街，但仍然常常只由一个人举着。

沙赫·鲁特法拉清真寺的中央壁龛之上
镌刻着先知家人的名字

我们曾与伦敦西北部伊朗人社区的一位名为侯赛因·波尔塔玛瑟比的长者聊天。他向我们描述了执杖传统在如今的沿袭情况：

> 首先你得是个大力士，因为仪仗很沉，有的重达100公斤。而且不只是重量的问题——大而宽的阿拉姆具有不对称的形状，需要强健的体格才能使之保持平衡。执杖人通常不是摔跤手就是举重选手，身强力壮，赫赫有名。光强壮还不够，你还得是社区里有声望的人物，因为正是社区的传统赋予了你这份认可，并让记忆长久，让你强大。你不停地唱颂，继承传统并将它不断延续下去！

到公元1700年左右，即制作这柄阿拉姆的时期，这种对肌肉的狂热已演化为什叶派仪式的关键因素。但阿拔斯一世在任时期不同宗教的和谐并存却没有在他的继任者手中延续。萨菲末代国王侯赛因对待非什叶派教徒极为严苛，并赋予宗教领袖极大的管理公共活动的权力。也许正是这种宗教压迫促成了他的倒台。1722年，侯赛因的统治被推翻，漫长的萨菲王朝覆灭，伊朗陷入了数十年的政治混乱。但在如今的伊朗，阿拔斯一世留下的影响仍处处可见。虽然伊朗国教仍是伊斯兰教什叶派，但宪法明文规定，基督教徒、犹太教徒以及祆教徒都能自由地在公共场所进行各自的宗教活动。现代伊朗和17世纪时一样，仍是一个多种宗教并存的国家，它对宗教差异的宽容让许多访客惊叹和难忘。

82

莫卧儿王子细密画

纸画，来自印度

约公元 1610 年

在今天的全球政治界，形象几乎意味着一切。我们对领导人精心策划曝光的照片都很熟悉，他们十分清楚和某位王室成员、政治家或名流合影会带来什么影响。而在宗教政治中，在某些情况下，和适当的宗教领袖一起出现的画面甚至更为重要——虽然这也有风险。譬如，与教皇握手的照片也许会为选举带来立竿见影的好处，但也可能引发危险的政治后果。鲜有政治家甘愿冒险让人看到他们接受宗教教诲的场面，更不用说宗教谴责了。

在 17 世纪的印度，权力与宗教的对话和如今一样复杂，也一样拥有高曝光度。但 1610 年留下影像的方式与如今不同，那时没有媒体照片，没有 24 小时滚动播出的电视新闻，只有绘画，而且是以特定受众为目标的绘画。来自印度莫卧儿帝国的细密画表现了君主治下的世界与宗教领袖的领域之间的一种罕见的，也许是独一无二的关系。

16 世纪至 17 世纪，欧亚大陆上三大伊斯兰帝国鼎立：中东与东欧的奥斯曼土耳其帝国、伊朗的萨菲王朝和南亚的莫卧儿帝国，其中数莫卧儿帝国最为富有。1600 年左右，在与伊丽莎白一世和阿拔斯一世同时代的阿克巴大帝的统治下，莫卧儿帝国达到了鼎盛期，此后在其子贾汉吉尔手中继续发扬光大。本节中的细密画正是绘制于贾汉吉尔统治时期，当时的莫卧儿帝国幅员辽阔，西起阿富汗的喀布尔，东至今孟加拉的达卡，绵延 1400 英里。但与伊朗萨菲王朝和奥斯曼土耳其帝国不同的是，

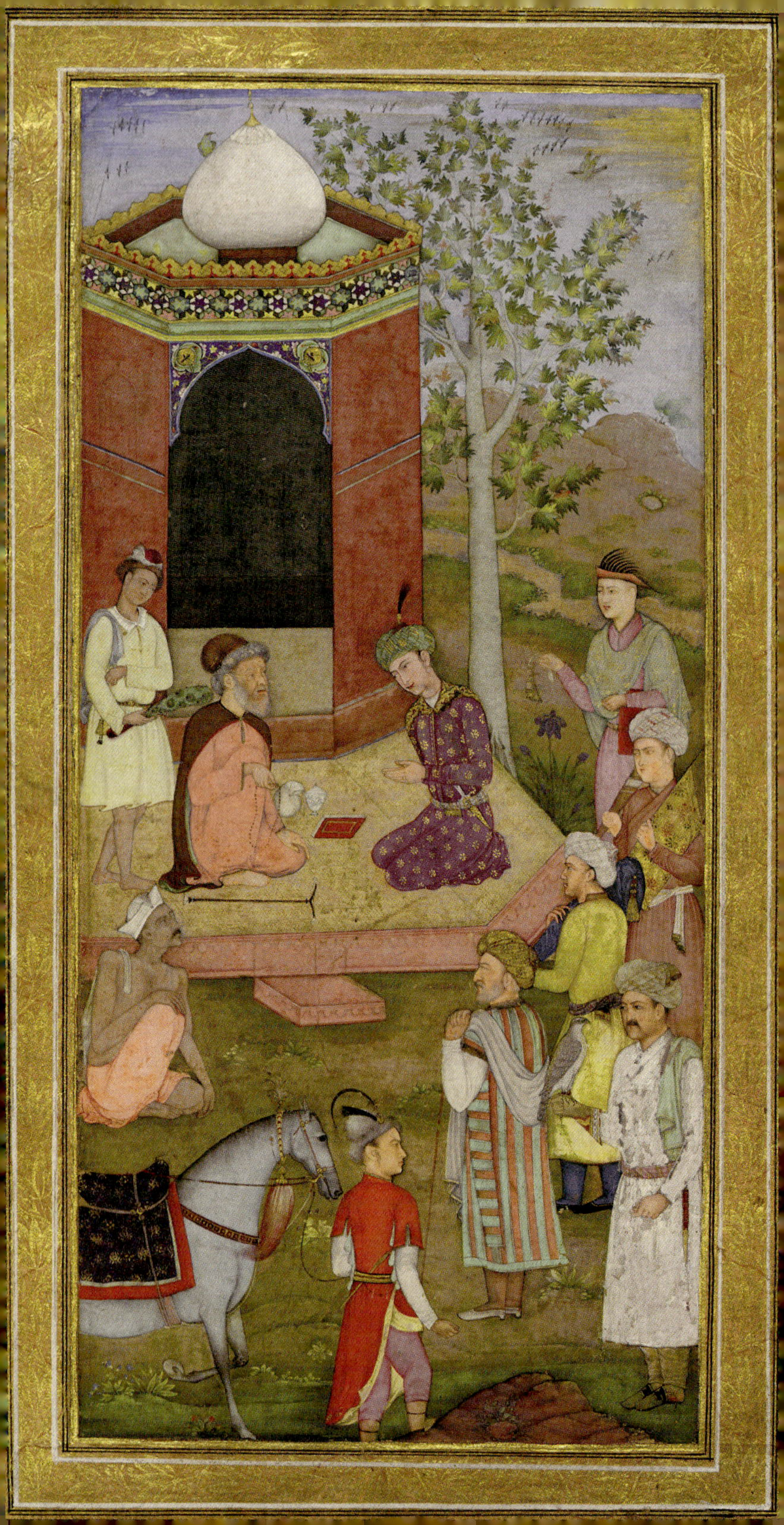

莫卧儿的穆斯林统治者治下的臣民大部分都不是穆斯林。除了耆那教与佛教教徒，印度教教徒约占总人口数的75%。

与基督教徒和犹太教徒不同，印度教教徒并没有被《古兰经》列为"圣书的子民"，因此理论上说，伊斯兰统治者甚至没必要对他们宽容，这一点是莫卧儿帝国的历代统治者一直需要留意的。他们通过采取广泛的宗教包容政策解决了这一潜在的难题。阿克巴和贾汉吉尔得心应手地使多种宗教和平共处。他们的军队中有印度教将领，而与穆斯林或印度教圣人的紧密联系是莫卧儿贵族生活和观念中的一个基础，此外，国家还采取与宗教人物定期会面的政治策略，宣传手段包括登门拜访并利用当时的媒体——类似这幅细密画的绘画作品。

不论在伦敦、巴黎还是伊斯法罕和拉合尔，细密画在各国宫廷中都是很流行的艺术形式。莫卧儿的细密画表明，印度画家对波斯与欧洲绘画的发展十分熟悉。本节中的这幅约有一本精装书大小，绘制于1610年前后，呈现了一位年轻的贵族，也许是莫卧儿王朝的某位王子，拜见一位明显无钱也无权的圣人的情景。圣人位于画面左侧，灰发长须，穿着相对简陋的长袍，戴着头巾，披着斗篷。他面前摆放着一根分叉的棍子，这显然是托钵僧或伊斯兰圣人的手杖或拐棍。他面前的年轻人穿着有黄金装饰的紫色衣服，腰间别着镶嵌珠宝的匕首（贵族必备饰物），戴着的绿头巾则是地位的象征。这两个人物——清贫的苦修僧与衣着华贵的王子，跪坐在一个略高于地面的平台上，后面是座小圆顶亭，明显是个修建于某位备受尊敬的宗教人物坟墓附近的伊斯兰圣坛。一棵精心描绘的树为他们投下阴影，树根处有一株蓝色鸢尾，背景是一片绵延向远方的绿地。

在莫卧儿绘画中，风景通常与人物同样重要。莫卧儿王朝的观赏植物园闻名于世。花园不仅是休闲娱乐的场所，也是对伊斯兰教天堂的隐喻。因此，这样的环境极适合一位富有的年轻人和一位伊斯兰讲道者讨论信仰问题。在这一理想化的场景中，权力与虔诚相遇，二者展开了一番辩驳。

我向莫卧儿绘画专家阿索·库马尔·达斯请教这幅画的意图，以及穆斯林和印度教的人物形象出现在同一张画作里的合理性：

> 这些画起初是专门为国王绘制的，也可能用来描绘国王想接见的王室成员。

渐渐地，这种细密画变得十分普遍，在相册和书籍里常能看到相同或类似的作品。它确实传达了一种特殊的含义：在阿克巴创建其伟大帝国的过程中战事频仍，然而他同时也传达出一个信息，即他所寻求的并非战争，而是友谊。王子与信仰不同的印度教教徒联姻，这对16世纪的穆斯林统治者来说非比寻常。他最亲近的贵族和最重要的朝臣之中有一部分是印度教教徒，他们一直没有改变信仰。国王，或者说统治者的信仰与他们的信仰之间没有仇恨。因此它所传达的信息是，国王不仅能够包容异教，并且十分友好，允许它们在和平与和谐中共存。

大权在握的统治者在圣人的智慧前表现谦卑的画面，在印度有悠久的历史。这种会面传统，与莫卧儿王朝从其伟大先祖成吉思汗和帖木儿处继承下来的宗教宽容政策相得益彰。这是他们在四处征战中表现出的特点，也是他们有别于其他伊斯兰国家之处。贾汉吉尔在其自传开篇便赞美了父亲阿克巴的宽容，与同时代土耳其和伊朗统治者的态度形成了对比。他对阿克巴治下的印度有如下描绘：

> 为对立宗教的学者提供了空间，各种信仰都能存续，通往争端的道路被堵上了。逊尼派与什叶派相遇在同一座清真寺，基督徒与犹太教徒也能走进同一座教堂，分别执行各自的宗教仪式。

英国首位驻印度大使托马斯·罗伊爵士于1617年到达印度。他通过贾汉吉尔在一个常见的醉酒之夜所说的话，明确记录了国王本人施行宗教宽容政策的决心：

> 这位仁慈的君王陷入了对摩西、耶稣和穆罕默德的戒律的争论之中。畅饮间，他十分和善地转向我说："我是国王吧？因此我应该欢迎你。"基督徒、摩尔人和犹太人，谁的信仰他都不加干涉。他关爱他们，保护他们，避免他们犯错。人们生活在他所保障的安全之中，不会受到任何人的压迫。他反复说着这番话。在烂醉之中，他开始哭泣，讲着宗教受难故事，我们直到午夜才得以离开。

不管清醒与否，贾汉吉尔的宽容都令人惊讶。在他巡视自己江山的途中，成千上万的居民曾目睹他拜访圣人，走进庙宇，见证这一多重信仰的社会运作方式的公开展现。但贾汉吉尔对异教奥秘的积极探索似乎也受到个人欲望的驱策。他曾和一位著名的印度教隐士、托钵僧贾祖普进行多次私下会面，并在自传中记录了某一次的情形：

> 他选择居住在一个由人工挖掘并装上门的山洞里……在这个狭小阴暗的洞穴中，他孤独度日。在寒冷的冬日，他虽然除了在身前与身后包裹的一块破布之外近乎全裸，却从不生火……与我会面后他侃侃而谈，给我留下了很深的印象。

从贾汉吉尔的行文来看，这样的会面在莫卧儿统治阶层的政治生活与精神生活中都有着同样重要的意义。这种权贵向贫穷的圣人求教的场面很难在别的国家看到。不管在当时抑或其他任何时候，你都无法想象一位欧洲统治者会被描绘成对宗教教诲恭敬接纳的形象。印度史学家阿曼·纳斯回溯了几个世纪以来印度政治家与宗教圣人的会面：

> 我出生在印度，从小接受当地的文化、文明和历史的熏陶，因此这种场景在我眼里再自然不过，甚至到了今天也没多大改变。政治家和当权者仍旧前去拜访圣人，尽管出发点可能不那么正当。但在我们谈论的这幅画中，信仰远远高于政治和权力。作为另有要事在身的年轻人，王子所习惯的思考方式是，如果得到圣人的祝福，便会国泰民安。没有人强迫他这么做，他去拜访一位苏菲派圣人，面对他自然地俯首，我认为画作的关键正是在于：一位拥有巨大权力、财富及野心的人坐在地上，跪在一位奉献出了一切的圣人面前。印度人有"少即是多"的观念。由于贫困现象普遍，这种"贫乏"反而与神圣相联系。圣洁的人一无所求，只有愚蠢和贪婪的人才觊觎一切，这一说法成了一种补偿的形式。

尽管继贾汉吉尔的时代之后，印度发生了多次政治剧变，但国家兼容并包、平等对待各宗教的传统一直被沿袭下来，成为现代印度的基本治国理念之一。

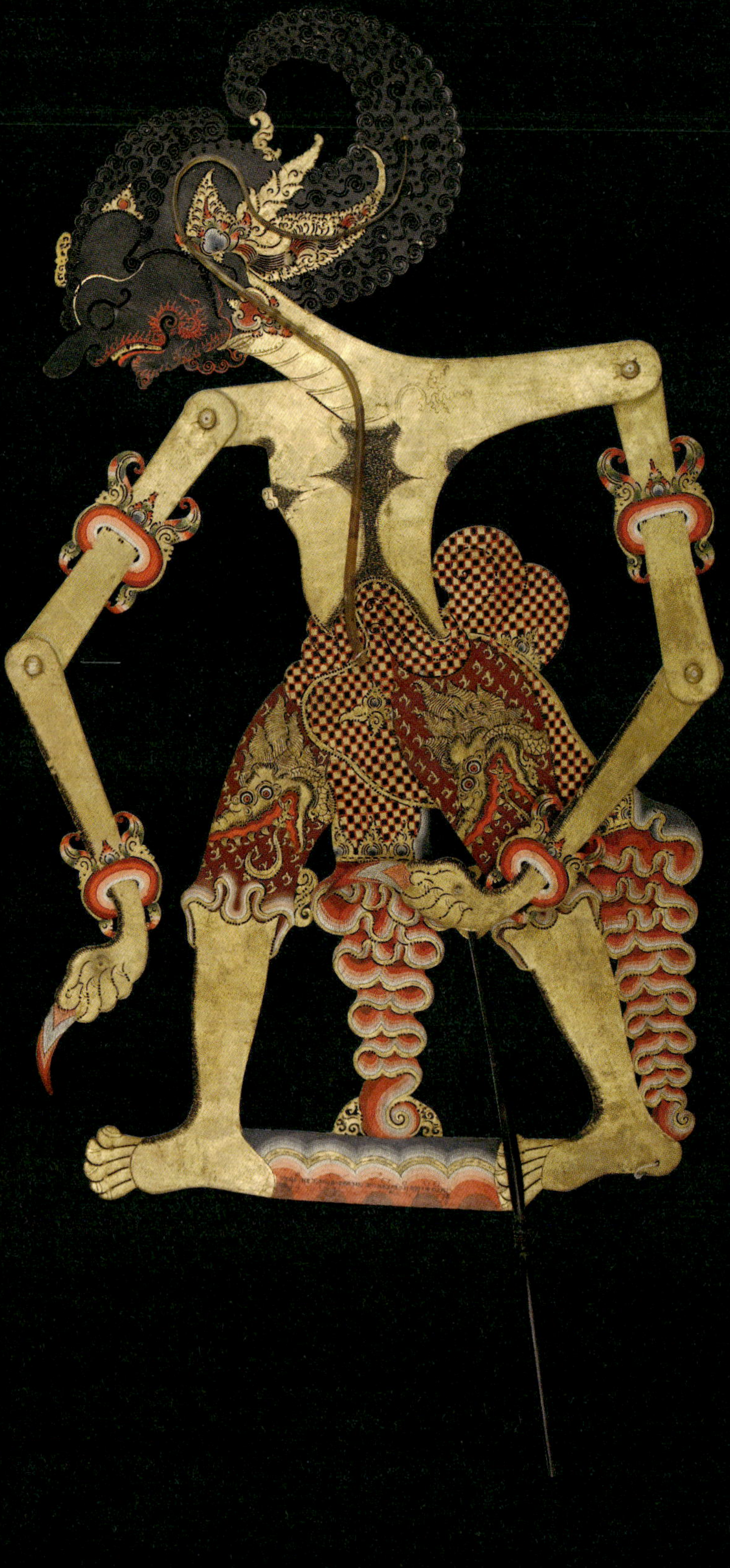

83

皮影戏偶比玛

皮影戏偶,来自印度尼西亚爪哇岛

公元1600年至公元1800年

当幼年的贝拉克·奥巴马被带到爪哇与印度尼西亚籍新继父一起生活时,他在路边看到跨立着的人身猿面的巨型雕像,感到惊讶不已。有人告诉他,那是哈努曼,印度教的猴神。至于一尊印度教神祇的大型雕像何以会被摆放在当今以穆斯林为主的印度尼西亚街头,则有一个涵盖了包容与融合的精彩故事,一种对异教矛盾的温和折中的解决方式,与之前我们看到的任何多元宗教社会都不尽相同。这个故事在一定程度上可以用一张来自印度尼西亚皮影戏院的皮影戏偶概述。皮影这一家喻户晓的艺术形式古老但活跃至今,在传统的基础上又融入了许多当代政治的因素。通过这张戏偶和他的同伴,我们能对始于500年前并影响至今的东南亚政治及宗教变迁做一番深刻的挖掘。

本节中的这张皮影是大英博物馆的数百张藏品之一,制作于距今200年的印度尼西亚爪哇岛。它高约70厘米,用僵硬而戏剧性的轮廓勾勒出一个男性角色,名为比玛。比玛的五官分明,近似漫画风格,鼻子极长,长而细的双臂末端各长着一只大爪子。身上是类似蕾丝的精致镂空装饰,可以在表演中让影子夺人眼球。比玛的脸是黑色的,但衣着是镀金的,佩戴的装饰色彩艳丽。虽然现在他毫无生气,看起来也十分脆弱,但他曾经在爪哇宫廷的通宵表演中让观众如痴如醉。这种表演从古至今一直被称为皮影戏。

皮影的外形是15世纪至16世纪时最突然的一大宗教变革的产物。当时,西班牙人正努力让新大陆居民改信基督教，而伊斯兰势力则扩张到了今天的马来西亚、印度尼西亚和菲律宾南部等地。到公元1600年，大部分爪哇人成了穆斯林。但远在伊斯兰教到来之前，皮影就已经是爪哇人生活的一部分了。比玛这个人物也不止闻名爪哇，在整个印度都家喻户晓，因为他是伟大的印度教史诗《摩诃婆罗多》中的角色。不过这一印度教的角色在爪哇是由身为穆斯林的皮影艺人表演给穆斯林观众看的。这点似乎无人在意，印度尼西亚的皮影戏院如今仍在不断融合印度教、伊斯兰教及其他异教的元素。

制作类似比玛的皮影直到今天仍然是项高技术工作，需要各行工匠通力合作。它的用材为经过特别准备的水牛皮，需要通过不断刮擦和拉伸，直到皮革变得薄而透亮。戏院的爪哇语说法"Wayang Kulit"正是以这种原料命名的，意为"皮革戏院"。这块皮之后会经过镀金和描画等步骤并安上可活动的胳膊，身体和四肢上固定用犀牛角制成的把手，用以控制它的动作。

在历史上，皮影戏院中的演出都是通宵进行。放置在皮影艺人头顶后方的油灯将皮影的影子投在白幕上。部分观众——通常是女人和孩子——坐在幕后观看，而男性则坐在观众席上。皮影艺人被称为"dalang"，他们不只要控制皮影的动作，还要指挥伴奏的加麦兰乐团。

当今著名的皮影戏艺人苏玛萨姆告诉我们顺利完成一次皮影表演有多复杂：

> 你需要控制皮影，有时一人要同时控制两三个甚至多达六个皮影，还要清楚什么时候该给乐队演奏的信号。此外，皮影艺人当然还得给皮影配上对话，有时还需要唱歌来营造气氛，表现不同的场景。他得调动起四肢，而这一切都是在盘腿而坐的状态下完成的。这份工作很有趣，但也很富挑战性。演出的故事情节可以调整，但结构通常是一致的。

皮影戏院里上演的故事大部分选自两部伟大的印度教史诗，《摩诃婆罗多》和《罗摩衍那》，均创作于2000多年前。这两部史诗在爪哇流传甚广，因为在伊斯兰教成为爪哇最大的宗教之前，印度教和佛教是当地的两大信仰。

和公元800年启迪了婆罗浮屠（第59节）的佛教、创造了《摩诃婆罗多》的印度教类似，伊斯兰教也是通过将印度尼西亚与中东及印度相连接的海上贸易路线传入爪哇的。爪哇的统治者很快发现了成为穆斯林的优势：除了宗教本身的吸引力外，它还让爪哇与当时的伊斯兰世界的贸易往来更便利，同时也有助于处理与奥斯曼土耳其和莫卧儿印度这两大穆斯林势力之间的外交关系。这一新宗教在众多方面都为爪哇带来了巨大改变，但就整体而言，爪哇本地的文化与信仰并未完全被伊斯兰教取代，而是逐渐将其化入了自身。

对此，新上任的伊斯兰统治者似乎泰然接受，他们时常光顾皮影戏院欣赏那些一如既往流行的印度教故事。观众始终能一眼认出比玛的皮影。他在《摩诃婆罗多》中是5个英雄兄弟中的一个（你可以通过网上的动画了解他们的战绩），是他们中最伟大的战士。他出身高贵，个性坦率，像天神般强壮，据说力气与1万头大象相当。他同时也爱开玩笑，还是个手艺高超的厨师。他用如利爪般尖利的指甲碰一下敌人就能置其于死地。

皮影戏中通常以红脸来表现恶毒与残忍的反面角色，而比玛的黑脸则代表了内心的镇定与沉着。它的外形表明伊斯兰教元素已经融入了传统的印度教艺术，就这一点，只需将爪哇皮影和附近巴厘岛上一直保持着印度教信仰的皮影进行对比便一目了然了。爪哇岛的皮影比玛长着漫画式的鼻子，手如鸟爪，而巴厘岛的则具有比较圆润自然的面部特征，其四肢与身体的比例也更切合实际。如今，很多爪哇人都认同这些差异是宗教因素造成的。爪哇的穆斯林工匠特意对传统的印度教皮影的形态做了改动，以回避伊斯兰教不能为人与神制作肖像的禁忌。据说，在16世纪至17世纪时有人一度试图禁止皮影表演，是著名的穆斯林圣人苏南·吉里想出了这个改变皮影外形以免犯忌的妙计。这个皆大欢喜的折中对策也许可以对这张皮影古怪的外形做出解释。

今日的印度尼西亚有2.45亿人口，是世界上人口最多的伊斯兰国家。在那里，皮影表演仍然十分活跃。出生于马来西亚的作家欧大旭陈述了现代皮影戏的作用：

> 如今大家仍然密切关注皮影表演的内容。这种艺术形式在不断推陈出新，不断产生令人激动的新用途。虽然皮影戏的主体仍取自《摩诃婆罗多》和《罗摩衍那》，但年轻几代的皮影艺人常常会在表演中加入生活化的幽默内容，偶尔

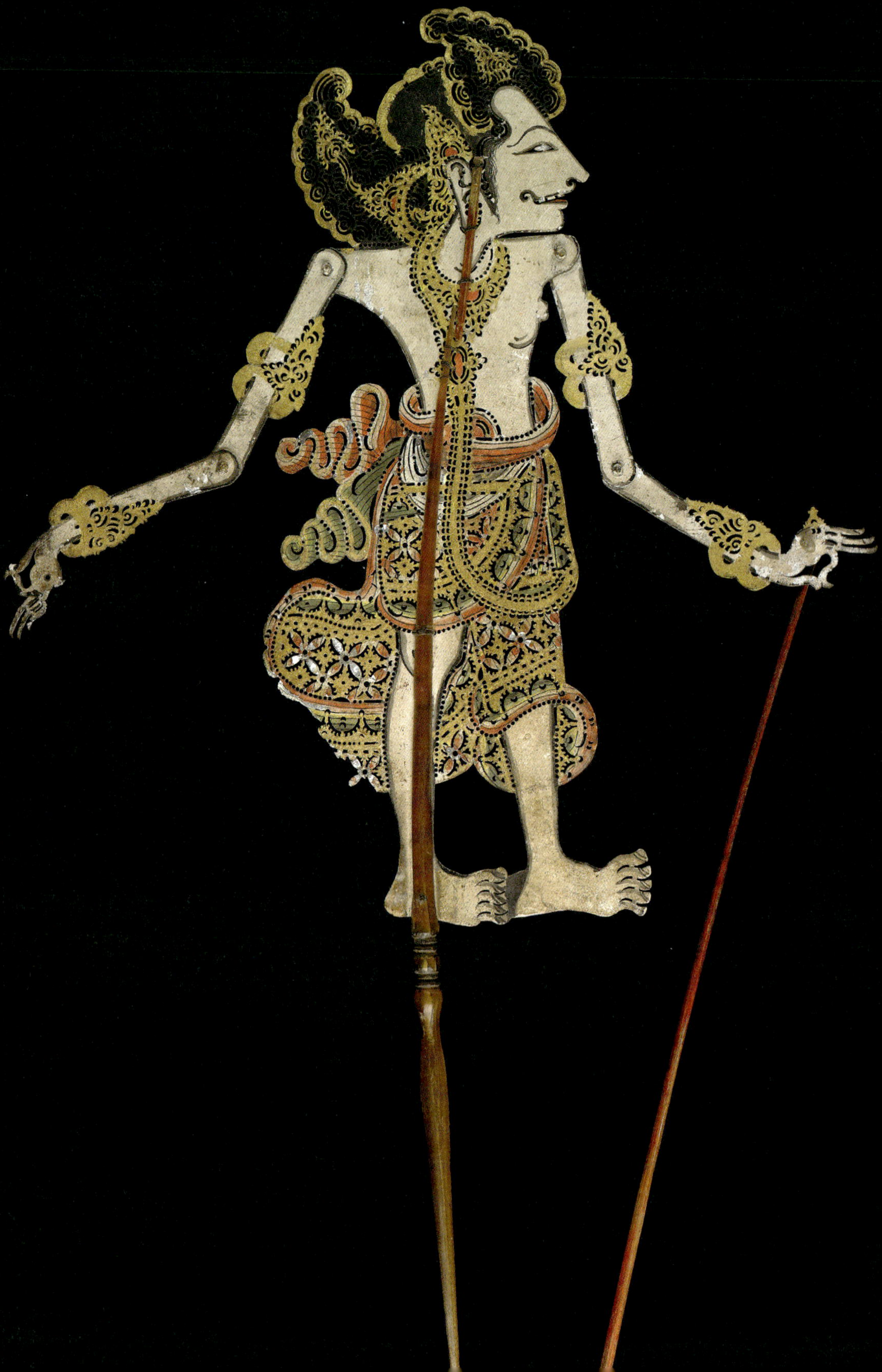

也会对印度尼西亚的政坛进行粗俗的评论。这一点在其他地方很难复制。我记得1997年经济危机过后，在雅加达上演了一出名字大致可译为"昏睡的舌头"或"沉默的舌头"的独角戏。时任总统的哈比比被塑造成一个名叫噶冷的滑稽角色，他身材矮小，眼睛细而亮，为人无比真诚但总是事倍功半。因此，从多个方面来看，皮影戏都已经成了针砭时弊与政治的源头，这一形式是易于审查的电视、报纸和广播所难以实现的。皮影戏拥有更强的可塑性，更容易接触到普通老百姓，因此也更难为政府所控制。

然而会利用皮影戏影响力的不仅是在野党。前总统苏加诺，即二战后摆脱荷兰统治而独立的印度尼西亚的第一任总统，也喜欢和皮影戏角色扯上关系。他尤其爱以比玛这正义而强大的战士形象自居，爱和普通百姓一样说话，不使用精英的话语。他也常被喻为操控印度尼西亚人的皮影艺人，他替他们发声，带领他们走进新的国度，引导他们写下民族史诗，在1967年被罢免前，他在领导印尼的20年间正是这样做的。

然而这张皮影为什么会出现在大英博物馆呢？答案也仍旧在于欧洲政治。1811年至1816年间，作为在全球范围内抗击拿破仑治下法国的战略之一，英国占领了爪哇。到任的英国新总督莱佛士爵士（也是其后新加坡的"发现"者）是一位严谨的学者，对各时期的爪哇文化都抱有相当的热情（第59节）。和历任爪哇统治者一样，他在赞助皮影戏表演的同时也收集皮影。这张比玛便是他的藏品。英国的短期统治也能解释另外一个现象——在穆斯林的雅加达，年幼的奥巴马在街上看到印度教神祇时所乘坐的车靠左行驶。

来自巴厘岛的皮影"比玛"面部较自然

84

墨西哥手绘地图

绘制在树皮上的地图,制作于墨西哥特拉斯卡拉

公元 1550 年至公元 1600 年

什叶派的阿拉姆、莫卧儿细密画和爪哇皮影都是不同宗教通过合理而积极的方式和谐并存的文化的写照。在 16 世纪至 17 世纪的印度、伊朗和印度尼西亚,宗教宽容标志着治国有方。但在同时期的墨西哥,以征服工具身份到来的基督教,被当地土著接纳的过程极为缓慢。500 年后的今天,墨西哥有 80% 的人口信仰基督教,而其间墨西哥的地表景观也发生了变化:入侵者推倒了阿兹特克帝国各地的神庙,建起教堂取而代之。在今天看来,这似乎是一种文化对另一种文化最为野蛮和彻底的更替。

在墨西哥宪法广场,西班牙总督的官邸直接修建在被摧毁的蒙提祖马宫殿的遗址上。附近还有阿兹特克神庙的废墟,它的神圣区域多被庞大的敬献给圣母马利亚的西班牙巴洛克式教堂占据。从宪法广场的变迁来看,1521 年西班牙对墨西哥的入侵似乎对当地传统的方方面面都是一次毁灭性的打击,这与人们的所闻相符。不过真实情况并非如此突兀,也较为有趣:当地人保留了自己的语言,在大部分地区也保留了自己的土地,尽管西班牙人无意中携入的致命病菌让很多土地空了出来并被西班牙移民占据。本节中的文物将向我们表明这种复杂的信仰融合是如何实现的,其中西班牙人采取的方式和当地传统的弹性同时起了作用。

这是一幅带注解的地图,宽约 75 厘米,高 50 厘米,用一张十分粗糙的纸(实际上为被打薄的墨西哥树皮)绘制。地图上的几何线条也许代表了田地的划分,上

面标记的名字则表示土地所有者。一条蓝色的小河以波浪线表示，画着脚印的分岔路代表交通大道。地图上还绘有图案——中间是一棵树，树下有3个穿着欧洲服饰的人，还有两座用鲜艳的蓝、粉、黄三色绘制的带钟楼的大型教堂，它们是地图上主要的图案，分别为圣芭芭拉教堂和圣安娜教堂。

这份地图所绘制的是一片位于墨西哥城东部特拉斯卡拉省的地区。当地居民曾经饱受阿兹特克统治者的压迫，因此积极地配合了西班牙人击垮阿兹特克的战争（第78节）。这足以解释为什么地图上许多土地所有人的名字有西班牙定居者与当地印第安贵族通婚的痕迹。这是两个民族之间进行卓有成效的融合，并产生了一个全新的混血统治阶层的证明。更令人吃惊的是，类似的融合也出现在教会中。例如，之前特拉斯卡拉的大部分地区由本地神祇多西守护，她是墨西哥诸神的祖母。但在战争之后，守护神的角色被基督教传统中基督的祖母圣安娜所取代。祖母也许是改了名字，然而在本地信徒眼中，她在很多重要方面的特征都不大可能被颠覆。

在西班牙统治下的墨西哥社会，宗教是民众生活中除疾病外意义重大的新方面。在16世纪20年代与入侵者一同到来的基督教传教士们改变了当地的宗教面貌。军事征服在很多地区是充满暴力的，但信仰的转变通常并非是强制性的：传教士是真诚地想把真正的信仰灌输给他们，因而认为强迫人去改变信仰是没有意义的。但就算很多印第安人自愿改信基督教，我们也很难相信他们会欢迎他人捣毁本地原先的宗教场所，然而这一行为是西班牙宗教政策的关键。西班牙征服美洲10年后，圣方济各会的一名传道士如此吹嘘教会在墨西哥取得的新的胜利成果：

> 超过25万人接受了洗礼，500座神庙被摧毁，26000多座印第安人曾崇拜过的神灵雕像被推倒和焚毁。

地图上所耸立的圣芭芭拉和圣安娜教堂，其中一座明显是建立在被捣毁的当地庙宇的旧址之上。艺术史学家塞缪尔·艾杰顿对这一行为有如下说明：

> 墨西哥有许多教堂都修建在原有的异教庙宇的地基上。这是个极为巧妙的策略，因为修建在旧有庙宇上的新教堂更容易让印第安人接受。教堂的中心建

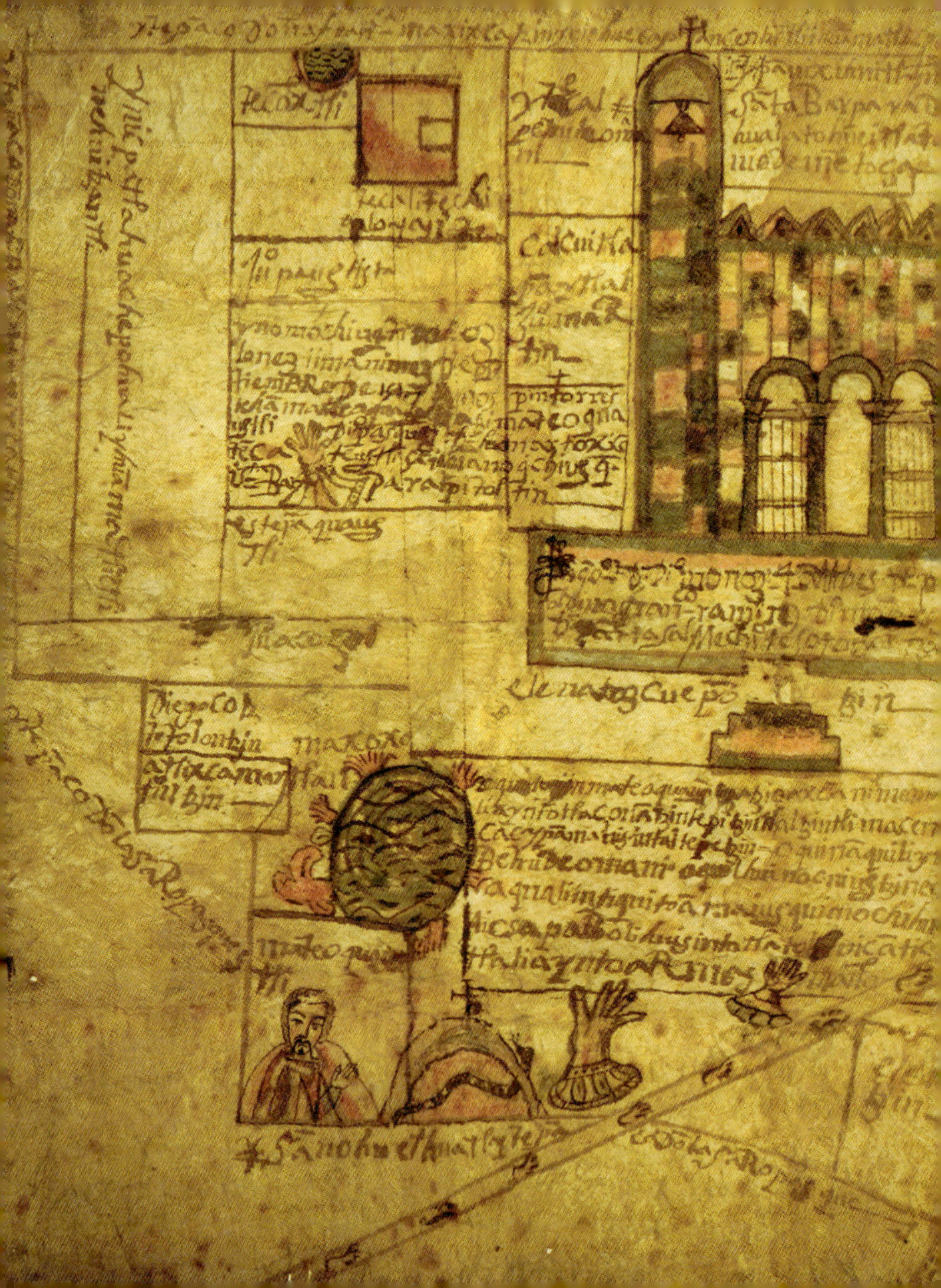

y nicomyttalialtepepe... pue
yuic atteyco mia cho caliq̃ue y mic m...
ysato Baypanohue mec otle ylio co...
petru Deoliui maten... tuis pa...
bis ogto m Auegno chi ue y ma ce...
ca gtlhua ca i nic opa... y pil na gi...
chi vual... na

Diego Doscisla

...na ro qui to que i hua hued quema ceatic...
chihua cto De apa... yn telmo pia lia ta...
na ca ndi tla to... nal hino quic chili...
que i ni pi pil hua... chihua yn tlaxi to...
ca gtni theq—... ni pat hue Hab:B p... te...
o qui celi ti... ma tla cam ti Ver paxi...
vtl: 1468... ande 15 De mayo

guag... Haliguit tepe huch...
la my to ca y y o ci tla pin...
u nicoli an mer Bn...
vey... qua nti pi ta cec
huchigno ntiye
nog tlati que pep na...

oe Rn...
oqui huang mc...
me ni hua y uicta...
nico y to com i hu...
nico tca o y l...
hachau tl...
op pioa...

tomacolco

Cueid...

a meali cat qui qui mitti a gefra co...
y pil huati hni hua

ACOLHVA...

筑之前常有一片大院落，如今通常被称为前庭或天井。这是传教士在墨西哥修建教堂时采取的一项革新。因为起初当地教堂总是很小，无法容纳所有被带来皈依基督教的印第安人，只好让全部人都站在大院子里，由神父在户外礼拜堂布道。这样一来，将教堂作为"皈依的会场"使用就简单多了。

地图上的这两座教堂——两个皈依的会场——是在具备了道路、水道和房屋的环境之中建造的。人名和地名都是混合了西班牙语和当地的纳瓦语写就的：比如，圣芭芭拉教堂位于名为圣芭芭拉达玛索尔克的村庄里。"达玛索尔克"意为蟾蜍之地，蟾蜍明显在基督教传入之前便拥有宗教地位，不过如今已经消失。作者在地图上画了一只蟾蜍，于是两种宗教传统在这个拥有古怪名称"蟾蜍之地的圣芭芭拉"的地方共同延续下去。

它们同样也在改变了宗教信仰的人们心里延续。地图上有这样一段话——胡安·伯纳比对妻子说："我的姐妹，让我们赋予我们的后代以灵魂，种下会成为我们回忆的柳树。"这让我们对其私人的信仰有所体会。胡安·伯纳比虽然以两位基督教圣徒的名字冠名，但明显仍然相信对其后代的救赎需要通过当地传统中与自然世界的交流来完成，而并非借助去附近的天主教堂做礼拜。二者至少是同样重要的。

在被入侵者称为"新西班牙"的这片土地上，新出生的婴儿像胡安·伯纳比一样，在接受洗礼后拥有了基督教教名。但也像胡安·伯纳比一样，他们并不会因此而成为纯粹的基督徒。之后的改革者继续破坏本地古老的宗教仪式和社会习俗，将咒语、占卜和佩戴面具划为巫术或邪教而加以惩罚。但仍有很多仪式靠着当地人的坚忍顽强得以保存。最令人惊奇的例子也许要数现代的墨西哥亡灵节，它将基督教到来之前敬拜祖先的仪式和基督教的万灵节相结合。这是全然墨西哥式的庆典，至今仍被热烈庆祝，在每年的 11 月 2 日，世人追思逝者，用艳丽的服饰装饰骷髅和头骨，演奏节日音乐，献上特别的供品和食物——一种同时承袭了印第安本土宗教仪式和天主教信仰的节日，而前者的影响更大。

地图上出现的纳瓦语也勉强保留了下来。据 2000 年进行的一项调查显示，墨西哥如今仅有约 1.49% 的人能说这门语言。但最近，墨西哥城的市长表示希望所有的政府工作人员都去学习纳瓦语，以复兴这门古老的语言。其实很多纳瓦语词汇一直

瓜达卢佩圣母教堂前拥挤的人群

为大家所用，比方 tomato（西红柿）、chocolate（巧克力）和 avocado（牛油果）等，只是很少有人知道它们源自纳瓦语。还有一点必须提及，纳瓦语中没有任何与宗教有关的词汇流传下来，想来也许不足为奇，因为它们早在当初传教过程中便被消除了。

500 年过去了，如今的墨西哥人越发渴望重振自己在西班牙人到来之前的历史传承，将其作为塑造自己民族身份的一部分。但在宗教方面，基督教的影响仍然是无可匹敌的。尽管 20 世纪时曾发生过大规模的共产主义反教会革命，但就如生于墨西哥的历史学家费尔南多·塞万提斯博士所言，墨西哥和天主教信仰之间的关系仍然是无法一刀两断的：

> 墨西哥社会有着非常强烈的反宗教、反教会的民族主义意识。但十分矛盾的是，就算是最坚定的无神论者也无法否认自己在供奉，比如说，瓜达卢佩圣母。基督

教根深蒂固的基础在这里得到了强烈体现。如果你身为墨西哥人，便不能不与基督教产生关联。你从这里就能看出早期的基督教化有多么强大的威力，能让影响力发挥至今。

塞万提斯博士所说的一切，实际上包括地图上所展现的基督教影响下的墨西哥的一切，而这在很大程度上都可以从墨西哥城城郊的瓜达卢佩圣母教堂里看到。它是世界上拜访人数第二的基督教圣地，仅次于梵蒂冈。1531年12月，在西班牙人到来后不过10年，圣母马利亚便在一座阿兹特克神庙的遗址上向一名被西班牙人称为胡安·迪亚戈的年轻人显灵。她要他相信自己，并展示神迹，将自己的形象印在他的斗篷上。其后在胡安目睹圣母显灵之处便修建起一座教堂，斗篷上的图案也创造了奇迹，使众多世人皈依了天主教，教徒也蜂拥前来瓜达卢佩。在很长一段时间里，基督教的神职人员都担忧这是一种在阿兹特克神庙遗址上对阿兹特克女神崇拜的延续。但经过几个世纪的演变，这两种宗教的融合已被证明是势不可当的；如今，瓜达卢佩因游客数量过多，只好安装传送带将人送达圣像面前。1737年，瓜达卢佩圣母被奉为墨西哥的保护神。2002年，教皇若望·保禄二世宣布胡安·迪亚戈这位出生于蒙提祖马时代的年轻人为全世界天主教会的圣徒。

85

宗教改革百年纪念宣传画

木版印刷，来自德国莱比锡

公元 1617 年

如今，当你打开电视或是报纸，总会遭到一个又一个周年纪念日的狂轰滥炸——某事件 100 周年，或是某事件的 200 周年。在这种纪念的狂热中，我们当下的通俗历史似乎有以百年纪念的形式来书写的趋势，并且以书籍、展览、T 恤和特别纪念物等作为辅助。那么这种周年纪念习惯到底始于何时？答案将我们带回 17 世纪时为获得宗教自由而进行伟大抗争的北欧。现代周年纪念仪式似乎始于德国，即 1617 年的萨克森选侯国。当时所纪念的是发生于 100 年前的著名事件：据传在 1517 年，马丁·路德操起一把锤子，将自己内心的宗教宣言——《九十五条论纲》钉在了教堂的大门上，由此引发的一场宗教骚乱最终演变成了宗教改革运动。本节中的文物便是一张为百周年纪念而作、印在宽幅纸上、表现路德著名举动的贴画。这不仅仅是一场庆典活动，也是做好了开战准备的宣告。

1617 年制作这张宣传画时，欧洲新教徒正面临着危险莫测的未来。新年伊始，罗马教皇通过公开祷告，呼吁天主教国家团结起来铲除异教。他实际上是在呼吁天主教会武装起来反对改革运动。在很多人看来，一场可怕的宗教战争一触即发。作为回应，新教徒也意欲找寻一种方式来召集支持者迎战，但与天主教会不同，他们缺乏一个能够直接向信徒发号施令的中心权威，因此需要另觅途径来表明改革是上帝对世界的安排，普通民众无须通过神父便能感受到上帝的恩泽，罗马教廷腐败不堪，路德的改革才是拯救所有灵魂的根本之道。最为重要的是，他们急需一种对自己过

Göttlicher Schrifftmessiger/wolde[r]
löbliche/Gottselige Churfürst Friederich zu Sachsen/2c. der Weise
nemlich die Nacht für aller Heiligen Abend/1517. zur Schweinitz dreymal na[ch]
Johann Tetzels Ablaßkrämerey/ an der Schloßkirchenthür zu Wittenberg angesch[lagen]
GLeIch aM ersten reChten

...würdiger Traum / welchen der Hoch...
...aus sonderer Offenbarung Gottes / gleich jtzo für hundert Jahren /
...er gehabt / Als folgenden Tages D. Martin Luther seine Sprüche wider
...llen jetzo jubilierenden Christen nützlich zu wissen / in dieser Figur eigentlich fürgebildet.
...chen LVtherjCchen IVbeLfest.

Schweinitz

Leo X.

去的阐释，来为新教徒提供面对可怕未来的力量。

在此之前，没有哪个特殊的日期或时刻被确定为宗教改革的起点。但是萨克森的新教徒领袖意识到，路德第一次公开挑战教皇权威的英雄壮举——把他的《九十五条论纲》钉在位于萨克森的威登堡城堡教堂的大门上——发生在1517年10月31日，距当时正好100年。基于对媒体公关的灵敏嗅觉，他们发起了现代意义上的第一次百年纪念。现代人熟悉的所有狂欢场面、道具当时都已具备：仪式、游行、纪念品、徽章、绘画、印制的训诫以及这张宣传画——描绘了那一关键时刻的木版印刷画。它至今被新教徒视为他们狂热的宗教之旅的起点。

宣传画的构图较满，但所传达的信息十分明确：上帝托梦给萨克森选帝侯，揭示了马丁·路德的历史性作用。画面上的选帝侯正在熟睡。在他下方，路德正就着从天堂射下的一束光阅读《圣经》，领受上帝赐予的福泽。路德抬起了头，光芒照在他面前的书页上：经文书写的是上帝的话语，阅读它就是与上帝相逢——而这一切并非发生在教堂内。这就是最为直白的宣言：对新教徒来说，阅读《圣经》是信仰的基础活动，是一种借助新的印刷技术，让所有信徒都可以各自在家进行的活动。

这张宣传画制作于莱比锡，此地在1617年是欧洲印刷业的中心。据宗教史学家凯伦·阿姆斯特朗介绍，当时北欧整体的宗教模式已经因为对阅读上帝话语的推崇而发生了改变：

> 在这幅图中可以明显地看出对阅读经文的推崇。在此之前，宗教注重的恰是倾听语言之外的事物。信众所关注的通常不是语言、概念或论题，而是图画、圣像、音乐和仪式。而印刷术的发明促进了路德思想的传播，文字在各方面都应用得更加普遍。这自此成了西方宗教的一种烦扰，因为如今我们都困在了文字无尽的迷宫之中。印刷术让信徒第一次拥有了自己的《圣经》，这彻底改变了他们的阐释方式。

若没有印刷术，宗教改革也许无法成功。宣传画上文配图的方式表明，在文字印刷广为流行的同时，图像的使用仍然十分频繁。在17世纪的欧洲，大部分人依然目不识丁，就算在城市里也只有不超过1/3的人能够阅读。兼有图像和少量关键词的印刷品是大众宣传中最有效的工具。甚至今日我们都清楚，出色的漫画常常能在公开辩论中起决定性作用。

这件印刷品的前端呈现了路德在教堂门上书写的情景，他拿着全世界最大的鹅毛笔写出"Vom Ablass"字样，意为"论豁免权"——这是他对教廷出售豁免权的尖锐攻击文章的标题，针对教廷让信众在有生之年付给他们金钱以减少死后灵魂涤罪时间的举措。出售豁免权在德国引发了对教廷尤为强烈的不满。路德的鹅毛笔一直延伸到画面中央一座标示着"罗马"的带城墙的城市，并径直穿过了一头蹲踞其上、标着"教皇利奥五世"字样的狮子的脑袋。仿佛这样还不够，它还戳去了以人类形象露面的教皇头上的冠冕。这是古往今来最为强大的一支笔，它所传达的信息虽然粗糙，但是一目了然——阅读经文启迪了路德，他借笔之力终结了教皇的权威。

这一类的木版印刷是最早的大众传媒工具——一次可印数万张，每张的价格降至几芬尼，相当于一对香肠或是几品脱麦芽酒的价格。讽刺漫画被钉在酒馆和市场里，引发了广泛议论。这完全就是流行艺术，相当于八卦小报或针砭时弊的杂志，和《私家侦探》异曲同工。我们就此询问了这份杂志的编辑伊恩·希思洛普：

> 这张宣传画的编辑完全做到了你想要的效果。他吹捧他的英雄，将敌人妖魔化，把他先变成动物，之后又表现为一个可笑的人物，一个表情茫然、帽子被人戳掉的蠢货。从这支大笔上掉落了许多小笔，因此人人都能拿到一支——这与书写有关，与文字有关，也与印刷术有关。因为《圣经》如今可被印刷，于是我们发现自己接近了天堂，上帝的话语从天堂直接落到了书页上。
>
> 正因如此，你和上帝之间不再有神父，也不再有教皇，什么都没有。我喜欢这幅画的一点是它给人阅读杂志的体验。上面的大幅画面以及明显为漫画风格的戏谑语，附以很多确保你能完全领略其含义的说明。以我的德语水平看不懂上面的很多笑话，但这幅画给我很强的带入感，可以想象上面有人在说"所有进入此地的人一起废黜教皇"，或是拿着笔的路德说"这是上帝之笔"，不过很多严谨的天主教徒会回应："没错，但你的阐释过于倾向路德了。"实际上我希望他们的戏谑会更高明一些，不过图片已经很清晰地表明了它所要传达的思想。我觉得这一点它做得相当棒。

宣传画的受众明显是广大普通百姓，但它也预设了一位特别的读者：萨克森选帝侯。如果宗教分歧最终导致了公开的战争，新教徒唯有得到官方的武力庇护才能生存下去。1617年的萨克森选帝侯应该与他在1517年的前辈一样坚决，德国其他的新教徒统治者也该如此。

战争在第二年，即1618年爆发，在中欧造成了长达30年的破坏。1648年，精疲力竭的双方都认识到这不过是场两败俱伤的斗争。30年交战中的牺牲让勉力参与的双方意识到，长期和平必须通过天主教与新教之间实际上的宽容与法律上的平等来达成。

在本书的这一部分，我们了解了17世纪世界各地不同社会对待宗教差异的态度所带来的政治影响，包括天主教与新教，逊尼派与什叶派，印度教与伊斯兰教。伊朗的萨菲王朝和印度的莫卧儿帝国或多或少达成了和平共处的局面，而基督教的欧洲则陷入了战乱。然而在17世纪80年代，英格兰哲学家约翰·洛克在《论宗教宽容》一书中提出了在欧洲出现皆大欢喜的结局的可能性：

> 包容宗教信仰上的异见者符合《福音书》的教义，也合乎理性。人们竟然无视这一如此清晰的观念，实在是非常荒谬。

信仰的方式是多样的，这一通过昂贵而惨痛的代价换取的信念，改变了欧洲人的学术与政治生活。因此在1717年，路德于教堂大门上钉论纲事件的200周年纪念日到来之际，人们制作了新的海报，同时整个欧洲大陆将要展开一场与宗教改革同样影响深远的革命，在很多方面它也可以说是宗教改革的结果——启蒙运动。

第十八部分

探索、剥削与启蒙运动

公元 1680 年至公元 1820 年

  欧洲启蒙运动（1680–1820）时期，科学研究与哲学思想得到了蓬勃发展。虽然启蒙运动常与理性、自由、进步相提并论，但这一时期也是欧洲帝国主义扩张的时期，跨大西洋奴隶贸易到达了顶峰。航海业的重大发展使欧洲水手得以对太平洋进行更深入的探索，夏威夷和澳大利亚的原住民文化因而第一次与外部世界接触。欧洲与世界其他大洲之间的对话和交流、艰难的贸易、误解以及直接的冲突使这一段历史矛盾重重，又多半以种族镇压和社会分裂而收场。不过，欧洲并非世界上唯一经济繁荣增长的地区：许多欧洲人一致认为清朝治下的中国是历史上帝国治理的最佳典范，而它也正经历着自己的启蒙运动。

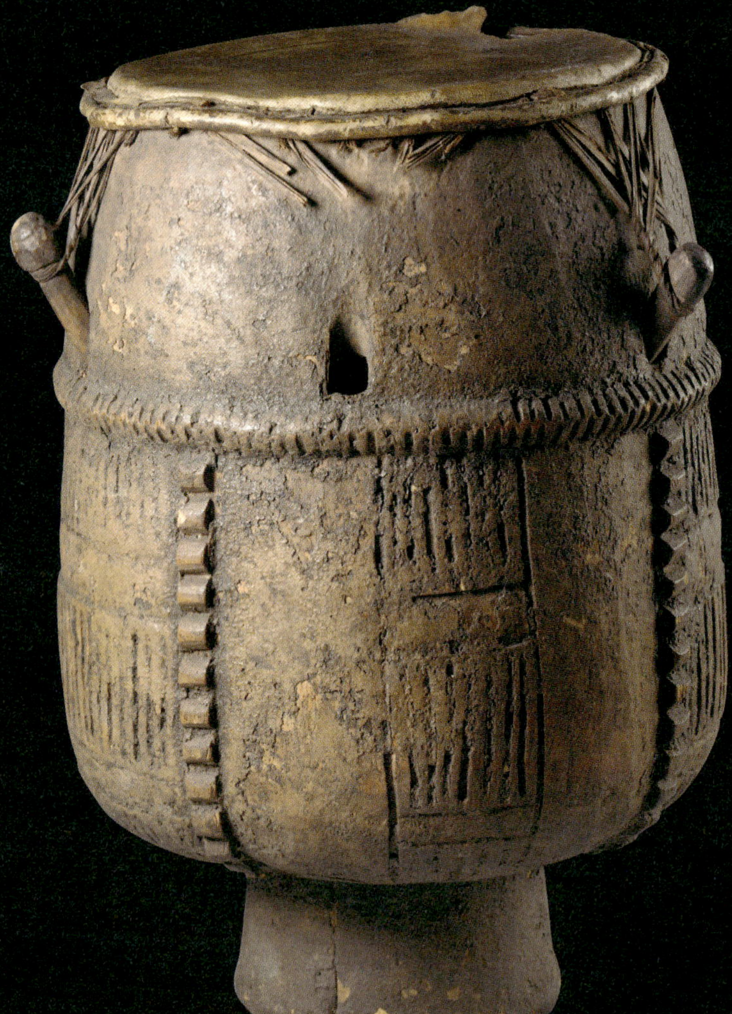

86

阿坎鼓

鼓，制于西非，发现于美国弗吉尼亚州

公元1700年至公元1750年

爵士乐的真正精神是一种愉快的反抗，反抗惯例、习俗、权威、平庸乃至伤痛——反对限制人的灵魂，反对一切阻碍灵魂自由翱翔之物。

这是美国黑人历史学家J.A.罗杰斯在20世纪20年代就爵士乐本质写下的文字。爵士乐是一种自由与反叛的音乐，它的历史可以追溯到18世纪非洲和美洲之间那段进行奴隶贸易的黑暗岁月。当时，鼓随奴隶们一起从非洲被带到美洲，而音乐赋予了这些流离失所的被奴役的人一种声音，让他们将不同族群联结起来，创造出了一种最终跨越各大陆的语言。在主宰了整个20世纪非裔美国人的音乐传统中，类似这样的鼓占据了首要位置。布鲁斯和爵士乐只是从中衍生的两种广为人知的音乐类型。鼓是一种蕴藏着痛苦或风霜的反叛音乐，是自由之音。

这是大英博物馆藏品中最早的非裔美国人的物品。它制作于非洲，被带到美洲，最终被送到了英国。从它和类似的物品中我们能重新发现关于历史上规模最大的被迫迁徙的故事。这些彻底孤立无援的人被禁止携带任何物品，但音乐就在他们心中。与此同时，有一两件乐器也被运上了船，正是它们开始了美国的黑人音乐。普林斯顿大学教师克瓦米·安东尼·阿皮亚认为：

这些鼓对生命而言举足轻重，如果能带一只去新世界，它就能成为随身携带的故乡记忆的源泉。这正是那些被夺去自由的人拼命抓紧的东西之一。

1753 年，大英博物馆成立不久，欧洲与世界各地区的交流——启蒙运动中搜集全世界知识的事业——正在全力进行。博物馆成立之初，藏品主要来自汉斯·斯隆爵士的遗赠。他是一名爱好广泛的爱尔兰医生，藏品包括科学设备、植物标本和各种材料、动物标本以及来自世界各地的有趣的手工制品。这面鼓也是他的收藏之一，于 1730 年前后在美国弗吉尼亚州寻获。18 世纪时，人们普遍认为它属于美洲印第安人。直到 1906 年，一位博物馆工作人员提出异议，认为它更像是来自西非。他的这一推测此后被皇家植物园和博物馆的同仁进行的科学检测所证实。现在我们知道，鼓的主体由非洲破布木制成，这种木材在西非十分普遍，而其余部分，即木桩和绳索，也来自同一地区的木材和植物。毫无疑问，这是一只非洲鼓，1730 年时它已经从西非远渡重洋来到了弗吉尼亚。

第一批非洲奴隶是于 1619 年抵达英属北美地区的。他们被欧洲船只运抵美洲殖民地，作为日益扩展的种植园劳动力。他们一开始种植的是蔗糖和水稻，之后是烟草，最后才是最为人知的棉花。到 18 世纪早期，奴隶贸易为欧洲海洋霸主和西非统治者带来最为丰厚的利润。计有 1200 万名非洲奴隶先后被运到美洲，使欧洲和非洲双方都获益不浅。继承了双方血统的瓦米·安东尼·阿皮亚如是说：

> 我总喜欢告诉别人，我父母祖上都出现过奴隶贩子。我的英国先祖与加纳先祖中都有人参与奴隶贸易。你得明白这是一种贸易关系。到 18 世纪时，在这面鼓的来源地、我的成长之处阿善提地区，人们十分依赖奴隶贸易。他们外出作战，抓获大批人口，将他们送到海岸边，用以交换来自欧洲的货物，其中包括不少助他们发动更多战争的枪支。

这面鼓是阿坎人的物品，该民族建有阿善提和芳蒂两个王国。它极有可能来自非洲宫廷，也许曾是某个鼓乐团中的一面——音乐和舞蹈都是构成非洲社会生活和仪式的基本元素。

我们推断，这面鼓被带上了一艘运奴船，但并非奴隶所为，因为他们不能携带任何物品。也许它是送给船长的礼物，或是由一位酋长之子携带的——我们知道作为一种教育方式，他们有时会随奴隶前往美洲。在船上，鼓完全与奏乐娱乐无关，它的用途被荒诞地称作"让奴隶跳舞"：

> 船一装满（奴隶）便立即起航。这些可怜的家伙，眼里还望得见自己的故土，就陷入了疾病与死亡之中……唯一能使他们活命的方法就是为他们演奏乐器，尽管收效甚微。

奴隶被带上甲板，被迫随着鼓点的节奏跳舞，以保持身体健康，克服抑郁情绪。奴隶船主很清楚，后者很可能导致奴隶自杀或大规模反抗。在美洲种植园里，奴隶一度被允许敲鼓奏乐。但没过多久，奴隶主便开始担心这种再度成为大众交流方式的鼓乐非但不会防止奴隶反抗，反而是一个激发因素。事实上，在1739年的南卡罗来纳州，鼓确实成了奴隶召集武装反叛的工具。因此殖民地当局立法禁止使用非洲鼓，将其归为武器。

将这只鼓带回伦敦的汉斯·斯隆本人也是牙买加的一位奴隶主，他出版了世界上第一本奴隶音乐集。他也对奴隶使用的乐器做了描述，并解释了牙买加当局最终决定禁止其使用的原因：

> 起初，奴隶可以随意吹奏喇叭、敲打用一截中空的树做成的鼓庆祝他们的节日……但他们在非洲故乡时常常将其用于战争场合，于是人们唯恐这样也会引发他们在此地的反抗。因此，岛上明令禁止擂鼓奏乐。

斯隆在18世纪早期收集的这只阿坎鼓，也许便是种植园没收的一只。它高约40厘米，木制鼓身上雕刻着图案，脚座较小。有趣的是，鼓面上蒙的是鹿皮，几乎可以肯定来自北美印第安人之手，很有可能是与当地美洲土著交易所获。在18世纪的美洲，非裔与土著之间的复杂关系常常为人忽略，但实际上他们有大量的贸易往来，甚至也存在通婚。一些美洲土著也拥有奴隶，包括其他土著或者非裔奴隶。这段历史不常被人提起，但它为这面鼓在18世纪被错判为印第安鼓提供了一点佐证。

这面鼓所承载的故事正是全球范围内的被迫迁徙：沦为奴隶的非洲人被运送到美洲，美洲土著因奴隶种植园的不断扩展而向西迁徙；这面鼓本身也从非洲带到弗吉尼亚，并在故事的最后来到了伦敦。至此，最精彩的部分开始了。一些奴隶的后代如今也来到了伦敦，这些昔日奴隶买卖各方参与者的后代——英国人、西非人、非裔加勒比海人如今共同生活在一个国际化大都市里。阿坎鼓成了21世纪典型的伦敦"居民"。生活在伦敦的非裔美籍剧作家、大英博物馆理事邦妮·格里尔解释道：

> 这面鼓本身让我想起航行和跨越。我横穿大西洋来到此地，它也是如此。对我而言它代表了我的祖先经历过的旅程。许多英国黑人的祖先也一样。
>
> 作为同时拥有非洲和美洲土著血统的美国人……它象征着我的两个组成部分，这同样也是许多非裔美国人和许多加勒比海人的组成部分……我一直说，这些物品的最重要之处在于，它们一直陪伴着被迫离开故土和熟悉的环境的我们。它们的身份实则随着我们身份的变化而变化。它们陪伴我们在这里扎下根来，欣欣向荣。我们是它们的一部分，它们也是我们的一部分。因此再没有比这里更适合它的地方了。

这面鼓是许多对话的记录者。而下一件文物所记录的不是对话，而是误解。它来自世界的另一端，是詹姆斯·库克船长的收藏品。它无法发出声音，却也是一段文化碰撞后意味深长的证词。

87

夏威夷羽毛头盔

羽毛头盔，来自美国夏威夷

公元 1700 年至公元 1800 年

1778 年，探险家詹姆斯·库克船长乘坐"决心"号横渡太平洋，希望在加拿大北部探寻到一条连接太平洋和大西洋的西北航道。他没能发现这一航道，却重新绘制了太平洋地图。他一路标记海岸线与岛屿，收集动植物标本。1778 年底，他与船员在夏威夷登陆，第二年年初重返此地。我们无从想象，当年的岛上居民如何看待这些欧洲水手，因为他们是 500 多年来第一批到访夏威夷的岛外人。不管当地人如何理解库克的身份，他们的国王赠给了库克一大批贵重礼物，其中便有若干个首领头盔。这些稀有而珍贵的物品用红、黄两色羽毛制成。库克把这种举动理解成一位统治者对另一位统治者表示认可的方式，无疑是荣誉的象征。但数周之后，库克便被这些送头盔的人所杀。一定有哪个环节出了大错。

这便是当时夏威夷人送给库克船长及其船员的头盔之一，如今已成为欧洲人在与其他洲居民接触中产生致命误会的生动象征。我在本书的开头提过，在普遍的人性基础上，物品在不同人群之间通常会起到沟通的作用，而非隔阂。但有的物品却会让我对这一点产生动摇。我们是否真能了解一个截然不同的社会看待这个世界及其自身的方式？我们能否找出指代那些我们之前一无所知的概念的对应词汇？

18 世纪的欧洲探险家都致力于精确描绘海洋地图，尤其是未知的茫茫太平洋，库克船长便是其中贡献尤为突出的一位。在精美的埃及藏品来到大英博物馆之前（第 1 节），馆内最受欢迎的要数库克船长在南太平洋的航行中带回的物品，人们可借此

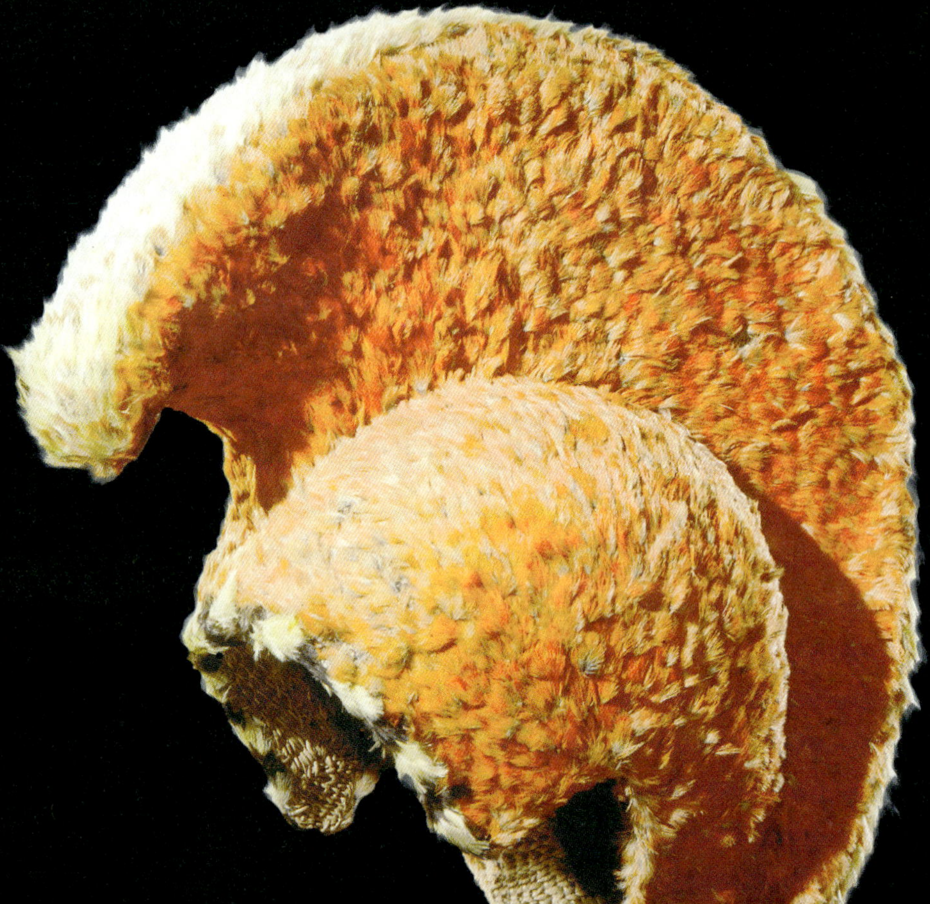

一窥新奇而陌生的世界。当时最珍贵的藏品便是这个夏威夷羽毛头盔,它十分精美,覆于其上的黑色、黄色和红色的羽毛似乎只要轻轻一动就会掉落。它的设计和古希腊头盔一样紧贴头部,但在顶上却有高耸的冠一直延伸到脑后,如同莫西干人的发型。冠顶错落地点缀着红色与黄色的羽毛,头盔整体呈猩红色,前檐上有一道黑、黄两色的镶边,其颜色鲜艳明亮,能让头盔的佩戴者更显卓尔不群。红色的羽毛来自猩红蜜鸟,它是旋蜜鸟的一种。黄色的羽毛则来自蜜雀,这种鸟几乎通体为黑色,只有少数羽毛是黄色的。人们首先要抓住这些小型鸟类,拔下羽毛后放生或是杀死,之后再将羽毛不厌其烦地一片片粘到用枝条编成的细网状头模上。羽毛是夏威夷岛上最珍贵的原料。它们相当于墨西哥的绿松石、中国的玉石或欧洲的黄金。

这个头盔从各方面来看都是一位君主的所有物,它也许曾属于夏威夷大岛上的最高首领。大岛是夏威夷群岛中面积最大的岛屿,距美国本土约3600公里,岛上从公元800年左右便有波利尼西亚人居住;在那个海洋扩张的时代,这一族群也同时在复活节岛和新西兰定居。在公元1200年至1700年间,他们似乎完全与世隔绝。库克是这500年来第一个来访的外人。但他带给土著的惊讶也许多过土著带给他的。在与世隔绝期间,夏威夷人发展出了自己的社会结构、风俗习惯、农业和手工业技术;这些看似陌生而充满异域特色的事物,对欧洲人而言却并非无法理解。人类学家、波利尼西亚文化专家尼古拉·托马斯认为:

> 库克船长一行到达波利尼西亚群岛之时,为眼前的社会所震惊。它拥有自己的复杂精密的社会组织形态……尤其在夏威夷,卓越的王国将所有岛屿联系起来,并在各岛屿之间发展出了复杂的贸易网络。他们所见到的复杂而充满活力的社会有着自己独特的美学和文化形式,其方方面面都让欧洲人难忘……这样的文化现象究竟是如何在远离各个古典文化中心的地区发展起来的?

它在很多方面都与18世纪的欧洲有共通之处。大量的人口由贵族与神职人员组成的精英阶层统治着。在这一阶层下有许多专业人士:工匠和建筑工人、歌手和舞者、系谱专家和医生。再之下是占人口大部分的渔民和农夫。羽毛头盔的制作者可能是专业匠人。来自夏威夷茂伊岛的凯尔·拿卡纳鲁阿研究过这个头盔:

你可以计算一下，一只鸟上每次可以拔下 4 根用得上的羽毛，而一个头盔由大概 1 万根羽毛组成，你就能知道制作这个头盔要用多少只鸟了。在某一段时间之内，酋长让专门的扈从负责采集、储存和保养这些羽毛，然后再将它们制成类似的物品。仅收集、保存、加工便需要一支 150 人至 200 人的团队。集齐一件羽毛制品所需的羽毛甚至可能需要几代人的努力。

向神进贡以祈求五谷丰登、祛病消灾，或是在战前取悦神之时，首领要穿戴羽毛头盔与斗篷来和神取得联系。这套羽毛服饰类似中世纪骑士的头盔和铠甲——都是由首领穿戴的极为耀眼的服装，方便属下在战斗中紧紧跟随。最重要的是，它们能让人靠近神。鸟类本身即是在天堂与世间穿梭的灵魂使者和神意的具象，用鸟羽制成的服饰能给予穿着者神的庇佑与超人的力量。对此，尼古拉·托马斯还认为：

> 羽毛是极为神圣之物，不仅因为它们好看而吸引人，也因为它们与神性相关。在神话传说中，众天神以披着羽毛的血染的婴孩形象出生，羽毛也在一定程度上浸染上了神圣的力量以及与另一个世界的联系，尤其当它们是神圣的红色或黄色的时候。

这些概念对库克船长来说并不陌生。当然，英国国王并不是披着羽毛出生的，但他们依然是被神赋予权力的君主，在以鸟的形象表现圣灵的礼拜仪式中，也会穿上精美的长袍，行使祭司般的职责。库克似乎认为这个社会从本质上看与自己的社会并无二致，从而没能理解夏威夷人独有的神圣概念，更不知道这种概念为种种骇人的禁令所限定。"Taboo"（禁忌）一词便来自波利尼西亚语，兼有神圣和致命两种含义。

1779 年，库克船长重返夏威夷，正值岛民在和平时期祭祀神祇龙诺的节日。他被当作至高无上的首领接待——人们向他致意，给他披上巨大的红斗篷，戴上头盔。也就是说，他是被当作具有神祇地位的首领而被顶礼膜拜的。他在岛上平安地待了一个月，其间修复船只，精确地测绘了当地的经纬度。之后，他继续向北航行。但一个月后，一场突如其来的风暴迫使他折返夏威夷。而这一次岛上的情况却截然不同。当地已进入了祭祀战神库的时节，船员们不再受到欢迎，他们和当地居民之间冲突不断，船队中的一艘小艇也被偷走。库克打算使用老对策，邀请土著酋长上船，将他作为人质扣押，迫使当地人将船归还。但当他和酋长在凯阿拉凯库亚海湾行走之时，酋长的手下发动了攻击，在接下来的混战中，库克被杀。

为什么会发生这样的事？真相是否真如一些学者的推测，夏威夷人一开始将库克当作天神崇拜，之后却发现他不过是个普通人？我们永远无从了解。库克的死成了人类学中诠释误解的经典案例。

但夏威夷群岛本身则因为他的到来而永远地改变了。欧洲和美洲的商人带来了致命的疾病，传教士则改变了岛上的本土文化。不过这一地区从未沦为欧洲的殖民地，一位当地首领利用库克船长首先发展起来的社会联系，建立了独立的夏威夷王国，直至在一个世纪之后的1898年被美国吞并。

在本节的开头我所提出的疑虑，即人到底能在何种程度上理解一个迥异的社会，这正是18世纪的旅行家们所面临的一大难题。曾在"决心"号上与库克船长共事的外科医生戴维·山姆威尔就与外部世界交流的问题展开了深入的思考。他用令人称道的谦逊态度记录了自己的观察：

> 我们无法信赖自己对这些我们本就知之甚少的符号和词汇的解释，对于它们的意思，我们充其量只能给出猜想。

这是对跨文化交流存在限制的一个有益提醒。如今我们已经无从了解，在18世纪70年代，羽毛头盔这种物品对夏威夷人来说究竟意味着什么。正如尼古拉·托马斯所言，我们唯一能够确定的是，它们对21世纪的夏威夷人而言具有了全新的意义：

> 它是海洋传统艺术的代表，也是某段惨痛历史起点的特殊交流时期的表现物。而这段历史至今仍在缓慢地发展着。夏威夷人依旧在坚称自己的主权，努力在世界上打造一片独特的空间。

而对于来自瓦胡岛的卡赫鲁库拉这样的夏威夷人来说，这件羽毛制品在如今的某一特定政治争端中也起着自己的作用：

  对我们夏威夷人来说，它象征着曾失落的过去，也象征着能重塑的今天。它象征着我们的酋长，也象征着失去的国度和领导权。这是夏威夷人的失落。但它也激励着我们走向未来，重建国家，从美国的控制中寻求独立。

88

北美鹿皮地图

绘制在兽皮上的地图,来自美国中西部

公元 1774 年至公元 1775 年

18 世纪中期,一位睿智的中国人来到伦敦,对当时英国和位于海峡对岸的邻居法国之间滑稽、激烈而又血腥的敌对状态做出了如下评论:

> 英法两国似乎都认为自己是欧洲强国中的领头羊。虽然二者只间隔一道狭窄的海域,两个民族的性格却截然不同,而且他们都从近邻处学会了惧怕和敬仰对方。如今他们正身处一场极为惨烈的战争之中,死伤惨重,双方都怒不可遏,其原因却只是一方想比对方多穿一点皮草。
>
> 而开战的托词则是一片千里之外的土地。那里极为寒冷与荒凉,令人生畏,并且从远古时代起就为一个民族所固有。

这位中国游客其实是虚构的人物,乃作家奥利弗·戈德史密斯在 1762 年出版的《世界公民》一书中所创造的近代格列佛般的角色,旨在告诉英国人他们的行为在世界其他地区的人看来有多么荒唐可笑。这里提到的战争是英法之间的七年战争,它是一场争夺亚非美三洲领土及贸易权的持久战。而"令人生畏"的土地则是指加拿大。戈德史密斯的观点很明确,英法两国是在掠夺这些国家的合法居民的土地。他们以探险为名来到此地,而后开始剥削。

战争从加拿大一路南移,这张绘制在鹿皮上的地图便呈现出英国新占领的部分

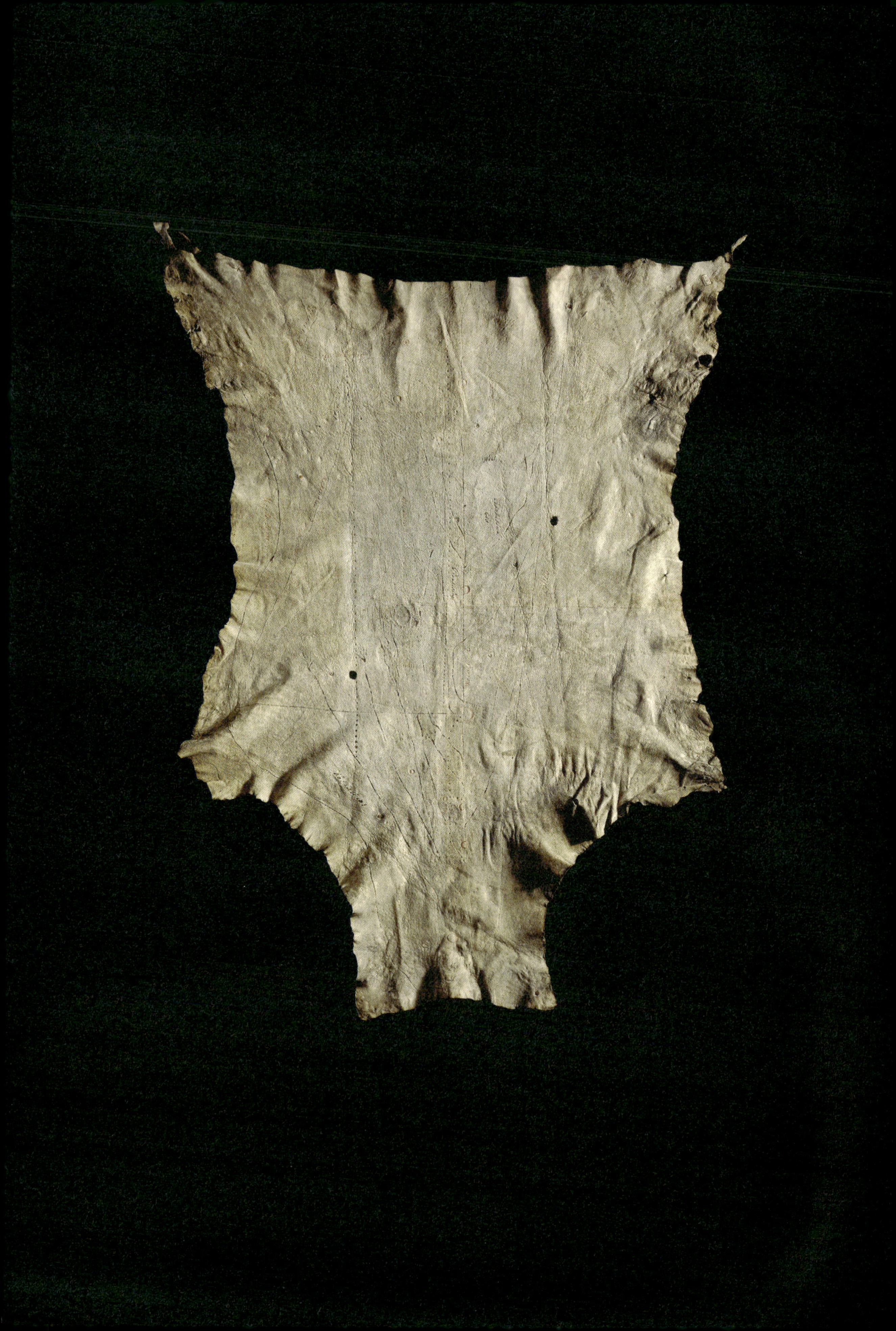

土地。他们让法国的防线不断后撤，从五大湖区直至密西西比，最南端到达圣路易斯。这张地图由一位美洲原住民于1774年绘制，他们正是戈德史密斯所提到的这片土地从"远古时代"起的固有主人。这件文物能让我们了解从1763年英国将法国彻底赶出北美到1776年美国独立战争爆发的13年间的情况。

七年战争使英国政府控制了原有殖民地以西、从五大湖直至密西西比的广大地区，其中便包括这张地图所绘制的区域。法国人离开了，英国政府官员却不得不开始与同胞作斗争。英国殖民者向西部开拓的热切需求威胁着之前与原住民领袖们达成的协议，此外，他们又与当地部落签订非法的土地合约，为未来埋下了隐患。这张地图便是为其中的某一桩土地交易而绘制的。它向我们展示了不同世界相互遭遇的过程，以及迥异的设想世界的方式之间的碰撞。他们所商议的土地界限也代表了两种拥有不同理念、精神和社会生活的文化之间的界限。对欧洲人来说，测绘地图是实现控制的一项核心技术——一则是在世界范围内寻求知识的技术控制，二则是军事控制。但对美洲原住民来说，地图测绘代表的完全是另一种东西。

这张地图长约100厘米，宽约126厘米，形状则完全是整张鹿皮的原样。这头鹿本身也具有极强的存在感，因为我们能看出它是如何被猎杀的：鹿皮上有两个洞，一颗滑膛枪的子弹曾从鹿的右肩部位进入，穿透左后侧腹，无疑击中了心脏。它必是被一名熟谙狩猎之道的一流射手所猎杀。鹿皮上地图的线条如今只留下一点依稀的痕迹，但与现代地图进行比较时，我们仍能看出它所记录的是俄亥俄河与密西西比河交汇处形成的V形区域间超过4万平方英里的土地。它位于密歇根湖正下方，即未来的伊利诺伊州、印第安纳州和密苏里州的所在地。

这是1763年后英国的开拓公司意欲开发的区域，而这张地图正是此间入侵的开拓者和美洲原住民之间众多对话的记录之一。靠近地图中央处写有"皮安基肖出售"的字样。

皮安基肖是一个原住民部落，他们居住在包括今日印第安纳州和俄亥俄州在内的区域。这张地图应该是为瓦伯许土地公司制作的，此公司的成立就是为了在1774年和1775年从皮安基肖人手中收购瓦伯许河沿岸的土地。地图专家、北美原住民文化专家G. 马尔科姆·刘易斯说：

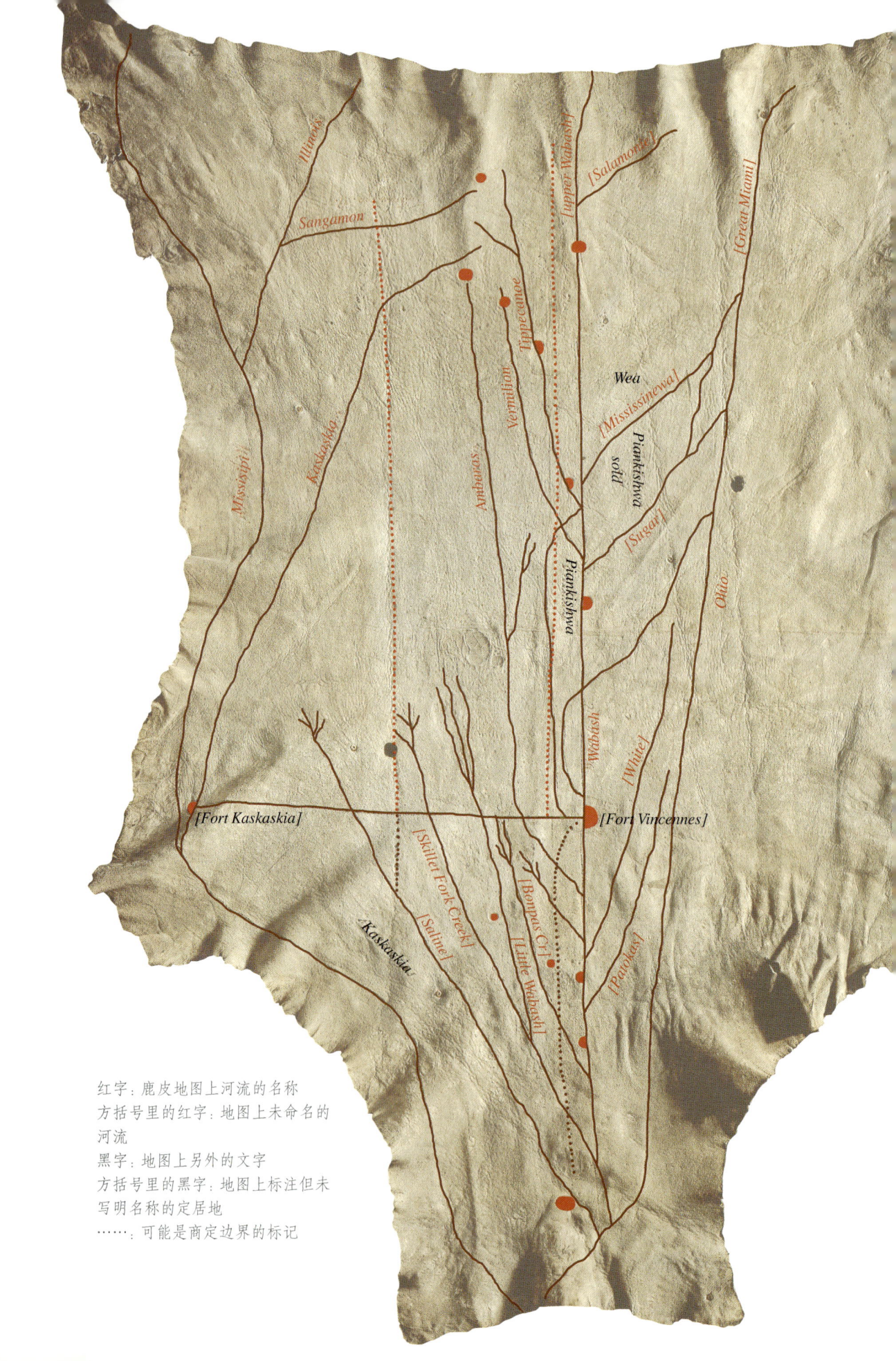

红字：鹿皮地图上河流的名称
方括号里的红字：地图上未命名的河流
黑字：地图上另外的文字
方括号里的黑字：地图上标注但未写明名称的定居地
……：可能是商定边界的标记

Illinois
Sangamon
[Salamonie]
[Upper Wabash]
Mississipi
Kaskaskia
Vermilion
[Tippecanoe]
Wabash
Wea
[Mississinewa]
[Great Miami]
Embarras
Piankishwa sold
[Sugar]
Piankishwa
Ohio
Wabash
[White]
[Fort Kaskaskia]
[Fort Vincennes]
Kaskaskia
[Skillet Fork Creek]
[Saline]
[Bonpas Cr.]
[Little Wabash]
[Patokas]

红字：鹿皮地图上河流的名称
○ 现代城市
▶ 地图上标注但未写明名称的定居地

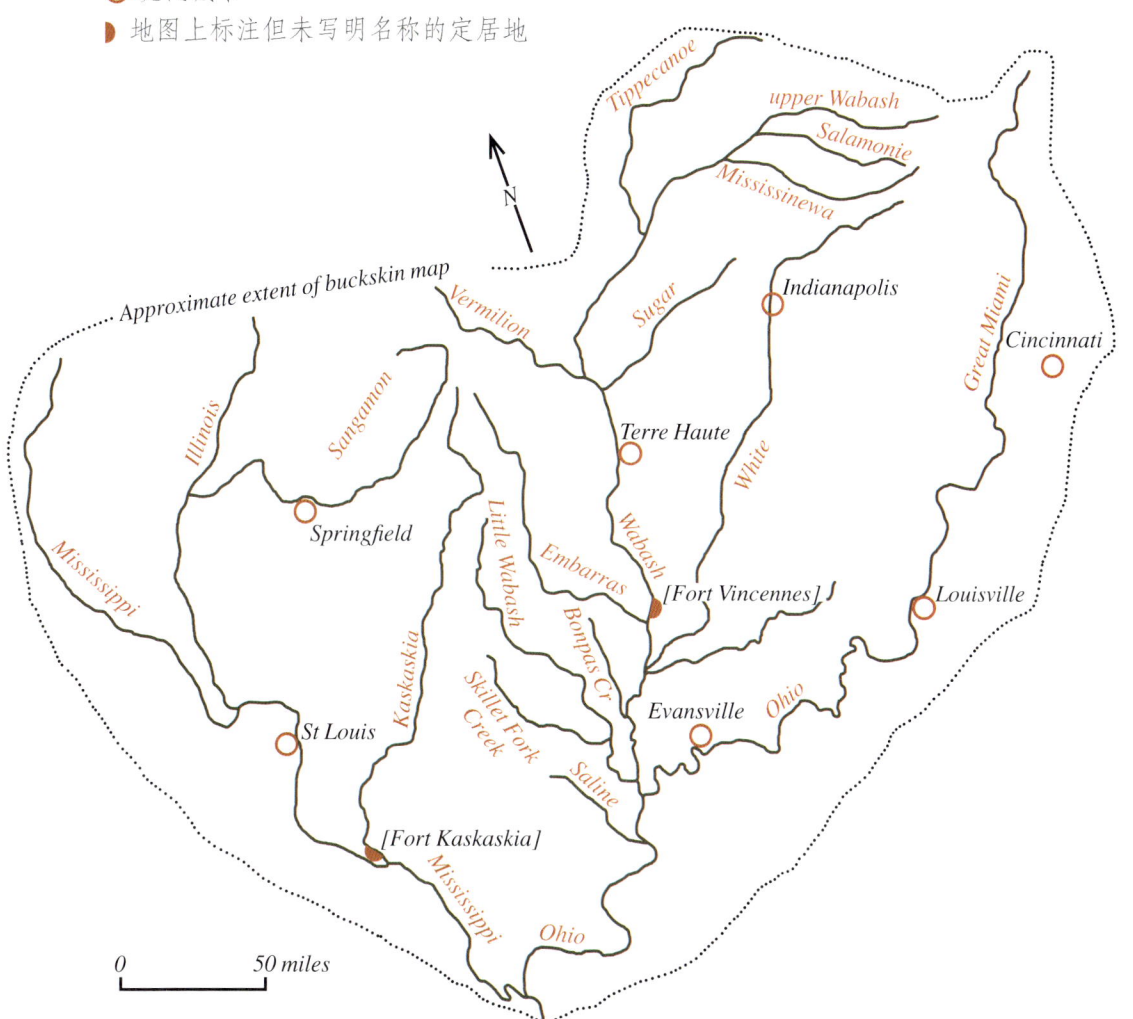

左页是鹿皮地图的副本以及对地图上标识的说明。主要标识了地名和有名称的河流，同时也标注了卡斯卡斯基亚到温森斯两个定居点之间修建的道路，以及两条用虚线标识的边界。还标识出了一些当地人的定居地，但没有写上它们的名称。此外标明了皮安基肖人、威人以及卡斯卡斯基亚人的势力范围。上图是与鹿皮上的这一地区相对应的现代地形图。

>这张地图必然涉及一家位于费城的公司购买瓦伯许河流域土地的尝试。这片土地位于今天的印第安纳州与俄亥俄州之间。因此，绘制这张地图是为了标示出想购买的土地的边界。事实上，由于独立战争爆发在即，这场收购计划中途夭折了。因此更能肯定它制作于1774年至1775年间，被用于购买瓦伯许流域的土地。从风格而言它明显是印第安式的，呈现了一切印第安地图的特征，比如标示河流时几乎从不描绘出曲折，而总是用直线……基本可以确定它曾用于和皮安基肖人就土地购买而进行的谈判中。

"皮安基肖出售"的字样说明地图所记录的这次土地交易已经完成，但它其实从未获得英国殖民政府的批准。它是非法的，违反了官方规定。无论如何，我们无法了解皮安基肖人对本次交易所持的态度。瓦伯许公司雇用了翻译，但在翻译过程中遗漏了许多信息。

>他们宣誓全力做好翻译……为皮安基肖这个原始民族不同部落的酋长们服务，为他们沟通上述指定并记录下来的土地的购买事宜。上述证明人作为合格的翻译已尽其灵魂与良知的所能，将意思忠实而明确地传达给这些酋长……对此他们亲手画押为证。

虽然这份报告中说所有的意思都被"忠实而明确地传达"给了酋长们，但皮安基肖人对欧洲式的土地购买毫无概念。开拓者们谋求土地的方式是美洲原住民一无所知的，在他们眼中，土地是人精神与肉体的诞生地——没有任何土地是能被转让或出售的。

地图上表现得最多的是河流。中央是沿着鹿脊奔流而下的瓦伯许河，它也是瓦伯许土地公司名称的由来。除密西西比河外，其他河流都以某种角度呈直线汇入瓦伯许河，如同鹿的椎骨。密西西比河则在地图左侧一路向下，在底部略微右拐。这张地图所绘制的是人们聚居生活的河流，而非漫游狩猎之地，它表现的是社群，而非纯粹的地理面貌，关涉到的是人的使用习惯，而非所有权类型。因此，它实则与伦敦地铁地图类似，并没有表现出地表精确的物理距离，而是标示出了从一地到另一地所需的时间。美洲原住民和其他地区的人一样，只会标出对自己有重要意义的内容。很明显，地图虽然绘出了所有的河流，但它所表现的只是不同的印第安部落的居住地，基本没有涉及任何欧洲人的居住地，例如，完全没有标注当时已经成为著名的贸易与交流中心的圣路易斯。而绘制同一区域的欧洲地图正好相反，只标出了欧洲人的居住地，而略去了印第安人的，另外还对尚未开发的土地进行了测绘。这是对同一自然经验的不同解读，几乎可算是对启蒙运动核心问题的最佳阐释：不同民族间的相互了解是极为困难的。

如果说印第安人无法了解欧洲人排他性的土地所有权概念，欧洲人也无从知晓印第安人对其土地深厚的精神维系——失去土地从某种角度而言意味着失去天堂。美国得克萨斯大学美洲史教授戴维·埃德蒙兹解释道：

> 我认为美洲原住民与土地之间有着至关重要的维系。你必须了解，土地对部落族人来说不是商品。它永远都不会是商品，它是你生活、分享和利用的空间，却不是你能占有的东西。人不能占有土地，一如他不能占有充盈其间的空气，不能占有落在其上的雨水，不能占有生活在其中的动物。对部落族人来说，土地和空间如此重要，场所在他们的历史中扮演着比时间更为关键的角色。人们与某片特别的区域相连，这片区域便是他们世界的核心……因此，土地与大多数人的灵魂息息相关，不是能被随意买卖的东西。19世纪初期他们为了生存被迫进行土地交易、出让土地，这其实是一段痛苦至极的经历。另有一点也需要了解，即部落族人的大部分宗教观是基于某一特定场所而树立的。也就是说，他们的宇宙观，他们身处的宇宙所蕴含的力量，也维系于他们居住的这片土地。

拓荒的殖民者为这桩土地买卖所作的努力是徒劳的，因为英国殖民政府从中做了阻挠。数年之后，这些外来定居者对土地的渴望和英国王室想与美洲原住民首领保持良好关系之间的矛盾演变成独立战争的一大导火索。但是独立并没能一劳永逸。美国政府面临着和前任英国政府同样的困难。他们也不得不费力阻止瓦伯许公司和皮安基肖人之间的一些违反现有规定的土地买卖。这张地图和围绕着它所上演的流产的交易成了三方——从远古时代起便拥有这片土地的原住民，想占有它们的拓荒殖民者，以及已考虑到戈德史密斯的谴责、想居中调停却无力执行两全之策的伦敦当局——不同世界观的明证。

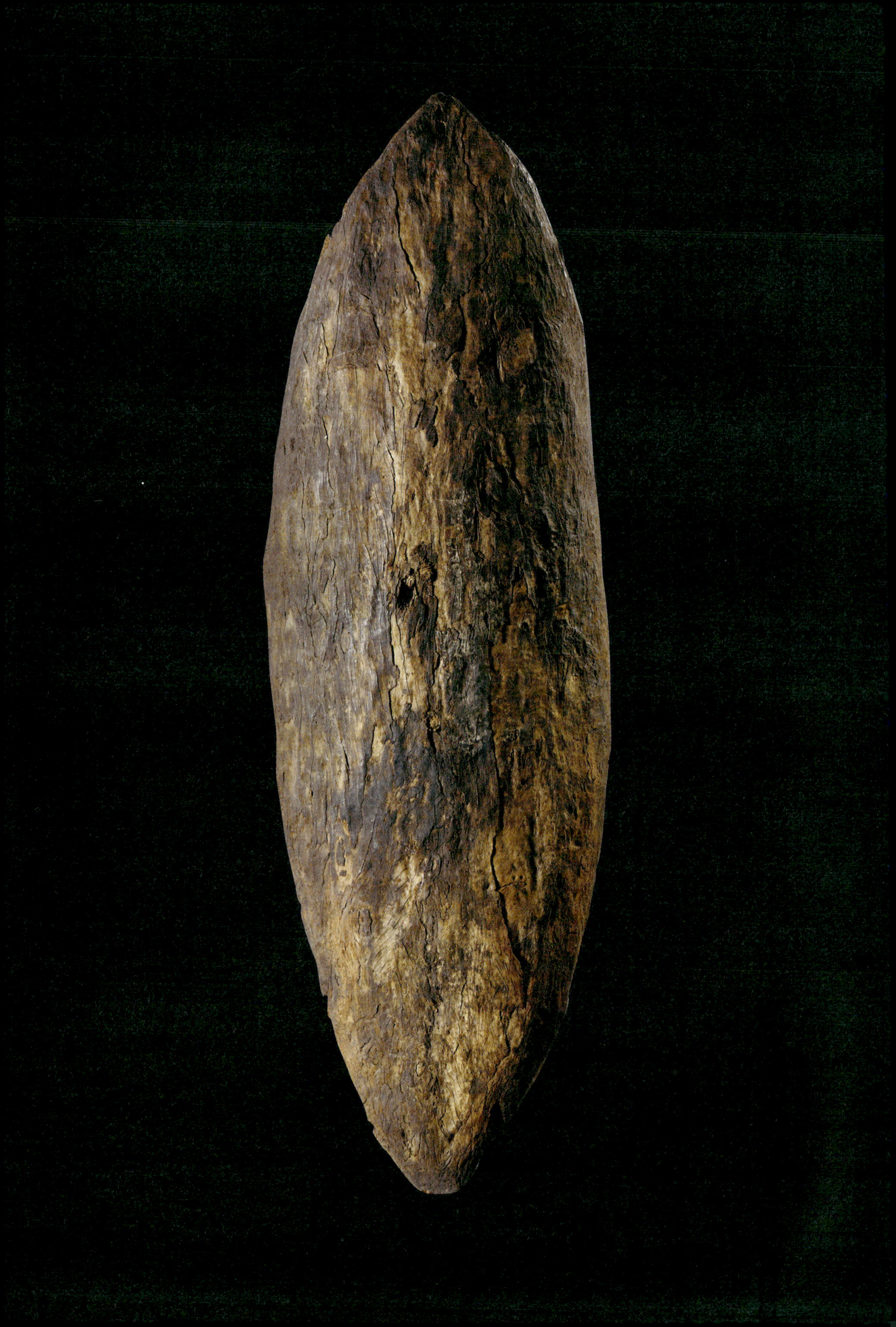

89

澳大利亚树皮盾牌

木制盾牌，来自澳大利亚新南威尔士，植物学湾

公元 1770 年前后

这是本书最具说服力的物品之一，它已被视为一种承载着历史、传奇、全球政治和种族关系等各个层面的标志。这面土著盾牌是最早从澳大利亚带到英国的物品之一，是在第 87 节所记述的悲剧冲突发生前 8 年，由詹姆斯·库克带来的。我们还知晓它到库克手中的确切日期——1770 年 4 月 29 日，因为我们有库克与随行人员亲笔写下的日记。但是盾牌的原主人、澳大利亚的那位土著没有留下任何文字记录，这也正是这些能讲述历史的文物的重要性所在：在大约 250 年前，这位无名人士在植物学湾的海岸边遭遇了他平生所见的第一个欧洲人，这面盾牌便是他的记述。

库克的航海日志记录了他到达位于澳大利亚东海岸今悉尼以南地区的情景："29 日，星期日下午，南风，天气晴朗，我们乘风驶入海湾，泊于南岸。"随库克船长一同旅行的植物学家约瑟夫·班克斯曾在此地采集标本，船只所停泊的海岸因此被命名为植物学湾。航海日志随后记录道：

> 我们刚一抵达，就看到沿着海湾两侧有一些当地人和几间小窝棚……在我们靠岸时，大部分人逃走了，只剩下两个似乎下定决心要阻止我们登陆的男人。我一看见他们便下令停桨，试图和他们交谈，但收效甚微，因为无论是我们还是图皮亚都听不懂他们说的任何一个字……我以为他们示意我们靠岸，不料会错了意，因为船一靠近，他们又开始阻止我们。我朝他们俩中间开了一枪，没

有任何效果，反而使得他们退到摆放大堆飞镖的地方，其中一人还捡起石头扔向我们。我又装上少量弹药开了一枪。即便打中了其中一人也并没什么效果，他只是举起了一块小盾牌自卫。

约瑟夫·班克斯的日记有后续情节：

> ……一个试图阻止我们登陆的男人拿着块盾牌来到海滩上……盾牌用树皮制成，他逃跑时扔下了它。我们捡起它来，发现在近中心的位置有一个被长矛刺穿的洞。

这里描述的必然是本节中的这面盾牌，其上正有班克斯记录过的位于中央的洞，以及探险队插画家所绘录的白色痕迹。它制作粗糙，呈深棕红色，约1米高，30厘米宽，要想挡住身体恐怕窄了些，还带着些许弧度。你能隐隐还原提供了它的那根树干的模样。它的原材料红树林木是澳大利亚土著制作盾牌的专用木材之一，因为这种树足够坚韧，能抵挡矛的攻击，让木棒和回旋飞镖转向，而且防虫耐腐，即使浸泡在海水中也不会腐烂。它的背后有一个用绿色的红树林木制成的有弹性的把手，经干燥处理后形状稳固，十分适合抓握。盾牌的制作者显然选材非常得当。

这面盾牌的主人生活在逾6万年前就已被其祖先占据的土地上。对这一地区居民的生活，悉尼澳大利亚博物馆土著文化遗产办公室官员菲尔·戈登有如下描述：

> 关于澳大利亚土著的一大难解之谜，便是他们过着一种自给自足的生活，此外我找不出更贴切的词来形容。在悉尼和周边地区，以及澳大利亚海岸的大部分地区，人们的日子都过得相当不错，港口的鱼量十分丰富……悉尼港早先一定是个宜居地区，气候宜人，经济环境良好，因此居民有条件开展精神和文化生活。

库克和班克斯随后都描述了当地人的生活有多么幸福满足，虽然我们知道，不同的部落之间难免会有冲突。除了盾以外，当地人还有长矛。这面盾牌正中的洞就是被一根木矛或长枪戳穿的，极有可能是某次战斗的后果。这个洞连同盾牌上的其他刮擦痕迹都说明，它在抵挡库克的滑膛枪子弹之前早已身经百战。它也用于标志个人身份或对族群的忠诚：盾牌上的白色痕迹是白色高岭土，盾牌中央原先很可能画有白色标记。对此，菲尔·戈登认为：

> 当然，澳大利亚各土著部落之间存在着战争、血仇、对立等情况。盾牌是一种文化象征，因此不同地区的盾牌形状应该不尽相同，设计也该有所区别，以显示出你在本部落中的地位以及在周边部落中的威望。从新南威尔士海岸到澳大利亚西部的金伯利海岸地区，盾牌的样式一定是有差别的。

库克自然完全不了解当地风俗——事实上，在当时的欧洲，没有人能了解——因而双方第一次相遇时产生误会的可能性极大。现在回溯此事，没有一方想置对方死地或者重伤。当地人投掷了石块和长矛，却没有击中任何一个人。而对于以狩猎和采集为生的他们而言，投掷的准确度能直接决定生存与否，因此他们很可能只是在警告对方——让这群白皮肤的陌生人离开，别打扰他们。库克站在他的立场上认为这些矛头可能有毒，因此判定向土著的腿部开枪合情合理。当土著逃跑之后，库克和船员登上陆地，走进了附近的树林：

> 我们发现了用树皮搭建的几间小窝棚，其中一间里有四五个孩子，我们留下了些串珠之类的东西给他们……

库克在太平洋群岛发现，贸易和交换是建立和平关系的捷径，也是了解当地社会运作方式的途径。但这一次，当地人对他提供的物品不感兴趣，第二天他们重返此地时发现：

> 我们昨晚留给孩子的串珠等物，到了早上还留在窝棚里，也许土著不敢拿走它们。

也许他们更多的是不感兴趣，而不是害怕。更确切地说，也许是不愿与他们往来，因为怕会陷入一种不情愿的义务之中。这并不意味着当地人从不进行贸易，他们会与相隔很远的地区进行买卖与交换，盾牌本身就是一个证明。制作这块盾牌的红木来自悉尼以北200英里的地区，因此在植物学湾一带所使用的木材一定是通过与外地的土著贸易得来的。

没有直接碰面，没有交换礼物，库克就此放弃。在收集了一周植物标本之后，船队继续起航北上。到达澳大利亚北端之后，库克正式宣布整个东海岸属英国所有：

> 此刻我再次升起英国国旗，以乔治三世陛下之名宣布享有整个东海岸的所有权，并将其命名为新南威尔士……之后我们一齐鸣枪3次，船上也做了同样的回应。

这一做法并不是库克在有原住民的土地上一贯会采取的。他通常会承认当地人对生存其上的土地的所有权，如他在夏威夷的做法。也许他未能了解澳大利亚土著与这片土地的维系有多密切。我们不知道这次将土地据为己有的历史性的第一步背后有怎样的事实。探险队归国后不久，班克斯等人便建议英国政府将植物学湾作为囚犯流放地，由此开启了漫长而惨烈的、使得多个土著民族走向灭绝的历史。

历史学家玛利亚·纽金特回顾了自库克船长首次抵达此地以后，社会对其评价的变化：

> 说到澳大利亚历史，库克在其中主要被视为当地殖民活动的先驱……因此，他被奉为澳大利亚的开拓者。这种看法无视了一项事实，即早有其他欧洲国家"发现"过澳大利亚，并绘制了局部的地图。但他的英国人身份占尽优势，因为最终澳大利亚成了英国的殖民地。他的这一地位因此保持了很长时间，直到20世纪60至70年代澳大利亚原住民发起抗议，反对将库克视为开拓者。他们认为他是殖民化的象征，带来了死亡与毁灭……我认为如今我们正进入新的历史篇章，库克的声望也发生了相应改变。他被视为帮助我们了解澳大利亚历史、了解土著居民与外来者的接触的人物。有人将这部历史看作一部关于接触的历史。

但我认为，库克在澳大利亚，尤其在其原住民中间，仍是个极具争议性的人物。

这块树皮盾牌站在一段延续了数个世纪，充斥着误解、剥削与种族灭绝的历史的前端。如今澳大利亚所面临的一大问题是，如何以及是否能够真正对原住民进行补偿。在这一过程中，欧洲与澳大利亚博物馆所收藏的类似这面树皮盾牌的文物发挥的作用虽然微小，却不容忽视。在与原住民社群合作展开的研究项目中，研究人员仔细查看现存的手工制品，采集神话和传说、技能与实践，在一段已然大量遗失的历史中努力抢救着尚有可能被恢复的部分。这面出现在相遇之初的树皮盾牌，有可能在如今，在一段 250 年前未能实现的对话中发挥它应有的作用。

乾隆丙戌新春御題㝡古孰無孔子校書皆以竹簡而聚理求雖不可得然孔子之後何從而謂之椀古無孔子蓋即修綆之謂非文又謂椀亦咊兌說文一曰小盂喿從㲼皆謂為器其中自有一內而空咊兌與椀異議無

90

玉璧

环形玉器，来自中国北京

制于公元前 1200 年，题刻于公元 1790 年

前面 4 节中的物品主题一致，都是关于欧洲启蒙运动发现、考察与了解新世界的尝试。本节中的这件物品来自中国，这个国度当时也在清政府的统治下展开了自己的启蒙运动。清朝在中国的统治从 1644 年明朝覆亡之日一直持续到 20 世纪初期。其统治者之一乾隆皇帝与乔治三世大致处于同一时期，他对探索中国以外的世界有着浓厚兴致。例如在 1756 年，他决定为他在亚洲所吞并的疆土绘制一幅地图，便派出了一队拥有多元文化背景的使节，其中包括两名掌握地图绘制技术的耶稣会修士，一名汉族天文学家和两名藏族喇嘛。这些人收集到了极为有用的地理数据，这些知识伴随着乾隆皇帝的威名传遍了世界。

本节中的文物是一件名为"璧"的环形玉器，它是这位皇帝求知欲的另一个表现，是他了解古中国过程中的产物。这块玉璧为质地精美的素面圆盘，中央有孔，常在中国古墓中被发现。乾隆下决心研究这块璧时，它已有 3000 多年的历史了。他拿到这块古朴的玉璧，在上面满满地刻上了自己的诗句，由此将这一古代玉器变成了 18 世纪中国启蒙运动的物品。

对于启蒙运动中的欧洲而言，中国这一拥有博学皇帝、治理有方的国度是典范。作家与哲学家伏尔泰曾在 1764 年写道："就算是不为中国人的种种优秀品质而痴迷的人也能认识到……他们的帝国是有史以来最杰出的。"世界各地的统治者都希望自己的宫廷中多少有一些来自中国的元素。在柏林，腓特烈大帝在无忧宫中修建了一座

中式亭子。在英格兰，乔治三世于皇家植物园中修建了一座10层的中国宝塔。

乾隆皇帝在1736年至1795年间统治中国，在位时间长达59年。其间中国人口翻番，经济繁荣，版图面积达到了500年来之最，约为450万平方英里，大致与今日中国的国土面积相当。乾隆皇帝是一位作风强硬的皇帝，很喜欢拿开拓疆土方面的成就与各朝各代的皇帝进行比较，同时声称大清得到了上天的庇佑，也就是说，他本人是天命所归：

> 堂堂大清，兵力全盛……岂汉唐宋明诸代，疲中国之财力，而不能得地尺寸者可比……城无不下，众无不降。此实仰荷上苍福佑。

乾隆皇帝也是一位精明的知识分子，熟谙宣传手段，文化素养极高。他是著名的书法家和诗人，热衷于收集画作、瓷器与古董。当今故宫博物院数量惊人的藏品，不少便是他当年搜集的珍贵文物。

我们不难明白这块玉璧为何会引起乾隆皇帝的兴趣。它古怪但有趣，是块浅黄色的薄圆玉盘，规格相当于小号餐盘，中央有孔，孔沿有一圈凸起。通过与古墓发掘出的类似物品相比较，我们得知这块玉璧制作于公元前1200年左右。我们不清楚它的用途，但能一眼看出，它的做工相当精美。

乾隆皇帝审视这块玉璧的时候也为它的美丽所打动，因而以自己的研究为依据作了一首诗。在他的诗集中，这首诗被题为"古玉碗托子配以定瓷碗适然成咏"：

> 谓碗古所无，托子何从来。谓托后世器，古玉非今材。又谓碗即盂，大小异等侪。

现代学者虽然知道玉璧通常出自古墓，但并不确定它的真正用途或意义。但乾隆皇帝似乎并不为这一点所困扰。他认为玉璧形似碗托，这类物品在中国已有悠久历史。他提到一些鲜为人知的古碗知识，炫耀了一番历史学识，进而决定要给它搭配一只碗，就算找不到相配的古碗：

> 兹托子古玉，玉碗别久乖。不可无碗置，定窑选一枚。

正在做研究的乾隆帝

在为玉璧选择了一件与其年代相隔久远的物品搭配之后，至少在乾隆自己眼里，他终于确保了这块玉璧的美学价值的实现。这是18世纪的乾隆皇帝处理历史的典型做法：欣赏一种美丽，查阅历史典籍，将结论写成诗句，从而创造出另一件艺术品。

这块玉璧本身也的确成了一件新的艺术品。皇帝的思考结果被漂亮的书法雕刻在了玉璧之上，在他看来，物品与解读的结合赏心悦目。这些汉字如车轮的辐条一样从中央的圆孔一侧呈放射状排列，内容正是上面所引的诗句。很多人都会认为这是对文物的破坏，是一种亵渎，但乾隆皇帝不以为然。在他看来，书法为玉璧之美锦上添花，而且类似的雕刻对他来说另有政治含义。中国史学家乔纳森·斯宾塞认为：

大家普遍认为中国历史具有一种连贯性，因此新建立的清朝也想被纳入其中：被纳入历史的记录，继承过去的荣光，并在其基础上更添辉煌——它也的确成功了。毫无疑问，乾隆帝是位伟大的收藏家。18世纪时，随着中国的不断扩张，他的收藏也在增多。我认为他的藏品带有民族主义的色彩，他想借此表现一点：北京是亚洲文化的中心……在法国的启蒙运动中，伏尔泰等思想家认为，17世纪至18世纪的中国人确实有很多值得欧洲人借鉴的地方，比如关于人生的思考、品行、学识、涵养、高雅艺术以及生活艺术……

还有政治。清朝统治者面临国内深重的政治忧患。他们并非汉族，而是来自中国东北边境的满族。他们在中国是少数民族，人口仅为汉族的4‰。他们为人所知的是一些并不那么中国化的特色，如大量食用牛奶与乳制品。如此，中国文化能在他们手里得以保留吗？在这样的背景下，乾隆皇帝对中国古文化的欣赏便成了一种巧妙的政治同化手段，但这只是他的策略之一。他在文化上的丰功伟绩是组织编纂了《四库全书》，它是人类史上最恢宏广博的文集，涵盖了中国从先秦到18世纪所有的典籍，就算在数字化之后，也需要167张CD才能完整收录。

中国现代诗人杨炼认为乾隆皇帝刻在玉璧上的文字带有政治宣传意图，并对他的诗句持颇为负面的评价：

> 注视这块玉璧时，我真是百感交集。一方面，我很欣赏它的美，很喜欢这种与中国古典文化传统相联系的感觉。这种独特现象源远流长，历经劫难后仍未断绝。……从这个角度来看，玉器永远代表着中国伟大的历史。但从较为阴暗的角度来看，美好之物通常会落在品位低下的统治者和当权派手里，他们并不在意自己糟糕的文字会毁掉这些古珍宝。因此，他们将帝王的诗句刻在这件美丽的物品上，并以此进行政治宣传。我很熟悉这种做法！

乾隆皇帝和与他同时代的腓特烈大帝一样，并不是一名优秀的诗人。他的诗句半文半白，艺术性不佳。但这并没有让他却步。他一生留下了近4万首诗，很多是

北京故宫博物院收藏的碗，乾隆帝认为与玉璧相配的那一只

精心策划、用以保证自己历史地位的宣传工具。

乾隆成就斐然。对他的评价虽然在新中国成立初期曾一落千丈，但如今又被正名了。最近又有了一项可靠的发现。我们在上文中提过，乾隆曾写下"不可无碗置，定窑选一枚"的诗句，而北京故宫博物院的学者于近日发现了一只碗，上面镌刻的诗句与玉璧上的一样。毫无疑问，它正是乾隆为玉璧挑的碗。

在把玩这块玉璧，并对它进行思索时，乾隆皇帝所做的正是"通过文物看历史"的关键。借物品探索遥远的过去所需要的不只是知识，还有想象力，此外，一些诗意的重建也不可或缺。本节中的故事便是很好的例子。乾隆知道这块璧是古老而珍贵的文物，想展现出它最美的一面。他坚信这是一个碗托，为之寻找了一个绝佳配物，并以其高度自信，对这一选择确信无疑。他关于玉璧是碗托的臆断未必可信，但我仍然佩服并赞赏他的处理方法。

533

第十九部分

批量生产，大众宣传

公元 1780 年至公元 1914 年

在法国大革命和第一次世界大战期间，欧洲各国与美国纷纷从农业社会转型为工业社会，同时扩张各自在世界范围内的版图，为帝国发展提供了原材料，为蓬勃发展的工业提供了急需的市场，最终使整个亚洲和非洲都被强制纳入新的经济及政治秩序之中。技术革新促成大规模生产，国际贸易量也随之增加，茶叶等曾被视为奢侈品的商品成为大众负担得起的日常消费。许多国家出现了旨在呼吁政治与社会改革的民众运动，包括争取投票权上的性别平等。只有一个非西方国家——日本，尽管是身不由己，仍然成功地迎接了现代化，自主打造出一个强权帝国。

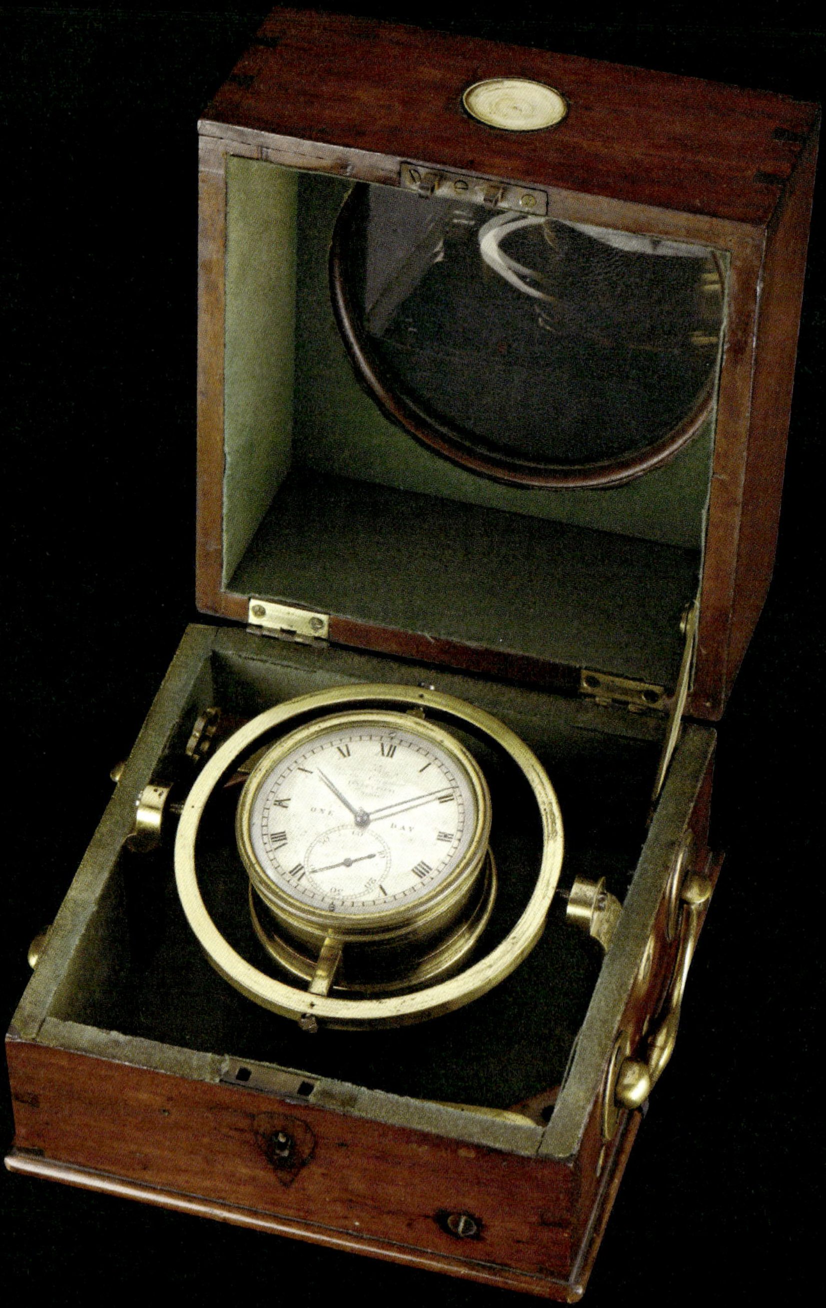
ONE
DAY

91

小猎犬号上的精密计时器

黄铜精密计时器,来自英格兰

公元 1800 年至公元 1850 年

在伦敦东南穿过泰晤士河的格林尼治子午线,为何会成为全世界衡量本地时间、界定自身位置的标准?这个故事要从那可以帮助水手确定经度的航海钟在伦敦被发明讲起。本节的物品便是这些钟中的一个,这种制作于1800年前后的精密航海计时器,在波涛翻滚的大海上依然能准确计时。

界于法国大革命与第一次世界大战之间的 19 世纪,有时被称为"漫长"的世纪,在这个百年中,西欧诸国与北美逐渐从农业社会步入了工业强国的行列。工业革命一举带来众多改变,新技术为奢侈品的量化生产提供了条件。各帝国对内政治重组,对外仍不断扩张,以确保原料供应,并开拓新市场。科技进步也促成了思想的革命,毫不夸张地说,19 世纪,人们对时间的概念发生了根本性的改变。而我们对自己的理解、对人类在历史上的定位也随之改变。

17 世纪至 18 世纪,钟表制造是欧洲的一项至关重要的技术,而伦敦则处于行业的最前沿。作为海上强国,英国尤为关注一个问题:所制钟表在静止不动时计时精确,但在晃动中则会产生偏差,尤其是在颠簸的船上,因此出海后便无法精确计算时间。但航海中如果无法计时,就不知道自己向东或是向西航行了多远。计算纬度相对容易一些,可以通过计算正午时太阳距地平线的高度得知。但你无法借助太阳计算出经度,即你在东西方向上的位置。

18 世纪中期,这一海上精确计时的难题终于被约翰·哈里森攻克了。他发明了一台精密航海计时器，这一装置不受温度、湿度变化的影响和船只持续起伏的干扰，始终都能准确计时。因此，有史以来第一次，船只无论走到何处，都能计算所处的经度。船在起航之前，通常会以港口时间为准调整计时器的时间，对英国人来说通常就是格林尼治时间。出海之后，通过太阳位置确定船上的正午时，将之与格林尼治时间比对，通过二者之差便可计算出所在的经度。一天分为 24 小时，因地球不停自转，太阳每小时都会在天空"移动"占整个圆周 1/24 的距离，也就是 15 度。如果你所在地区的时间比格林尼治晚 3 个小时，你的位置便是向西 45 度，即在大西洋中央；如果早 3 个小时，你便在向东 45 度的位置——若与格林尼治处于同一纬度，你应该在莫斯科西南某处。

哈里森的计时器应用了尖端技术，而且高度精密，因此产量很小，价格昂贵，唯有海军部负担得起。直到 1800 年，两位伦敦钟表匠成功地简化了计时器的构造，最终让每艘船都能配备这一航海装备，其中当然也包括皇家海军的大型船舰。本节中的物品便是一个价格较为低廉的精密计时器，由托马斯·恩肖制作于 1800 年。此计时器为黄铜材质，约有大号怀表大小，有一个显示罗马数字的普通表盘，表盘下部附一个显示秒针的小表盘。这只表挂在一个固定于木盒中的旋转黄铜环上，这一设计是确保计时器在颠簸的海面上保持精准的关键所在。地理学家奈杰尔·思里夫特教授解释了当时的背景：

> 在漫长的钟表制作史中，精密计时器的出现是一个顶峰。不容忽视的是，英国在 1283 年左右就已出现了钟表。人人都称颂哈里森，说他是位了不起的天才。他的确当之无愧，但我们需要知道，这项发明的问世是成百上千个钟表匠以及普通技术工人共同创新和实践的结果。所有这些创新和实践都被这件非凡的机械逐渐吸收了。这种计时器的准确性的确惊人。举个例子，库克船长在第二次太平洋探险之旅中使用了第一批计时器中的一个，1775 年，当他结束了环球旅行在普利茅斯登陆，所计算的经度误差不超过 8 英里。

这件计时器曾被带上多艘船只，它与其他计时器一样，也以格林尼治时间为准。但让它声名远播的是在 1831 年随小猎犬号的航行。同行的有查尔斯·达尔文，他开始了前往南美洲和加拉帕戈斯群岛等地区的伟大旅行，最终提出了进化论，并完成了革命性巨著《物种起源》。

小猎犬号有项任务是绘制南美洲海岸线，因此需要对经纬度进行精确测量。计时器使得人类首次准确无误地绘制出海洋地图，从而保证了安全快捷的航线的建立。这是启蒙运动中绘制世界版图方面的一大进步，进而为控制世界提供了可能。考虑到可能出现的误差或故障，小猎犬号一共携带了22件计时器，包括本节这件在内的18件由海军部提供，另4件由船长罗伯特·菲茨罗伊提供，因为他觉得18件计时器还不足以保证如此漫长而又重要的工作。在海上航行5年之后，还有11件计时器能够正常使用，它们与格林尼治时间平均只有33秒的误差。于是第一次，世界上出现了详细的环球计时。

到19世纪中期，格林尼治时间被正式确立为所有英国船只计量时间及经度的标准。在此基础上，英国船只绘制出了全球海图。也正因此，格林尼治子午线与标准时间逐渐为国际组织所采用。1884年，华盛顿国际经度会议正式认可了这一做法。饶有趣味的是，法国人一度坚持以巴黎子午线为标准，但在几十年后也加入了以格林尼治子午线为准的行列。如今世界各国都根据格林尼治标准时间来确定时区。这是人类有史以来头一次依照同一张时间表行动。"全球时间"这一在百年前不可想象的概念，已然成为现实。

然而小猎犬号上的这件计时器还见证了另一桩改变19世纪人类对时间认知的事件。达尔文乘坐小猎犬号的航行，以及他之后就人类进化所做的研究，将人类的起源，实则是生命的起源，推向了超乎人类想象的远古时代。当时地理学家已经推翻了厄舍尔大主教的推算（第2节），证明地球比我们一贯认知的要古老得多。"深层时间"这一新概念将时间回溯了数千万年，摧毁了已有的历史和宗教的思维框架。时间系数的改变使19世纪的人们不得不从头开始思索人类存在的本质和意义。遗传学家、达尔文研究及进化论专家斯蒂芬·琼斯教授认为发现深层时间的重大意义在于：

> 我认为深层时间让人了解到，地球不是一成不变的。启蒙运动以来，最大的转变就体现在人们对时间的态度上。我们认识到，时间实际上是无穷无尽的，无论是已过去的还是未曾来到的。我们应该记住，在深层时间的语境里，珠穆

朗玛峰在不久之前还位于海底，因为一些最为完好的鲸化石便是在喜马拉雅山上发现的。

对19世纪的人来说，这些简直耸人听闻的观念足以动摇信念，但与此同时，时间开始以一天一天，或是一小时一小时的节奏流逝了。感谢恩肖这样的钟表匠，精确可靠的钟表变得经济实惠。很快，英国全境就开始被时钟所开动，逐渐脱离了按照昼夜和季节的自然循环来计时的生活。时钟支配着生活的方方面面——商店和学校，工作和娱乐。正如查尔斯·狄更斯所言，"连火车都按照时钟来运行，仿佛太阳已宣告败退"。奈杰尔·思里夫特解释道：

> 精密计时器是精准无比的时钟，意味着一种更为准确的计时方式逐渐成为可能，并作用于19世纪的各方面，形成更为标准化的时间。铁路便是一个好例子。1840年，大西部铁路公司率先采用基于子午线的标准时间，此后，标准时间的使用逐渐普遍。1855年，大部分城镇都把时间调成了格林尼治标准时间。1880年，英国议会通过一项法案，将格林尼治时间定为全国标准时间。值得注意的是，在那之前，肯定也是在铁路标准时间实行之前，各地都以本地时间为准。比如，利兹的标准时间比伦敦慢6分钟，布里斯托尔则慢10分钟。在那时，这点时差尚无关紧要，但随着旅行速度的加快，这一事实便会造成极大不便。各地逐渐接受同一个时间标准是必然趋势。

正是因为采用了同一套标准时间，工作和日常生活中的大部分内容都被时钟固定了下来，包括上班时间、上课时间直到下午茶时间，后者正是我们下一节将涉及的内容。

92

维多利亚早期的茶具

炻瓷镶银茶具,来自英国斯塔福德郡

公元 1840 年至公元 1845 年

还有什么能比一杯好茶更居家、更平凡、更具有英国味道呢?当然,就这个问题你大可反向思考,还有什么比一杯茶更不具有英国特色呢?茶叶是来自中国或印度的植物,而喝茶时加的糖来自加勒比海地区。这就是英国人的国家认同感中颇具讽刺性的一个方面,也许又正是英国人的一种特殊的国家认同——这种已然成为世界性讽刺漫画中英国代表物的饮品本身没有任何成分产自英国,它是持续数个世纪的国际贸易和复杂帝国历史的产物。在一杯现代英国茶的背后,隐藏着维多利亚时期全盛的政治活动,隐藏着 19 世纪帝国大规模生产和大量消费的情状,隐藏着对工人阶级的驯服、对各大洲农业的重塑、数百万人的流动,以及全球航海业的发展。

到 19 世纪中期为止,一些奢侈品在英国不但人人向往,更成了生活中的必需品。其中最普遍的便是茶,它成了英国所有阶层生活中的不可或缺之物。能够突显这一变化的物品是本节中这一套 3 件的红棕色陶瓷茶具:一个约 14 厘米高、壶嘴短而直的小型茶壶,一个糖罐以及一个奶罐。它们的底部标明,它们制造于斯塔福德郡特伦特河畔斯托克城韦奇伍德的伊特鲁里亚工厂,也即英国陶瓷制造业的中心。18 世纪,约西亚·韦奇伍德使用碧玉和玄武岩制造了当时英国最昂贵的瓷器,而这套茶具可以表明,到了 1840 年前后,韦奇伍德已将产品的定位转向更大范围内的消费者。它明显只是一套中档茶具,是普通家庭也负担得起的简单陶器。不过本节中这套茶具的主人显然有着强烈的社交愿望,因为 3 件茶具上都镶着带纯度标记的白银蕾丝装饰。

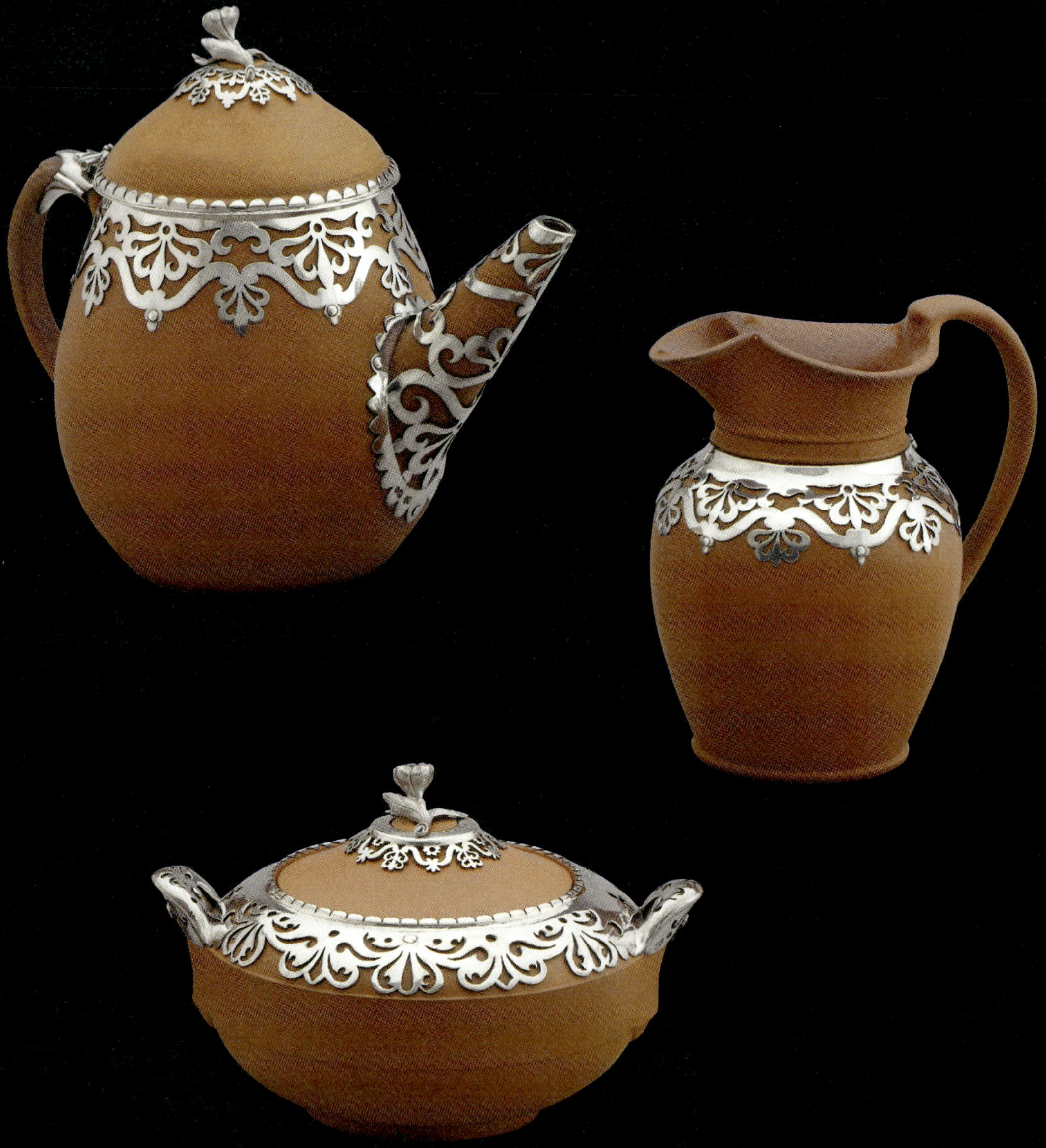

历史学家赛琳娜·福克斯表示，下午茶在当时已成为一项时髦活动：

> 19世纪40年代，贝德福德公爵夫人引入了下午茶的习惯，当时的晚餐时间非常晚，通常在七点半到八点之间，对英国人的胃而言，午餐与晚餐之间留有空当。很快，下午茶兴起，四点左右人们纷纷喝茶，佐以三明治之类的小点心。

在上流社会，茶早在18世纪之前便开始流行。查理二世的王后凯瑟琳·布拉甘萨和安妮女王赋予了它来自权贵的认同。茶叶引自中国，价格昂贵，味道苦涩却提神，饮用时通常使用小杯，不加糖和奶。茶叶通常被保存在带锁的茶叶罐里，仿佛一种药材。而对那些喝得起茶的人来说，事实也常常如此。1750年前后，塞缪尔·约翰逊坦承自己是一个幸福的上瘾者：

> 一个冥顽不化而不曾羞于承认的饮茶者，20年来只用这种神奇的植物泡出的水来冲淡他的饮食。他的茶壶几乎没有冷却的时候。茶陪他在夜间娱乐，给他午夜的慰藉，伴随他开始新的一天。

到了18世纪，民众对茶叶的需求更甚，但政府的重税导致茶叶价格居高不下。为了逃避消费税，走私开始活跃。到18世纪70年代，大部分茶叶都是通过走私渠道进入英国的，据估算，非法入境的茶叶约有300万千克，而通过正当途径进入的只有200万千克。1785年，在守法的茶叶商人的施压之下，政府大幅降低茶叶税，于是几乎在一夜之间，走私行为便被一扫而光，茶叶价格大幅下降。至此，它才真正成为大众饮品。但价格低廉也只是英国茶叶消费量增加的一个因素。18世纪初的某一时刻，人们开始往茶里加奶和糖，将高雅的苦涩变成了持续的甘甜，消费量呈直线上升。与咖啡不同，茶的市场定位更加正面，是男女皆宜的体面饮品，其中女性更是主要的目标消费群体。伦敦的茶室以及花园茶座人头攒动，陶瓷茶具成了时髦家庭中必不可少的物品，而如本节中这套茶具一样价格低廉的陶器更是走进了千家万户。

随着价格的降低，茶叶也得以在工人阶级中迅速普及。到1800年，据当时一位外国人士记载，它已经成为英国新的国民饮料。到1900年，英国人均茶叶消费量已达到每年3千克。瑞典人埃里克·古斯塔夫·盖谢尔在1809年评论道：

> 除了水以外，茶亦是英国生活的基本元素。一切阶级都会消费茶叶……早晨，你会看到在很多露天摆放的小桌旁边，马车夫和工人围坐成圈，大口喝着这美味的饮品。

在日益增长的城市人口中推广饮茶对统治阶级有实际的助益。对于贫穷，易受疾病侵扰，且被视为有酗酒倾向的城市居民而言，啤酒、葡萄酒和杜松子酒早已是男男女女乃至儿童的日常饮食。究其原因，则在于酒精是温和的消毒剂，相较未消毒的城市用水要安全一些。但在19世纪，酗酒已演变为日益严重的社会问题。各宗教领袖和禁酒运动都在不断宣传茶的好处。一杯甘甜的奶茶便宜又提神，能补充体力，味道也可口。赛琳娜·福克斯认为这是一种管理社会的绝妙工具，因为：

> 禁酒运动声势浩大。酗酒是维多利亚时期的重大社会问题，而社会急需工人阶级勤奋、清醒，为此有了铺天盖地的宣传。同时，戒酒也符合清教徒卫理公会等组织的主张，茶便成了不二之选。因而，此运动由两个层面构成，其一是清教徒，其二是得以保持清醒而能按时上班、不会受英国人常见的酗酒问题困扰的工人阶级。下午茶正是建立在第二种层面上的习惯。因此在19世纪，饮茶才真正大规模流行起来。

茶代替啤酒成为新的国饮，同时也成为英国性格——儒雅有礼——的新代名词，先前的粗野被完全摒弃了。19世纪的一位无名诗人作了一首禁酒诗：

> 与你并肩时我看到，在未来的日子里，
> 信徒将使英国增色，
> 直到神气的酒神摘下花环，
> 爱与茶完胜葡萄。

但是在一杯温馨宁静的茶中，也有风暴暗涌。在英国茶叶一概自中国进口的时期，由东印度公司出售鸦片换取银两，再用银两购买茶叶。茶叶贸易对两国都影响重大，最终引发了战争。第一次冲突至今仍被称为鸦片战争，但其实也是一场茶叶战争，爆发时间与这套茶具从韦奇伍德工厂出品的时间大致相当。19世纪30年代，英国开始在加尔各答一带种植茶叶，与中国交恶便是原因之一。为了鼓励民众购买，来自印度的茶叶一律免于纳税。味道浓郁的阿萨姆红茶终于成为英国人的选择，满足了整个帝国的茶叶需求。之后又有人在锡兰，即今日的斯里兰卡开辟了茶叶种植园，吸引大批泰米尔人从印度南部搬到锡兰从事茶叶种植。英国皇家植物园的莫尼克·西蒙兹描述了这一事件造成的影响：

> 数百英亩的土地被变成茶园，尤其在印度北部。他们在锡兰等地种植茶叶之举也取得了成功，这对当地人不无冲击，但也创造了就业机会。虽然这些工作收入很低——一开始雇用的都是男性，但后来采茶的多是女性。印度和中国的部分地区从种植和销售茶叶中获得了利益，但真正大赚的当然还是从包装和贸易中获取附加值的大英帝国，尤其是不列颠本土。

航运业一样财源滚滚。将茶叶从远东运输到英国的漫长旅途形成了对快帆船的极大需求，这些船与来自加勒比海地区的运糖船一起停在英国港口。直到不久之前，为了将糖放上英国人的茶桌而动用的暴力手段仍然不比装满茶罐所需要的少。第一批被运到美洲的非洲奴隶所从事的工作便是种植甘蔗，由此开始了漫长而可怕的三角贸易：将欧洲货物运到非洲，非洲奴隶运往美洲（第86节），再将奴隶生产的糖运到欧洲。在有颇多支持禁酒的人士参与的漫长斗争之后，英属西印度群岛在1830年废除了奴隶制。但直到19世纪40年代，市场上仍充斥着奴隶生产的糖，其中古巴是重要产地之一，其成本当然要比雇用自由工人低。糖所承载的道德问题十分复杂，与政治紧密相关。

这套茶具中最与世无争的当数奶罐，但它也是社会与经济巨变的一部分。直到19世纪30年代，为了喝上牛奶，城市居民还得在城里养牛——这是19世纪生活中鲜为人知的一个方面。不过，通往城郊的铁路改变了这一状况，奶牛因此可以回归乡野。1853年，一篇发表在《英国皇家农业协会期刊》上的文章说道：

> 随着西南铁路竣工，萨里地区开展了新贸易。那里办起了不少有二三十头奶牛的养殖场，将产出的牛奶送往滑铁卢终点站以供应伦敦市场。

这一茶具三件套从3个方面呈现了19世纪英国社会的变迁。琳达·科利等史学家还以小见大，从中看到了更广阔层面上的历史：

> 它也突显了一点，即帝国能在多大程度上影响其国民，不管是否有意为之。19世纪时，如果你坐在一张红木桌旁饮用加了糖的茶，便几乎与世界上所有大洲产生了关联。你与护卫各大洲之间航线安全的皇家海军产生了联系，也与一个长满触手的资本主义机器产生了联系，而英国正是利用这一机器控制了世界上的许多地区，掠夺了当地的各种商品，包括可为本国普通民众提供的那些。

下一件物品也来自一个饮茶的岛国，日本。但和英国不同，日本起初竭尽全力地把外部世界拒之门外，直到在美国的强迫下，在美国货真价实的枪口之下，加入了全球经济体系。

93

葛饰北斋的《神奈川冲浪里》

木版画，来自日本

公元 1830 年至公元 1833 年

至 19 世纪初，日本已实行闭关锁国政策长达 200 年。它选择了退居国际舞台之外。

> 有的地方国王心急火燎，
> 有的地方车轮滚滚向前，
> 火车在疾驰，
> 战争在获胜，
> 事业在完成。
> 都在别的地方，不在这儿，
> 我们只画屏风，
> 是的……布置屏风。

这是斯蒂芬·桑德海姆在一出音乐剧中对这个与世隔绝而又冷静内敛的国度的描述。当时是 1853 年。很快，美国的炮舰便要迫使它向全世界开放港口。这同时也是对梦幻而又注重美学的日本的诙谐描绘。当远隔重洋的欧洲与美洲陷入工业化狂潮与政治动荡时，这里的人仍在沉着地描画着屏风。

这种描绘也是日本人自己偶尔希望投射出的形象，最负盛名的日本绘画《神奈川冲浪里》有时便会被以这种方式解读。这幅最畅销的浮世绘由伟大的艺术家葛饰

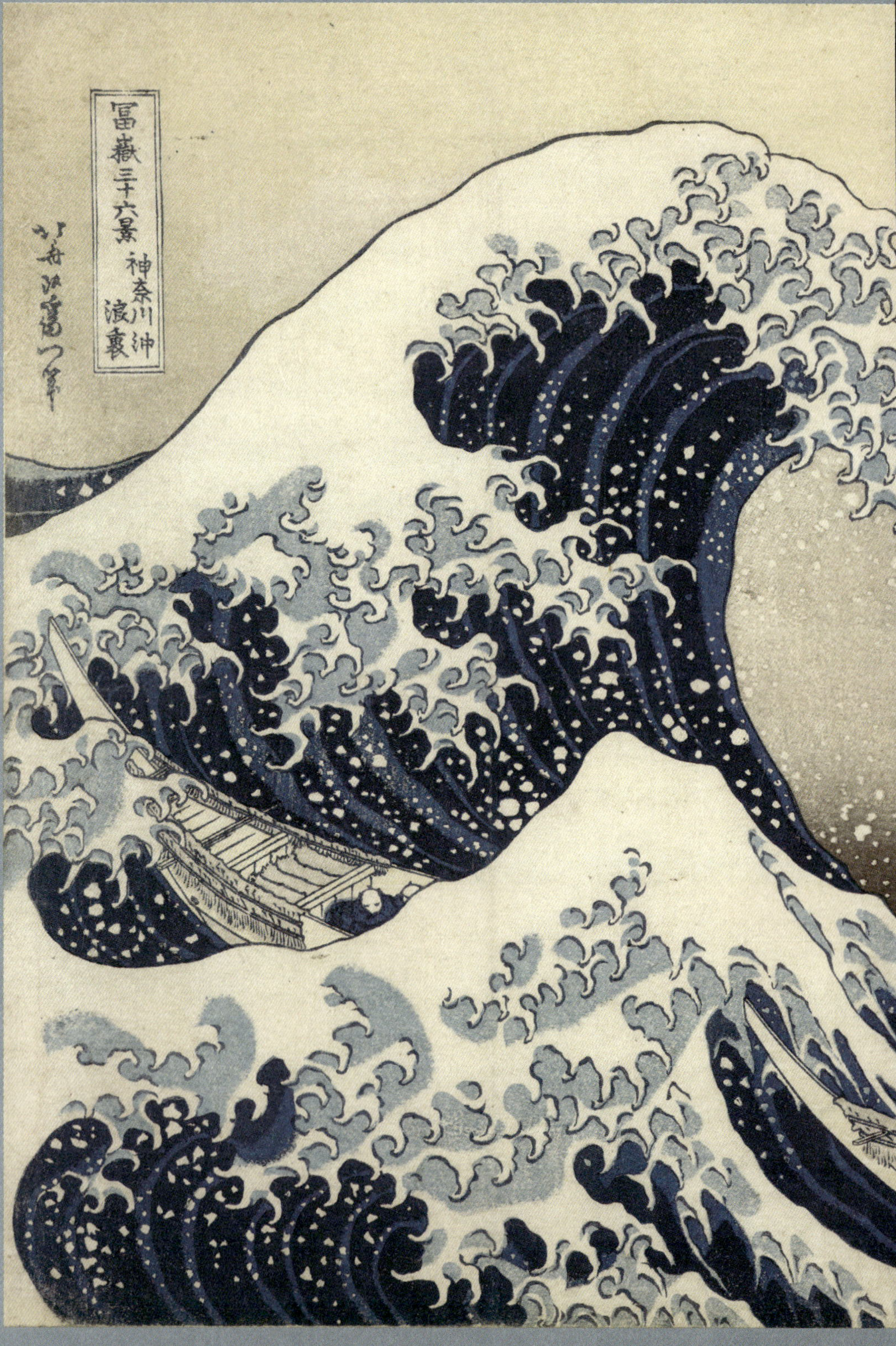
冨嶽三十六景
神奈川沖
浪裏

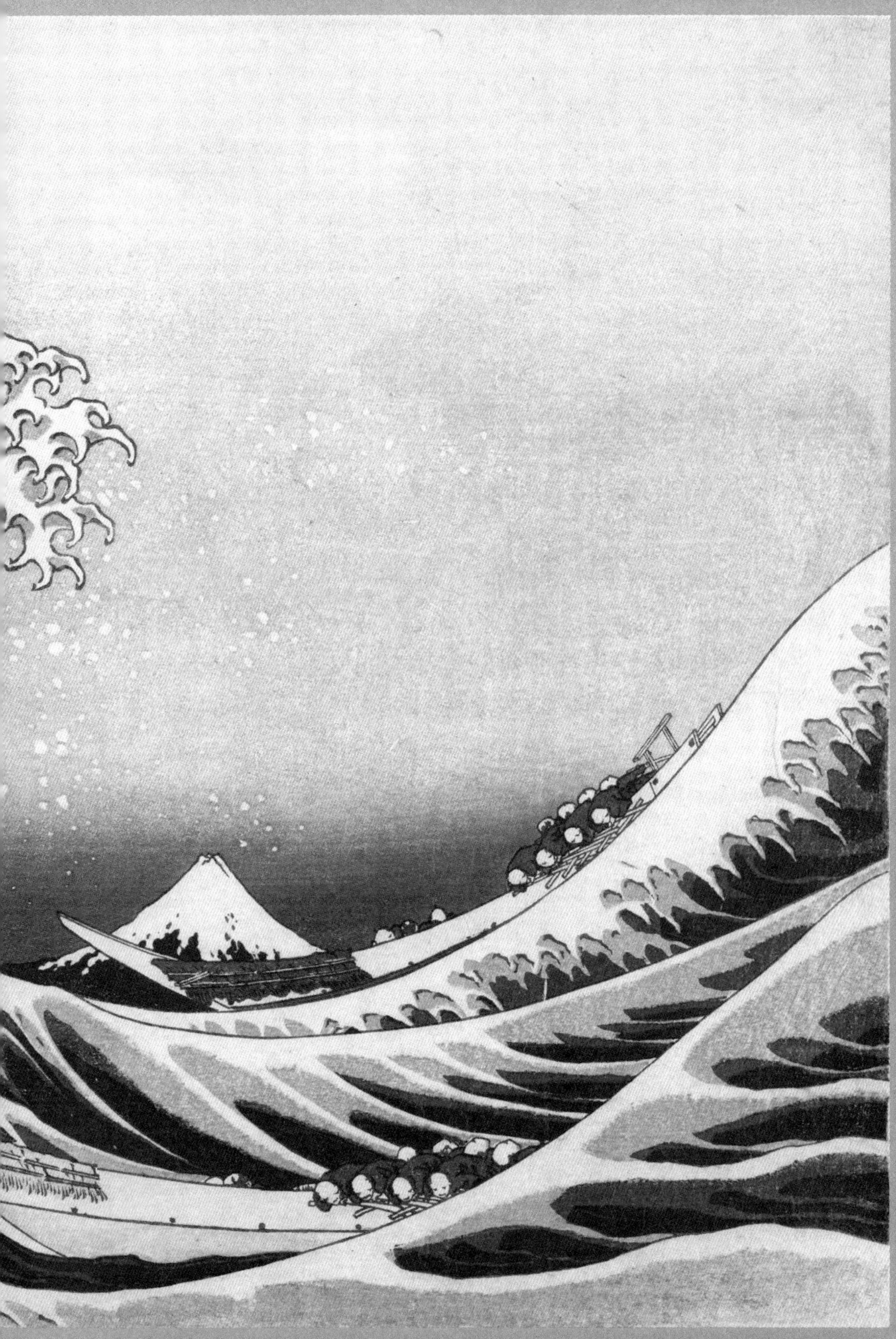

北斋于 1803 年前后绘制，是他的《富岳三十六景》系列之一。大英博物馆藏有这幅画的 3 个版本。本节中的这一版印制时期较早，当时刻画的木版还很新，因此图案线条清晰锐利，色彩鲜明完整。一眼望去，画面呈现的是一个巨大的深蓝色浪花在海面上高高卷起，远处是宁静的覆着白雪的富士山。你也许会觉得，它没有时代感，只是典型的日本风格的装饰图画。但它还有其他的解读方式。凑近细看，这片美丽的海浪即将吞没 3 条渔船，船上还有惊恐的渔民。富士山显得那么渺小，因此作为观者，似乎也能体会到船上渔民的焦虑心情——海岸遥不可及，而你迷失了方向。我认为这幅《神奈川冲浪里》呈现了动荡与犹疑，它向我们描绘了日本站在现代世界大门口时的心态，而很快，美国就将强迫它步入门中。

19 世纪中期，工业革命兴起。以英美为首的制造业大国都在虎视眈眈地开发新的原料产地和产品销售市场。这些自由贸易者将世界视为一只属于他们的牡蛎，正等着被他们撬开。而日本不愿在全球经济中尽力扮演角色，这在他们眼中是无法理解，甚至是不能容忍的。至于日本方面，它则感到没必要与这些固执的、潜在的未来伙伴进行贸易，它现有的体制运作得相当不错。

自 17 世纪 30 年代末起，日本政府几乎关闭了一切港口，驱逐了外国的商人、传教士和普通人，并禁止国人踏出国境，也拒绝外人入内——违者处死。破例的唯有荷兰和中国商人，但他们的船只和贸易活动也被严格限制在长崎港进行。商品规律性地从这里进出口（如第 79 节所述，17 世纪中叶，日本迅速填补了因中国政治动荡造成的欧洲市场瓷器供应短缺），但所有的贸易规则都是由日本制定。和世界其他地区的贸易都由他们采取主动。这并非绝对的与世隔绝，而是有选择的参与。

外国人不得进入日本，但舶来品却有极大可能进入。仔细研究这幅《神奈川冲浪里》的颜料和构图，就能清楚地看出这一点。我们看到的是一个传统日式场景：巨大的海浪卷起，高凌于无篷的长型渔船之上，不仅是船，甚至远方的富士山都显得很渺小，用纸则是日本传统的桑穰纸，尺寸比 A3 纸略小，颜色是淡淡的黄、灰与粉，主色调却是深邃浓郁的蓝。这种蓝色出人意料。因为它并不是日本蓝，而是普鲁士蓝或称柏林蓝，一种 18 世纪早期在德国合成的染料，和普通蓝色相比不易褪色。这种颜料可能是通过荷兰商人直接进口的，更有可能是从中国辗转到来的，因为 19 世纪 20 年代，中国也开始调制这种颜料。《神奈川冲浪里》用的蓝色表现了日本信心十足地从欧洲汲取所需之物。《富岳三十六景》会广受欢迎，部分原因便是它在印刷中使用了这种充满异国风情的悦目蓝色，也正是这种异域背景让它格外珍贵。葛饰北斋不仅从西方借用了颜料，也借鉴了透视法，将富士山布于极远处。很明显，葛饰北斋一定研究过欧洲版画。它们由荷兰商人引入日本，在艺术家和收藏家中流传。因此，这幅画并不是纯粹的日本艺术，它是一种杂汇品，是西方材料和绘画手法与日式审美的融合。无怪乎它会在欧洲大受追捧：它带着异域风情，但又并不陌生。

我认为它还表现出一种日本人独有的矛盾心理。作为观者，你在画面上没有落脚之地，没有可站立的地方。你只能同样待在船里，置身于巨浪之下、危险之中。这位艺术家抱着一种深深的矛盾之感描绘了带来欧洲货物与思想的凶险的大海。对葛饰北斋的作品，尤其是这幅《神奈川冲浪里》作过深入研究的克里斯汀·古斯有如下见解：

> 这幅画绘制于日本开始为外国势力的入侵而忧虑之时，因此画中的巨浪一方面可以作为保护日本的象征性屏障，同时也展现了日本人出海游历、进行思想交换和贸易往来的可能性。因此我认为它与日本对外开放的初期密切相关。

在相对隔绝的漫长岁月中，由幕府统治的日本社会稳定和谐。统治者对各阶层民众的公共行为都有严格规定，对个人举止、婚姻和持有武器等方面也有法律规范，而统治阶层本身需要遵守的规则更多。在这种受到高度控制的氛围中，艺术蓬勃发展，但这一切的前提都是日本与其他各国保持距离。19世纪50年代，众多外国势力都试图享有中国及荷兰的特权，与这个繁荣而又人口众多的国家进行贸易。由于日本统治者不愿改变现状，美国人便得出结论，即自由贸易需要诉诸武力换取。斯蒂芬·桑德海姆的《太平洋序曲》这一标题颇具讽刺意味，但其中的故事却是1853年的真实历史。日本自给自足的隔绝状态被美国海军司令官马修·佩里强行破坏。他闯入东京湾，要求日本开始与美国进行贸易。下面的文字摘自一封由佩里转交的美国总统写给日本统治者的信函：

> 多艘预备访问日本国的大型战舰尚未进入这片海域，出于善意，信末署名者仅指派了4艘较小的战舰前往。如有必要，明年春天将有更大批舰队重访江户港。

> 但我们期待陛下的政府会让这种重访举动失去其必要性,您只需立即同意总统信中这些合理而又和平的提议……

这是教科书式的典型炮舰外交,且确实奏效了。日本的抵抗迅速瓦解,很快,他们便接受了新的经济模式,虽是被迫加入国际市场,却成了活跃的参与者。他们对包围着自己的大海有了不同的看法,迅速意识到远方世界存在着无限可能。

哥伦比亚大学的日本专家唐纳德·基恩将海浪看作日本社会变迁的隐喻:

> 日语中有一个形容人狭隘的词语"shimaguni konjo",意为岛民性格。"shimaguni"即岛国,"konjo"即性格。这个概念是指,日本岛四面环海,且与能隔海眺望欧洲大陆的不列颠群岛不同,它们离大陆很远。而日本的独特性也多为人称道。对世界的兴趣到底冲破了传统的樊篱,逐渐在日本社会抬头。我认为他们对海浪的兴趣表现了对出海远行的向往,以及在日本以外发现新财富的可能性。当时一些日本人已经开始撰写秘密报告,称日本若想增加其财富,就需要在海外开拓殖民地。

与同系列的其他作品一样,《神奈川冲浪里》印刷了至少5000幅,极有可能高达8000幅。1842年,单张售价被官方定为16文,仅值两碗面。这是一种价格低廉的通俗艺术品,佐以精良的工艺标准,大量印刷后获利也很丰厚。

1853年至1854年,日本在佩里司令官的施压之下开放港口后,重新开始了与外界的交流。他们认识到,没有哪个国家能被允许脱离全球经济体系。此后日本绘画大量出口欧洲,很快获得惠斯勒、梵高和莫奈的青睐和赞赏。曾深受欧洲版画影响的日本艺术家,如今开始反过来影响欧洲。"日本风格"迅速成为一股热潮,渗透进欧美的艺术传统中,直到20世纪,仍在影响着纯艺术与实用艺术。日本紧随着西方国家工业化、商业化的脚步,逐渐转变为一大帝国经济强权。然而正如和《神奈川冲浪里》大致绘于同一时期的康斯特布尔的《干草车》,成了工业化之前英格兰乡村的象征一样,葛饰北斋的这幅画也成了永恒的日本的象征(在现代人的印象中依然如此),被反复地印在从纺织品到茶杯的各种物品之上。

94

苏丹豁鼓

鼓,来自中非

公元 1850 年至公元 1900 年

霍雷肖·赫伯特·基钦纳是第一代基钦纳伯爵,也是第一次世界大战期间的风云人物。在一张广为人知的征兵海报上,他一身戎装,一只直指观者的手位于画面中心,其后不远处是他翘起的八字胡,画面上写着"你的国家需要你"。在当时,基钦纳已享有传奇般的"喀土穆的基钦纳"之誉。这面中非木鼓便是他于 1898 年斩获并献给维多利亚女王的战利品,此前,他所率领的军队在恩图曼战役中消灭了约 11000 名苏丹兵。这只鼓也是他获得这一称号的缘由之一。

这面豁鼓的历史就是一部 19 世纪的苏丹史,当时,各路势力——英国、法国和奥斯曼控制下的埃及——在这个广阔的尼罗河沿岸国度汇集。长久以来,苏丹一直被一分为二:南部为信仰传统宗教的非洲人的领地,北部则为穆斯林的领地。这是尼罗河瀑布附近地缘政治断层的又一份记录,关于这种断层,我们之前已提过两次,分别为塔哈尔卡法老的狮身人面像(第 22 节)以及奥古斯都的头像(第 35 节)。这面鼓不仅见证了非洲土著文化的历史,也见证了以喀土穆为中心的东非奴隶贸易史,以及 19 世纪晚期欧洲列强争夺非洲的混战史。

这面豁鼓诞生于非洲中部苏丹与刚果交界的地区,最初应该属于某位有权势的酋长的宫廷乐队。它的外形为一头短角水牛或丛林水牛的模样,从头至尾长约 270 厘米,高约 80 厘米,大小则相当于一头腿非常短的小牛。它头小,尾短,主体集中在被挖成中空的整个身体部分,背部有一道狭窄的豁口。鼓的两侧厚度不同,因此经验老到的鼓手能用传统的鼓槌敲出 2 种不同的音调以及多达 4 种的音阶。它是由一整块红色非洲孔雀豆木雕琢而成的。这种木材生长于非洲中部丛林，质地坚硬耐久，非常适合制鼓，因其可以承受反复敲击，保持稳定的音调，并免受白蚁啃噬。

鼓的主要功能是在出生、死亡和聚会等纪念性场合演奏。欧洲人将这种豁鼓称为"说话的鼓"，因为它们是在仪式上用来向人类"说话"的，并能远距离地传递信息、召集狩猎或作战。它的声音可以传出数英里。

19 世纪末，苏丹社会忧患不断。欧洲与中东势力在丰富的象牙与奴隶资源的诱惑下，早已进驻中非。几百年来，苏丹南部与中非的奴隶一直被带往北边的埃及，

售往奥斯曼土耳其帝国控制下的各地。许多中非部落首领与奴隶贩子合作,对敌对部落实施突然袭击,然后转卖俘虏分赃。19世纪20年代埃及人掌控苏丹之后,这一现象更为频繁地上演。奴隶的抓捕与贩卖,作为这一地区利润最高的支柱产业,被集中控制在位于喀土穆的埃及政府手中,至19世纪晚期,喀土穆俨然成了世界上最大的奴隶市场,业务遍及整个中东地区。作家多米尼克·格林这样评价当时的情形:

> 埃及人建起了一个持久的贩奴帝国,从尼罗河第四瀑布一直延伸到维多利亚湖北岸。欧洲政府给予了一些支持,但他们感兴趣的明显是象牙而非奴隶,

另一方面，他们也考虑到人道主义。埃及总督们则玩起了双重标准，一边在欧洲人强推给他们的反奴役公约上签了字，一边又继续借贩奴大发横财。

这面鼓可能是奴隶抢夺者的战利品，也可能是来自当地首领的礼物，不过肯定是随着奴隶贸易而来到喀土穆的。它一到达喀土穆就翻开了生命中新的一页：为了适应伊斯兰国家而被迫改头换面。从它的侧面便可看出端倪：两侧各刻了一个几乎占据整个鼓身的长方形，其中又有圆形及其他几何图案，显然是新主人为了驱除邪眼而添加的伊斯兰图案。这些图案在一面上是阳刻，另一面上是阴刻，而这样的削减彻底改变了鼓的音色。这表明它虽然可能会延续最初的功能，比如演奏音乐或召唤出战，但发出的声音已截然不同。这件乐器成了外人的战利品，新雕刻的图案便是一个标记，声明信仰伊斯兰教的北方已在政治上掌握了中非。

这面鼓来到喀土穆时，正值苏丹历史上的危急时刻。伴随埃及人的占领而来的是先进的欧洲技术与现代化机遇，而与此同时，一股新的伊斯兰反抗势力正在不断壮大。埃及虽属信仰伊斯兰教的奥斯曼土耳其帝国，但不少苏丹穆斯林却将其视为会带来政治压迫的非正统穆斯林势力加以抗拒。1881年出现了一位宗教兼军事领袖——穆罕默德·艾哈迈德，他宣称自己是"马赫迪"，即受安拉指引的人，并发动了一场史称马赫迪战争的圣战，要将苏丹从松懈、欧化的埃及人手里夺回。这是现代历史上的穆斯林军队第一次自发与帝国主义较量，一时之间所向披靡。

埃及政府的稳定与否关系到英国的战略利益。1869年由埃及和法国共同挖掘的苏伊士运河作为一条经济命脉，是连接英属印度与地中海的要道。但是运河的开凿、其他大型工程的兴建和总督治下长期的财政混乱让埃及迅速背负起沉重的债务。马赫迪战争的爆发让形势更为严峻，埃及政府似乎处于破产边缘，内战也一触即发。1882年，由于担忧运河上的安全，英国采取了行动以维护国家利益。他们派出军队，并派遣英国顾问协助埃及政府进行管理。其后不久，因马赫迪一派包围了喀土穆，英国人便将视线转向了苏丹。随着马赫迪势力的壮大，埃及政府派出戈登将军率兵进攻苏丹。但这支部队被围困，戈登本人也在喀土穆被处死，并在英国被奉为英雄。据多米尼克·格林描述，马赫迪一派接手了苏丹：

戈登被处以维多利亚时期最残酷的凌迟之刑。之后，他的形象以雕像和油画的形式在英国各个角落重现。1885年1月，喀土穆被攻陷，在强烈的抗议平息之后，苏丹几乎被英国政府淡忘，直至90年代中期非洲争夺战上演。当时英国的战略目标是最终建立起从好望角到开罗的南北通道。而法国则想打通跨越东西的道路，他们派出了一支马尔尚船长率领的探险队从非洲西部登陆，试图穿越沼泽直抵尼罗河。英国看破这一点后，派霍雷肖·赫伯特·基钦纳率领的一小队士兵加以阻拦。1898年，继喀土穆包围战13年后，基钦纳的军队终于和马赫迪军迎面对峙。

1898年9月2日，基钦纳带领的英埃联军在恩图曼摧毁了马赫迪的兵力。这场战争是英国骑兵发动的最后几次冲锋之一，年轻的温斯顿·丘吉尔也参与其中。苏丹方有大约11000人阵亡，13000人受伤，而英埃联军的伤亡不超过50人。这是个残忍的结局，但英国政府认定这是确保自己在该区域的利益免受法国侵害的正当战争，并且是对戈登在喀土穆之死的复仇，另外还终止了他们眼中可耻的奴隶贸易。

英埃联军重新夺回喀土穆之后，基钦纳的军队在这座城市近郊发现了这面鼓。它再一次被重新雕刻，或者说是重新做了标记。作为一项政治声明，基钦纳在丛林水牛的臀部附近印上了英国皇室徽章。之后，它被献给了维多利亚女王。

从1899年起直到1956年独立，苏丹一直处于英国与埃及的共同统治之下。在此期间，英国实行的政策多是将这个国家分成截然不同的两部分——信仰伊斯兰教、阿拉伯化的北方，和基督教势力逐渐增强、非洲人聚居的南方。对此，苏丹记者泽纳布·巴达维——其祖父曾在恩图曼战役中作为苏丹方的一员参战，其父也曾是这个被分裂的国家现代政坛上的领军人物——有如下阐述：

> 这面鼓很有意思，因为它曾落入马赫迪派手里，鼓身上刻着阿拉伯语，它是苏丹的官方语言，也是北部地区通行的语言。苏丹是非洲黑人和阿拉伯世界融汇的产物，是真正的交叉点，一如喀土穆的青尼罗河与白尼罗河汇流成尼罗河。我曾给我父亲看过这面鼓的照片。他说，他在20世纪40至50年代担任苏丹社会党副主席时正身处南苏丹，其时南苏丹人与在当地的北苏丹人发生了纠

纷。在冲突中，他记得曾见到有人拿出一面鼓，酷似这一面，但明显要新得多。那人敲起鼓来，并鼓励其他南苏丹人展现他们的力量，阻止南方人与北方人之间那场逐渐失控的冲突。

苏丹在独立后的几十年间，一直在内战与宗教冲突中挣扎，死伤无数。最近，南方提出与北方和平分离的要求。2011 年，一场全民公决将决定这种分离会走到何种程度。这面豁鼓所讲述的故事尚未完结。*

---

* 2011 年 7 月，根据苏丹南部公投结果及 2005 年苏丹南北双方达成的协议，南苏丹正式宣告独立，建立了南苏丹共和国并被联合国接纳为成员国。——译注

95

遭女性参政论者损毁的一便士币

爱德华七世便士，来自英格兰

公元 1903 年至公元 1918 年

从这里开始，我们讲述的历史便跨入了 20 世纪。此前在我们的社会中，物品的制造者、委托制造者和所有者一般都是男性。本节这件物品上也刻有国王的头像，但它却是被女性所利用的特例——它的外观被一条女性抗议国家法律的口号破坏了。这是一枚带有爱德华七世头像的英国便士，但他的形象遭到了损毁，这在当时是一项犯罪行为。印满国王整个头部的粗糙大写字母是"VOTES FOR WOMEN"（女性要有选举权）。这枚主张女性参政的硬币代表了所有为选举权斗争过的人。本部分的前几件物品展示了 19 世纪的大规模生产与消费，而这件物品则与大众参政的兴起相关。

历史上鲜见权力被心甘情愿移交的现象，它通常是通过暴力手段而易主的。19 世纪的欧洲和美洲不时爆发政治抗议，比如欧洲大陆时常发生革命，美国爆发了南北战争，英国则上演了旷日持久的要求放宽参政权的斗争。

重新定义英国民主政治的进程十分缓慢。这一行动始于 19 世纪 20 年代，到 80 年代，大约 6 成的男性拥有了选举权，但女性被完全排除在外。1832 年《大改革法案》颁布后不久，争取女性参政权的行动便开始了，但这场战役直到 20 世纪初才真正打响，当时女性参政运动陆续出现，女性展现了更高层次的魄力，可以说是暴力。为女性参政运动谱写战歌《女子进行曲》的埃塞尔·史密斯女勋爵曾说过：

VOTES FOR WOMEN

EDWARDVS VII DEI GRA: BRITT: OMN: REX FID: DEF: IND: IMP:

> 1912年一个值得铭记的下午，五点半整，一批又一批的女性从皮手筒和提包里拿出锤子，有组织有计划地敲碎了伦敦所有主要街道上的商店橱窗，因为她们知道在同一时刻，潘科赫斯特夫人正把一块石头砸向唐宁街十号的窗户，拉开整件事的序幕。

史密斯和其他许多女性一起被关进了监狱。一天，有位探监者发现她从窗户里探出身，正用自己的牙刷指挥女权运动的盟友在活动时间练习那首歌。

这些受人尊敬的女性的故意犯罪行为令当时的当权者震惊不已。民众对争取女权的海报、宣传册、集会和唱歌早就习以为常，但如今她们又迈进了一大步。损毁国家货币相形之下反倒是较为模糊的罪行，因为没有明确的受害者，但它却是对将女性排除在政治生活之外的国家政权更有效的攻击。这是绝妙的宣传策略。艺术家菲利斯蒂·鲍威尔对颠覆性的纪念章有特别的兴趣：

> 这个主意令人拍案叫绝。它利用了货币的潜质——广泛的传播力，有点类似今天的互联网。一便士是使用最频繁的钱币，因此能有效地扩散信息，破坏性地进入公共领域，传给那些深有同感的人和会为之震惊的人。这个创意妙极了。
> 这枚硬币充分利用了硬币无法一眼看到两面的特点。刻有不列颠女神形象的一面没有受到损毁：这个站立的女性形象十分强烈地象征了国家的地位。因此当你看到另一面时，极有可能会感受到一种冲突，一种切实的颠覆。

另一面上正是爱德华七世的侧面像，秃顶，蓄须，目光直视画面右方。这枚硬币铸造于1903年，当时他刚60岁出头。硬币边缘是一圈环绕着他的拉丁字母，意为"爱德华七世蒙上帝恩典，他是不列颠之王，国教捍卫者，印度君主"。如此强势的称号提醒世人，他是古老权力与新兴帝国权力的结合，这一统治长达数世纪的政治体系得到了上帝的庇护。但参差不齐的大写字母"VOTES"横亘在国王的耳朵上，盖住了他的脸颊，耳朵下方则刻有"FOR"，脖子上是"WOMEN"。一位女权运动者将这些字母一个个地敲到了一便士硬币上，每个字母都要单独敲，整个过程十分费力，成品带有一种强有力的粗糙感，对此，菲利斯蒂·鲍威尔这样形容：

不偏不倚地敲在国王的脸上,这确实是一种损毁行为。我觉得饶有趣味的是,这样一来,耳朵便被置于非常突出的位置。所有字母都被敲到硬币上之后,耳朵仍大致保持完好,这似乎是在问:"你听见了吗?"显得非常有力量。

这枚爱德华七世铜币被损毁时,正是妇女社会与政治联盟成立期间。这一组织的发起人包括埃米琳·潘克赫斯特和克利斯塔贝尔母女。之前有过较为温和的女性组织,但没有一个实现过自己的目标。33年前,埃米琳的丈夫曾为国会起草了第一份《女性参政法案》,在众议院反响相当不错,但遭到了首相威廉·格莱斯顿的公开反对:

我担心的并不是女性侵犯男性的权力。我担心的是,这样做会无意中妨害

2003年发行的五十便士纪念币,纪念妇女社会与政治同盟成立100周年

>女性天性中的娇柔、纯洁、精致与高贵。而这些正是她们现有力量的源泉。

除了指出女性的娇柔与精致之外，格莱斯顿还大力宣扬压抑天性的传统淑女行为规范。因此，尽管女性选举权运动仍在继续，法案不断被呈交国会，但在几乎一代人的时间里，多数女性不再采取直接行动，终止了侵犯男性现有权力的非淑女行为。

到1903年，包括潘克赫斯特母女在内的广大女性都不再甘于忍耐。（此时她们自称"主张扩大参政权者"，但在几年的激进运动之后，这些活跃的新抗议者被《每日邮报》称为"主张女性参政女斗士"，这是一种带嘲笑意味的狭隘化的称呼，将她们与那些坚持以和平手段抗议的女性区别开来。）在潘克赫斯特夫人的带领下，女权主义者采取了直接行动，损毁硬币仅仅是其中一项。但选择便士作为载体是绝对明智的：这种实行十进制货币之前的黄铜便士直径与现在的两英镑硬币相当，大小足够清晰容纳所有字母，同时数量庞大、价值低廉，银行召回重铸的可行性很小。因此，硬币上的信息能够广泛而无限制地流传下去。女权运动者也身体力行地展开了事业：她们呼吁投票，扰乱审判秩序。埃米琳·潘克赫斯特本人就曾经这样做：

>对任何一个没有偏见的人来说，女性应获得选举权的理由是显而易见的。英国宪法规定，纳税与代表权相伴相生。因此，女性纳税人自然拥有投票的权利。

潘克赫斯特节制的发言掩饰了当时运动中逐渐升级的暴力现象。其中最著名的事件是，国家画廊所收藏的委拉斯开兹的名画《镜前的维纳斯》被玛丽·理查森割破，她还振振有词地说：

>我要毁掉神话中最美丽的女性画像，作为对政府毁掉现代史上最美丽的女性潘克赫斯特夫人的抗议。

女权运动者还采取了许多其他至今仍会让人感到震惊的行动：用铁链把自己捆在唐宁街十号的栏杆上；在信箱里投放邮件炸弹；被送进监狱后绝食抗议。最暴力的自残行为发生在1913年的德比，艾米莉·戴维森冲到国王的座驾前，最终死在了马蹄之下。为了改变法律,女权运动者开始系统性地破坏法律。损毁硬币仅仅是行动之一,而这些行动都远远超出了非暴力反抗的范围。当时社会对这种行为的容忍度上限在哪里？人权律师与改革者海伦娜·肯尼迪夫人谈到了这一问题：

> 损毁硬币是违法的,因此,这也引发了关于在特定情况下违反法律是否合乎道德的争论。我的观点是,在争取人权时,有时别无选择。作为一名律师,我可能不该说这样的话,但我认为在某些情况下,多数民众都会赞同"总得有人站出来做点什么"的想法。显然,考虑到非暴力反抗的宗旨,被接受的范围是有限度的。有一些政治举措无可容忍,对它的限度在哪里、它应当如何的道德判断也经历了艰难的斗争。这些女性拥有非凡的勇气,她们做好了牺牲的准备。在如今的社会中,自然也有人为形形色色的事业做好了献身的准备,但我们需要考虑时间和场合是否合适。我认为大部分人都会赞同一点,即个人的行为一旦伤害到了他人,便是令人不能接受的。

第一次世界大战的爆发打乱了女权运动的脚步,但是战争本身也给予了女性有力的、实际上是决定性的支持,让她们最终享有了投票权。女性突然间获得了在传统的男性领域以及在明显"不适合淑女"的环境下表现的机会——比如战场上的医护工作、军需品供应、农业和工业等领域。因此在战争结束后,她们再也不会被从前娇弱精致的刻板形象禁锢了。

1918年,年满30岁的英国女性获得了投票权。1928年,《平等选举法案》将范围扩大到了所有年满21岁的女性,与男性选举权条件相同。在这枚硬币被刻上"VOTES FOR WOMEN" 100年之后,英国发行了一种面值五十便士的硬币,以纪念妇女社会与政治同盟成立100周年。硬币的正面是女王像,一名女性。背面也是一名女性——一位用铁链将自己捆在栅栏上的妇女参政论者,她身边有块告示板写着"GIVE WOMEN THE VOTE"（给女性选举权）。这一次,这些出现在硬币上的文字是合法的。

第二十部分

我们制造的世界

公元 1914 年至公元 2010 年

  20 世纪和 21 世纪初期是充斥着前所未有的冲突、社会剧变与科技发展的时代。技术的革新使人能够制造并使用更多的产品，其数量超过了历史上任何一个时期，也改变了人与人之间、人与这个物质世界之间的关系。但许多物品（尤其在塑料被发明之后）都是暂时或一次性的，导致环境和全球资源成为人类亟须解决的问题。与 200 万年来不变的事实一样，过去这一个世纪中生产的物品反映了我们的关注点、创造力和渴望，它们同样也会继续向我们的子孙透露这一切。

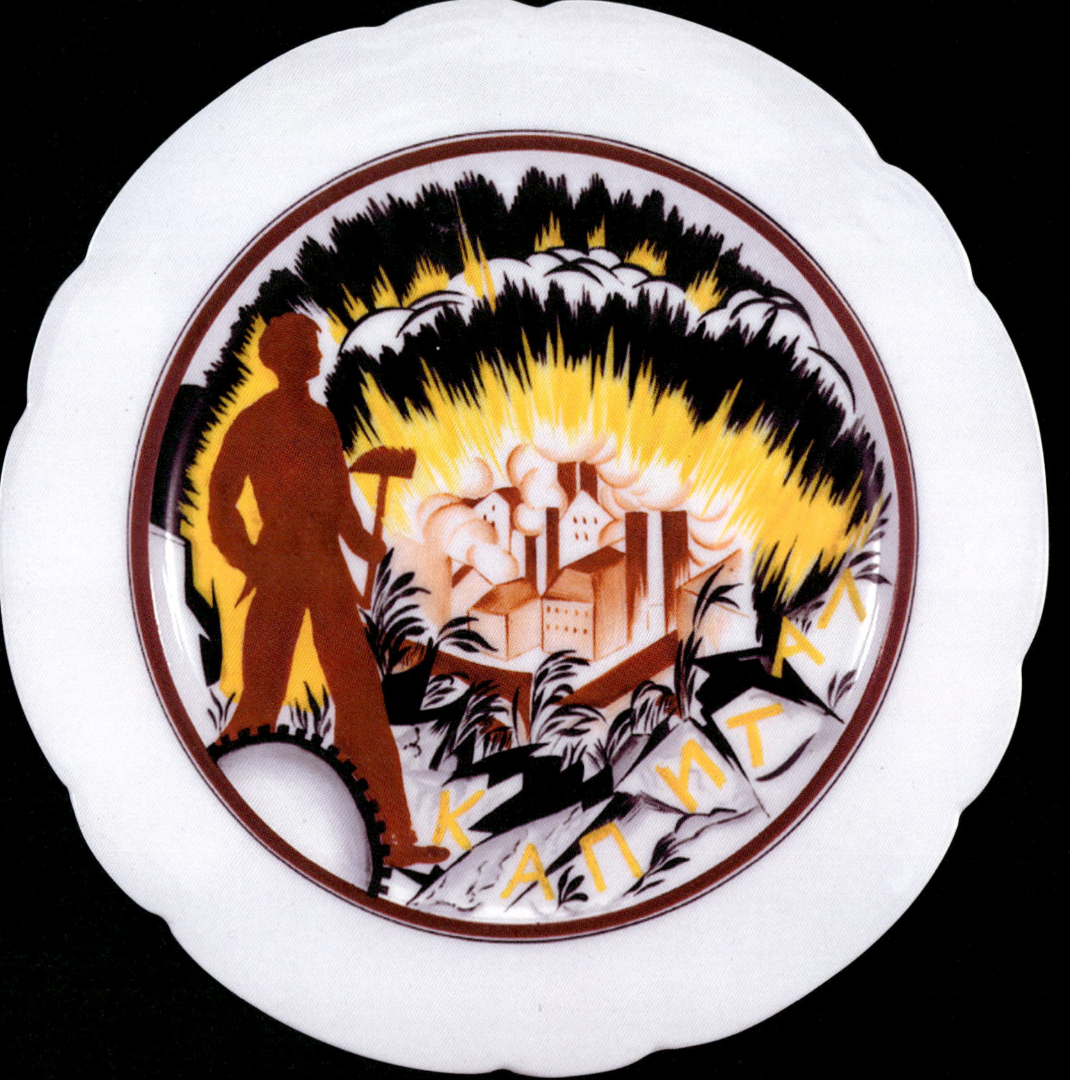
КАПИТАЛ

96

俄国革命瓷盘

瓷盘，来自俄罗斯圣彼得堡

绘制于公元 1921 年

起来，饥寒交迫的奴隶！
起来，全世界受苦的人！
满腔的热血已经沸腾，
要为真理而斗争！
旧世界打个落花流水，
奴隶们起来，起来！
不要说我们一无所有，
我们要做天下的主人！

以上文字出自著名的《国际歌》，一首 1871 年创作于法国的社会主义歌曲。20 世纪 20 年代，俄国的布尔什维克将其定为俄国革命之歌。原歌词是呼吁民众展望未来的革命时代，但布尔什维克在俄语翻译中明显修改了时态，将对未来的展望换作了眼下的事实——革命正在进行。至少在理论上，工人成了国家的主人。

在本书中，我们已见识过不少集大权于一身的统治者形象，如拉美西斯二世、亚历山大大帝、贝宁的奥巴和爱德华七世。而在本节中我们将看到新一类的统治者，不是某一个"我"，而是"我们"。不是个体，而是整个阶级，比方说在苏联，我们看到了人民的政权，或者说无产阶级专政。本节中这个带画的瓷盘正是为纪念俄国十月革命、庆祝新统治阶级诞生的物品。它用橙色、红色、黑色和白色生动地呈现出一座革命工厂所迸发的活力与生产力。在画面前端，一个无产阶级的代表形象正大步走向未来。历时70年的共产主义时代即将拉开序幕。

20世纪是由意识形态和战争主导的世纪：两次世界大战，殖民地的独立战争，后殖民时代的内战，欧洲的法西斯主义，世界范围内的军事独裁，以及俄国十月革命。持续了几乎一个世纪的激烈政治交锋，一方是自由民主，另一方则是中央集权。1921年，即这个瓷盘绘制的年份，布尔什维克基于马克思主义的阶级与经济理论，已在俄国建立起一个新型政治体制，并准备打造一个新世界。这是桩极其艰巨的任务，因为这个国家刚刚经历一战的失败，新政权面临着外来入侵与内战的双重威胁。布尔什维克需要用尽一切方法来激励并引导苏维埃的工人阶级，而艺术便是其中之一。

设计师利用了瓷盘的圆形来强化图像的象征力量。瓷盘中央是一座位于远处的被涂成红色的工厂，它明显属于工人阶级；冒着白烟，说明它具备良好的生产力；周围放射出鲜艳的黄色与橙色光芒，驱散了过去专制社会的黑暗。画面前端是一个小坡，一名男性从左侧大踏步走了进来。与工厂一样，他也是用红色表现的，身后散发着金色光芒。这一人物形象仅仅是个红色剪影，没有任何细节描画，但我们能看出他朝气蓬勃，热忱地目视前方。很明显，他代表的并非某个个体，而是整个无产阶级，正走向他们即将创造出的光明未来。他手里举着工人的锤子，脚边则有一个齿轮。下一步，他就要踏过一片在石块间散落着单词"KAPITAL"（资本）的荒芜之地。盘子本身制造于20年前，即1901年，当时上面没有任何图案。设计师米哈伊尔·米哈伊洛维奇·阿达莫维奇用妙手将帝国时代的瓷器变成了简单明了而又有效的苏俄宣传工具。这种再利用的手法吸引了马克思主义史学家艾瑞克·霍布斯鲍姆的注意：

> 关于这件瓷器最有趣的一点是，你可以通过一件物品同时看到新世界与旧世界，以及旧去新来的转换。很少有物品能如此直观地把历史的变动呈现在你眼前。在这些艺术家身上，意识形态起着至关重要的作用。这些人认为自己已完成了革命的壮举，并且强烈地感受到自己取得了前无古人的成就：我们正在创造一个全新的世界，这项事业只有在俄国和整个世界都顺利转型之后才算大功告成，而我们有责任指引并推动它——这就是它所呈现的意识形态。

皇家瓷器厂的沙皇尼古拉斯二世标记与苏俄的镰刀锤子标记

在布尔什维克夺取统治权后不久，皇家瓷器厂被收归国有，更名为国家瓷器厂。负责管理它的部门有着响亮的乌托邦式的名称：人民启蒙委员会。一名国家瓷器厂的委员在给这个委员会的一封信中说：

> 陶瓷与玻璃工厂……不能仅仅作为工厂和工业企业。它们应该是科学与艺术中心。它们的目标是促进俄国陶瓷与玻璃工艺的发展，寻求并发展新的生产路线……研究并发展新的艺术形式。

1921年，也就是绘制瓷盘的那一年，苏维埃俄国迫切地需要向民众灌输一个信息——团结起来、怀抱希望。因为当时国家陷入了内战、物资匮乏、旱灾与饥馑的重重困境之中，有超过400万人因饥饿丧生。在瓷盘上的这种工人当家做主的工厂里，生产规模和革命前相比大大降低了。艾瑞克·霍布斯鲍姆认为，这种以瓷盘为代表的艺术形式向处于绝境中的民众传达了希望的力量：

> 在绘制这个瓷盘的年代，几乎所有人都处于饥饿状态。饥荒在伏尔加河畔蔓延，人们接二连三地死于饥饿与伤寒。因而这一刻，人们不禁要问："这个已经倒下的

国家如何能康复？"我认为，促使人们投入建设的动力纯粹出于人们想象中的重建后的未来，他们会说："无论发生什么，我们仍在建设未来。我们要怀着无与伦比的信心迎接它。"

借一位陶瓷艺术家的话来说，瓷盘向我们展现了"来自光芒万丈的未来的信息"。通常情况下，一个政权会不断重温历史，为当时的需要提供支持。但布尔什维克希望人民相信，过去业已完结，新世界将从零开始重建。

无产阶级建立平等新世界的主张被绘制在瓷器这一历史上通常与贵族文化及特权相关联的奢侈物品之上。图案是直接手绘在釉面上的，使得瓷盘明显只能作为摆设而无法使用。瓷盘本身有贝壳式边缘，做工精良，早在革命前便已由沙皇时期的瓷器厂制作完成。皇家瓷器厂是18世纪由伊丽莎白女皇在圣彼得堡附近设立的，出产的瓷器足以与欧洲最精美的同类物品相媲美，多供宫廷使用，或作为官方馈赠之物。俄罗斯埃尔米塔日博物馆馆长米哈伊尔·彼得罗夫斯基解释说：

> 俄国瓷器已成为俄国文化产品的重要组成部分。俄国皇家瓷器声名远扬：其出品的精美瓷盘在当今世界拍卖会上成交价极高。这是艺术与经济、政治息息相关的典范，因为它其实是对沙皇俄国的展示——军事画面、阅兵、普通民众的生活热情、冬宫的美景等，这是俄罗斯想向世界和自己展示的美丽风貌。

这个瓷盘作为一个缩影，也证明了苏俄所宣扬的与旧世界彻底决裂的道路并不现实：考虑到革命的进程，布尔什维克不得不在某些可行的方面利用现有的制度，因此苏俄很大程度上仍然保留着沙皇时期的模式。他们别无他法。但这个瓷盘却是他们有意为之。瓷盘背面有两枚工厂标记，釉面之下是纯白瓷盘于1901年问世时皇家瓷器厂所作的尼古拉斯二世的标记，釉面之上则是苏俄国家瓷器厂于1921年绘制的镰刀锤子的标记。这个带图案的瓷盘，制作、加工于前后相距20年的两个时代，二者的政治环境有着天壤之别。

你原先可能认为他们会抹去沙皇的标记，掩盖瓷盘与沙皇帝国的关联，而事实上，情况也的确常常如此。但工厂中的一些人意识到，保留那枚标记大为有利，能让瓷盘成为更炙手可热的藏品，在国外卖出更高的价钱。这个政权亟须积累外汇，出售类似这只瓷盘的艺术品和文物无疑是一条解决之道。新成立的国家瓷器厂的记录中写道，"在海外市场，人们对兼有苏俄标记与沙俄标记的艺术品兴趣浓厚，若早期的标记没有被遮盖，它们无疑能在国际市场上更为值钱"。

因此我们得以目睹一种意外的状况：一个经历了社会主义革命的政权制造奢侈品卖给资本主义世界。当然，你可以说这合情合理，因为瓷盘所带来的利润能够支援苏联的国际行动，而它的设计目的正是为了削弱那些购买瓷盘的资本主义国家，同时将瓷盘上无产阶级的宣传信息传达给苏联的敌人。评论家雅各布·图根霍尔德曾在1923年写道："艺术工业是幸福的战锤，已经敲倒了国际孤立的高墙。"

苏联和各资本主义国家之间这种冲突与共生的关系，起初被视为在西方国家的工人与共产主义取得胜利之前的过渡期的必然状态，最终演变成整个20世纪的常态。这个瓷盘的正面向我们展示了布尔什维克早年间明确坚定的信念，背面则是实际的妥协。对帝国历史和政治现实的妥协，是苏联面对资本主义世界时在经济上采取的复杂的权宜之计。更进一步说，在其后的70年里，当整个世界分为两大互相竞争而又彼此依存的意识形态阵营时，苏联始终延续着这种模式。这个瓷盘的正反两面描绘出了从全球革命浪潮步入稳定的冷战状态的道路。

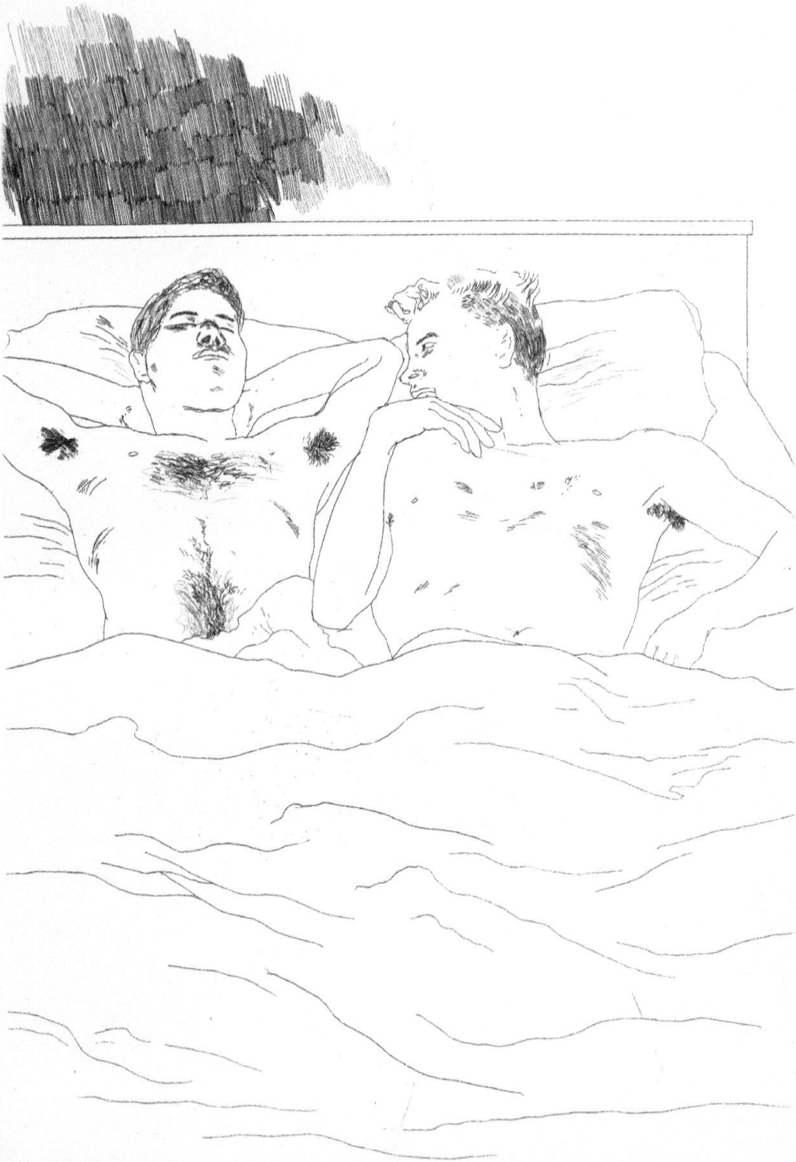

97

霍克尼的《在平淡的村庄里》

铜版画，来自英格兰

公元 1966 年

> 性爱始于
> 1963 年
> （对我来说已经太晚）——
> 在《查泰莱夫人》解禁
> 和披头士的第一张唱片发行之间。

　　长于书写忧郁惋惜的大师菲利普·拉金，在一首较为欢快的诗歌里写下这样的诗句，指出了"摇摆的六十年代"里的关键点——性爱，音乐，以及更多性爱。每一代人都认为性爱是自己创造的，但没有谁会以为自己做得像 20 世纪 60 年代的年轻人那样彻底。当然，60 年代的精神不止于此，这 10 年如今拥有神话般的地位，更多地是因其被奉为向自由转型的年代，或是毁灭性的自我放纵的年代。这样的神话并非毫无道理。当时，追求政治自由、社会自由和性自由的大规模自发运动遍布全球，让既有的权力与社会体系都遭受了挑战，有些甚至被颠覆。

　　在前两节里，我们谈到了重大的政治问题——社会各派别平等权利的实现，如女性选举权或无产阶级掌权。而 20 世纪 60 年代的运动则把目光投向了确保独立公民正常行使这些权利，且每个人都能自由地扮演自己在社会中的角色，在不对社会造成危害的情况下无拘无束地生活。有几项新的自由来之不易，为此，一些人付出了生命的代价：这个10年，有马丁·路德·金与黑人民权运动，有布拉格之春（英勇的捷克人奋起反抗苏联），也有1968年巴黎学生起义及随后在整个欧美掀起的校园抗议，还有反对越南战争、支持裁减核武器运动。

这也是迷幻的"爱之夏"的10年，以伍德斯托克和旧金山的音乐节、披头士和感恩而死乐队为背景音。性革命同样在私人领域发生：女性解放运动，避孕药的发明，以及同性恋合法化。在这个10年之前，大卫·霍克尼的铜版画《在平淡的村庄里》没有可能出版。霍克尼的艺术生涯始于20世纪50年代，但塑造他的却是60年代的生活，他同时也反过来塑造了这个时代。他是一名同性恋者，在工作和生活中都不讳言这一点。但在当时的英国，同性之间的性行为仍属犯罪，对同性恋的迫害频仍。他在美国加州与英国两地生活，在加州完成了那些闻名遐迩的幽蓝游泳池中的年轻裸体男子的画作，在英国则给亲朋好友画像。

在这幅铜版画里，两个约莫20来岁的赤裸年轻男性并排躺在床上，一条毯子盖住了下半身。我们似乎是从他们的足部上方俯视着他们。其中一人将胳膊枕在脑后，闭着眼睛，仿佛在打盹，另一个则热切地看着他。我们不知道这二人是初识还是早已确定了关系。但一眼就能看出，这似乎是一个平静、餍足的早晨。

这是霍克尼自1966年起创作的系列铜版画之一，灵感来自希腊诗人康斯坦丁·卡瓦菲斯；与此同时，内政大臣罗伊·詹金斯正在起草让同性恋在英格兰和威尔士范围内合法化的草案。这幅画发行于1967年，正好与国会通过詹金斯的《性犯罪法》同年。霍克尼的画作在当时令众人震惊，时至今日仍令不少人触目惊心，尽管画中完全没有细节描绘——毯子遮住了两人的下半身。但它提出了一串复杂的问题，涉及社会对方方面面的接受程度、容忍限度、个人自由的尺度，以及人类历史上已延续数千年的道德结构的转变。

在我们所讲述的这部世界史中，有一个反复出现而并不会让人觉得意外的主题，那便是性，更确切地说，是性吸引与爱。在本书所呈现的百件文物中，有雕刻于11000年前的耶路撒冷附近、现存最古老的表现情侣性爱场景的小石雕，也有后宫女子、耽于享乐的女神和罗马杯上的同性性爱行为。但令人讶异的是，尽管刻画人类性行为的艺术已有相当长的历史，大卫·霍克尼相对含蓄的绘画在那时的英国仍是大胆甚至挑衅性的行为。

霍克尼铜版画中的年轻人可能是美国人，也可能是英国人，他们落脚的地方是一座平淡的村庄，即本画的名字，取自卡瓦菲斯的同名诗。这首诗写的是一个男孩为环境所困，通过幻想完美的恋人来逃脱沉闷的现实。因此，霍克尼画作中闭着眼的男子也许正在温柔地幻想一位热情的伴侣，而后者只是想象的产物，并不是被渴求的有血有肉的真实存在。

> 今晚他躺在床上，为爱情的真谛苦思成病
> 他的青春燃起肉欲
> 他迷人的青春完全陷入美好的焦急
> 在睡梦中欢乐降临，在睡梦中
> 他见到并拥抱了渴望的身体……

康斯坦丁·卡瓦菲斯（1863 – 1933）的家庭拥有多元文化背景，他们在土耳其、英国与埃及三地间搬迁。他们也是庞大的希腊侨民的一分子，而希腊民族 2000 年来一直主导着地中海东部的经济、文化和精神生活。他生活在通行希腊语的广阔世界里，这一世界的主体并非希腊本土，而是君士坦丁堡和亚历山大港，后者始建于公元前四世纪亚历山大大帝征服埃及之后，但直到 20 世纪中叶才建成。这一世界我们此前也曾数次提及，最著名的代表物是同时雕刻有希腊语与埃及语的罗塞塔石碑。卡瓦菲斯对博大的希腊文化传统所知甚深，他在亚历山大港所作的诗歌带有浓厚的古典情怀，体现了那个传统的希腊世界，那时，男性间的恋爱司空见惯。

而年轻的霍克尼所生活其中的布拉德福德则完全不同。在 20 世纪 50 年代的约克郡，同性恋仍是一个讳莫如深的话题，对艺术家来说更是个危险的主题。因此，在布拉德福德图书馆发现的卡瓦菲斯诗集让霍克尼耳目一新。

> 我越读他的诗，就越为那种简单直接所吸引。1960 年的夏天，我在布拉德福德的图书馆找到了约翰·马维罗戈达托的译本，然后偷走了这本书。我敢肯定，这本书现在还在我手里。我并不为自己的行为感到歉疚，因为现在这本书改版上市了，但在当时它彻底绝版，哪儿都买不到。而且告诉你们，在布拉德福德的图书馆，这本书从来都没有摆上架子，你得向管理员索取才行。

之后，霍克尼选择了 14 首诗歌作为创作系列铜版画的模本，其主题包括渴望与失落，命中注定的邂逅，以及醉人的、充满激情的相逢。这些都是他应用于艺术作品的令人激动的主题，也是一个艺术家如何将私密体验转化为公开声明的例证。在一对开明的父母身边长大、自幼不被过问私事并不受闲言碎语困扰的他，认为自己有责任挺身而出，通过艺术争取自己的权利，同时加入日渐壮大、为同类争取权利的阵营。他的创作极富个性，抛弃了沉重的表达手法。这一系列铜版画并不是说教，而是欢笑和歌唱：

> 关于这些画，我们必须记住一点，它是在传播以前被禁止传播的信息，尤其是在学生中间，因为它的主题是：同性恋。我觉得我该这么做。这是我的一部分，是一个我能用幽默手法处理的主题。

同性恋人群的权利当然只是 60 年代民众坚持争取的自由之一，但却是在所有社会的人权背景中都极具挑战性的内容。当时的人权问题所关注的基本是建立在性别、宗教或种族之上的歧视，而在第二次世界大战之后，人们已经达成普遍共识：这种歧视是错误的。但在另一方面，对待性取向和性行为的态度却全然不同。事实上，联合国于 1948 年颁布的《世界人权宣言》中压根儿没提这一点。最终，霍克尼和持相同立场的活跃分子改变了陈见，坚定地将性方面的问题带入了欧美人权领域。他们的运动使一些国家修订了法律，但在很多地方，这种背离主流的私人性行为仍被认定有违宗教观念，或是对社会具有威胁，或被视为犯罪行为而受到惩罚，甚至被处死。

2008 年，联合国常任理事会发表了新的声明，谴责所有基于性取向和性别认同而进行的杀戮、处决、酷刑和任意逮捕。这项声明得到了超过 50 个国家的支持，但也引发了反对方的另一份声明，因此，这一提案仍未正式通过。

霍克尼的画作只有寥寥数笔，几抹黑色线条勾勒出墙壁和毯子。没有什么能告诉我们这张床到底位于何处，我们甚至不知道这两个年轻人究竟是真实存在的还是虚构的。这幅无确指性的画作提醒我们，性虽然是一种私人行为，却是为全人类所共享的。但另一方面，社会对这一行为的态度却并未达成共识。40 年过去了，人权战线上依然硝烟四起：世界远没有我们乐观想象的那样全球化。

98

武器王座

使用武器部件制作的椅子，来自莫桑比克马普托

公元2001年

下面将要讲述的这件物品，它虽记录了战争，却并非为了歌颂战争或发动战争的统治者，就这个意义而言，它在我们整部书中是前所未有的。武器王座是一把用不同枪支的零部件拼成的椅子，这些枪支制造于不同的国家，之后流入非洲。如果说批量生产和大众消费是19世纪的主要特征，那么20世纪则以大规模战争和屠杀著称：两次世界大战，斯大林的大清洗运动，犹太人大屠杀，广岛核爆炸，柬埔寨屠杀场，卢旺达惨案……简直不可尽数。如果非要为这些大灾难找出一片小小的光明面，那么得说，20世纪前所未有地清楚记录下了战争中普通民众所承受的莫大痛苦，记录了那些为战争付出生命的士兵和百姓。无名烈士墓遍布世界各地，武器王座也是遵循这一传统的产物。它是莫桑比克内战中所有死难者的纪念碑，记录了战争对一个国家乃至整个非洲犯下的罪行。最非同寻常的是，这样一件纪念品、一件艺术品，却向我们陈述着希望与决心。武器王座是人类的悲剧和胜利不分彼此的写照。

本书的这最后几节将记述在19世纪一度昌盛壮大的帝国的衰退，以及新的全球意识形态和国家身份的兴起。这一切在后殖民时代的非洲上演得最为血腥。19世纪后期的非洲争夺大战，主要以英、法、葡三国殖民势力瓜分非洲作结，德国、意大利、西班牙和比利时亦分得一杯羹。第二次世界大战结束后，非洲大陆上的独立运动风起云涌，各国在60年代后逐渐赢得了独立。但在脱离欧洲势力的过程中，它们仍然经历了一番痛苦的斗争。独立通常要诉诸战争，因此多会导致新生国家的内乱，甚

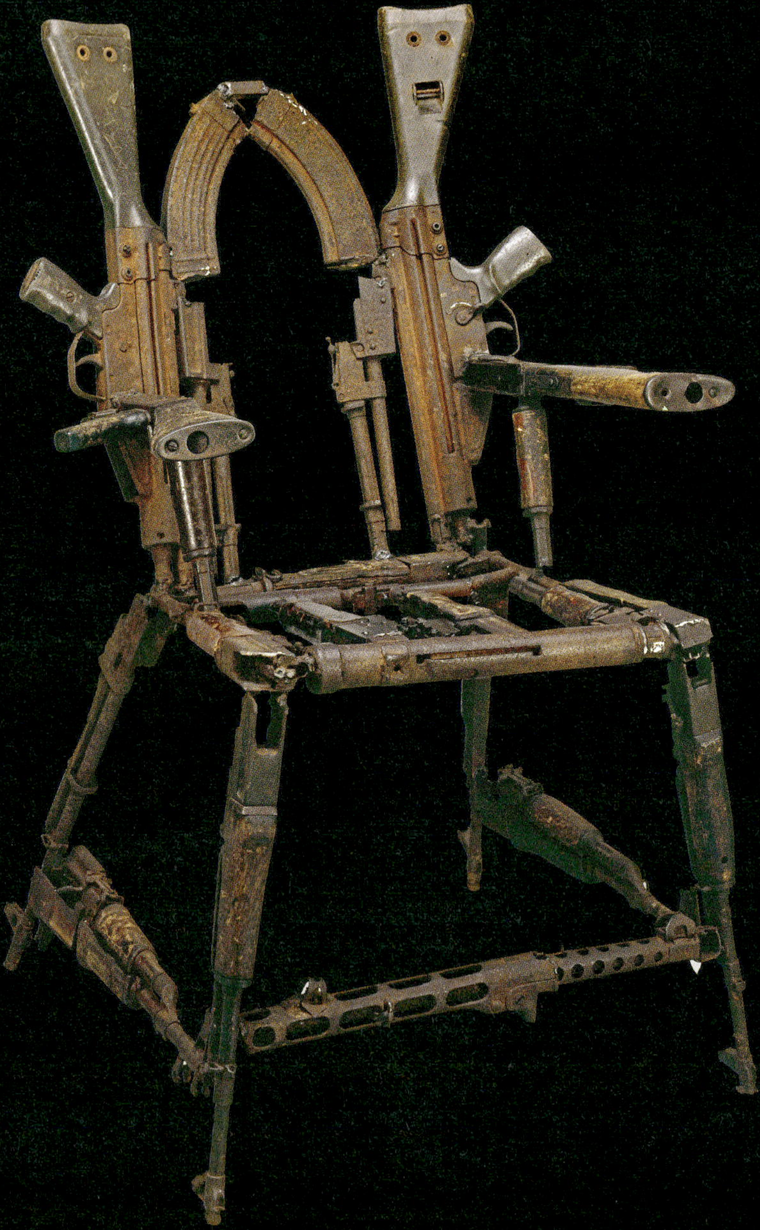

至是内战。对此，加纳外交官、前联合国秘书长科菲·安南在个人经历和工作经历中都有所体会：

> 我觉得我们必须首先看到一个前提：这些国家大部分都没有任何统治经验，因而治理国家、处理问题时，几乎凡事都要从零开始。这些国家的历史上有过公务人员，但几乎没有人真正懂得该如何领导或管理国家。我认为，争取独立和治理国家所需要的能力并不相同。但人们总是自然地预设，那些为独立而战的人做好了管理国家的准备。因此，他们在这方面有很多需要学习的东西，而族群间的猜忌，即认为某个部落或团体得到了相对多的利益，常会导致紧张关系以及对稀有资源的争夺，暴力与冲突便时有发生。

这些脆弱而缺乏经验的政府要么向东方共产主义阵营寻求支援，要么投靠西方资本主义阵营，而这两大阵营都渴望扩充自己的队伍，因此，19世纪的非洲领地之争到20世纪演变成了意识形态之争，结果导致数量可观的武器流入这片大陆，一系列血腥内战由此拉开序幕。莫桑比克内战便是其中最惨烈的一役。

这把王座完全由枪支的零部件搭成，但其形状却类似传统的木椅——那种通常会被放在厨房或餐桌旁的家用椅，不过这也是它唯一的传统之处。组成这把椅子的枪支串联起了莫桑比克整个20世纪的历史。最古老的是两把老式的葡萄牙式G3步枪，它们被用作了椅背，真是恰如其分，因为莫桑比克正是在1975年推翻葡萄牙近500年的殖民统治后才取得了独立。当时，左翼抵抗势力莫桑比克解放阵线在苏联及其盟国的扶持下赢得了胜利。这解释了为什么椅子其余部分的材料都生产于共产主义阵营：扶手来自苏联的AK-47，椅座则是波兰和捷克斯洛伐克的步枪，一条前腿是朝鲜自动步枪的枪管。这是家具形式的冷战，体现了东方阵营在非洲以及全世界扩大共产主义影响的努力。

莫桑比克解放阵线于1975年掌权之后，莫桑比克这一新生国家成了信仰马克思与列宁主义的国度，它公开表态与邻国为敌，包括白人控制的罗得西亚，即今天的津巴布韦，以及实行种族隔离的南非。作为回应，罗得西亚和南非发起并扶持了对方的敌对组织津巴布韦民族抵抗运动，试图颠覆新政权。因此，在莫桑比克独立后的头10年里，国内经济崩溃、战乱血腥。组成王座的枪支便是在内战中使用过的。它们造成了100万人死亡，数百万人流离失所，留下了30万嗷嗷待哺的战争孤儿。15年后，和平才最终降临。1992年双方进行了协商，领导民众开始重建国家。战争业已结束，但留下了许多枪械。正如安南所了解的那样，让习惯战争生活的一代人回归和平安宁的社会是极为艰难的，因为很多士兵除了打仗什么都不会：

> 这让我想起在塞拉利昂的冲突中，有很多娃娃兵上了战场。他们只有8岁或10岁，背上的AK-47步枪几乎和他们一般高。他们是被训练来杀人的。我曾以联合国维和行动负责人的身份与一些维和人员一起前往塞拉利昂，试图找出解救这些孩子的方法，训练他们为冲突结束后的生活做好准备。
> 一个社会一旦想处理好自己的过去，就必须解决两大至关重要的问题。一是要有能力进行调停，二是要审视社会并自问"发生了什么？""我们怎么走到这一步的？""要怎么做才能保证这些恐怖事件不再重演？"等等。

莫桑比克面临的最大问题，便是如何让数百万支留存于世的枪支退役，并帮助这些昔日的士兵及其家人回归正常生活。武器王座成了这一重建过程中激励人心的要素。它是至今仍在进行的"将武器变成工具"这一和平项目的产物。该项目通过政府提出赦免条件，让交战双方自愿将上过沙场的武器上缴，以换取一些积极实用的工具——锄头、缝纫机、自行车、建材等等。对老兵们来说，交枪不啻壮举，对家人乃至整个国家都有重大意义。这一项目帮助民众摆脱了对枪支的依赖，破除了困扰莫桑比克多年的暴力文化。它甫一启动便收到了超过60万件武器，它们被转交给艺术家，在被作废之后制成了塑像。该项目的赞助人、莫桑比克独立后首任总统萨莫拉·马歇尔的遗孀、如今为纳尔逊·曼德拉之妻的格拉萨·马歇尔曾说，项目意在"从年轻人手里收走死亡工具，为他们创造致富机会"。同时，枪支本身也变成了艺术品。这一项目于1995年由莫桑比克基督教理事会的圣公会主教迪尼斯·申居伦发起，并得到了基督教互助会的支持：

> 这一项目旨在解除民众脑中和手里的武装。为什么这个世界竟有人挨饿，

为什么这个世界竟有医药短缺？而与此同时，能动用的钱几乎会立刻用于武器装备的开销，数目之巨我只能用震惊来形容。

我认为自己应该为创造和平尽一份力。当然，我们有《圣经》里的《弥迦书》和《以赛亚书》作依据，里面说，他们将铸剑为犁，人们会坐在树下，无忧无惧。

我们发现有许多纪念物都是歌颂战争的，也知道它们都是由艺术家创造的，因此我们邀请了一些艺术家，并问他们："你们能否发挥才能来歌颂和平？我们有很多枪，你们能不能想办法利用枪的部件来传达和平的信息？"在这样的背景下，艺术家们开始打造各种艺术品，作品之一便是这把武器王座。

武器王座出自一位名叫凯斯特的莫桑比克艺术家之手。他选择制造一把椅子并称之为王座，这立刻带给人一种特别的讯息。椅子不同于凳子，它在传统的非洲社会极为罕见，通常为酋长、王子与国王专属，因此它的的确确是王座。但这把王座并不是给某个人坐的。它不属于某位统治者，而是传达出新莫桑比克的治国理念——和平调解。

正因为这件物品被塑造成椅子的形象，它带给我一种别样的感伤。谈及椅子的时候，我们总会用拟人化形容，比如会说它的腿、（扶）手和（椅）背。毕竟，它们的设计目的就是为了贴合人类的形体，它们也几乎成了活着的人的隐喻。而制作这把椅子的武器却常常造成人的背部、手臂、腿脚伤残，因此格外令人不安。

凯斯特的家族中也有成员在冲突中致残：

我本人并没有受到内战的直接影响，但我有两个亲人失去了腿。一个踩在地雷上被炸断了一条腿。另一个是我的表亲，他为莫桑比克解放阵线战斗，也失去了一条腿。

但凯斯特创作这把椅子的目的意在传达希望。两把步枪的枪托构成了椅背。如果你仔细观察，上面似乎各有一张面孔，一对螺钉孔是眼睛，一条皮带长孔则是嘴。它们看起来似乎在微笑。凯斯特注意到了这种意外的视觉效果，于是决心对其加以发挥，从而否定枪支的主要功用，并赋予这件艺术品一个基本的内涵，他有如下解释：

我们之间再也没有任何冲突。笑脸不是我雕刻出来的，而是枪托本身的一部分。螺钉孔和用来挂枪支的枪带痕迹都是原有的。因此我选择了最具表现力的枪支和武器。在顶部你能看到一张笑脸，还有另一张在另一杆枪托上。它们好像在向对方微笑着说："我们自由了。"

99

信用卡

发行于阿联酋

公元 2009 年

如果你去问问别人，20世纪对人类日常生活影响最大的发明是什么，他们的第一反应恐怕是电脑或手机，在第一时间，多数人并不会想到他们钱包里那张长方形的小塑料片。但自从20世纪50年代末以来，信用卡等银行卡便成为现代生活的基本组成部分。银行借贷有史以来第一次不再是贵族的特权。在一些人眼中，它是带给数百万人经济自由的终极象征，也有人认为它代表着欧美消费文化的胜利，此外——也许正是因此——金钱的使用与滥用所导致的长期潜在的宗教和道德问题也随之复苏。

在前两节中，我们审视了性和战争，这一节将谈及人类生活中的第三大常数：金钱。金钱贯穿着整个人类史，从传奇巨富、吕底亚国王克罗伊斯的金币（第25节），到中国明朝开国皇帝发行的纸币（第72节），再到第一种世界性货币西班牙国王的八里尔银币（第80节）。现在要登场的则是货币的现代形式——塑料卡。

现代信用卡最早出现在美国，20世纪早期的零售借贷计划便是它的雏形。二战结束之后，美国取消了战时的借贷限制，引发了信用贷款热潮。全球第一张通用借记卡是1950年诞生的大莱卡。之后在1958年，首张名副其实的信用卡问世，它由银行签发，并得到了各行各业的广泛承认。它就是美国银行信用卡，即VISA的前身，也是第一张以塑料制成的通用信用卡。但直到20世纪90年代，信用卡才真正传播到北美与英国以外的地区，在全球通行。

当然，信用卡本身并非货币，它只是一件塑料物品，作为消费、转账和保证偿

HSBC **Amanah**

Gold

1234 1234 1234 1234

4249 VALID THRU 06/11

TARIQ ADEL

VISA

还的媒介使用。如今，比起实实在在的纸币或硬币，金钱更多地被表现为账单与发票上的数字。几乎不会有人亲眼见到自己的大部分积蓄被换成现金，即便在银行的保险库里。日常使用的信用卡与借记卡让我们逐渐了解，货币已失去了其基本的物质形式。通过这些银行卡花去的总是崭新的、从未被使用过的钱币。我们也得以不受国界限制，在世界任何角落即刻调用自己的资金。之前我们所看到的硬币或纸币上都有国王或国家的标记，而银行卡在设计上并没有反映任何统治者或国家，除有效期限外，它的使用也不受任何限制。这种新生货币是超越国界的，也看似征服了全世界。不过，甚至是信用卡也保留了一些传统货币的特征：本节中的这张卡片便热切地表现出它是一张"金卡"。

信用卡的功能自然是保证付款。就算在完全陌生的环境里，人们也相信对方最终会支付款项。在英格兰银行行长默文·金看来，信用卡不过是为一个占老的问题提供了新的解决方式：

> 对所有用于金融交易的卡片或货币来说，最紧要的是其可接受性，即交易的另一方对它抱有的信任度。关于信用的重要性，我可以用一个反例来证明：20世纪90年代，阿根廷经济崩溃，政府决定不偿还国债，致使货币变得一文不值，于是在国内的一些小村庄里，借条越来越多地成了纸币的替代品。但借条的重点在于，借方必须信任贷方，而这种信任并非永远有保障。因此，在这些村庄，有人会把借条带到当地的神父处，委托他做担保。这是宗教被用于解决世俗事务的例子，但同样也表现了人借助宗教增强物质工具的信任度的做法。

没有哪个神父能在全球范围内为我们的借条做担保，因而我们使用全球通行的信用卡。

本节中的这张金卡的发行者为总部位于伦敦的汇丰银行，其全称是香港上海汇丰银行有限公司。该卡获得了总部位于美国的信用卡联盟组织VISA的支持，卡面还印有阿拉伯语。简言之，它便捷地与全世界相连，是全球经济体系的一部分——通过背面复杂的电子结构运作，这一点恐怕大多数人在输密码时都不会想到。每一笔信用卡交易都被追踪并记录在案，构建起复杂的活动档案，在世界另一端为我们的经济活动写下传记。

现代银行的规模比人类历史上已知的任何机构都要庞大，它们的影响力超越国界遍及全球。正如默文·金强调的：

> 不管是借助国际银行发行的信用卡还是银行提供的其他服务，大范围金融交易的开展都促成了一些跨国机构的诞生，其规模已超出国家机构能够控制的范围。而它们一旦陷入财务困境，就会造成巨大的经济混乱，还好这种情况并不多见。

过去，统治者可以对自己的债务置之不理，放任银行倒闭。但在今天，让政府垮台显然比让银行倒闭容易得多。

信用卡的多种特点无须赘述。世界上每一张信用卡都拥有全球认可的标准尺寸和形状，以便插进所有如今已经遍布世界的"墙上的插孔"。从某一方面来说，银行卡与传统的货币也有相同之处：它们都有两面，每一面都包含重要信息。卡的背面有一道磁条，这是电子认证系统的部件，让我们能够在全球范围内相对安全地调动资金，保证即时流通、即时交易与即时满足。许多卡片如今拥有了更为复杂的电子部件，即微芯片。微技术是近几十年内的伟大技术成就，正是它让信用卡得以在全球通行，跨国银行随之兴起。这黑色的小磁条是本节中的英雄，也许又是恶棍，总之，可导致众多结果。

对多数人来说，信用卡提供了一项空前的功能：无需传统的典当或借高利贷的方式便可实现借贷。但机会也不可避免会带来风险。宽松的借贷方式破坏了节俭等传统价值观，因为信用卡让你不必预先储蓄便可以消费。因此，它会引得道德家关注并被列为危险品、罪恶之物也就不足为奇了。毫无疑问，信用卡会刺激消费者的购买欲，促使其消费超出自己的承担能力。因此，就银行业务的这一领域所带来的道德和宗教问题的辩论迅速升温。

说起来会引人惊讶，这张卡本身也体现了宗教性。卡正面中部有一道红色回纹装饰，看起来像排列在长条状图案里的中空的星形，不禁令人回想起我们之前讨论过的一件物品：苏丹豁鼓，它被带到信仰伊斯兰教的苏丹北部后，其中一侧被刻了伊

这张汇丰银行发行的信用卡同时印有英文与阿拉伯文

斯兰标记,用以向新世界宣布它的归属。这张卡片上的类似图案也表达了类似的用意。它并非由汇丰银行总部,而是由汇丰伊斯兰银行签发,而该行必须遵循伊斯兰教义。

所有天启宗教都担心高利贷,即放贷取利这种社会恶习会让穷人逐渐债台高筑,最终贫困潦倒。《圣经》和《古兰经》中对高利贷都有直接训示。《利未记》中的告诫是:"你借钱给他,不可向他取利;借粮给他,也不可向他多要。"《古兰经》中的文字也十分尖锐:"吃利息的人,要像中了魔的人一样,疯疯癫癫地站起来。"

因此,犹太教、基督教和伊斯兰教与这一先进金融体系的伦理,包括钱财与商品、钱财与劳动的分离,尤其是鼓励借贷会给社会带来的种种后果进行着斗争。这一持续千年的关注最近的表现是,奉行伊斯兰教教义的伊斯兰银行系统在90年代后兴起。伊斯兰银行如今在超过60个国家范围内提供合乎其教义和社会行为规范的服务。汇丰银行伊斯兰分部的全球副总裁拉齐·法基解释说:

  在伊斯兰世界里，金融是一个新兴行业。传统的银行和金融业起源甚早，而伊斯兰金融在20世纪60年代才始于埃及，以我之见，直到90年代才步入真正的发展期，因此只有不足20年的历史。

这张信用卡当然是中东经济影响力扩大的产物，同时也表明了另一桩事实：银行业的这一发展与整个20世纪人们公认的判断背道而驰。法国大革命之后，包括卡尔·马克思在内的大部分学者与经济学家都认为，宗教对公共生活的影响力会渐次减退，长远来看，神的力量会让位于财富的力量。但在21世纪头10年便出现了让人惊讶的事实，其一便是：在全球多个地区，宗教重返经济与政治舞台的中心。我们的金卡也在这一不断发展的全球现象中占据了一个微小而又意味深长的位置。

100

太阳能灯具与充电器

制造于中国广东省深圳市

公元 2010 年

本书所讲述的世界史该如何作结？哪一样物品不但能总结2010年的世界，彰显人类的关切与渴望、代表人类的普遍经历，并且十分实用，就物质方面而言对世界上大多数人具有重要意义？

如果放到未来，这一选择必定会毫无争议。我敢肯定，2110年的大英博物馆馆长必然很清楚该怎样做出合理选择，并会对我们今日的决定报以微笑，甚至嗤之以鼻。那时候，人们已经完全明了是哪些重大事件或发展塑造了21世纪的头10年。而我们则必须在无知的情况下做出选择。

我们曾考虑是否该选择一件来自南极洲的物品。那片土地是这一星球上最后为人类踏足的，也是人类自走出非洲以来所到达的最后一个定居地。能够在那里存活下来，全靠人类制造出的工具。因此，一套以在南极洲生活和工作为目的而制造的服装能够象征人类作为工具制造者的困境：我们通过我们制造的物品征服了环境，但为了日后的生存，我们却必须完全依赖它们。不过，选择为至多数千人在地球上最不宜居的地区生存而设计的服装作为人类努力的高峰，似乎有失偏颇。

20世纪后半叶人类最为瞩目的行动当数数以百万计的人移居到城市，其中不乏长距离的迁徙。这些移民改变了世界人口分布，创造出全球化城市的全新面貌：来自各大洲的居民紧密地、通常也相对和谐地生活在一起。举例来说，伦敦一地的居民所使用的母语就超过300种。人在迁移时不免会丢弃点什么，但他们基本不会抛弃

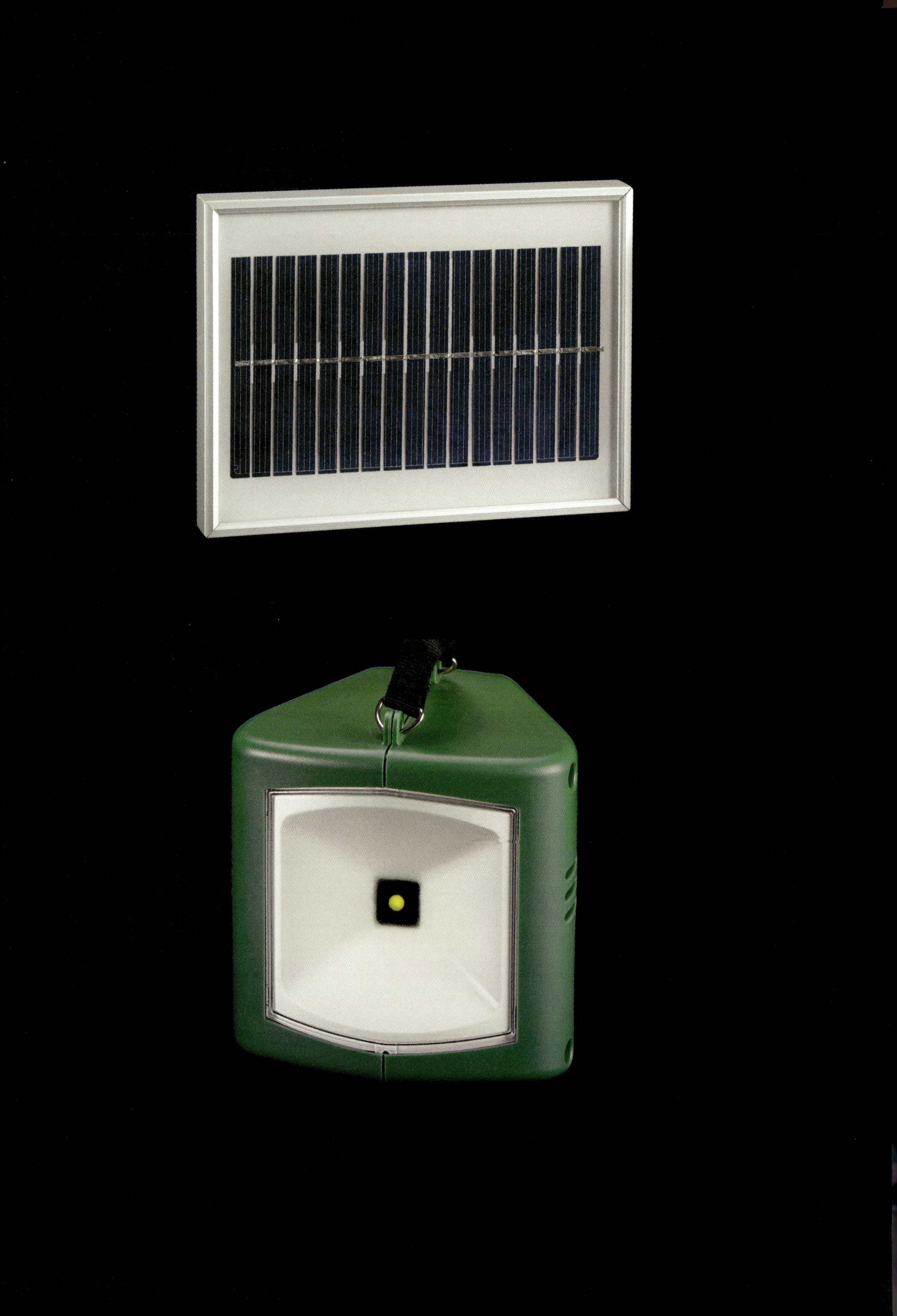

各自的饮食习惯；就饮食方面而言，人性是始终如一的。因此，我们考虑过用一系列厨具来充当第一百件物品，借以一窥世界大都市中饮食与文化惊人的多样性。不过鉴于前文已多次提及数千年来饮食、烹饪和城市的发展，其中基尔瓦岛上来自世界各国的陶器碎片（第60节）也反映出各地的烹饪世界早在千年前便已有交集。因此，厨具也被排除了。

另有一种世界共享的爱好：足球。2010年最热门的事件无疑是在南非举行的世界杯。运动一直在历史上发挥着团结各社群的作用，如墨西哥的仪式性球赛腰带（第38节）。如今，足球似乎连接起了整个世界：西非的足球明星为俄罗斯商人所有的英国俱乐部效力，其队服在亚洲生产，又出售到南美洲，为当地人穿着。因此，我们的博物馆藏品中也有球服，它愉悦地讲述着人类现状，但也许无从反映出人类的未来。

最终我们断定，这第一百件物品应当是科技产品，因为层出不穷的新产品年复一年地改变着人们交流和处理自身事务的方式。手机，更确切地说是智能手机，便是个好例子。这一大小几乎与人类首次尝试远距离交流所使用的工具——美索不达米亚的黏土板——相当的物品，改变了人类的书写方式，让手机短信用语成为新型楔形文字。它在瞬息之间便将全球各地的数百万人联结起来，在大规模召集人群方面比任何战鼓都更有作为。网络所及之处，人类的知识领域被极大地拓展，远远超过了启蒙时期的设想。在发达社会中，没有手机的生活简直无法想象，但是，它们要发挥效用完全依赖电力。没有电，手机一无是处。

因此，我们的第一百件物品是一台发电设备，它为16亿用不上高压输电网络的人提供了加入全球对话所需要的电力。当然，它的功能远不止于此。它还帮助人更有效地控制所处的环境，改善生活方式。它便是太阳能灯具。

被大英博物馆纳为馆藏的这盏灯其实是一套照明设备，包括一盏含单节6伏可充电电池的塑料灯和一小块独立太阳能板。灯带有一个把手，整体大小和大号咖啡杯相差无几。太阳能板的大小则如同那种通常被摆在桌上或床头的小型银相框，它在烈日下暴晒8小时后，便能提供长达100小时的稳定的白光照明，光线最强时能照亮整个房间，足够一个未通电的家庭展开一种全新的生活。整套设备售价约为2250卢比（合45美元），价格虽然远不如普通灯盏499卢比（合10美元）来得低廉，但它的好处在于只需要阳光。

太阳能板将光转化为电力。如果人类能更有效地利用太阳能，一切能源问题都将迎刃而解。地球每小时获得的太阳能远远超过全世界人口一整年消耗的能量。太阳能板是最简单而实用地将无尽的太阳能转化为清洁、可靠及廉价能量的方式。

太阳能板由一组硅太阳能电池组成，它们彼此相连，组装在塑料和玻璃盒中。在阳光下暴晒时，太阳能电池能够生成电力，对电池进行多次充电。这套设备选用了一系列近年来变革我们生活的技术：它的基本材料是塑料；太阳能电池所使用的硅芯片技术也被运用在个人电脑和手机上；可充电电池也是较新的发明。所以这种看似技术含量不高的能源来源，实则集多种惊人的高科技元素于一体。

从电灯的层面来说，这是一种廉价而令人愉快的解决基本能源需求的方式。这项技术是适度能源的一种经济又持久的来源。"适度"极其关键。因为尽管硅十分廉价，阳光完全免费，若想产出足够富裕国家每小时需求的巨额电量仍然造价高昂；因而，看似矛盾的是，这项技术对富人来说价格高昂，对穷人则绝对低廉。

世界上最贫困的人口中，有很大部分居住在阳光最充足的纬度，也正是因此，这种新能源在南亚、非洲撒哈拉以南地区以及美洲热带地区尤为重要。几瓦电力便能大大改善贫困家庭的生活。对生活在热带的人来说，电力的缺乏会导致一天早早结束。因为夜间照明通常依靠蜡烛或煤油灯，而蜡烛光线昏暗不耐久，至于煤油，且不论其平均开销占非洲农村收入的20%左右，还会释放有毒的烟雾。煤油灯和炉灶每年都会夺走多达300万人的性命，其中多为女性，因为毒气在封闭的烹饪过程中危险性更大。这些地区的房屋又通常由木头等高度易燃的天然材料建成，一旦煤油泼溅，便埋下极大的火灾隐患。

太阳能电池板几乎全方位地改变了这样的生活。家里可免费获得灯光，意味着孩子，也包括成年人，可以在夜晚学习，提高教育水平，为未来增添可能性。家宅也会成为更安全的场所。较大的太阳能板可以提供做饭所需的能源，让所有人远离毒气与火的危害，此外也能支持冰箱、电视、电脑和水泵。城市的便利设施也因此渐渐进入了乡村。

本节中这套简单的太阳能设备当然无法实现上述所有功能。但它能提供的也不只是光明，还有某种意义重大的东西。插口旁有一个尽人皆知的符号——手机的轮廓。手机改变了亚洲与非洲的乡村，使交流更加便利，并提供工作与市场形势等信息，为非正式而高效的融资网络提供了平台，使当地商业得以在几乎零投资的情况下运作。

近期一项针对印度喀拉拉邦沙丁鱼渔民的调查印证了手机带来的改变。它提供天气预报，使出海更安全，它显示市场信息，则能减少浪费，利润平均增加8%。另一项针对南亚手机使用情况的调查表明，临时工、农民、妓女、人力车夫和小商贩的收入在借助手机之后均得到了大幅提高。而太阳能板可以在世界上最贫困的地区不断提高手机的普及率。

这项技术奇迹般地为我们的健康、安全、教育、交流和商业等方方面面带来了好处。它避免了大量昂贵设施的投入，虽然它需要一笔购买费用，但随着小额贷款计划的逐渐推广，分期付款变得越来越普遍，因此这样一盏灯的花费可以在一两年内通过节省煤油开支而抵销。随着这种低成本、清洁又环保的技术的推广，它将给世上最贫困的人群创造无限机会。

它也许还有助于保护环境：太阳能大概是解决我们过分依赖石油燃料并由此引发气候变化问题的一大方法。这一可能性早在百年前便已被人清晰地阐释过，而我们如今依赖电能的生活方式也要归功，或归咎于这个人——托马斯·爱迪生，他发明了电灯等电器设备，同时对可再生资源也有出人意料的洞见。1931年，他对朋友亨利·福特和哈维·费尔斯通说："我会把钱都投在太阳和太阳能上。这是多了不起的能源啊！但愿人类不会等到石油和煤炭都枯竭的那天才找到开发它的办法。"

太阳能似乎是这部世界史不错的结尾。太阳能板使人更平等地享有生活中的机会，同时有可能让我们在享受生活的同时避免伤害地球。这一未来梦想呼应着那个最深刻而又普遍的人类神话，即太阳赋予人类生命。你可以将本节中的太阳能灯看作是对神话"盗火种的普罗米修斯"谦逊的呼应，只不过他沦为了厨房中的好帮手。

人类找到了将夏季水果进行防腐罐装并加以保存的方法，因此在寒冬也有夏日的温暖和营养相伴。同样，每个人都梦想过收集阳光，随心所欲地使用它的光明和能量。在埃及大祭司的陪葬品中，便有一只象征太阳再生之光的圣甲虫（第1节），能够驱散冥界的黑暗。换作今日，他也许会考虑带上太阳能灯，以备不时之需。

这第一百件物品带我们走到了本书所讲述的世界史的终点。如若选取别的物品，可能会道出不同的故事，沿着不同的道路前进，而且有无限种可能性。但我仍希望这本书能够展示出物品一定的力量，让我们即刻与生活在遥远时空中的人相连接，让所有人都能在共同的故事里发出自己的声音。对此阿马蒂亚·森认为：

> 当我们审视世界历史之时，一定要清楚，我们所见的并非不同文明的截面抑或它们被一一分离状态下的历史。这一认识十分重要。因为文明间存在着可观的接触，它们彼此具有内在的联系。我以为世界历史并非一部文明史，它应当是有同有异、始终互动的世界多种文明的演变史。

最后，我希望这本书能让大家了解，"人类一家"并不是一个华而不实的譬喻。不管这个家庭通常表现得多么功能不良，整个人类总是拥有共同的需求与关注，恐惧与希望。这些文物让我们不得不承认，自先祖走出非洲，去往世界各地繁衍生息以来，一代又一代的人并没有出现太大的改变。不管是石头、纸、黄金、羽毛还是硅，人类必定还会不断创造出各种塑造或反映自身世界的物品，它们将帮助后人定义今日的我们。

Map 地图

1–25 节中的文物

1	大祭司的木乃伊	发现于埃及卢克索附近（古城底比斯）
2	奥杜威石制砍砸器	发现于坦桑尼亚奥杜威峡谷
3	奥杜威手斧	发现于坦桑尼亚奥杜威峡谷
4	游泳的驯鹿	发现于法国蒙塔斯特吕克
5	克洛维斯矛尖	发现于美国亚利桑那州
6	鸟形杵	发现于巴布亚新几内亚奥罗省（艾科拉河）
7	安萨哈利情侣雕像	发现于伯利恒附近（犹大山地的瓦地卡瑞吞谷）
8	埃及牛的黏土模型	发现于埃及卢克索附近（古城阿比多斯）
9	玛雅玉米神像	发现于洪都拉斯科潘
10	绳纹陶罐	发现于日本
11	丹王的凉鞋标签	发现于埃及卢克索附近（古城阿比多斯）
12	乌尔旗	发现于伊拉克（乌尔皇家墓地）

13	印度印章	发现于巴基斯坦旁遮普省（印度河谷哈拉帕遗址）
14	玉斧	发现于英国坎特伯雷附近
15	早期写字板	发现于伊拉克
16	大洪水记录板	发现于伊拉克摩苏尔附近（古城尼尼微）
17	莱因德纸草书	发现于埃及卢克索附近（古城底比斯）
18	米诺斯跳牛飞人	发现于希腊克里特岛
19	莫尔德黄金披肩	发现于威尔士莫尔德
20	拉美西斯二世雕像	发现于埃及卢克索附近（古城底比斯）
21	拉吉浮雕	发现于伊拉克摩苏尔附近（古城尼尼微西拿基立王宫）
22	塔哈尔卡的狮身人面像	发现于苏丹（卡瓦）
23	中国西周康侯簋	发现于中国西部
24	帕拉卡斯纺织品	发现于秘鲁帕拉卡斯半岛
25	克罗伊斯金币	铸造于土耳其

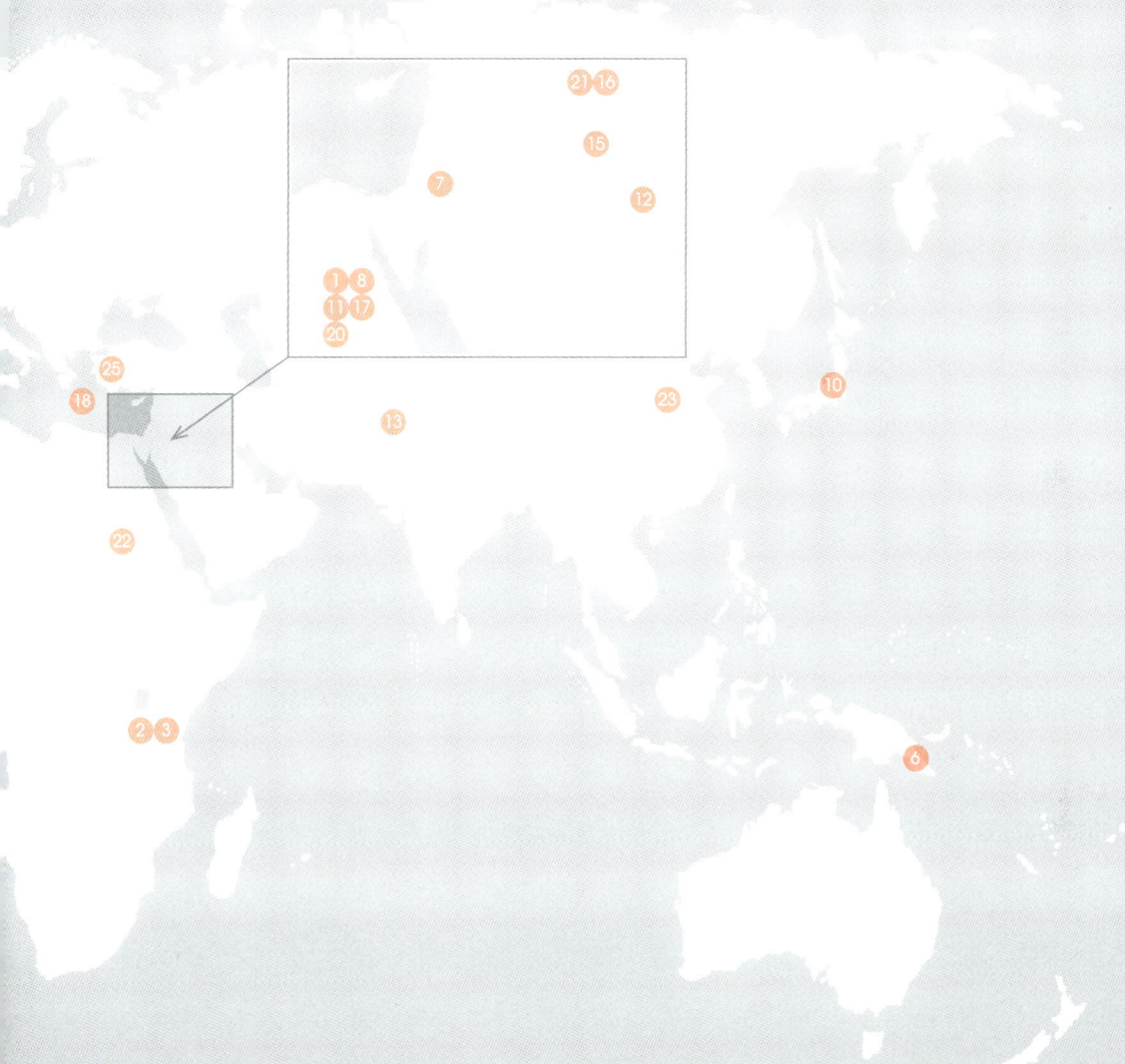

26—50 节中的文物

26	奥克苏斯双轮战车模型	发现于阿富汗与塔吉克斯坦边境（奥克苏斯河附近）
27	帕台农雕像	制作于希腊雅典
28	下于茨酒壶	发现于法国东北部摩泽尔河
29	奥尔梅克石制面具	发现于墨西哥东南部
30	中国铜钟	发现于中国陕西省
31	带亚历山大头像的银币	铸造于土耳其拉普塞基（古城兰萨库斯）
32	阿育王柱	发现于印度北方邦密拉特城
33	罗塞塔石碑	发现于埃及拉希德镇
34	中国汉代漆杯	发现于朝鲜平壤附近
35	奥古斯都头像	发现于苏丹尚迪附近（古城麦罗埃）
36	沃伦杯	很可能发现于耶路撒冷附近的比提提尔镇
37	北美水獭烟斗	发现于美国俄亥俄州芒德城

38	仪式性球赛腰带	发现于墨西哥
39	女史箴图	绘于中国
40	霍克森胡椒瓶	发现于英格兰萨福克郡霍克森
41	犍陀罗佛陀坐像	发现于巴基斯坦
42	鸠摩罗笈多一世金币	铸造于印度
43	沙普尔二世银盘	制作于伊朗
44	亨顿圣玛丽马赛克	发现于英格兰多赛特郡亨顿圣玛丽
45	阿拉伯铜手	发现于也门
46	阿卜杜勒·马利克的金币	铸造于叙利亚大马士革
47	萨顿胡头盔	发现于英国萨福克郡萨顿胡
48	莫切武士陶俑	发现于秘鲁
49	新罗瓦当	发现于韩国
50	传丝公主画版	发现于中国新疆

51–75 节中的文物

51 玛雅宫廷放血仪式浮雕	发现于墨西哥恰帕斯州（古城亚斯奇兰）
52 后宫壁画残片	发现于伊拉克萨迈拉
53 洛泰尔水晶	可能制作于德国
54 度母雕像	发现于斯里兰卡
55 唐代墓葬俑	发现于中国河南省
56 约克郡河谷宝藏	发现于英格兰哈罗盖特镇附近
57 海德薇玻璃杯	可能制作于叙利亚
58 日本铜镜	发现于日本
59 婆罗浮屠佛陀头像	发现于印度尼西亚爪哇岛
60 基尔瓦陶器碎片	发现于坦桑尼亚基尔瓦
61 刘易斯棋子	发现于苏格兰刘易斯岛
62 希伯来星盘	可能制作于西班牙

63	伊费头像	制作于尼日利亚伊费城
64	大卫对瓶	制作于中国玉山县
65	泰诺仪式用椅	发现于多米尼加圣多明各
66	圣荆棘之匣	制作于法国巴黎
67	正信凯旋圣像	制作于土耳其伊斯坦布尔（旧称君士坦丁堡）
68	湿婆与雪山女神像	发现于印度奥里萨邦
69	瓦斯特克女神雕像	发现于墨西哥
70	复活节岛雕像	发现于智利复活节岛（又称拉帕努伊岛）
71	苏莱曼大帝的花押	制作于土耳其伊斯坦布尔（旧称君士坦丁堡）
72	明代纸币	制作于中国
73	印加黄金美洲驼	发现于秘鲁
74	翡翠龙杯	制作于中亚
75	丢勒的《犀牛》	制作于德国纽伦堡

76—100 节中的文物

76 机械帆船	制作于德国奥格斯堡
77 贝宁饰板	发现于尼日利亚贝宁
78 双头蛇	制作于墨西哥
79 柿右卫门瓷象	制作于日本
80 八里尔银币	铸造于玻利维亚波托西
81 什叶派宗教游行仪仗	制作于伊朗
82 莫卧儿王子细密画	绘制于印度
83 皮影戏偶比玛	发现于印度尼西亚爪哇岛
84 墨西哥手绘地图	绘制于墨西哥特拉斯卡拉
85 宗教改革百年纪念宣传画	印制于德国莱比锡
86 阿坎鼓	发现于美国弗吉尼亚州
87 夏威夷羽毛头盔	制作于美国夏威夷

88	北美鹿皮地图	绘制于美国中西部
89	澳大利亚树皮盾牌	发现于澳大利亚新南威尔士植物学湾
90	玉璧	题刻于中国北京
91	小猎犬号上的精密计时器	制作于英国伦敦
92	维多利亚早期的茶具	制作于英国斯塔福德郡
93	葛饰北斋的《神奈川冲浪里》	印制于日本
94	苏丹豁鼓	制作于中非
95	遭女性参政论者损毁的一便士币	制造于英格兰
96	俄国革命瓷盘	制作于俄罗斯圣彼得堡
97	霍克尼的《在平淡的村庄里》	制作于英格兰
98	武器王座	制作于莫桑比克马普托
99	信用卡	发行于阿联酋
100	太阳能灯具与充电器	制造于中国广东省深圳市

文物清单

	文物名称	规格	馆藏号
1	大祭司的木乃伊	高：194.5 cm / 宽：60 cm	.6678
2	奥杜威石制砍砸器	长：9.3 cm / 宽：8.1 cm / 厚：7.2 cm	1934,1214.1
3	奥杜威手斧	长：23.8 cm / 宽：10 cm / 厚：5 cm	1934,1214.49
4	游泳的驯鹿	高：3 cm / 宽：20.7 cm / 厚：2.7 cm	Palart.550
5	克洛维斯矛尖	长：2.9 cm / 宽：8.5 cm / 厚：0.7 cm	1962,1206.137
6	鸟形杵	长：36.2 cm/ 宽：15 cm / 厚：15 cm	Oc1908,0423.1
7	安萨哈利情侣雕像	高：10.8 cm / 宽：6.2 cm / 厚：3.8 cm	1958,1007.1
8	埃及牛的黏土模型	高：10 cm / 宽：30 cm / 厚：15.3 cm	1901,1012.6
9	玛雅玉米神像	高：90 cm / 宽：54 cm / 厚：36 cm	Am1923,Maud.8
10	绳纹陶罐	高：15 cm / 宽：17 cm	OA+.20
11	丹王的凉鞋标签	长：4.5 cm / 宽：5.4 cm	1922,0728.2
12	乌尔旗	长：21.5 cm / 宽：12 cm / 厚：49.5 cm	1928,1010.3
13	印度印章	高：2.4 cm / 宽：2.5 cm / 厚：1.4 cm	1892,1210.1
14	玉斧	长：21.2 cm / 宽：8.12 cm / 厚：1.9 cm	1901,0206.1
15	早期写字板	长：9.4 cm / 宽：6.8 cm / 厚：2.3 cm	1989,0130.4
16	大洪水记录板	长：15 cm / 宽：13 cm / 厚：3 cm	K.3375
17	莱因德纸草书	长：32 cm / 宽：295.5 cm	1865,0218.2（大）
		长：32 cm / 宽：119.5 cm	1865,0218.3（小）
18	米诺斯跳牛飞人	高：11.1 cm / 宽：4.7 cm / 厚：15 cm	1966,0328.1
19	莫尔德黄金披肩	长：23.5 cm / 宽：46.5 cm / 厚：28 cm	1836,0902.1
20	拉美西斯二世雕像	高：266.8 cm / 宽：203.3 cm	.19
21	拉吉浮雕	高：269.2 cm / 宽：180.3 cm	1856,0909.14
22	塔哈尔卡的狮身人面像	高：40.6 cm / 宽：73 cm	1932,0611.1
23	中国西周康侯簋	高：23 cm / 宽：42 cm / 厚：26.8 cm	1977,0404.1

24	帕拉卡斯纺织品	长：8 cm / 宽：8 cm	Am1954,05.563
			Am1954,05.565
			Am1937,0213.4-5
25	克罗伊斯金币	长：1 cm / 宽：2 cm	RPK,p146B.1sam
26	奥克苏斯双轮战车模型	高：7.5 cm / 厚：19.5 cm	1897,1231.7
27	帕台农雕像	高：134.5 cm / 宽：134.5 cm / 厚：41.5 cm	1816,0610.12
28	下于茨酒壶	高：39.6 cm / 宽：19.5 cm	1929,0511.1-2
29	奥尔梅克石制面具	高：13 cm / 宽：11.3 cm / 厚：5.7 cm	Am1938,1021.14
30	中国铜钟	高：55 cm / 宽：39 / 厚：31.5 cm	OA1965,0612.1
31	带亚历山大头像的银币	直径：3 cm	1919,0820.1
32	阿育王柱	高：12.2 cm / 宽：32.6 cm / 厚：7.6 cm	1880.21
33	罗塞塔石碑	高：112.3 cm / 宽：75.7 cm / 厚：28.4 cm	.24
34	中国汉代漆杯	高：6 cm / 宽：17.6 cm / 厚：12 cm	1955,1024.1
35	奥古斯都头像	高：46.2 cm / 宽：26.5 cm / 厚：29.4 cm	1911,0901.1
36	沃伦杯	高：11 cm / 厚：11 cm	1999,0426.1
37	北美水獭烟斗	高：5.1 cm / 宽：10 cm / 厚：3.3 cm	Am,S.266
38	仪式性球赛腰带	长：12 cm / 宽：39.5cm/ 厚：50 cm	Am,ST.398
39	女史箴图	长：24.3 cm / 宽：343.7 cm	1903,0408,0.1
40	霍克森胡椒瓶	高：10.3 cm / 宽：5.7 cm / 厚：4.2 cm	1994,0408.33
41	犍陀罗佛陀坐像	高：95 cm / 宽：53 cm / 厚：24 cm	1895,1026.1
42	鸠摩罗笈多一世金币	直径：1.9 cm	1894,0506.962
43	沙普尔二世银盘	高：12.8 cm / 宽：11.5 cm / 厚：2.6 cm	1908,1118.1
44	亨顿圣玛丽马赛克	高：810 cm / 宽：520 cm	1965,0409.1
45	阿拉伯铜手	高：18.5 cm / 宽：11 cm / 厚：2.6 cm	1983,0626.2
46	阿卜杜勒·马利克的金币	直径：1.9 cm	1874,0706.1
47	萨顿胡头盔	高：31.8 cm / 宽：21.5 cm	1939,1010.93

48	莫切武士陶俑	高：22.5 cm / 宽：13.6 cm / 厚：13.2 cm	Am,P.1
49	新罗瓦当	高：28 cm / 宽：22.5 cm / 厚：6 cm	1992,0615.24
50	传丝公主画版	高：12 cm / 宽：46 cm / 厚：2.2 cm	1907,1111.73
51	玛雅宫廷放血仪式浮雕	高：109 cm / 宽：78 cm / 厚：6 cm	Am1923,Maud.4
52	后宫壁画残片	长：14.4 cm / 宽：10.2 cm / 厚：3 cm	OA+.10621
		长：11 cm / 宽：10.5 cm / 厚：2.7 cm	OA+.1062
53	洛泰尔水晶	宽：18.6 cm / 厚：1.3 cm	1855,1201.5
54	度母雕像	高：143 cm / 宽：44 cm / 厚：29.5 cm	1830,0612.4
55	唐代墓葬俑	（最高的）高：107.7 cm / 宽：49 cm / 厚：25 cm	1936,1012.220–229 1936,1012.231–232
56	约克郡河谷宝藏	（碗）高：9.2 cm / 宽：12 cm	2009,4133.77–693 2009,8023.1–76
57	海德薇玻璃杯	高：14.3 cm / 宽：13.9 cm	1959,0414.1
58	日本铜镜	直径：11 cm	1927,1014.2
59	婆罗浮屠佛陀头像	高：33 cm / 宽：26 cm / 厚：29 cm	1859,1228.176
60	基尔瓦陶器碎片	（最大的）长：12.5 cm / 宽：14 cm / 厚：2.5 cm	OA+ .916
61	刘易斯棋子	（最高的）高：10.3 cm	1831,1101.78–144
62	希伯来星盘	高：11 cm / 宽：9 cm / 厚：2.1 cm	1893,0616.3
63	伊费头像	高：35 cm / 宽：12.5 cm / 厚：15 cm	Af1939,34.1
64	大卫对瓶	高：63.6 cm	PDF,B.613 -4
65	泰诺仪式用椅	高：22 cm / 宽：14 cm / 厚：44cm	1949,22.118
66	圣荆棘之匣	高：30 cm / 宽：14.2 cm / 厚：6.8 cm	WB.67
67	正信凯旋圣像	高：37.8 cm / 宽：31.4 cm / 厚：5.3 cm	1988,0411.1
68	湿婆与雪山女神像	高：184.2 cm / 宽：119.4 cm / 厚：32 cm	1872,0701.70
69	瓦斯特克女神雕像	高：150 cm / 宽：57 cm / 厚：14 cm	Am,+.7001
70	复活节岛雕像	高：242 cm/ 宽：100 cm / 厚：55 cm	Oc1869,1005.1

71	苏莱曼大帝的花押	高：45.5 cm / 宽：61.5 cm	1949,0409,0.86
72	明代纸币	高：34 cm / 宽：22.2 cm	CIB,EA.260
73	印加黄金美洲驼	高：6.3cm / 宽：1.5 cm / 厚：5.5 cm	Am1921,0721.1
74	翡翠龙杯	高：6.4 cm / 宽：19.4 cm	1959, 1120.1
75	丢勒的《犀牛》	高：24.8 cm / 宽：31.7 cm	1895,0122.714
76	机械帆船	高：104 cm / 宽：78.5 cm / 厚：20.3 cm	1866,1030.1
77	贝宁饰板	高：43.5 cm / 宽：41 cm / 厚：10.7 cm	Af1898,0115.23
78	双头蛇	高：20.5 cm / 宽：43.5 cm / 厚：5 cm	Am1894,-.634
79	柿右卫门瓷象	高：35.5 cm / 宽：44 cm / 厚：14.5 cm	1980,0325.1-2
80	八里尔银币	直径：4 cm	1920,0907.382
			1950,0805.1
			1956,0604.1
			1990,0920.31,
			1991,0102.61
			1906,1103.1951
81	什叶派宗教游行仪仗	高：127 cm / 宽：26.7 cm / 厚：4.5 cm	1888,0901.16-17
82	莫卧儿王子细密画	高：24.5 cm / 宽：12.2 cm	1920,0917,0.4
83	皮影戏偶比玛	高：74.5 cm / 宽：43 cm	As1859,1228.675
84	墨西哥手绘地图	高：50 cm / 宽：77 cm	Am2006,Drg.22070
85	宗教改革百年纪念宣传画	高：28.4 cm / 宽：34.7 cm	1880,0710.299
86	阿坎鼓	高：41 cm / 厚：28 cm	Am,SLMisc.1368
87	夏威夷羽毛头盔	高：37 cm / 宽：15 cm / 厚：30 cm	Oc, HAW.108
88	北美鹿皮地图	高：126 cm / 宽：100 cm	Am2003,19.3
89	澳大利亚树皮盾牌	高：97 cm / 宽：29 cm	Oc1978,Q.839
90	玉璧	直径：15 cm / 厚：1 cm	1937,0416.140
91	小猎犬号上的精密计时器	高：17.6 cm / 宽：20.8 cm / 厚：20.8 cm	1958, 1006.1957

92	维多利亚早期的茶具	（最高的）高：14.4 cm / 宽：17.5 cm / 10.7 cm	1909,1201.108
93	葛饰北斋的《神奈川冲浪里》	高：25.8 cm / 宽：37.9 cm	2008,3008.1
94	苏丹豁鼓		Af1937,1108.1
95	遭女性参政论者损毁的一便士币	高：80 cm / 宽：271 cm / 厚：60 cm 直径：3.1 cm	1991,0733.1
96	俄国革命瓷盘		1990,0506.1
97	霍克尼的《在平淡的村庄里》	宽：24.8 cm / 厚：2.87 cm 高：35 cm / 宽：22.5 cm	1981,1212.8.8
98	武器王座		Af2002,01.1
99	信用卡	高：101 cm / 宽：61 cm	2009,4128.2
100	太阳能灯具与充电器	高：4.5 cm / 宽：8.5 cm 高：17 cm / 宽：12.5 cm / 厚：13 cm	

致　谢

《大英博物馆世界简史》是与BBC广播4台合作完成的。如果没有马克·达马泽的鼎力支持，这个项目就不会诞生。谨向他致以最真挚的感谢。

感谢广播4台的责任编辑简·埃利森和大英博物馆公众联络部主任乔安娜·麦克勒，在她们的努力下，BBC与大英博物馆携手发掘出这一雄心勃勃的项目在广播4台之外的潜力。感谢罗勃·基特里奇和BBC音乐音频制作部门纪录片单位的编辑制作团队，其中包括菲利普·塞勒斯、安东尼·登塞洛、保罗·科布拉克、瑞贝卡·斯特拉特福德、简·刘易斯和塔姆辛·巴伯，是他们在电波中赋予了此节目鲜活的生命。

我是这个系列节目以及本书名义上的作者，但实际上，它们是许多人共同的劳动成果。《大英博物馆世界简史》的一点一滴都是集体智慧的结晶。正是众人的知识与才干、辛勤与奉献，才让它得以成书。这本书凝聚了许多人的心血，特此感谢那些与此项目息息相关的人士：感谢J. D. 希尔、巴里·库克和本·罗伯茨广泛的策划研究与指导；感谢帕特里夏·惠特利与我及整个策划团队密切合作，完成了广播稿件，亦即本书的蓝本；感谢爱玛·凯莉对包括本书在内的大英博物馆的整个世界史项目的运作；感谢罗莎琳德·温顿和贝基·艾伦给予本书每个细节以及整个项目的莫大支持；感谢我最亲密的同仁——凯特·哈里斯、波利·米勒、丽萨·肖与副馆长安德鲁·伯内特的无尽耐心。

也要感谢各位管理员同仁、科学家和维护专家们，是他们的研究与知识支撑起了本书的每一节；感谢博物馆助理馆员在这几年中付出大量时间，让我们得以与这些物品进行前所未有的接触；感谢摄影团队提供图片。

还要感谢每一个为此项目及其开创性网站做出贡献的人。正是得益于跨英格兰、威尔士、北爱尔兰和苏格兰的整个BBC团队以及博物馆专业人士的付出与支持，这一项目所立足的理念才能吸引如此多的听众。

感谢BBC儿童频道，他们在一个学校项目的支持下，与大英博物馆合作，将本系列中13个物品的故事制作成了别开生面的儿童电视节目。

感谢大英博物馆的汉娜·博尔顿、弗朗西斯·凯里、萨拉·卡罗尔、凯蒂·蔡尔兹、马修·科克、霍利·戴维斯、索尼亚·德奥斯、罗丝玛丽·福克斯、大卫·弗朗西斯、林恩·哈里森、卡罗琳·英厄姆、罗莎娜·夸克、苏珊·拉·尼斯、安·拉姆利、萨拉·马歇尔、皮帕·皮尔斯、大卫·普鲁登斯、苏珊·雷克斯、奥利薇娅·里克曼、玛格·西姆斯、克莱尔·汤姆林森和西蒙·威尔逊。

也感谢BBC的谢默斯·博伊德、克莱尔·伯戈因、凯瑟琳·坎贝尔、安德鲁·卡斯帕里、托尼·克拉布、希安·戴维斯、克雷格·亨德森、苏珊·洛弗尔、克里斯蒂娜·麦考利、克莱尔·麦克阿瑟、凯瑟琳·莫里森、杰米·雷、安吉拉·罗伯茨、保罗·沙金特、吉利恩·斯科森、桑娜·托德和克里斯汀·伍德曼。

最后，感谢埃伦莱恩公司的出版主任斯图尔特·普罗菲特，正是他提出了将这一系列广播节目做成图书的构想；感谢企鹅出版社的团队，其中包括安德鲁·巴克、詹姆斯·布莱克曼、珍妮特·达德利、理查德·杜吉德、卡罗琳·霍特布拉克、克莱尔·梅森、唐娜·波比、吉姆·斯托达德、尚·瓦希蒂；尤其感谢约翰·格里宾，是他不辞辛苦地把大部分广播稿转化为书稿。

特别感谢每一位参与筹备节目与本书的外界人士，是他们的声音丰富了我们对这些物品的认识，他们慷慨地献出了时间、学识与洞见。因篇幅所限，无法一一列举他们的姓名，但这并不意味着我的谢意会有分毫减少。

图书在版编目(CIP)数据

大英博物馆世界简史 / (英) 尼尔·麦格雷戈著；余燕译. -- 2版. -- 北京：新星出版社，2017.11 (2024.7重印)
ISBN 978-7-5133-2846-3

Ⅰ. ①大… Ⅱ. ①尼… ②余… Ⅲ. ①世界史－通俗读物 Ⅳ. ①K109

中国版本图书馆CIP数据核字(2017)第217774号

A HISTORY OF THE WORLD IN 100 OBJECTS by Neil MacGregor
First published in Great Britain in the English language by Penguin Books Ltd.
Copyright © the Trustees of the British Museum and the BBC, 2010
Simplified Chinese edition copyright © Thinkingdom Media Group Ltd., 2014
Published under licence from Penguin Books Ltd.
Penguin (in English and Chinese) and the Penguin logo
are trademarks of Penguin Books Ltd.
Copies of this translated edition sold without a Penguin sticker
on the cover are unauthorized and illegal.
All rights reserved.

著作版权合同登记号：01-2013-6243

大英博物馆世界简史
〔英〕尼尔·麦格雷戈 著
余燕 译

责任编辑	汪 欣
特约编辑	黄宁群 柳艳娇
	陈 蒙 袁 静
营销编辑	刘 畅
装帧设计	韩 笑
内文制作	王春雪
责任印制	李珊珊 廖 龙

出　　版	新星出版社 www.newstarpress.com
出 版 人	马汝军
社　　址	北京市西城区车公庄大街丙3号楼　邮编 100044
	电话 (010)88310888　传真 (010)65270449
发　　行	新经典发行有限公司
	电话 (010)68423599　邮箱 editor@readinglife.com
印　　刷	北京富诚彩色印刷有限公司
开　　本	787mm×1092mm 1/16
印　　张	40
字　　数	500千字
版　　次	2014年1月第1版
	2017年11月第2版 2024年7月第24次印刷
书　　号	ISBN 978-7-5133-2846-3
定　　价	168.00元

版权专有，侵权必究
如有印装质量问题，请发邮件至 zhiliang@readinglife.com

By arrangement with the BBC and the British Museum

The BBC logo is a registered trademark of the British Broadcasting Corporation and is used under licence.
BBC logo © BBC 1996

The British Museum logo is the trademark of the Trustees of the British Museum and is used under licence.

All rights reserved.